THREE CUSHION MANIA

스리쿠션 매니아

최명호 저

일신서적출판사

두번째 책을 내면서...

저의 두 번째 책을 끝냈습니다...
'언제쯤 끝날까?...'
이런 생각은 시작과 함께 언제나 마음 한구석을 불안하게 합니다.

이제 끝이 났습니다.
그러나 마음 한 구석에 남아 있는 희뿌연 느낌은 왜 사라지지 않는 걸까요.

인간은 언제나 완벽함을 위해 노력하도록 꾸며져 있는 것 같습니다.
완벽함이란... 인간이라는 탈을 쓰고는 이룰 수 없음을 알면서도 말입니다.

보다 나은 내용으로 여러분과 만나길 원했는데...
왜 그런거 있잖아요... 답안지 제출하고 나면 꼭 정답이 생각나는 것... (^。^;)
지금 심정이 그렇습니다. 하고 싶은 말도 나누고 싶은 이야기도 많았는데...

또 다시 불안한 감정을 마음 한구석에 품어야겠네요.
또 다른 새로운 시작을 위해서 말이죠.

이 책에 수록된 그림이나 내용은 경기용 대형테이블이 아닌 일반 당구장에 배치되어 있는 중형테이블에 맞게 되어 있습니다. 내용은 물론 그림 또한, 독자 여러분들이 알아보고 이해하기 쉽게 제가 직접 그린 것들이구요. 책을 보시다가 궁금한 내용이 있으신 분은 제 홈페이지를 이용해 주세요. 성심성의껏 답변해 드리겠습니다.

그리고 저에 대해 아주 가끔 정말 가끔.... ^^ 궁금해 하시는 분들이 계시던데...
저는 당구 선수도... 당구에 관련된 일을 하는 사람도 아닙니다.
제목처럼... 그냥 당구를 사랑하는 매니아일 뿐입니다.

끝으로... 감사할 분들이 생각나서 적고 싶은데...
이름을 거론하자니 너무 많은 것 같고... 또 쑥스럽기도 하고....
그냥... 저를 선택해 주신 분들과... 제가 선택한 분들께...
감사드립니다.

감사합니다.

당구를 사랑하십시요.
당신이 당신의 연인에 대해 모든 것을 알고 싶어하고,
작은 것 하나까지도 놓치지 않으려고 하는 마음처럼
당구를 대하고 사랑하십시요.
그때야 비로소 당구가 여러분에게 다가설 것입니다.
단지 심심풀이로 즐기는 하나의 놀이가 아닌,
인생의 작은 반려자로서 여러분에게 조그마한 선물을 안겨줄 것입니다.
선물의 내용은 삶의 지혜일 수도 있고
인생의 喜怒哀樂일 수도 있습니다.
그것은 여러분이 만들기 나름입니다.

최명호 著 [당구매니아]에서..

덧붙임...

참 오랫만에 책이 나왔네요... (-.-;)
2000년 3월에 초판이 출간되고... 벌써 7년이라는 세월이 지났으니... ㅠ.ㅠ
저의 게으름과 무관심으로 인하여... 그동안 책을 구하고자 하셨으나 구하지 못한 분들께 진심으로 사과의 말씀드립니다.

차후엔 좀 더 좋은 내용으로 찾아뵙도록 하겠습니다.

감사합니다...

홈페이지 : http://user.chollian.net/~bmc1999/head.htm

contents 목차

제1장 수구의 당점과 타구법

1. 수구의 당점 ··· 13
2. 타구법의 종류와 표시방법 ·· 14
   알고 넘어갑시다.["당구공(Ball)"] ·· 14
3. 힘조절의 표시방법 ·· 15

제2장 공의 운동 이론

1. 공의 운동력 ··· 19
2. 당점에 따른 힘의 변화 ·· 19
   1. 상·하 높이에 따른 힘의 변화 ·· 19
   2. 좌·우 넓이에 따른 힘의 변화 ·· 20
   3. 표적구와 부딪치지 않을 경우 운동력의 변화 ·· 20
   4. 표적구와 부딪칠 경우 운동력의 변화 ·· 21
3. 당점에 따른 공의 진행 방향 ·· 24
4. 분리각의 변화 ··· 25
   1. 힘조절에 따른 분리각의 변화(A) ·· 25
   2. 힘조절에 따른 분리각의 변화(B) ·· 25
   3. 좌·우 회전력에 따른 분리각의 변화 ·· 26
      알고 넘어갑시다. ["회전력의 전이"] ·· 26
   4. 공쿠션치기에 있어 분리각의 변화 ·· 27
   5. 수구와 표적구의 분리각의 변화 ·· 27
5. 쿠션에서의 회전력의 변화 ·· 28
   잠깐만요..... ["당구테이블"] ··· 34

제3장 스리쿠션 시스템 (Three Cushion System)

1. 파이브 앤드 하프 시스템 (Five and Half System) ········· 38
   알고 넘어 갑시다. ["테이블 속성"] ········· 44
2. 플러스 시스템 (Plus System) ········· 57
3. 맥시멈 잉글리시 시스템 (Maximum English System) ········· 66
4. 더블 레일 시스템 (Double Rail System) ········· 67
   알고 넘어 갑시다. ["잉글리시(English)란?"] ········· 69
5. 리버스 잉글리시 시스템 (Reverse English System) ········· 70
6. 노 잉글리시 시스템 (No English System) ········· 71
7. 스리쿠션의 공격과 방어 ········· 77
8. 당구 용어 정의 ········· 78
   잠깐만요..... ········· 78

제4장 스리쿠션 종목별 도형

1. 완전치기(일명 : "완전가락구") ········· 81
2. 뒤돌리기(일명 : "우라마오시, 우라") ········· 95
   알고 넘어 갑시다. ["초크(chalk)와 파우더(powder)"] ········· 110
3. 옆돌리기(일명 : "하코마오시, 하쿠") ········· 127
   잠깐만요..... ["초보자 연습법"] ········· 130
   알고 넘어 갑시다. ["레스트(rest)란?"] ········· 135
4. 앞돌리기(일명 : "오마와시, 오마오시") ········· 157
   잠깐만요..... ["스리쿠션 경기시 사용되는 테이블에 대하여..."] ········· 170

5. 길게꺾기(일명 : "짱골라") · 177
    잠깐만요..... ["그럴 경우 이렇게 하세요..."] · 184

6. 가로치기(일명 : "기대까시") · 190

7. 길게치기(일명 : "다대가에시, 다대") · 200

8. 리버스치기(일명 : "리보이스") · 205

9. 되오기치기(일명 : "조단조") · 219

10. 빈쿠션치기-Ⅰ (일명 : "완가락구") · 235
    잠깐만요..... ["큐의 선택 방법"] · 235
    구멍치기 · 236
        알고 넘어 갑시다. ["브리지(bridge)와 그립(grip)의 위치"] · · · · · · · · · · · · · · · · · 243
        잠깐만요..... ["요런 행동은 삼가합시다."] · 251
    걸쳐치기 · 252
        잠깐만요....."빈쿠션의 기본적인 겨냥법"] · 268
    역치기 · 269
        알고 넘어 갑시다. ["당구 용어 풀이('ㄱ' 부분)"] · 272

11. 빈쿠션치기-Ⅱ · 273
    알고 넘어 갑시다. ["당구 용어 풀이('ㄴ~ㅅ' 부분)"] · 288

12. 횡단치기와 드롭치기 · 290

13. 공쿠션치기 · 301
    알고 넘어 갑시다. ["당구 용어 풀이('ㅇ~ㅌ' 부분)"] · 305

14. 시간차 · 306

15. 점프샷과 기타 · 310
    알고 넘어 갑시다. ["당구 용어 풀이('ㅍ~ㅎ' 부분)"] · 315

제1장
수구의 당점과 타구법

1. 수구의 당점
2. 타구법의 종류와 표시방법
3. 힘조절의 표시방법

제1장 수구의 당점과 타구법

1. 수구의 당점

　공의 어느 부위를 타구하느냐에 따라 공에 부여되는 힘은 차이를 보이게 되고, 이런 힘들은 공의 진행을 결정하는데 있어 아주 중요한 역할을 하게 된다. 포지션에 따라 적절한 공략법을 결정하여 타구하였다 할지라도 그에 맞는 올바른 당점이 선택 되어지지 않을 경우 그 타구는 성공할 수 없는 것이다. 공략법에 따른 올바른 당점의 결정이야말로 절대적인 것이다.

　포지션에 따라서는 수구에 전진회전력을 많이 넣어야 할 경우도 있고, 역회전력과 함께 좌측회전력이나 우측회전력을 주어야 할 경우도 있다. 이럴 경우 얼마만큼의 전진회전력을 주어야 하며, 얼마만큼의 좌·우 회전력을 수구에 넣어 주어야 할 것인가에 대해 독자분들은 의문을 가질 것이다.

　초보자의 경우 A라는 포지션이 주어졌을 경우, 같은 형태로 공략한다 할지라도 어제 경기할 때의 당점과 오늘 경기할 때의 당점이 다른 것을 볼 수 있다. 즉, 똑같은 형태의 포지션에 대해 당점의 결정을 틀리게 함으로써 성공과 실패를 반복하게 되는 것이다. 테이블에서의 공의 움직임은 약간의 회전력의 변화에도 그 진로를 달리하기 때문에 포지션에 따른 올바른 당점의 선택이야말로 타구의 성공 여부를 결정짓는 중요한 요소인 것이다.

당점의 구분

　여기서는 독자의 편의를 위해 팁에 따른 당점의 구분을 하고자 한다.

　공을 큐의 앞부분에 붙어 있는 팁으로 가격할 때 공의 어떠한 부위라도 칠 수 있는 것이 아니다. 그림에서와 같이 공 지름의 약 60% 정도 되는 부위만을 가격할 수 있는 것이다. 그 부위를 벗어날 경우 큐 미스의 위험이 있게 된다.

　60% 범위 내에서 공의 중심을 중심치기 당점으로 보았을 때, 맨 위부분을 밀어치기, 맨 아랫부분은 끌어치기 당점이 된다. 또한 각각의 당점과 중심치기 당점과의 중간부분을 각각, 죽여 밀어치기, 죽여 끌어치기 당점이라고 한다. 이 들 다섯 개의 당점에서 큐 팁의 지름 정도만큼 좌측이나 우측으로 한 번씩 옮길 경우 각각 좌,우 완팁(1T)이 되는 것이다.

　예로 죽여밀어치기 당점(B)에서 왼쪽(L)으로 팁의 지름만큼 3번(3T) 옮길 경우 그 당점은 BL-3T이 된다.

그림 수구의 당점

A : 밀어치기
B : 죽여 밀어치기
C : 중심치기
D : 죽여 끌어치기
E : 끌어치기

2. 타구법의 종류의 표시방법

타구법의 명칭	표시방법	타구방법
보통의 스트로크	← N	가장 일반적인 타구법으로 타구의 속도가 너무 빠르거나 반대로 느리지도 않은 타구방법이다. 수구와 브리지간의 거리는 한 뼘 정도이며 그립의 위치 또한 큐의 무게 중심에서 뒤쪽으로 한 뼘 정도에 위치한다.
길게치는 스트로크	← L	보통의 타구법보다 타구시 큐를 앞으로 길게 내미는 형태이다. 일반적으로 '밀어친다' 는 의미로 통용되는데, 이 때 밀어친다는 의미는 당점을 밀어치기 당점을 겨냥하고 타구하라는 의미와는 다르다. 이 타구법은 당점과는 상관없이 큐를 임펙트 후에도 멈추지 않고 끝까지 밀어주는 형태이다.
짧게치는 스트로크	← SH	보통의 경우보다 큐를 짧게 내밀며, 그립의 위치는 보통의 스트로크보다 앞쪽으로 이동시키고 수구와 브리지 간의 거리 또한 보통의 스트로크 형태보다 짧게 위치한다. 수구의 이동 거리가 짧고 정확한 타구가 요구될 때 사용한다.
빠른 스트로크	← F	큐를 빠르게 내밀며 타구한다.
느린 스트로크	← S	부드럽고 느리게 타구한다.
끊어치기(죽여치기)	← X	수구와 임펙트하는 순간, 손목의 스냅을 이용하여 큐를 빠르게 멈추듯이 타구한다.
끌어치기	← B	타구 후 큐를 자신의 몸쪽으로 빠르게 끌 듯이 당긴다.
복합스트로크	예) ← SH · X ← L · F	여러 종류의 스트로크를 복합하여 사용한다. 짧게 끊어치기 길고 빠른 스트로크

알고 넘어 갑시다.

당구공(Ball)

과거에는 당구공의 재료로 상아를 이용하였으나, 변형이 잘 되어 현재는 고급의 플라스틱 공을 공식구로 사용하고 있습니다.

공의 크기는 4구가 직경 65.5mm, 포켓경기에 사용되는 공이 57.1mm이고 그 외에는 61.5mm(예 : 요즘 일반 당구장에서 스리쿠션 경기시 많이 이용되는 공(흰 공 1개, 노란 공 1개, 빨간 공 1개))입니다.

공의 무게는 특별 규정은 없지만 캐럼 경기에는 230g 전후, 포켓 경기에서는 170g전후가 사용되고 있습니다.

현재 우리나라에서 가장 많이 즐기는 종목 중 하나인 4구 경기에 사용되는 공은 2개의 흰 공과 2개의 빨간 공으로 이루어져 있으며, 2개의 흰 공 중 한 개의 공에는 공의 구별을 위해 직경 1mm 정도의 점이 찍혀 있습니다. 스리쿠션 경기에는 흰 공, 노란 공, 빨간 공 3개의 공이 주로 사용되고 있습니다.

3. 힘조절의 표시방법

모든 스포츠에 있어 힘의 분배는 하나의 스포츠를 완성해 가는데 있어 가장 중요한 요소라고 하여도 지나치지 않을 것이다. 야구에 있어 타자가 공을 얼마만큼의 힘으로 스윙을 했느냐에 따라 그 타구는 안타가 될 수도 있고, 그렇지 않고 아웃이 될 수도 있는 것이다. 이는 무릇 야구 뿐만 아니라 축구나 골프, 농구 기타 다른 스포츠에서도 마찬가지이다. 힘의 적절한 분배가 없이는 기술적으로 완전할 수가 없으며 이것이 결여된 스포츠는 시각적인 면에서도 아름다울 수 없는 것이다.

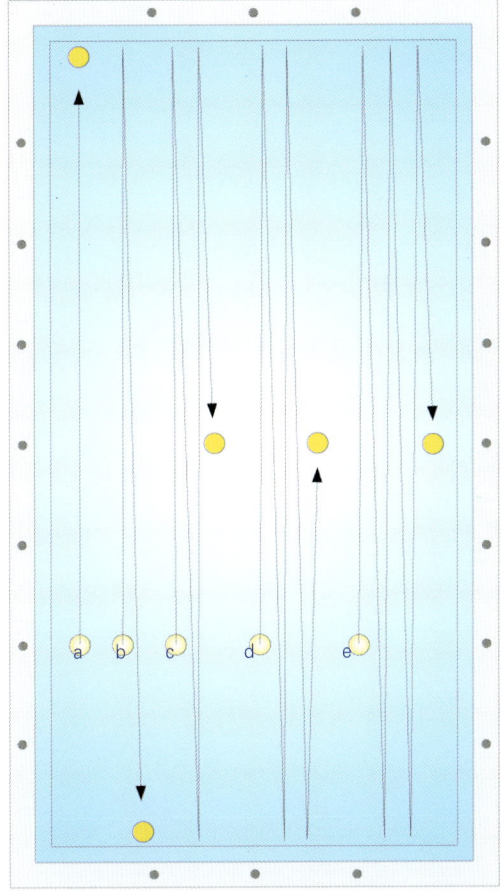

당구에 있어서도 힘의 분배, 즉 힘조절은 굉장히 중요한 의미를 가진다. 뒤에서 배우겠지만 힘의 변화는 곧, 공에 부여되는 회전력의 변화를 의미하며 회전력의 변화는 공의 진로변화를 의미한다. 어떠한 포지션에 대해 시스템에 의한 치밀한 계산과 정확한 당점, 알맞은 두께로 공략한다 할지라도 그에 따른 적절한 힘조절이 결여된다면, 우리는 그 타구에 대한 성공을 기대할 수 없는 것이다.

이처럼 중요시 되는 힘의 분배는 어떠한 시스템에 의한 수치적인 계산으로 이루어지는 것도 아니고 그렇다고 언어적인 표현에 의해 정확한 요구사항이 인식될 수 있는 부분이 아니다. 이는 독자 여러분들의 노력 여하에 달려 있다.

힘이란 것은 앞에서도 언급하였지만 개인의 신체적인 조건이나 그 밖의 요소들에 의해 개인마다 강약의 정도가 다르다. 이런 이유로 언어적인 표현으로 그 정도를 표시하는 데는 무리가 있으나, 이 책에서는 그림에서 보는 바와 같이 공의 움직임 정도에 따라 크게 5가지로 구분, 표시하여 앞으로 타구에 따른 힘의 정도를 나타내기도 한다.

아래 부분에 나열된 표는, 앞으로 이 책에서 여러 형태의 타구를 설명할 때 표시할 힘의 구분에 따른 힘의 표시이다. 표에서는 편의상 5가지로 구분하였으나, 형태에 따라 세분화되거나 강약의 정도가 강하거나 약한 표시가 있을 수 있다.

그림부분	힘의 명칭	힘의 정도	힘의 표시	설 명
a	약하게	1의 힘	P×1	그림의 맨 왼쪽으로 자신의 수구가 짧은 쿠션 근처에 정지할 정도의 힘이다.
b	약간 약하게	2의 힘	P×2	수구가 짧은 쿠션을 맞고 자신의 앞부분 짧은 쿠션에 정지할 정도의 힘이다.
c	보통	3.5의 힘	P×3	그림의 중간 부분으로 수구가 짧은 쿠션을 3번 이용한 후 다시 테이블의 중앙에 정지할 정도의 힘이다.
d	약간 세게	4.5의 힘	P×4	수구가 자신의 앞부분의 짧은 쿠션을 2번 이용한 후 다시 테이블 중간에 정지할 정도의 힘이다.
e	세게	5.5의 힘	P×5	그림의 맨 오른쪽으로, 맞은편 쿠션을 3번 이용한 후 다시 테이블 중앙에 정지할 정도의 힘이다.

제2장
공의 운동 이론

1. 공의 운동력
2. 당점에 따른 힘의 변화
3. 당점에 따른 공의 진행 방향
4. 분리각의 변화
5. 쿠션에서의 회전력의 변화

제 2 장 공의 운동 이론

공의 움직임에 대한 원리를 아는 것은 훌륭한 플레이어가 되기 위한 필수조건이다.

1. 공의 운동력

공이 테이블을 움직일 때 공의 운동 상태를 보면 다음과 같은 5가지의 힘이 독립적으로나 아니면 복합적으로 묶여져 있다.

1) 전진력 (F)-회전력에 상관없이 앞으로 나아가려는 힘. 다시 말하면 공 자체의 회전력에 상관없이 최초 타구한 힘에 의하여 공이 앞으로 진행하는 상태나 그 때의 힘을 말한다.
2) 무회전 전진력 (NEF) - 회전력없이 진행하는 힘이나 그러한 상태
3) 전진회전력 (FSF) - 공에 발생된 전진회전에 의해 전진해 나가거나 나가려고 하는 힘이나 상태.
4) 역회전력 (BSF) - 공에 발생된 역회전력에 의해 뒤로 끌리거나 끌리려고 하는 힘이나 상태.
5) 좌.우 회전력 (L.RSF) - 공이 왼쪽이나 오른쪽으로 회전하는 상태나 그 때의 힘.

이 들 5가지 힘은 약하게 타구하여 공이 4면의 쿠션 중 한 면의 쿠션도 이용하지 않고 멈출 경우를 제외하고 쿠션을 이용할 경우, 타구에서 공이 정지할 때까지 복합적으로 발생되어 공의 움직임을 변화시키게 된다.

2. 당점에 따른 힘의 변화

1. 상·하 높이에 따른 힘의 변화

1) 무회전 지점 : 공의 중심부분으로 타구시 공에 부여되는 힘은 전진력뿐인 부분이다.
   최초, 좌.우 회전력과 전진회전력, 역회전력은 0인 상태이다.
2) 전진회전분면 : 무회전지점의 위쪽으로 타구시 전진력과 함께 전진회전력이 발생한다.
   무회전지점에서 위쪽으로 올라갈수록 전진회전력은 증가하나 전진력은 감소한다.
   밀어치기

3) 역회전분면 : 무회전지점의 아래쪽 부분으로 타구시 전진력과 함께 역회전력이 발생한다.
   무회전지점에서 아래쪽으로 내려갈수록 역회전력은 증가하나 전진력은 감소한다.

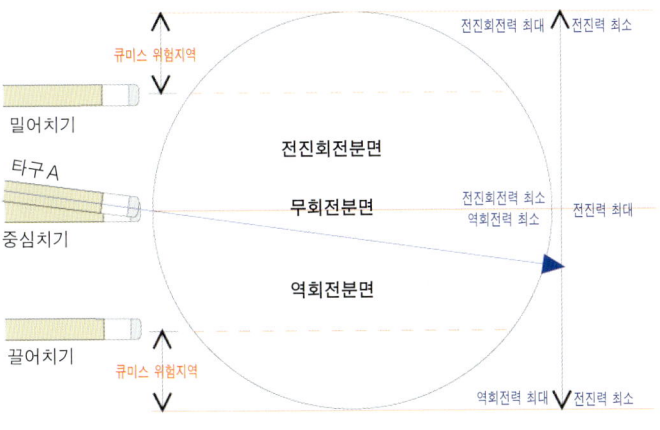

참고
타구 A의 경우 당점은 중심치기를 겨냥하였으나, 큐의 움직임이 수평이 되지 않아 힘의 방향이 역회전분면을 향하고 있다. 이럴 경우 정확한 중심치기에 의한 무회전 전진이 되지 않고 수구에 전진력과 함께 역회전력이 부여된다.

2. 좌·우 넓이에 따른 힘의 변화

1) 중심지점 : 공의 중심부분으로 상,하 높이에 따라 전진회전력이나 역회전력이 부여될 수는 있으나 좌,우 회전력은 0인 상태이다.

2) 좌회전력분면: 공의 중심지점에서 왼쪽 부분으로 전진력과 함께 좌측회전력이 발생하며, 타구시 공은 왼쪽으로 돌며 진행하게 된다.
   왼쪽으로 갈수록 좌측회전력은 증가하나 전진력은 감소한다.
   좌비틈

3) 우회전력분면 : 중심분면에서 오른쪽 부분으로 전진력과 함께 우측회전력이 발생하며, 공은 오른쪽으로 돌며 진행하게 된다.
   오른쪽으로 갈수록 우측회전력은 증가하나 전진력은 감소한다.
   우비틈

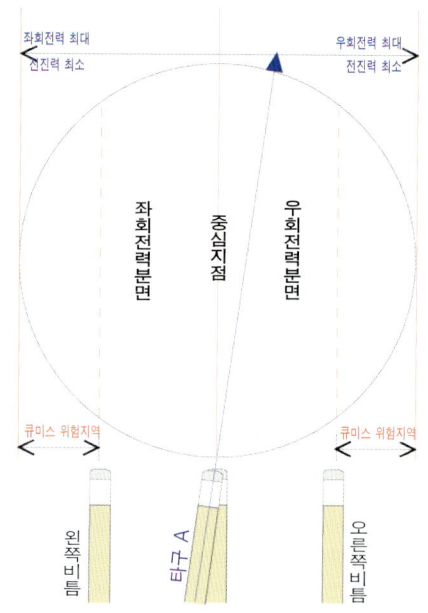

> 참고 : 타구 A의 경우 당점은 중심치기이나, 큐의 움직임이 수직 상태가 되지 않고 오른쪽으로 틀어져 타구된 경우로, 힘의 방향이 우회전분면으로 향하고 있어 우측회전력이 발생하게 된다.

3. 표적구와 부딪치지 않을 경우 운동력의 변화

1) 중심치기일 경우 : 중심치기로 타구할 경우 힘의 강약에 따라 거리는 다르지만 일정거리를 회전력없이 움직이게 된다. 즉 수구는 최초 타구에 의해 발생된 전진력만으로 무회전 활주를 하며 진행하게 되는 것이다. 그러나 점차적으로 전진력으로 진행하는 동안 테이블 천과의 마찰로 전진회전력이 발생하게 된다.

2) 밀어치기일 경우 : 밀어치기로 타구할 경우 최초 타구에 의해 전진력과 함께 전진회전력이 발생한다.

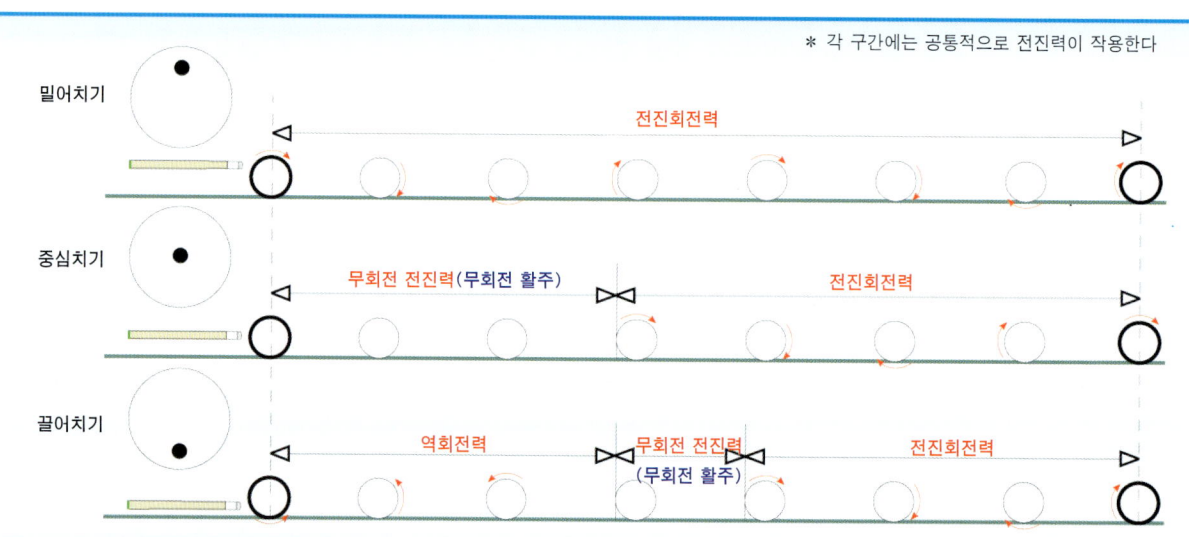

참고 : "전진력" 이란, 최초 타구한 힘에 의해 회전력에 상관없이 앞으로 나아가는 상태나 그 때의 힘을 말한다.

3) 끌어치기일 경우 : 끌어치기로 타구할 경우 , 공에는 최초 타구한 힘에 의해 전진력과 역회전력이 동시에 발생되며 공은 역회전을 하며 전진하게 된다. 공에 발생된 역회전력은 전진력에 의해 진행하는 동안 테이블면과의 마찰로 인해 점차적으로 약해지며 어느 순간 그 힘을 완전히 잃게 되면 아주 짧은 기간의 무회전활주를 거쳐 전진력에 의해 다시 전진회전력을 얻게 된다. 물론 역회전력이 상실될 때까지의 거리는 최초 타구시 공에 부여된 힘의 정도와 역회전력의 세기에 따라 달라지게 된다.

4. 표적구와 부딪칠 경우 운동력의 변화

당구 경기는 수학적이며 물리적인 스포츠 경기이다. 공의 정확한 진로를 파악하게 위해서는 수학적인 계산이 필요하며, 계산에 따라 공을 정확하게 움직이기 위해서는 물리적 원리를 이해해야 한다. 이에 필요한 수학적인 계산 방식은 뒤에 설명되며 여기서는 물리적인 공의 운동 원리에 대해 알아보자.

힘이 소요되는 요인

경기자가 타구시 100이라는 힘을 투입했다고 가정하자. 투입된 100이라는 힘은 타구와 동시에 여러 힘으로 분산되고, 시간이 지남에 따라 그 힘이 전부 소요되면 공들은 정지하게 된다.

ㄱ. 공들의 운동으로 인한 힘의 소요
수구와 표적구들의 움직임에 필요한 힘(예 : 전진력, 전진회전력, 역회전력, 좌.우 회전력, 무회전 전진력 등)에 의한 힘의 소요

ㄴ. 마찰로 인한 힘의 소요
- 공이 운동시, 테이블 면이나 쿠션과의 마찰(접촉)으로 인한 힘의 소요.
- 공들간의 접촉으로 인한 힘의 소요.
- 공기와의 접촉으로 인한 힘의 소요
- 기타 마찰로 인한 힘의 소요.

ㄷ. 소리로 인한 힘의 소요
- 큐와 공과의 접촉으로 인해 발생되는 소리로 인한 힘의 소요.
- 공들간의 접촉으로 인해 발생되는 소리로 인한 힘의 소요
- 공이 테이블을 이동할 때 발생되는 소리나 쿠션에 부딪칠 때 발생되는 소리로 인한 힘의 소요.
- 기타 발생되는 소리로 인한 힘의 소요

ㄹ. 기 타
이와 같이 힘이 소요되는 요인들 중 공들의 운동으로 인한 힘의 소요나, 마찰로 인한 소요, 기타 공기의 저항으로 인한 힘의 소요 등은 불가항력적으로 발생되는 힘의 손실로서, 이에 대해서는 별다른 부연 설명이 없어도 독자분들은 이해하리라고 본다. 그러나 접촉시 발생되는 소리로 인한 힘의 소요 중, 큐와 공과의 접촉이나 공들간의 접촉으로 인해 발생되는 소리로 인한 힘의 소요는 자신의 노력 여하에 따라 힘의 소요분을 줄일 수 있는 부분이므로 이에 대한 설명을 읽고 보다 효율적인 타구를 할 수 있기 바란다.

접촉으로 인한 힘의 소요

타구시, 큐와 공이 부딪칠 때 발생되는 소리와 공들간에 부딪칠 때 발생되는 소리의 크기 정도는 타구의 힘이 강하고 부딪치는 정도가 두꺼울수록 크게 된다.

큐와 수구가 부딪칠 때 발생되는 소리가 크다는 것은, 강한 타구로 인하여 수구에 부여된 진행력(전진력)이 크다는 것을 의미하며, 수구와 표적구가 부딪쳤을 때 발생되는 소리가 크다는 것은 서로 접촉하는 부위가 넓어 타구한 힘에 비해 수구의 전진력은 약해지고 이에 반해 부딪친 표적구로 수구의 전진력이 많이 전이되었음을 의미한다. 이 때 수구의 이동거리는 짧아지고 반대로 표적구의 이동거리는 상대적으로 길어지게 된다.

이와 같이 소리에 의한 힘의 손실은 앞에서 설명한 것과 같이 크게 (1) 타구시 큐와 수구와의 접촉으로 인한 힘의 손실. (2) 공들간의 접촉으로 인한 힘의 손실. 두가지로 구분할 수 있는데, 두번째의 공들간의 접촉으로 인한 힘의 손실은 타구의 형태(경우에 따라 수구와 표적구간의 접촉면을 달리할 수 있기 때문)에 따라 감수해야 할 부분이다. 그러나 1차적으로 발생하는 큐와 수구와의 접촉으로 인한 힘의 손실은 타구시 자신의 의지에 따라 힘의 손실을 예방할 수 있는 부분이다.

(1) 소리의 변화 (상.하 당점의 차이에 의한 소리의 변화)

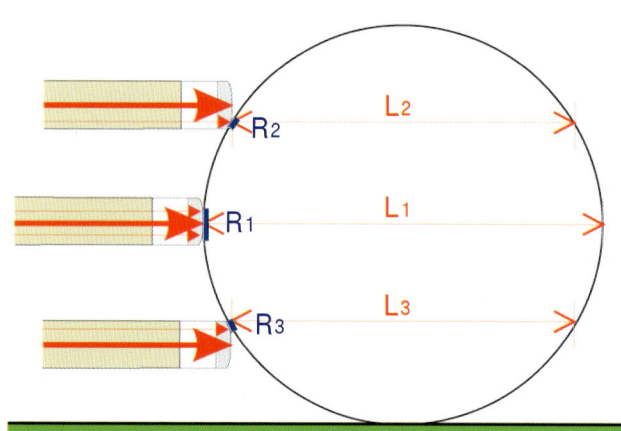

왼쪽 그림은 상.하 당점(밀어치기, 중심치기, 끌어치기)에 따라 큐의 팁과 공이 접촉하는 부분(R_2, R_1, R_3)과 각각의 타구에 따라 수구가 받는 힘의 정도를 표시한 것이다.

그림에서 보면 밀어치기나 끌어치기의 경우 공이 둥근 관계로 큐의 탭부분과 공 표면이 접촉하는 부분 R_2, R_3는 중심치기의 경우(R_1)보다 적으며, 큐에 의해 힘을 받는 범위 또한 밀어치기나 끌어치기일 경우(L_2, L_3)가 중심치기일 경우(L_1)보다 짧게 된다. 이 때 당점에 따라 수구에 전달되는 힘 또한 밀어치기나 끌어치기일 경우, 큐의 중심이 아닌 큐의 아래부분(밀어치기일 경우)이나 큐의 윗부분(끌어치기일 경우)이 수구와 접촉하기 때문에, 힘의 전달이 큐의 중심부분으로 부터 전달되는 중심치기일 경우보다 작다.

이 때 발생되는 소리의 차이는 얇은 철판을 끝부분의 면적이 작은 도구를 이용하여 칠 때 발생되는 소리와 두꺼운 철판을 끝부분이 넓은 도구를 이용하여 쳤을 때 발생되는 소리와 비교하면 쉽게 이해가 될 것이다.

결론적으로 같은 힘을 타구했을 때 정확한 밀어치기나 끌어치기 타구는 중심치기 타구일 경우보다 소리가 작고 맑은 경음이 발생되는 것이다. 자신이 타구한 밀어치기가, 중심치기를 했을 때 나타나는 크고 둔탁한 소리가 났다면 타구시 자세가 불량(큐가 수평을 이루지 못했거나, 큐와 수구의 접촉시 자세의 불량으로 정확한 밀어치기 당점을 때리지 못한 경우)하여 정확한 밀어치기가 구사되지 않은 것이다.

(2) 소리의 변화 (좌. 우 당점의 차이에 의한 소리의 변화)

좌.우 당점의 차이에 의한 소리의 변화도 상.하 당점의 차이에 의한 소리의 변화와 같은 논리이다.

이제는 여러분도 정확한 비틈을 넣은 타구가 중심치기 타구일 경우 보다 소리가 작고 경음인 이유에 대해 이해를 할 수 있을 것이다.

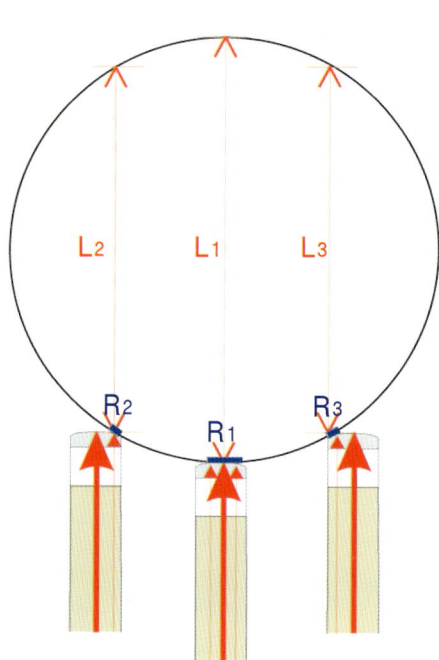

(3) 소리의 변화(수구와 표적구가 부딪쳤을 때의 소리의 변화)

최초 타구시 투입된 힘을 100이라고 가정하자. 중심치기로 타구할 경우, 타구시 큐와 수구와의 접촉으로 인해 발생되는 소리로 인한 힘의 손실이 10(실제로 소리로 인한 힘의 손실은 이보다 적을 수 있다.)이라면 나머지 90의 대부분은 전진력으로 전환되어, 수구는 빠른 속도로 전진하며 표적구와 부딪치게 된다. 따라서 이 때 표적구와의 접촉으로 인한 소리는 크게 되는 것이다. 반면 중심치기이외의 다른 당점으로 타구했을 경우 최초 타구시 큐와의 접촉으로 인해 발생한 소리로 인한 힘의 손실은, 중심치기일 경우 보다 그 손실이 적으나 나머지 힘이 수구의 전진력외에 다른 회전력으로 많이 분배되어 수구의 진행속도를 결정하는 전진력은 결과적으로 떨어지게 된다. 따라서 이와 같은 상태에서 표적구와 부딪치게 된다면, 중심치기일 경우보다 발생되는 소리가 같은 힘으로 타구하였다 할지라도 작아지는 것이다.

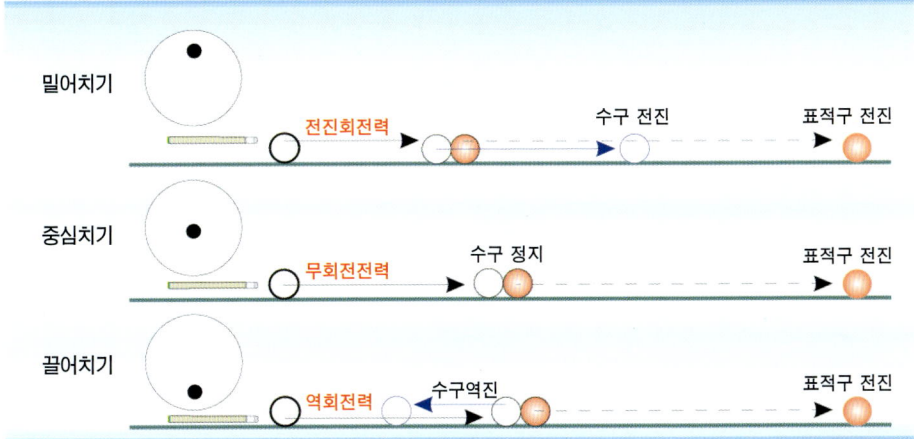

* 참고 : 중심치기시 수구가 제1표적구를 맞고 정지하려면, 수구의 운동력이 제1표적구를 맞을 때까지 무회전 전진력(무회전 활주)이 유지 되어야 한다. 그렇지 않을 경우(무회전 전진력이 전진회전력으로 바뀐 상태) 제1표적구를 맞춘 수구는 중심치기라 할 지라도 발생된 전진회전력에 의해 앞으로 전진하게 된다. 끌어치기일 경우도 수구가 제1표적구를 맞고 약간이라도 뒤로 역진하려면, 제1표적구와 접촉하는 순간에 약간의 역회전력이 남아 있어야 한다. 만약 역회전력이 소멸된 상태에서 제1표적구와 접촉하게 된다면, 경우에 따라 수구는 그 자리에 정지(수구가 무회전 전진력 상태)할 수도 있고 앞으로 나아갈 수(수구가 전진회전력 상태)도 있다.

분류	타구시 수구에 부여되는 힘	표적구와의 접촉시 힘의 변화		결 과		비 고
		수 구	표적구	수 구	표적구	
중심치기	전진력	전진력이 표적구로 전이	전진력 발생	정 지	이전된 전진력에 의해 앞으로 나아감	* 분류된 각각의 타구는 고유의 힘으로만 타구 되어야 한다. 그렇지 않고 타구가 혼합된 상태(예 : 밀어치기 + 좌비틈치기)일 경우 결과 또한 복합적인 결과가 발생한다. * 각각의 타구는 정면치기이며, 수구에 부여된 회전력은 표적구를 맞출 때까지 유지된 상태이다
밀어치기	전진력, 전진회전력	전진력이 표적구로 전이	전진력, 역회전력 발생	전진력은 표적구로 전이되었으나 남아있는 전진회전력에 의해 앞으로 나아감	발생된 역회전력은 전진력에 의해 곧 전진회전력으로 전환됨	
끌어치기	전진력, 역회전력	전진력이 표적구로 전이	전진력, 전진회전력 발생	전진력은 표적구로 전이되었으나 남아있는 역회전력에 의해 뒤로 끌리게 됨	앞으로 나아감	
좌비틈치기	전진력, 좌회전력	전진력이 표적구로 전이	전진력, 우측회전력 발생	전진력은 0상태이나, 좌측회전력에 의해 표적구와의 접촉 후 약간 왼쪽으로 이동한뒤 정지함.	수구와 접촉시 수구의 좌측회전력에 의해, 미묘하게나마 오른쪽으로 틀어져 나아감.	
우비틈치기	전진력, 우회전력	전진력이 표적구로 전이	전진력, 좌측회전력 발생	전진력은 0상태이나, 우측회전력에 의해 표적구와의 접촉 후 약간 오른쪽으로 이동한뒤 정지함.	수구와 접촉시 수구의 우측회전력에 의해, 미묘하게나마 왼쪽으로 틀어져 나아감.	

3. 당점에 따른 타구의 진행 방향

1) 공에 좌·우 회전력을 넣지 않을 경우

 공에 왼쪽이나 오른쪽 회전력을 넣지 않을 경우(좌·우 비틈을 주지 않고 상.중.하 각 당점의 0T으로 타구할 경우) 수구의 진행방향은 큐의 진행방향, 즉 타구하고자 하는 방향과 일치하게 된다.

2) 공에 좌·우 회전력을 넣을 경우

 공에 좌·우 회전력을 넣을 경우, 수구의 진행방향은 타구의 방법이나 힘조절등에 따라 차이를 보이게 된다.

 (1) 타구 초기의 진행 방향

  공에 좌(우) 회전력을 넣고 타구할 경우, 공의 초기 진행 방향은 회전력의 반대 방향으로 약간 틀어져 진행하게 된다.

 (2) 타구 후기의 진행 방향

  ㄱ. 약하게 타구할 경우

  수구에 좌측이나 우측회전력을 넣고 약하게 타구할 경우, 수구는 처음에는 비틈의 반대 방향으로 약간 틀어져 진행을 하게 되나 시간이 지날수록 비틈의 방향으로 약간 휘어져 진행하게 된다.

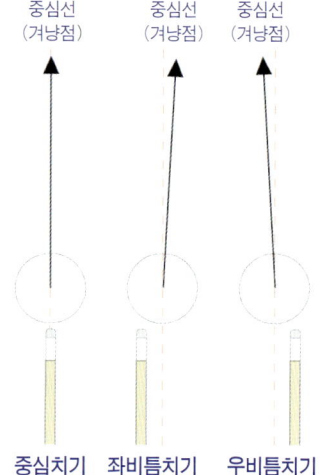

중심치기 　좌비틈치기 　우비틈치기

* 좌.우 그림은 그림은 독자의 이해를 돕기 위한 것이다. 실질적인 수구의 진로 변화는 더 미묘할 수도 있다.

 이에 대해 설명하게 앞서 공의 진행 성질 중 또 한 가지 알고 넘어가야 할 사항이 있는데, 그 성질은 공에 좌(우)회전력을 넣었을 경우 공의 진행은 회전력의 방향으로 진행하려는 성질을 가지고 있다는 것이다. 물론 이때에도 공에는 좌(우)회전력과 함께 공이 움직일 수 있는 힘 (전진력이나 전진회전력 또는 역회전력)중에 한 가지라도 공에 부여되어야 한다는 것이다. 그렇지 않고 공이 움직일 수 있는 힘없이 좌·우 회전력만 공에 부여(실질적으로 이와 같은 타구는 불가능하다)된다면 공은 팽이처럼 제자리에서만 돌게 될 것이다.

 이상으로 종합해 볼 때, 이와 같은 상황에서 공의 진행은, 초기에는 회전력의 반대방향으로 약간 틀어져 진행을 하게 되나, 약하게 타구함으로써 약화된 전진력에 대응하여 회전력의 방향으로 진행하려는 힘이 회전력방향으로 공을 조금씩 휘어져 진행시키게 된다. 이와 같이 회전력 방향으로 휘어져 진행하려는 성질은 좌(우)회전력을 강화시키고 전진력이나 전진회전력을 감소시킬 경우 크게 작용하여 더욱 더 큰 커브를 그리게 되는데, 공에 좌(우)회전력과 함께 공의 전진력을 감소시키는 역회전력을 함께 부여하는 경우가 그것이다.

  ㄴ. 강하게 타구할 경우

  공에 좌(우)회전력을 부여하고 강하게 타구할 경우, 공의 진행은 초기의 회전력의 반대 방향으로 약간 틀어져 진행하려는 성질이 유지되어 그림과 같이 겨냥점보다 회전력의 반대방향으로 1~5cm 또는 그 이상(과도한 회전력을 넣고 강하게 타구할 경우, 겨냥점에서 벗어나는 정도는 커지게 된다) 비켜 도달하게 된다. 이 때에도 물론 회전력 방향으로 진행하려는 힘이 작용되나 수구의 진행력이 너무 강해 공의 진로에는 영향을 미치지 못하여 초기의 수구 진로가 유지되는 것이다. 이를 "스쿼드 현상"이라고 한다.

4. 분리각의 변화

1. 힘조절에 따른 분리각의 변화(A)

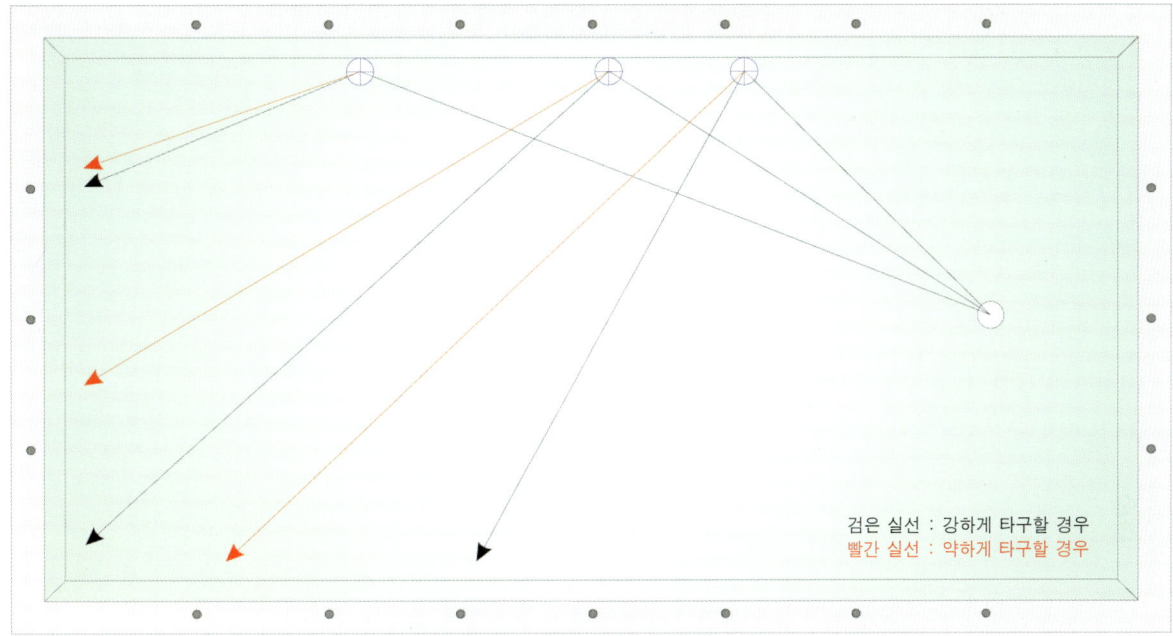

검은 실선 : 강하게 타구할 경우
빨간 실선 : 약하게 타구할 경우

위 그림은 힘조절에 따른 쿠션에서의 분리각의 변화를 보여주고 있다.

당구에 있어 힘조절은 아주 중요한 사항이다. 그림에서와 같이 힘조절에 따라 수구의 진로가 바뀌기 때문에 타구 형태에 따라 적절한 힘조절을 할 수 있는 능력이야 말로 고점자가 되기 위한 필수조건인 것이다.

그림은 중심치기(C-0T)로 공을 쿠션에 넣었을 경우 타구의 세기에 따른 분리각의 변화이다.

그림에서와 같이 힘조절에 따라 반사각이 달라지는 이유는, 먼저 강한 힘으로 공을 쿠션에 넣었을 경우 쿠션이 강한 공의 전진력에 의해 약한 타구일 경우보다 크게 밀려 들어가게 되고 쿠션과 공이 접하는 부분 또한 약한 타구일 경우 보다 곡선 모양으로 크게 변형되면서 반발력 또한 커지게 되어 올바른 반사를 할 수 없게 되는 것이다. 이런 이유로 타구가 강할 경우 일반적인 반사각 보다 예각이 되는 것이다. 반대로 약한 타구일 경우, 진행속도가 늦기 때문에 쿠션의 반발력 또한 적을 뿐더러, 쿠션과 접할 때 공 자체의 전진력에 의해 쿠션에서 약간 밀리며 반사되어 나오게 된다. 반사되어 나온 수구는 진행속도가 느려 입사각에 상관 없이 빨리 전진회전력을 얻게 되며, 발생된 전진회전력은 공이 아주 미묘하게나마 앞쪽으로 커브를 그리며 진행하는 원인이 된다. 결과적으로 약한 타구일 경우 보통의 타구보다 반사각이 둔각이 된다.

2. 힘조절에 따른 분리각의 변화 (B)

오른쪽 그림은 수구와 표적구간의 두께를 일정하게 하고 타구시 힘의 세기 정도를 변화시킬 경우 수구와 표적구간의 분리각의 변화를 보여준다. 이처럼 수구와 제1표적구간의 분리각의 변화가 힘의 세기에 따라 달라지는 이유는 공이 쿠션에서 반사될 때 힘조절에 따라 분리각의 변화가 생기는 이유와 연관지어 생각하면 쉽게 이해가 될 것이다.

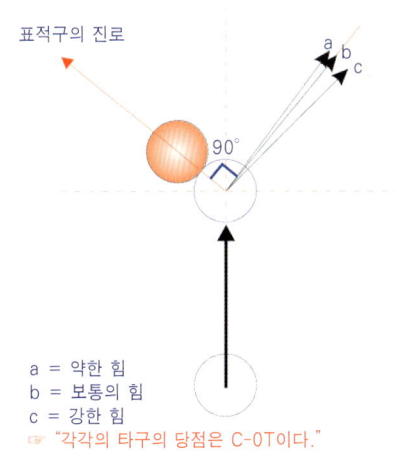

표적구의 진로
a = 약한 힘
b = 보통의 힘
c = 강한 힘
☞ "각각의 타구의 당점은 C-0T이다."

3. 좌·우 회전력에 따른 분리각의 변화

좌.우 회전력에 따른 분리각의 변화를 그림으로 나타내었다.
각 당점에 따른 분리각은 다른 힘의 가감 정도와 주변 여건(테이블의 상태 등)에 따라 차이를 보일 수 있다.

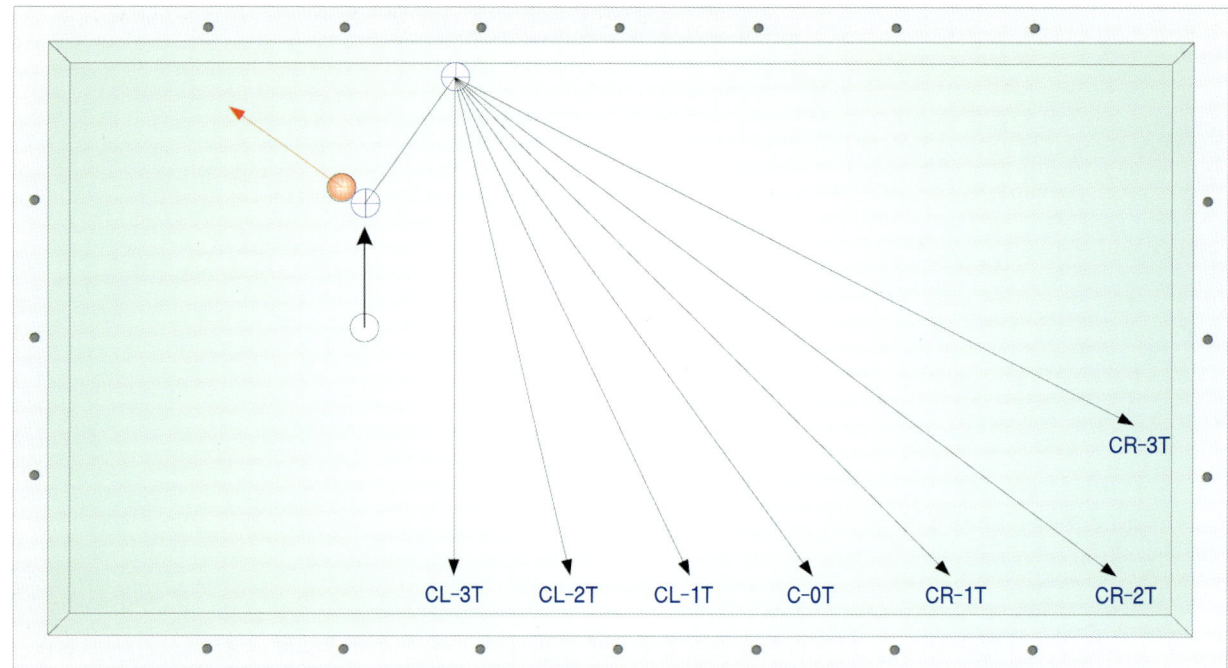

알고 넘어 갑시다.

회전력의 전이

앞에서도 설명하였지만 공이 왼쪽이나 오른쪽 회전력을 얻어 진행할 경우, 회전 방향으로 아주 미묘하게 휘어져 진행하려는 성질이 있습니다. 물론 이런 현상은 전진력에 대해 좌.우 회전력이 크게 작용할 수록 더욱 크게 일어나며, 여기에 수구의 전진을 방해하는 역회전력까지 넣어진다면 휘어짐 정도는 더욱 커지게 됩니다.

또 하나 알고 넘어가야 할 사항은 공끼리 서로 부딪쳤을 때 각각의 공의 진행 방향과 회전 방향의 변화입니다. 부딪치는 공들은 서로 쿠션과 같은 역할을 해 줍니다. 다시 말하면 공 A와 공 B가 서로 부딪쳤을 경우 공 A의 진행 방향은 자신의 회전 방향으로, 공 B의 진행 방향은 공 A 회전 방향의 반대 방향으로 약간 틀어져 진행하게 됩니다. 공끼리 서로 쿠션과 같은 역할을 해준 셈이죠. 예로 오른쪽 밀어치기로 표적구를 정면으로 맞혔을 경우, 수구는 표적구를 맞고 전진회전력에 의해 곧장 직진하는 것이 아니라 맞는 순간 약간 오른쪽으로 틀어져 진행하며 그 이후로도 우측 회전력에 의해 약하게나마 오른쪽으로 휘어져 나가게 됩니다. 표적구가 쿠션과 같은 역할을 해준 것입니다. 이 때 수구도 표적구에 대해 쿠션과 같은 역할을 해주게 됩니다. 표적구 역시 수구와 접촉하는 순간 수구 회전력의 반대 회전력인 좌측회전력을 얻게 되며, 수구 회전의 반대 방향인 왼쪽으로 약간 틀어져 진행하게 하며 점차 회전력의 방향인 왼쪽으로 아주 미묘하게나마 휘어져 나가게 됩니다. (* 참고 : 수구와 표적구간의 진행력이나 전진회전력이 강할 경우 좌.우 회전력에 의해 진로가 휘어지려는 힘은 거의 작용을 하지 못합니다.) 여기서 우리가 알 수 있는 사실은 공이 서로 부딪쳤을 경우 회전력이 어떻게 전달되는가 하는 점입니다. 쉽게 여러분들은 서로 맞물려 돌아가는 톱니바퀴를 생각하시면 됩니다. 톱니바퀴가 맞물려 돌아갈 때 각각의 톱니바퀴의 회전은 반대인 사실을 아시죠? 공끼리 서로 부딪쳤을 경우에도 각각의 회전방향은 서로 반대의 회전력이 되는 것입니다. 즉 A, B, C, D 4개의 공이 순차적으로 부딪쳤을 경우 회전력은 다음과 같이 전이됩니다.

A(좌측회전) ➡ B(우측회전) ➡ C(좌측회전) ➡ D(우측회전)
A(우측회전) ➡ B(좌측회전) ➡ C(우측회전) ➡ D(좌측회전)

4. 공쿠션치기에 있어 분리각의 변화

공을 쿠션처럼 이용하여 타구하는 공 쿠션치기에서 분리각의 변화는 쿠션에서 분리각의 변화를 생각하면 쉽게 이해가 될 것이다.

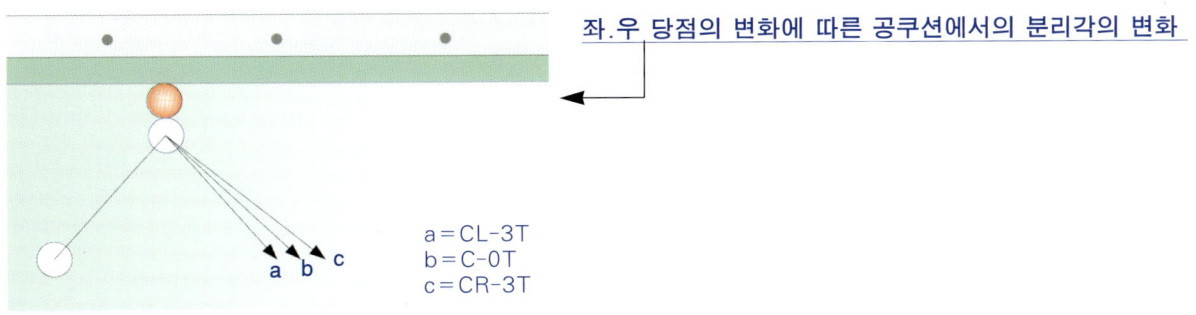

좌.우 당점의 변화에 따른 공쿠션에서의 분리각의 변화

a = CL-3T
b = C-0T
c = CR-3T

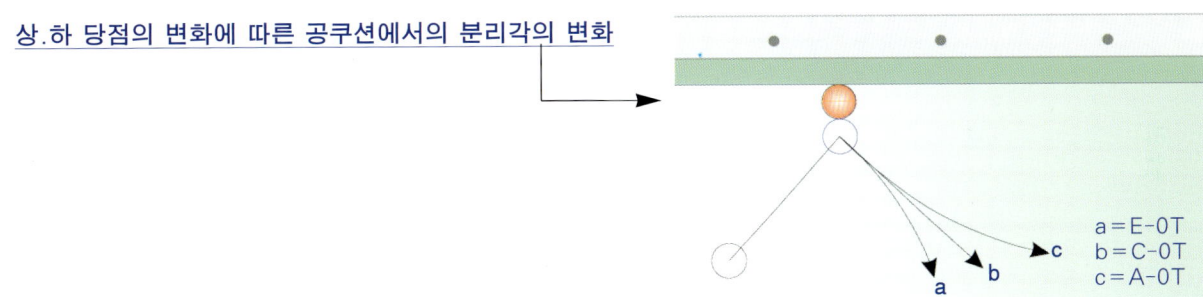

상.하 당점의 변화에 따른 공쿠션에서의 분리각의 변화

a = E-0T
b = C-0T
c = A-0T

5. 수구와 표적구의 분리각의 변화

수구와 표적구가 서로 부딪쳤을 경우 두 개의 공은 정면치기일 경우를 제외하고 서로 다른 방향으로 분리해 진행하게 된다. 당구에 있어 고점자가 되기 위해서는 타구에 따른 수구의 진로를 파악하는 것도 중요하지만 그에 못지 않게 표적구의 진로를 파악하는 것 또한 공들간의 키스를 예방하고 보다 나은 포지션 플레이를 위해 꼭 필요한 사항이다.

당점은 중심치기(C-0T)이며, 보통의 힘으로 타구했을 경우 표적구의 진행방향은 수구가 표적구에 접했을 때 수구의 중심부분과 표적구의 중심부분을 연결한 선의 연장선(선a) 방향으로 나가게 되며, 수구는 표적구가 진행하는 방향의 90도 되는 방향으로 진행하게 된다. 이와 같은 사항은 기본적인 사항이며 타구방법이 달라지게 되면 분리각은 약간씩 변하게 된다.

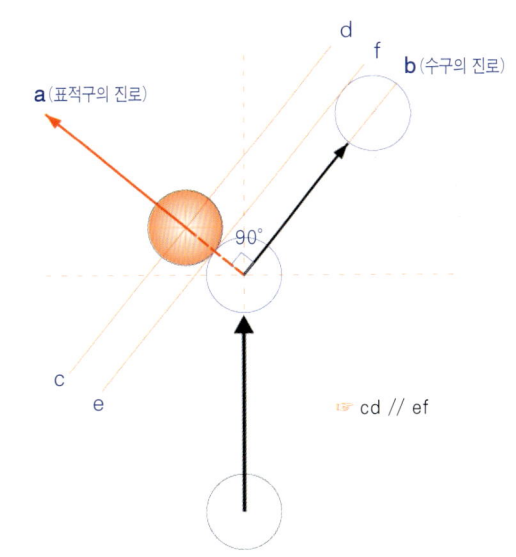

cd // ef

두께	1/5	1/4	1/3	1/2	3/5	2/3	3/4	4/5
수구	37°	42°	48°	60°	65°	70°	75°	78°
표적구	53°	48°	42°	30°	25°	20°	15°	12°

5. 쿠션에서 회전력의 변화

앞에서 우리는 당점에 따른 각각의 회전력의 변화에 대해 알아보았다. 이제는 각각의 당점에 따라 공을 쿠션에 넣었을 경우, 쿠션에 반사되어 나오는 공의 회전력의 변화에 대해 알아보자. 단, 각각의 힘(회전력)은 쿠션에 넣어지는 순간까지 유지되어야 한다.

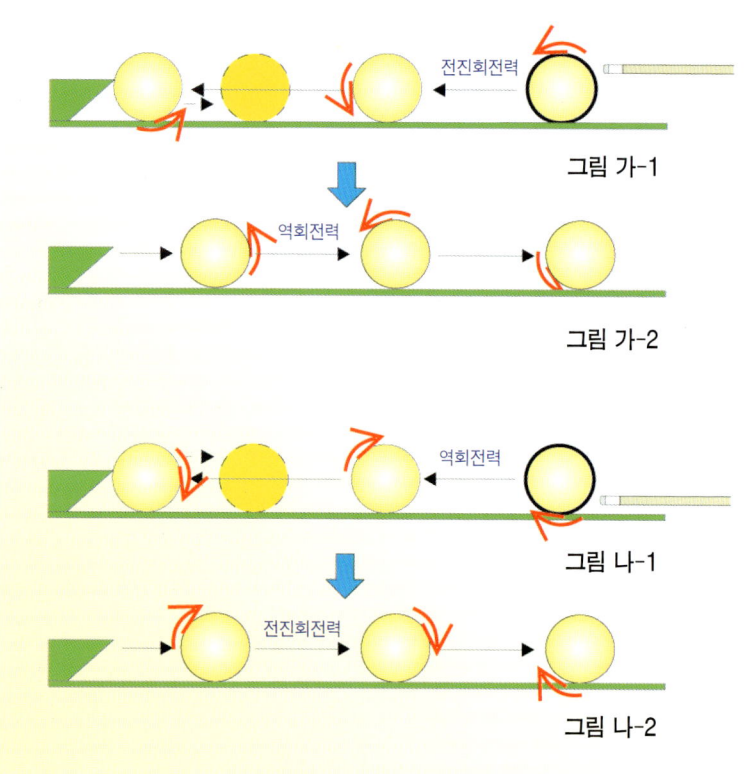

수구의 회전은 쿠션을 맞고 반사되어 나온 후 그 회전력이 일정할 수도, 그렇지 않고 변화할 수도 있다. 다시 말해서 수구가 쿠션에 입사할 때의 입사각에 따라 회전력이 달라질 수 있는 것이다. 이러한 회전력의 변화는 좌.우 회전력일 경우 큰 변화는 없으나, 전진회전력(밀어치기)나 역회전력(끌어치기)의 경우 입사각에 따라 큰 변화를 보이게 된다.

그림 나-1에서와 같이 쿠션에 수직으로 공에 역회전력(끌어치기)을 넣었을 경우(*주의 : 쿠션에 닿을 때까지 역회전력이 유지되어야 한다) 반사되어 나오는 공의 회전력은 역회전이 아닌 전진회전인 것을 볼 수 있다.(그림 나-2) 그림 가-1과 가-2의 경우에도 같은 현상을 볼 수 있다. 즉, 밀어치기를 이용, 수구에 전진회전을 넣고 공을 쿠션에 넣었을 경우 반사되어 나오는 수구의 회전은 전진회전이 아닌 역회전으로 변하여 진행하는 것을 볼 수 있다. 물론 이 역회전력도 전진력에 의한 테이블 천과의 마찰에 의해 시간이 지나면서 무회전 활주를 거쳐 다시 전진회전으로 바뀌게 된다. 보는 위치에 따라 다르겠지만 공이 진행하는 방향에서 볼 때 회전방향이 완전히 바뀐 것을 알 수 있다. 이와 같은 현상은 수구가 쿠션에 입사할 때의 입사각이 대략 45~90도 일 때 일어나며, 입사각이 그 이외일 경우(0~45도 사이)에는 입사할 때의 회전력이 반사된 후에도 유지된다. 여기서 주의할 점은 공이 쿠션에 넣어질 때까지 주어진 회전력이 유지되어야 한다는 것이다.

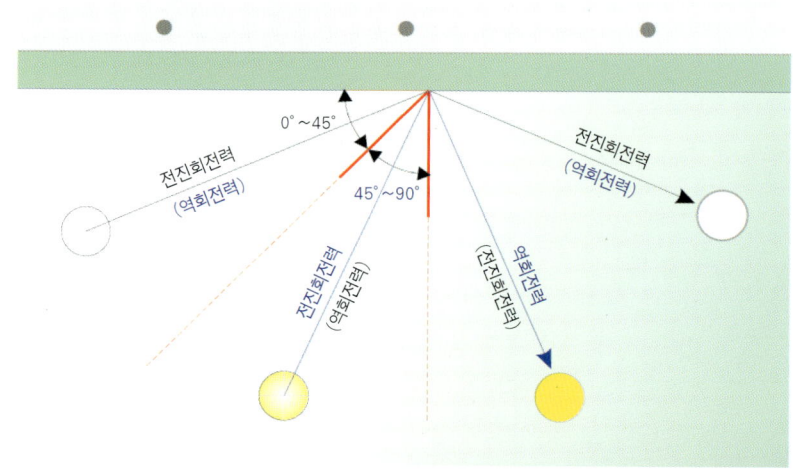

여러 쿠션을 이용할 경우 회전력의 변화

1. 밀어치기 당점(입사각이 45도 이하인 경우)

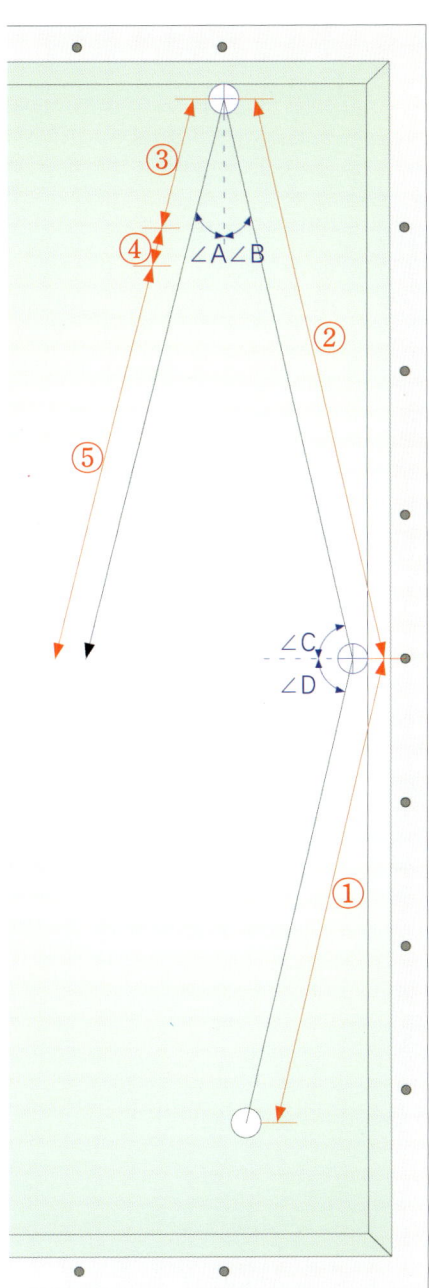

구간 ① = 전진력 + 전진회전력
구간 ② = 전진력 + 전진회전력 + 좌회전력

구간②에서는 입사각이 45도 이하로 입사되어 수구가 반사되었기 때문에 나오는 수구의 회전은 전진회전력을 유지하며 이 때의 분리각 ∠C와 ∠D를 비교하여 보면 ∠C는 ∠D보다 크게 된다(단, 타구한 힘이 강할 경우는 달라질 수 있다). 그 이유는 반사되어 나오는 수구에 주어진 전진력과 전진회전력이 수구를 본래의 수구의 진로에서 앞으로 밀고 나가려는 효과를 주게 되어 아주 미묘하게 나마 좌(우) 회전력을 넣지 않더라도 입사각와 반사각이 달라지게 되는 것이다. 또 이 때 한 가지 알고 넘어가야 할 사항은 쿠션과의 접촉으로 인해 수구에는 약간의 좌측회전력이 발생한다는 사실이다. 이 회전력은 너무 미묘하여 수구의 진로에 큰 영향을 미치지는 못하나 쿠션과 여러번 접촉할 경우에는 그 회전력이 점차로 커지게 되어 공의 진로에 영향을 미치게 된다.

구간 ③ = 전진력 + 역회전력 + 좌회전력

구간 ②에서의 전진회전력이 역회전력으로 바뀌는 구간이다. (구간 ②에서 쿠션으로의 입사각이 45도 보다 크기 때문) 바뀐 역회전력이 유지되는 거리는 입사될 때의 전진회전력과 전진력의 세기에 따라 달라지게 된다. 그 이후의 수구의 회전력은 아주 잠깐 동안의 무회전활주(실질적으로는 약간의 좌회전력을 가지고 활주함)를 거쳐 (구간④) 다시 전진회전력으로 바뀌게 된다(구간⑤). 이때 또 하나 유의할 점은 2번째 쿠션에서 반사될 때의 입사각과 반사각의 차이이다. 그림과 같이 2번째 쿠션으로 입사각이 큰 상태에서 빠르게 진입할 경우 앞에서 설명하였듯이 반사각은 더욱 커지게 (각A < 각B)되나 약하게 타구할 경우에는 반대의 상태(각A > 각B)가 된다. (*참고 : 수구에 존재하는 약간의 좌회전력은 강한 타구일 경우 수구의 진행에 영향을 미치지 못하나 약한 타구일 경우 수구의 진행을 변화시키는 한 요인으로 작용하게 된다)

2. 밀어치기 당점(입사각이 45도 이하인 경우)

1) 구간 ① = 전진력 + 전진회전력
2) 구간 ② = 전진력 + 역회전력 + (좌회전력) (* 강한 타구일 경우 ∠A < ∠B, 약한 타구일경우반대의상황)
3) 구간 ③ = 무회전활주 구간
4) 구간 ④ = 전진력 + 전진회전력 + (좌회전력)

구간 ⑤ = 전진력 + 전진회전력 + (좌회전력)
구간 ⑥ = 전진력 + 역회전력 + (좌회전력)
구간 ⑦ = 무회전활주
구간 ⑧ = 전진력 + 전진회전력 + (좌회전력)

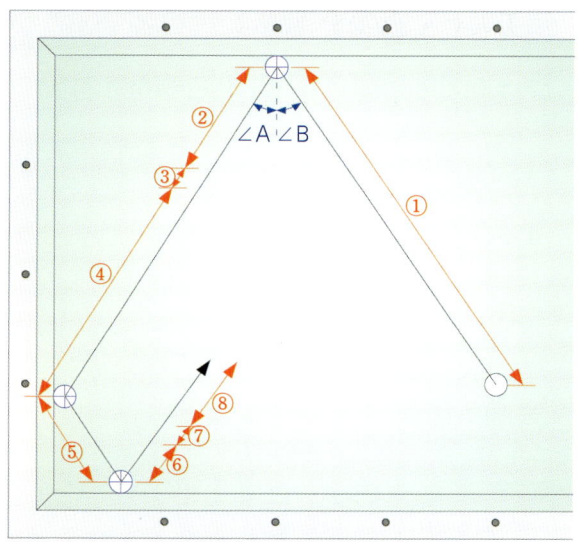

3. 끌어치기 당점(입사각이 45도 이하인 경우)

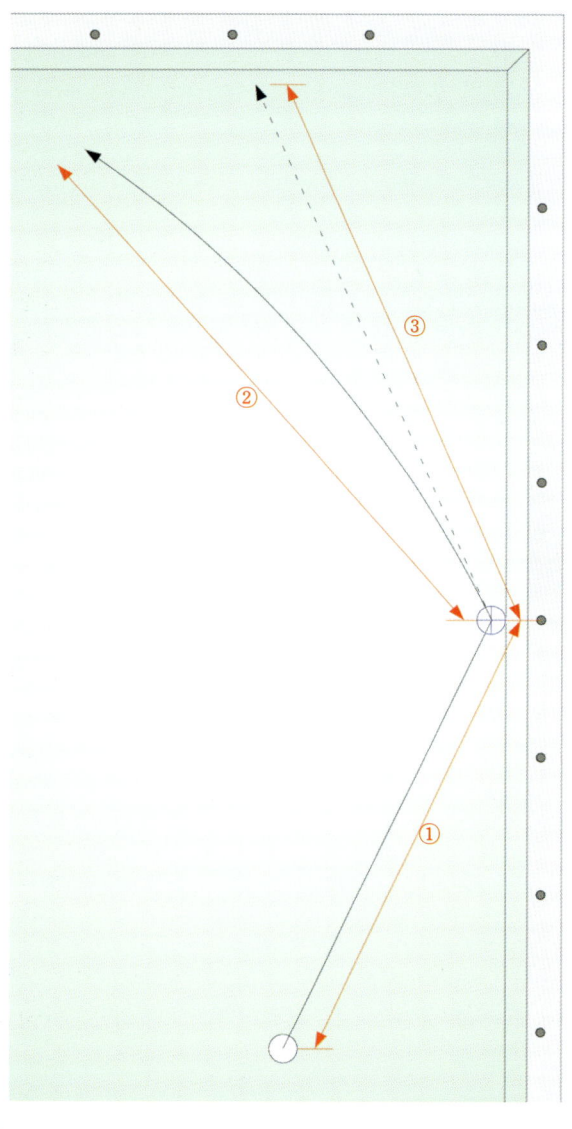

1) 구간 ① = 전진력 + 역회전력 + (좌회전력)

2) 구간 ② = 전진력 + 역회전력 + (좌회전력)

   * 참고 : 시간이 지나면서 역회전력이 없어질 경우
   이 구간에서도 마찬가지로 무회전활주를
   거쳐 전진회전력이 발생하게 된다.

　이 구간에서는 수구의 입사각이 크지 않아 반사되어 나오는 수구에도 역회전력이 유지된다.
　수구는 제1쿠션과 접촉시 표적구에 부딪치듯이 약간 뒤로 끌리 듯 반사되며, 그 후 뒤로 끌리려는 역회전력이 구간 ③의 경로처럼 올바른 진로로 진행하려는 전진력에 대응하기 때문에 점차적으로 수구의 진로는 커브를 그리게 된다.

3) 구간 ③ = 중심치기일 경우의 진로

4. 끌어치기 당점(입사각이 45도 이상인 경우)

1) 구간 ① = 전진력 + 역회전력

2) 구간 ② = 전진력 + 전진회전력 + (좌회전력)

3) 구간 ③ = 중심치기일 경우의 진로

구간 ②에서 수구는 제1쿠션을 접촉하는 순간 역회전력에 의해 약간 뒤로 끌리듯이 반사되어 나가며, 그 이후로도 정상적인 진로로 나아가려는 전진력에 수구 자체의 전진회전력이 더해져 점차적으로 커브를 그리며 앞으로 진행하게 된다. 이것이 구간 ②에서 수구의 진로가 커브인 이유이다.
이에 대한 설명은 뒤에 다시 자세히 설명되어 진다.

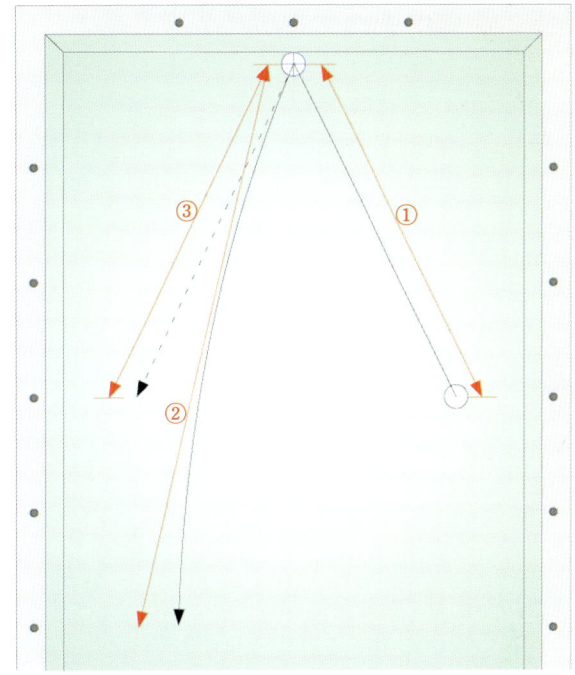

지금까지 공의 진행에 영향을 미치는 각각의 힘들은, 입사되는 각도나 당점, 그 외 여러 요인 (힘의 세기나 타구 방법 등)과 복합적으로 작용하여 공의 진로를 변화시키는 요인으로 작용한다는 사실에 대해 알아보았다.

지금까지 설명에서 참고적으로 한 가지 알고 넘어가야 할 사항은 각각의 상황에 대한 예제로 제시한 그림들은 많은 사항에 대한 한 가지 예로, 같은 상황이라도 힘의 세기나 스트로크 방법에 따라 공이 진행하는 동안 일어나는 힘의 변화는 달라질 수 있다는 사실이다. 즉 타구의 강약에 따라 기존의 힘이 유지되고 변경되는 정도의 차이나, 또 변경된 후에도 다른 힘으로 전환될 때까지의 시간적이나 거리 상 차이가 있을 수 있다는 것이다.

지금부터는 이러한 이론을 모를 경우 실수하기 쉬운 몇 가지 경우에 대해 그림을 통해 설명하고자 한다.

예제와 설명

예제 1

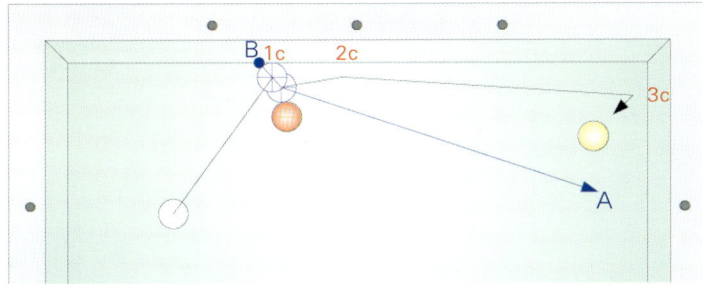

그림과 같은 구멍치기 포지션을 만났을 때, 공의 회전원리를 모를 경우 수구를 뒤로 끌게 하기 위하여 끌어치기 당점으로 타구를 할 수가 있는데, 이와 같은 경우 올바른 당점은 밀어치기 당점이다.

그림에서 수구의 입사각을 보면 45도 이상으로 끌어치기로 타구할 경우, 제1쿠션을 맞고 튕겨져 나오는 수구의 회전은 전진회전이 되기 때문에 결과적으로 B지점에서 밀어치기로 타구한 것과 같은 결과를 보게 된다(진로A). 그러나 수구에 전진회전력(밀어치기)을 넣어 타구할 경우 제1쿠션을 맞고 반사되어 나오는 수구의 회전은 역회전이 되어 제1표적구를 맞고 뒤로 끌리게 됨으로 원하는 수구의 진로를 얻을 수 있게 된다.

예제 2

예제 2와 같은 타구에서 중요한 점은, 쿠션을 맞고 수구가 제1표적구와 부딪칠 때 수구의 회전력 상태이다. 즉 예제와 같은 포지션을 쉽게 해결하기 위해서는 수구와 제1표적구간의 알맞은 두께의 조절도 중요하지만, 이것은 1차적인 문제인 것이다. 이와 같은 1차적인 문제가 해결되었다고 하여도 제1표적구와 접할 때 수구의 회전력이 올바르지 않다면 타구에 성공할 수 없게 된다.

앞에서도 설명하였지만 2번째 쿠션으로 진입하는 수구는 입사각이 큰 상태에서 전진회전력을 가지고 있기 때문에 2번째 쿠션에서 반사되었을 때 어느 정도의 거리는 역회전을 갖고 진행하게 된다. 즉 수구가 역회전인 상태에서 제1표적구와 부딪치게 된다면 수구의 진로는 그림에서 B와 같이 뒤로 약간 끌린 상태에서 진행하게 되어 제2표적구를 벗어나게 된다.

이와 같은 문제점을 해결하기 위해서는 제1표적구를 맞는 순간 수구는 약간의 전진회전력을 갖고 있어야 하는데, 이 때 가장 중요한 것은 타구의 힘조절이다. 타구가 강하면 강할수록 2번째 쿠션에서 튕겨져 나온 후 수구의 역회전 활주 길이가 길어지므로 약하게 타구하여 전진회전력이 약한 상태에서 2번째 쿠션에 진입, 반사되어 나오는 수구의 회전이 역회전에서 전진회전으로 빠르게 전환될 수 있도록 타구해야 하는 것이다. 물론 제1쿠션으로 입사되는 입사각이 작은 경우(입사각이 45도 이하인 경우) 타구할 때부터 강한 역회전을 수구에 넣어 2번째 쿠션에 닿기 전까지 수구의 회전상태가 역회전이 유지된다면, 반사되어 나오는 수구의 회전이 전진회전으로 바뀌게 되므로 강하게 타구할 지라도 같은 효과를 얻을 수 있으나, 수구에 역회전을 넣고 타구할 경우 진로상의 변화가 심하여(진로가 약간의 커브를 그리며 진행하게 됨) 계산에 의한 정확한 타구를 기대하기 어렵다는 단점이 있다.

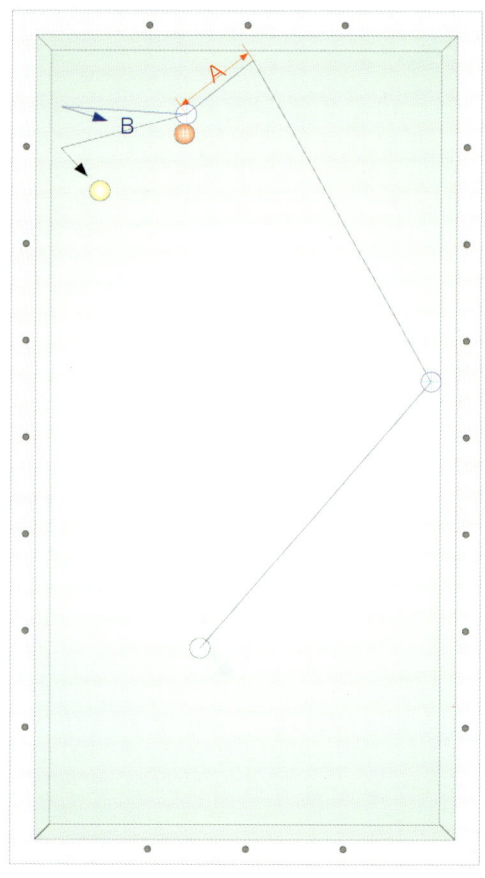

예제 3

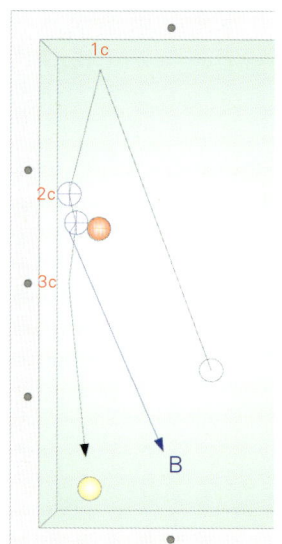

예제 3 그림에서 검은 실선은 끌어치기 당점을 이용한 경우의 수구의 진로이며, 투 쿠션 이후의 파란 실선은 밀어치기 당점을 이용한 경우의 수구의 진로이다. 그림과 같은 포지션은 두 번의 쿠션을 먼저 사용한 후 구멍치기를 이용하여 타구하는 경우로써 제2표적구가 짧은 쿠션에 아주 근접해 있기 때문에 제1표적구를 맞춘 후 수구가 약간만이라도 끌리게 될 경우 성공할 수 없는 경우이다. 따라서 수구는 제1쿠션에서 반사되어 제1표적구를 맞추기 전까지 어느 정도의 전진회전력을 가지고 있어야 하며, 이와 같은 효과를 보기 위해서는 타구시 수구에 역회전력을 넣어 주어야 한다. 그렇지 않고, 반대로 수구에 전진회전력(밀어치기)을 넣어 타구하여 제1쿠션에서 반사되어 나오는 수구의 회전이 역회전으로 바뀐다면 제1표적구를 맞고 뒤로 끌리게 되므로 수구의 진로는 그림에서 B와 같게 된다. 물론 밀어치기 타구라 할지라도 타구시 약하게 타구하여 제1쿠션을 이용한 뒤 수구의 회전이 빠르게 전진회전으로 전환할 경우 수구에 약간의 전진회전력이 발생하지만, 이와 같이 타구할 경우 수구가 제1표적구를 맞히고 제2표적구까지 이동할 힘이 부족할 위험이 있다.

예제 4

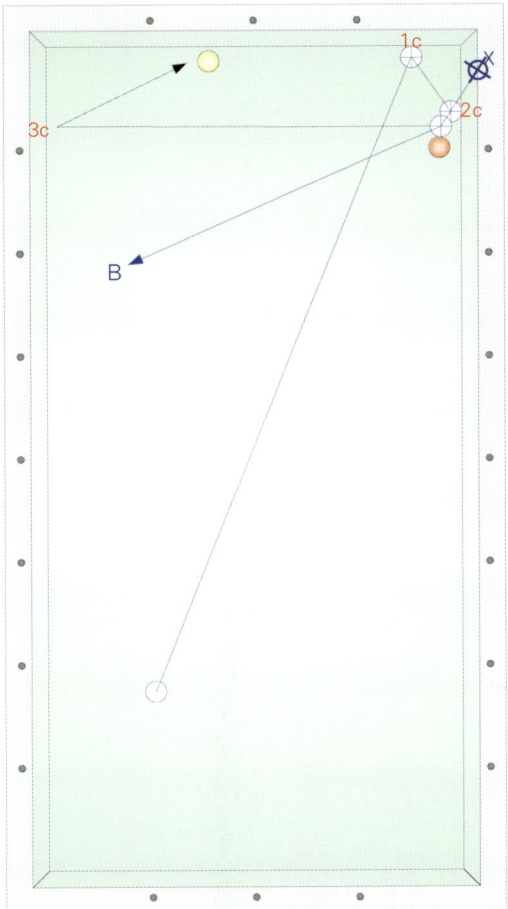

그림과 같은 타구 또한 당점의 결정에 있어서 실수를 범하기 쉬운 예이다. 초보자의 경우 제1표적구를 맞힌 후 수구를 뒤로 끌리게 하기 위하여 처음 부터 수구에 역회전(끌어치기)을 줄 수가 있는데 이럴 경우 X지점에서 제1표적구를 밀어치는 것과 같은 결과(그림에서 진로 B) 밖에 얻을 수 없을 것이다.

이제는 여러분도 이런 포지션이 주어졌을 때 올바른 당점(밀어치기)이 어떤 것인지를 알 수 있을 것이다.

예제 5

초보자들에게 아주 흥미있는 예술구성 타구이다.

상황-1,2의 경우 수구에 강한 전진회전력을 넣어 타구하는 경우로써 이 때 수구는 쿠션에 1번이상 되 튕겨지며 진행하게 된다.

다시 한번 이러한 상황에 대해 설명하면, 상황-2의 경우 수구의 입사각이 45도 이하이기 때문에 쿠션에 입사되어 쿠션을 맞은 후에도 수구는 본래의 회전력인 전진회전력을 유지하게 된다. 이 때 수구에는 쿠션에서 튕겨져 나가려고 하는 힘인 전진력과 앞으로 계속 나가려는 전진회전력, 이 두 가지 힘이 작용하게 되는데 이들 두 가지 힘은 방향이 서로 달라 각자의 힘의 방향으로 수구를 진행시키려고 하여 수구의 진로를 변경시키게 된다.

상황-1의 경우 상황-2와 같은 결과를 보이지만 수구가 받는 힘은 전혀 다른 상황이다. 상황-2의 경우 수구가 쿠션을 이용한 후 발생되어지는 힘은 본래의 전진회전력이나, 상황-1의 경우 수구가 쿠션을 이용한 뒤 작용되는 힘은 본래의 전진회전력이 아닌 역회전력으로 변하여 수구의 진로에 영향을 미치게 된다. 즉, 상황-2의 경우 전진력에 대해 전진회전력이 대응하여 수구의 진로가 커브를 그리게 되었으나, 상황-1의 경우에는 전진력에 대응하여 역회전력이 보다 강하게 수구의 진로에 영향을 미쳐 쿠션에서 튕겨져 나온 수구는 역회전력에 의해 다시 뒤로 끌리며 또 한 번의 쿠션을 맞게 되는 것이다.

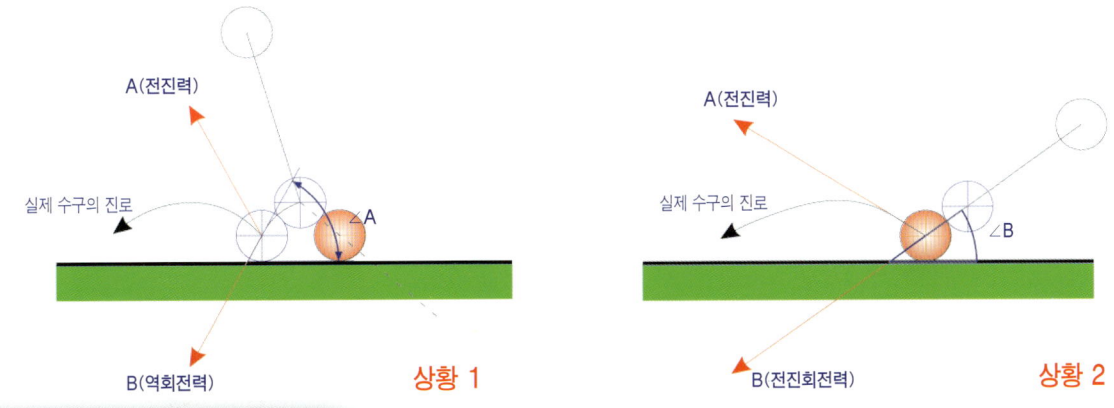

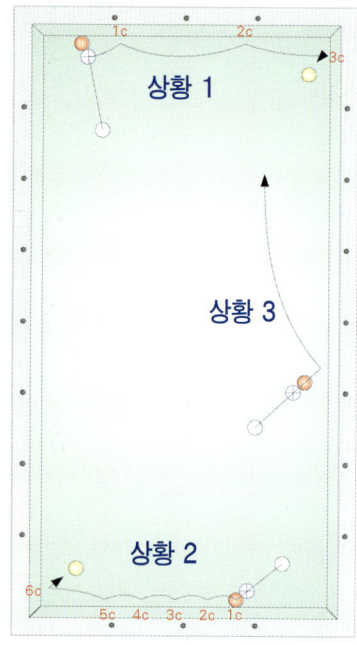

상황-3의 경우는 제1표적구와 쿠션사이의 거리가 공 2~3개 정도 떨어진 경우로, 이 때에는 수구가 제1표적구를 맞고 쿠션에 접근할 때까지의 거리가 상황-1이나 상황-2의 경우보다 길어 수구는 전진력이 강화된 상태에서 쿠션을 맞고 튕겨져 나오게 된다. 물론 이 때에도 전진회전력이나 역회전력(수구가 입사되는 각도에 따라 다름)이 수구의 진로에 영향을 미치게 되나 강화된 전진력을 누르지는 못하여 상황-1,2 처럼 여러번 쿠션을 되 튕기지는 못하고 다만 수구의 진로만 그림과 같이 커브를 그리며 진행하도록 하는 것이다. 그러나 이 때에도 자신이 전진력을 누를 수 있는 보다 강한 전진회전력을 수구에 넣을 수 있다면 상황은 다르게 전개될 수 있을 것이다.

당구 테이블

당구 테이블의 종류는 크게 4가지 종류가 있는데, 공통적으로 높이는 775mm~790mm이고 완전히 수평을 이루어야 합니다.

1. 소형 당구대 (경기면적 2336×1168mm)
   주로 4구 경기에 사용되었으나 현재는 거의 사용하지 않고 있습니다.

2. 중형 당구대 (경기면적 2540 ×1270mm)
   현재 우리 나라 당구장에 가장 많이 보급되어 있는 형태로써 주로 4구 경기에 이용되는 형태입니다. 그러나 대형 당구대가 준비된 곳이 많지 않아 포켓을 제외한 거의 모든 종류의 당구 경기를 이 중형 당구대를 이용하고 있습니다.

3. 대형 당구대 (경기면적 2844.8×1433.4mm)
   스리쿠션 경기용 테이블 입니다. 독자 여러분도 어느 정도 수준에 오르면 대형 당구대에서 스리쿠션 경기를 즐겨 보십시요. 공이 아주 잘 구릅니다.

4. 포켓(Pocket) 당구대 (경기변적 2540×1270mm)
   포켓의 구경은 코너가 123.8~130mm, 사이드(side)가 136.5~142.8mm로 되어 있습니다.

당구대 틀 위에는 긴 변에 7개(8분의 1간격). 짧은 변에 3개(4분의 1간격)씩 각각 같은 간격으로 원이나 다이아몬드 형을 한 포인트가 박혀 있는데, 이는 장식용이 아니라 볼의 위치나 각도를 계산하는 기준이 됩니다. 뒤에 설명될 시스템을 이용한 계산방식에서는 없어서는 안될 중요한 부분입니다.

당구대 바깥틀 내부에는 높이 36~38mm(포켓 테이블은 35.7mm)의 고무 쿠션(나사로 덮혀져 있음)이 설치되어 있는데 이 높이는 공의 3분의 2 높이로써 공은 이 부분에 맞아서 반사하게 됩니다. 쿠션의 고무가 오래되어 탄력이 없어지거나 휘어지면 계산대로 공이 되 튀지 않는 경우가 있습니다.

당구대 바닥은 대리석이나 슬레이트로 되어 있고 그 위로 나사(테이블 위에 깔린 천)가 팽팽하게 깔려 있습니다.

당구 테이블의 바닥은 절대적으로 수평이어야 하고 쿠션이나 나사 부분에 먼지나 이물질 등으로 오염되어 있으면 안됩니다.

제3장
스리쿠션 게임(Three Cushion Game)

1. 파이브 앤드 하프 시스템(Five and Half System)
2. 플러스 시스템(Plus System)
3. 맥시멈 잉글리시 시스템(Maximun English System)
4. 더블 레일 시스템(Double Rail System)
5. 리버스 잉글리스 시스템(Reverse English System)
6. 노 잉글리시 시스템(No English System)
7. 스리쿠션의 공격과 방어
8. 당구 용어 정의

제 3 장　스리쿠션 시스템(Three Cushion System)

　지금까지 우리는 당구에 대한 기초적인 이론에 대해 알아보았다.

　앞장에서 보여준 당구에 대한 이론은 스리쿠션 경기 뿐만 아니라 다른 당구 경기를 즐김에 있어 꼭 필요한 사항들임으로 숙지하여 보다 나은 플레이를 할 수 있기 바란다.

　지금부터는 현재 이루어지고 있는 당구 경기 종목 중 가장 고도의 기술이 요구(저자 개인적인 생각임)되는 스리쿠션 경기에서 사용되는 여러가지 시스템에 대해 알아보도록 한다.

　스리쿠션 경기의 60% 이상은 시스템을 이용한 계산에 의한 타구로 이루어진다고해도 과언이 아닐 정도로 과학적 이론에 입각한 수학적인 계산이 많이 이루어진다. 따라서 이러한 시스템을 이용한 계산법을 모르고 과거 자신이 해 왔던 감각적인 타구에만 의존한다는 것은, 차후 자신이 스리쿠션 경기를 함에 있어 한계성을 가지게 되어 더 이상의 발전을 기대할 수 없다.

　이 책에서 설명되어지는 시스템을 이용한 계산법은 스리쿠션 경기뿐만 아니라 다른 당구 경기 종목을 즐김에 있어 몰라서는 안되는 것으로 독자들은 많은 노력과 시간이 걸리더라도 완전히 이해하기를 바란다. 물론 숙달되지 않은 상태에서 경기 중에 이러한 계산법을 사용하고자 했을 때, 처음에는 많은 시간이 소요되므로 같이 경기를 하는 사람에게 실례가 될 수도 있다. 그러나 포기하지 말자. 고통과 노력없는 좋은 결과란 있을 수 없는 것이다. 초등학교 수준의 단순한 계산이므로 숙달만 된다면 감각에 의존하여 경기를 하는 사람보다 더 빠르고 더욱 더 정확한 타구를 구사할 수 있으며, 감각적인 타구에 한계를 느끼는 사람들이 여러분에게 시스템을 배우고자 할 것이다.

　스리쿠션에 사용되는 시스템은 여러 가지가 있으나 이 책에서는 최초 첫번째 넣어지는 회전력의 형태에 따라 다음과 같이 크게 세 가지로 나누고 각각의 시스템에 대해 자세히 설명하고자 한다.

　1) 순비틈을 사용 – "파이브 앤드 하프 시스템", "플러스 시스템", "맥시멈 잉글리시 시스템"
　2) 역비틈을 사용 – "더블 레일 시스템", "리버스 시스템"
　3) 비틈을 사용 안함 – "노 잉글리시 시스템"

　스리쿠션에 사용되는 시스템은 이외에도 여러가지가 있으나, 그 시스템들은 위와 비슷한 형태의 시스템이라도 고안자의 이름이나 기타 다른 이름으로 명명(命明)되어져 사용되는 것으로 형태에 있어 별다른 차이점을 보이는 것은 아니다. 이외에도 문서화되어 발표되지 않은 시스템도 있고, 또 개인이 비장한 무기로 삼고 있어 타인에게 공개를 꺼리는 시스템도 있으나, 서로 유사한 점이 많고 각각의 시스템에 따라 장.단점이 있어 어떠한 시스템에 제일이라고 내세울 수 없는 실정이다.

　저자는 이 책에서 기존에 나와 있는 시스템들이 우리가 흔히 사용하는 중형 당구대가 아닌 경기용 대형 당구대에 맞게 고안된 것이 많아 이들 시스템을 약간 변형하여 중형 당구대에 맞는 나름대로의 계산법을 만들어 설명하고자 한다. 그렇다고 본래의 시스템 계산법과 많은 차이를 보이는 것은 아니다.

1. 파이브 앤드 하프 시스템(Five and Half System)

당구를 어느 정도 접한 사람이라면 한 번쯤 들어봤을 정도로 많이 알려진 시스템이다. 그만큼 이 시스템은 스리쿠션 경기를 함에 있어 몰라서는 안되는 스리쿠션 시스템의 기초이자 가장 중요하게 많이 사용되는 시스템인 것이다.

이 시스템은 다른 시스템도 대부분 마찬가지이지만 테이블 외각에 표시되어 있는 포인트에 고유 숫자를 부여하여 공들의 위치에 따라 그 숫자를 가감(加減)하여 계산되어진 위치로 수구를 보내는 형태를 취하고 있다.

파이브 앤드 하프 시스템을 이용한 타구 형태는 시스템을 이용한 타구 중 거의 50% 이상을 차지할 정도로 경기 중에 많이 발생되는 형태이며, 시스템 사용시 진행되는 계산 방식은 다른 시스템 사용에 있어서 기초가 되는 형태이므로 독자분들은 많은 시간과 노력이 뒤따르더라도 시스템 사용법에 대해 완전히 숙달하기를 바란다.

시스템 설명

각각의 시스템은 나름대로 포인트 별로 숫자를 매겨 공들의 위치를 나타내는 기준점을 삼고 있다. 파이브 앤드 하프 시스템 역시 각각의 포인트는 수구의 위치와 공략 형태에 따라 〔그림〕 '파이브 앤드 하프 시스템의 기본 도형'에서 보는 것과 같이 숫자로 표시하여 나타내고 이들 숫자는 공의 위치를 계산하기 위한 기준점이 된다.

〔그림〕 '파이브 앤드 하프 시스템의 기본 도형'에서 왼쪽의 긴 쿠션에서 아래쪽의 짧은 쿠션에 이르는 검은 색 숫자 (**15, 20, 25, 30 ~ 60, 70, 80, 90**)는 수구 포인트를 가리키며, 왼쪽의 빨간 색 숫자(**10, 20, ~ 50, 60**)는 **표적구 포인트**, 오른쪽의 파란 색 숫자(**10, 20~ 80, 90**)는 **수구 입사 포인트**를 각각 가리킨다. 이 도형은 필히 암기를 해야 한다.

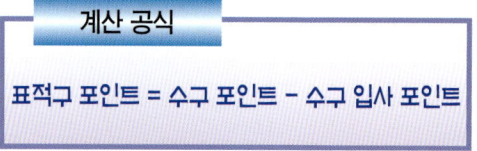

〔그림〕 파이브 앤드 하프 시스템의 기본 도형

제3장 스리쿠션 게임(Three Cushion Game)

다음 그림은 파이브 앤드 하프 시스템을 이용한 기본적인 타구 예이다.
그림을 보고 각각의 포인트(수구 포인트, 수구 입사 포인트, 표적구 포인트)를 예측하고 계산하는 방법에 대해 알아보자.

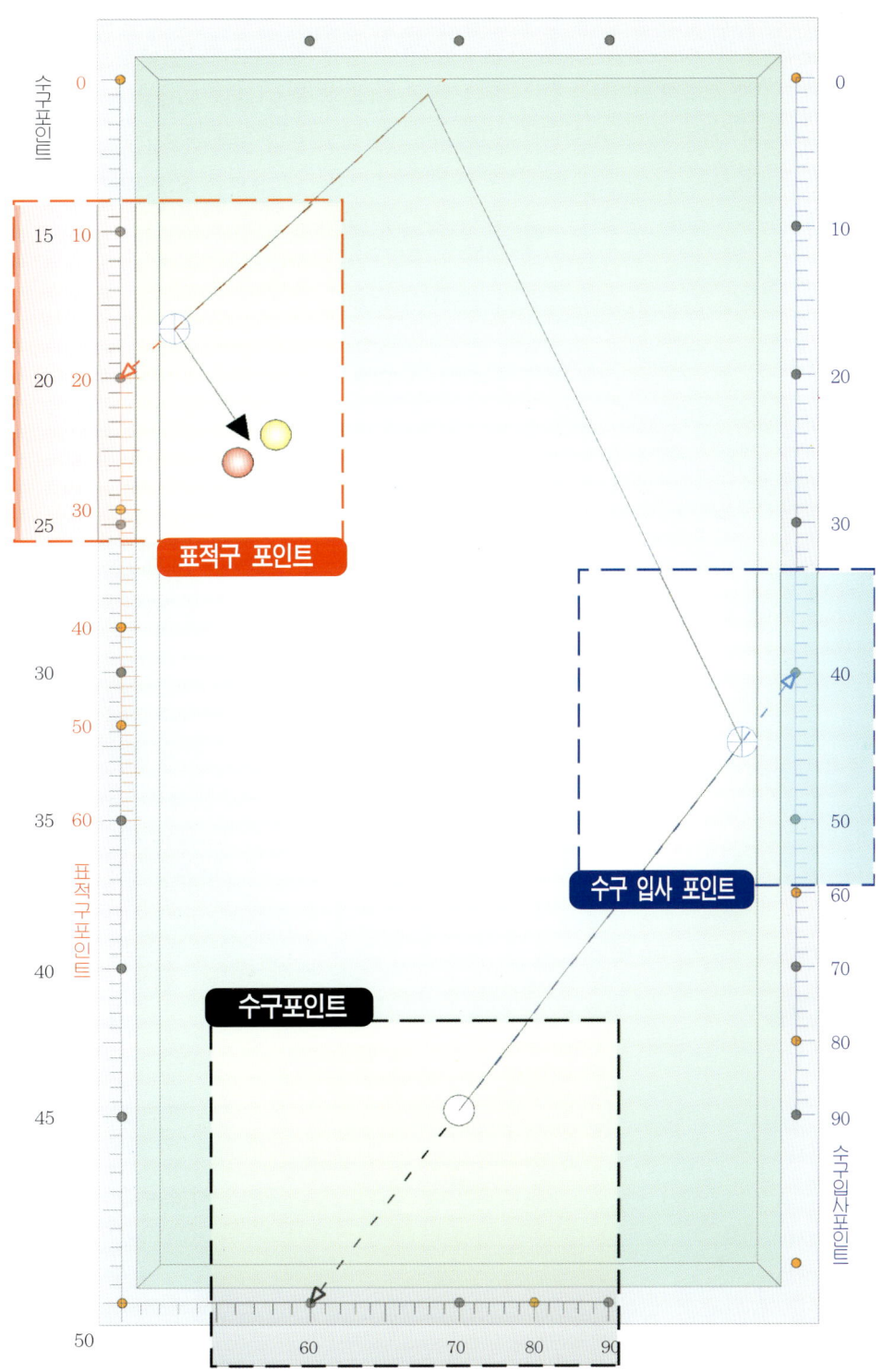

표적구 포인트란 수구가 1번 또는 그 이상의 쿠션을 이용한 뒤 표적구를 맞추기 위해 최종적으로 넣어지는 지점, 즉 앞의 예제 그림과 같은 경우 2개의 표적구를 맞추기 위해 수구가 도달해야만 하는 3번째 쿠션의 포인트선 상에 있는 숫자를 말하며, **수구 포인트**란 타구 하기전 수구가 최초로 위치해 있는 지점의 포인트선 상에 있는 숫자를 가리킨다. 마지막으로 **수구 입사 포인트**란 수구를 처음 넣는 1번째 쿠션의 포인트선 상에 있는 숫자를 말한다. 여기서 한 가지 주의 할 점은 각각의 포인트 숫자를 읽을 때 수구와 쿠션이 접촉하는 지점의 포인트 숫자를 읽는 것이 아니라 수구의 입사선을 포인트 선상까지 연장하여 연장선이 포인트 선과 만나는 지점의 접점을 읽어 주어야 한다는 것이다.

다음 설명을 읽고 완전히 이해해 주기 바란다.

표적구 포인트

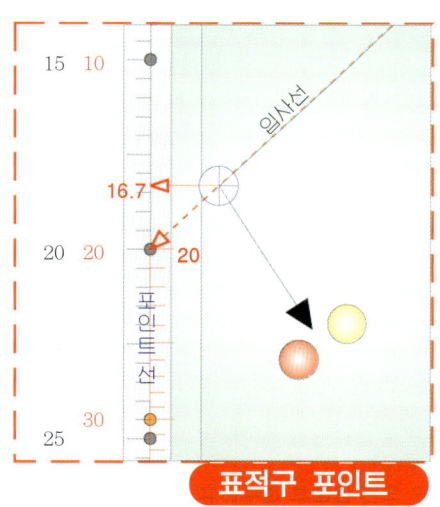

표적구 포인트

그림은 수구가 2번째 쿠션을 맞고 3번째 쿠션에 접하는 순간을 보여준다. 이 때 표적구 포인트를 읽는 방법은 수구와 쿠션이 접하는 지점에서 포인트 선상 방향으로 연장선을 수직으로 연장하여, 연장선이 포인트선과 만나는 지점의 표적구 포인트(그림에서 16.7p)를 읽는 것이 아니라, 수구가 3번째 쿠션으로 넣어질 때의 입사선을 그대로 연장하여 그 연장선이 포인트선과 만날 때 그 때의 표적구 포인트선과의 접점(그림에서 20p)을 읽어 주는 것이다. 이것이 바로 표적구 포인트이다.

표적구 포인트는 2개의 표적구가 그림과 같이 위치한다고 하여도 수구의 위치에 따라 달라지게 된다. 수구의 위치가 다르다는 것(위치가 다르더라도 수구 포인트와 수구 입사 포인트가 같은 경우는 제외)은 수구 포인트와 수구 입사 포인트가 다름을 의미하고, 이는 곧 전체적인 수구의 진행 모양이 다름을 의미하는 것이다. 다시 말해 그림과 같은 위치에 2개의 표적구가 위치한다고 하여도 수구의 위치가 변경되면, 2번째 쿠션에서 3번째 쿠션으로 수구가 입사할 때 입사선 자체가 달라지게 되고 그로 인해 표적구 포인트 역시 변경된다는 것이다. 이에 대한 사항은 수구 포인트별 수구의 행적 그림을 서로 비교하여 보면 어느 정도 이해가 될 것이다.

수구 입사 포인트

수구 입사 포인트는 타구 후 수구가 처음으로 도달하는 첫번째 쿠션의 포인트 숫자를 말한다. 수구 입사 포인트 역시 표적구 포인트와 마찬가지로 수구가 쿠션에 접하는 지점에서 수구의 중심으로 부터 쿠션 방향으로 수직으로 내린 연장선이 포인트 선과 만나는 지점의 포인트(그림에서 44.7p)를 가리키는 것이 아니라, 수구가 쿠션에 넣어질 때의 입사선을 그대로 포인트 선까지 연장. 그 연장선이 수구 포인트 선과 만나는 지점의 포인트 숫자(그림에서 40p)를 말한다.

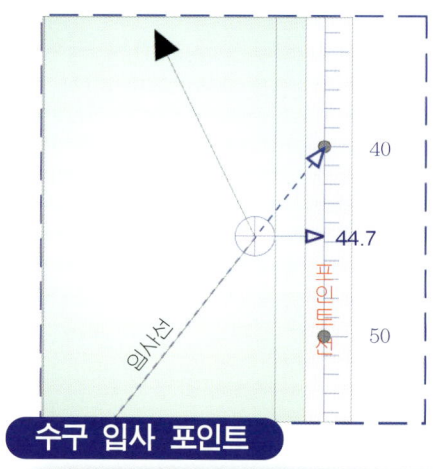

수구 입사 포인트

제3장 스리쿠션 게임(Three Cushion Game)

수구 포인트

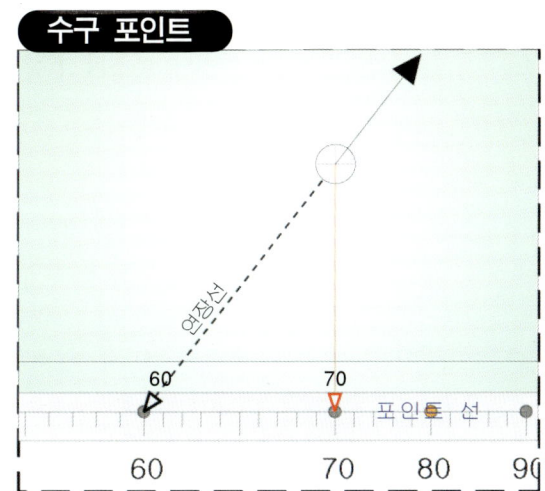

수구 포인트

수구의 위치를 나타내는 수구 포인트는 수구를 첫 번째 쿠션(수구 입사 포인트)을 향해 타구할 때 수구가 진행하는 방향과 반대 방향으로 선을 연장하여 그 연장선이 수구 포인트 선과 만나는 지점의 포인트 숫자를 말한다. 수구 포인트를 읽을 때 역시 주의할 점은 그림에서와 같이 수구의 중심에서 쿠션 방향으로 수직으로 내린 선이 수구 포인트 선과 만나는 지점의 포인트(그림에서 70p)를 읽어주는 것이 아니라, 수구의 진행 방향에서 반대 방향으로 그은 연장선이 수구 포인트 선과 만나는 지점의 포인트 숫자(그림에서 60p)를 읽어 주어야 한다는 것이다.

자, 이제는 어느 정도 각각의 포인트에 대해 이해가 되었을 것이다. 그럼 지금부터는 본격적으로 파이브 앤드 하프 시스템의 계산법에 대해 알아보도록 하자.

파이브 앤드 하프 시스템의 계산 공식
표적구 포인트 = 수구 포인트 – 수구 입사 포인트

파이브 앤드 하프 시스템은 위에서 보는 것과 같이 수구 입사 포인트와 표적구 포인트를 더했을 때 합이 수구 포인트와 같다는 원리를 기본으로 하고 있다.

앞에서 보았던 예제를 이와 같은 공식에 대입해 보자.

표적구 포인트(20p) = 수구 포인트(60p) – 수구 입사 포인트(40p)

공식과 정확히 일치하는 것을 볼 수 있다.

다시 한 번 강조 하지만 F&H System의 계산 방법은 그 자체적으로도 중요하지만 다른 시스템을 계산하기 위해 기초가 되는 것으로 독자 여러분들은 많은 노력과 시간이 소요되더라도 반드시 이해하고 넘어가기 바란다.

파이브 앤드 하프 시스템의 계산 방법

앞에 설명된 것만으로 파이브 앤드 하프 시스템을 완전히 이해할 수는 없을 것이다. 그러나 다음 예제와 설명을 읽고 시스템 계산 방법에 대해 확실히 알아 두도록 하자.

파이브 앤드 하프 시스템의 계산순서

1. 표적구 포인트 읽기
2. 수구 포인트와 수구 입사 포인트 계산
3. 타구

1) 표적구 포인트 읽기

수구가 2개의 표적구를 맞추기 위해 어느 정도의 위치에 도달해야 하는 가를 예측하는 표적구 포인트 읽기는 1차적인 일이며 그와 동시에 가장 중요한 순서이기도 하다. 표적구 포인트에 따라 수구 포인트와 수구 입사 포인트가 계산되므로 표적구 포인트가 잘못 예측되면 나머지 포인트를 아무리 정확하게 계산하였다고 할 지라도 그 타구는 실패할 수 밖에 없다.

예제 그림에서 두 개의 표적구를 맞추기 위해 수구가 도달해야 하는 지점을 예측해 보자.

도착점의 예측은 먼저 수구가 테이블의 어느 곳에 위치해 있는지 파악해야 한다. 수구가 어떠한 지점에서 진행하느냐에 따라 진행에 따른 입사각과 반사각이 달라지고 3번째 쿠션으로 입사할 때 입사각이 변하기 때문(이는 곧 표적구 포인트가 변함을 의미)에 수구의 위치를 무시한 채 표적구 포인트를 예측할 경우 실패를 가져 올 수 있다.

예제 그림에서는 2개의 표적구가 쿠션에 근접해 있어 표적구 포인트 예측에 있어 약간의 오차가 있더라도 타구의 성공에 있어 별다른 지장이 없으나 표적구가 쿠션에서 멀어질 경우 수구가 진행할수록 오차 범위가 커져 타구에 실패하게 된다. 따라서 이와 같은 타구는 보다 정확한 표적구 포인트이 예측이 필요한데 이에 필요한 수구의 위치에 따른 3번째 쿠션으로의 입사각 정도나 3번째 쿠션 이후의 수구 진로는 뒤에 설명되어질 포인트 별 수구 행적 그림을 참조하기 바란다.

그림에서 예측된 표적구 포인트는 25p이다.

2) 수구 포인트와 수구 입사 포인트 계산

표적구 포인트가 예측 되었으며 그에 따른 수구 포인트와 수구 입사 포인트를 계산해야 한다.

수구 포인트와 수구 입사 포인트는 어떠한 곡선이나 각을 이루는 선분상에 존재하는 것이 아니고, 하나의 일직선상에 같이 존재하기 때문에 둘 중 어느 하나만 먼저 찾아지거나 계산되어지는 것이 아니라 동시에 계산되어 찾아진다.

수구 포인트와 수구 입사 포인트 계산은 다음과 같은 방법으로 진행된다.

먼저 수구의 중심을 기준으로 한 쪽 끝은 수구 포인트 선에 접하고 다른 한 쪽 끝은 수구 입사 포인트선에 접하도록 가상의 선을 그린다. 이 때 수구 포인트와의 접점을 A^x라고 하고 다른 한 쪽 끝(수구 입사 포인트 선과의 접점)을 B^y라고 정한다. 이제 가상의 선을 수구의 중심을 축으로 좌.우로 돌려가며 A^x(수구 포인트 선과의 접점)와 B^y(수구 입사 포인트 선과의 접점)의 차이가 예측된 표적구 포인트(25p)와 같은 지점을 찾는다. 이 때 찾아진 포인트가 각각 수구 포인트와 수구 입사 포인트가 된다.

수구의 중심을 축으로 첫번째 가상의 선분 A′B′를 잡아보자.

가상의 선분 A′B′에서 수구 포인트 선과 접하고 있는 A′는 40p를 가리키고 반대편 수구 입사 포인트와 접하고 있는 B′는 수구 입사 포인트 30p를 가리키고 있다. 따라서 계산된 표적구 포인트는 10p(40p-30p)가 된다. 즉 이와 같은 형태(수구 포인트 40p에서 수구 입사 포인트 30p)로 타구할 경우 수구는 표적구 포인트 10p에 도달하게 되어 우리가 원하는 지점(표적구 포인트 25p)보다 훨씬 짧게 수구가 도달하게 된다. 가상의 선분을 다시 수구의 중심을 축으로 왼쪽으로 돌려 A′B′ 보다 좀 더 긴 가상의 선분 A″B″를 잡아 보자. 그러나 가상의 선분 A″B″역시 수구 포인트 48p, 수구 입사 포인트 12.5p를 가리키고 있어 이 상태로 타구할 경우 우리가 원하는 지점 보다 길게(표적구 포인트 35.5p) 수구가 넣어지게 된다. 또 다른 가상의 선분을 수구의 중심을 축으로 오른쪽으로 약간 돌려 가상의 선분 A′B′와 A″B″ 중간 부근에 잡아보도록 하자(가상의 선분 AB). 가상의 선분 AB에서 수구 포인트 선과 접하는 지점(A)의 포인트는 45p, 반대쪽 수구 입사 포인트 선과 접하는 지점(B)의 포인트는 20p, 계산된 표적구 포인트는 25p(45p-20p). 계산된 표적구 포인트 25p는 우리가 찾고자 하는 표적구 포인트(25p)와 정확히 일치한다. 이 때 가상의 선분 양쪽 끝 지점이 각각 수구 포인트(A)와 수구 입사 포인트(B)가 된다.

참고로 가상의 선분은 숙달될 때까지 큐대의 한쪽 끝(큐대의 탭 부분)은 수구 입사 포인트 선을 향하고 다른 한 쪽 끝(큐대의 손잡이 부분)은 수구 포인트 선을 향하도록 큐대의 중심을 수구의 중심 위에 놓고 수구의 중심을 축으로 좌.우로 돌려가며 수구 포인트와 수구 입사 포인트를 계산하면 편리하다.

3) 타구

수구를 수구 입사 포인트 20p를 향하여 BL-2T, P×2로 보통의 타구법을 사용하여 가볍게 타구한다. 이 때 수구는 2번의 쿠션을 맞고 정확히 표적구 포인트 25p에 도달하게 되어 2개의 표적구를 정확히 맞추게 된다.

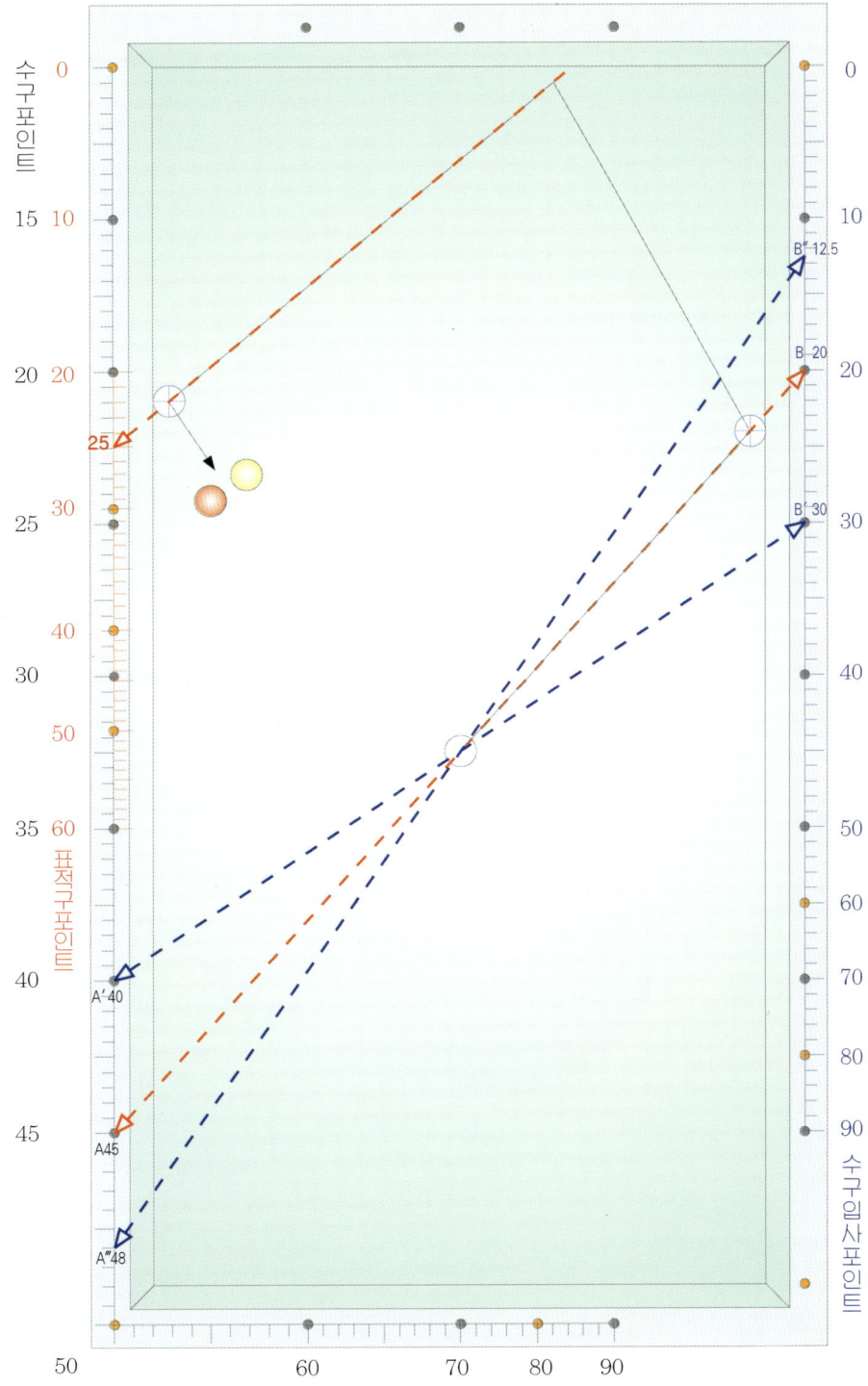

알고 넘어 갑시다.

테이블 속성

앞에서도 설명하였지만 수구의 분리각은 당점과 타구법, 힘조절 등에 따라 변한다는 사실을 독자 여러분들은 알고 있을 것입니다. 파이브 앤드 하프 시스템에서도 이러한 조건들은 아주 중요한 요소로 작용을 하게 됩니다. 시스템을 이용한 계산을 올바르게 하였다 할지라도 타구법이 시스템의 조건에 맞지 않을 경우 수구의 올바른 진행을 기대하기 어렵기 때문입니다.

지금 설명되어지는 조건들을 충분히 연습하여 정확한 시스템을 구사할 수 있기 바랍니다.

파이브 앤드 하프시스템에서 기초가 되는 타구법은 그림에서와 같이 수구 포인트 50p에서 수구입사 포인트 30p로 타구 할 경우 수구는 표적구 포인트 20p에 도달한 뒤 그림에서와 같이 코너 약간 위쪽에 수구가 도달하게 되는 것입니다. 이 때의 타구의 조건은 다음과 같습니다.

CL-2T or BL-2T P×2.5 정도 ←N

이상의 조건으로 타구를 하였을 경우 수구의 진행은 그림과 같아야 한다는 것입니다. 테이블의 조건으로 인해 수구의 진로가 길거나 짧을 경우 포인트 조정이나 타구법을 변경하여 사용하는 테이블에 맞게 포인트 조정을 해 주어야 합니다. 자신이 사용하는 테이블에서 타구를 한 결과 수구가 정상적인 진행보다 위쪽(긴 쿠션쪽)에 도달하게 된다면 그 테이블의 속성은 짧다고 표현되며 그 반대로 아래쪽(짧은 쿠션쪽)에 도달하게 된다면 그 테이블의 속성은 길다고 표현할 수 있습니다. 속성이 길 경우 원인을 찾아보면(테이블의 수평이 맞지 않아 수구가 진행 중 휘어지는 것은 제외), 먼저 수구가 쿠션이나 테이블에서 미끄러지는 것을 원인으로 생각해 볼 수 있습니다. 같은 회사에서 제작된 테이블이라 할 지라도 당구장 업주의 관리에 따라 테이블의 속성은 달라질 수 있습니다. 공의 회전이나 움직임을 원활하게 해주기 위해 테이블의 천이나 쿠션부분에 코팅제나 왁스성분의 약품을 입히는 경우가 있는데 이러한 약품의 농도가 짙을 경우 공이 진행하는 도중이나 쿠션에서 튕겨져 나올 때 약간씩 미끄러질 수가 있습니다. 이럴 경우 본래의 진행보다 길어질 수 있는 것입니다. 이에 대한 조정법은 수구의 입사 포인트를 조금씩 높게 조정해 보는 것입니다. 즉, 수구 입사포인트를 21p,22p23p 와 같이 점차적으로 높여 타구해 봄으로써 수구가 어떠한 수구 입사 포

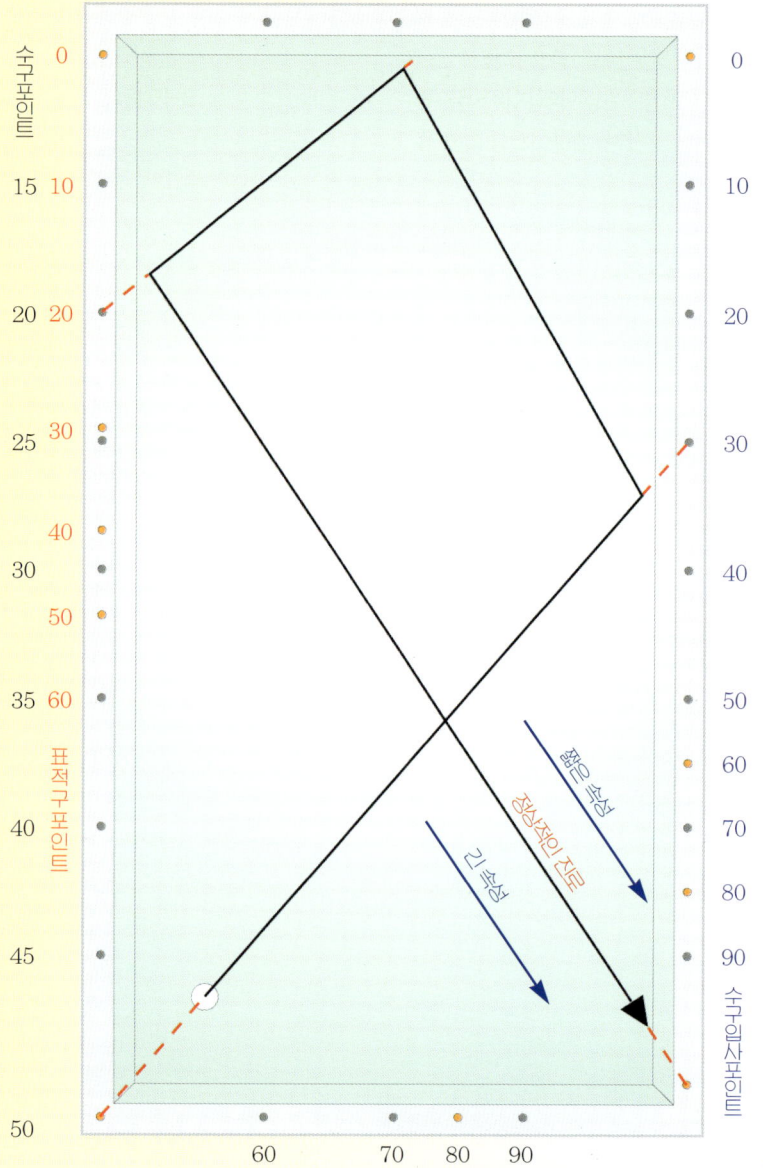

인트에서 정상적인 진행을 보이는지 파악하여야 합니다. 이때 수구 포인트 22p에서 수구의 진행이 올바르게 되었다면 그 테이블의 조정가는 2p가 되는 것입니다. 그러나 테이블에 약품을 너무 강하게 입혀 많이 미끄러질 경우 수구의 입사각에 따라 또는 진행하는 도중에라도 수구의 진행이 많이 변하기 때문에 이러한 조정법도 소용없을 경우가 있습니다.

속성이 짧은 경우, 이와 반대의 방법으로 조정을 해 주면 되지만, 만약 공기중에 습기가 많거나 테이블이나 사용하는 공의 관리 부실로 인하여 흔히 말하는 공이 테이블에서 튀는 현상이 일어날 경우 별다른 대책이 없을 수 있습니다. 조정을 해준다 할지라도 말 그대로 공이 어떻게 튈지 모르기 때문입니다.

테이블 속성을 파악할 때 또 하나 주의할 점은, 한 가지 속성으로 여러 번 타구하여 자신의 타구법의 옳고 그름을 파악해야 한다는 것입니다. 가령 똑같은 조건으로 여러 번 타구를 하였는데, 할 때마다 수구의 도착지점이 다르다면 이는 자신의 타구가 문제가 있거나 테이블의 조건이 아주 엉망인 경우입니다. 대부분은 전자가 원인인 경우입니다. 정확한 테이블의 조정가나 시스템을 올바르게 사용하기 위해서는 같은 조건으로 여러번 타구하였을 경우 수구의 도착지점이 일치해야만 합니다.

F & H System 사용시 유의할 점

1) 상황에 맞는 알맞은 당점과 타구법을 결정한다.

상황에 따른 알맞은 당점과 그에 따른 적절한 타구법의 결정은 F&H System 뿐만 아니라 당구라는 스포츠 경기에 있어 아주 중요한 요소이다.

공의 회전력은 시간에 따라 달라지고 이와 같은 회전력의 변화는 곧 분리각의 변화를 의미하기 때문에 시스템 사용에 있어 상황에 따라 시스템이 요구하는 알맞은 당점과 타구법을 파악해야만 보다 정확한 타구를 할 수 있게 된다.

이에 파이브 앤드 하프 시스템에서 당점과 타구법 결정에 있어 주의해야 할 사항에 대해 알아보자.

먼저 파이브 앤드 하프 시스템에서는 3T이상의 과도한 비틈은 피해야 한다. 3T을 넣는 경우도 표적구 포인트 30p 이상일 경우와 이하일 경우라도 강하게 타구(P×4 이상)할 경우를 제외하고, 사용해서는 안된다. 초보자의 경우 표적구 포인트의 위치에 상관 없이 큐를 비틀면서 까지 회전력을 강하게 넣어 타구하는 경우가 있는데 이럴 경우 이 시스템은 무용지물이 되고 만다. 3T을 수구에 넣을 경우에도 큐의 팁과 수구가 임팩트(Impact) 되는 순간 큐를 비틈의 방향으로 틀어 쳐서는 안된다. 수구에 많은 비틈을 넣을 경우라도 특별한 상황을 제외하고 일반적으로 큐의 움직임은 일직선이 되어야 한다.

2) 스쿼드 현상을 유념하자.

설명된 내용이지만 스쿼드 현상이란 수구에 비틈을 넣고 강하게 타구할 경우 수구의 진행은 목표지점에서 비틈의 반대 방향으로 약간 벗어나 진행한다는 이론이다. 시스템 사용에 있어서도 수구에 3T이나 그 이상의 비틈을 넣고 강하게 타구할 경우 수구와 수구 입사 포인트까지의 거리에 따라 다소 차이는 있지만 수구 입사 포인트 10p를 향해 타구했다 할지라도 실질적으로 수구는 2~3p 짧은 지점(12p나 13p)에 넣어지게 된다. 따라서 이와 같은 상황에서 우리가 원하는 수구 입사 포인트로 수구를 넣기 위해서는 계산된 수구 입사 포인트에서 2~3p 낮게 조정된 수구 입사 포인트(7~8p)를 겨냥하고 타구해야만 어느 정도 시스템에 맞는 수구 진로를 얻을 수 있게 된다. 또 한 가지 주의할 점은 스쿼드 현상은 아니지만 쿠션을 이용할 경우 분리각은 힘의 세기에 따라 달라진다는 사항이다. 공을 쿠션을 향해 넣었을 경우 타구가 강하면 강할수록 반사각은 일반적인 경우보다 커지게 된다는 것이다(이와 같은 사항은 모든 입사각에서 적용되는 것은 아니다. 입사각이 아주 작을 경우 반사각이 더 작아 질 수도 있다). 파이브 앤드 하프 시스템에서도 수구의 입사각이 큰 경우(수구 포인트와 수구 입사 포인트 간의 차이가 대략 15p이하인 경우)에 있어 강하게 타구할 경우 반사각이 일반적인 경우 보다 커지게 되어 상황에 따라 다소 차이는 있겠지만 시스템에 따른 올바른 진로(원하는 표적구 포인트)보다 짧게 도달하게 된다. 이에 대한 보완점으로 스쿼드 현상의 보완점과 마찬가지로 적게는 1~3p 정도, 크게는 4~5p정도 낮게 조정하여 타구해야 한다.

3) 테이블 조건을 파악해야 한다.

여기에 설명되어지는 시스템은 긴 쿠션의 길이가 짧은 쿠션 길이의 두 배가 되는 테이블에서 적용되며, 그렇지 않을 경우 얼마 정도의 차이가 있을 수 있다.

이외 기본적으로 파악할 사항은 테이블의 속성이다. 경기 전 자신이 사용하는 테이블이 짧은 속성을 가진 테이블인지, 아니면 긴 속성을 가진 테이블인지 파악한 후 경기를 가지는 것이 보다 좋은 플레이를 할 수 있는 한 가지 방법이다.

4) 자신의 계산을 의심하지 말자.

그 동안 비틈을 많이 사용하던 타구 감각으로 F&H System을 이용하여 타구하려고 하면 어딘지 모르게 이상하게 보일 수도 있다. 그러나 2T을 이용하여 타구한 수구의 행적은 비틈을 많이 넣어 타구한 수구의 행적과 차이가 있다.

의심하지 말고 과감하게 타구하라.

5) 각각의 포인트는 타구의 형태에 따라 변한다.

이 내용은 그리 중요한 사실은 아니지만 간혹 시스템의 포인트를 읽을 때 공의 위치가 바뀌면 혼동하는 사람이 있어 그런 분들을 위해 설명하는 것이다.

뒤의 그림에서 보면 A라는 형태의 타구는 책에서 많이 보아왔던 그림이라 각각의 포인트 위치가 어디인지 쉽게 파악하나 타구의 위치가 조금만 바뀌어도(그림 B,C,D) 어디가 수구 포인트고 어디가 표적구 포인트인지 헷갈려 하는 경우가 종종 있다. 그림을 보고 공략 형태에 따라 어디가 수구 포인트이고 어디가 수구 입사 포인트인지 확실히 구분하기 바란다. 수구를 처음 넣는 쪽이 수구 입사 포인트이고 반대편 긴 쿠션에 표적구 포인트와 수구 포인트의 일부가 위치해 있다. 수구 포인트의 나머지 일부는 자신이 타구하는 몸 바로 앞쪽 짧은 쿠션에 위치해 있다.

제3장 스리쿠션 게임(Three Cushion Game) 47

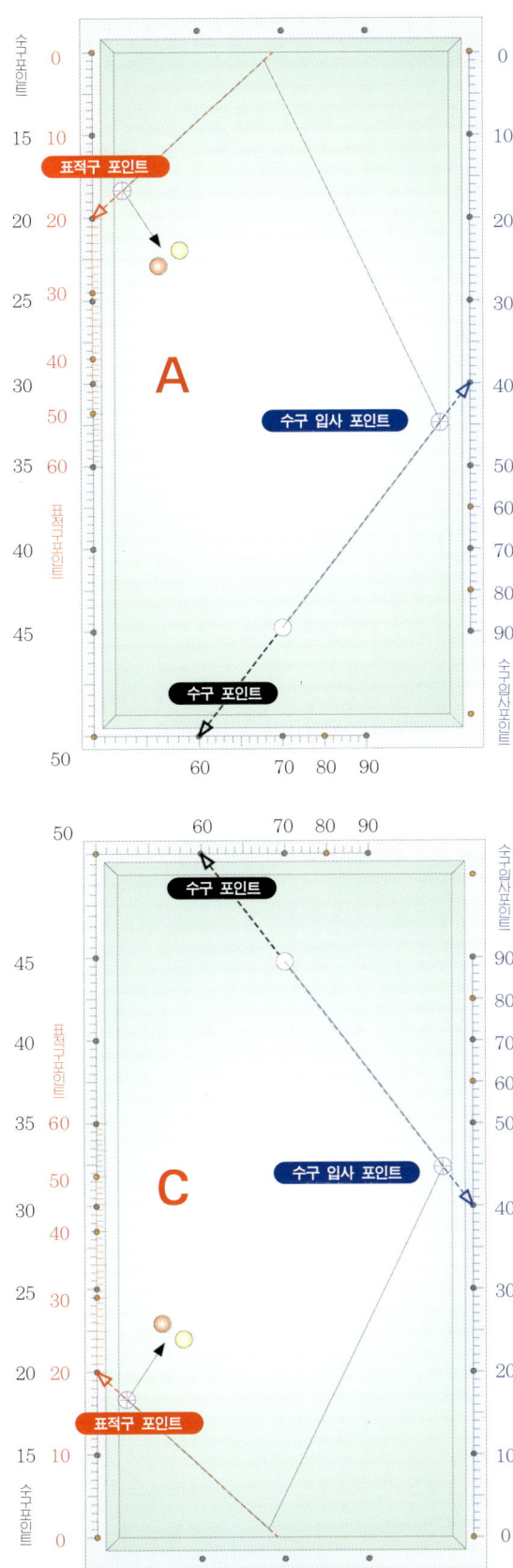

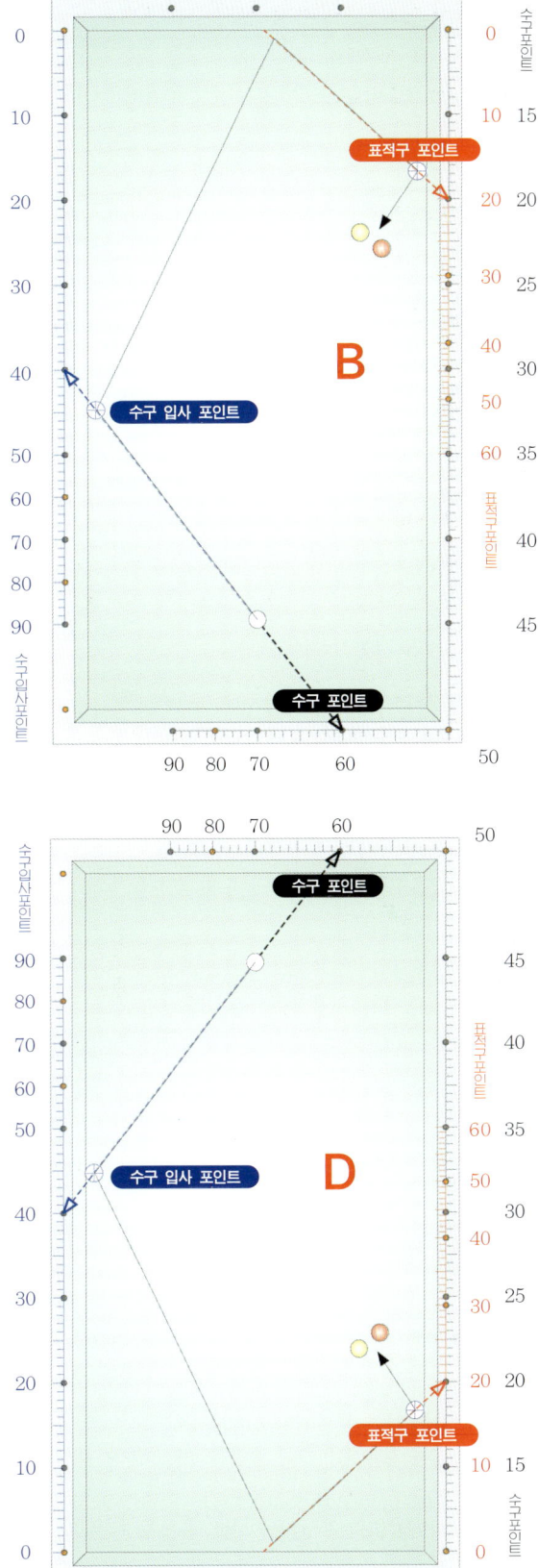

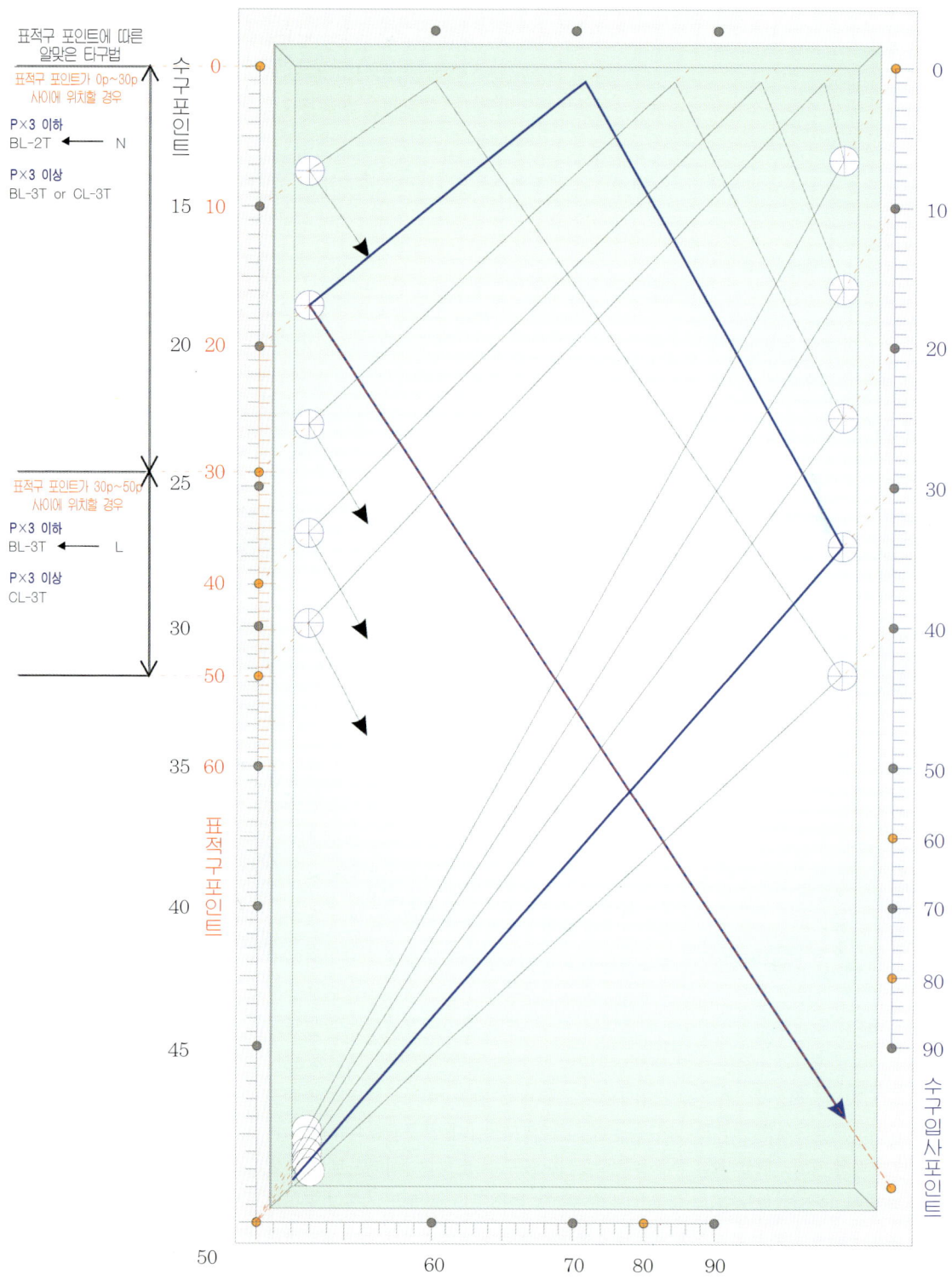

수구포인트 45p에서 수구의 행적

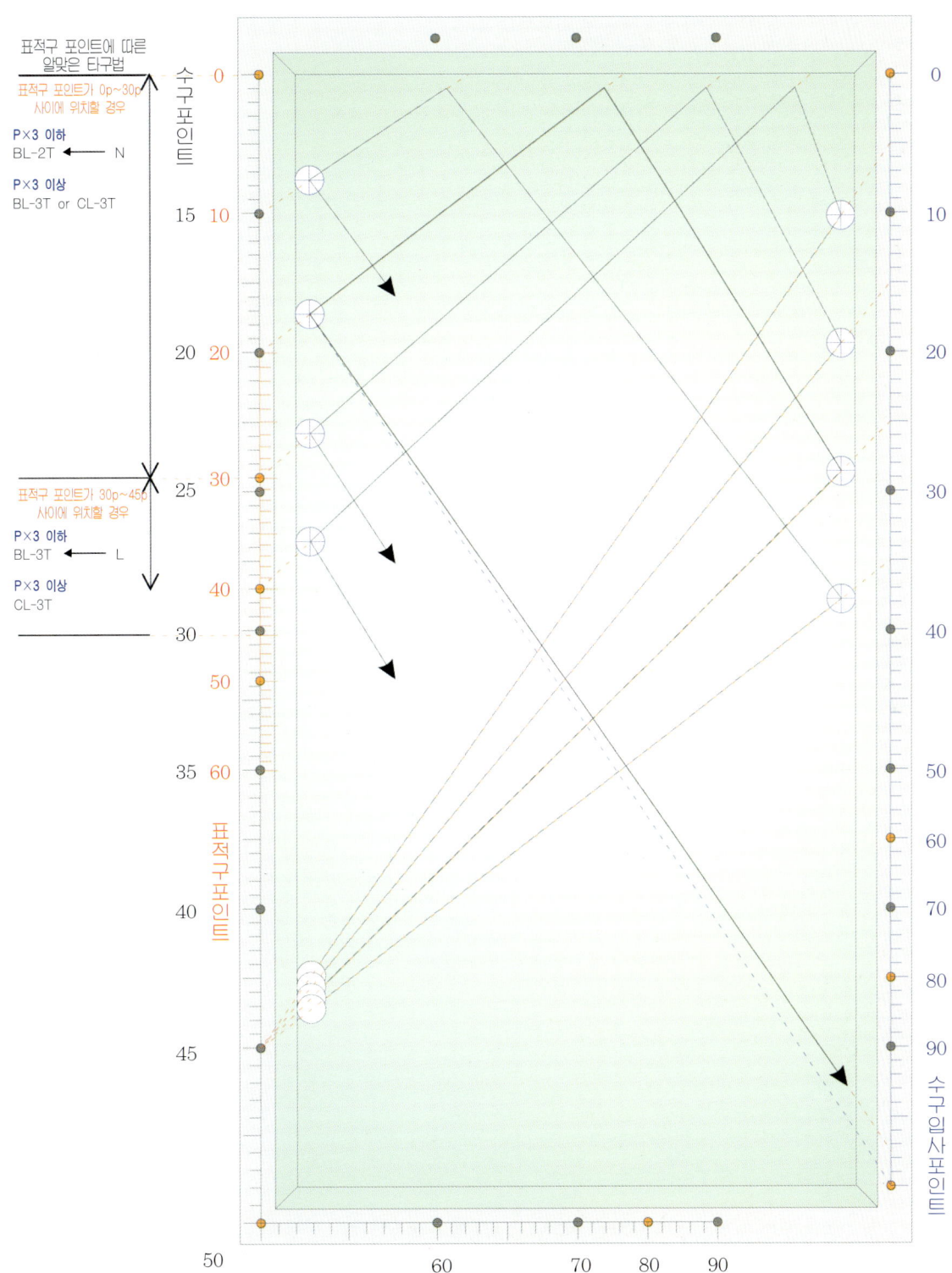

수구포인트 40p에서 수구의 행적

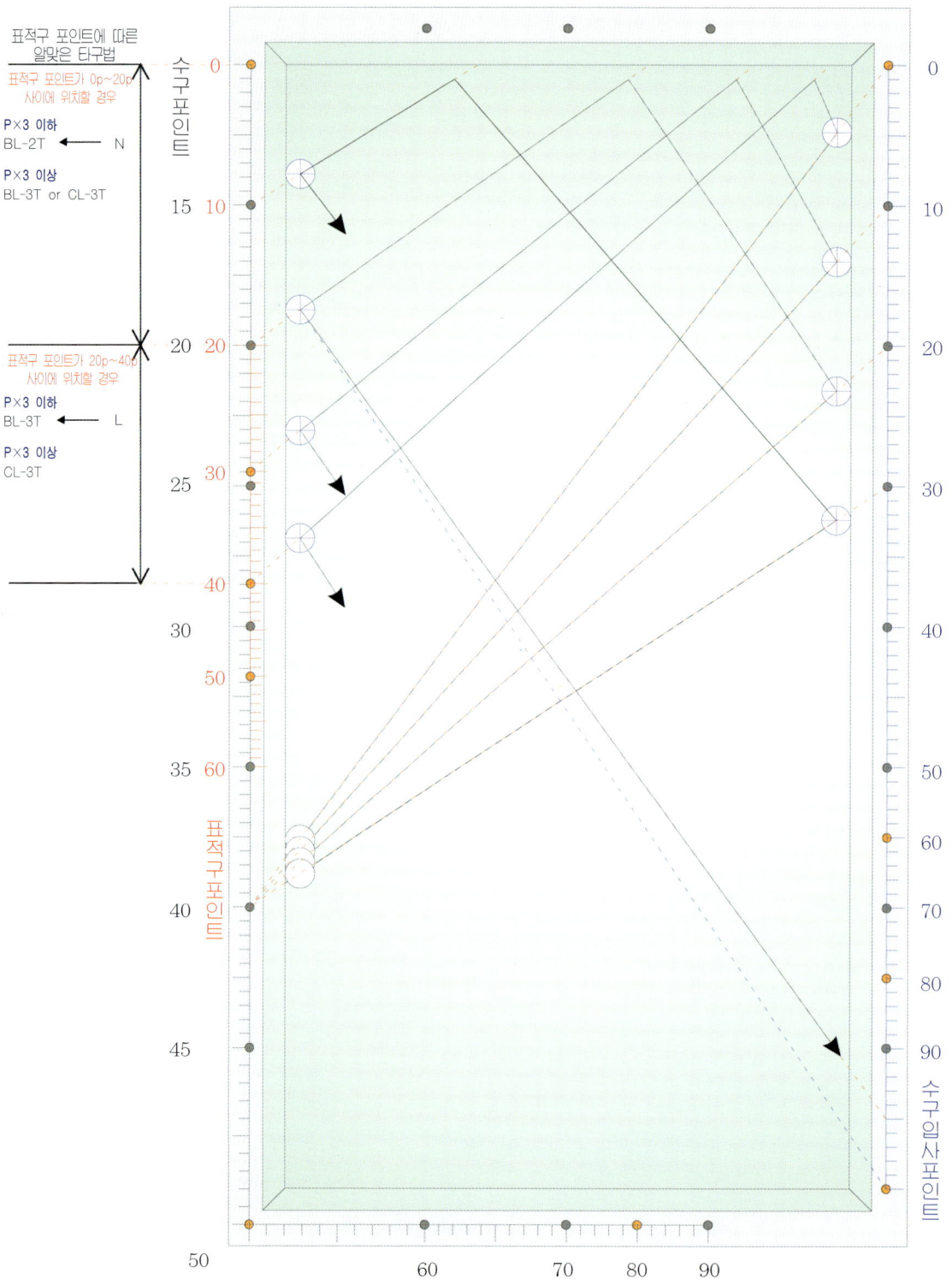

제3장 스리쿠션 게임(Three Cushion Game)

수구포인트 35p에서 수구의 행적

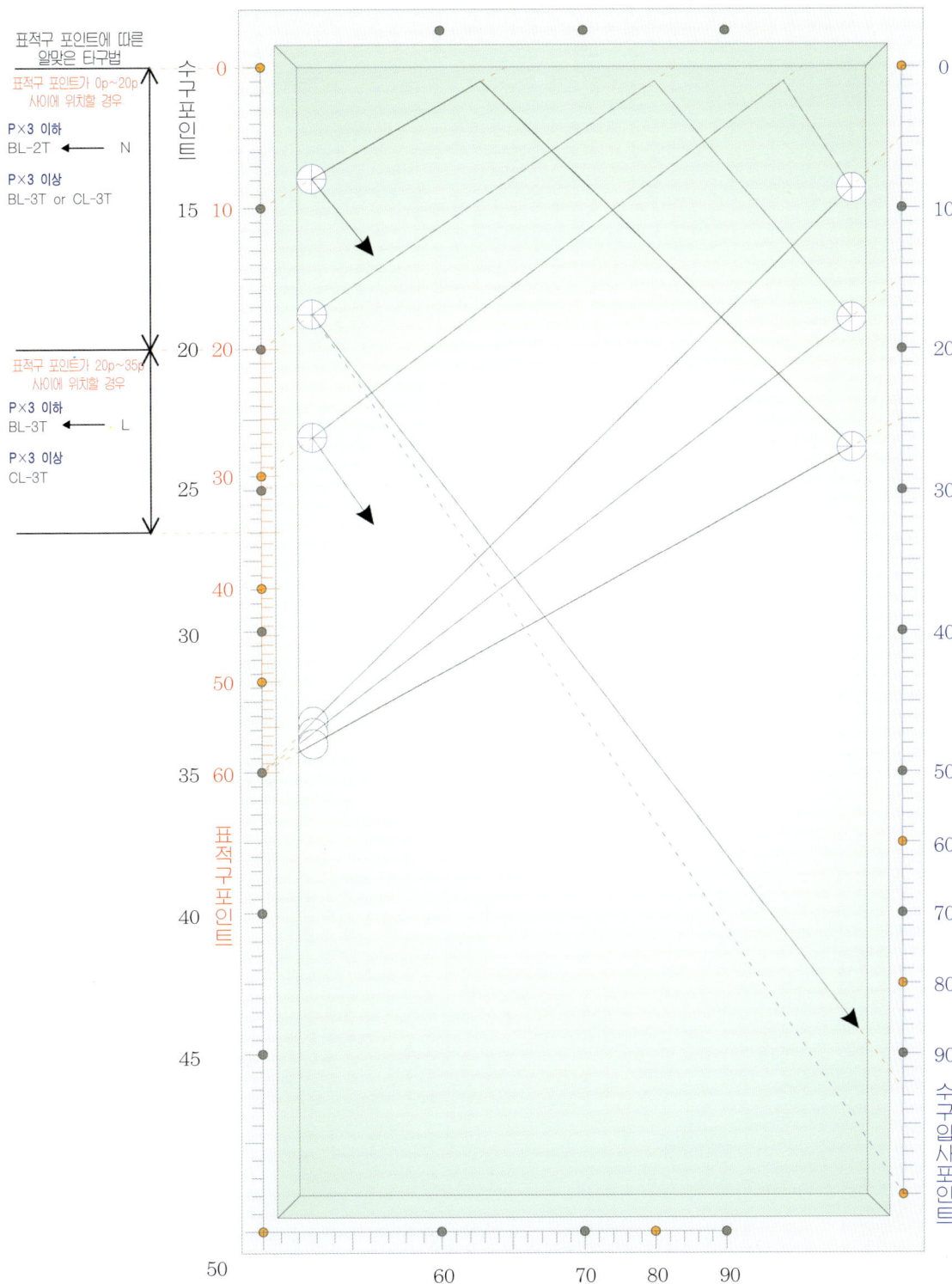

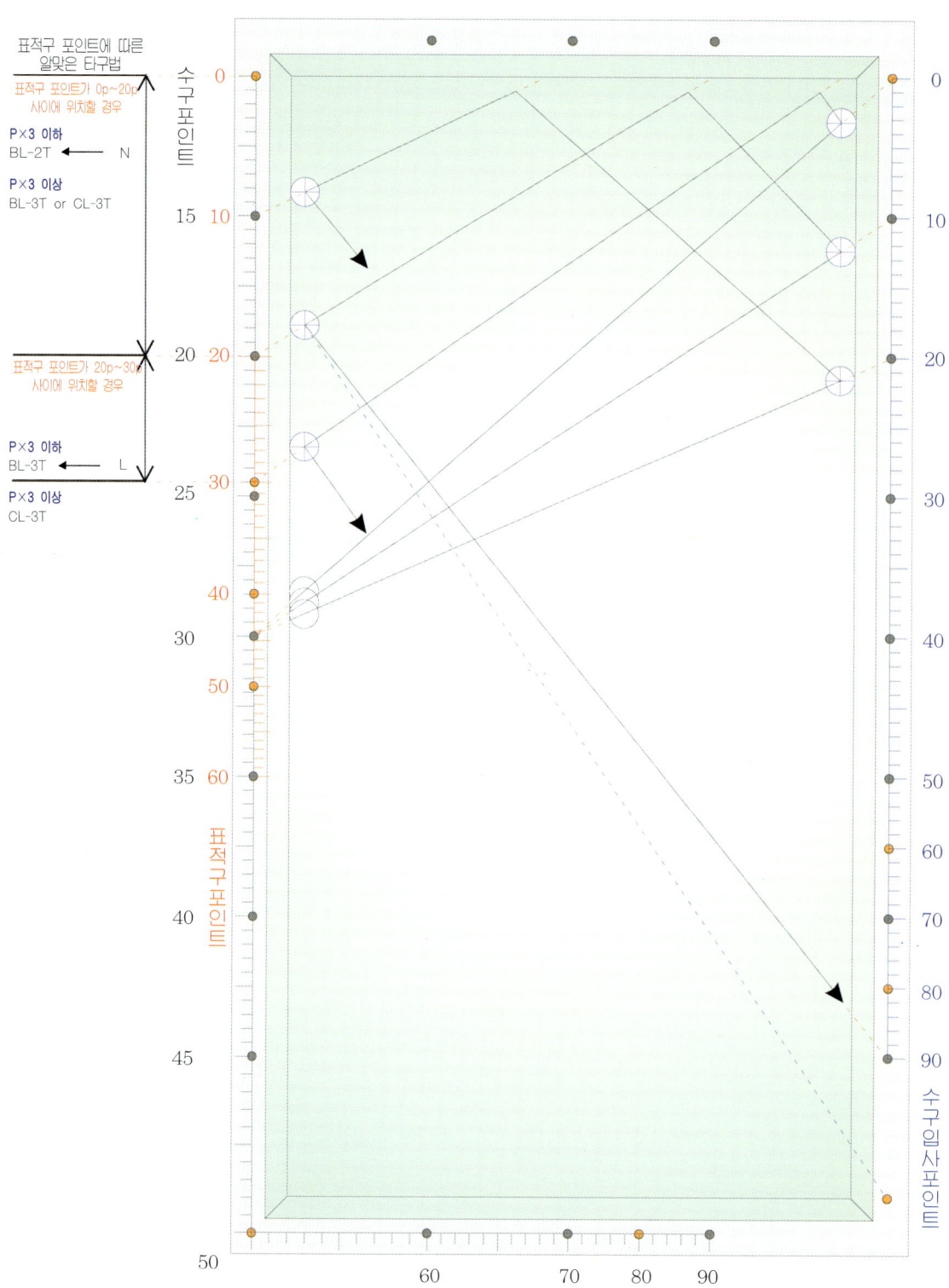

수구포인트 60p에서 수구의 행적

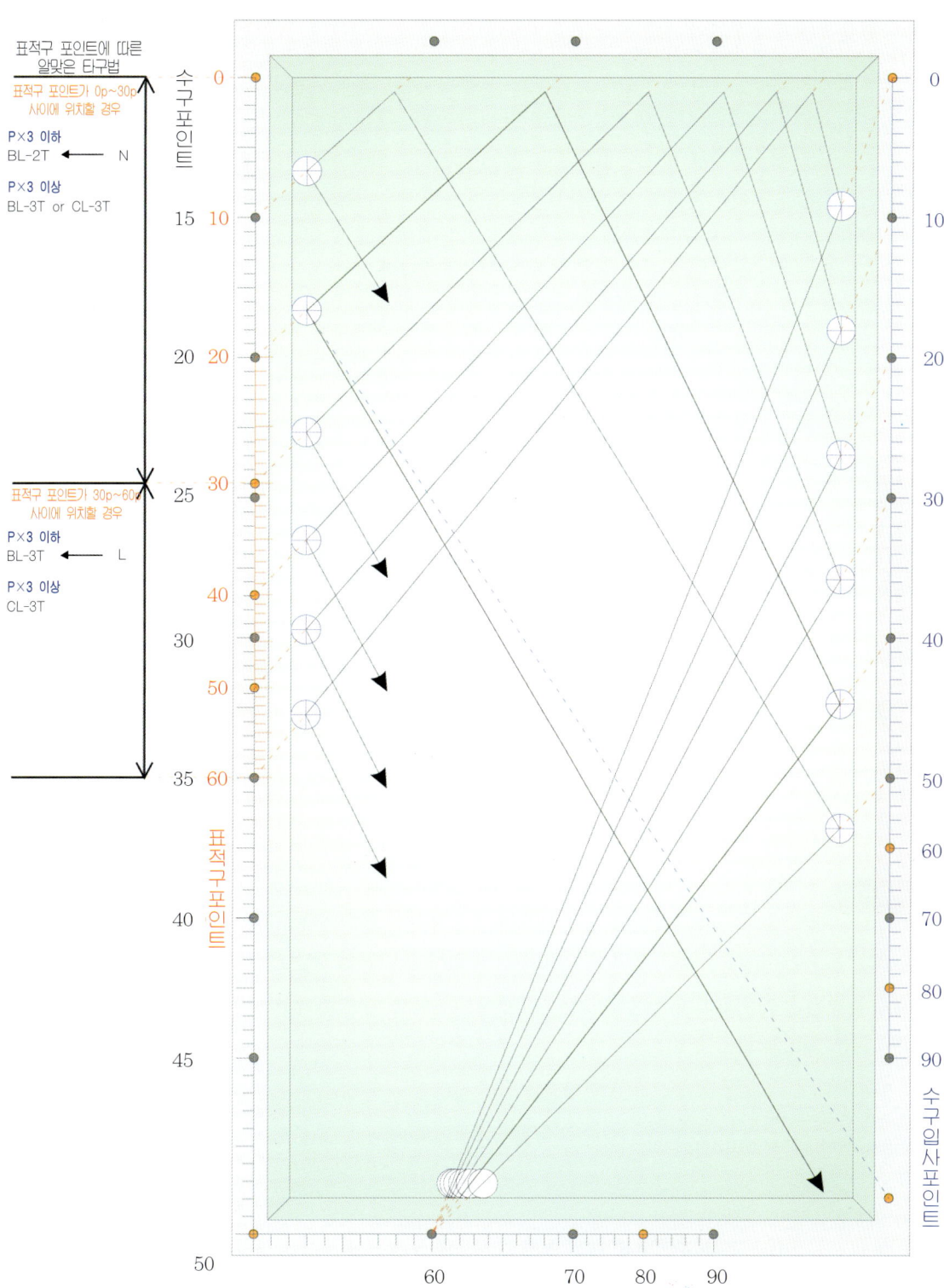

F & H System을 이용한 수구 코너 넣기 방법

F&H System에서 기본이 되는 형태는 수구 포인트 50p에서 수구 입사 포인트 30p로 타구하였을 경우 표적구 포인트 20p를 지나 코너(실제로는 정확한 코너 지점에서 긴 쿠션 쪽으로 약간 위쪽에 도달함)로 수구가 진행하는 형태이다. 그렇다면 수구 포인트가 50p가 아닌 34p나 65p일 경우 이 때에도 표적구 포인트 20p에 수구를 넣으면 수구가 코너에 도달하는가? 그렇지 않다. 표적구 포인트 20p에 맞춰 계산된 수구 포인트가 50p 이상일 경우 수구는 코너 보다 길게(짧은 쿠션 쪽) 도달, 50p 이하일 경우에는 코너 보다 짧게(긴 쿠션 쪽) 수구가 떨어지게 된다. 그럼 수구 포인트가 50p가 아닐 경우 수구를 코너로 보내기 위한 표적구 포인트는 얼마인가?

지금 부터 F&H System의 기본 형태를 기준으로 각각의 수구 포인트 별로 수구를 코너로 보내는 포인트 조정법에 대해 설명한다. 지금 설명되는 방법을 기초로 몇 가지 중요한 수구 포인트 별로 수구를 코너로 보내기 위한 표적구 포인트를 계산해 두어 기억해 둔다면 경기 중에 보다 빠르게 시스템을 이용할 수 있을 것이다.

보충 계산 순서

1. 표적구 포인트 20p가 되기 위한 수구 포인트와 수구 입사 포인트를 계산한다.

2. $\dfrac{\text{수구 포인트 길이}(y)}{\text{수구가 위치한 쿠션의 길이}(x)} \times 10 = $ 조정할 포인트

3. 2의 결과를 표적구 포인트(20p)에 ± 하여 조정된 표적구 포인트를 재 계산한다.
   조정된 표적구 포인트 = 표적구 포인트 ± 조정할 포인트
   - $+$ 수구 포인트가 50p 이하일 경우
   - $-$ 수구 포인트가 50p 이상일 경우

4. 조정된 표적구 포인트에 맞추어 수구 포인트와 수구 입사 포인트를 다시 계산한다.

5. 타구

예제

1. 표적구 포인트 20p가 되기 위한 수구 포인트와 수구 입사 포인트를 계산한다.

   그림에서 표적구 포인트가 20p가 되기 위한 수구 포인트와 수구 입사 포인트는 각각 30p와 10p이다 (타구시 검은 실선과 같은 진로).

2. $\dfrac{\text{수구 포인트 길이}(y)}{\text{수구가 위치한 쿠션의 길이}(x)} \times 10 = $ 조정할 포인트 계산

   수구가 위치한 쿠션의 길이(x)는 예제에서는 긴 쿠션의 길이를 말한다. (수구 포인트 30p는 긴쿠션에 위치하고 있다. 만약 수구 포인트가 60p일 경우 짧은 쿠션의 길이를 기준으로 삼는다). 계산의 편의상 x를 1로 본다. 수구 포인트 길이(y)는 수구가 위치하고 있는 쿠션에서 수구 포인트 50p를 기준으로 50p에서 수구 포인트까지 길이

를 말한다. x를 1로 보았을 때 y는 0.5이다(수구 포인트 30p는 긴 쿠션의 1/2지점에 위치하고 있기때문).

조정할 포인트 = $\frac{0.5}{1} \times 10 = 5p$

3. 2의 결과를 표적구 포인트(20p)에 하여 조정된 표적구 포인트를 재 계산한다.

조정된 표적구 포인트 = 표적구 포인트 ± 조정할 포인트
25p = 20p (+) 5p

↳ 수구 포인트가 50p이하이기 때문

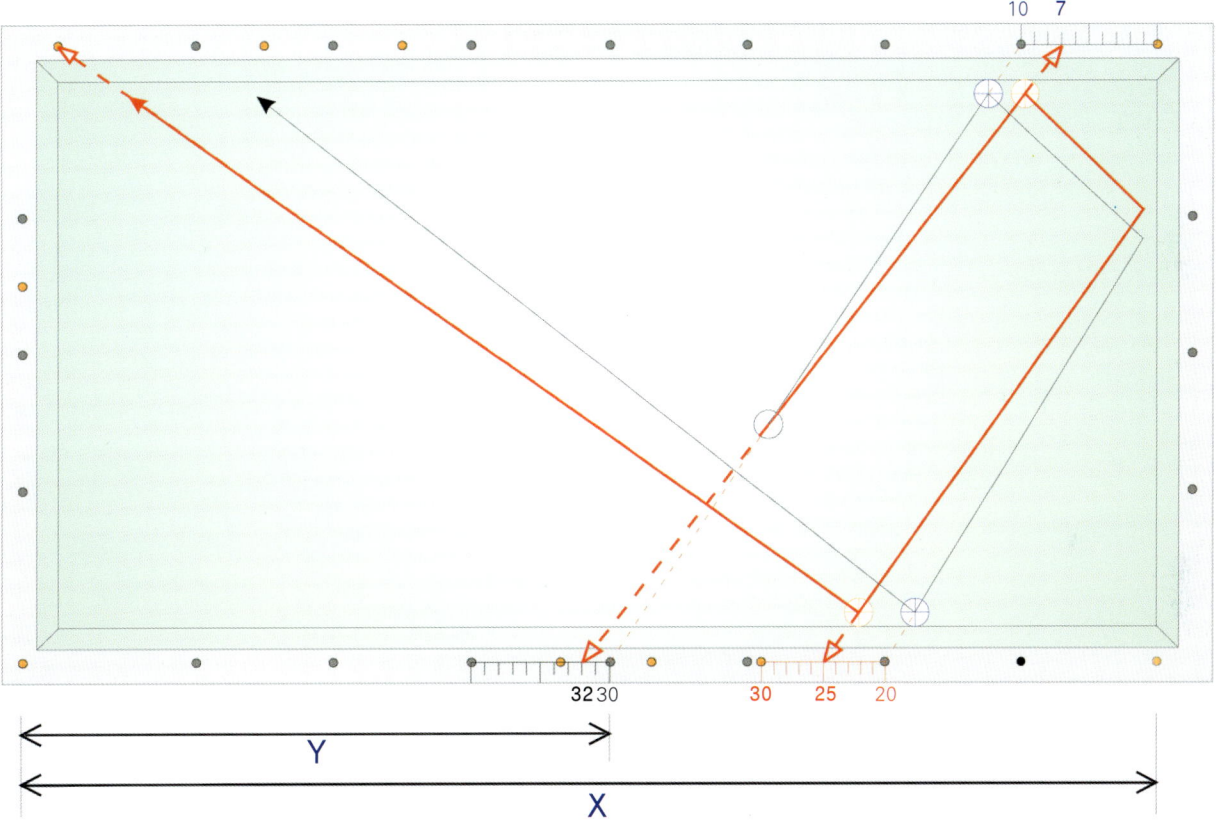

4) 조정된 표적구 포인트에 맞추어 수구 포인트와 수구 입사 포인트를 다시 계산한다.

조정된 표적구 포인트가 25p이므로 현재의 수구 위치에서 표적구 포인트 25p에 맞추어 수구 포인트와 수구 입사 포인트를 다시 계산한다.

계산 결과 : 수구 포인트 = 32p 수구 입사 포인트 = 7p

5) 타 구.
조정된 조건으로 타구할 경우 수구는 그림(빨간 실선)과 같은 진로를 갖게 된다.

파이브 앤드 하프 시스템의 한계성

지금까지 발표된 시스템 중에서 저자가 아는 한 그 시스템 자체로 완벽한 것은 없다. 어떠한 시스템이든지 형태에 따라 약간씩 불안정한 상태를 보이는 부분이 있으며 파이브 앤드 하프 시스템 역시 수구 포인트 65p 이상이나 표적구 포인트 30p 이상에 관련된 타구는 타법이나 당점, 힘조절 등에 따라 많은 영향을 받기 때문에 약간 불안정한 상태를 보인다. 이에 관련된 타구는 언어적인 표현보다는 여러분 스스로 이론을 토대로 연습을 통해 차후에 설명될 다른 시스템과 같이 보완하여 해결하는 수 밖에 다른 방법이 없다.

우리나라 뿐만 아니라 세계적으로 수 많은 고점자들이 있지만 그 들이 당구를 즐기는 당구인들을 위해 완벽한 시스템 하나 만들지 못하는 것에 대해 비난할 수는 없다. 당구 뿐만 아니라 다른 경기를 즐김에 있어 완벽함이 존재한다는 것은 그 자체로 스포츠가 아님을 시사하는 것이다. 인간이 무언가에 흥미를 느끼고 즐김에 있어 한치의 오차도 없이, 조금의 실수도 없이 완벽하다는 것은 존재할 수도 없고, 만약에 그런 경기가 존재한다면 우리가 느끼는 매력은 떨어질 것이다.

자신의 당구 실력을 키우기 위해서는 당구에 대한 여러가지 이론을 아는 것도 중요하지만, 변화무상한 공들을 보고 어떠한 시스템을 어떠한 방법으로 적절하게 사용하여 공략할 것이지를, 빠르고 정확하게 판단할 수 있는 능력을 기르는 것 또한 그에 못지 않게 중요하다. 이 때 요구되는 것이 개인의 능력과 그에 따른 노력이다.

2. 플러스 시스템(Plus system)

파이브 앤드 하프 시스템과 같이 경기 중에 많이 사용되는 시스템으로 플러스 시스템은 F&H System으로 해결할 수 없는 형태의 타구를 충분히 보완해 주고 있는 시스템이다.

플러스 시스템의 공략 방법은 F&H System과 차이를 보이나 계산방식에 있어서는 F&H System의 계산방식과 거의 비슷하다. F&H System과 같이 먼저 수구의 위치에 따른 표적구 포인트를 예측한 다음, 수구의 중심을 축으로 선의 양쪽 끝이 각각 수구 포인트와 수구 입사 포인트를 향하도록 가상의 선을 잡아 두 포인트의 합계(F&H System에서는 수구 포인트와 수구 입사 포인트 간의 차가 표적구 포인트 였음)가 표적구 포인트와 일치하는 지점을 찾으면 된다.

그림에서 테이블 상단 오른쪽에 파란색 글씨로 표시된 15,20,30,40,50(수구 포인트가 20~45p일 경우에 해당, 수구 포인트가 45~55p일 경우 수구 입사 포인트는 10,20,30,40,50으로 변경)은 수구 입사 포인트를 나타내고 테이블 왼쪽 긴 쿠션에서 아래쪽 짧은 쿠션에 이르는 0~100p(빨간색으로 표시)는 표적구 포인트를 나타낸다. 수구 포인트는 표적구 포인트와 동일하나 시스템의 정확도를 고려하여 60p(검은색으로 표시)까지만 표시하였다.

[그림] 플러스 시스템의 기본 도형

플러스 시스템의 수구 입사 포인트는 그림에서 보는 것과 같이 포인트 간의 간격이 F&H System보다 짧고 30p 이하 부터 약간 코너 쪽으로 꺾여져 위치하고 있기 때문에 보다 정확한 계산과 타구가 요구 된다.

계산 공식

표적구 포인트 = 수구 포인트 + 수구 입사 포인트

플러스 시스템의 계산 순서
1) 표적구 포인트를 예측한다.
2) 수구 포인트와 수구 입사 포인트를 계산한다.
3) 타구

여기서 우리는 플러스 시스템의 계산 순서가 F&H System의 계산 순서와 동일한 것을 알 수 있다.

당구에서 사용되어지는 시스템은 거의 모두가 이와 같은 계산 순서를 거쳐 이루어지게 되므로 여러분들은 머리 속에 이와 같은 계산 순서를 담아두기 바란다.

플러스 시스템의 사용 예와 계산 방법

1) 표적구 포인트를 예측한다.

플러스 시스템에서 뿐만 아니라 모든 시스템 사용에 있어 수구의 위치에 따라 정확한 표적구 포인트를 예측하는 것은 타구의 성공 여부에 있어 1차적인 문제이다. 수구 포인트와 수구 입사 포인트를 아무리 정확히 계산하였다 할 지라도 표적구 포인트가 잘못 예측되었다면 그 타구는 실패할 수 밖에 없기 때문이다.

표적구 포인트는 F&H System과 마찬가지로 수구가 3번째 쿠션을 향해 들어올 때 가지는 입사선을 예측하여 그 입사선을 표적구 포인트 선까지 연장, 연장선이 표적구 포인트 선과 만나는 접점을 읽어 주면 된다.

플러스 시스템의 표적구 포인트 예측시 주의할 점은 플러스 시스템의 수구 진행은 2번째 쿠션에서 3번째 쿠션으로 진입할 때 수구의 진행 방향으로 볼 때 역비틈을 가지고 진입하기 때문에 3번째 쿠션 이후의 수구 진행은 주변의 여건에 많은 영향을 받는다는 점이다. 즉 순비틈의 경우 보다 테이블의 상태나 3번째 쿠션으로 입사될 때의 속도에 따라 반사되는 정도의 차이가 달라지기 때문에 이와 같은 점을 고려하여 표적구 포인트를 예측해야 한다는 것이다.

그림에서 표적구 포인트는 50p이다.

2) 수구 포인트와 수구 입사 포인트를 계산한다.

수구 포인트와 수구 입사 포인트를 계산하는 방식은 F&H System과 거의 동일하나, 다만 차이가 있다면 F&H System에서는 수구 포인트에서 수구 입사 포인트를 빼 주었을 경우 결과가 표적구 포인트와 일치하면 되었으나, 플러스 시스템에서는 두 포인트의 합계가 표적구 포인트와 일치하면 된다.

그림에서 수구 포인트와 수구 입사 포인트는 각각 20p와 30p이다.

3) 타구

모든 시스템이 그러하겠지만 플러스 시스템 역시 타구법이 수구의 진행에 미치는 영향은 크다.

플러스 시스템에서는 앞에서도 언급하였지만 수구 입사 포인트에서 포인트간의 간격이 다른 시스템에서 보다 작기 때문에 보다 정확한 조준이 요구되며, 3번째 쿠션으로 넣어지는 수구의 회전은 공의 진행방향에서 볼 때 역비틈이기 때문에 쿠션을 맞고 튕겨져 나올 때의 반사각이 테이블의 상태나 수구의 진행속도에 따라 달라지게 되므로 상황에 맞는 적절한 타구법이 요구된다.

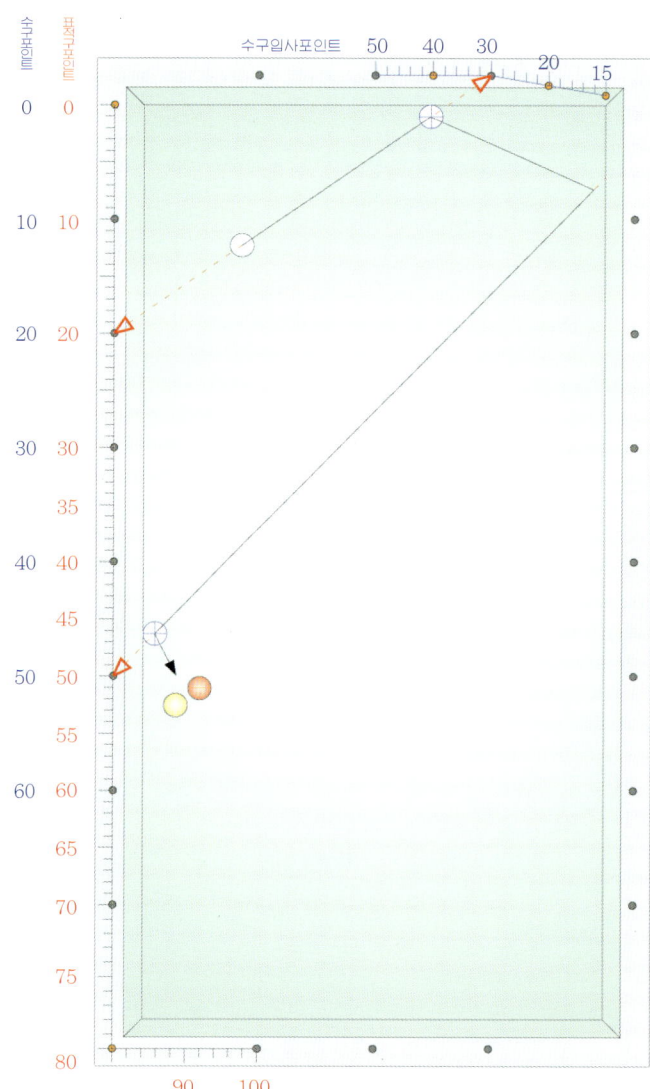

다음 그림과 같은 공 배치가 주어졌다고 하자.
플러스 시스템을 이용하여 여러분 나름대로 계산을 해 보도록 하자.

여러분이 한 계산이 저자가 한 계산과 일치한다면, 앞으로 설명되어질 다른 시스템에 대해 자신감을 가져도 될 것이다. 만약 그렇지 않을 경우, 다시 한 번 자세히 설명을 하니 반드시 이해하기 바란다.

1) 표적구 포인트를 예측한다.

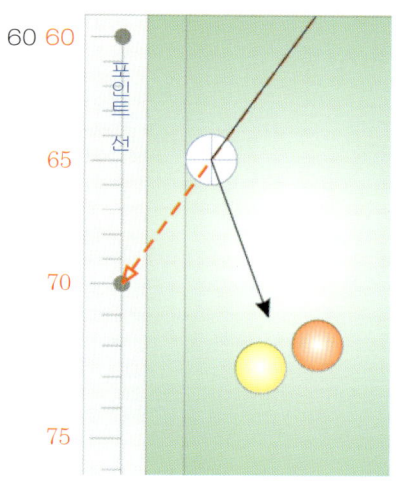

그림과 같은 형태에 있어 표적구 포인트를 예측하는 것은 두 개의 표적구가 3번째 쿠션에 근접해 있기 때문에 그리 어렵지 않을 것이다.

수구가 어느 방향에서 얼마만큼의 각도로 입사할 것인지를 판단, 그 입사선을 연장하여 연장선이 표적구 포인트 선과 만나는 지점을 찾으면 된다.

그림에서 표적구 포인트는 70p이다.

2) 수구 포인트와 수구 입사 포인트를 계산한다.

수구의 위치에 따른 표적구 포인트를 예측했으면 예측된 표적구 포인트에 맞는 수구 포인트와 수구 입사 포인트를 계산해야 한다. 수구 포인트와 수구 입사 포인트를 계산하는 방식은 F&H System의 계산방식과 거의 일치한다. 다만 F&H System에서는 수구 포인트에서 수구 입사 포인트를 빼주었을 경우 계산된 값이 표적구 포인트와 일치하면 되었으나 플러스 시스템에서는 두 개의 포인트 값을 더해 주었을 경우 계산된 값이 표적구 포인트와 동일하면 된다.

먼저 수구의 중심을 축으로 한 쪽 끝은 수구 포인트를 향하고 다른 한 쪽 끝은 수구 입사 포인트를 향하도록 가상의 선분을 잡는다. 이 때 가상의 선분은 큐대를 사용하면 편리하다고 하였다. 큐대의 팁 부분은 수구 입사 포인트를, 손잡이 끝 부분은 수구 포인트를 향하도록 큐대를 수구 중심 위에 놓고 수구 중심을 축으로 좌,우로 돌려가며 찾고자 하는 표적구 포인트를 계산하면 훨씬 간편할 것이다.

자, 이제 어느 정도의 눈짐작으로 가상의 선분 a를 잡아보자. 가상의 선분 a의 양쪽 끝은 26p와 30p를 가리키고 있다.

가상의 선분 a와 같은 조건(수구 포인트 26p, 수구 입사 포인트 30p)으로 타구할 경우 수구는 표적구 포인트 56p(26+30)에 도달하게 되어 우리가 원하는 지점보다 짧게 수구가 넣어지게 된다. 가상의 선분 a를 수구의 중심을 축으로 왼쪽으로 돌려 또 다른 가상의 선분 c를 잡아보자. 가상의 선분 c의 경우의 표적구 포인트는 87.8p(37.8+50), 너무 길게 수구가 넣어지게 된다.

이제 또 다른 가상의 선분(선분 b)을 가상의 선분 a와 가상의 선분 c 사이에 잡아보도록 하자.

가상의 선분 b의 양쪽 끝이 가리키고 있는 각각의 포인트는 30p, 40p. 합이 70p. 우리가 원하는 표적구 포인트 70p와 일치한다. 따라서 이 때의 40p는 그림과 같은 위치에 있는 표적구 들을 공략하기 위한 수구 입사 포인트가 된다.

3. 타구

수구 입사 포인트 40p를 향해 BR-2T으로 가볍게 타구한다.

플러스 시스템 뿐만 아니라 모든 시스템을 이용할 경우 주의할 점은 어떠한 방법으로 타구하느냐에 따라 수구의 진행이 계산대로 이루어 질 수도 있고 그렇지 않을 수도 있다는 점이다. 시스템을 처음 사용하는 경우 한두 번 시스템을 이용한 타구를 해보고 계산대로 수구가 진행하지 않으면 포기해 버리고 다시 감각에 의존하는 타구를 하는 것을 볼 수 있는데, 이는 너무 성급한 판단이다. 저자가 나름대로 당점과 타구법, 힘의 세기 등을 표시하여 시스템에 맞는 조건을 나타내었다 할지라도 개인마다 가지고 있는 타구법이나 기타 여러가지 조건이 다를 수 있기 때문에 조건이 다른 정도의 차이가 심할 경우나 자신이 사용하는 테이블의 조건이 일반적인 테이블의 속성과 차이가 심할 경우 계산대로 수구가 진행하지 않을 수도 있다. 시스템을 사용한 타구를 하기 위해서는 시스템에 대한 이론을 아는 것도 중요하지만, 시스템에 맞는 타구법을 구사할 수 있는 능력을 기르는 것 역시 그에 못지 않게 중요하다.

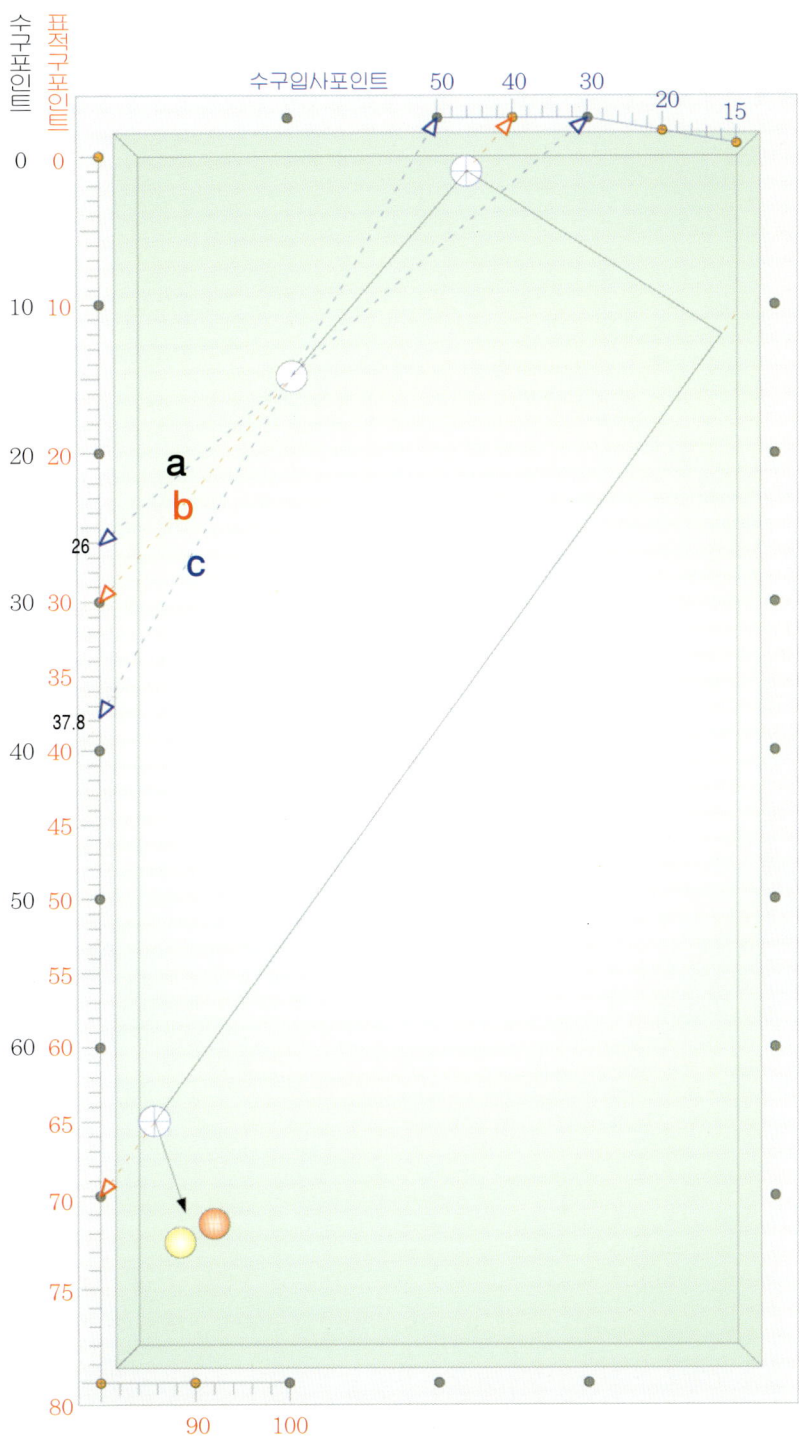

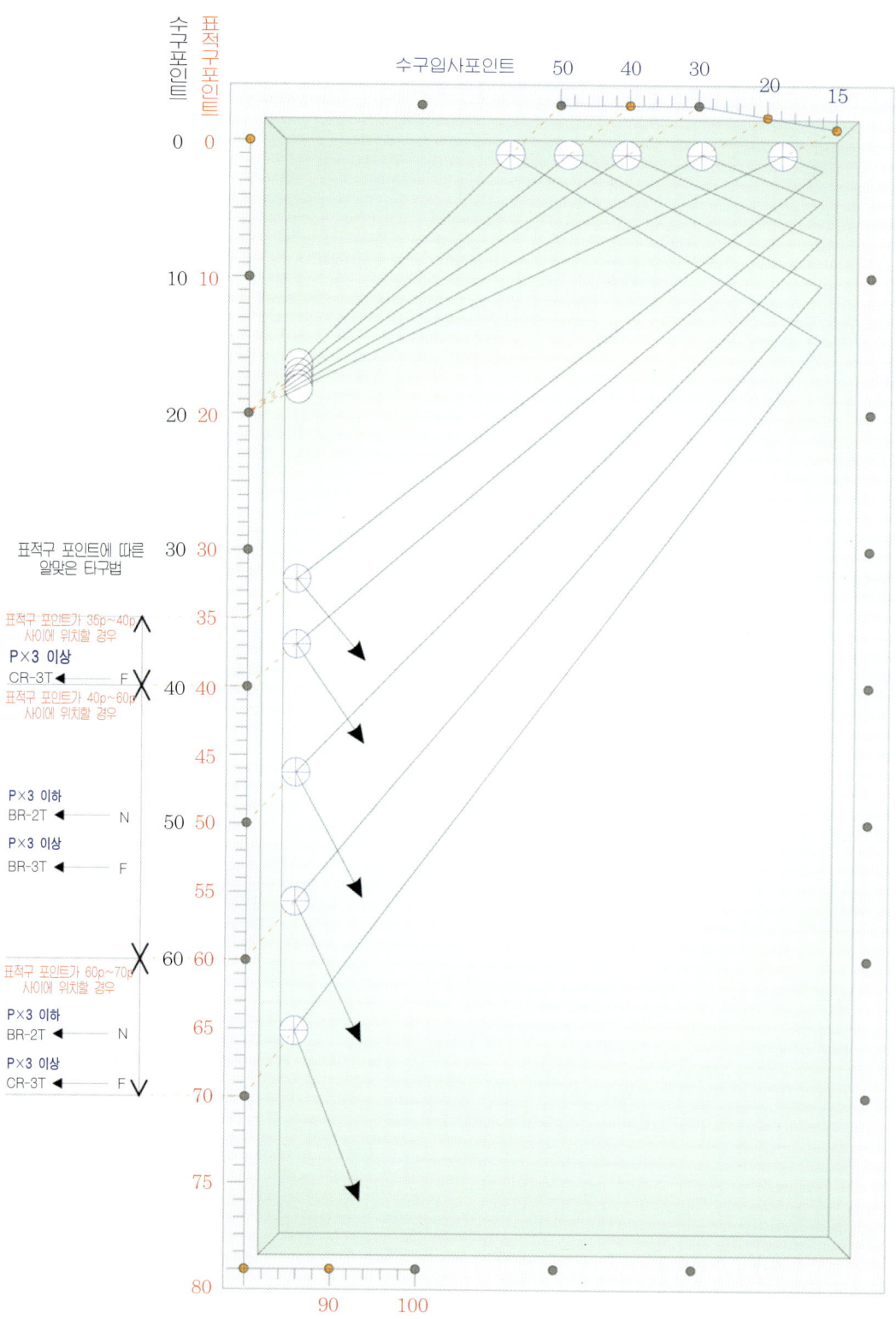

수구포인트 30p에서 수구의 행적

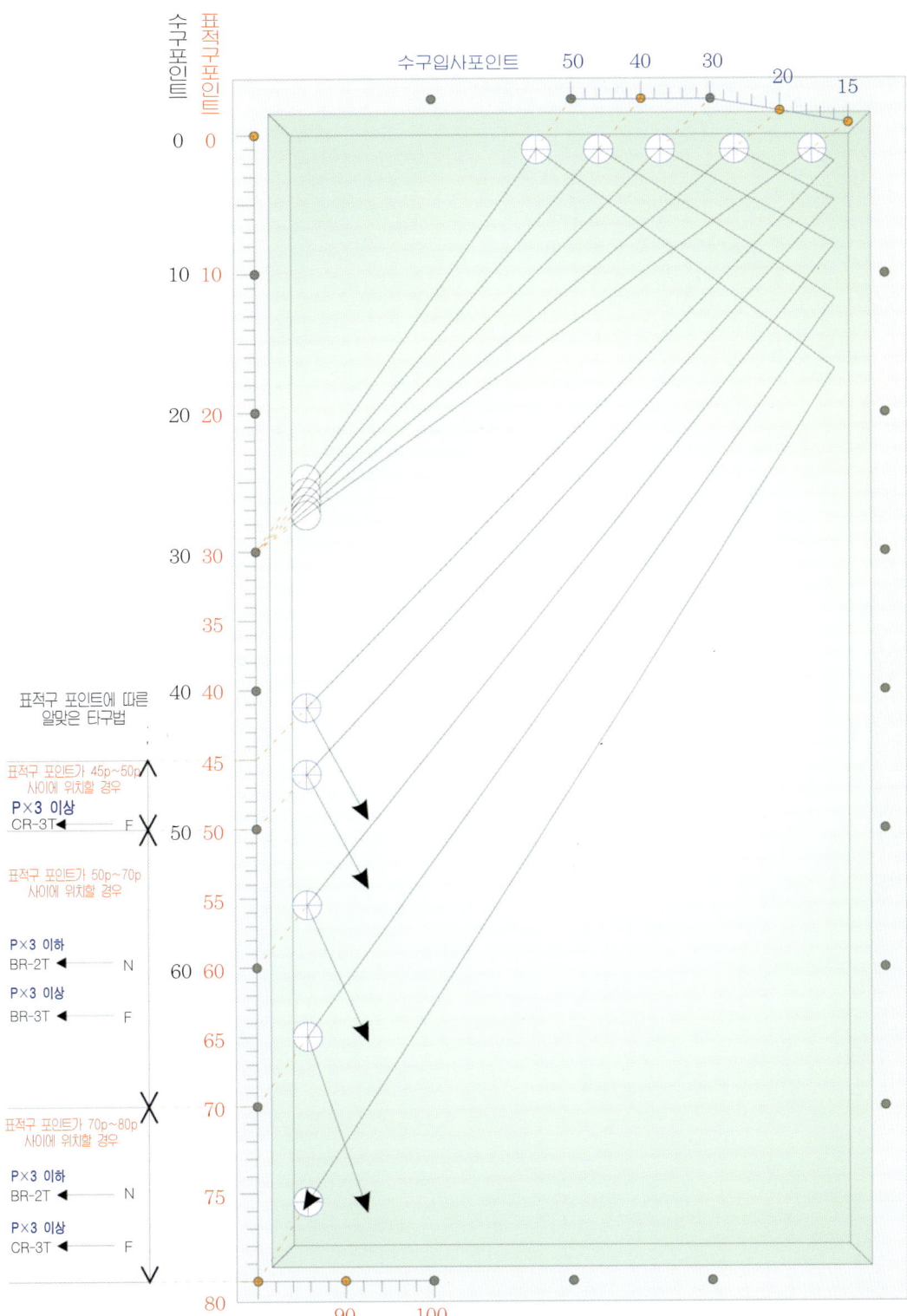

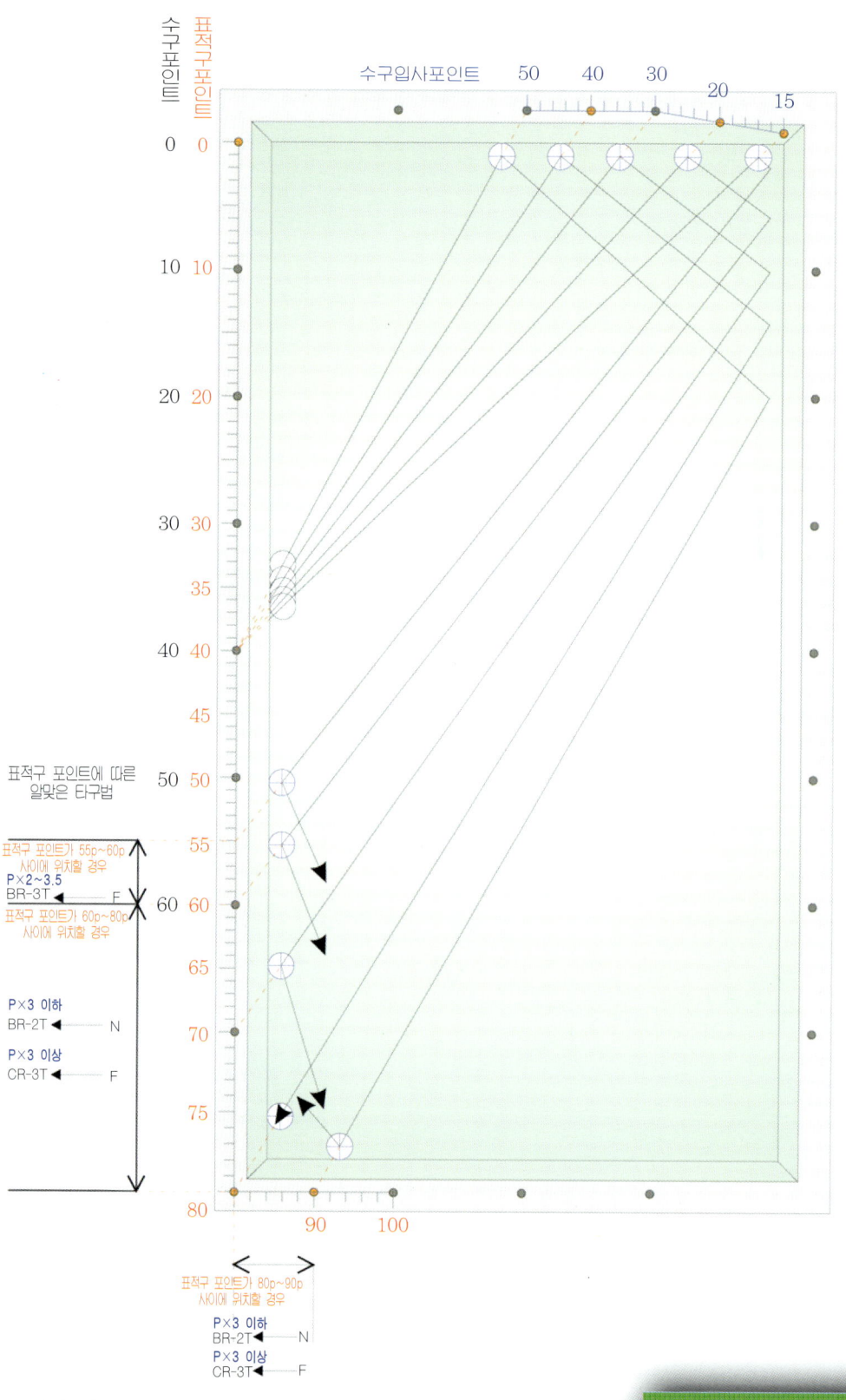

제3장 스리쿠션 게임(Three Cushion Game)

수구포인트 50p에서 수구의 행적

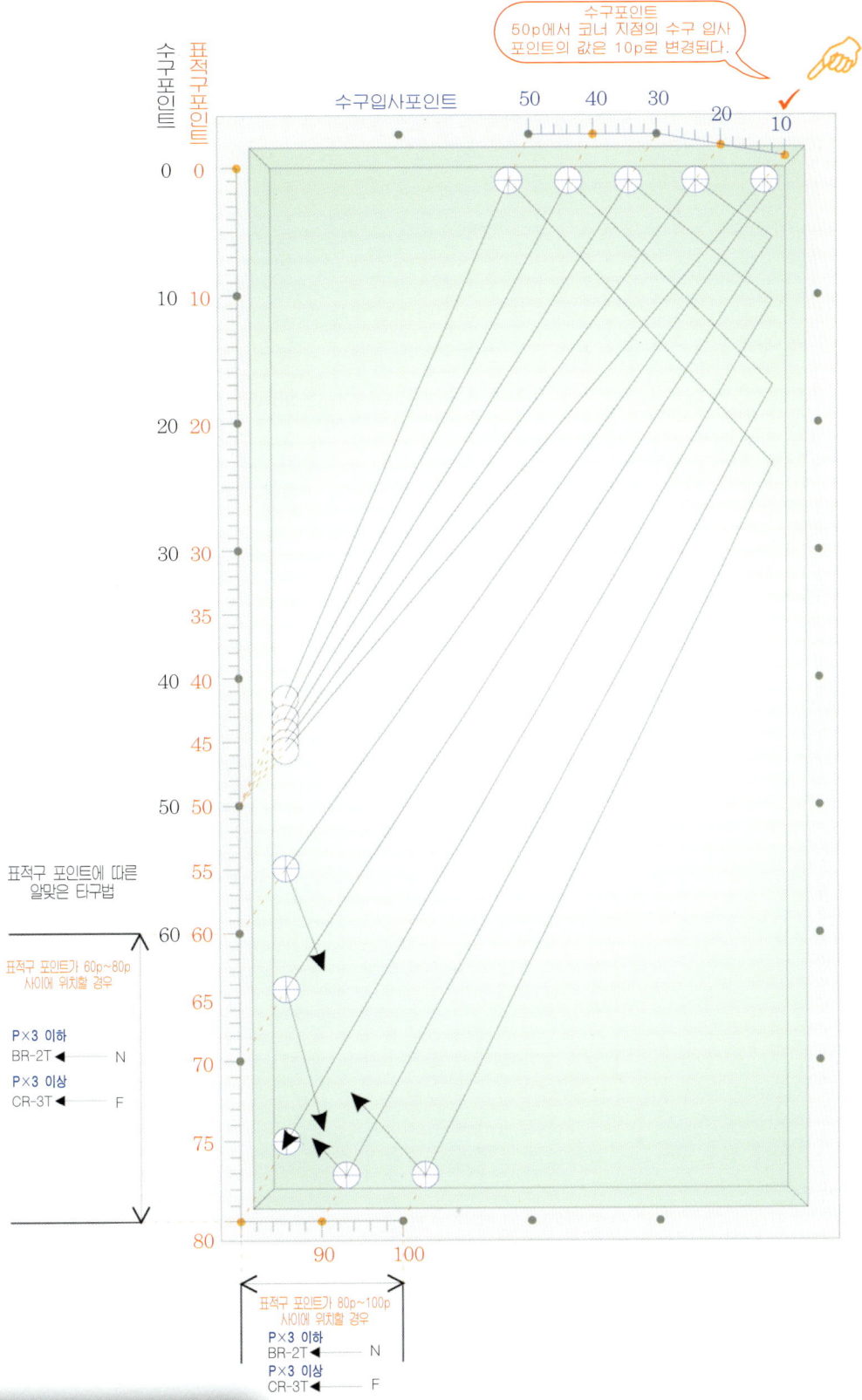

3. 맥시멈 잉글리시 시스템(Maximum English System)

맥시멈 잉글리시 시스템이란 말 그대로 수구에 최대한의 회전력(좌·우 비틈)을 넣어 타구하는 시스템이다.

이 시스템은 수구에 최대한의 회전력을 넣어줌으로써 F&H System이나 Plus System을 이용하여 해결할 수 없는 문제점을 극복할 수 있게 해준다.

비틈의 정도는 상황에 따라 C or D(R,L)-3T 또는 그 이상의 강한 회전력을 사용한다.

이와 같이 수구에 좌·우 회전력을 최대한 넣을 경우 표시는 앞으로 다음과 같이 한다.

예) CR-Max, CL-Max

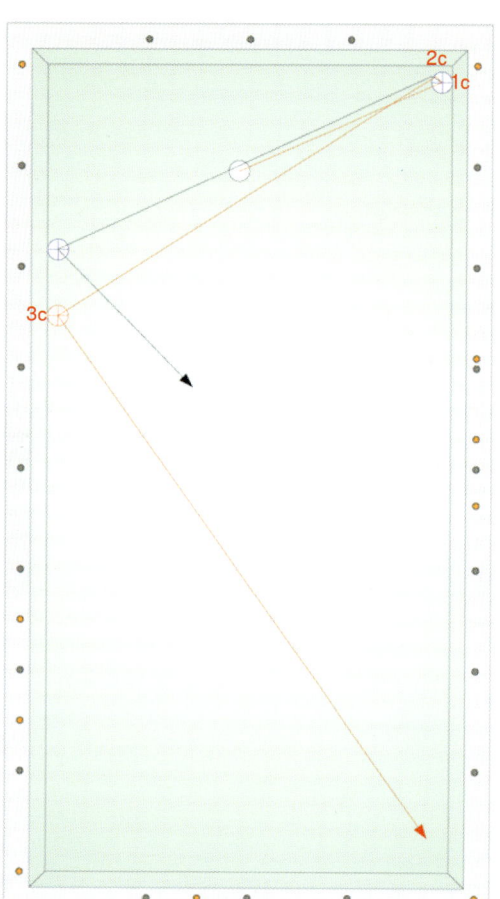

왼쪽 그림은 M.E System과 F&H System을 사용하여 수구를 같은 수구 입사 포인트로 넣었을 경우 수구 행적의 차이를 보여주고 있다.

검은 실선은 F&H System을 이용, 수구 포인트 20p에서 수구 입사 포인트 0p를 향하여 BL-2T로 타구한 경우의 수구의 행적을 나타내고 빨간 실선의 경우 M.E System을 이용한 경우의 수구 행적으로, 비틈의 정도나 힘조절에 따라 약간의 차이는 있겠으나 F&H System의 수구 진로와 비교하여 볼 때 많은 차이를 보이는 것을 알 수 있다.

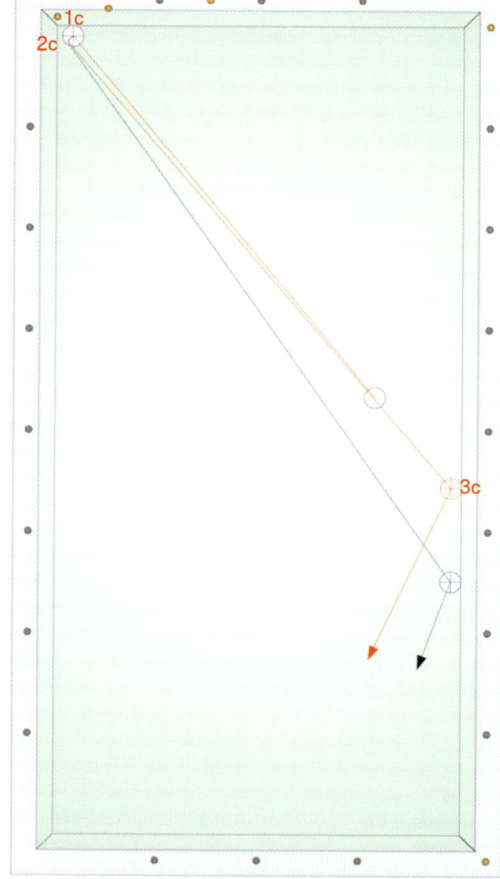

이와 같은 진로 변화는 Plus System에서도 일어나는데, 오른쪽 그림에서 검은 실선은 Plus System을 이용하여 수구 포인트 50p에서 수구 입사 포인트 10p로 타구한 경우 수구의 진로이고 빨간 실선의 경우는 M.E System을 이용한 경우의 수구 진로이다.

맥시멈 잉글리시 시스템은 앞에서 배운 F&H System이나 Plus System처럼 어떠한 수치적인 계산을 이용한다기 보다는 기본적인 이론을 바탕으로 한 경험과 감각으로 타구하는 경우가 많기 때문에 이 시스템을 잘 활용하기 위해서는 많은 연습과 함께 수구의 위치별로 테이블 속성에 따른 자신의 비틈의 한계를 알아두어야 한다.

4. 더블 레일 시스템(Double Rail System)

우리가 흔히 "조단조"라고 말하는 것으로, 뒤에 설명되어질 리버스 시스템(Reverse System)과 같이 수구에 역비틀을 걸어 수구 입사 포인트로 타구함으로써 수구 진로를 컨트롤하는 시스템이다.

역비틀을 이용하는 것은 순비틀을 이용할 경우 보다 테이블의 상태나 타구법 등, 주변의 여건에 많은 영향을 받기 때문에 순비틀을 이용하는 시스템 보다 계산하기도 어려울 뿐만 아니라 계산법을 이용한다 할지라도 어느 한 가지 계산법 만으로 모든 형태의 배치를 공략하기 어렵다는 단점을 가지고 있다. 그러나 역비틀을 이용한 시스템에 대한 어느 정도의 이론만 가지고 있다면 포지션에 따라 그 어떤 시스템을 이용하는 것보다 편리하고 정확하므로 꼭 숙지하기 바란다.

테이블 조건과 역비틀의 한계 파악하기

더블 레일 시스템은 아래 그림에서 보는 것과 같이 첫번째 수구 입사 포인트로 수구에 역비틀을 걸어 타구하는 시스템이다. 수구는 두번째 쿠션을 맞고 순비틀에 의해 다시 꺾여 돌아오게 되는데, 이 때 수구의 꺾임 정도는 최초 타구시 역비틀의 정도에 따라 달라지게 된다.

더블 레일 시스템을 보다 효율적으로 사용하기 위해서는 그림에서 보는 것과 같은 방법으로 타구하여 자신이 사용하는 테이블에 있어 자신의 역비틀의 한계를 파악해야 한다.

자신이 사용하는 테이블에서 자신의 역비틀의 한계를 파악하는 방법은 그림에서와 같이 수구를 짧은 쿠션에 가까이 근접해 놓고(쿠션에 붙어 있는 상태가 아니다) 코너(짧은 쿠션 쪽)를 향해 그림에서 표시된 조건으로 수구를 넣어 본다. 이럴 경우 수구는 순식간에 세 번의 쿠션을 이용한 뒤 되돌아 나오게 되는데, 이 때 수구가 4번째 쿠션의 어느 부위에 도달하게 되는가 확인한다. 만약 그림에서와 같이 (편의상 코너에서 부터 포인트에 대해 순서적으로 숫자(1.0p~3.0p)를 부여했다) 수구가 1.5p 지점에 도달하게 된다면, 이 테이블의 짧은 쿠션에서 자신의 역비틀의 한계(검은 실선)는 1.5p가 되며, 긴 쿠션이 짧은 쿠션의

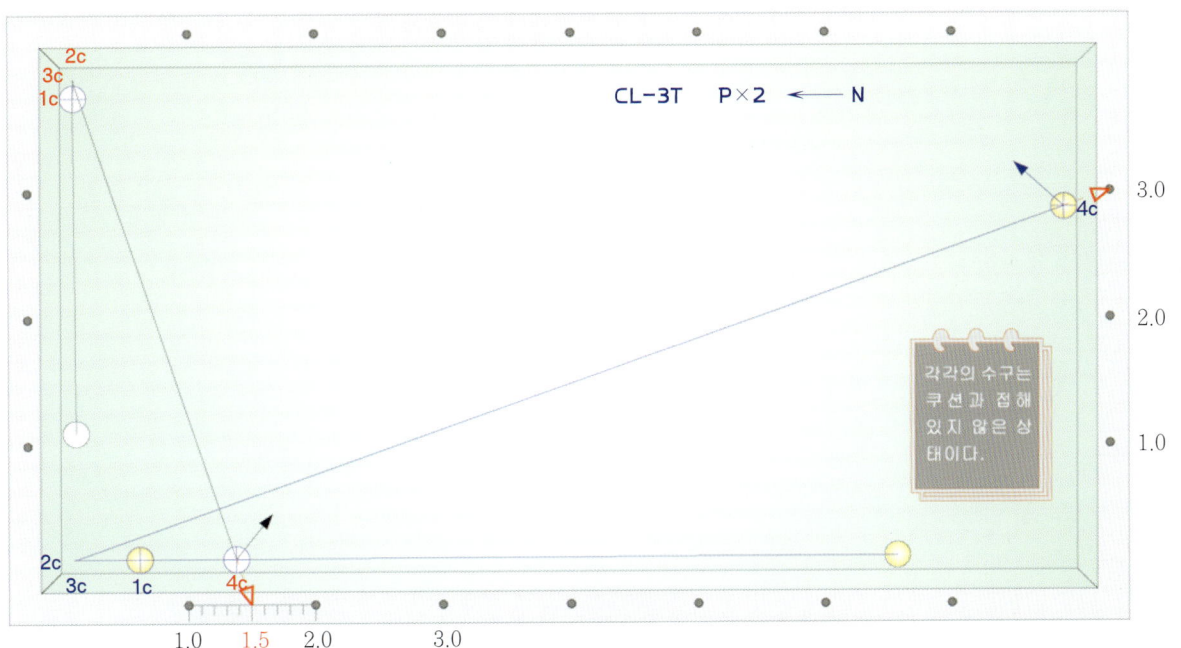

2배의 길이가 되는 테이블일 경우 긴 쿠션에서의 역비틈의 한계(파란 실선)는 짧은 쿠션에서 역비틈의 한계의 두 배, 즉 3.0p 가 된다. 역비틈의 한계를 파악할 때 주의할 점은 그림에서 표시된 일반적인 타구법을 사용하여야 한다는 것이다. 그렇지 않고 너무 과도한 역비틈을 수구에 걸어 준다던가 찍어치는 식의 타구를 하여 수구에 역비틈과 함께 역회전력을 부여할 경우 역비틈의 한계는 커지게 되나, 이와 같은 타구법은 타구법 자체가 어려워 상황에 따라 언제든지 똑같은 타구법을 구사할 수 없기 때문에 그만큼 정확도가 떨어지게 된다.

참고적으로 앞의 그림에서 수구가 수구가 첫번째 쿠션에 도달한 지점이 쿠션에 근접해 있으나, 그림과 같은 위치에서 수구를 그림과 같이 코너에 아주 근접하게 넣기란 쉽지 않다. 일반적으로 코너를 겨냥하고 타구한다 할 지라도 수구는 자신이 겨냥한 목표점보다 훨씬 앞쪽을 맞고 두번째 쿠션에 진입하게 된다.

더블 레일 시스템의 사용 예

스리쿠션 경기 뿐만 아니라 다른 당구 경기를 할 때에도 경기하는 플레이어는 자신에게 주어진 형태에 대해 자신이 공략할 수 있는 여러 가지 공략법을 생각하고 그 중 가장 성공 확률이 높은 공략법을 선택하여 타구해야 한다. 당구를 잘 치기 위해서는 이론에 입각한 많은 연습도 필요하지만, 주어진 포지션에 대해 한 번 더 생각하는 자세를 가져야 한다. 언뜻 보기에 쉬운 타구일 수록 생각 없이 타구할 경우 키스나 그 밖의 사소한 이유로 실패할 확률이 높기 때문이다.

다음은 기본 원리를 모른 채 더블 레일 시스템을 이용할 경우 실수하기 쉬운 사항이다.

앞에서도 언급한 사항이지만 경기하는 플레이어는 자신이 선택한 공략법이 얼마만큼의 성공확률을 가지고 있는 지 파악한 상태에서 타구에 임해야 한다. 그러나 초보자의 경우 기본적인 이론을 몰라 성공 확률이 0인 상태의 공략법을 선택하여 타구함으로써 낭패를 보는 경우를 종종 볼 수 있다. 다음과 같은 경우도 그런 경우이니 설명을 읽고 보다 나은 타구를 할 수 있기 바란다.

오른 쪽에 있는 두 가지 형태(상황 A,B)의 공 배치를 비교하여 보자. 언뜻 보기에는 두 가지 상황이 서로 비슷하게 보여 두 가지 상황 모두 더블 레일 시스템을 이용하여 공략이 가능한 것 처럼 보이나 그것은 큰 착각인 것이다.

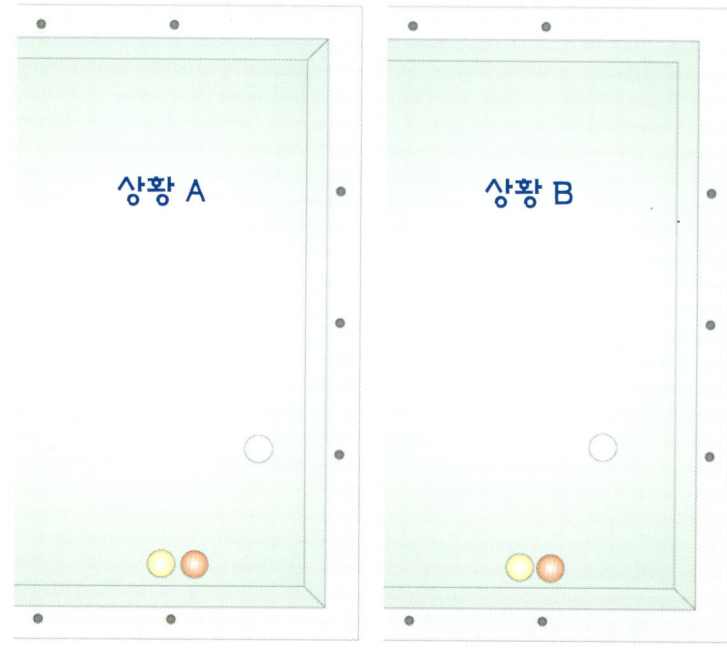

상황 A   상황 B

이와 같은 공 배치에서 더블 레일 시스템을 사용하고자 하면, 먼저 성공 가능성 여부를 타진해 봐야 한다.

상황 A의 경우 먼저 두 개의 표적구를 맞추기 위해 수구가 도달해야 하는 최소한의 표적구 포인트를 예측하면 결과 A에서 보듯이 1.0p는 되어야 하는 것을 알 수 있다. 따라서 자신이 사용하는 테이블에서 역비틈의 한계가 1.5p일 경우, 더블 레일 시스템에서 수구 진로의 최대값을 얻을 수 있는 코너 지점으로 수구의 중심을 연결했을 때 수구 포인트가 최대 0.5p는 되어야 성공 가능성이 있는 것이다.

따라서 상황 A의 경우, 측정된 수구 포인트는 0.5p이므로 이와 같은 상황에서 더블 레일 시스템을 사용한다면 성공 확률이 높게 된다(결과 A).

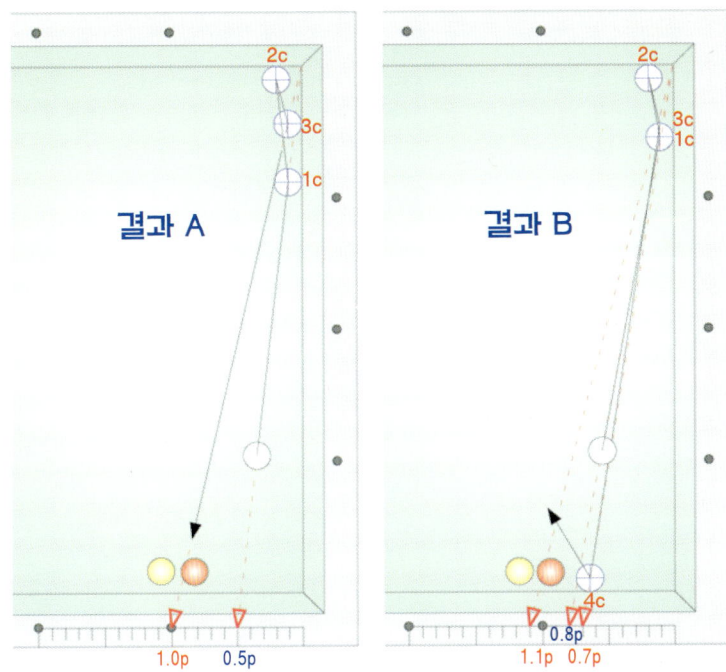

그러나 상황 B의 경우 두 개의 표적구를 맞추기 위해 수구가 도달해야 하는 표적구 포인트는 대략 1.1p정도이고 측정된 수구 포인트는 0.8p정도 이다. 합이 1.9p 그러나 이와 같은 결과는 역비틈의 한계치(1.5p)를 초과하기 때문에 상황 B와 같은 공 배치는 자신이 사용하고 있는 테이블에서는 더블 레일 시스템을 이용하여 해결할 수 없다는 말과도 같은 것이다. 이와 같은 이론을 모르고 타구하였을 경우에 수구는 결과 B에서 보듯이 표적구 포인트 0.7p에 도달하게 되어 경우에 따라 두 개의 표적구 중 어느 하나도 맞추지 못하는 결과를 갖게 된다(결과 B).

지금까지 설명은 더블 레일 시스템의 기초적인 이론을 설명하기 위해 한 가지 예를 든 것이다.

실제로는 상황 B의 경우라도 타구법을 좀 더 달리했을 경우 아주 불가능한 것만은 아니다. 그러나 그와 같은 타구법은 앞에서 설명한 기초적인 이론을 습득한 후에 사용해도 늦지 않다.

알고 넘어 갑시다. 잉글리시(English)란?

당구 용어 중에 "잉글리시(English)"라는 단어가 자주 사용되는 데 이 말은 우리가 흔히 알고 있는 영어나 영국사람을 가리키는 말이 아니라 공의 회전, 즉 비틈을 나타내는 말입니다.

이 말의 유래를 살펴보면...

과거 초창기 당구는 시설의 미비로 말미암아 고무 쿠션도 없는 나무로 된 테이블에서 막대기 같은 큐대로 공을 쳐, 맞추는 정도의 수준이었습니다. 그러나 세월이 지나면서 테이블도 대리석을 이용하게 되었고 테이블에도 공의 반사력을 높이기 위해 고무로 된 쿠션을 고안하여 덧붙이게 되었습니다. 그 중 당구를 획기적으로 발전시킬 수 있게 한 것은 "초크"의 발명이었습니다. 앞부분도 나무로 된 큐를 이용하였기 때문에 공의 중심이외의 다른 부분을 칠 경우 큐가 공에서 미끄러져 공에 회전을 가미할 수 가 없었던 것입니다. 그러던 중 19세기 초, 영국의 '버틀레'라고 하는 사람이 큐가 공에서 미끄러지는 것을 방지하기 위해 큐 끝에 백묵가루를 칠하는 것을 생각해 냈는데, 이로 인해 상하 좌우 회전을 줌으로써 지금까지 불가능하게 보였던 공들도 보다 손쉽게 해결할 수 있게 되었던 것입니다. 이로써 당구의 기술은 급속히 발전하게 되었던 것입니다. 현재 공에 비틈을 주는 것을 "잉글리시"라고 하는 것도 이와 같이 영국에서 발명된 쵸크 덕택에 비틈을 주는 타구법이 가능하게 되었기 때문입니다.

5. 리버스 잉글리시 시스템(Reverse English System)

리버스 잉글리시 시스템이란 말 그대로 역비틈(reverse english)을 걸어 수구의 진로를 조절하는 시스템이다. 수구에 역비틈을 넣어 타구할 경우, 수구의 진로는 순비틈을 이용한 경우 보다 테이블 조건이나 타구법, 힘조절 등에 따라 변화의 정도가 심하기 때문에 더블 레일 시스템과 마찬가지로 리버스 시스템 역시 수구의 진로를 포인트 선상에 정확한 숫자로 표현하기가 곤란하다.

리버스 시스템에서 수구 회전 방향의 변화
첫 번째 쿠션(역회전) → 두번째 쿠션(순회전) → 세번째 쿠션(순회전)

리버스 시스템은 테이블의 속성이나 타구법, 힘조절 등에 영향을 많이 받으며, 이와 같은 요건들은 전체적인 수구의 진로를 변화시키게 된다. 따라서 이 시스템을 보다 효과적으로 사용하기 위해서는 공의 진로를 변화시키는 전체적인 요인(공의 회전 원리, 힘 조절에 따른 분리각의 변화, 회전력에 따른 분리각의 변화, 공의 운동 이론 등)에 대해 확실히 파악하고 그에 맞는 타구법을 구사할 수 있어야 한다.

이와 같이 어려운 조건하에서도 리버스 시스템이 스리쿠션 경기 도중 많이 사용되는 이유는 다른 시스템으로 해결이 불가능하거나 어려운 경우 쉽게 해결할 수 있는 기회를 제공하기 때문이다.

리버스 시스템은 기초적인 타구에서부터 예술적인 타구에 이르기까지 그 성격이 여러가지이며, 그에 따른 타구법 또한 아주 다양한 시스템이다. 이런 이유로 저자도 특별히 리버스 시스템에 대해 더 이상 설명하는 것 보다 리버스 시스템을 이용한 타구 예를 뒷부분에서 여러가지 도형 그림을 통하여 각각의 형태에 따른 타구법을 설명하고자 하니 독자 스스로 연습해 보기 바란다. 쉬운 타구에서부터 어려운 타구에 이르기까지 많은 실례를 들 것이다. 쉬운 타구인 경우 몇 번의 연습을 통해 익힐 수 있겠으나, 어려운 타구인 경우 몇 번의 연습만으로는 불가능 할 수도 있을 것이다. 참고적으로 리버스 시스템의 경우 테이블 상태가 좋지 못할 경우 타구하기가 아주 힘들어지거나 불가능 할 수도 있다. 독자 스스로 테이블 상태가 좋은 당구장을 알고 있지 못하다는 것은 자신의 실력 향상을 위한 기본적인 밑바탕이 되어 있지 않다는 것을 의미한다.

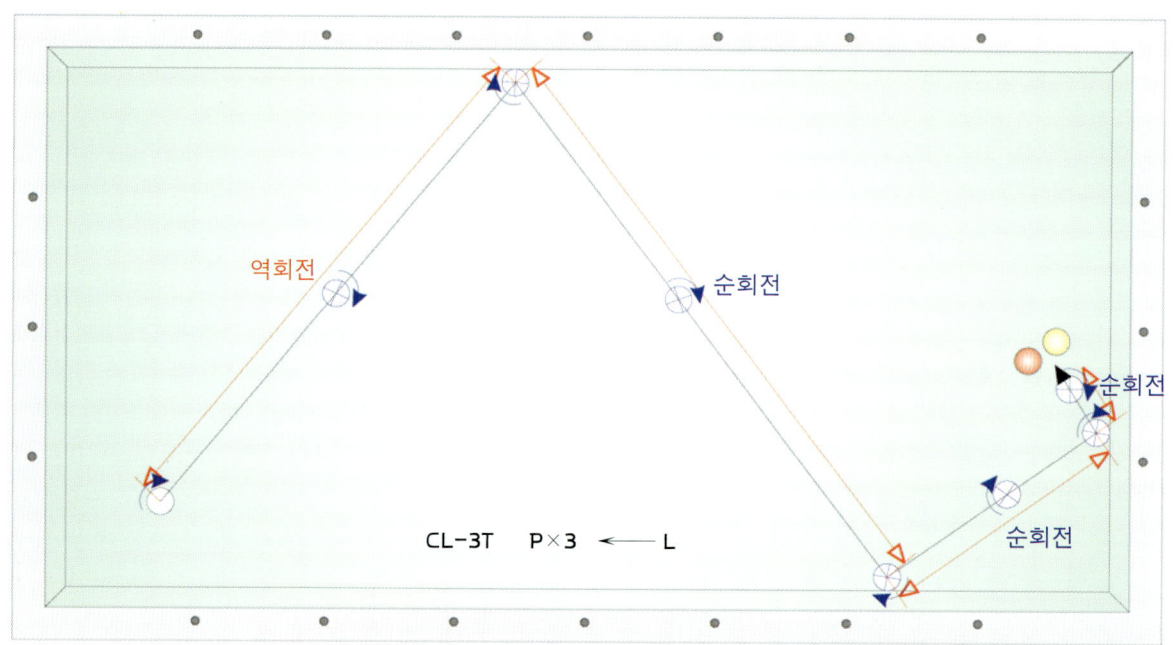

6. 노 잉글리시 시스템(No English System)

　노 잉글리시 시스템이란 수구에 좌·우 비틈을 넣지 않고 수구의 진로를 결정하는 시스템으로 수구에 비틈을 넣지 않을 경우 수구의 입사각과 반사각은 같다는 이론을 바탕으로 하고 있다. 이론상으로는 아주 간단한 원리이지만 실제 타구법은 쉽지 않다.
　다음 그림은 노 잉글리시 시스템의 기본 원리를 그림으로 표현한 것이다.
　공에 비틈을 넣지 않을 경우 수구의 입사각과 반사각은 일치한다는 원리에 따라 그림에서의 예와 같이 짧은 쿠션 2-①에서 긴 쿠션 2-②로 비틈을 넣지 않고 타구할 경우 수구는 2-③을 거쳐 2-④에 도달하게 된다는 원리이다. 그림과 설명만으로는 아주 간단하고 쉬운 시스템 같아 보이지만 그림과 같이 수구를 진행시키기란 굉장히 어려울 뿐만 아니라 경우에 따라서는 불가능할 수도 있다. 이러한 이유로 초보자의 경우 이 시스템을 처음부터 능숙하게 사용하기에는 무리가 있지만 연습을 통해서 시스템의 성격을 어느 정도 파악한다면 스리쿠션 경기를 함에 있어 많은 도움을 얻을 수 있을 것이다.

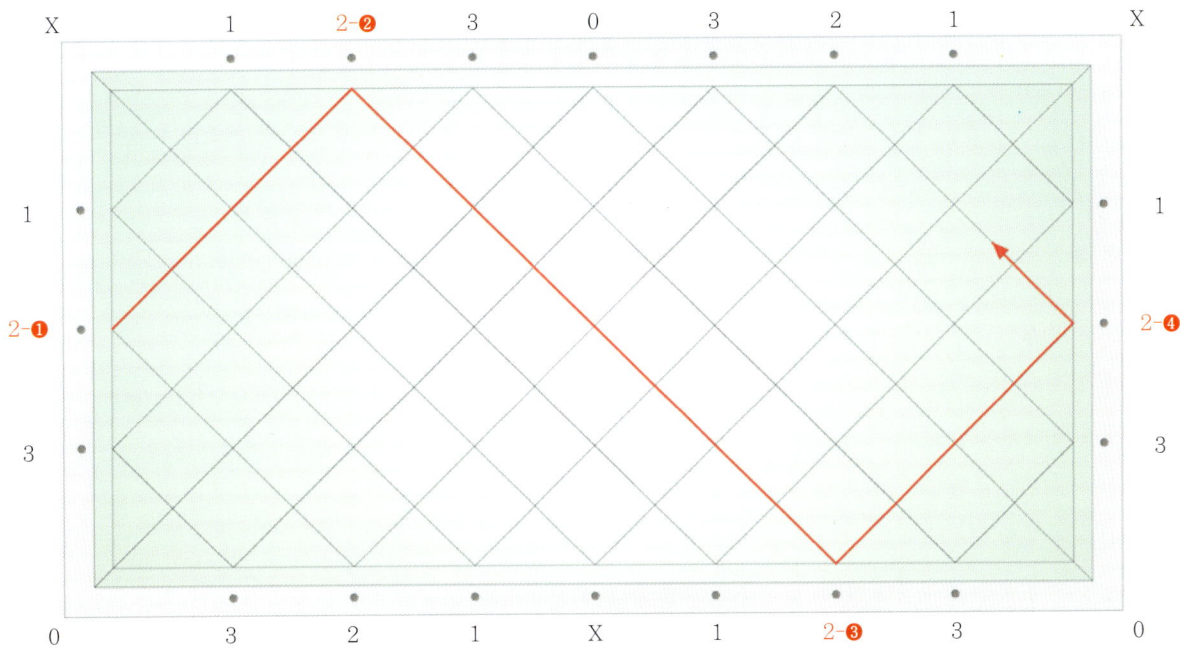

　노 잉글리시 시스템 사용에 있어 주의할 점은 수구를 타구함에 있어 말 그대로 'No 회전'이 되어야 한다는 것이다.
　초보자의 경우 '비틈을 주지 않고 타구하는 것이 뭐가 어려워?'라고 반문할 수도 있겠지만, 이는 자신의 자세나 스트로크가 거의 완벽하다는 것을 의미한다. 수구에 약간의 비틈이라도 넣지 않고 타구하기 위해서는 1차적으로 올바른 자세를 갖고 있어야 하며, 공을 맞추기 위한 큐의 앞·뒤 움직임 역시 상하 좌우 요동 없이 수평적으로 거의 일직선이 되어 움직여야 한다. 큐와 수구가 임팩트 되는 순간 정확한 당점을 맞춰야 되는 것은 물론이다.
　저자가 많은 시스템 중에 노 잉글리시 시스템을 제일 나중에 설명하는 것도 이와 같은 이유에서이다. 앞의 시스템들은 조금 잘못된 자세를 가지고 있다 하더라도 시스템 사용에 있어서 시스템이 아주 무용지물이 될 정도로 큰 영향을 미치지 못하나, 앞으로 설명되어질 시스템들은 잘못된 자세를 가지고 있어 타구시 수구에 약간의 비틈이라도 넣어질 경우 시스템 자체를 못 쓰게 되고 만다.
　좋은 자세를 갖도록 노력하자. 관중을 의식해서 인지 아니면 성격상인지는 몰라도 큐가 춤을 추듯 이상한 자세를 가지고 타구하는 사람을 볼 수 있는 데 이런 습관은 빨리 버리는 것이 여러모로 자신에게 이로울 것이다.

No English System-A

No English System중 가장 많이 알려진 시스템이다. 이 시스템은 N.E System의 기본적인 원리를 바탕으로 어떠한 도형을 해석하는 것 처럼 수구의 진로를 결정하고 있어 긴 막대자를 가지고 이리 저리 옮겨 다니며 측정하지 않는 한 절대적으로 눈짐작에 의존하기 때문에 익숙해지기 까지 정확도가 약간은 떨어지며, 수구의 입사각이 작을수록 부정확해지는 단점을 가지고 있다. 그러나 그림과 같이 첫번째 쿠션으로의 입사각이 크고 표적구가 쿠션에 근접해 있을 경우 어느 정도의 정확한 예측만 이루어진다면 다른 시스템 못지않게 여러분에게 큰 도움을 줄 것이다.

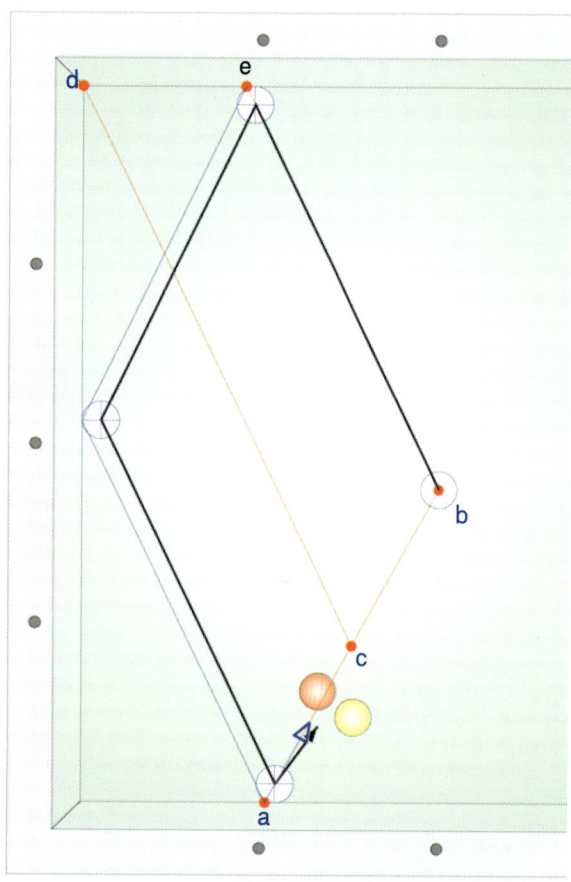

No English System-A의 계산방식

1) 무회전을 이용할 경우의 표적구 포인트를 예측한다.
   그림에서 점a이다.
2) 점 a와 수구의 중심(그림에서 점 b)을 연결한 가상의 선을 그린다.
   그림에서 선분 ab
3) 선분 ab의 중심(그림에서 점c)에서 코너지점(그림에서 점d)로 가상의 선분을 그린다.
   그림에서 선분 cd
4) 선분 cd를 수구의 중심 부분까지 평행이 되도록 이동한 뒤 쿠션과 접하는 지점을 기억한다.
   그림에서 점e
5) 점 e를 향하여 중심치기로 가볍게 타구한다.
   그림에서 파란 실선은 계산된 선이고, 검은 실선은 실질적인 수구의 진로이다.
   참고적으로 3c이후 실질적인 수구의 진로는 수구가 1c에서 부터 3c까지 진행하는 동안 쿠션과의 접촉으로 인해 발생된 약간의 좌측회전력에 의해 계산된 수구의 진로보다 약간 틀어져 진행하게 된다는 사실에 유의하기 바란다. 따라서 처음 표적구 포인트를 예측할 때 이러한 사실을 감안하여 결정한다면 보다 정확한 타구를 할 수 있을 것이다.

No English System-B

N.E System 중 가장 많이 사용되는 시스템이다.

아래 그림은 이 시스템을 이용하여 해결할 수 있는 형태 중 대표적인 예로 여러분은 경기 중 이와 같은 형태의 공 배치를 많이 만나게 될 것이다. 초보자의 경우 이와 같은 공 배치와 마주치게 되면, 어디를 어떻게 겨냥하고 타구할 지 몰라 많은 고민을 하다 *"대충 어떻게 맞겠지..."* 하는 심정으로 타구하는 것을 볼 수 있는데 다음 설명을 읽고 보다 나은 타구를 할 수 있기 바란다.

제3장 스리쿠션 게임(Three Cushion Game)

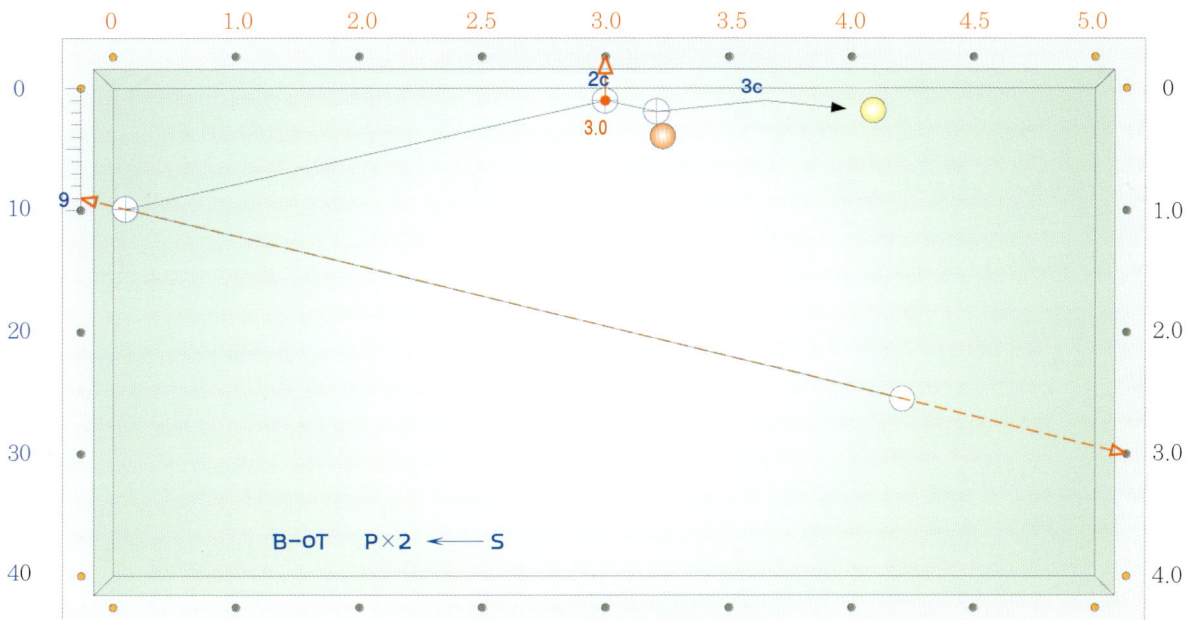

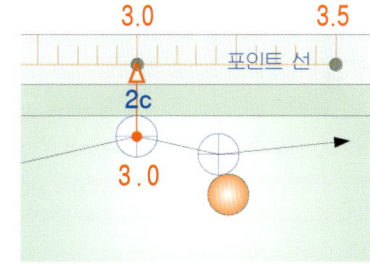

 이 시스템 사용시 주의할 점은 표적구 포인트가 다른 시스템과 달리 3번째 쿠션에 위치하는 것이 아니라 2번째 쿠션에 위치하며, 표적구 포인트를 읽을 때에도 다른 시스템처럼 수구의 입사선을 표적구 포인트 선까지 연장, 연장선이 표적구 포인트 선과 만나는 접점을 읽어 주는 것이 아니라 오른 쪽 그림에서 보는 것과 같이 수구가 2번째 쿠션에 접할 때 쿠션과 접하는 지점에서 표적구 포인트 선 방향으로 수직선을 그어 그 선이 포인트 선과 만는 지점의 접점을 읽어 주어야 한다는 것이다.
 그림을 보자. 1차적으로 수구의 위치에 따라 정확한 표적구 포인트를 예측해 주어야 하는데, 그림과 같은 형태에서 정확히 표적구 포인트를 예측하기란 쉽지가 않다. 그림과 같은 형태에서 수구의 진로는 다른 시스템에서 보다 훨씬 작은 입사각을 만들기 때문에 정확한 표적구 포인트에 근접하기 위해서는 자신이 생각한 것보다 훨씬 앞쪽으로 표적구 포인트를 예측하는 것이 유리하다. 예측된 표적구 포인트는 3.0p이다.
 이 시스템에서도 수구 포인트와 수구 입사 포인트의 계산은 F&H System이나 Plus System에서와 같은 방식을 이용하면 된다. 즉, 수구의 중심으로 부터 가상의 선을 수구 포인트 선상과 수구 입사 포인트 선상에 잡아 수구의 중심을 축으로 가상의 선분을 좌.우로 돌려가며 수구 입사 포인트에서 수구 포인트를 나누어 주어 계산된 값이 표적구 포인트와 일치하면, 그 때의 가상 선분의 양쪽 끝의 포인트 숫자가 각각 수구 포인트와 수구 입사 포인트가 된다. 그림에서 계산된 수구 포인트와 수구 입사 포인트는 각각 3p와 9p이다.
  타구법은 그림에 표시된 B-0T, P×2 ◀────── S이다.

No English System-C

No English System-B가 긴 쿠션에서 적용되는 시스템이라면, No English System-C는 짧은 쿠션에서 사용되는 시스템이다.

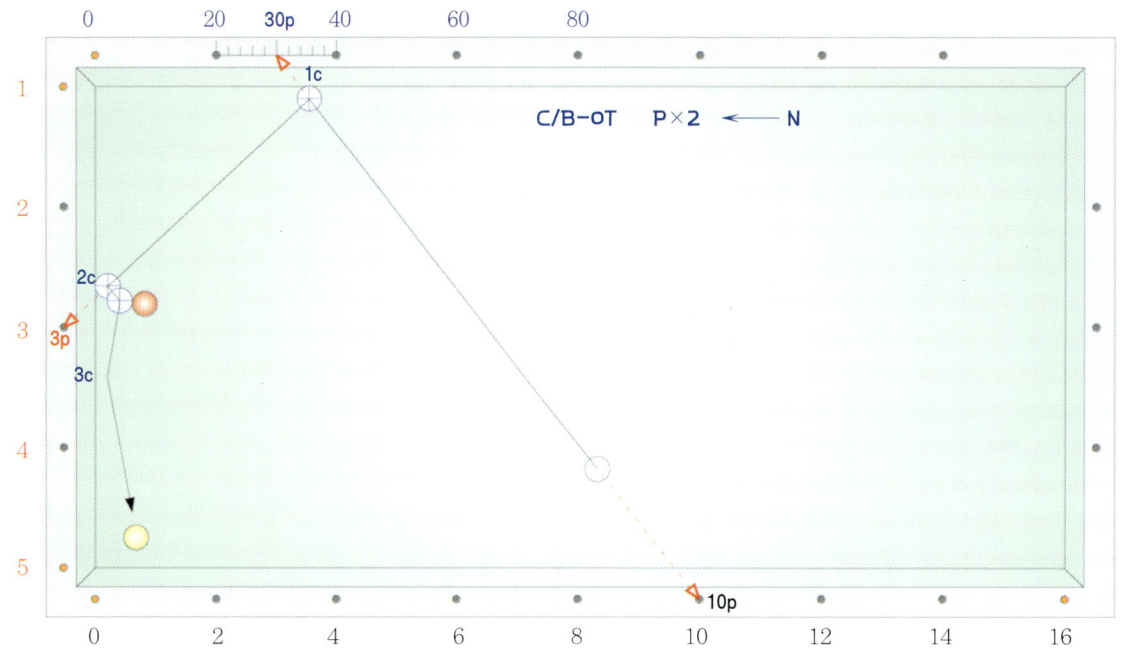

No English System-C의 계산법

표적구 포인트 = 수구 입사 포인트 ÷ 수구 포인트

표적구 포인트 : 왼쪽 짧은 쿠션에 표시 (1, 2, 3, 4, 5)
수구 포인트 : 아래쪽 긴 쿠션에 (0, 2, 4, 6 ~ 14, 16)
수구 입사 포인트 : 위쪽 긴 쿠션에 표시 (0, 20, 40, 60, 80)

이 시스템 역시 N.E System-B와 같이 표적구 포인트가 제2쿠션에 위치하나, N.E System-C에서는 다른 시스템과 같이 표적구 포인트를 읽을 때 수구 입사선을 연장하여 연장선이 표적구 포인트선과 만나는 지점의 포인트 숫자를 읽어 주어야 한다.

그림에서 표적구 포인트는 3p이며, 수구의 위치에 따른 수구 포인트와 수구 입사 포인트는 각각 10p와 30p가 된다. 수구 포인트와 수구 입사 포인트를 계산하는 방식은 다른 시스템과 마찬가지로 수구의 중심을 기준으로 수구 입사 포인트선상과 수구 포인트선상에 가상의 선분을 잡아 수구 중심을 축으로 가상의 선분을 좌.우로 돌려가며 수구 입사 포인트에서 수구 포인트를 나눈 값이 표적구 포인트와 동일한 각각의 포인트 숫자를 얻어내면 된다.

이 시스템 역시 타구의 세기 정도에 따라 약간의 조정이 필요하다.

앞에서도 설명하였지만 힘의 세기 정도에 따라 분리각이 달라지므로 만약 강한 힘으로 타구할 경우 수구의 입사각 정도에 따라 다소 차이는 있지만 계산된 수구 입사 포인트보다 -5p ~ -2p정도 조정하여 타구해야 한다.

No English System-D { 2/3 System(two thirds system) }

경기 도중 많이 발생되는 형태는 아니지만 알아둘 경우 종종 유익하게 사용할 때가 많은 시스템이다.

이 시스템의 기본 원칙은 수구 포인트에서 고정된 수구 입사 포인트(그림에서 X로 표시)로 수구에 비틈을 넣지 않고 타구할 경우 표적구 포인트는 수구 포인트의 2/3지점에 위치하게 된다는 것이다.

No English System-D의 계산법

표적구 포인트 = 수구 포인트 × 2/3

수구 입사 포인트 : 그림에서 X로 표시(코너 양끝에 항상 고정되어 있음)
수구 포인트, 표적구 포인트 : 그림 하단의 긴 쿠션의 일부와 오른쪽 짧은 쿠션 일부분에
　　　　　　　　　　　제한되어 같은 지점에 위치해 있음 (4, 5, 6, ~ 9, 12)

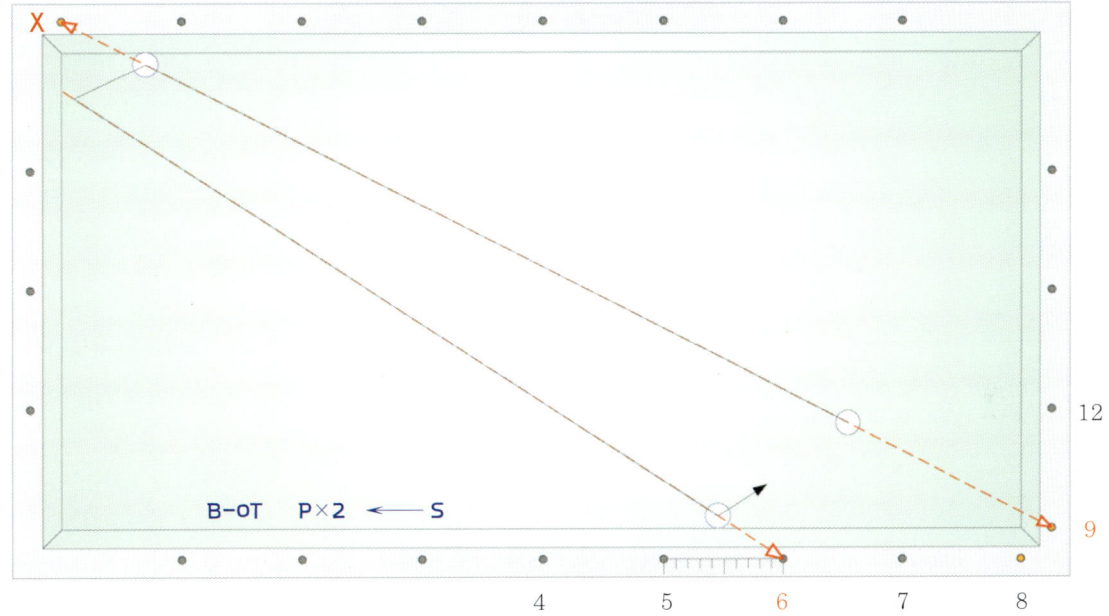

그림에서와 같이 수구 포인트가 9p일 경우 고정된 수구 입사 포인트 X지점을 향해 그림에 표시된 조건으로 타구할 경우 표적구 포인트는 약 6p(9p×2/3 = 5.99p)가 된다. 만약 수구 포인트가 12p일 경우 표적구 포인트는 약 8p(12×2/3 = 7.99p)가 된다.

이 시스템의 특징은 앞에서도 언급하였지만 수구 입사 포인트가 다른 시스템과 달리 여러곳에 위치해 있는 것이 아니라, 첫 번째 쿠션의 코너에 1개만 고정되어 위치하고 있다는 점이다. 따라서 이 시스템은 수구의 진로가 어느 정도 제한되어 있기 때문에 연습을 통해 몇 가지 기준이 되는 수구 포인트에서의 수구 진로를 기억해 둔다면 훨씬 빠르고 편리하게 사용할 수 있을 것이다.

사용시 주의할 점은 타구를 가급적 약하게 해야 한다는 것이다.

수구의 분리각은 힘의 강약에 따라 차이를 보이기 때문에 2/3 System이 요구하는 수구의 진로를 얻기 위해서는 가급적 수구가 표적구에 도달할 정도의 약한 힘으로 타구하는 것이 유리하다.

이 시스템에서도 No English는 기본이다

No English System-E

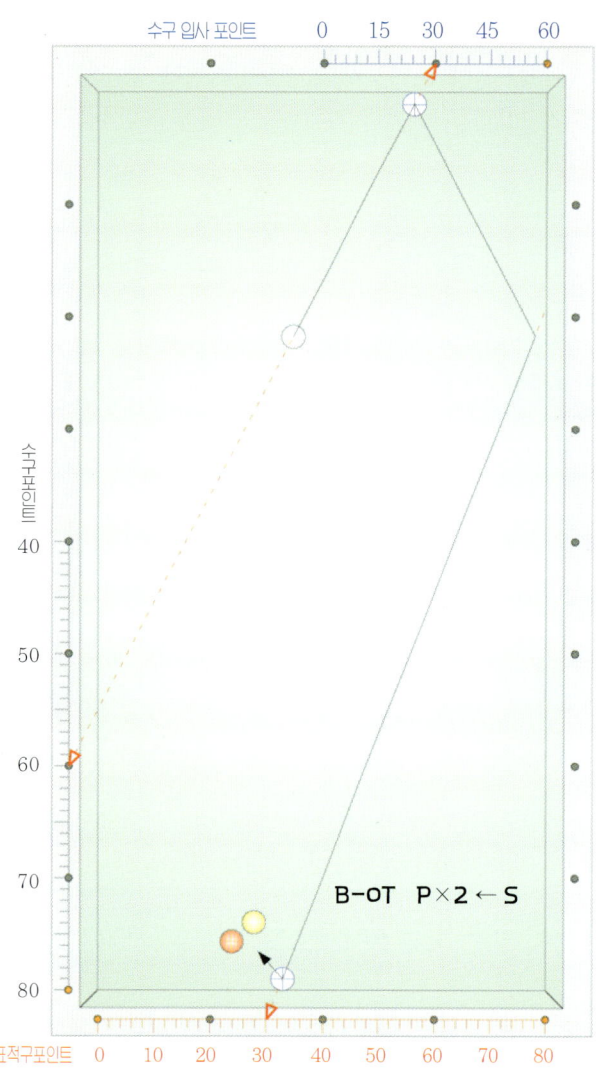

이 시스템은 그림과 같은 기본 형태 외에 다른 시스템을 이용하여 해결할 수 없는 여러가지 형태의 공을 해결할 수 있는 기회를 제공한다.

이 시스템 역시 다른 No English Systrem과 마찬가지로 철저하게 No English가 이루어져야 하며 타구에 따른 적절한 힘조절 또한 시스템 성공에 중요한 열쇠로 작용하게 된다.

No English System-E의 계산법

표적구 포인트 = 수구 포인트 − 수구 입사 포인트
표적구 포인트 : 아래쪽 짧은 쿠션에 표시 (0, 10, 20, ~ 70, 80)
수구 포인트 : 왼쪽 긴 쿠션에 (40, 50, 60, 70, 80)
수구 입사 포인트 : 위쪽 짧은 쿠션에 표시 (0, 15, 30, 45, 60)

계산 방식은 먼저 표적구 포인트를 결정한 다음 수구의 중심을 기준으로 그에 따른 수구 포인트와 수구 입사 포인트를 계산해 내면 된다.

다른 모든 시스템이 마찬가지이지만 절저한 중심치기가 되어야 하는 No English System에서 정확한 자세는 아주 중요하다. 자신은 중심치기를 하였으나 자세의 불량으로 인해 수구에 약간의 회전력이라도 넣어 진다면 이러한 시스템은 무용지물이 되고 말기 때문이다.

저자가 이와 같이 자세에 대해 강조하는 이유는 저자 역시 처음에 당구를 배울 때 올바른 자세를 갖지 못하여 상당 기간 고생하였으며 지금 역시 보다 정확한 자세를 갖기 위하여 노력하고 있기 때문이다. 여러분들도 늦지 않았다. 자신의 자세가 부정확하다면 지금부터라도 고쳐야 한다. 1년이 되었던 10년이 되었던간에 틀린 자세는 과감히 버리고 정확한 자세를 익히는 것이 처음에는 힘들지라도 당구에 좀더 빠르게 접근할 수 있는 지름길인 것이다.

이상으로 스리쿠션 경기를 즐기기 위해 필요한 기본적인 시스템에 대하여 알아보았다. 이 외에도 많은 시스템들이 있으나 그러한 시스템들은 어느 정도 수준에 도달한 전문 당구인들을 위한 이론으로 전문적으로 당구를 배우고자 하지 않는 이상 여러분들이 배우기에는 약간 무리가 있다고 생각되어 생략하였다.

아무쪼록 여기에 실린 여러 이론들을 이해하여 여러분들이 당구를 즐기는데 있어 많은 도움이 되었으면 한다.

7. 스리쿠션의 공격과 방어

모든 경기가 그러하듯이 공격과 방어라는 개념은 경기의 결과에서 볼 때 승·패의 중요한 요소로 작용한다. 크게는 국가 간의 크고 작은 전쟁이나 민족간의 이해관계, 작게는 자신이 살아가는데 있어 부딪치는 경쟁 모두가 공격과 방어라는 전략적, 전술적 요소를 내포하고 있으며, 우리는 이와 같은 요소들을 얼마만큼 자신에게 유리한 쪽으로 생각하고 만들며 이용하느냐에 따라 승리의 기쁨도 맛볼 수 있고 반대로 패배의 쓰라림도 느낄 수 있는 것이다.

당구 경기에 있어 공격과 방어의 중요성에 대해 생각해 보자.

다음 표는 공격과 방어에 있어 각각의 상황에 따른 수치를 표시한 것이다. 자신의 두뇌 플레이가 어느 정도인지 이 표를 토대로 점수를 매겨 자신의 타구를 평가하여 보도록 한다.

공 격		방 어	
자신이 득점할 확률	점 수	상대방이 득점할 확률	점 수
91 ~100%	50	0 ~ 10%	50
81 ~90%	45	11 ~ 20%	45
71 ~80%	40	21 ~ 30%	40
61 ~70%	35	31 ~ 40%	35
51 ~60%	30	41 ~ 50%	30
41 ~50%	25	51 ~ 60%	25
31 ~40%	20	61 ~ 70%	20
21 ~30%	15	71 ~ 80%	15
11 ~20%	10	81 ~ 90%	10
0 ~10%	5	91 ~ 100%	5

하나의 타구에 대한 각각의 공격과 방어에 대한 점수를 산출하여 합했을 경우 점수가 높을수록 이상적인 타구가 된다.

예 : A라는 형태의 포지션에 대해 공격면에 자신이 득점할 확률이 95%인 경우 공격에 따른 점수는 50점이 되며, 방어에 따른 점수는 자신의 득점할 확률이 95%임에 따라 상대방의 공격할 기회는 95%만큼 없어지기 때문에 상대방이 득점할 수 있는 확률은 5%가 된다. 결과적으로 A형태의 타구는 자신의 득점할 확률에 대한 점수 50점과 상대방의 득점할 확률에 대한 점수 50점을 합산한 100점이 되어 아주 이상적인 타구 형태가 된다. 그러나 자신이 득점할 확률이 5%인 형태의 포지션(B)에 있어 방어적인 측면에 소홀하여 타구 실패시 상대방이 손쉽게 득점할 수 있는 형태의 포지션(상대방이 득점할 확률 95%정도의 포지션)을 남겨 두었다면 이 때 자신이 한 타구에 대한 점수는 공격 점수 5점과 방어 점수 5점을 합한 10점밖에 얻지를 못한다. B와 같은 포지션을 만났을 경우에는 공격적인 측면보다는 방어적인 측면에 신경을 써 상대방의 득점가능성을 낮추는 쪽으로 타구를 하여야 하는 것이다.

8. 당구 용어 정의

당구는 현재 생활 스포츠로 자리를 잡고 있다. 그러나 당구 용어만은 과거로 부터 전해 내려오는 출처가 분명치 않은 용어들로 정의를 내리고 있는 실정이다. 이에 당구인의 한 사람으로서 우리의 당구용어를 갖고자 하니 당구인들의 많은 협조를 바란다.

현재 사용하는 용어	수정 용어	현재 사용하는 용어	수정 용어
가 꾸	역비틈	사끼다마	앞 공
가락 쿠션	빈 쿠션	산즈마와시	세번돌리기
가에리	돌려오기	쓰리끼리	단번치기
가 와	연결판	시로다마(히로다마)	흰 공
겐세이	견 재	아까다마	빨간 공
겐뻬이	편가르기	아까도리	빨간공치기
구멍 가락구	구멍치기	아데	취부목
기리까에시(기대까시)	되받아치기, 가로치기	아시바	돌받침목
기리오시(기대오시)	짧게 밀어치기	오마와시(오마오시)	앞돌리기, 크게돌리기
기리힛끼(기대식기)	짧게 끌어치기	오모데까에시	안돌리기
긴 다마	쉬운 공	오수리	대수리
나메(나미)	얇게치기	오시	밀어치기
다대까에시(다대)	길게치기, 길게잡기	오시누끼	밀어 뻗어치기
다마사와리	공건드리기	완전 가락구	완전치기
다마	공	요세다마	모아치기
다마고	부딪혀치기	요코히기	옆끌기
다이	당구대	우라마와시(우라)	뒤돌리기, 바깥돌리기
대아이	마주치기	우라까이	당구지 뒤집기
덴빵	위틀	짱골라	길게꺽기
라사	당구지	접시	역치기
리보이스	리버스	조단조	되오기치기
리즈마와시(레지)	두번돌리기	투가락구	걸어치기
리구(니꾸)	두번치기, 겹치기	하코마와시(하쿠)	옆돌리기, 귀돌리기
마시	다맞히기	헤리다	옆모서리판
마와시	돌리기	히내리(시내루)	비틈
맛세(마세이)	세워치기	학가께(식각기)	걸쳐치기
사끼가리	상목교체	힛끼(식끼)	끌어치기

다음 장 '스리쿠션 종목별 도형'에서는 스리쿠션 종목에서 사용되는 여러가지 공략법이 그림과 함께 설명되어 집니다. 다음은 여러분이 그림을 보실 때 필요한 약간의 설명입니다. 참조하시기 바랍니다.

———————— 수구 진로   – – – – – – – 수구가 표적구 보다 먼저 통과할 경우
- - - - - - - - - - 표적구 진로   – – – – – – – 표적구가 수구 보다 먼저 통과할 경우

제4장

스리쿠션 종목별 도형

1. 완전치기
2. 뒤돌리기
3. 옆돌리기
4. 앞돌리기
5. 길게꺾기
6. 가로치기
7. 길게치기
8. 리버스치기
9. 되오기치기
10. 빈쿠션치기-Ⅰ
    구멍치기
    걸쳐치기
    역치기
11. 빈쿠션치기-Ⅱ
12. 횡단치기와 드롭치기
13. 공쿠션치기
14. 시간차
15. 점프샷과 기타

제 4 장 스리쿠션 종목별 도형

1. 완전치기

일반적으로 '완전 가락구'라 부르는 완전치기는 경기 중에 우리가 자주 접하게 되는 형태이나, 초보자 뿐만 아니라 당구를 어느 정도 쳐 왔던 사람도 시스템을 모를 경우 감각에 의존한 약간 불안한 타구를 하고 있는 것을 볼 수 있다.

스리쿠션 뿐만 아니라 당구에 있어 수구의 진로를 파악하는 것은 아주 중요하다.

저자가 스리쿠션의 많은 종목 중 완전치기를 제일 먼저 설명하는 것은 완전치기를 통해 여러 시스템에 대한 수구의 진로를 파악해야만 다른 형태의 공 배치를 공략함에 있어 보다 손 쉽고 정확하게 공략할 수 있기 때문이다.

완전치기는 앞에서 배운 시스템만 이해하고 정확히 구사할 줄만 안다면 스리쿠션의 다른 어떤 종목 보다도 쉽게 해결 할 수 있는 종목이다. 다른 종목의 경우 시스템 계산에 의해 수구로 제1표적구를 맞춘 뒤 다시 계산된 수구 입사 포인트로 수구를 넣어야 되는 어려움이 있으나, 완전치기의 경우에는 제1표적구를 맞출 필요 없이 바로 수구를 수구 입사 포인트로 넣기만 하면 되는 형태이므로 어떻게 보면 훨씬 정확하고 손쉬운 타구법인 것이다.

완전치기-1

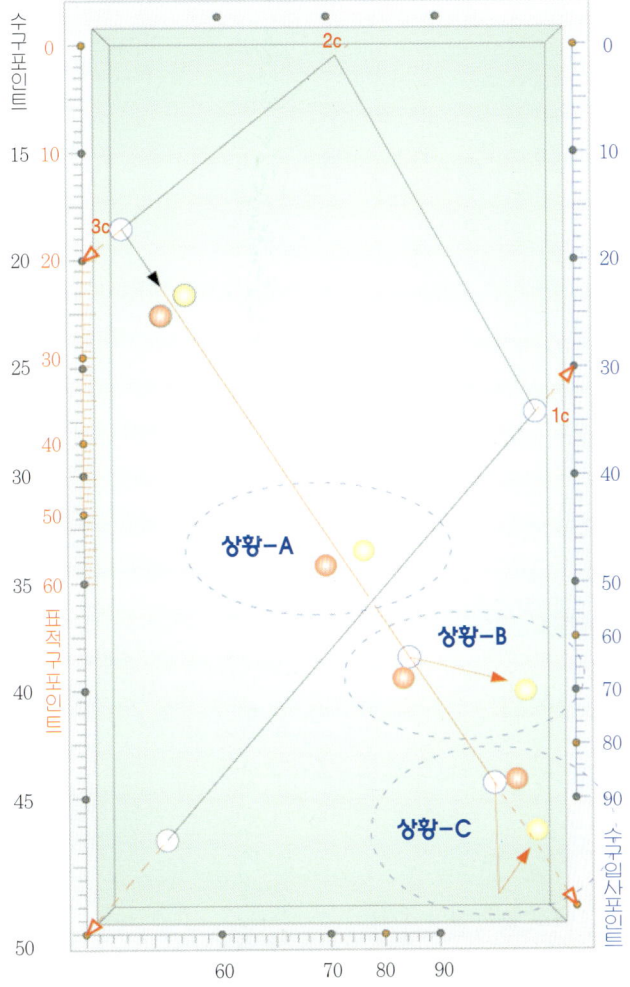

완전치기 - 1

BL-2T P × 2 ← N

파이브 앤드 하프 시스템을 이용한 기본적인 형태이다.

그림에서와 같이 하나의 수구 진로를 파악함으로써 여러 형태의 공 배치(상황-A,B,C)를 공략할 수 있게 된다.

완전치기 - 2

BL-2T   P × 1 ← N

기본적인 완전치기 형태이다.

그림에서와 같이 두 가지의 타구 모두, 두 개의 표적구를 맞추는 것에 있어 무리는 없으나, 파란 실선의 경우, 타구를 성공하더라도 두개의 표적구가 테이블 아래쪽(그림에서는 위쪽)으로 퍼지게 되어 다음 타구에 있어 불리한 형태로 공배치가 이루어 진다. 그러나 검은 실선의 경우 표적구가 위쪽(그림에서는 아래쪽)으로 흩어지게 되어 좀 더 나은 공배치를 기대할 수 있게 된다. 모든 경기가 그러하겠지만 당구 역시 이러한 조그만 일부터 좀더 생각하고 유리한 방향으로 이끌 때 실력이 향상되는 것이다.

검은 실선 : 수구 포인트=35p
　　　　　　수구 입사 포인트=25p
　　　　　　표적구 포인트=10p

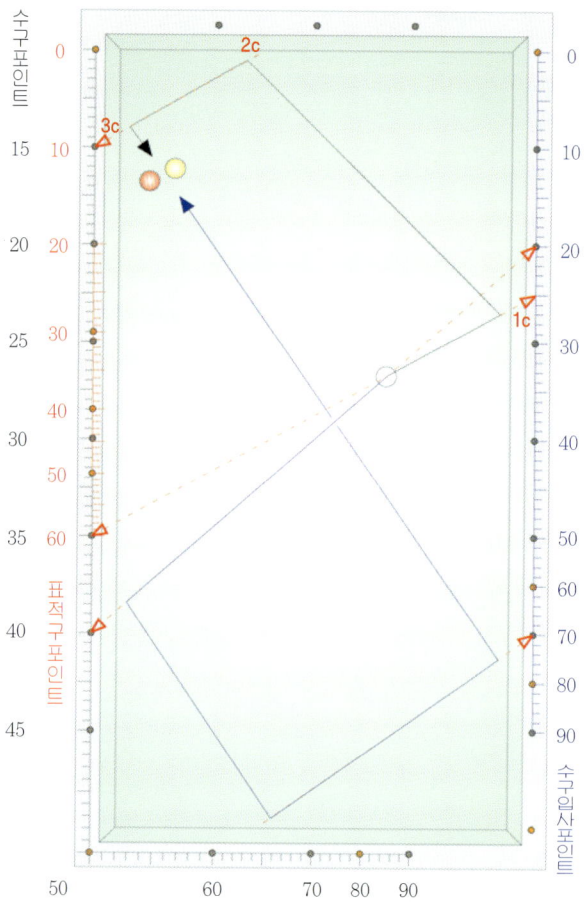

완전치기-2

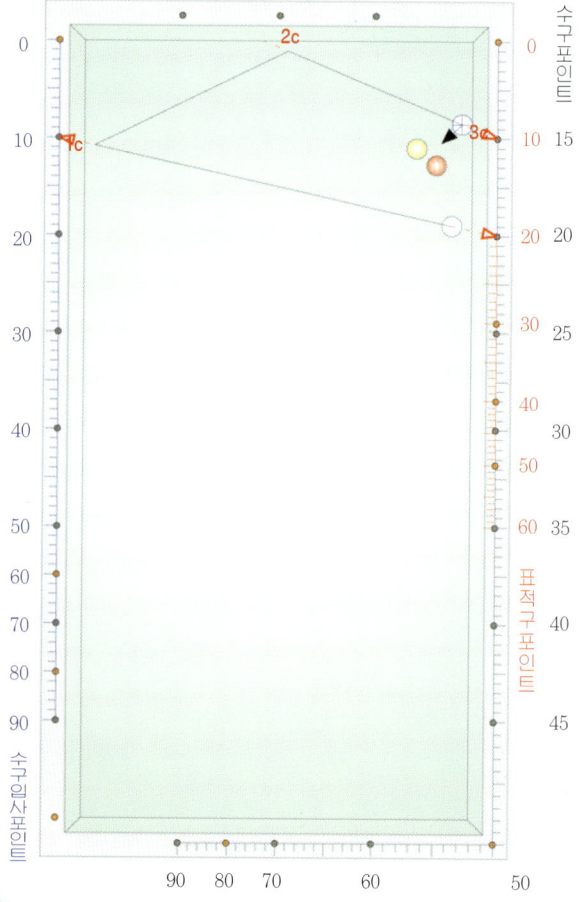

완전치기 - 3

BR-2T   P × 1 ← N

기본적인 완전치기 형태이나 수구에 비틈을 많이 넣을 경우 계산대로 수구가 진행하지 않는다. 표시된 타구법을 사용하여 가볍게 타구하도록 한다.

표적구 포인트 = 10p
수구 포인트 = 20p
수구 입사 포인트 = 10p

제4장 스리쿠션 종목별 도형

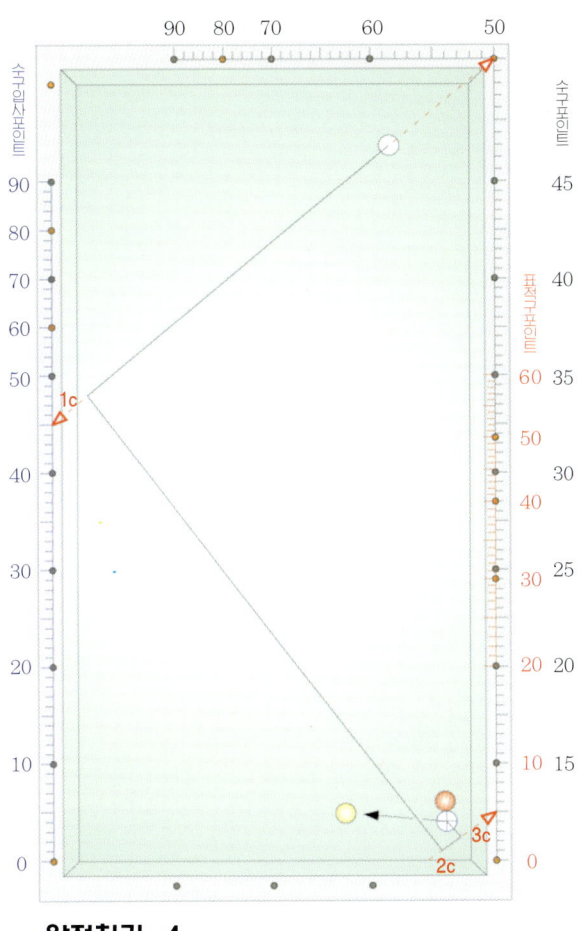

완전치기-4

완전치기 - 4

BR-2T   P × 2   ← N

자신에게 다음과 같은 공 배치가 주어졌을 때 그림과 같은 공략법을 생각해 낼 수 있어야 한다.

표적구 포인트 = 5p
수구 포인트 = 50p
수구 입사 포인트 = 45p

완전치기-5

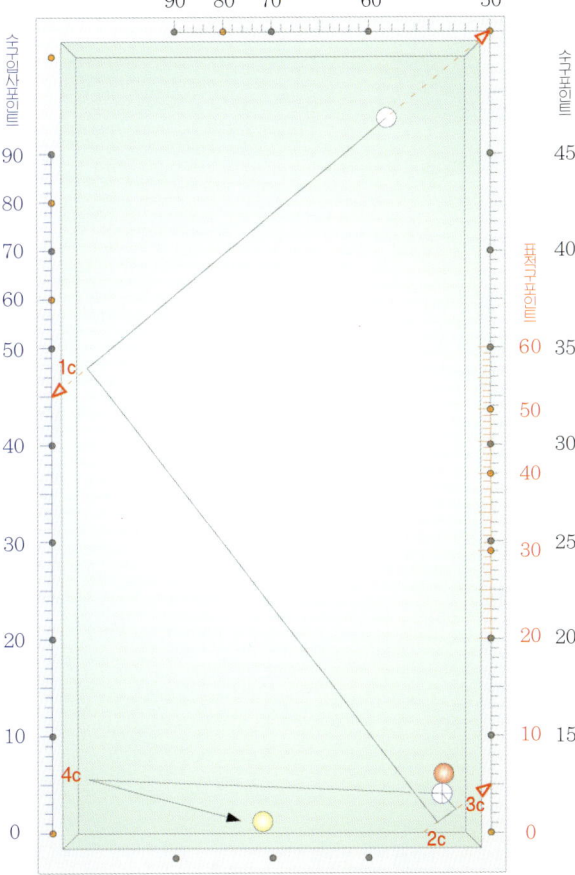

완전치기 - 5

BR-3T   P × 3.5   ← N

힘의 강약이나 테이블 상태에 따라 수구 입사 포인트의 조정이 필요할 수도 있다.

약간 강한 타구가 필요하므로 계산된 수구 입사 포인트에서 약 2~3p 낮게 조정하여 타구하는 것이 유리하다.

조정된 수구 입사 포인트 : 42p 또는 43p

완전치기 - 6

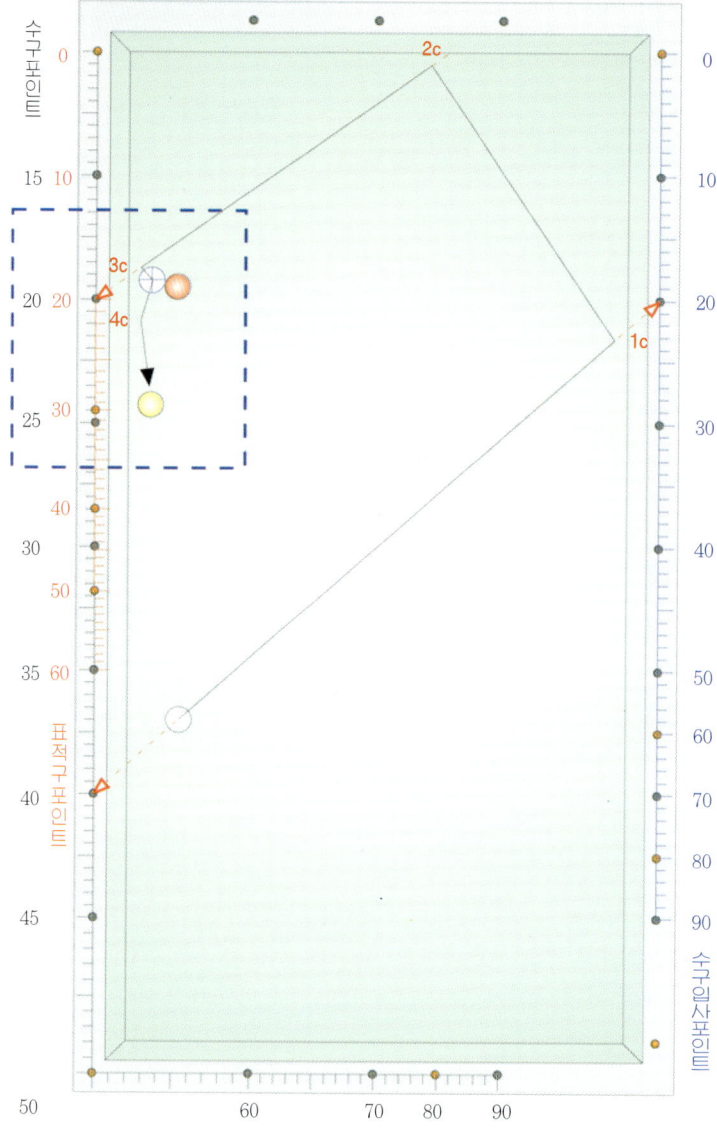

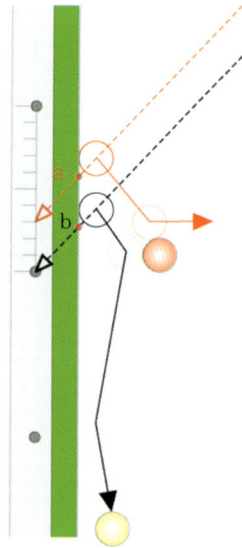

시스템에 따른 타구에 있어 첫번째 성공의 열쇠는 얼마만큼 표적구 포인트를 정확히 예측하느냐에 달려있다.

완전치기-6의 경우도 많이 발생하는 형태이나 표적구 포인트를 잘못 예측하여 실수하기 쉬운 형태이다.

아래 그림에서와 같이 수구의 도착 지점을 점a로 생각하여 그에 따른 표적구 포인트를 결정할 경우 수구는 그림과 같이 제1표적구의 바깥부분을 맞히게 된다. 이처럼 수구의 도착 지점을 결정할 때 점a로 생각하기 쉬운데 이는 공 두께를 감안하지 않기 때문이다. 그림에서 보듯이 수구의 도착지점에 수구가 접하지 않는 것을 볼 수있다. 이와 같은 형태에서는 수구의 도착 지점을 결정할 때 생각보다 깊숙히 결정(그림에서 점b)하여 그에 따른 표적구 포인트를 읽어주어야 한다.

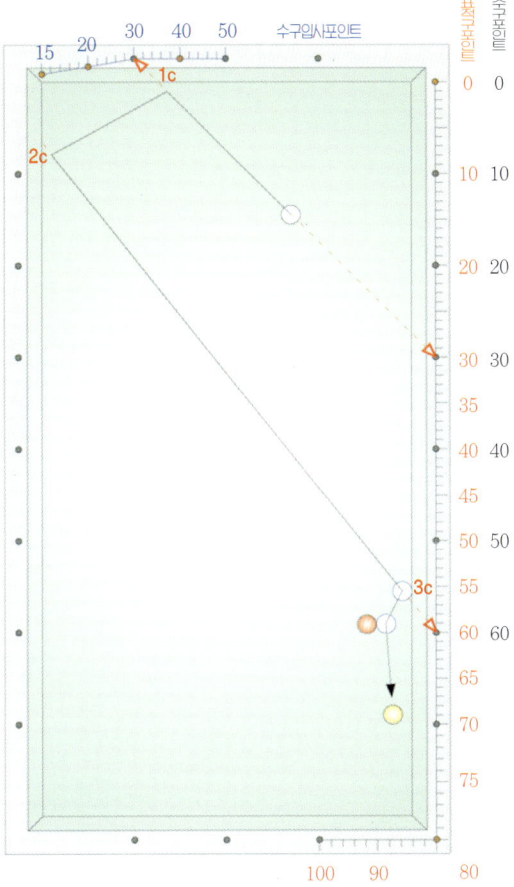

완전치기-7

완전치기 - 7

BL-3T P × 2 ← N

플러스 시스템을 이용한 기본적인 완전치기 형태이다.

표적구 포인트 = 60p
수구 포인트 = 30p
수구 입사 포인트 = 30p

완전치기-8

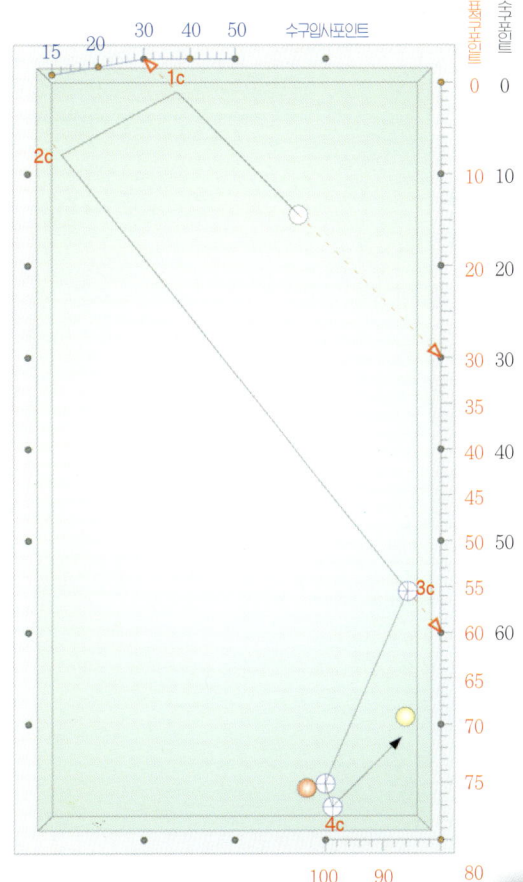

완전치기 - 8

BL-3T P × 2 ← N

4번째 쿠션으로 입사할 때 수구의 진로는 최초 타구시 힘의 세기 정도나 테이블의 상태에 따라 달라질 수 있다.

완전치기 - 9

BR-2T   P × 2   ←   N

플러스 시스템에서 표적구 포인트가 80p 이상일 경우에는 비틈의 정도와 힘조절에 따라 수구의 진로가 약간씩 변하게 된다. 많은 연습을 통해 시스템에 맞는 타구법을 익히도록 하자.

그림과 같은 형태는 플러스 시스템을 이용하여 짧게 공략할 경우 다음 공 배치가 불리하게 전개될 수 있다. 그림과 같은 공략법이나 F&Nsystem을 이용하여 밑의 짧은 쿠션에서 위쪽으로 표적구를 맞출 수 있는 공략법을 선택하는 것이 포지션 플레이에 있어 유리하다.

표적구 포인트 = 90p
수구 포인트 = 40p
수구 입사 포인트 = 50p

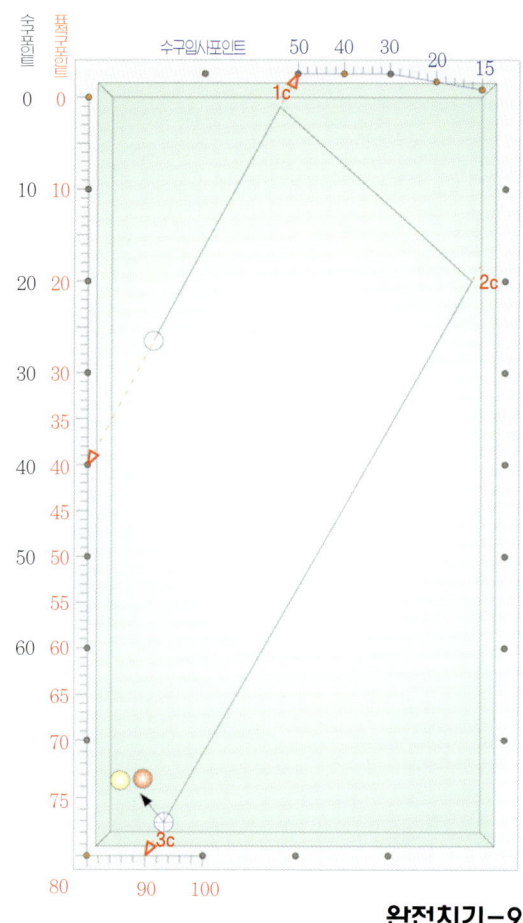

완전치기-9

완전치기-10

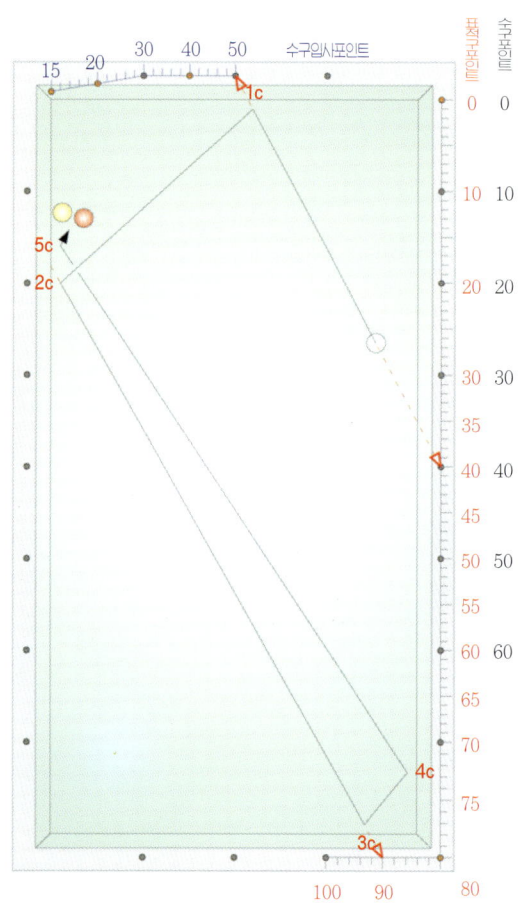

완전치기 - 10

BL-3T   P × 3   ←   F

다른 방법으로 공략할 수도 있으나 이런 형태의 공략법도 있다는 것을 기억하자.

표적구 포인트 = 90p
수구 포인트 = 40p
수구 입사 포인트 = 50p

완전치기 - 11

BR-3T   P × 3 ← F

많이 사용되는 공략법은 아니지만 익혀 둔다면 언젠가는 큰 도움이 될 것이다.

표적구 포인트 = 50p
수구 포인트 = 20p
수구 입사 포인트 = 30p

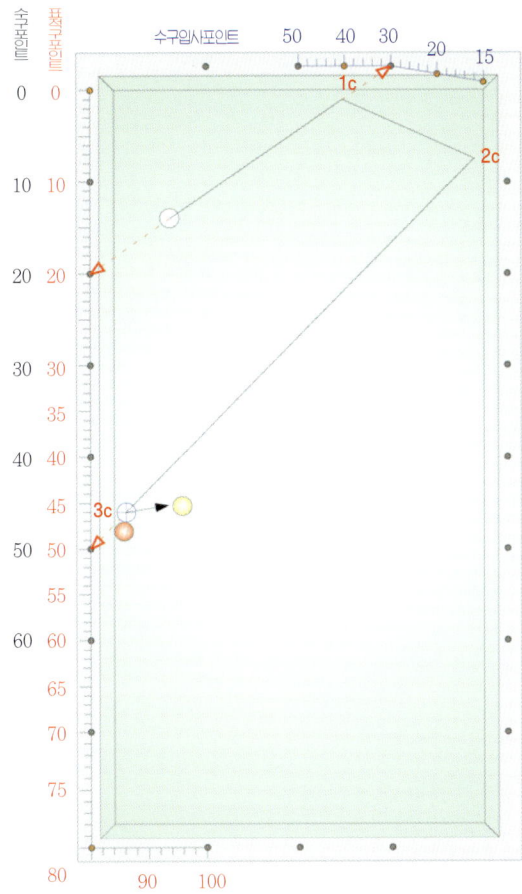

완전치기-11

완전치기 - 12

BR-2T   P × 1.5 ← N

표적구 포인트 = 60p
수구 포인트 = 30p
수구 입사 포인트 = 30p

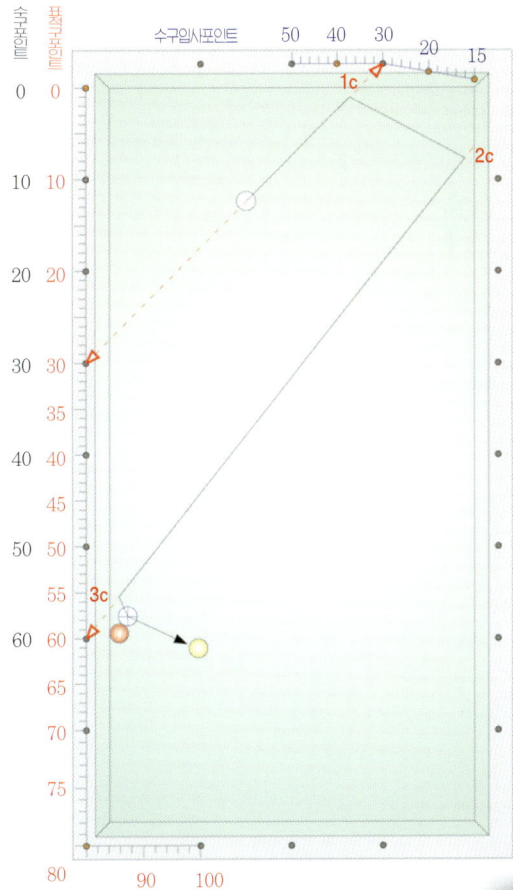

완전치기-12

완전치기

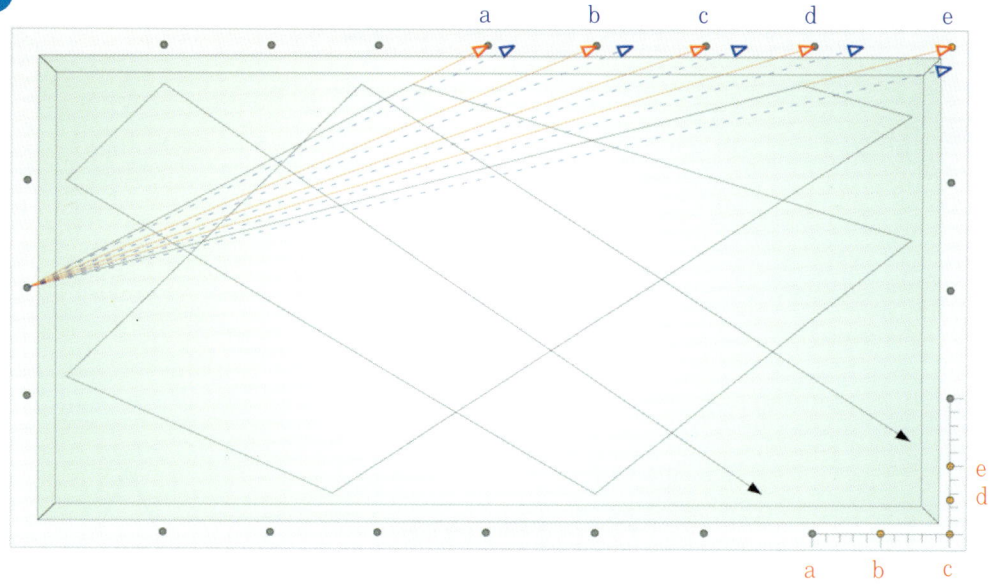

위의 그림은 맥시멈 잉글리시 시스템을 이용할 경우 수구의 진로를 나타낸 그림이다. 수구 입사 포인트 a와 수구 입사 포인트 b를 겨냥하여 타구할 경우 실질적으로 수구가 도달하는 지점은 별 차이를 보이지 않고 있다는 점을 명심해야 할 것 같다.

맥시멈 잉글리시 시스템을 사용할 때 주의할 점은 시스템 특성상 비틀기를 많이 사용하고 강하게 타구할 경우가 많으므로 스쿼드 현상을 고려하여 타구해야 한다는 점이다. 그림에서도 실질적인 겨냥점은 파란 실선이 된다.

아래 그림은 수구에 비틈을 많이 넣을 경우 플러스 시스템에서 수구 진로의 변화를 보여 준다. 수구의 진로는 비틈의 정도나 타구법, 또 얼마나 정확히 수구를 코너에 넣었느냐하는 정도의 차이에 따라 달라지게 되므로 자신에 맞는 수구의 진로를 연습을 통해 기억해 두어야 한다.

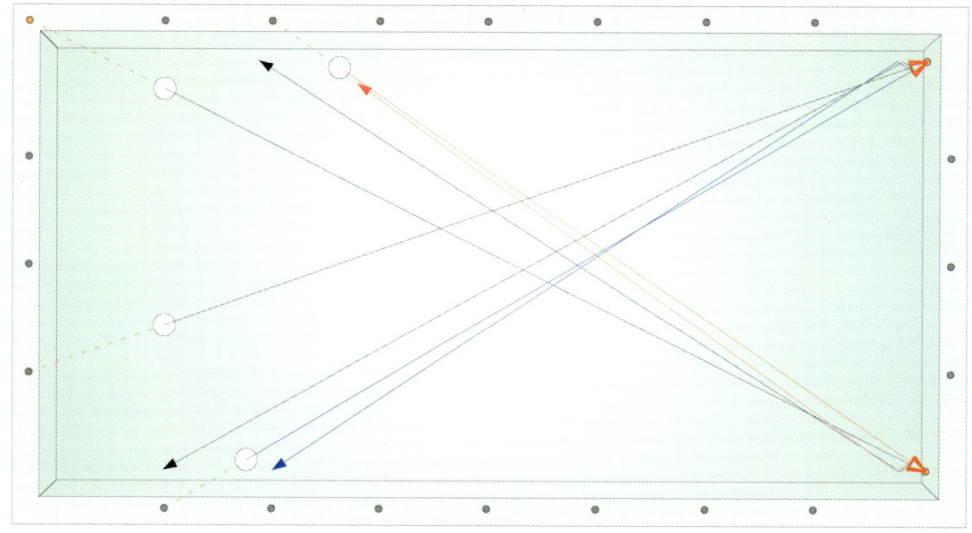

완전치기 - 13

C/DL-Max   P × 3.5 ⟵ L

두 번 돌리기 형태이다.

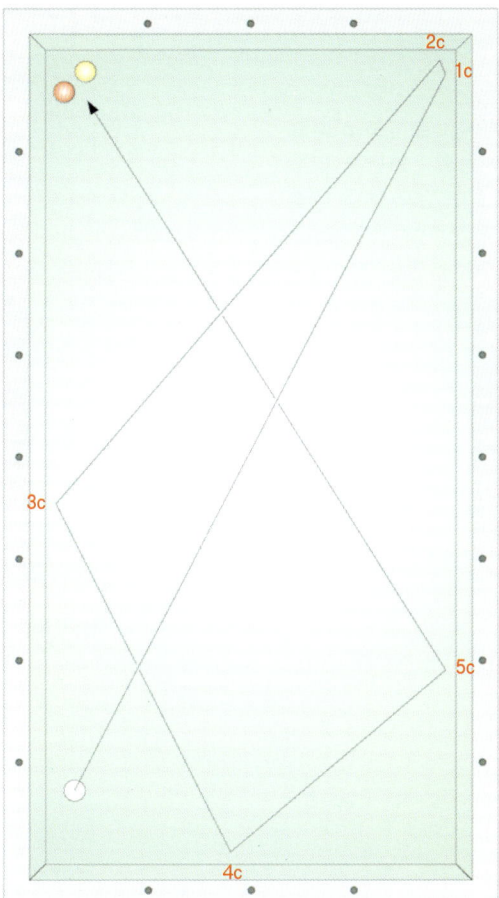

완전치기-13

완전치기 - 14

CR-Max   P × 3.5 ⟵ L

멋진 타구이다.
많은 사람이 보는 앞에서 그림과 같은 타구가 성공한다면 괜히 어깨가 으쓱해 질 것이다.

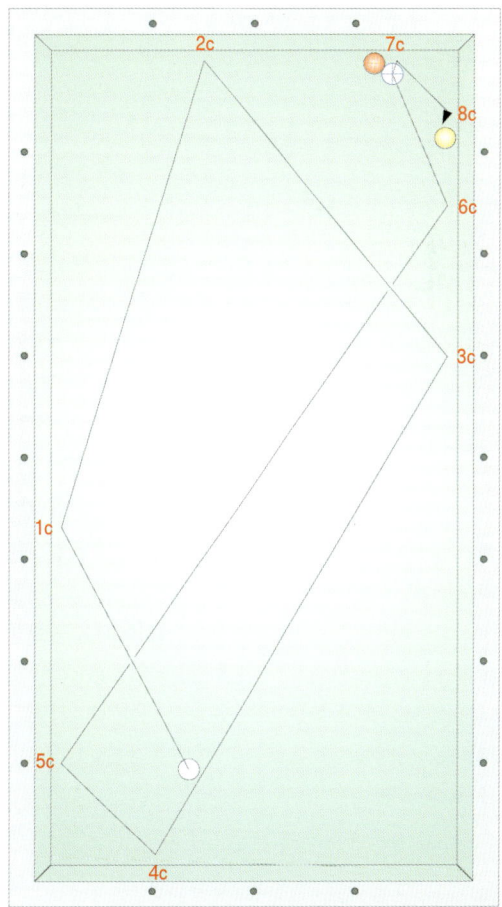

완전치기 - 15

C/DL-Max   P × 3 ← F

수구에 비틈을 많이 넣고 타구하는 경우이다. 이처럼 비틀기를 많이 사용하고 약하게 타구할 경우 스쿼드 현상보다는 비틈의 방향으로 수구가 휘어져 나가기 때문에 일반적으로 코너로 겨냥하고 타구할 경우 되오기 치기가 될 수 있다.

빨간 실선과 같이 겨냥점을 비틈의 반대방향으로 2~3p 틀어 타구한다.

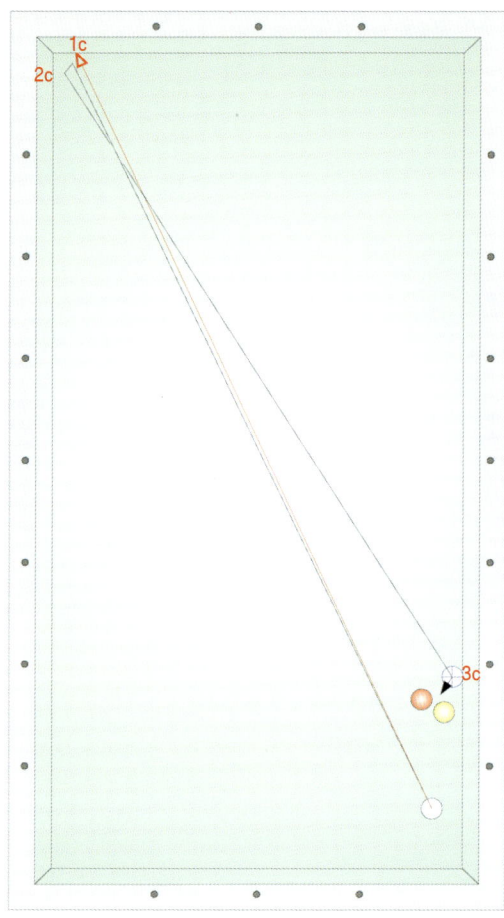

완전치기-15

완전치기-16

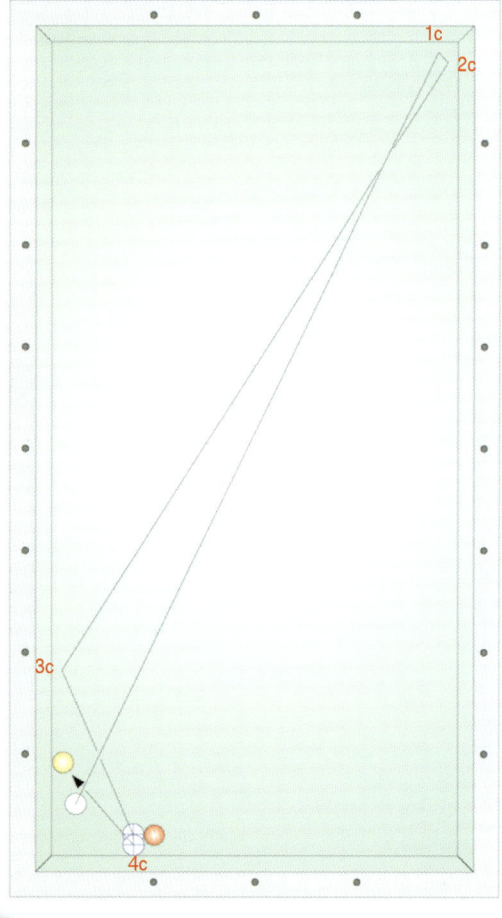

완전치기 - 16

C/DR-Max   P × 2 ← F

이러한 상황에서 다른 어떠한 타구보다 그림과 같은 샷을 성공해 낸다면, 상대방으로부터 박수를 얻어낼 수 있을 것이다.

제4장 스리쿠션 종목별 도형

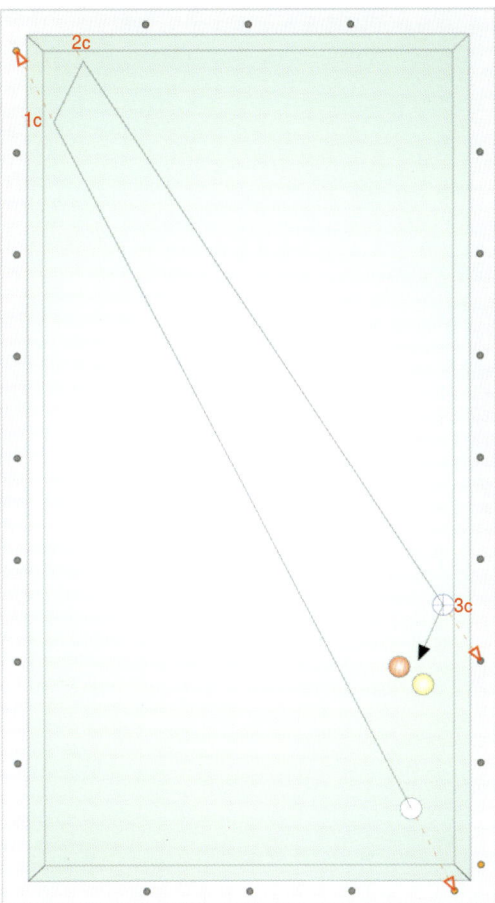

완전치기-17

완전치기 - 17

B-oT　　P × 1.5　←　N

No English System-D를 이용한 완전치기이다.
2/3 System은 다른 시스템에 비해 암산하기가 어려우므로 암산에 자신이 없을 경우 몇 가지 기준선을 잡아 암기해 두면 편리하다.

수구 포인트 = 9p
표적구 포인트 = 9p × 2/3 ≒ 약 6p

완전치기-18

완전치기 - 18

B-oT　　P × 1　←　N

No English System-A를 이용한 완전치기 형태이다.

완전치기 - 19

B-OT　　P × 1.5　←　L

No English System-E를 이용한 완전치기 타구이다.
좌·우 비틈에는 완전 0인 상태이다.

표적구 포인트 = 40p
수구 포인트 = 70p
수구 입사 포인트 = 30p

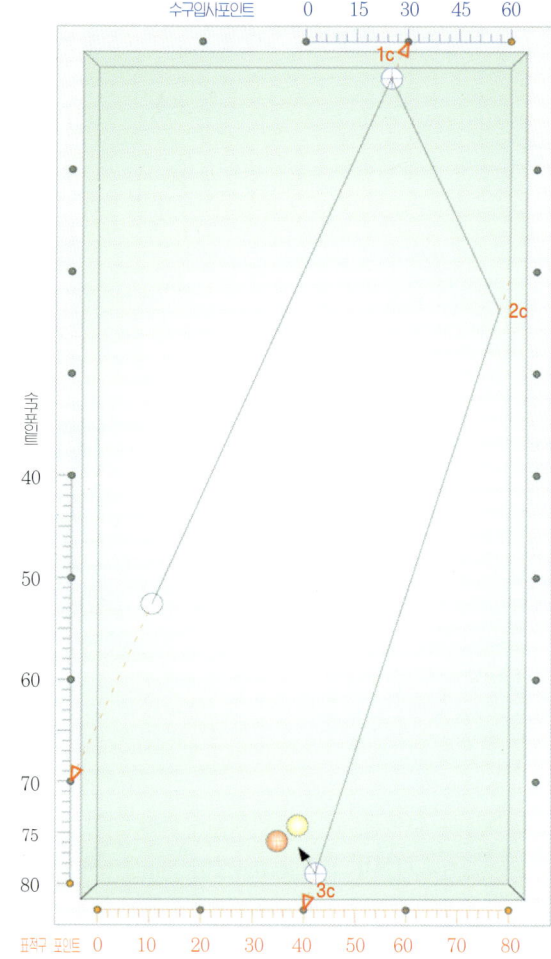

완전치기-19

완전치기-20

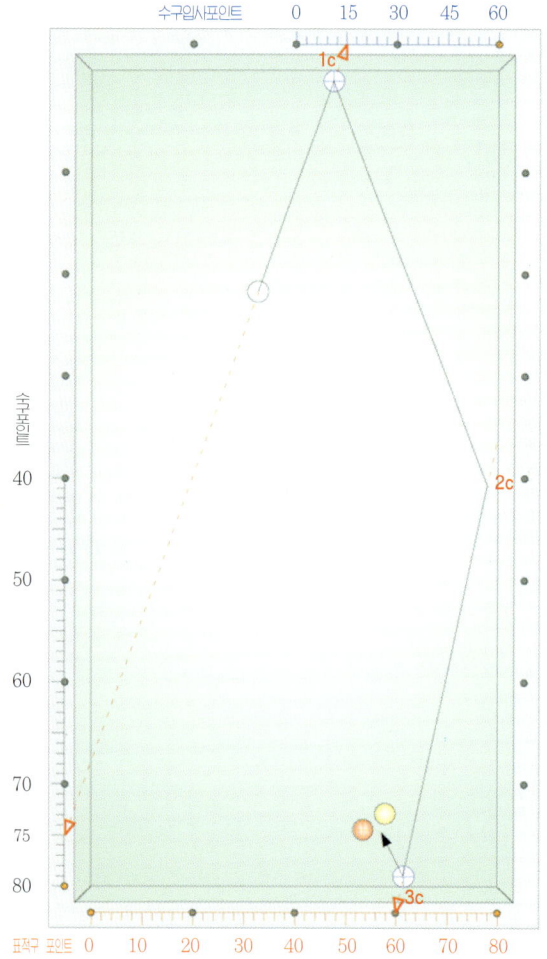

완전치기 - 20

B-OT　　P × 1.5　←　L

No English System-E를 이용한 완전치기 타구이다.

표적구 포인트 = 60p
수구 포인트 = 75p
수구 입사 포인트 = 40p

완전치기-21

완전치기 - 21

BL-2T　　P × 2　←── N

비틈과 힘조절만으로 수구의 진로를 조절해야 한다.

완전치기 - 22

BL-2T　　P × 2.5　←── N

완전치기-22

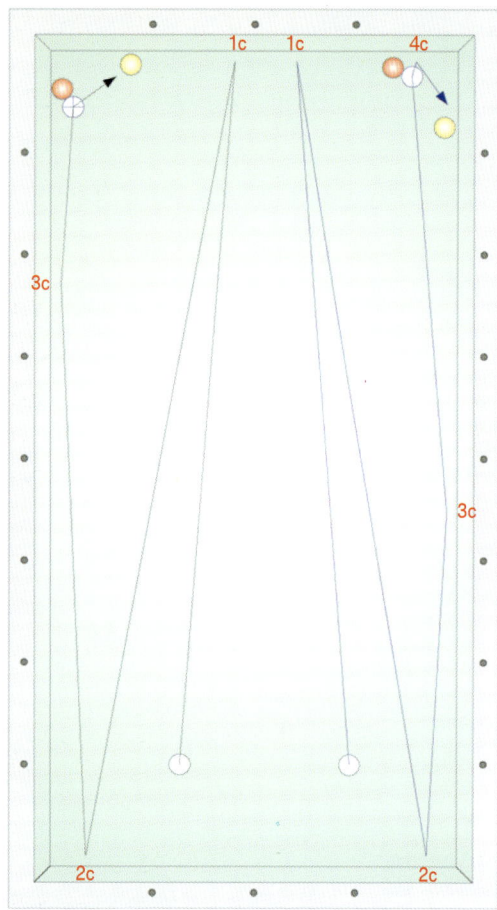

완전치기 - 23

C/DL-3T   P × 3   ← F
C/DR-3T   P × 3   ← F

계산에 의한 타구라기 보다는 연습을 통한 감각적인 타구이다.

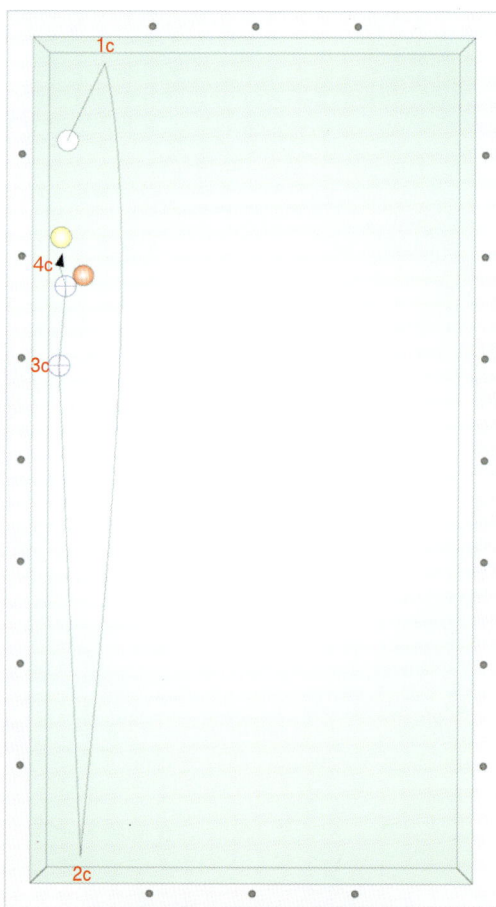

완전치기 - 24

EL-1T   P × 3   ← B

힘조절을 통해 수구의 휘어짐 정도를 조절할 수 있어야 한다.

2. 뒤돌리기 치기(일명 : 우라마오시, 우라)

　　스리쿠션 종목에서 가장 많이 쓰여지는 종목 중 하나이다. 많이 쓰여진다는 의미는 경기도중 이러한 형태의 공배치가 자주 발생한다는 의미이기도 하다.　이런 이유로 초보자들도 어느정도는 뒤돌리기 타구법에 대해 알고 있으나 그 깊이가 얕아 실수를 하거나 자주 키스를 범하는 것을 볼 수 있다.　고점자와 하점자의 차이는 어려운 형태의 공 배치에 대해 해결을 할 수 있느냐, 없느냐의 방법론적인 차이도 있겠지만 그보다 기본적인 공에 대한 실수의 여부이다.
　　"내가 한 큐에 5점을 쳤어.", "나의 최고 타수는 한 큐에 7점이야."
　　우리는 흔히 이러한 이야기를 하며 자신의 실력에 대한 자랑을 하곤 한다. 물론 한 이닝(inning:공격자가 상대편과 교체하기 전까지의 기간)에 5점이나 7점을 성공시켰다면 좋은 성과임은 틀림없다. 그러나 이러한 점수보다는 평균적인 자신의 득점, 즉 그랜드 에버리지(grand average : 제너럴 에버리지(general average)라고도 하는데 평균점수를 뜻한다. 전 시합을 통한 1이닝당 평균 득점을 가리키는 말이다)가 더 중요한 것이다. 한 큐에 7점을 성공시킨 것 보다 자신의 평균 타수(그랜드 에버리지 : 총 득점에서 총 이닝 수를 나눈 점수)가 1점인 것이 더욱 훌륭한 것이다.　한 큐에 몇점을 성공시킨다 하여도 평균 타수가 0.2나 0.3이라면 그 사람은 하점자인 것이다.　탄탄한 기본기는 고점자가 되기 위한 선택이 아니고 필수인 것이다.

파이브 앤드 하프 시스템을 이용한 뒤돌리기 치기 방법

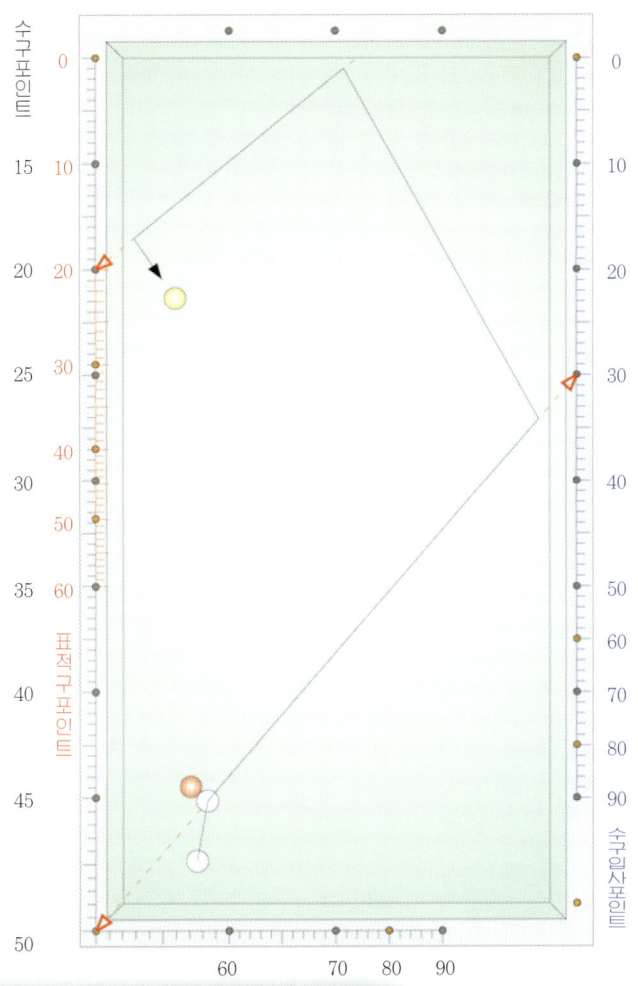

1) 표적구 포인트를 예측한다.

　　그림에서 표적구 포인트는 20p 이다.

2) 수구 포인트와 수구 입사 포인트를 계산한다.

　　수구 포인트와 수구 입사 포인트 계산에 있어 주의할 점은, 계산의 기준점이 수구의 중심도 아니고 제1표적구의 중심도 아닌 수구와 제1표적구가 임팩트하는 순간 수구의 중심이 기준점이 되어야 한다는 점이다. 이와 같은 가상의 중심은 자신이 어느 정도 예측하여 결정하여야 한다.
　　그림에서 계산된 수구 포인트와 수구 입사 포인트는 각각 50p와 30p이다.

3) 타 구

　　수구를 제1표적구를 맞힌 후 수구 입사 포인트 30p 지점으로 넣는다.
　　당점과 타구법은 파이브 앤드 하프 시스템에서 사용하는 것과 동일하다.

　　뒤돌리기 치기 타구법은 이 외에도 여러 시스템을 사용하여 타구하는데, 이 때 어떠한 시스템을 이용하여 타구할 지는 공들의 배치나 키스의 유무 여부, 다음 공의 좀 더 나은 배치(포지션 플레이) 등을 고려하여 결정한다.

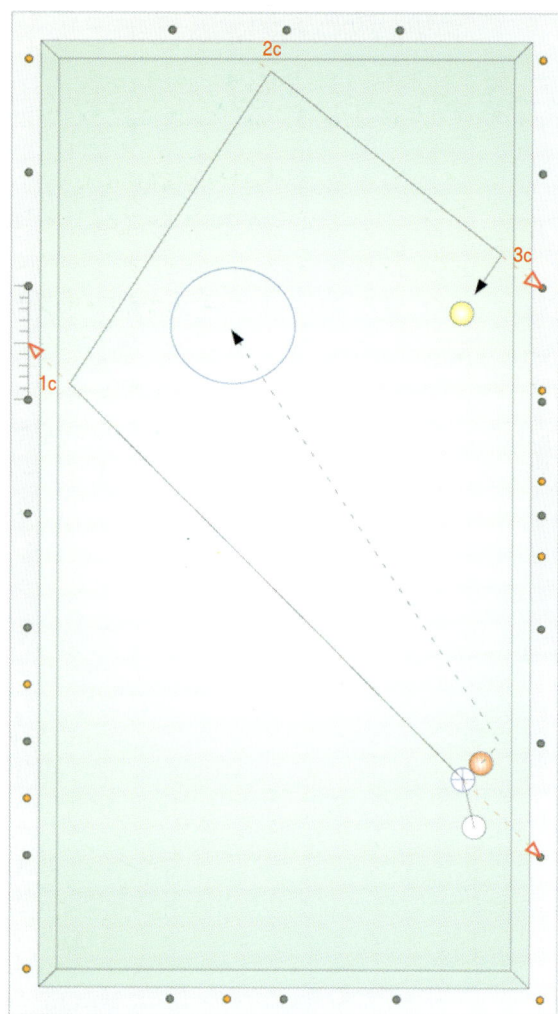

뒤돌리기 - 1

뒤돌리기 - 1

CR-2T   P × 1.5 ⟵ N

F&H System을 이용하여 각각의 포인트를 구했을 경우 손쉽게 해결할 수 있는 형태이다. 강한 타구보다는 약하게 타구하여 수구를 정확히 수구 입사 포인트로 넣는 것이 중요하다.

표적구 포인트 = 20p
수구 포인트 = 45p
수구 입사 포인트 = 25p

뒤돌리기-2

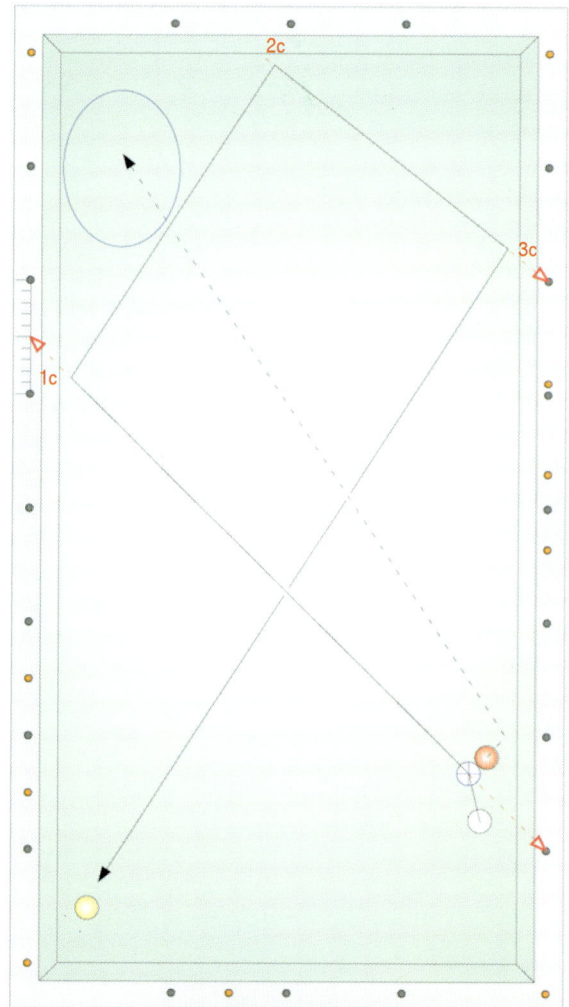

뒤돌리기 - 2

C/BR-2T   P × 2 ⟵ N

뒤돌리기-1에서 수구의 진행선만 연장되어 있는 형태이다. 포지션 플레이에 신경써 타구하도록 한다.

뒤돌리기 - 3

A/BR-3T   P × 2.5 ← L

초구 샷의 형태이다.

초구 샷은 그림과 같이 길게 밀어치는 형태로 타구하여 제1표적구를 그림과 같은 위치로 보낸 다음, 타구에 유리한 형태로 만들수 있어야 한다. 고점자의 경우 초구 샷에서 자신에게 유리한 포지션을 만들며 3~4번 연속해서 득점하는 것을 볼수 있다.

뒤돌리기 - 4

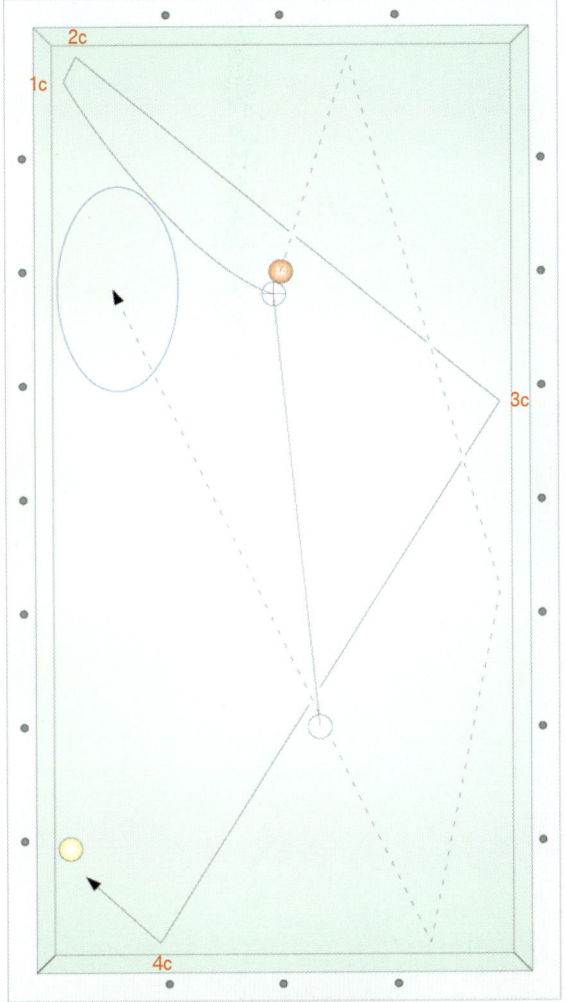

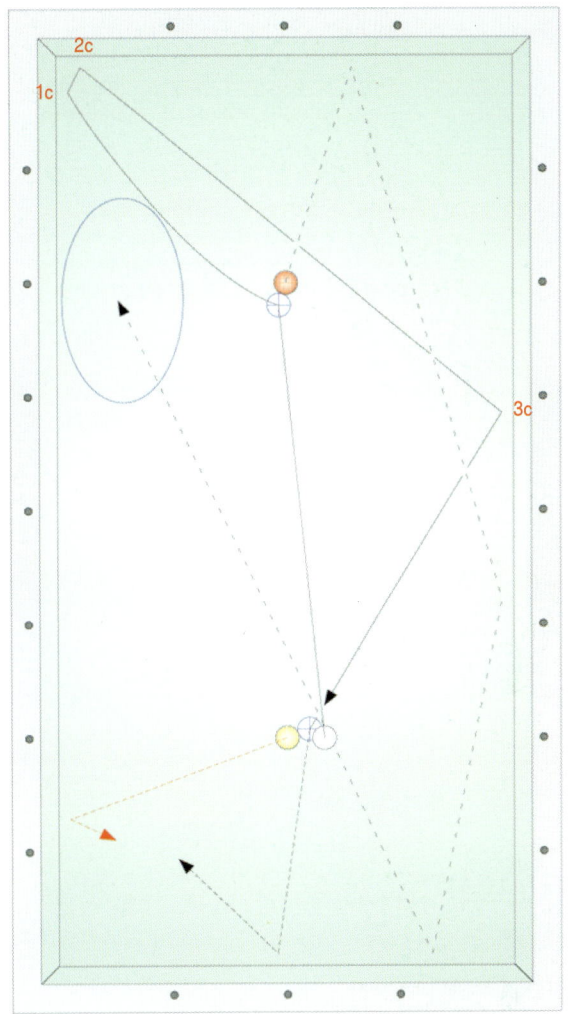

뒤돌리기 - 3

뒤돌리기 - 4

A/BR-3T   P × 2.5 ← L

초구 샷에서 제2표적구의 위치만 변경되었으나, 초구 샷에서 수구 진로의 연장선 상에 제2표적구가 위치하고 있어 같은 방법으로 타구하면 된다.

스리쿠션을 연습할 때 좋은 방법 중 하나는, 수구가 힘이 다해 멈출 때까지 수구의 진로를 기억하는 것이다. 이럴 경우 제2표적구의 위치가 변경되어도 수구의 진로상에 위치하게 된다면 같은 방법으로 타구하였을 경우 쉽게 성공할 수 있게 된다.

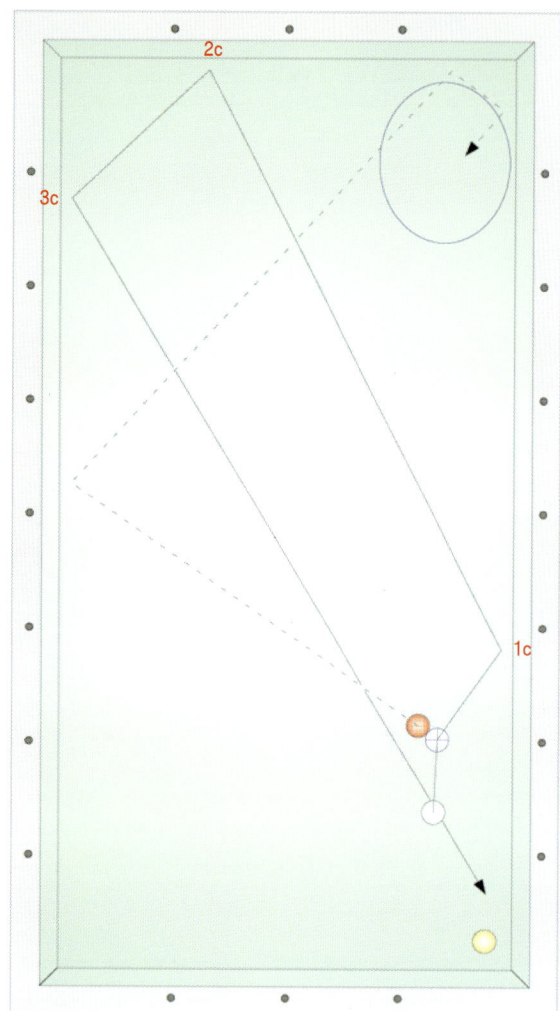

뒤돌리기-5

뒤돌리기 - 5

BL-3T   P × 2.5   ← N

그림과 같은 타구는 다음 공 배치를 자신에게 유리하게 만들 수 있는 좋은 기회이다.

힘 조절에 유의하여 타구하도록 한다.

뒤돌리기 - 6

DL-3T   P × 2.5   ← N

오른손잡이일 경우 자세가 불편할 수도 있다. 이와 같은 경우를 대비해서 상황에 따라 양손을 번갈아 가며 타구할 수 있는 능력을 기르도록 하자.

제1표적구를 약간 얇게 겨냥한 뒤 약간의 끌어치기 당점을 이용하여 타구한다. 제1표적구와의 두께 조절에 실패할 경우 표적구간의 키스의 위험이 있다.

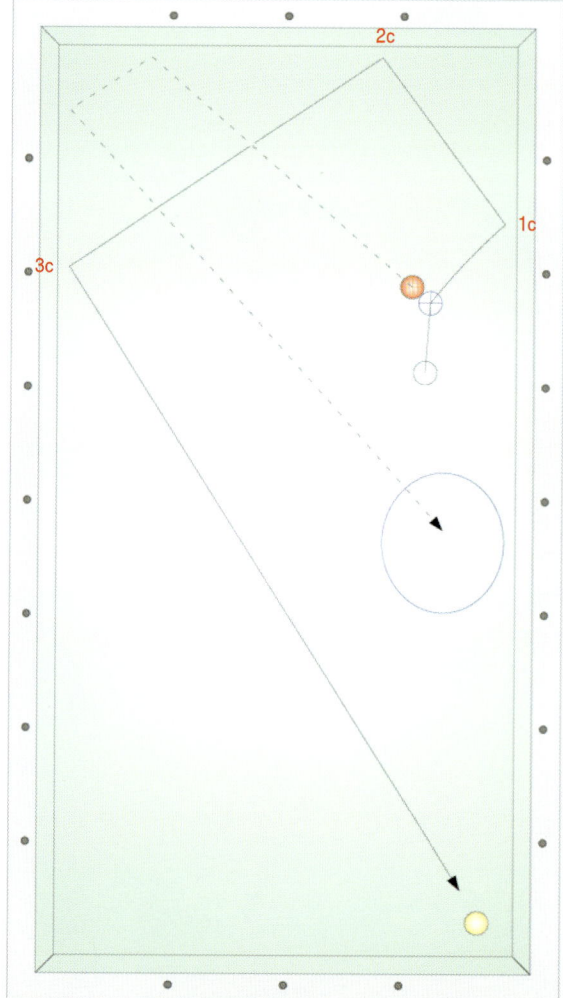

뒤돌리기-6

뒤돌리기 - 7

C/DR-3T   P × 3 ← F

많이 발생되는 형태이나 포지션 플레이가 쉽지 않은 형태이다.

연습을 통해 그림과 같은 공 배치를 만들도록 한다.

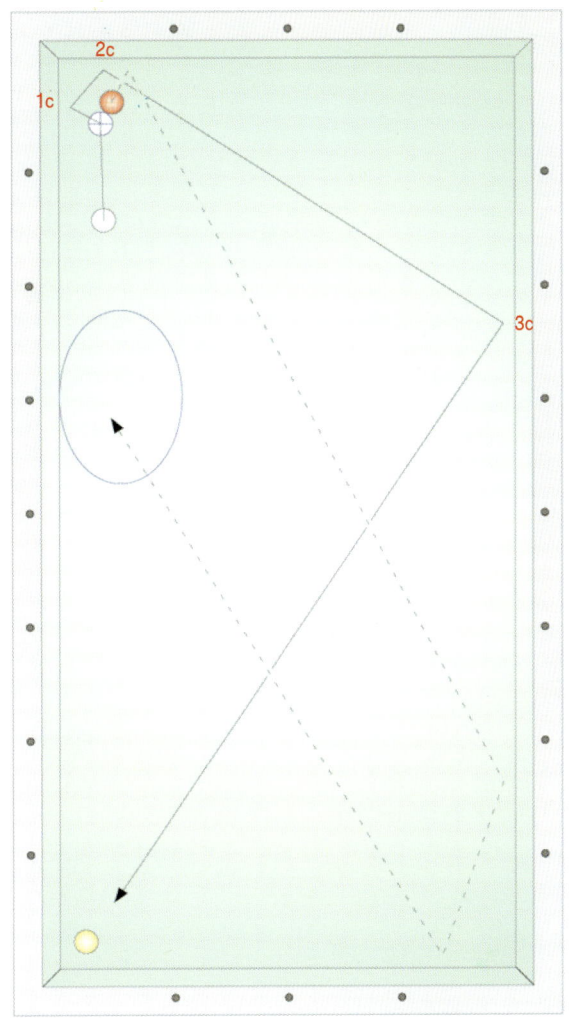

뒤돌리기 - 7

뒤돌리기 - 8

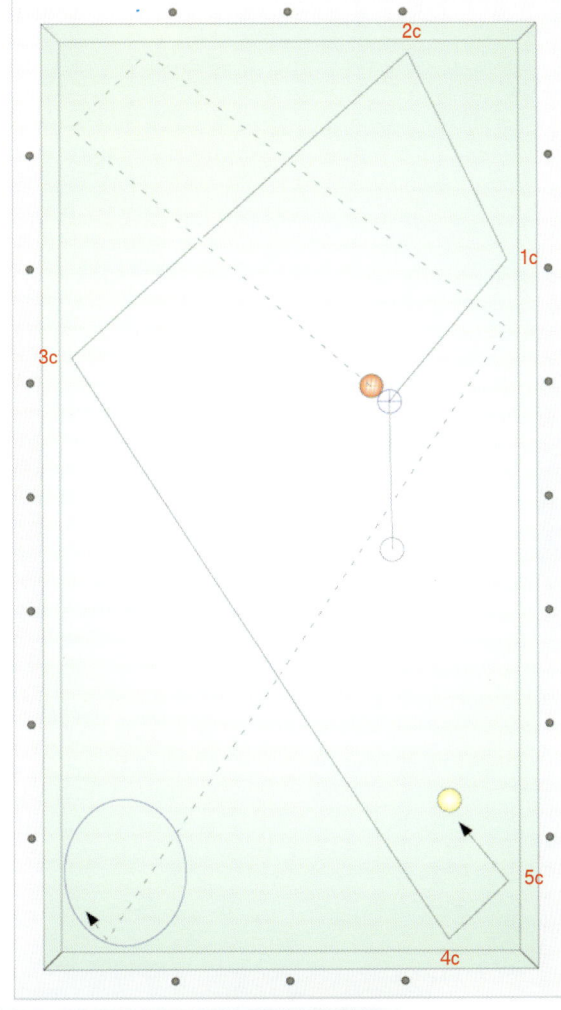

뒤돌리기 - 8

C/DL-3T   P × 3 ← L

스리쿠션 경기에서는 여러번의 쿠션을 이용할 경우, 포지션 플레이에 유리한 경우가 많다.

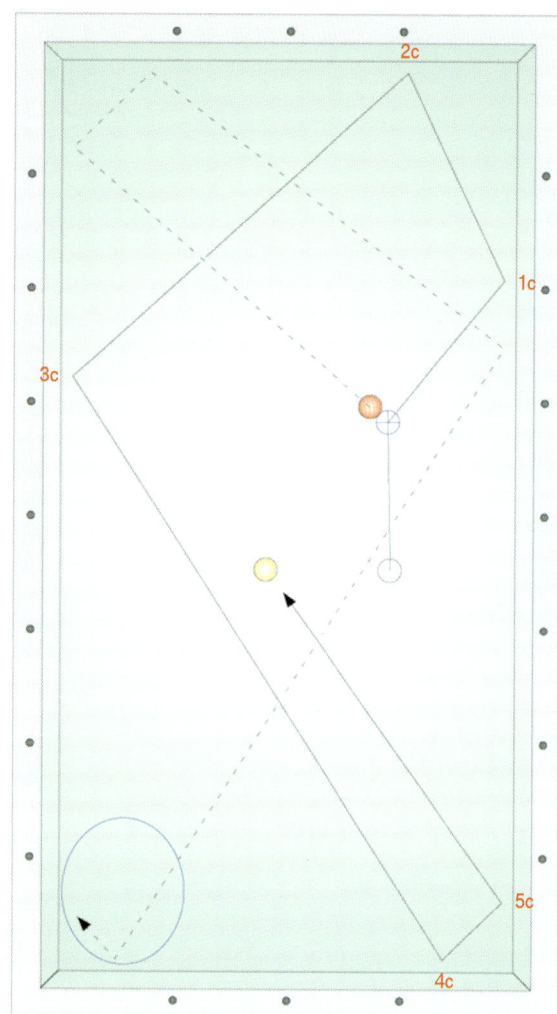

뒤돌리기 - 9

C/DL-3T   P × 3 ← L

뒤돌리기-8의 형태에서 제2표적구의 위치만 변경되어 있는 경우이다.

뒤돌리기-9

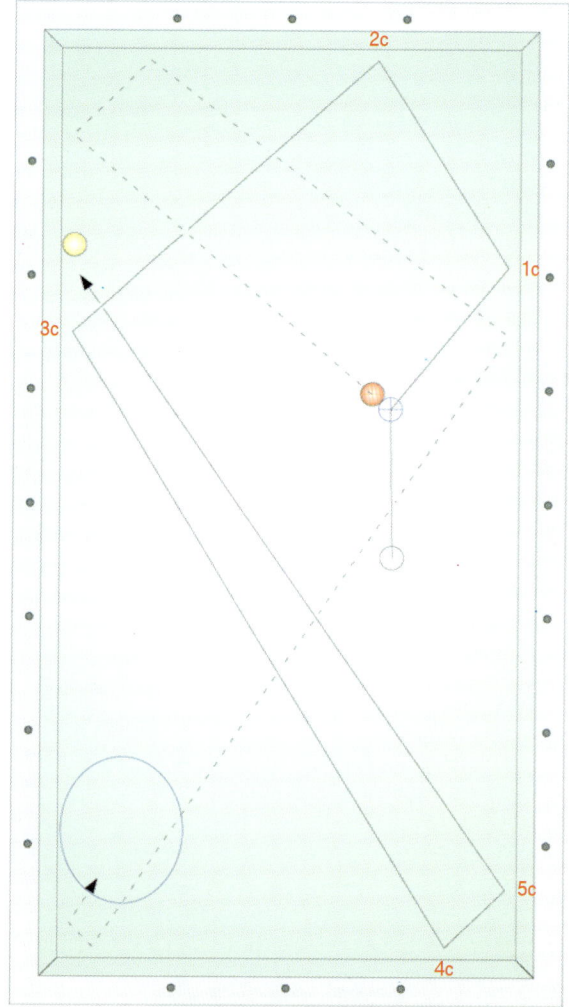

뒤돌리기-10

C/DL-3T   P × 3.5 ← L

뒤돌리기-9의 형태에서 제2표적구의 위치만 변경되어 있는 경우이다.

뒤돌리기 - 11

C/BL-3T   P × 1.5 ← L

기본적인 뒤돌리기 치기 형태이다.
힘조절에 유의하여 타구하도록 한다.

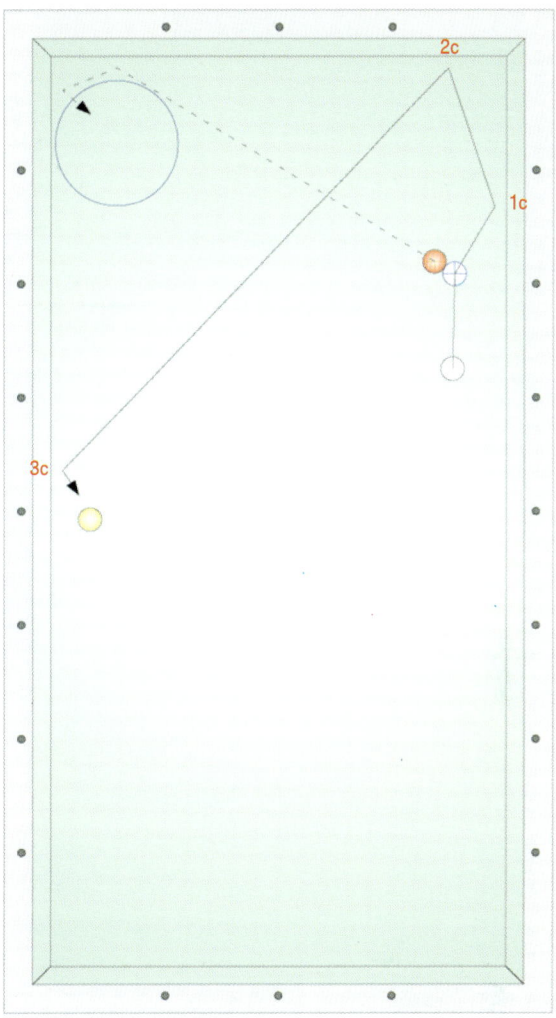

뒤돌리기 - 11

뒤돌리기 - 12

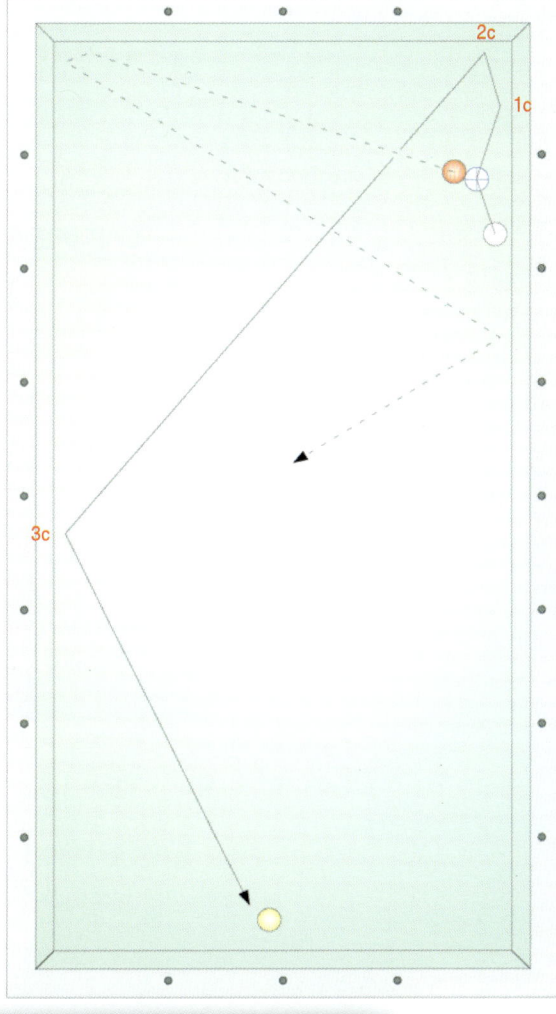

뒤돌리기 - 12

CL-Max   P × 2.5 ← L

수구에 전진회전력을 넣어 확장효과를 이용하여 타구하지
않도록 한다. 수구에 강한 회전력을 넣고, 수구와 표적구간의
두께 조절로만 타구하도록 한다.

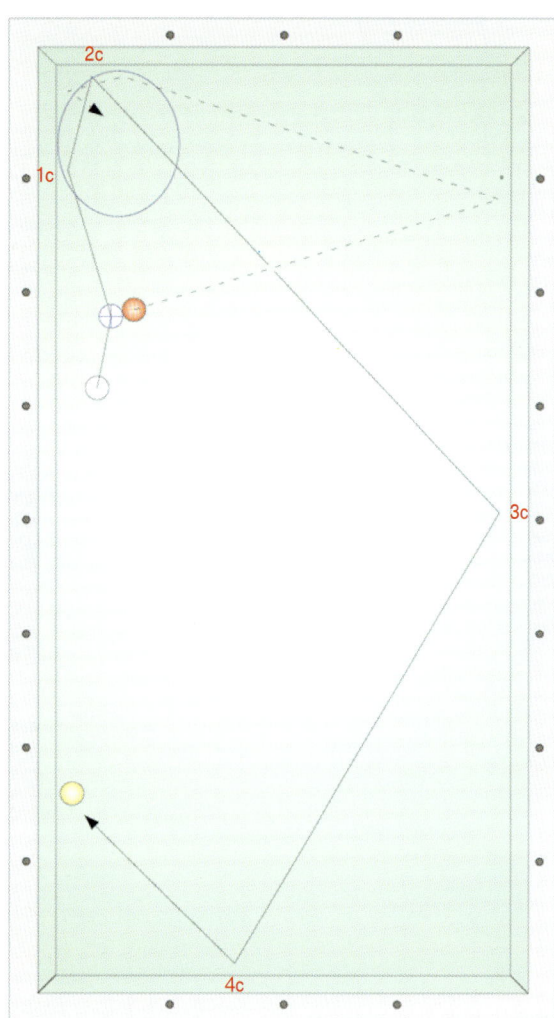

뒤돌리기 - 13

CR-3T   P × 2.5 ←── N

힘조절에 유의하여 가볍게 타구하도록 한다.

뒤돌리기-13

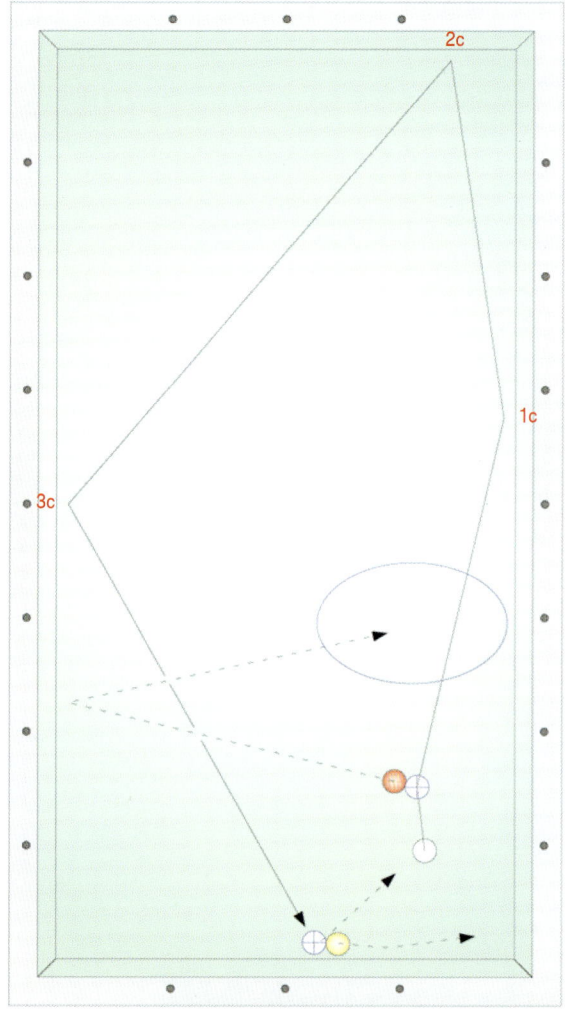

뒤돌리기 - 14

C/DL-3T   P × 2.5 ←── N

밀어치기가 심할 경우 수구가 너무 길게 도달할 위험이 있다.

뒤돌리기 - 15

C/DL-3T   P × 3.5 ← F

스리쿠션 경기에서는 세 번의 쿠션만을 이용하는 것보다 그 이상의 쿠션을 이용할 때 포지션 플레이에 유리한 경우가 많다.

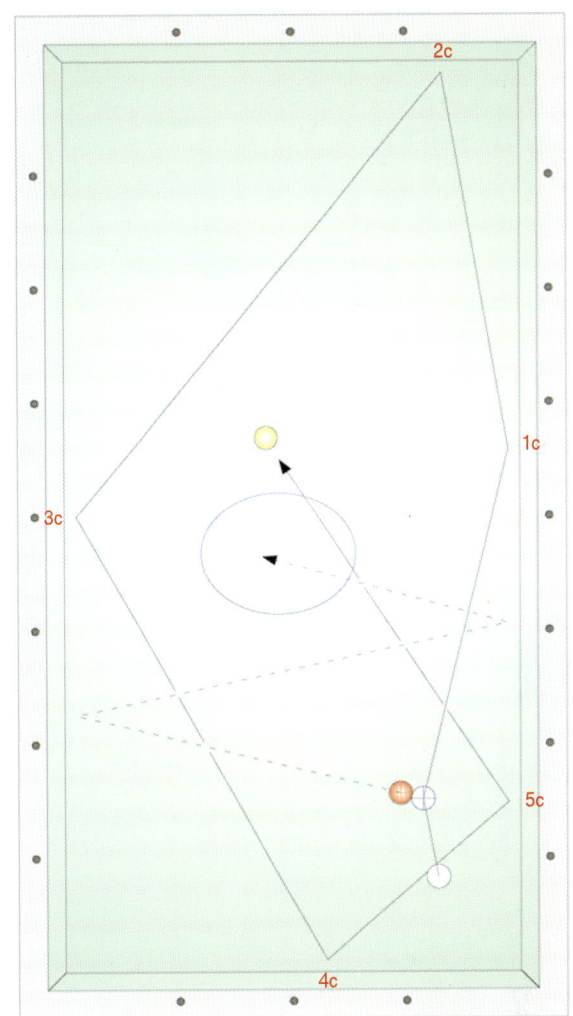

뒤돌리기 - 15

뒤돌리기 - 16

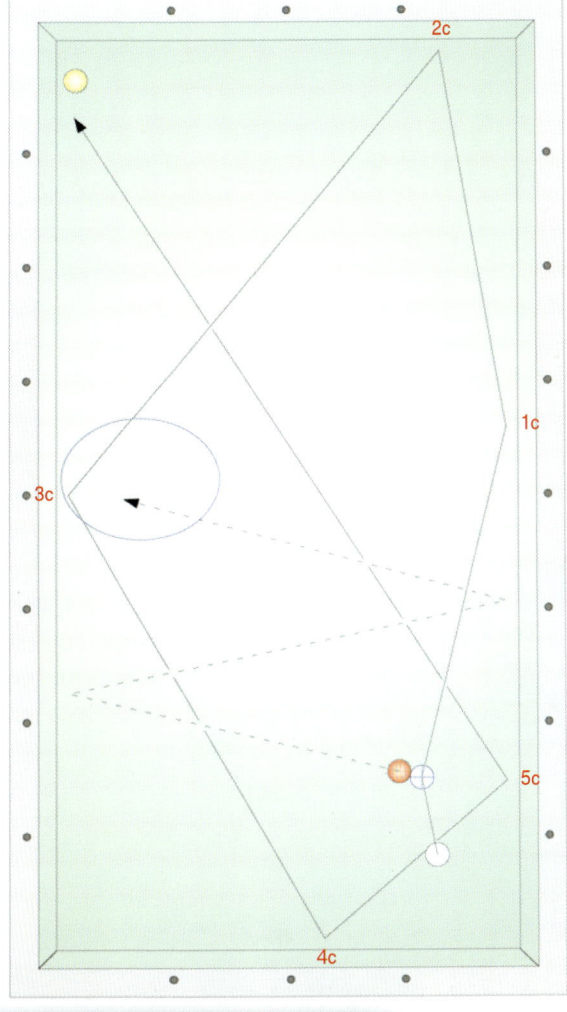

뒤돌리기 - 16

C/DL-3T   P × 4 ← F

뒤돌리기 - 17

C/DR-3T   P × 3.5   ←   F·X

수구에 약간의 역비틀을 넣고 약간 빠르게 끊어 타구한다.

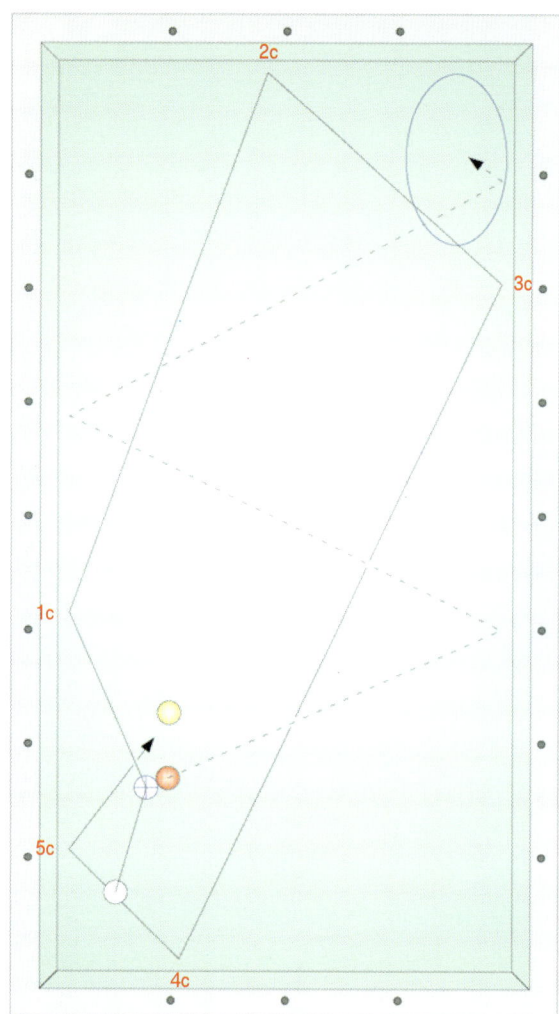

뒤돌리기-17

뒤돌리기 - 18

BR-3T   P × 3.5   ←   L

제1표적구를 얇게 겨냥하고 수구를 굴리듯이 타구한다.

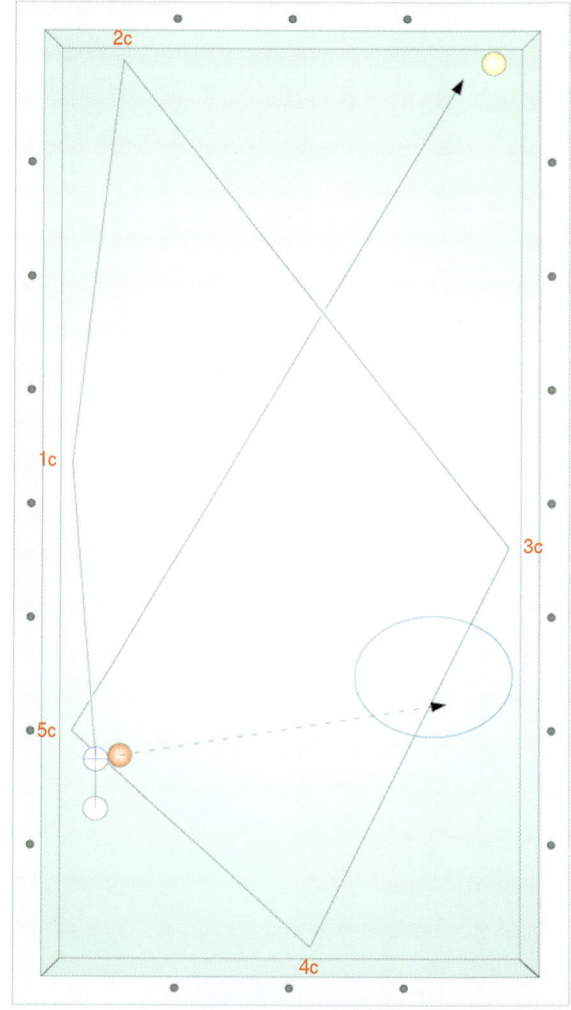

뒤돌리기-18

뒤돌리기 - 19

C/BL-3T   P × 1.5   ←   S·L

기본적인 타구이다.
밀어치지 말고 두께 조절로만 타구하도록 한다.
힘조절에 유의한다.

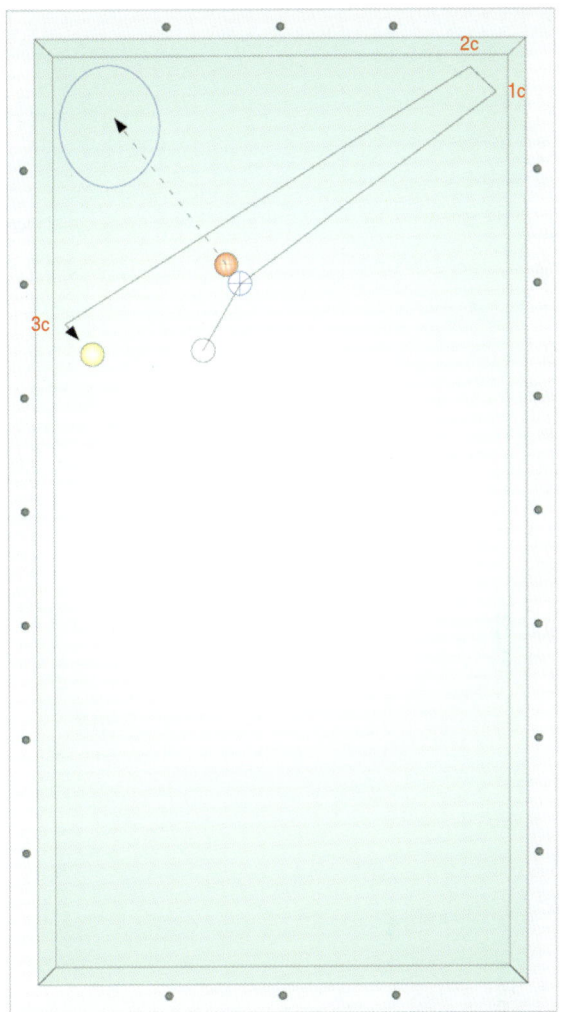

뒤돌리기 -19

뒤돌리기 - 20

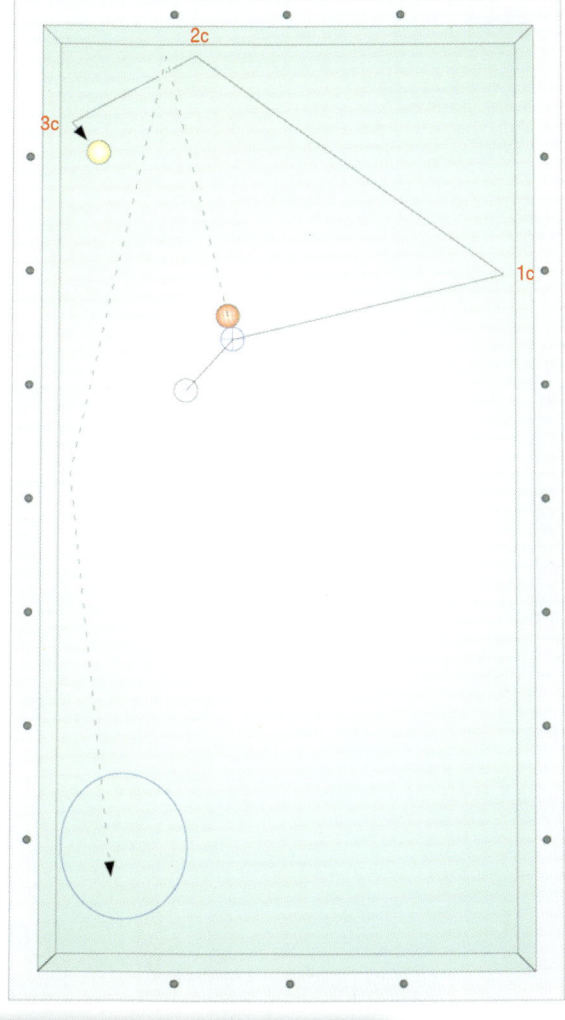

뒤돌리기 - 20

BL-2.5T   P × 1.5   ←   N

제1표적구가 그림과 같이 이동하도록 수구와 제1표적구 간의 두께 조절및 그에 따른 정확한 당점을 결정하도록 한다.

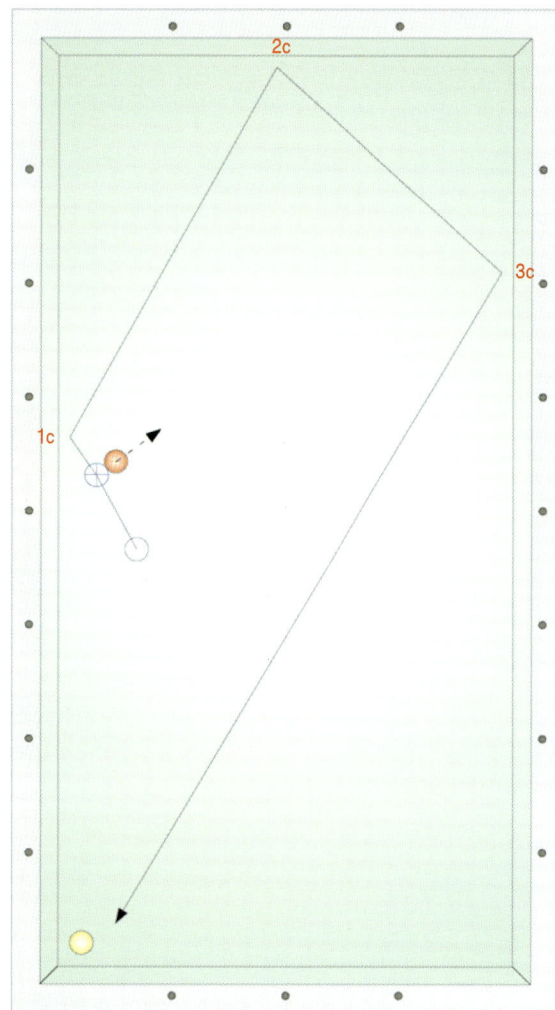

뒤돌리기-21

뒤돌리기 - 21

C/BR-3T   P × 2 ← S·L

얇게치기는 스리쿠션 뿐만 아니라 당구 경기에 있어 아주 중요한 타구법 중 하나이다.

자신이 올바른 자세를 갖고 있지 않다면 정확한 얇게치기는 포기하는 것이 좋다.

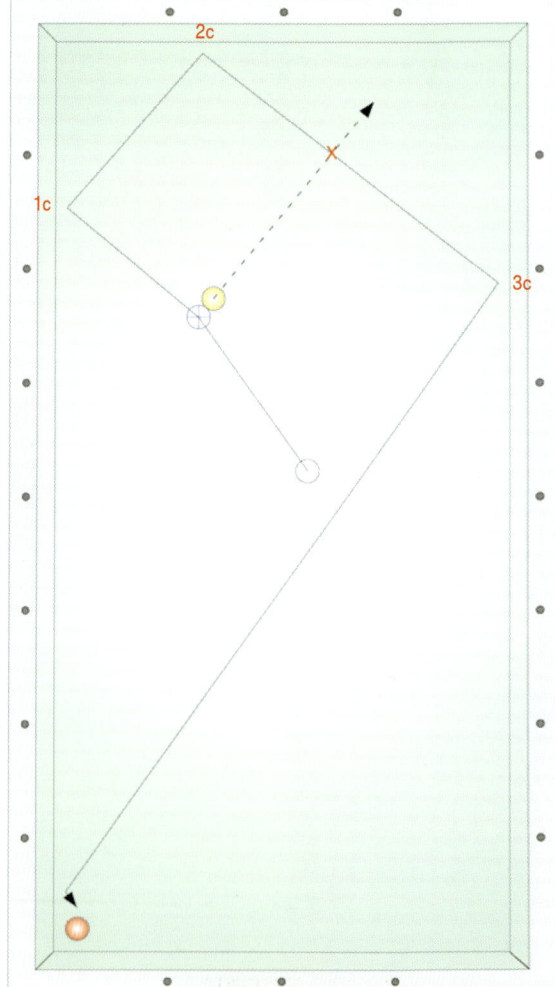

뒤돌리기-22

뒤돌리기 - 22

C/BR-3T   P × 2 ← S·L

제1표적구가 지점 X에 도달하기 전에 수구가 그 지점을 먼저 통과해야 한다.

뒤돌리기 - 23

CR-3T　P × 2　←── S·L

　수구에 비틈을 많이 넣고 큐를 부드럽게 끝까지 밀어 타구한다. '딱' 끊어치는 식의 타구는 곤란하다.

뒤돌리기 - 24

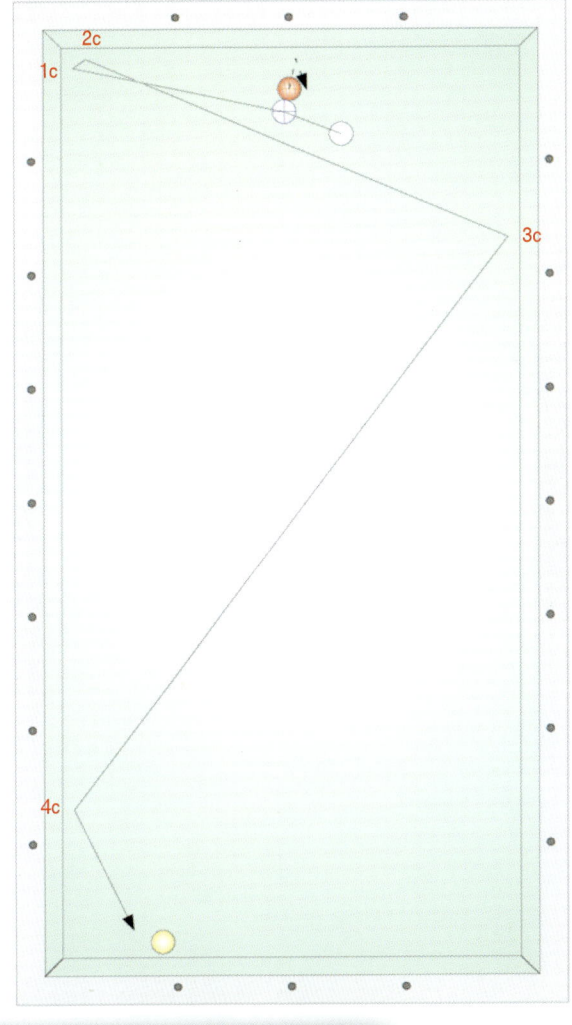

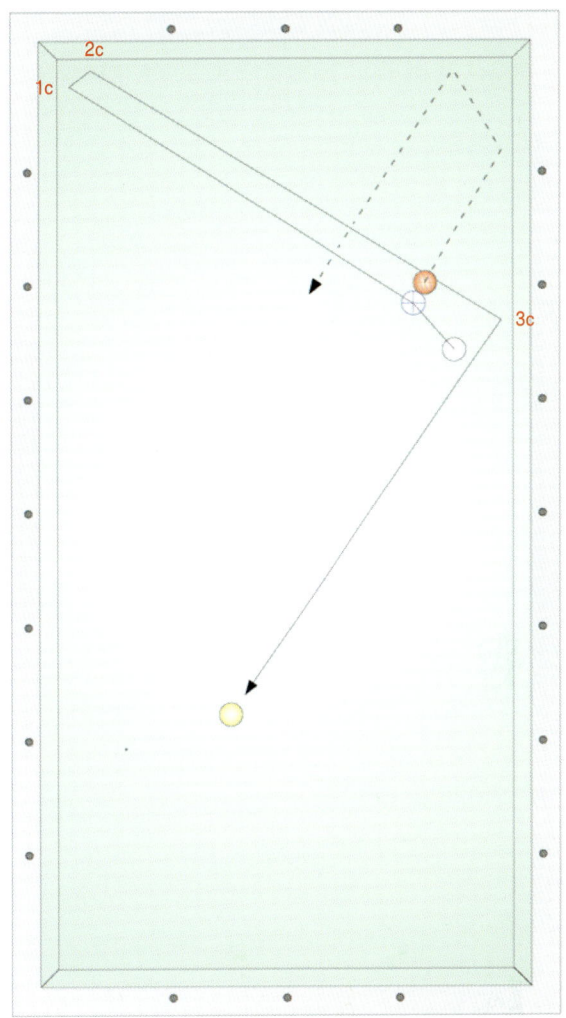

뒤돌리기 -23

뒤돌리기 - 24

CR-Max　P × 2.5　←── F

　얇게치기에 자신이 없다면 그림과 같은 타구는 생각도 말아야 한다.

　비틈을 많이 넣고 손목의 스냅을 이용하여 약간 빠르게 타구한다.

당구 매니아 클럽

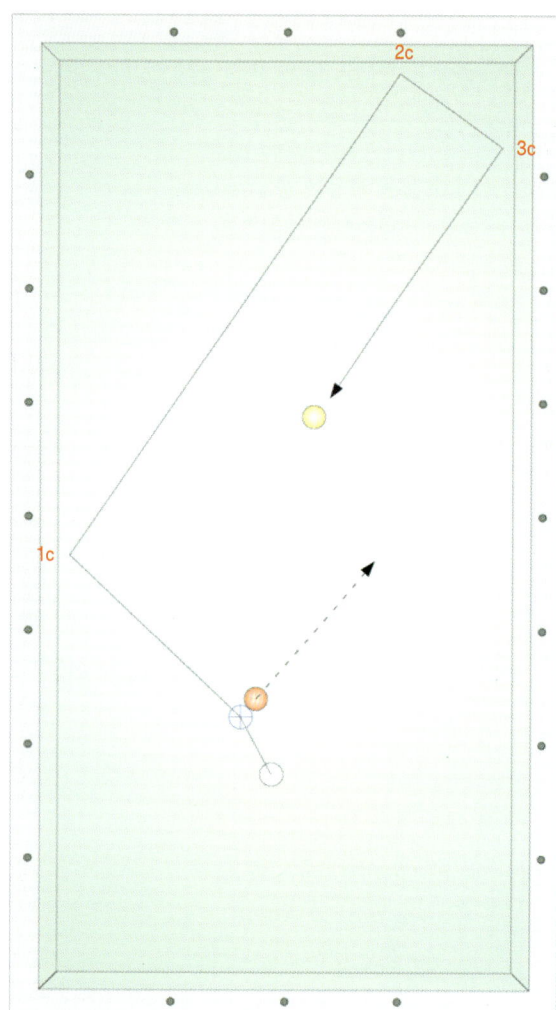

뒤돌리기-25

뒤돌리기 - 25

BR-2T   P × 1.5   ←   S·L

수구를 굴리듯이 타구한다.

뒤돌리기 - 26

CR-Max   P × 2   ←   F

그림과 같은 타구는 공들의 위치가 조금만 바뀌어도 타구법이 달라진다.

성공의 열쇠는 수구를 정확히 코너로 보내는데 있다.

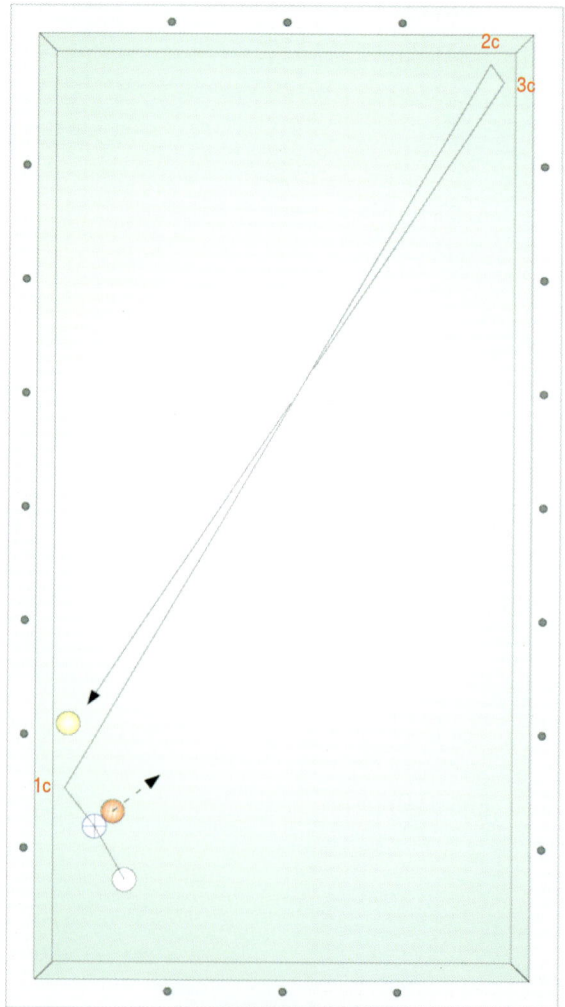

뒤돌리기-26

확장과 축소 효과

쿠션을 이용한 모든 타구법에서 쿠션에 입사하는 순간의 수구의 입사각은 수구 전체의 진로를 결정하게 된다. 표적구를 맞힌 수구는 힘의 세기나 타구법, 당점등에 따라 표적구와의 분리각이 달라지며, 그 이후의 진로는 수구에 부여된 힘에 따라 커브를 그리며 휘어져 진행할 수도 있고 그렇지 않을 수도 있다.

우리는 앞에서 시스템을 이용한 계산에 따른 타구법에 대해 알아보았다. 그러나 초보자의 경우 계산에 따라 수구를 수구 입사 포인트로 넣었는데도 수구가 생각한대로 진행을 하지 않아 의아해 하는 경우가 있을 수도 있다. 그것은 확장과 축소 효과를 모르고 있기 때문이다.

시스템을 이용한 타구에 있어 우리가 꼭 알아야 할 세 가지는 첫번째 수구 포인트, 두번째 수구 입사 포인트, 세번째 표적구 포인트이다. 이 세 가지 중 어느 한 가지라도 모르거나 잘못 계산되어질 경우, 시스템은 무용지물이 되고 마는 것이다.

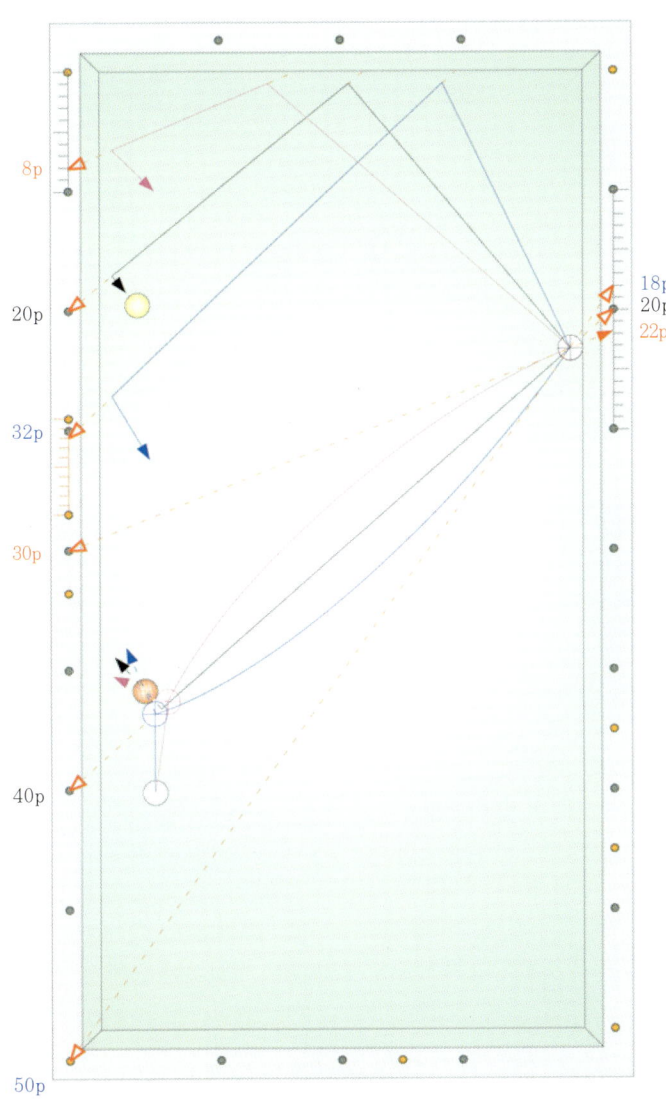

다음 그림은 확장(그림에서 파란 실선)과 축소(그림에서 보라색 실선) 효과를 그림으로 나타낸 것이다.

우리는 그림에서, 한 가지 형태의 공 배치에 있어 타구법을 달리 함으로써 수구를 제1쿠션의 같은 지점에 넣었다 할지라도 타구법에 따라 수구가 달리 도달하는 것을 볼 수 있다.

그림과 같이 배치된 형태를 시스템을 이용하여 공략하고자 하면 그림에서 검은 실선과 같이 수구가 수구 입사 포인트 20p에 도달하기 전까지 진로의 변화가 없어야 한다. 그러나 파란 실선이나 보라색 실선의 경우 수구 입사 포인트로 진입하기 전까지 수구가 커브를 그리며 진입하기 때문에 검은 실선과 같은 지점에 넣어졌다 할지라도 수구 포인트와 수구 입사 포인트가 달라지며 그에 따른 표적구 포인트도 달라지게 되는 것이다. 결론적으로 시스템을 이용한 타구를 할때 표적구 포인트를 결정하는 수구 포인트와 수구 입사 포인트는 제1쿠션에 도달되는 순간의 입사각에 따라 결정되어 진다.

확장과 축소는 타구의 성공과 실패에 결정적인 역할을 할 뿐만 아니라 키스를 예방할 수도 있고, 표적구의 움직임을 변화시켜 다음 공 배치를 보다 유리하게 조절할 수도 있다. 그러나 확장과 축소를 초보자가 무리하게 시도할 필요는 없다. 초보자가 이와 같은 타구를 즐길 경우 다른 정상적인 방법으로 해결할 수 있는 타구도 밀어치기나 끌어치기만으로 해결하려고 하여 타구의 습관이 나빠지고, 또 정상적인 수구의 진로를 파악하는데 많은 시간이 걸리게 된다. 초보자는 기본적인 수구의 진로를 파악한 뒤 점차적으로 조금씩 시도해 보는 것이 당구에 더욱 빠르게 접근하는 길이다.

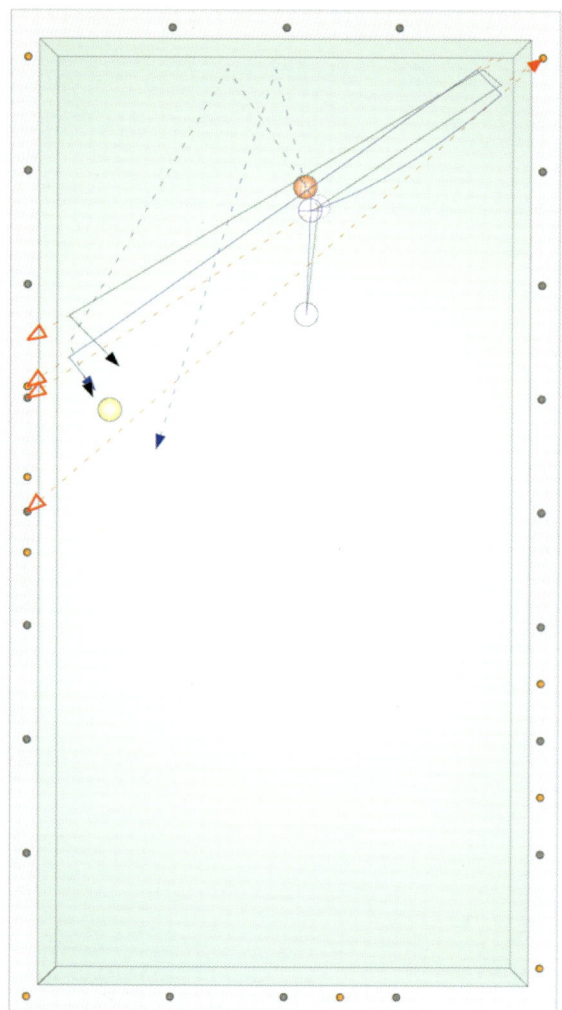

뒤돌리기-27

뒤돌리기 - 27

CL-2T   P × 3 ← F · X

B/AL-3T   P × 2 ← L

확장효과를 이용한 타구의 한가지 예이다.

검은 실선과 같이 평범한 타구법을 사용할 경우 수구의 진로도 올바르지 않을 뿐더러 제1표적구와 제2표적구간의 키스의 위험이 있다. 그러나 파란 실선과 같이 확장효과를 이용할 경우 수구의 진로로 올바르게 진행하고 표적구간의 키스의 위험에서도 벗어날 수 있게 된다.

* 참고 : 검은 실선의 경우 3p 정도나 그 이상의 비틈을 사용할 경우 수구는 원하는 표적구 포인트에 도달할 수는 있으나 키스의 위험은 여전히 남아있다.

알고 넘어 갑시다.   초크(chalk)와 파우더(power)

팁은 가죽으로 되어 있기 때문에 공과의 접촉으로 매끈매끈해져 버리게 되므로 그 상태로 샷을 했을 경우 미스 샷을 하게 됩니다. 이를 방지하기 위해 팁 부분에 초크를 칠하게 되는데 샷을 할 때마다 팁 부분에 골고루 바르는 것을 잊지 말아야 겠습니다. 초보자의 경우 초크가 팁 부분에 골고루 발라지는지 확인도 하지 않고 형식상 대충 문지르고 마는 경우가 있는데 이런 경우가 초보자에게 있어 큐 미스가 많은 원인 중에 하나입니다.

파우더는 큐가 손에 접촉할 때 미끄러짐을 좋게 하기 위해 손과 큐가 닿는 부분에 칠하는 하얀 가루입니다. 그러나 파우더는 당구대를 더럽힐 뿐만 아니라 시간이 지나 손에 땀이 찰 경우 오히려 더 뻑뻑해 지게 됩니다. 이럴 경우 손에 장갑을 끼거나 손을 깨끗이 씻고 말린 후 자신이 사용하는 큐를 왁스를 약간 묻힌 깨끗한 천으로 닦아 사용하는 것도 좋은 방법입니다.

뒤돌리기 - 28

ER-1.5T   P × 2 ← B

파란 실선과 같이 평범하게 타구할 경우 표적구간의 키스의 위험이 있다.
검은 실선과 같이 축소 효과를 이용하여 타구하도록 한다.

뒤돌리기 - 29

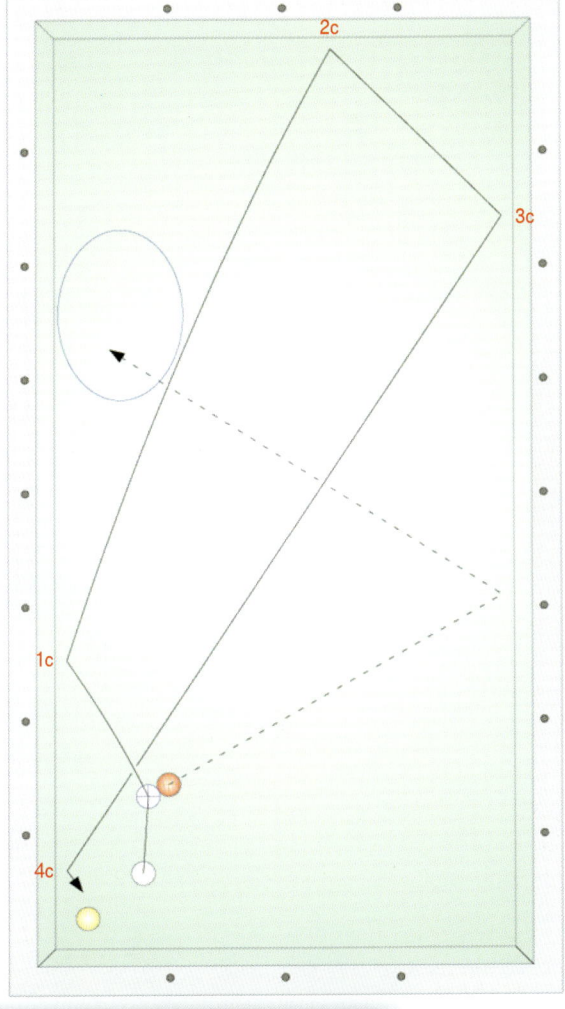

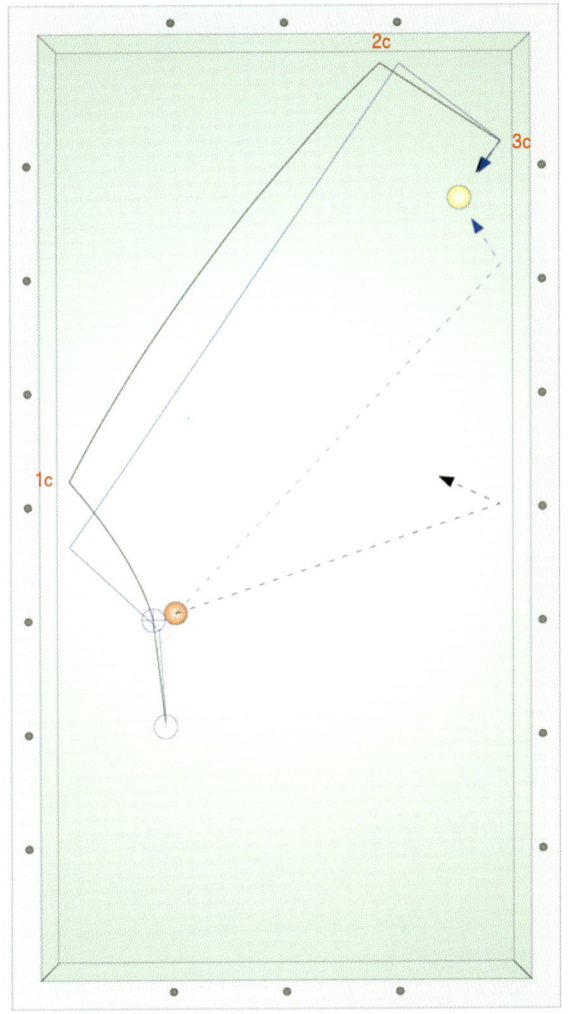

뒤돌리기 -28

뒤돌리기 - 29

D/ER-3T   P × 2.5 ← B

축소효과를 이용한 포지션 플레이 타구이다.
수구를 너무 강하게 끌어치기 않도록 한다.
많은 연습이 필요하다.

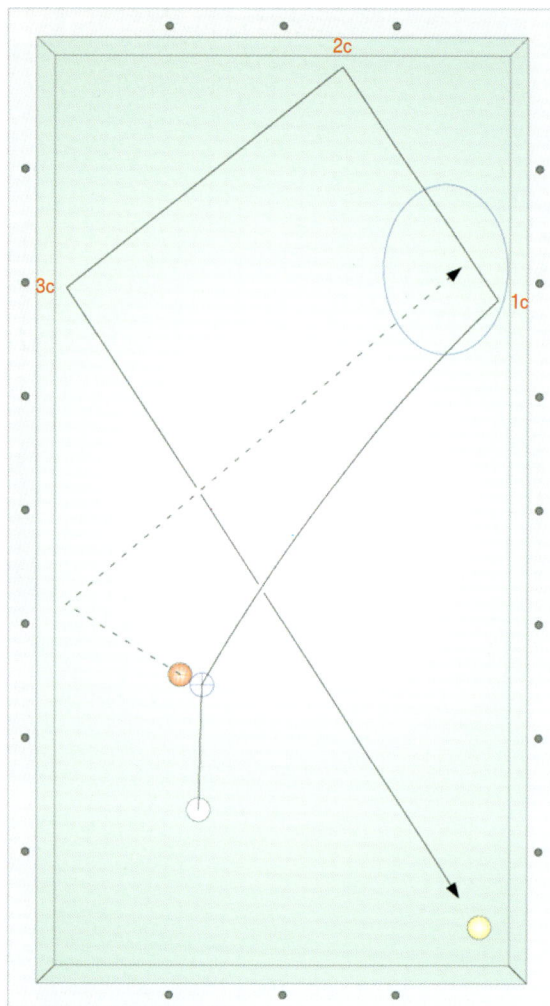

뒤돌리기 - 30

D/EL-3T   P × 2.5 ← L

수구가 너무 끌리지 않도록 주의한다.
실전에서 이와 같은 공략법이 많이 선택되어지는 것은 아니나 알고 있어 나쁠 것은 없다.

뒤돌리기-30

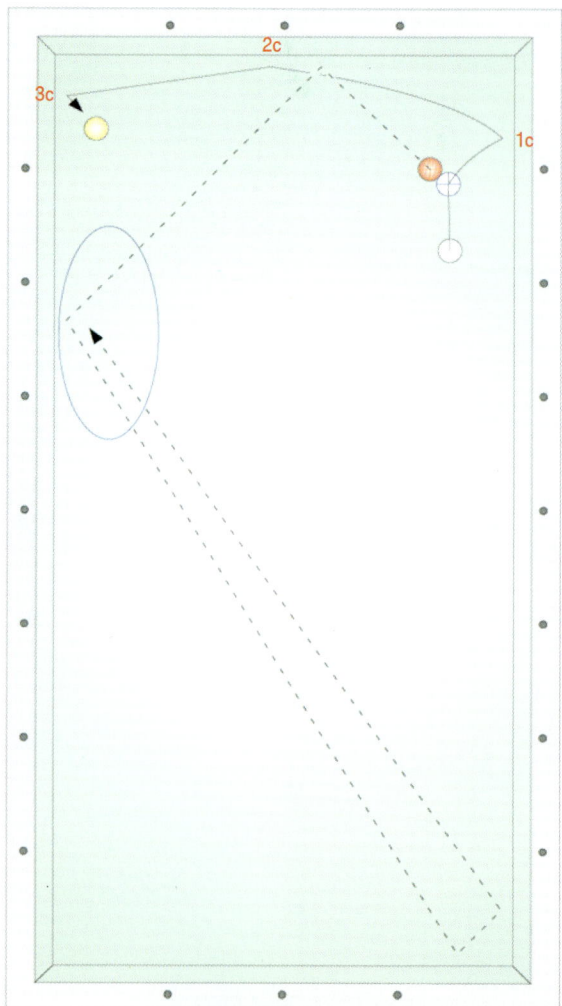

뒤돌리기-31

뒤돌리기 - 31

EL-0.5T   P × 3 ← B

수구에 비틈을 거의 넣지 않고 타구한다.
어려운 타구이다.

뒤돌리기 - 32

BL-2.5T   P × 2 ← L

제1표적구를 약간 두껍게 밀어 타구하여 그림과 같은 위치로 제1표적구를 이동시키도록 한다.

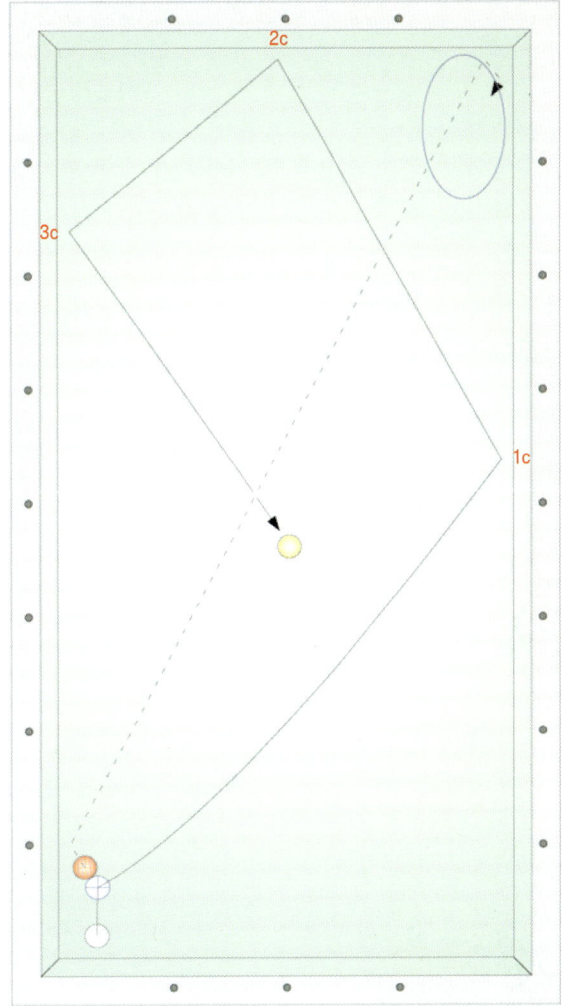

뒤돌리기 -32

뒤돌리기 - 33

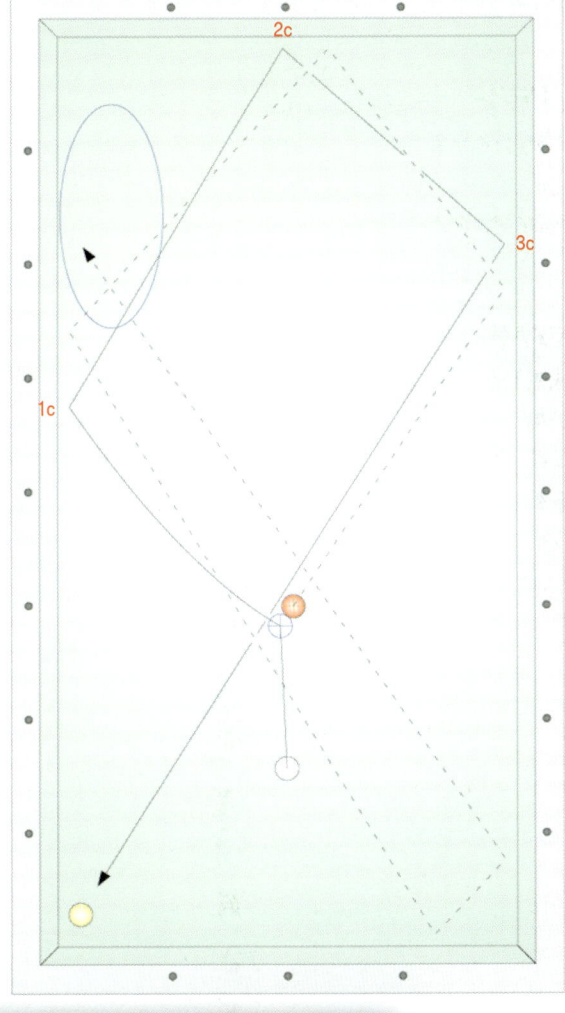

B/AR-3T   P × 3.5 ← L

제1표적구의 움직임에 유의하여 타구한다.

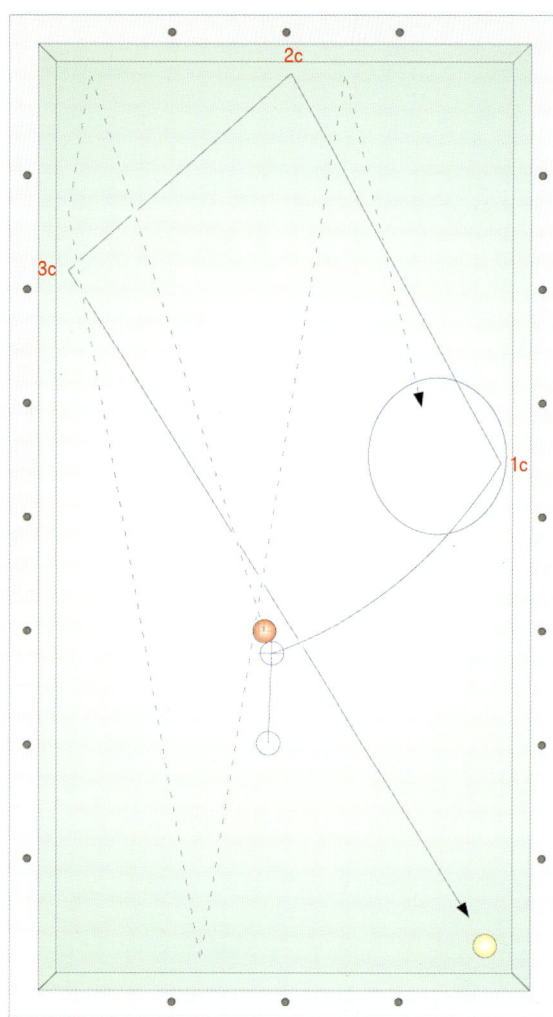

뒤돌리기-34

뒤돌리기 - 34

AL-2T   P × 3.5 ← L

꼭 그림과 같은 공략법을 사용하라는 것은 아니다. 이와 같은 공략법도 있다는 것을 알아두자.

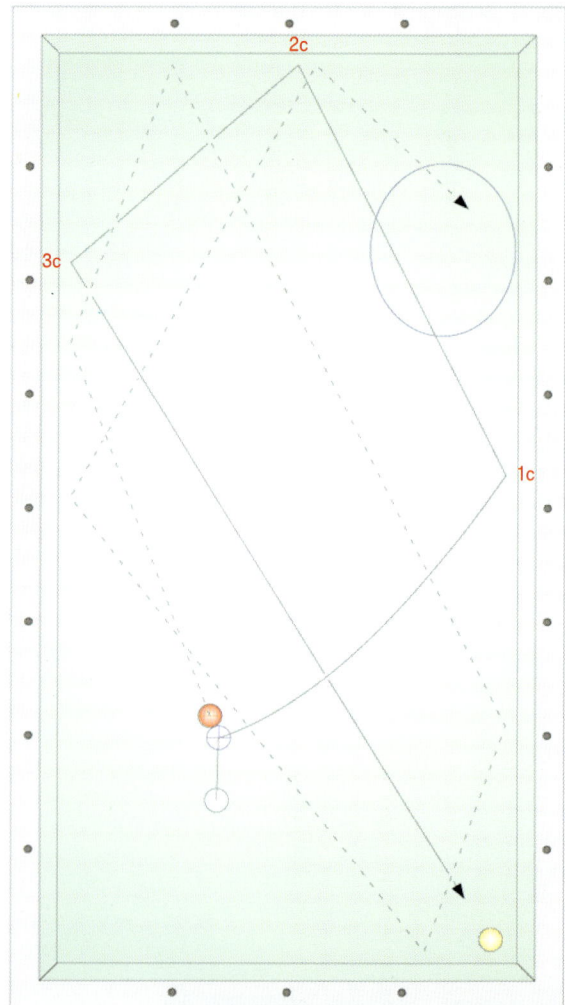

뒤돌리기-35

뒤돌리기 - 35

AL-2T   P × 4 ← L

너무 두껍게 표적구를 공략할 경우 표적구간의 키스의 위험이 있다.

뒤돌리기 - 36

BR-3T   P × 3.5   ← F · L

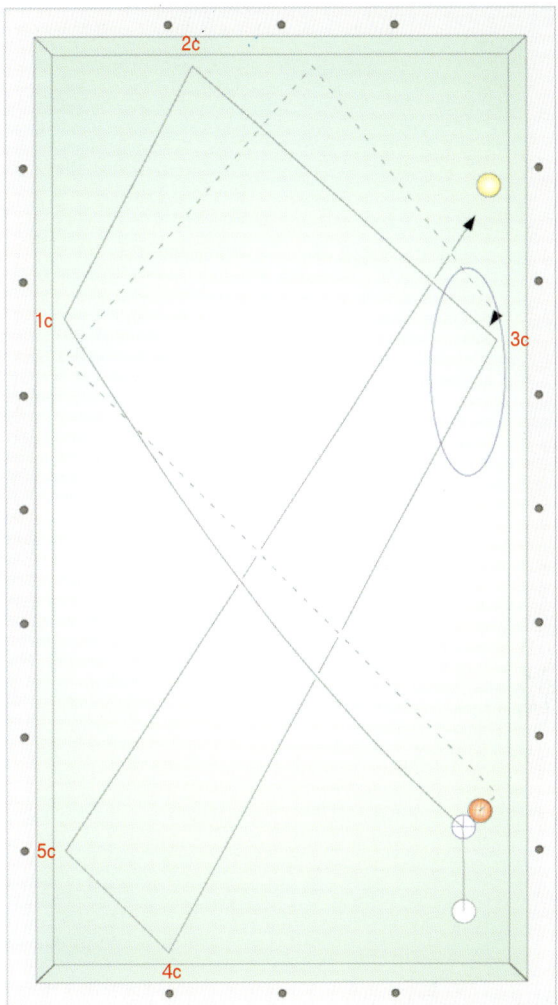

뒤돌리기 -36

뒤돌리기 - 37

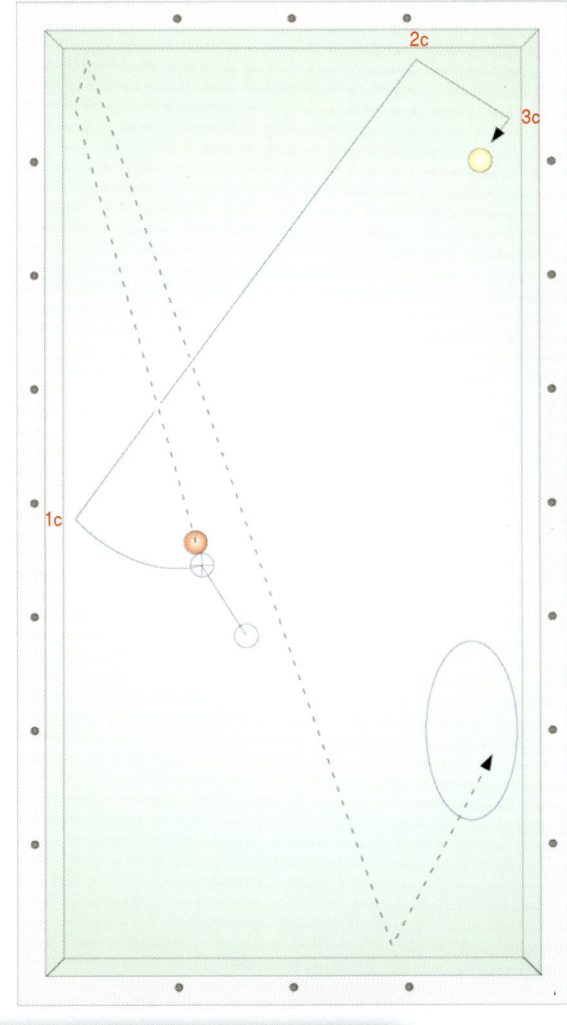

뒤돌리기 - 37

B/AR-2T   P × 2   ← L · X

뒤돌리기에서 많이 사용되는 타구법이다.

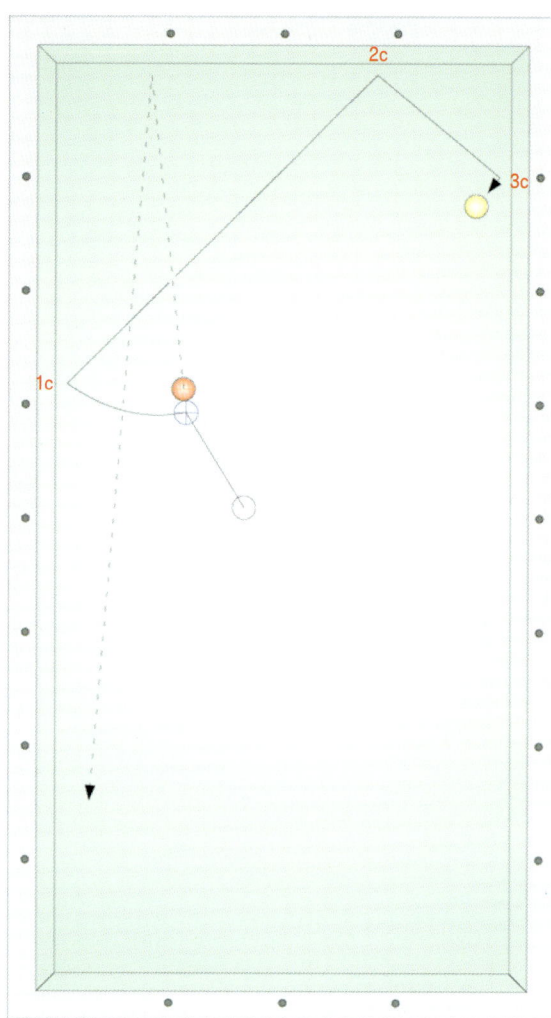

뒤돌리기-38

뒤돌리기 - 38

BR-3T　　P × 2　←——　N

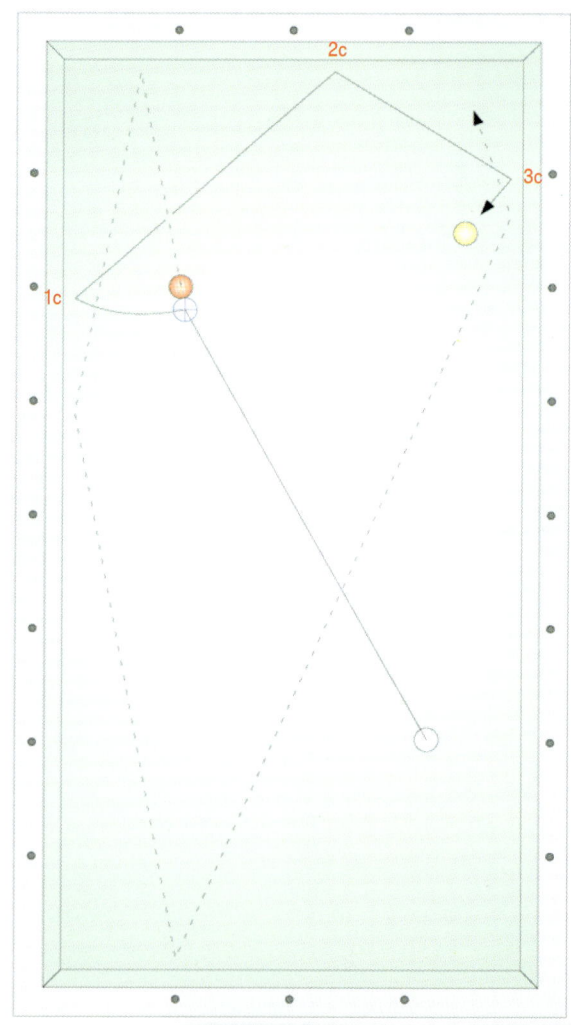

뒤돌리기-39

뒤돌리기 - 39

BR-1.5T　　P × 2.5　←——　L · X

비틈을 적게 넣는 대신, 약간 밀면서 타구한다.

뒤돌리기 - 40

AR-2T   P × 3 ← F

다음과 같은 형태에서 키스를 피할 수 있는 유일한 방법일 수도 있다.

제1표적구를 약간 빠르게 두껍게 밀어쳐야 한다.

쉽지 않은 타구이다.

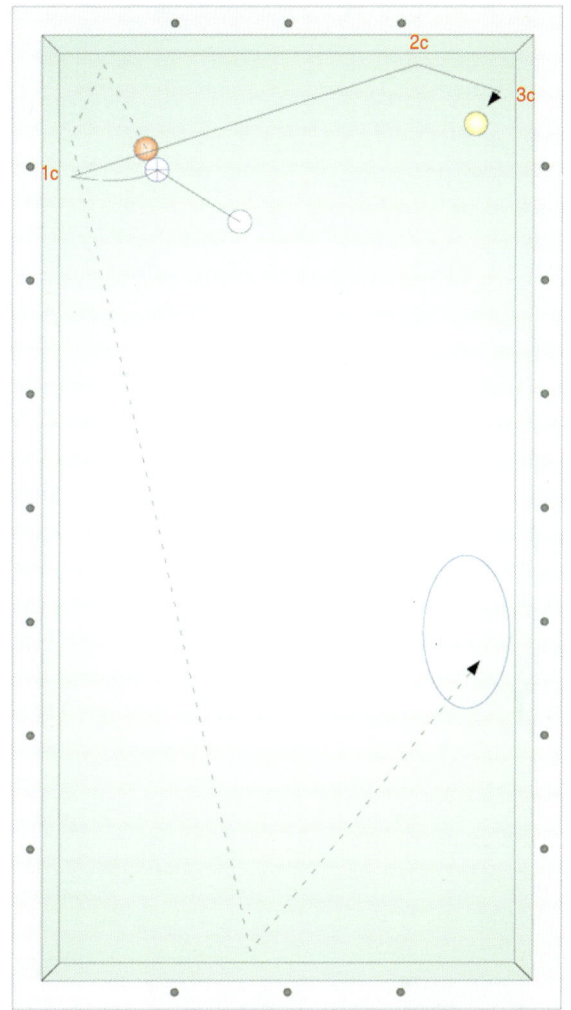

뒤돌리기 -40

뒤돌리기 - 41

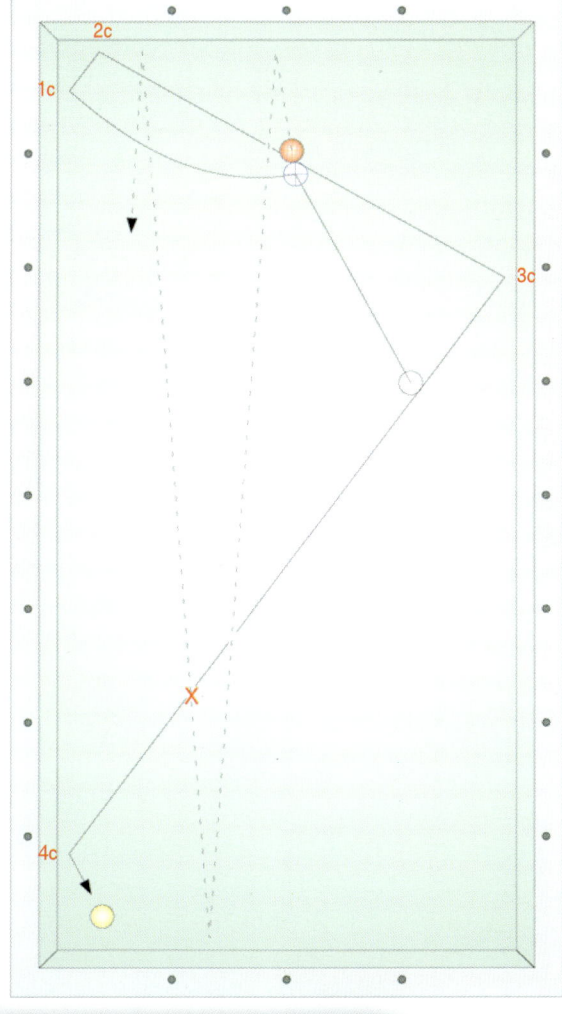

AR-2T   P × 3.5 ← L

X 지점에서 수구와 표적구간에 키스의 위험이 있다. 시간차를 이용하여 키스를 피하도록 하자.

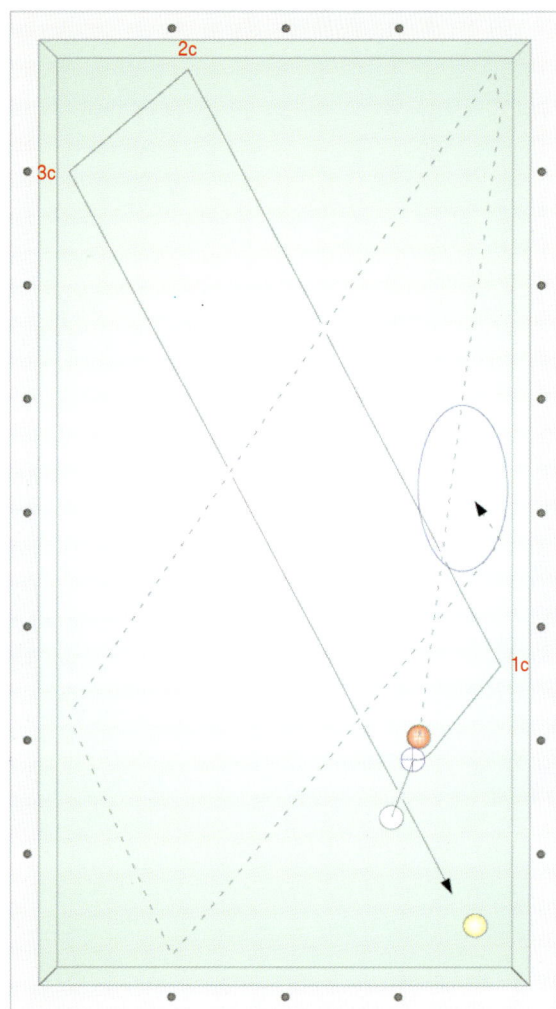

뒤돌리기-42

뒤돌리기 - 42

AL-2T   P × 4.5   ← L

강한 밀어치기를 이용한 뒤돌리기 타구이다.

수구에 전진회전력 뿐만 아니라 좌측회전력도 많이 넣어 주는 것이 유리하다.

테이블 상태에 따라 표적구의 진행이 달라질 수 있다.

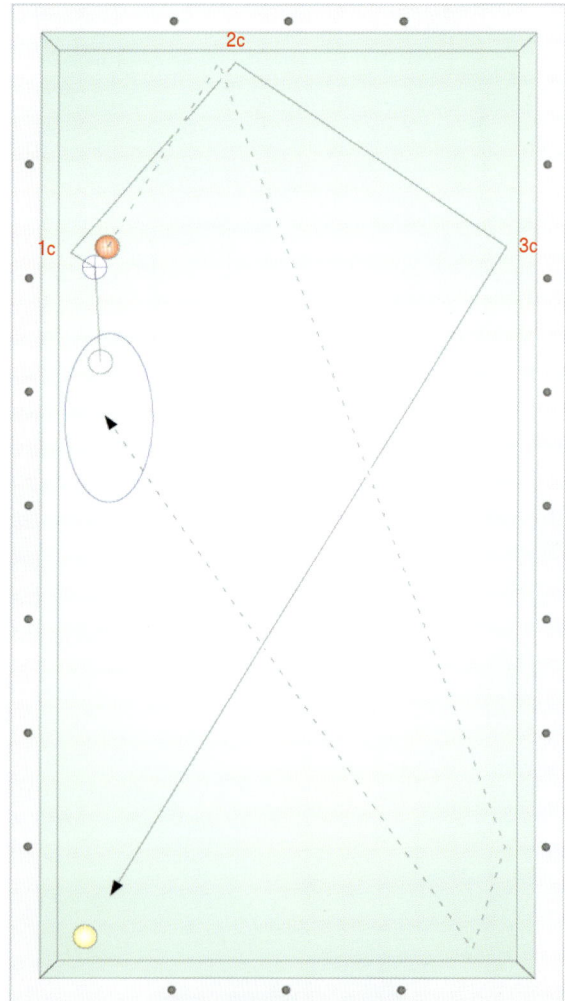

뒤돌리기 - 43

C/DR-2.5T   P × 3   ← SH · X

그림과 같이 형태에서 타구의 성공은 기본이다.

제1표적구를 그림과 같이 보낼 수 있도록 연습한다.

뒤돌리기 - 44

C/DR-3T   P × 2.5 ←—— F·X

고점자가 되기 위해서는 필히 연습해야 할 타구법이다.
손목의 스냅을 이용하여 큐를 내민 뒤 빠르게 낚아채듯 멈춰야 한다.
수구는 거의 좌측 회전력에 의해서만 움직이게 된다.

뒤돌리기 - 45

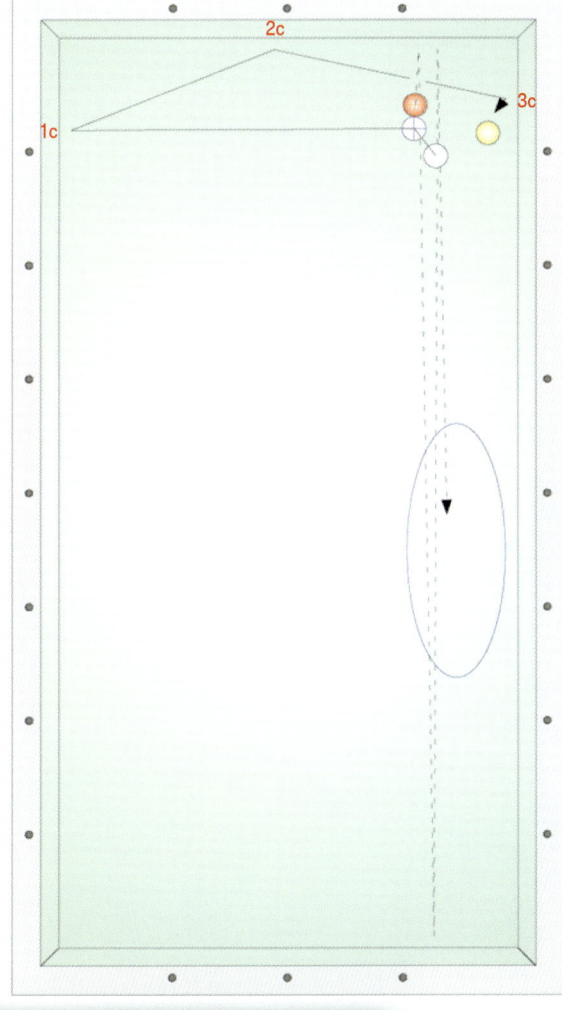

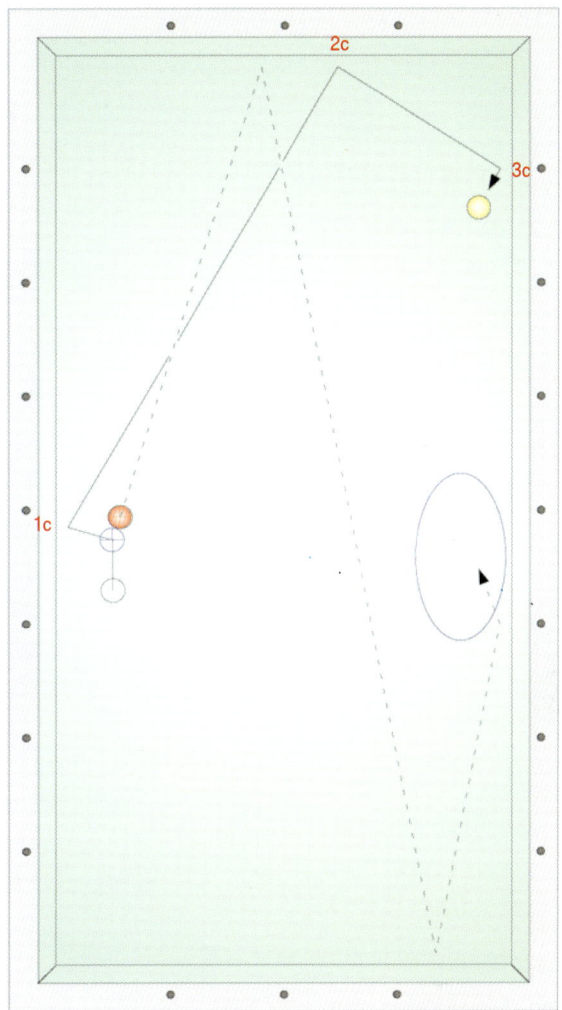

뒤돌리기 -44

뒤돌리기 - 45

DR-Max   P × 3.5 ←—— F·L·X

수구를 뒤로 끌듯이 타구해서는 안된다.
손목의 스냅을 이용하여 수구에 최대한의 비틈을 넣고 타구한다.
수구는 회전력만으로 아주 느리게 진행한다.

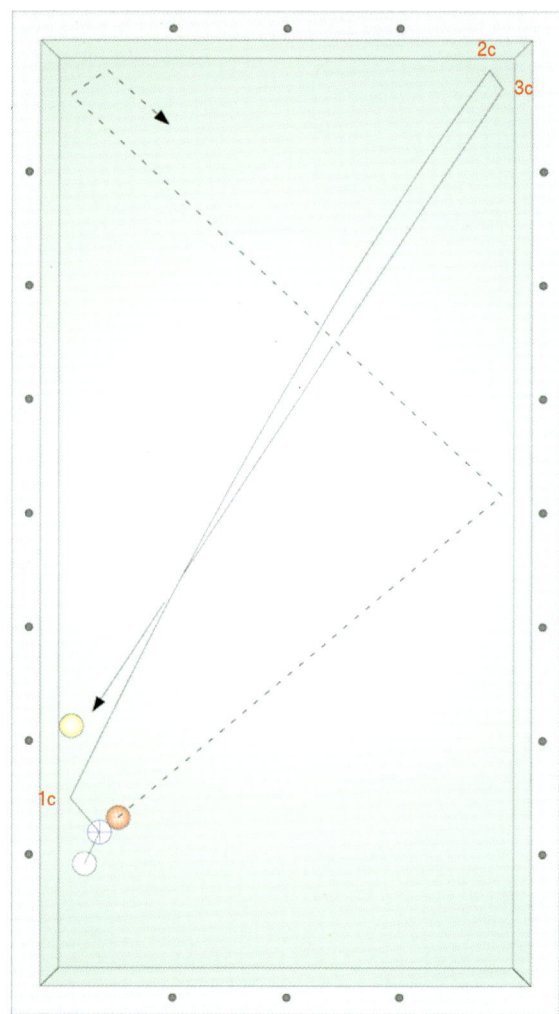

뒤돌리기-46

뒤돌리기 - 46

DR-3T   P × 2.5 ← X

약간의 역회전을 수구에 넣어 수구가 코너에 도달하기 전에 작은 커브를 그리도록 타구하는 것이 유리하다.

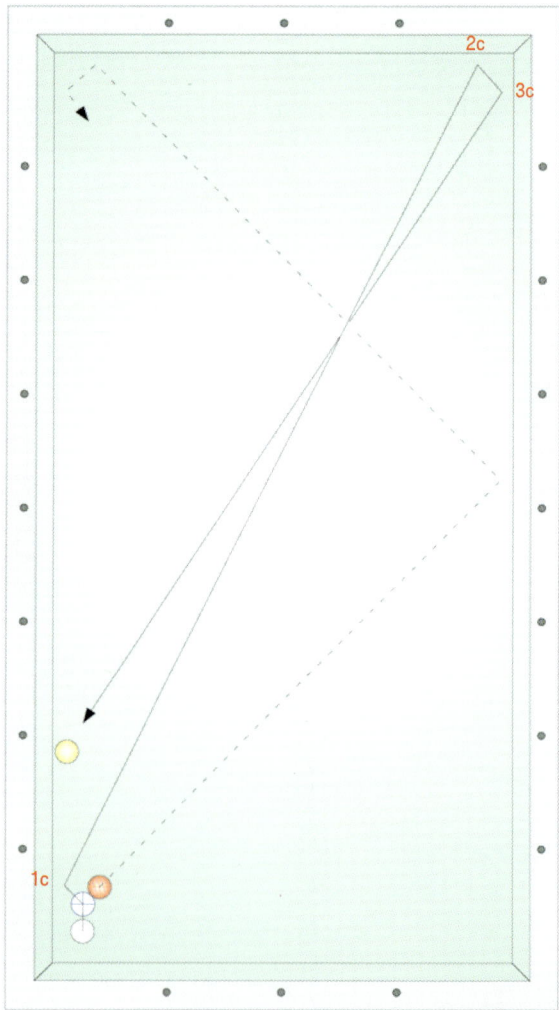

뒤돌리기-47

뒤돌리기 - 47

CR-3T   P × 2.5 ← X

수구와 제1표적구가 조금만이라도 다르게 위치할 경우, 타구법 모두가 달라질 수 있다.
수구를 코너로 보내는 것이 성공의 관건이다.

뒤돌리기 - 48

같은 조건하에서 당점에 따른 수구 진로의 변화이다.

A : B/A-0T   B : B/AL-1T   C : B/AL-2T

타구는 손목의 스냅을 이용하여 샷과 동시에 가볍게 멈추듯이 타구한다. "툭" 던지듯이 타구해야 한다.
힘의 세기 정도는 P×2 정도이다.

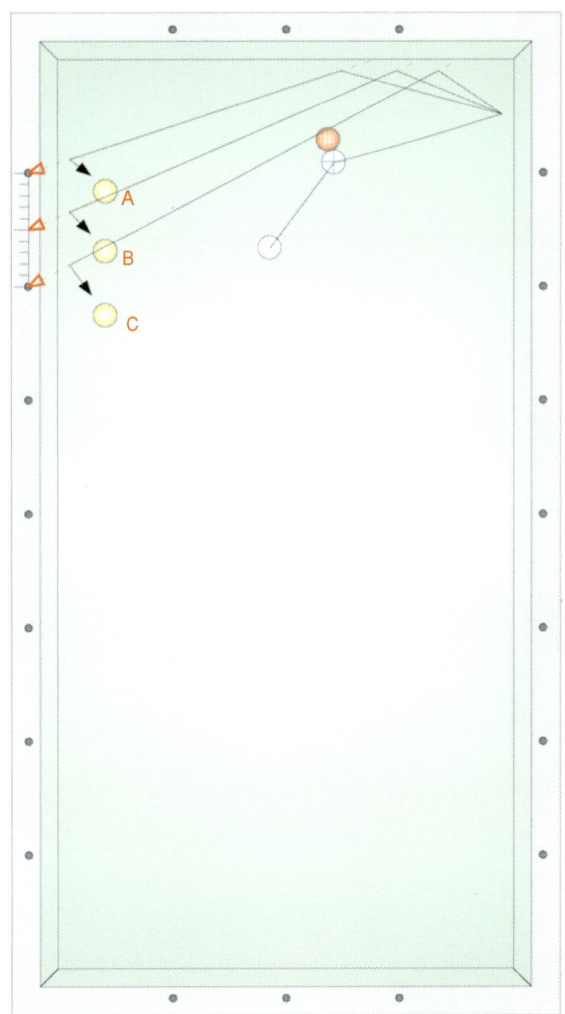

뒤돌리기 −48

뒤돌리기 - 49

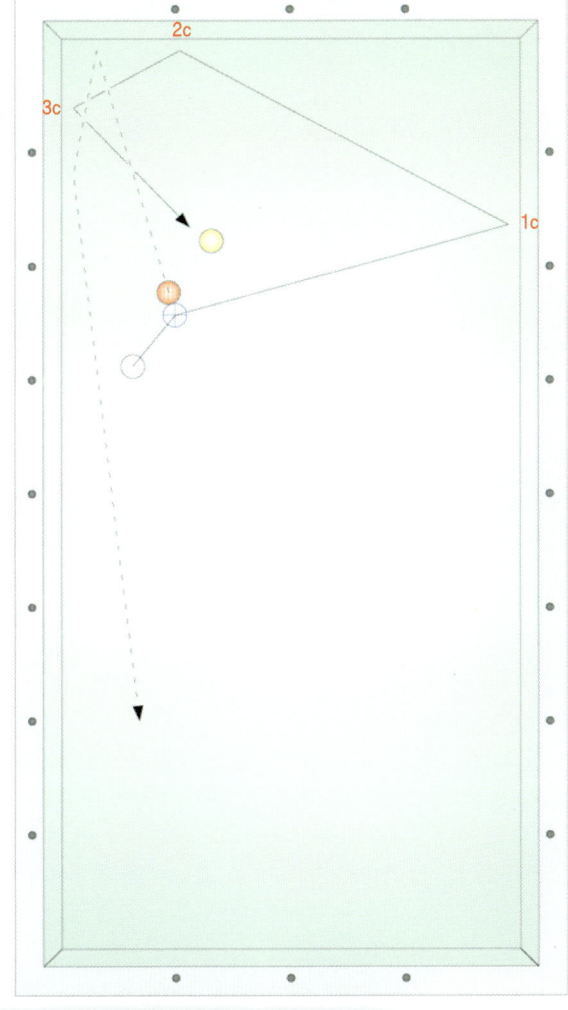

뒤돌리기 - 49

BL-1.5T   P × 1.5 ← N

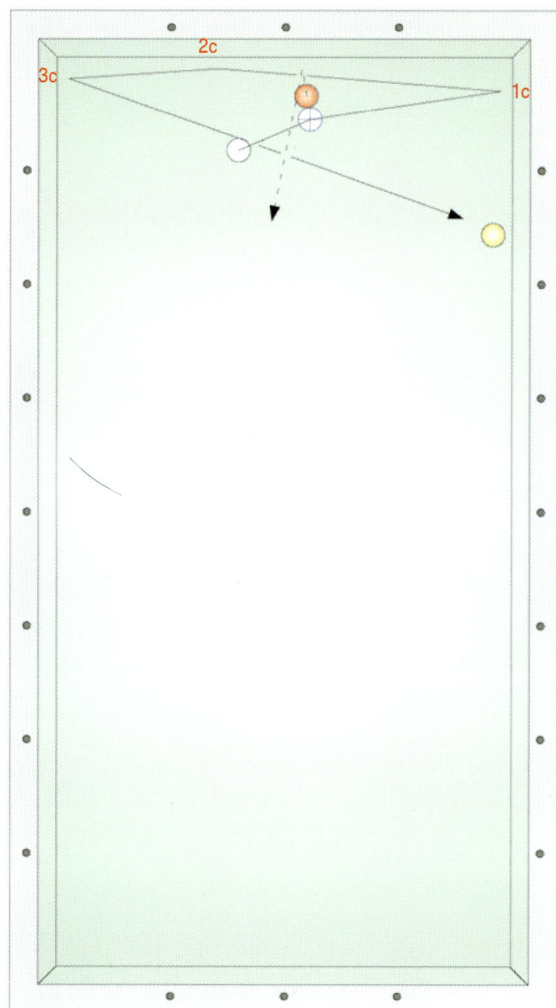

뒤돌리기-50

뒤돌리기 - 50

C/B-oT   P × 1 ← S

그림과 같은 타구는 당점, 힘조절, 타구법 3박자가 적절히 어우러져야 성공할 수 있다.

제1표적구를 얇게 치며, 수구가 진행하는 동안 커브를 그리지 않도록 약하게 타구하는 것이 유리하다.

수구와 표적구의 위치가 조금만 바뀌어도 모든 타구법이 달라질 수 있다.

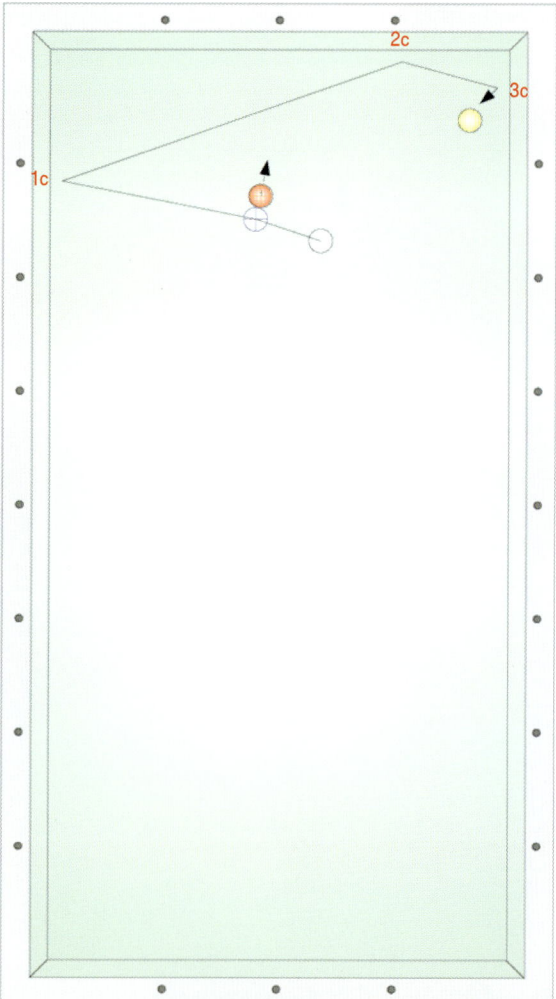

뒤돌리기-51

뒤돌리기 - 51

BR-1T   P × 1 ← S

수구의 비틈을 약간만 넣은 상태에서 제1표적구가 거의 움직이지 않을 정도의 얇게치기가 되어야 한다.

뒤돌리기 - 52

B-oT　　P × 3　←　F·X

중심치기를 이용한 뒤돌리기 타구이다.
　중심치기를 이용할 경우, 타구법이나 힘 조절등에 따라 수구의 진로가 차이를 보이므로 많은 연습이 필요하다.

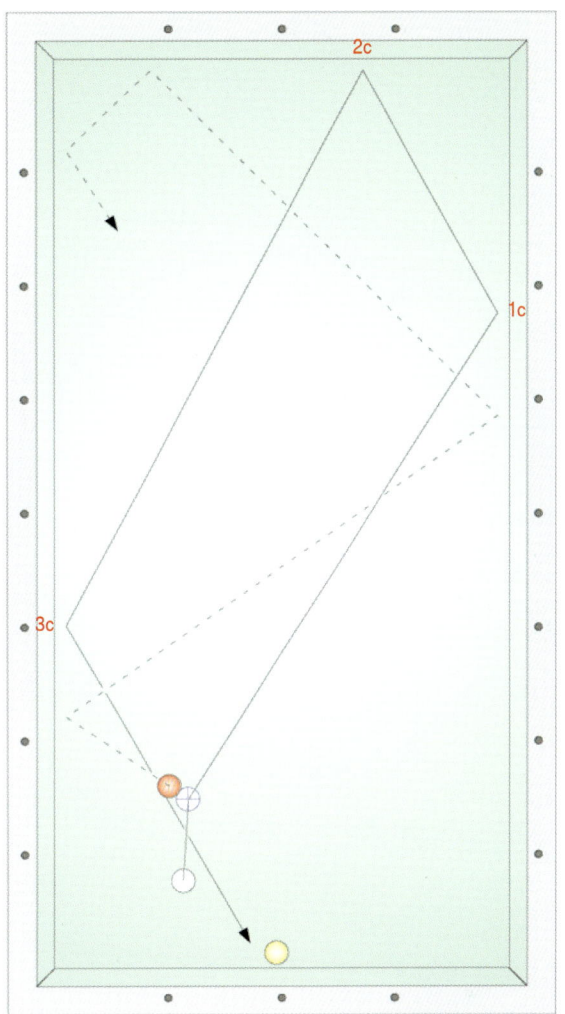

뒤돌리기 -52

뒤돌리기 - 53

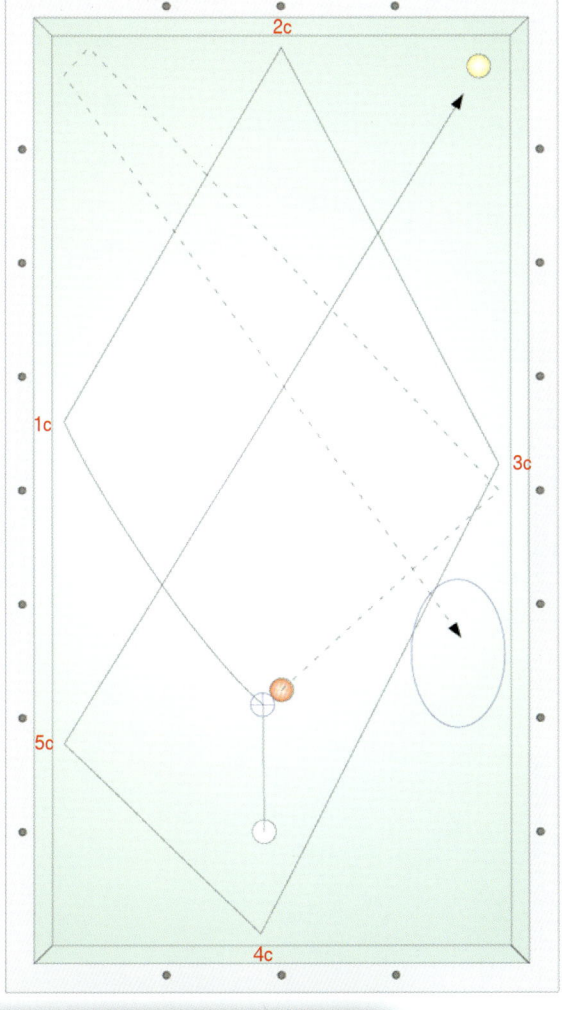

B-oT　　P × 4　←　L

수구에 회전을 넣고 얇게 타구할 경우 수구와 제1표적구간에 키스의 위험있다.
　수구에 좌·우 비틀을 넣지 않고 타구하는 것이 유리하다.

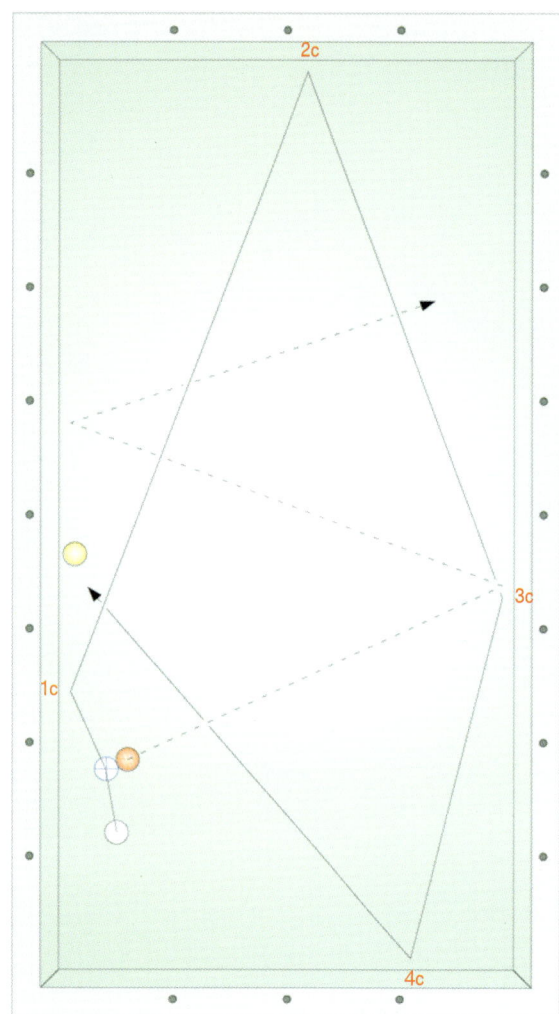

뒤돌리기 - 54

B/A-0T   P × 3.5 ⟵ L

3번째 쿠션 부근에서 수구와 표적구간의 키스의 위험이 있다. 시간차를 이용하여 키스의 위험에서 벗어나도록 타구를 조절한다.

뒤돌리기-54

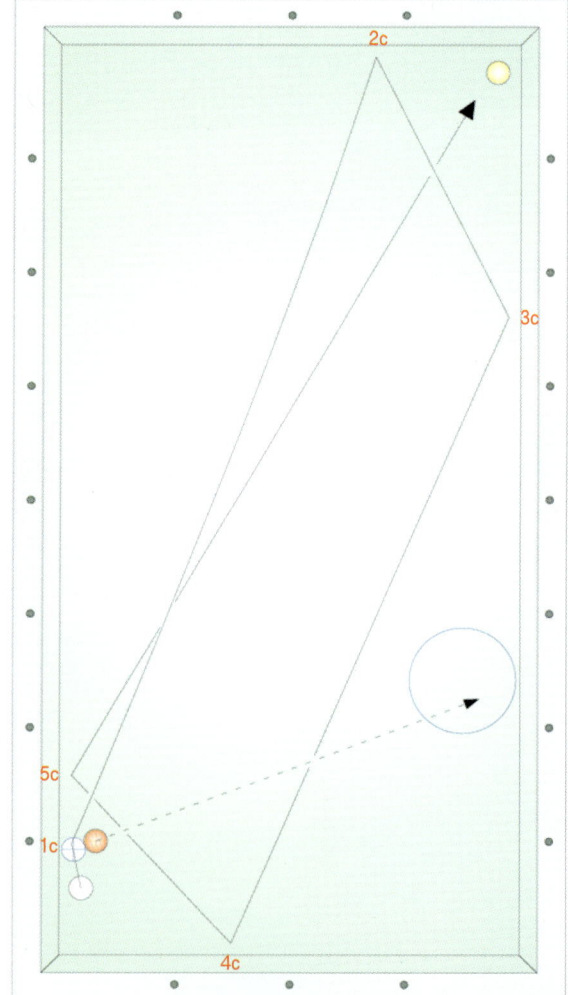

뒤돌리기-55

뒤돌리기 - 55

AR-0.5T   P × 3.5 ⟵ L

약간 오른쪽 비틀을 준다는 느낌으로 타구한다.
큐를 가능한 길게 밀어 주도록 한다.

뒤돌리기 - 56

BR-1.5T   P × 3 ← F·X

역비틈을 이용한 뒤돌리기 타구이다.

이런 종류의 타구는 연습을 통해 스스로 터득하는 수 밖에 달리 방도가 없다.

약간 빠르게 끊어치도록 한다.

뒤돌리기 - 57

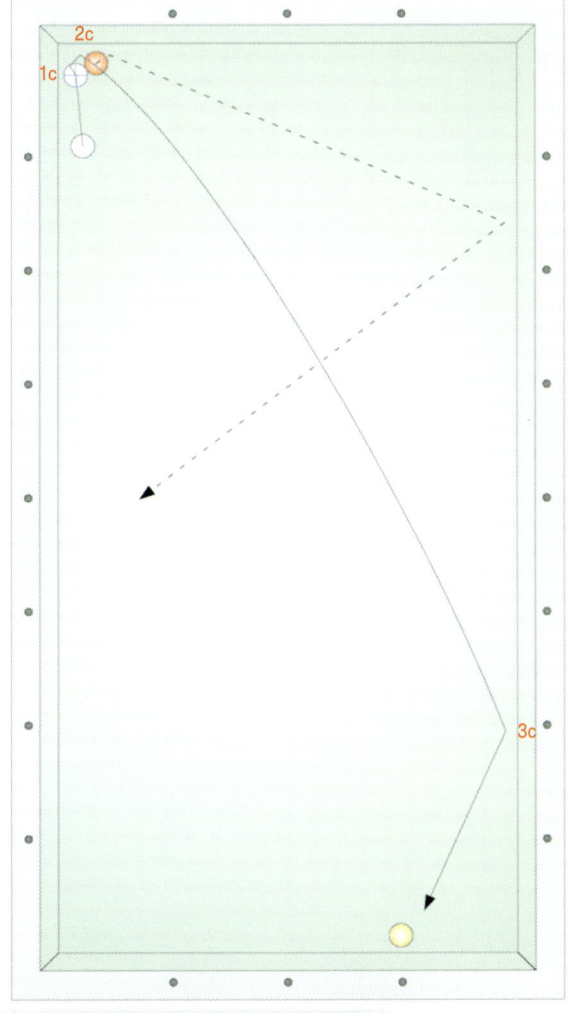

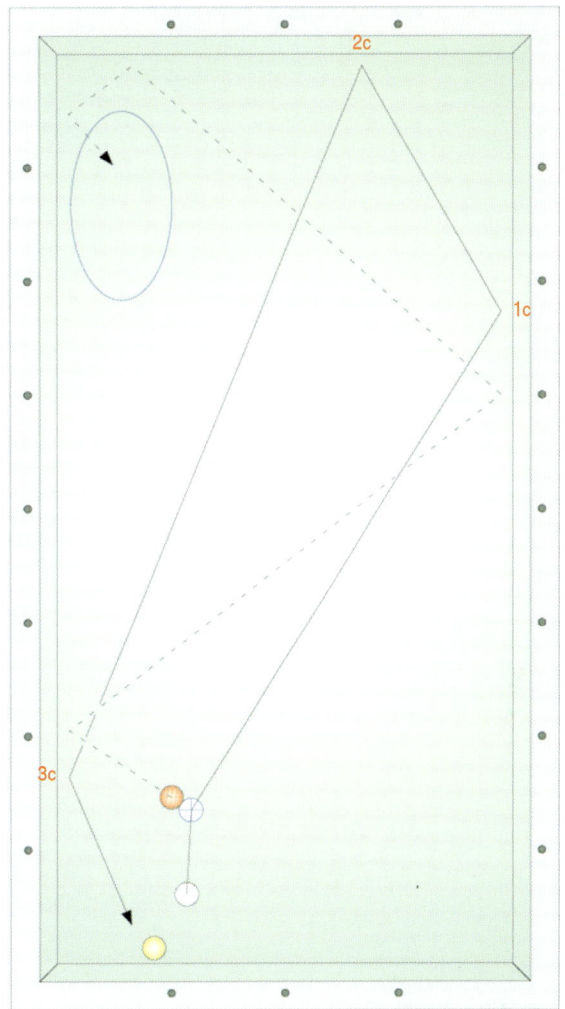

뒤돌리기 -56

뒤돌리기 - 57

E-oT   P × 3 ← F·B

고점자가 되기 위해서 꼭 필요한 타구법이다.

2번째 쿠션을 맞기 전까지 수구가 끌리지 않도록 빠르게 타구한다.

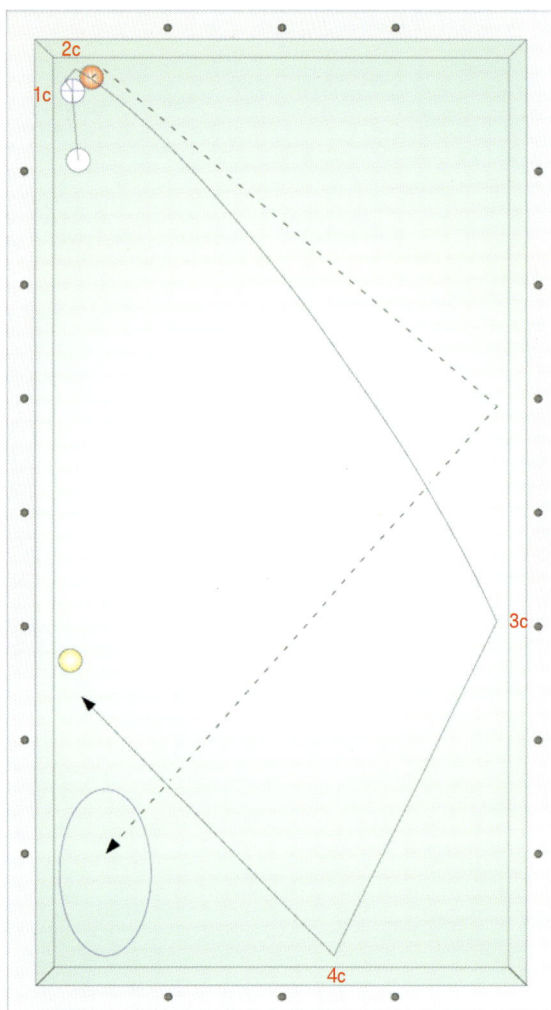

뒤돌리기-58

뒤돌리기 - 58

ER-1T   P × 3.5 ⟵ F · B

뒤돌리기-57과 같은 타구법을 사용하나 1T정도의 비틈을 넣어 준다.

뒤돌리기-59

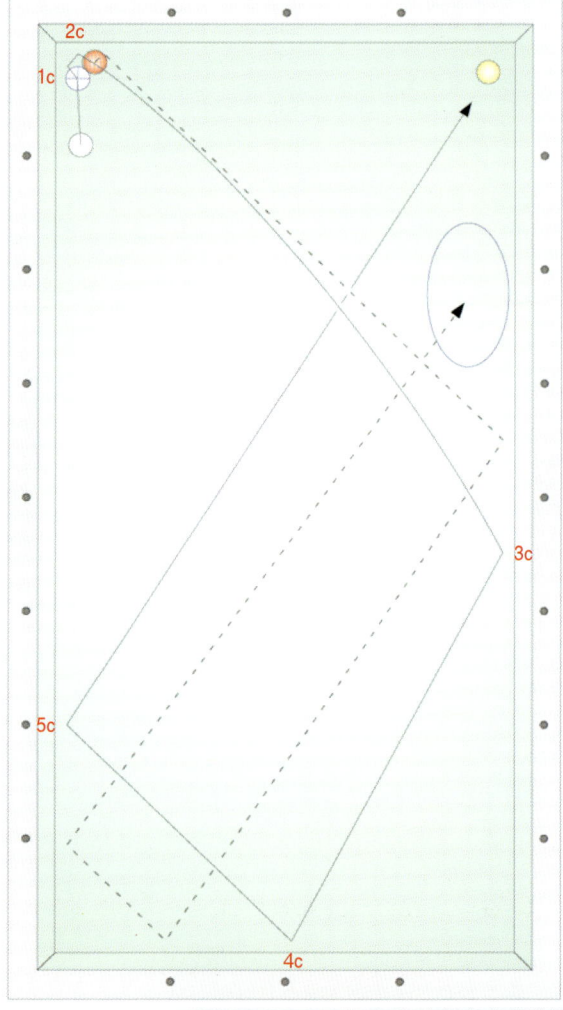

뒤돌리기 - 59

ER-2T   P × 3.5 ⟵ F · B

3. 옆돌리기(일명 : 하코마오시, 하쿠)

우리가 흔히 '하쿠' 라고 부르는 옆돌리기 타구는 뒤돌리기와 함께 스리쿠션에서 많이 사용되는 기초적인 타구 형태이다. 기초적인 타구인 만큼 실수를 할 경우 경기를 진행함에 있어 그 만큼 자신에게 불리해짐으로 완벽히 소화하여 자신에게 유리한 경기를 이끌어 나갈 수 있도록 하자.

파이브 앤드 하프 시스템을 이용한 옆돌리기 치기 방법

1) 수구의 위치에 따른 표적구 포인트를 예측한다.

그림에서 표적구 포인트는 20p이다.

2) 수구 포인트와 수구 입사 포인트를 계산한다.

뒤돌리기 치기에서와 마찬가지로 수구와 제1표적구가 임팩트하는 순간 수구의 중심을 기준으로 수구포인트와 수구 입사 포인트를 계산한다.

그림에서 수구 포인트와 수구 입사 포인트는 각각 50p와 30p이다.

3) 타구

가볍게 타구하여 수구를 수구 입사 포인트에 넣는다.

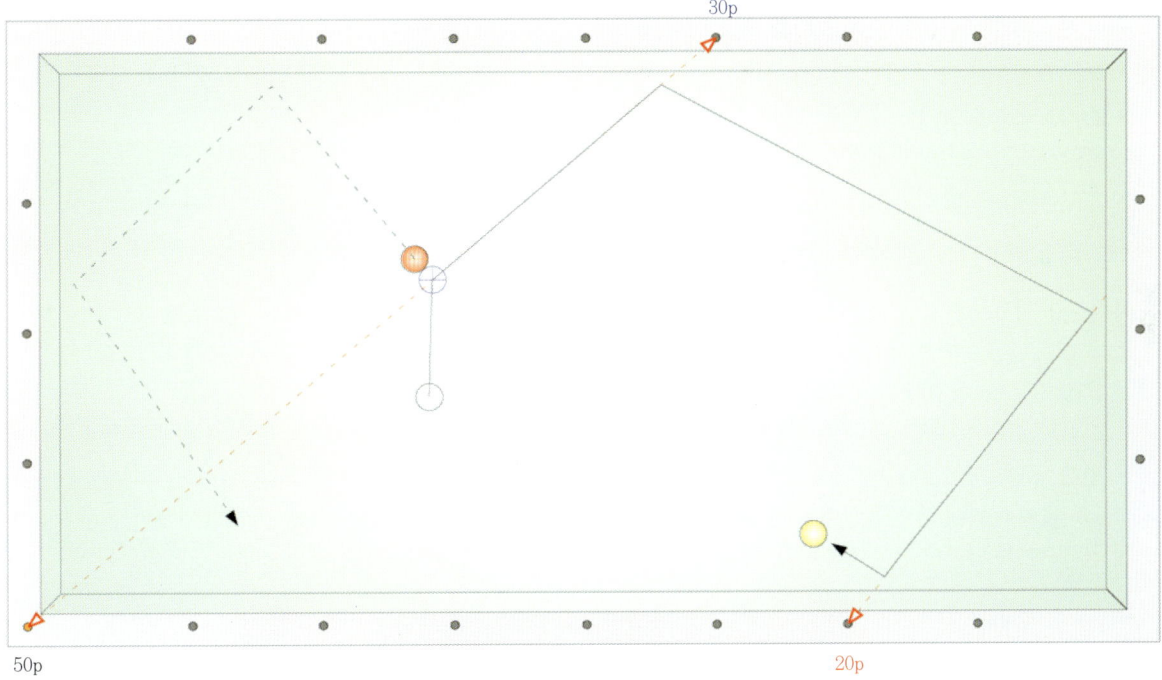

플러스 시스템을 이용한 옆돌리기 치기 방법

1) 표적구 포인트를 예측한다.

그림에서 표적구 포인트는 60p이다.

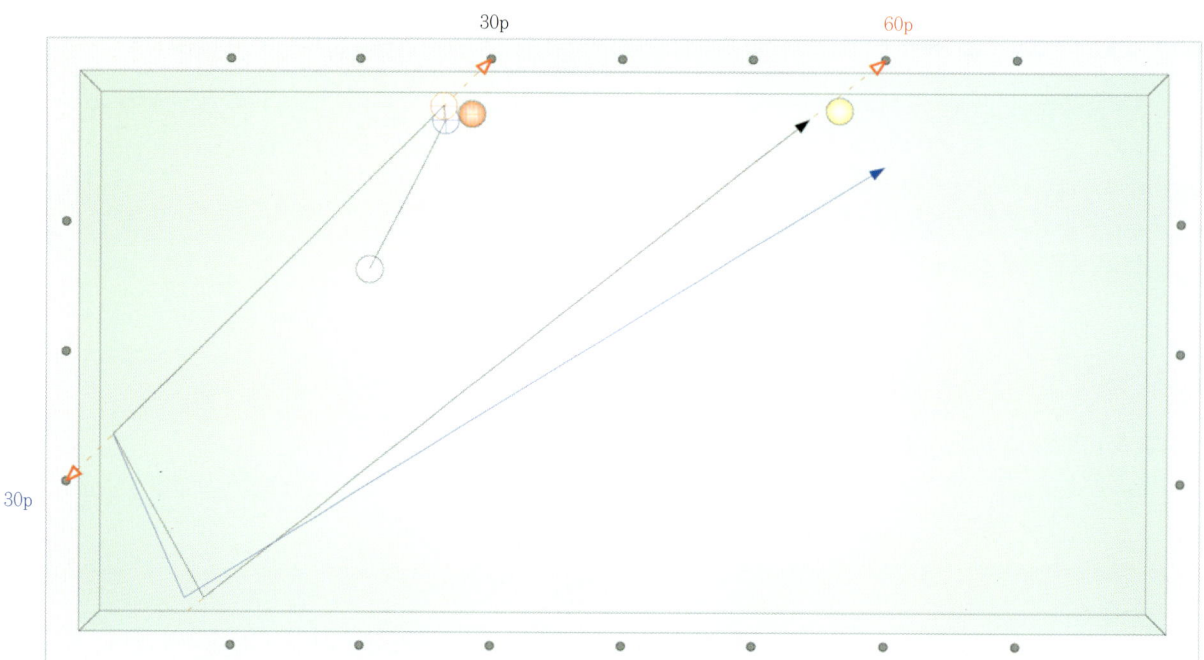

2) 수구 포인트와 수구 입사 포인트를 계산한다.

수구 포인트와 수구 입사 포인트를 계산하기 위해 기준이 되는 것은 수구가 제1표적구를 맞힌 후 첫번째 쿠션에 접했을 때 수구의 중심이다.

그림에서 계산된 수구 포인트와 수구 입사 포인트는 각각 30p이다.

3) 타구

F&H System을 이용한 옆돌리기 타구법에서는 수구로 제1표적구를 맞힌 후 수구를 수구 입사 포인트로만 넣으면 되었지만, Plus System을 이용한 옆돌리기 타구에서는 수구로 제1표적구를 맞힌 후 수구를 첫번째 쿠션의 수구 포인트로 넣고 다시 두번째 쿠션에 위치한 수구 입사 포인트로 수구를 보내야 한다는 어려움이 있다.

Plus System을 이용한 옆돌리기 타구의 경우 유의점은 수구의 이동 속도이다.

그림과 같은 형태에서 수구가 제1쿠션에서 제2쿠션으로 진행할 때 수구의 움직임이 느리게 진행될 경우, 올바른 수구 입사 포인트에 맞게 되어도 두번째 쿠션과 세번째 쿠션에서 회전력을 많이 받아 그림(그림에서 파란 실선)과 같이 수구가 많이 꺾이게 되어 계산대로 진행하지 않게 된다. 이러한 오류를 방지하기 위해 수구 입사 포인트로 수구가 빠르게 진행하도록 타구 조절이 필요하다. 이와 같은 타구는 제1표적구가 쿠션에 근접해 있을수록 유리하다.

노 잉글리시 시스템을 이용한 옆돌리기 타구법

1) 무회전을 이용할 경우의 표적구 포인트를 예측한다.

그림에서 점a 이다.

2) 표적구 포인트(점a)와 수구가 제1표적구와 임팩트하는 순간 수구의 중심(점b) 간의 가상의 연결선 ab를 긋는다.

3) 선분 ab의 중간점 c와 코너(점d)와의 가상의 선분 cd를 잡는다.

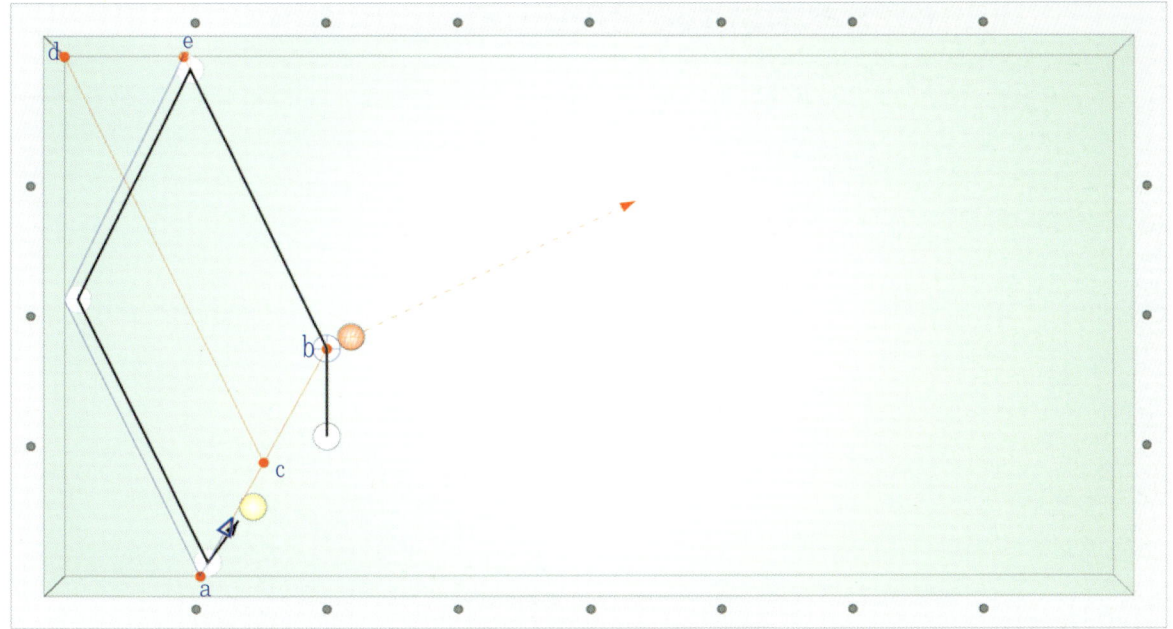

4) 가상의 선분 cd를 평행하게 점 b까지 이동하여 선분 be를 잡는다.

5) 선분 be에서 쿠션과 만나는 점 e가 수구 입사 포인트가 된다.

6) 타구

B-0T 또는 C-0T으로 가볍게 타구하여 제1표적구를 맞춘 후 수구를 수구 입사 포인트(점 e)에 넣는다.
그림에서 파란 실선은 계산된 선이고, 검은 실선은 실질적인 수구의 진로이다.

지금까지 옆돌리기 타구를 위한 기본적인 방법 몇 가지를 소개하였다. 이것은 말 그대로 기본적인 타구법에 불과하고 상황에 따라 그외 시스템이나 공에 여러가지 운동력을 복합적으로 혼합하여 변형된 타구도 할 수 있어야 한다.

초보자의 경우 타구하는데 있어 표적구의 움직임은 생각하지 않고 단순히 수구의 움직임만을 생각하여 표적구를 맞히고자 하는 것을 볼 수 있다. 이로 인해 어쩌다 수구가 올바른 길로 진행하더라도 공들끼리의 키스로 인해 타구를 실패하거나 성공하더라도 공들이 어렵게 배치되어 다음 타구에 있어 불리함을 자초하게 되는 경우가 많다.

가끔 초보자들이 키스를 피하는 방법을 물어 오는 경우가 있다. 키스의 원인 중 대표적인 것이 표적구의 움직임을 모르기 때문이다. 그 중 제1표적구의 움직임을 생각지 않을 경우 중요한 키스의 원인이 되고 또 다음 공 배치를 불리하게 만드는 원인인 것이다.

모든 타구에 있어 첫번째로 생각해야 할 것이 제1표적구의 움직임이다. 제1표적구의 움직임을 결정한뒤 그에 맞는 당점과 두께, 힘조절등 타구법을 결정하여야 하는 것이다. 즉, 제1표적구를 다음 타구를 위해 좀 더 나은 위치나 키스가 발생하지 않은 진로로 보내면서 나머지 한 개의 표적구를 맞힐 수 있게 당점이나 두께, 힘조절등 그에 따른 타구법을 구사할 수 있어야 한다는 것이다. 물론 이 때 제2표적구의 움직임까지 고려한다면 더욱 훌륭한 샷이 될 것이다. 이것은 4구에 있어 모아치기와 같은 원리이다. 쉽게 칠 수있는 형태의 공도 모아치기를 위하여 표적구들의 움직임을 고려하여 어렵게 타구하는 것과 같은 것이다.

앞에서 설명한 뒤돌려 치기에서도 혹자의 경우 ' 왜, 이렇게 어렵게 칠까? '하고 의문을 제시하는 독자도 있겠지만 이는 공들끼리의 키스도 방지하고 좀더 나은 포지션 플레이를 위한 것임으로 어렵더라도 연습해 보기 바란다. 물론 경우에 따라 저자가 그린 형태가 최선이 아닐 수도 있다. 더 좋은 포지션을 만들 수 있는 경우라 할지라도 타구법이 너무 어려운 경우나 키스의 위험이 너무 큰 것은 배제하였다. 물론 쉬운 타구법이지만 저자가 생각하지 못한 경우에는 제외되어 있을 수 있다.

앞으로 설명되어질 여러 타구법에서는 수구의 진행뿐만 아니라 표적구의 움직임까지 주의 깊게 관찰하여 독자 나름대로 더 나은 방법을 연구해 보도록 하자.

잠깐만요. 초보자 연습법

1. 시설이 좋은 당구장을 찾아라.

모든 일이 그러하듯이 당구 또한 시작이 아주 중요합니다.

처음부터 시설(테이블 관리나 큐 등 기타 주변 여건)이 좋지 못한 당구장에서 연습을 하다 보면 당구에 대한 매력도 떨어질 뿐더러 나쁜 습관까지 몸에 배이게 됩니다. 주변사람 중 고점자가 다니는 당구장을 선택하면 보통은 시설이 괜찮은 당구장입니다. 고점자들의 대부분은 테이블이나 큐, 기타 부대 시설이 좋지 않은 당구장은 피하기 때문입니다.

2. 경기는 고점자와 함께

자신과 비슷한 사람과 경기를 가져서는 수준을 빨리 높일 수 없습니다. 고점자나 당구를 전문 학원에서 배우거나 배웠던 사람과 경기를 하는 것이 좋습니다. 저자는 후자를 추천하는 편입니다. 고점자라 할 지라도 이론이 부족한 상태라면 배움에 한계가 있을 수 있고 단편적인 내용이 많아, 자신이 습득하고 이해하여 응용하는데 있어 쉽지 않을 수 있기 때문입니다. 또 전부 그러한 것은 아니지만 고점자 중 일부는 자신만의 독특한 자세(정석적인 자세가 아닌 자세)를 가지고 있는 경우가 있는데, 이럴 경우 하점자는 그 자세를 보고 배우기 때문에 초보자 신세는 면하더라도 훗날 올바른 자세를 갖기 힘들게 됩니다.

3. 연습은 실전과 같이....

연습을 하는 것을 보면 대부분 아무런 의미 없이 '툭툭' 치는 경우가 있는데 이러한 행동은 실력향상에 아무런 도움이 되지 못합니다. 연습이라도 실전과 같이 이론을 토대로 한 샷 한 샷 최선을 다해야 합니다. 그리고 경기 중에나 연습 중에 키스나 기타의 이유로 실패한 타구는 기억해 두었다 경기가 끝난 뒤나 다음에라도 꼭 자신의 것으로 만들어야 합니다. 이러한 절차가 없을 경우, 나중에라도 전에 실패한 공이 자신에게 주어졌을 때 같은 실수를 반복하게 됩니다. 바둑이 끝난 뒤 고수들이 중요시 하게 여기는 것이 있죠? '복기' 말입니다. 바둑을 어느 정도 두시는 분은 아실 겁니다. '복기'라는 것도 어느 정도 실력이 되어야 가능하지 하수일 경우 엄두도 못낼 일이라는 것을 말입니다. 당구도 마찬 가지 입니다. 자신이 최선을 다해 한 샷 한 샷 임해야지 경기가 끝난 뒤라도 자신이 어떠한 타구를 성공하였고 실패했는지 기억나는 것이지, 그렇지 않을 경우 말 그대로 아무 생각 없을 것입니다.

최선을 다하는 자세. 당구에서도 배울 수 있습니다.

4. 약하고 정확하게 치는 습관을 들여라.

초보자가 경기를 할 때 보면 힘자랑을 하는 경우가 많습니다. 세게 치면 혹시나 요행으로 타구에 성공할 줄 아는 모양인데 빈 수레가 요란한 것입니다. 어떻게 돌다가 맞겠지 하는 생각은 버리고 수구가 제1표적구를 맞추고 나머지 표적구에 맞을 정도의 힘으로만 정확하게 치는 습관을 가져야 합니다. 물론 상황에 따라 강한 타구도 필요하지만, 우선은 정확한 샷의 구사 능력을 갖추는 것이 우선입니다. 강한 타구는 이러한 과정을 거쳐가면서 저절로 생기게 됩니다.

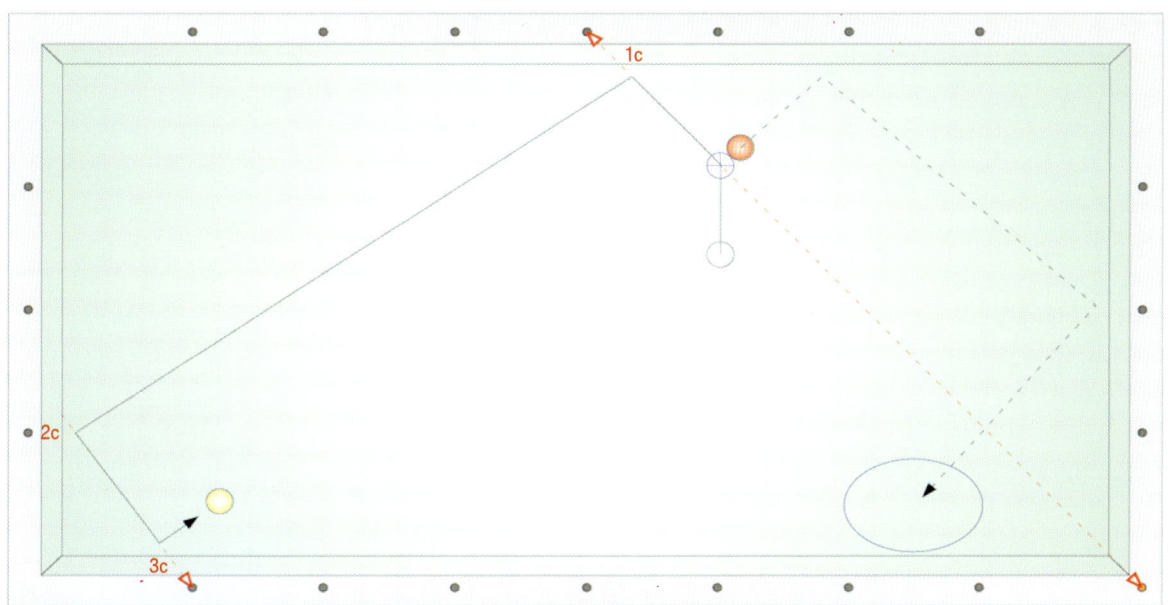

옆돌리기 - 1

BL-2T P × 1.5 ← N

파이브 앤드 하프 시스템을 이용한 기본적인 옆돌리기 타구이다.

- 표적구 포인트 : 10p
- 수구 포인트 : 50p
- 수구 입사 포인트 : 40p

CL-2T P × 2 ← N

- 표적구 포인트 : 20p
- 수구 포인트 : 50p
- 수구 입사 포인트 : 30p

옆돌리기 - 2

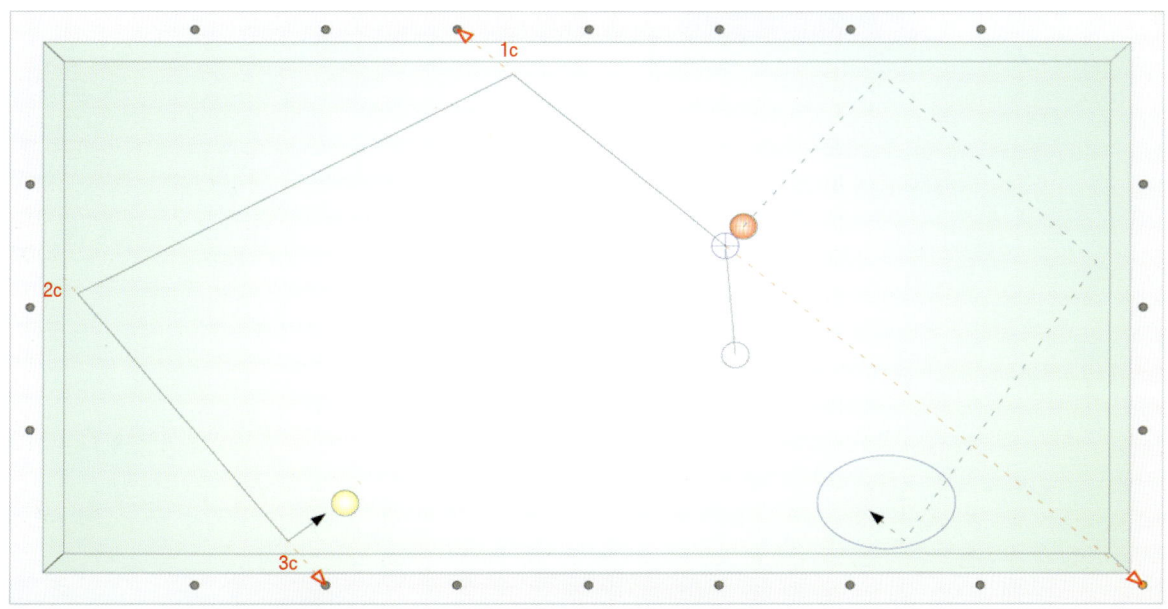

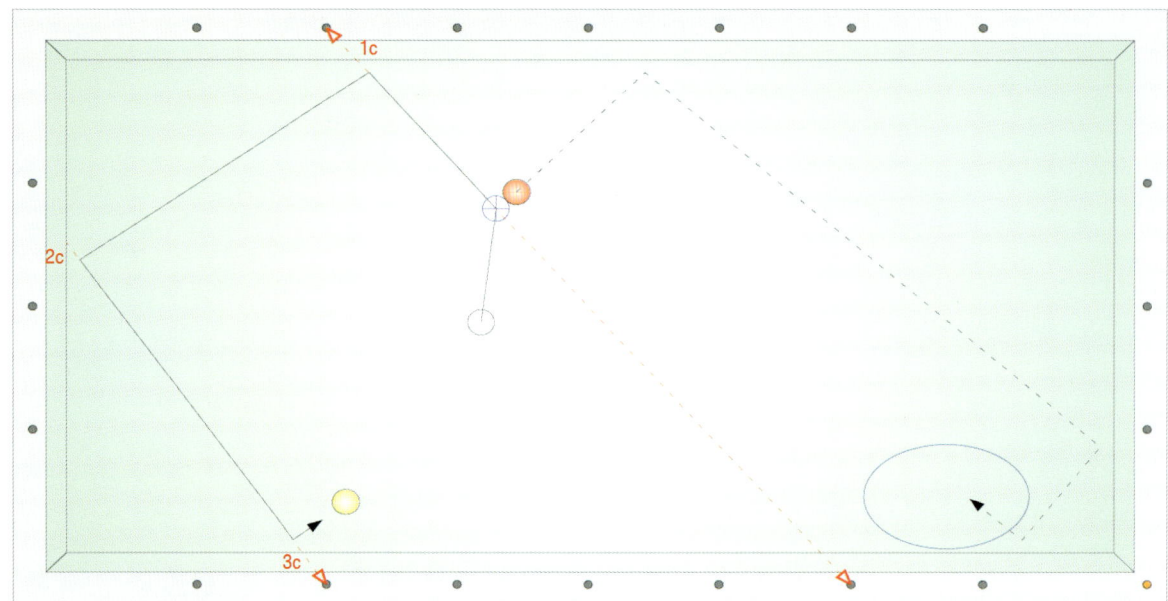

옆돌리기 - 3

CL-2T P × 2 ←— N

초보자의 경우 시간이 걸리더라도 계산에 의한 타구를 함으로써 수구의 진로를 기억하는 것이 좋다.

표적구 포인트 : 20p
수구 포인트 : 40p
수구 입사 포인트 : 20p

BL-2T P × 2 ←— N

표적구 포인트 : 5p
수구 포인트 : 45p
수구 입사 포인트 : 40p

옆돌리기 - 4

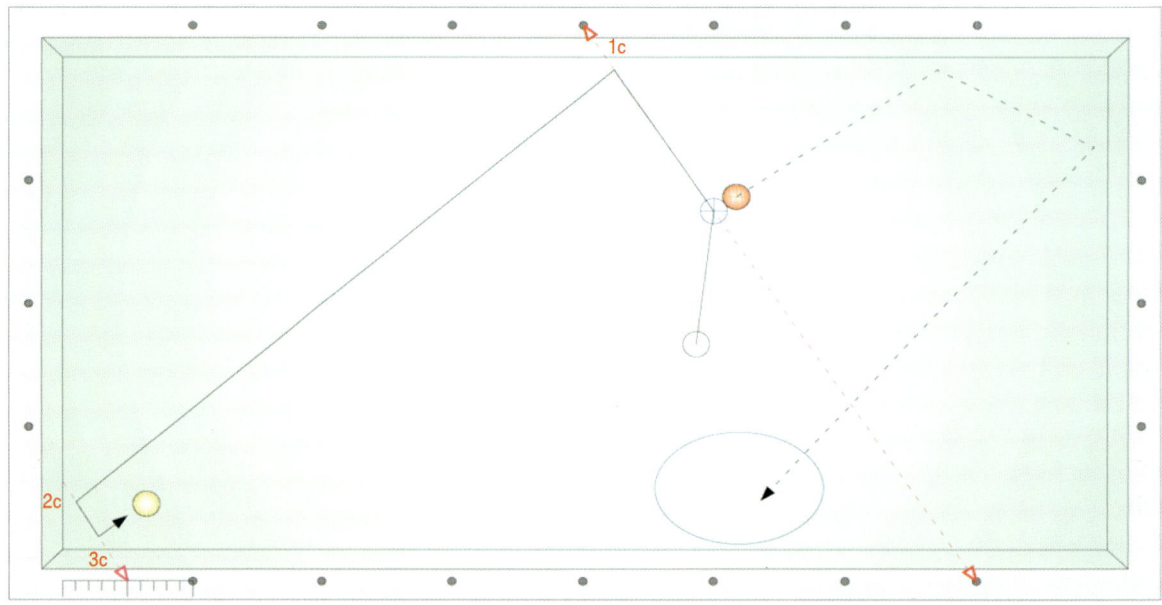

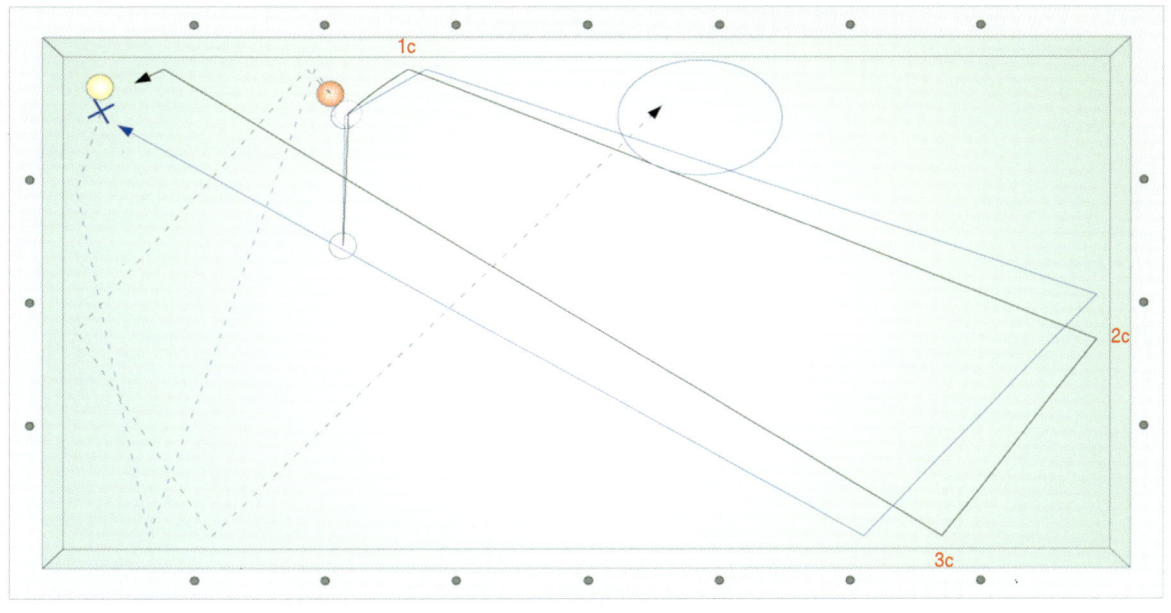

옆돌리기 - 5

DR-3T P × 2.5 ←—— B
BR-3T P × 2.5 ←—— L

　위의 그림은 똑같은 형태라도 공략하는 방법에 따라 공들의 변화된 움직임을 보여 주고 있다. 파란 실선의 경우 초보자 시절에 한 번 쯤 범하기 쉬운 형태로, 일반적으로 했왔던 타구 습관으로 제1표적구를 약간 두껍게 타구하여 수구의 진로는 올바른 선상에 올려 놓았다 할 지라도, 제1표적구의 이동이 그림과 같이 진행하여 표적구 끼리 키스가 발생하는 경우이다. 운이 좋아 키스가 일어나지 않거나, 키스 후에 수구가 제2표적구에 맞았다 할 지라도 다음 공 배치는 아주 어려울 수 밖에 없는 경우이다. 그러나 검은 실선의 경우는 전자(파란 실선)와 같은 위험성을 알고 제1표적구를 얇게 겨냥하는 대신 약간 끌어침으로써 수구의 진로도 올바른 선상에 올려 놓고 제1표적구의 위치까지 다음 공략을 위해 유리한 지점으로 이동 시킨 형태이다.

　당구에 있어 초보자와 고점자의 차이는 위와 같은 형태가 주어졌을 때 단순히 득점할 수 있나 없나의 결과론적인 차이보다는 '어떠한 과정을 거쳐 어떤 방법으로 공략하느냐'하는 방법론적인 차이가 크다. 다른 공들의 움직임은 무시하고 오로지 자기가 치고 있는 수구의 움직임만을 위해 과정이나 방법은 무시한, 결과만을 위한 타구를 해서는 안된다. 당구란 4구에 있어서는 공 4개. 스리쿠션 경기에 있어서는 공 3개의 움직임을 가지고 즐기는 경기이지 자신이 치는 수구 1개의 움직임만 보고 즐기는 경기가 아니다. 당구를 처음 접하는 초보자의 경우, 수구 한 개의 움직임 만으로도 매료되어 당구를 즐기게 되고 처음 얼마간은 모든 사물이 당구대가 되고 공들로 변하여 자신 만의 상상의 당구를 즐기게 된다. 즐거움을 키워보자. 단지 공 1개의 움직임만을 자신이 결정하고 변화시킬 수 있다는 것에서 이처럼 즐거움을 느끼는데, 공 3개나 공 4개의 움직임을 자신이 결정하고 그것들이 움직이는 모습을 볼 수 있다면 그 때의 즐거움은 얼마나 될까?

　당구의 진정한 묘미와 기쁨은 조그만 공간에 놓여 있는 작은 공들을 자신의 생각대로 보내고 움직일 수 있을 때 맛 볼 수 있을 것이다.

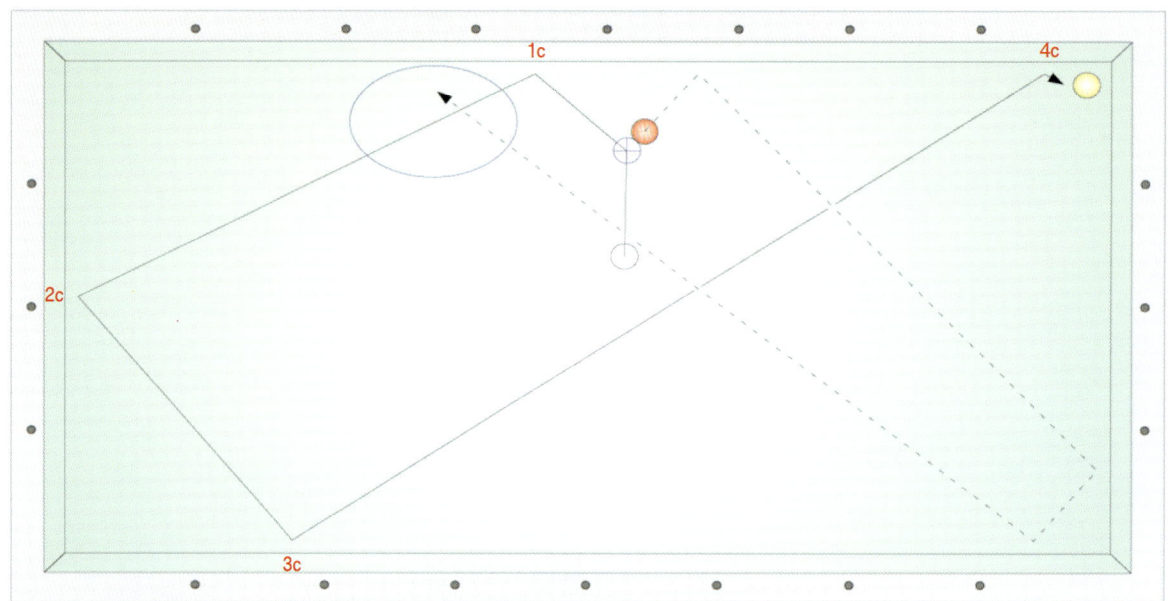

옆돌리기 - 6

C/DL-3T P × 2.5 ← N

약간 빠르게 타구한다.
수구와 제1표적구간의 키스에 유의

C/BL-2.5T P × 2.5 ← X

포지션 플레이를 할 수 있는 좋은 기회이다.

옆돌리기 - 7

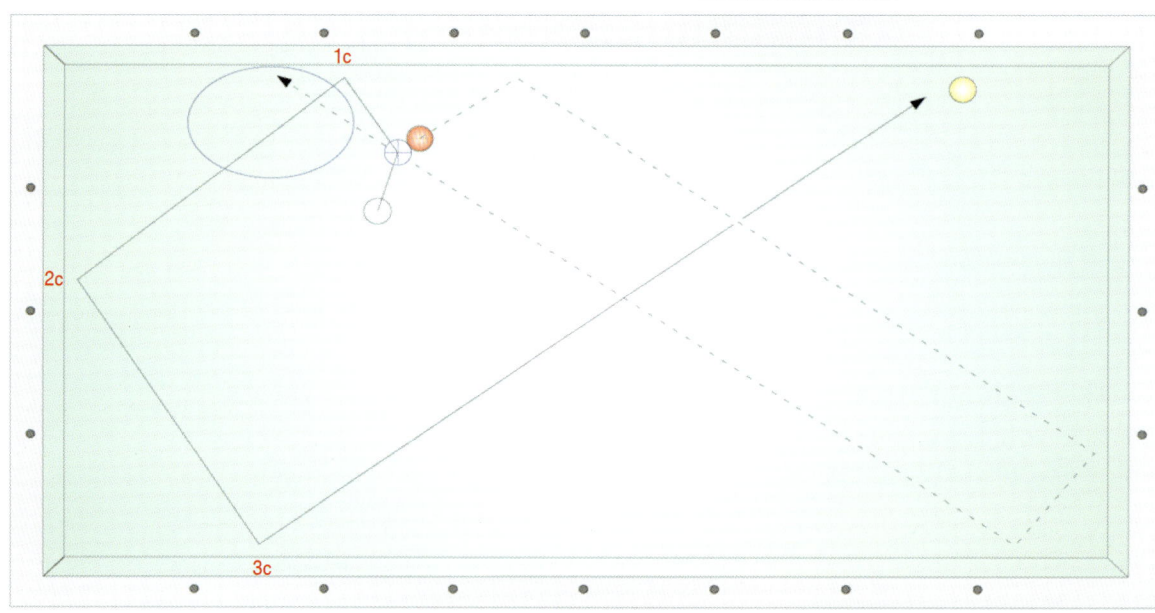

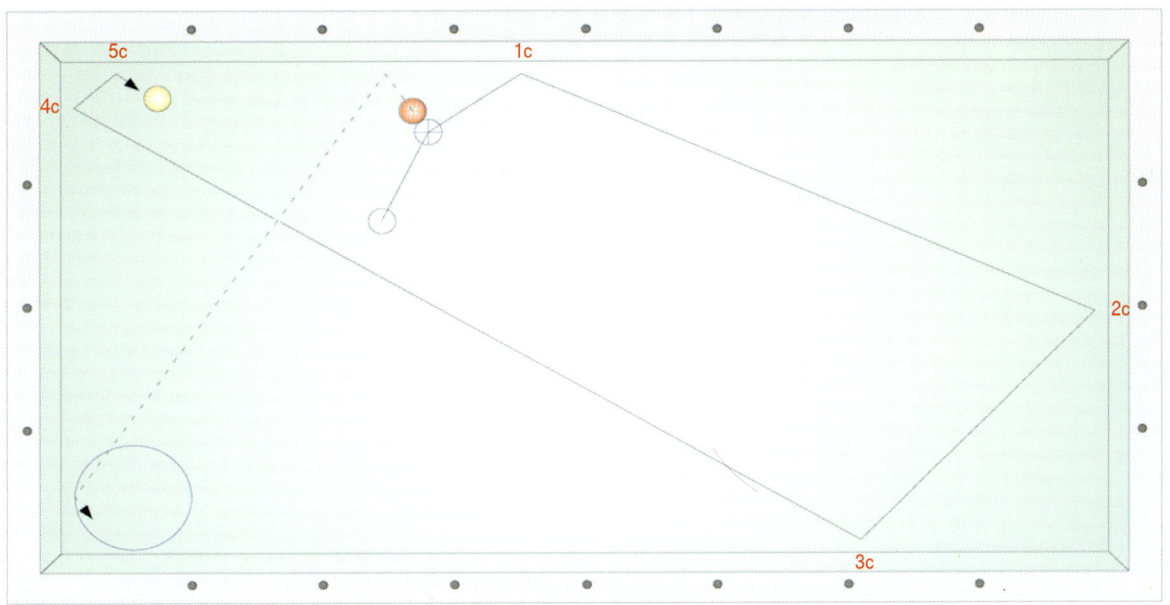

`옆돌리기 - 8`

CR-3T P × 2 ← N

그림과 같은 타구는 쿠션을 5번 이용할 때 다음 공 배치에 유리하다.

알고 넘어 갑시다.
레스트(rest 일명 : 메카니컬 브리지)란?

손을 이용한 브리지가 닿지 않는 먼 곳의 수구를 타구할 때 손을 이용한 브리지 대신 사용하는 보조 용구를 가리키는 말입니다. 주로 포켓 경기에서 여성들이 많이 사용하는 큐대 앞부분에 산 모양의 금속제가 달린 도구를 말합니다.

포켓 경기나 스리쿠션 경기에 이용되며, 4구 경기에서는 사용할 수 없습니다.

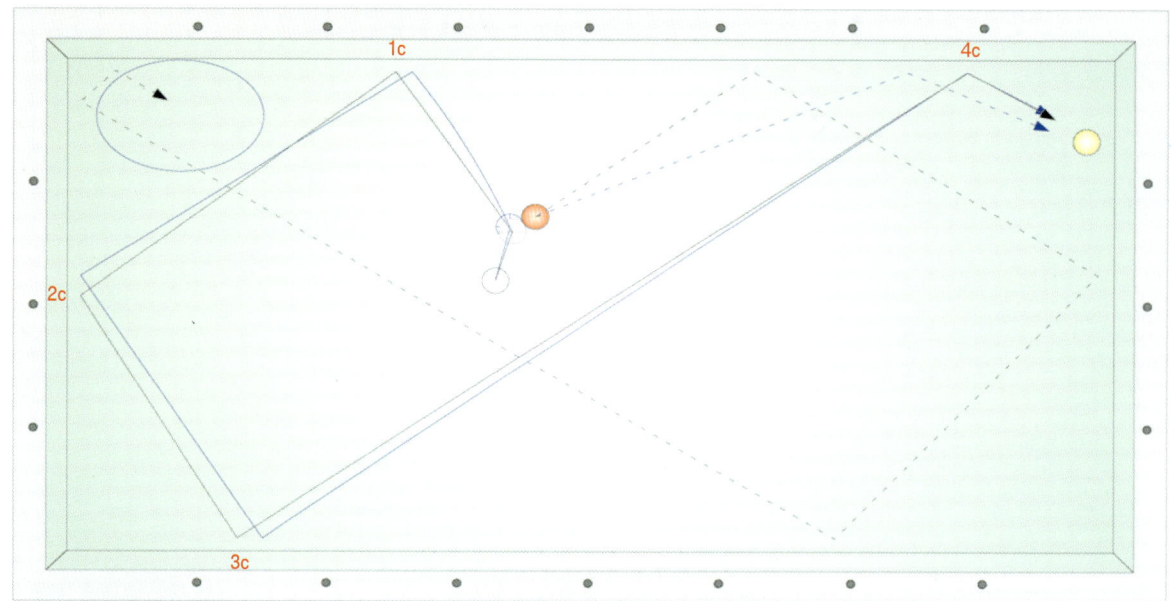

옆돌리기 - 9

C/BL-2T P × 3 ← L·X
DL-3T P × 3 ← B

초보자의 경우 파란 실선과 같이 제1표적구를 얇게 끌어 쳐 타구하기 쉬운데, 이럴 경우 제1표적구는 제2표적구로 진행하게 되어 키스가 발생한다. 올바른 타구법은 검은 실선과 같이 제1표적구를 약간 두껍게 타구해야 한다.

실전에서 많이 사용되는 중요한 타구법이다.

C/BR-3T P × 2.5 ← L·X

옆돌리기 - 10

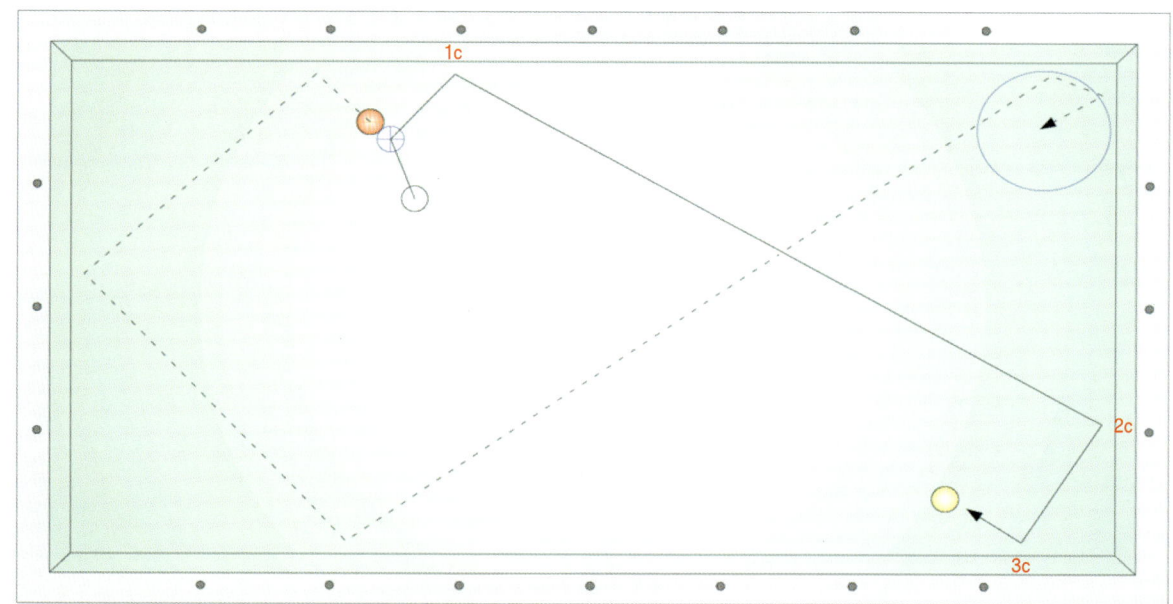

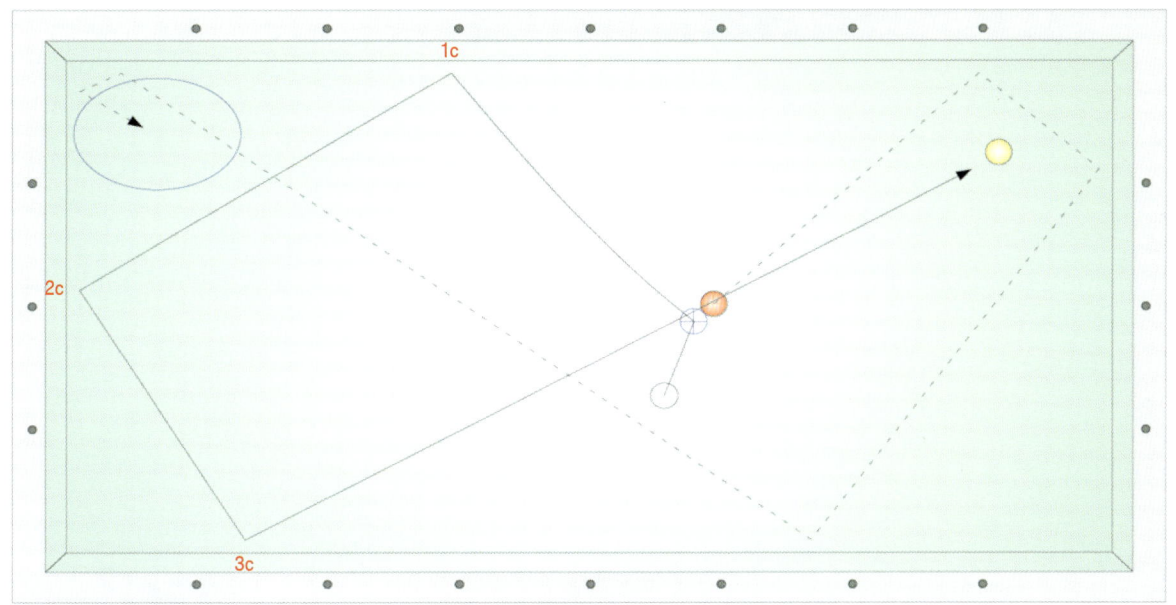

옆돌리기 - 11

C/BL-Max P × 3.5 ←—— F · SH · X

표적구간의 키스에 유의하여 타구한다.
수구는 거의 회전력에 의해서만 진행하게 된다.

C/DR-3T P × 3 ←—— F · X

옆돌리기 - 12

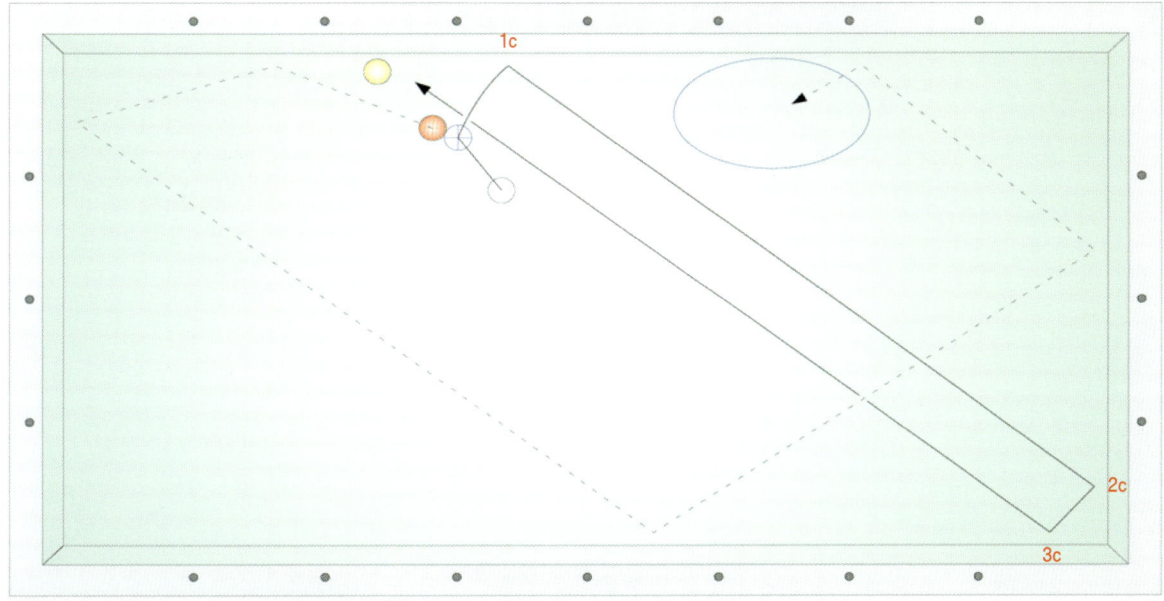

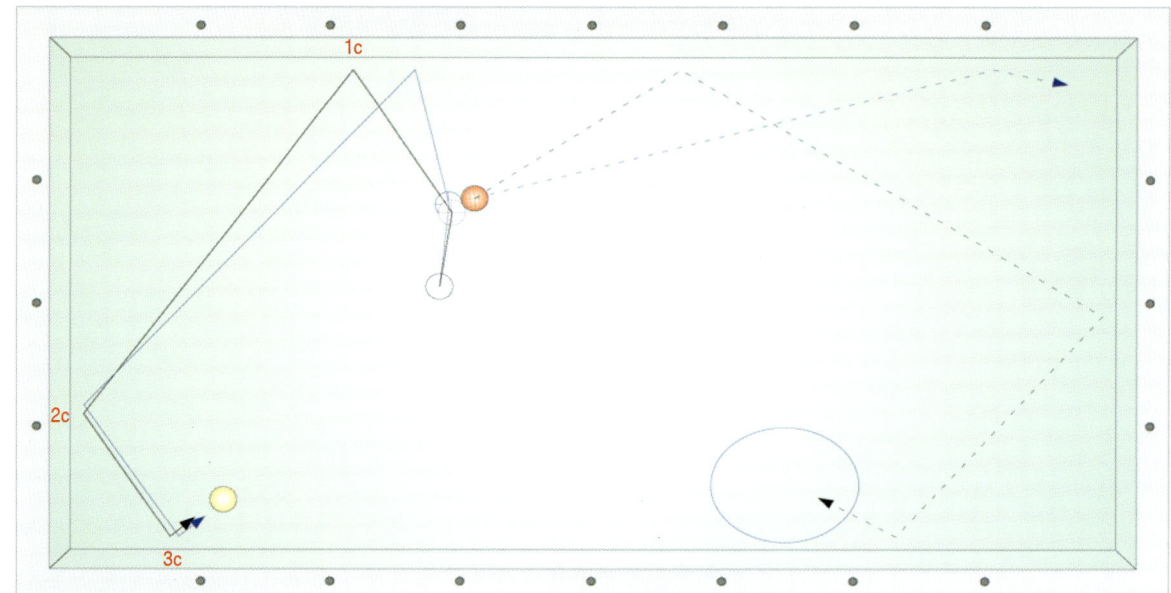

옆돌리기 - 13

CL-3T   P × 2 ← N
BL-0.5T P × 2 ← L

포지션 플레이를 위해서는 수구에 비틈을 약간만 넣고 두껍게 타구하는 것이 유리하다.

CR-3T   P × 2 ← N
BR-1T   P × 2 ← L

많이 사용되는 타구법이다.
충분히 연습하여 타구의 감각을 익히도록 한다.

옆돌리기 - 14

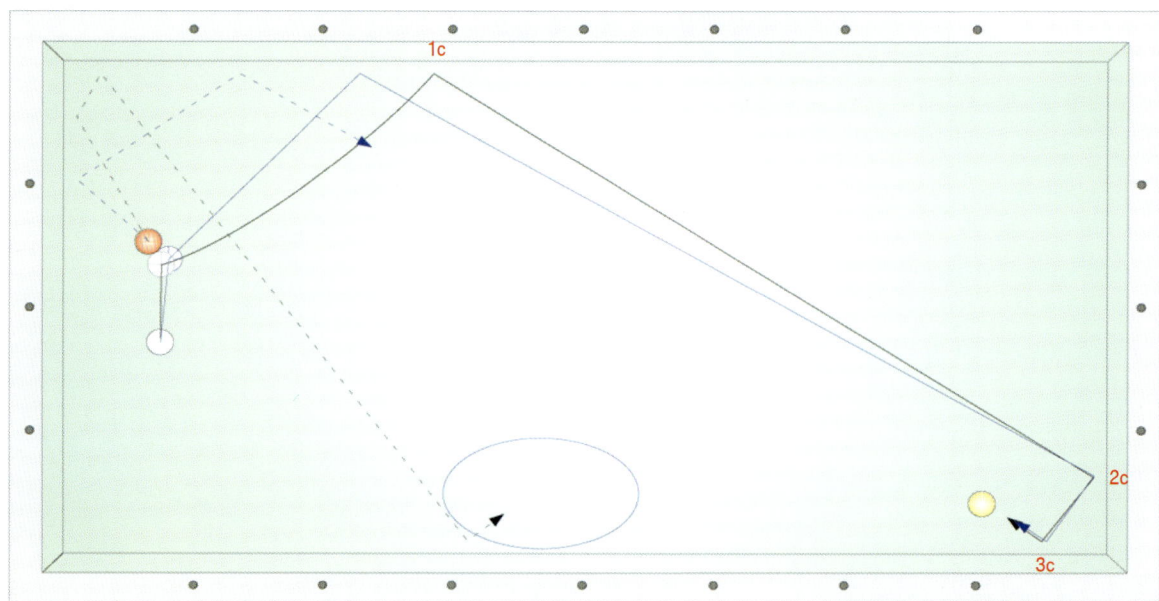

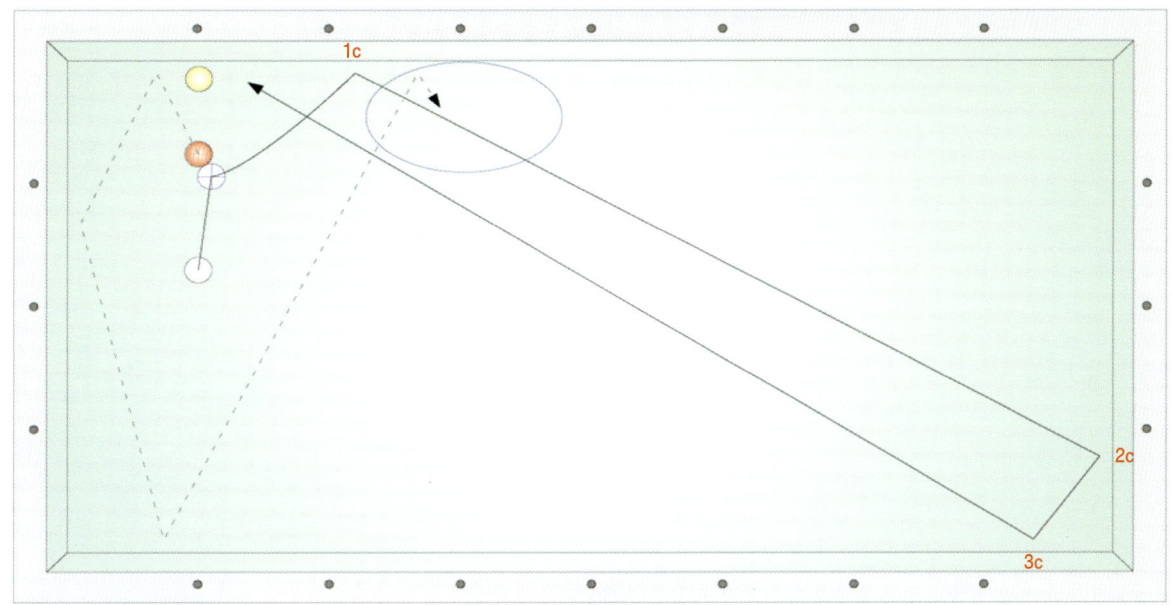

옆돌리기 - 15

B/AR-3T P × 2.5 ← L

B/AR-2T P × 2.5 ← L

너무 강하게 치지 않도록 한다.

옆돌리기 - 16

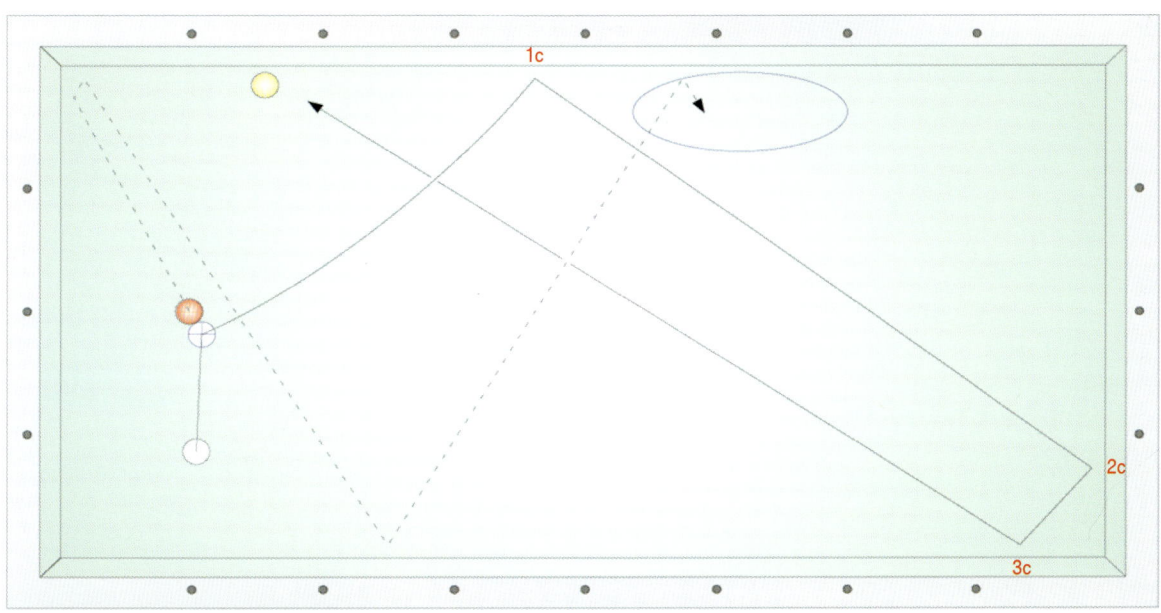

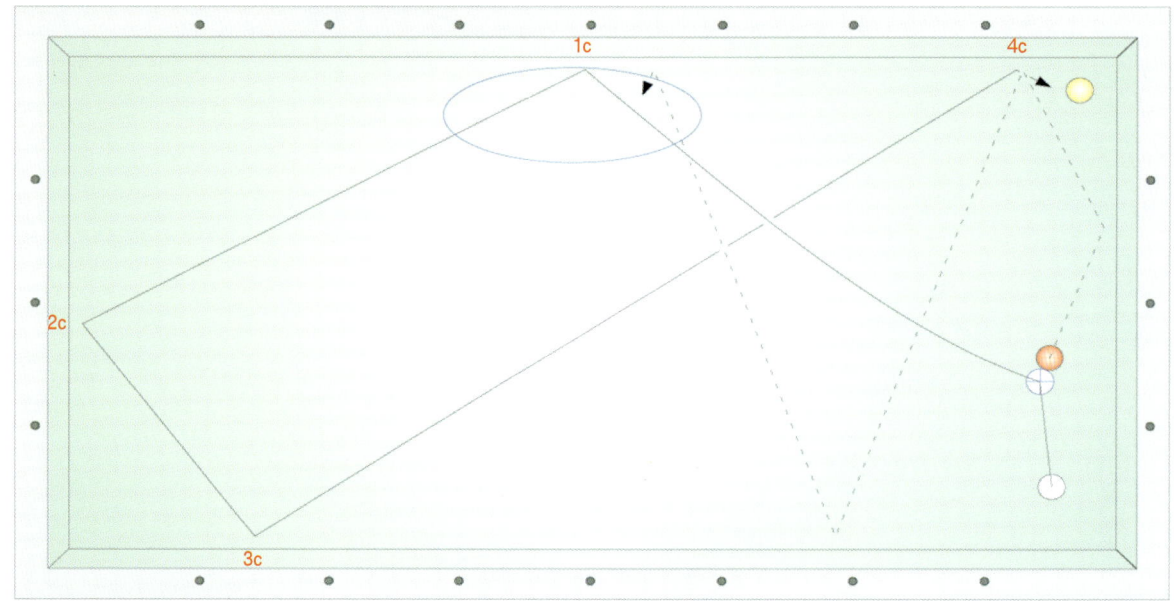

옆돌리기 - 17

BL-2T P × 3 ← L

C/BL-3T P × 3 ← L

약간 밀어치는 느낌으로 타구한다.
강하게 밀어칠 경우 수구의 진로가 너무 길어진다.

옆돌리기 - 18

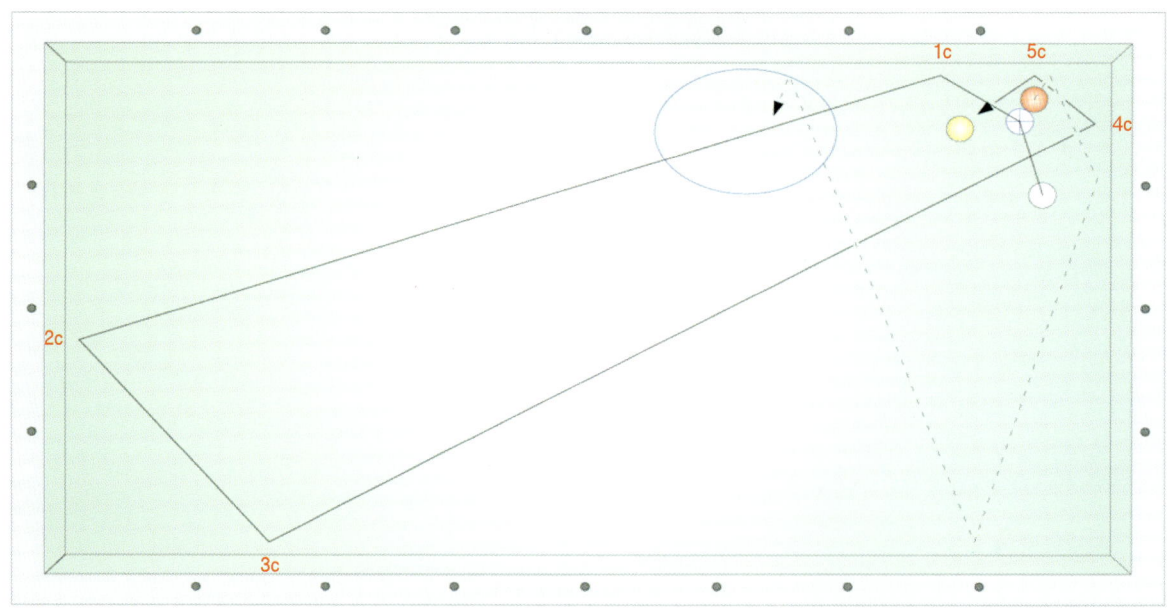

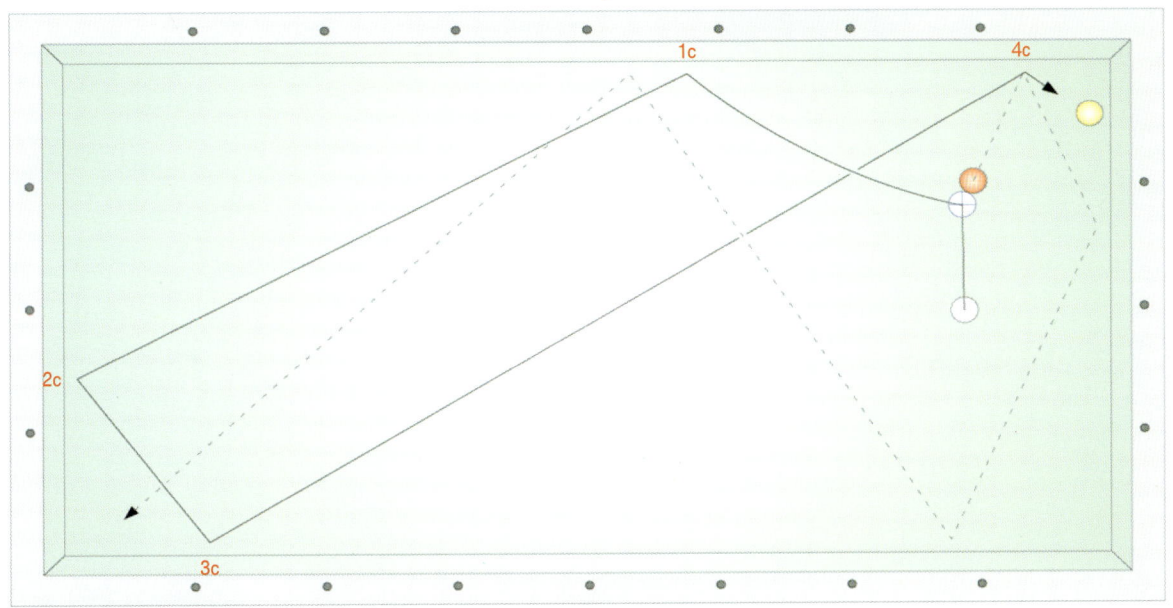

옆돌리기 - 19

B/AL-3T   P × 3.5 ← L

밀어치기를 이용하여 수구와 제1표적구간의 키스를 피해야 한다.

AL-1T   P × 3 ← F·SH·X

강한 밀어치기를 이용한 옆돌리기 타구이다.
수구와 제1표적구간의 거리가 짧으므로 두번치기에 유의하여 타구한다.

옆돌리기 - 20

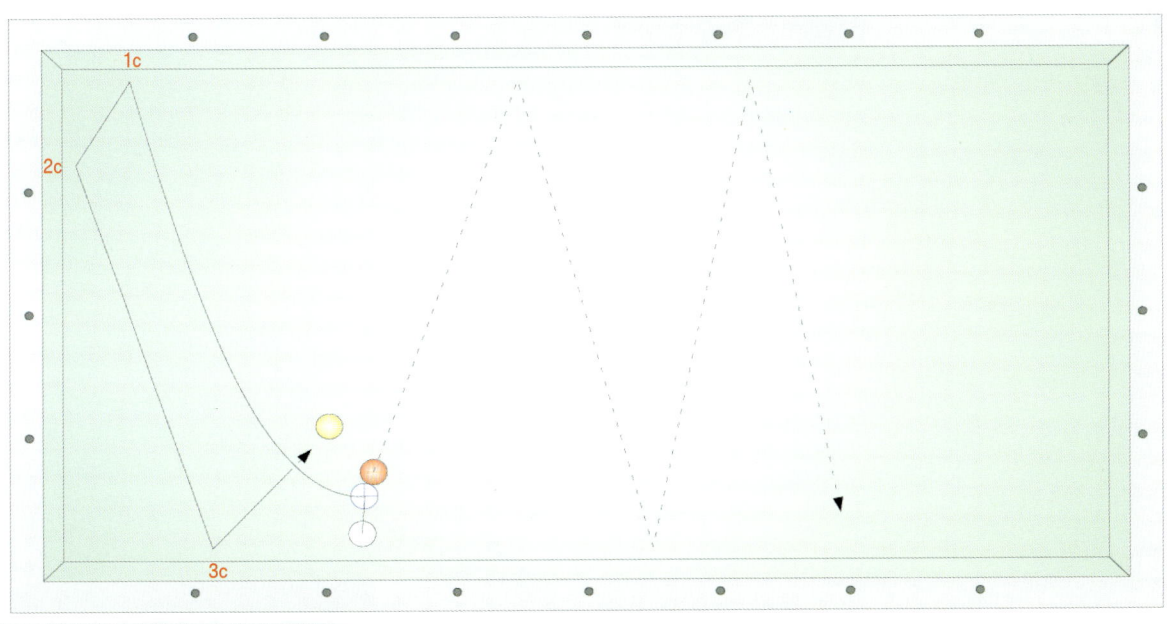

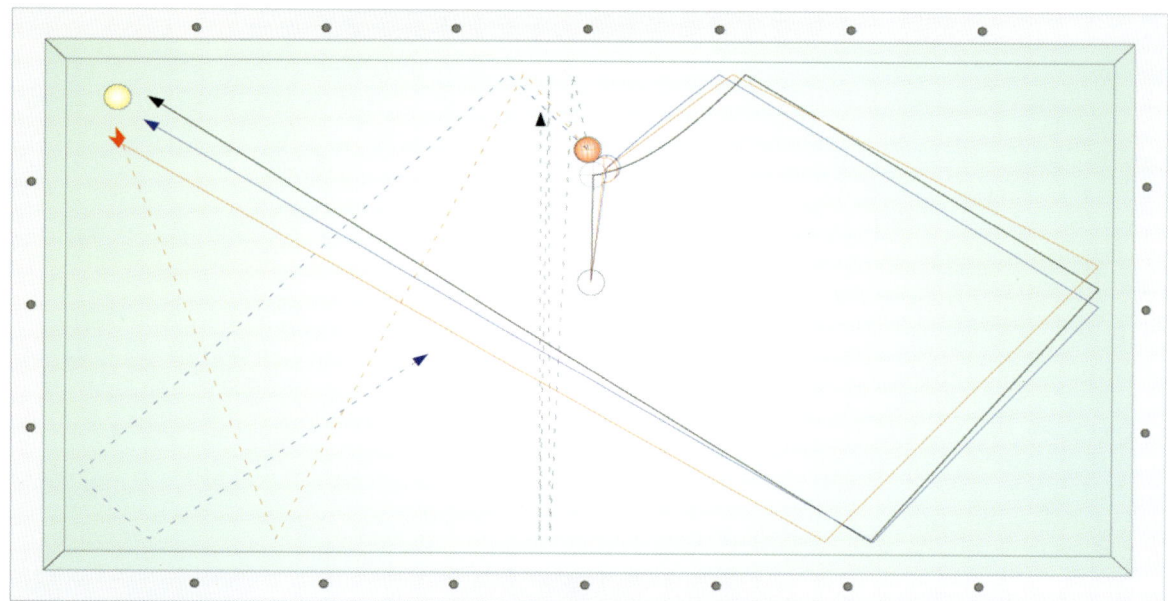

옆돌리기 - 21

AR-2T   P × 4 ← L
DR-3T   P × 2.5 ← N
C/BR-3T   P × 2.5 ← L

타구법에 따른 수구와 제1표적구의 진로를 보여준다.
빨간 선의 경우는 바람직한 타구법이 못된다.

CL-3T   P × 4 ← F·L

수구의 스피드 조절에 실패할 경우 키스의 위험이 있다.

옆돌리기 - 22

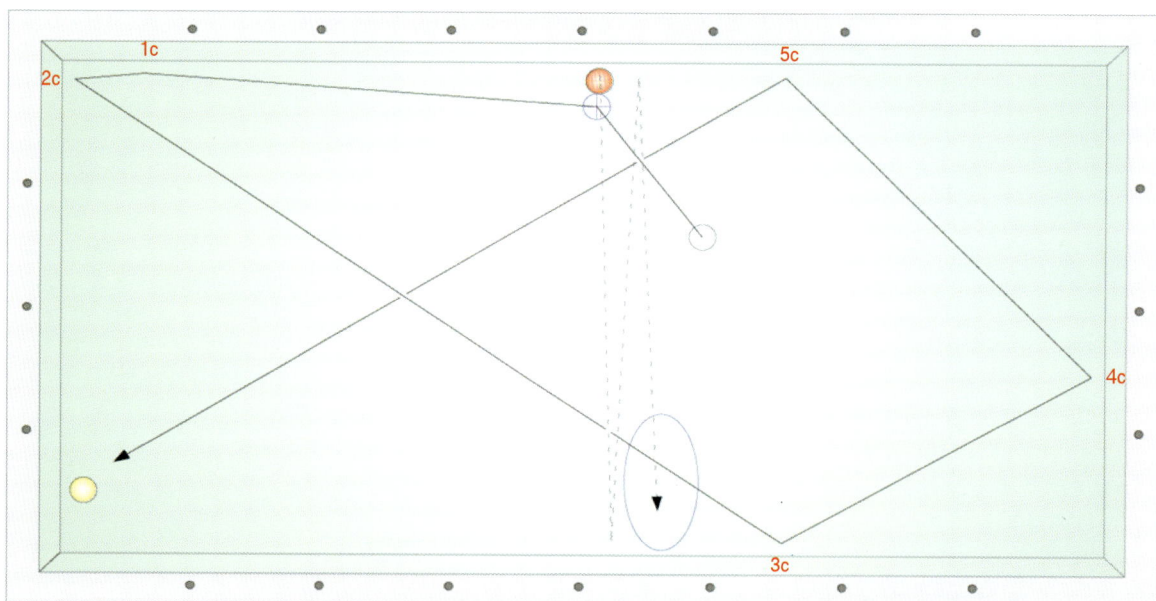

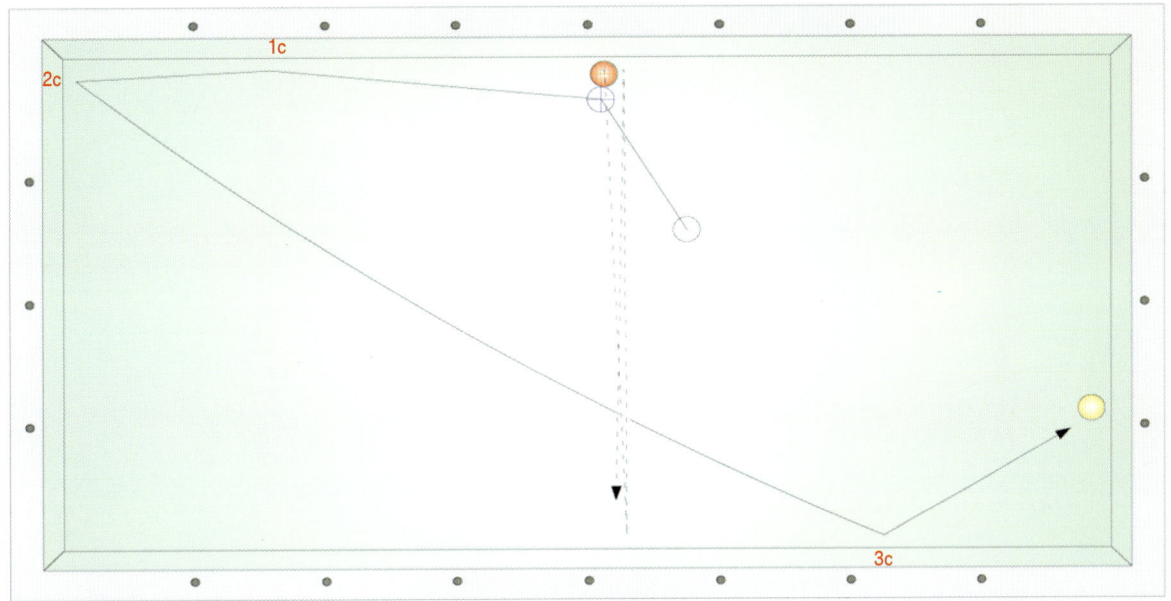

옆돌리기 - 23

BL-3T　P × 4　← F · L

2번째 쿠션 이후에 수구는 그림과 같이 커브를 그리며 진행하게 된다.

커브의 휘어짐 정도는 연습을 통해 익히도록 한다.

CR-3T　P × 5　← F · L

수구를 빠르게 밀어침으로써 2번째 쿠션에서 반사되어 나올 때 회전력에 의해 많이 꺾이지 않도록 타구해야 한다.

옆돌리기 - 24

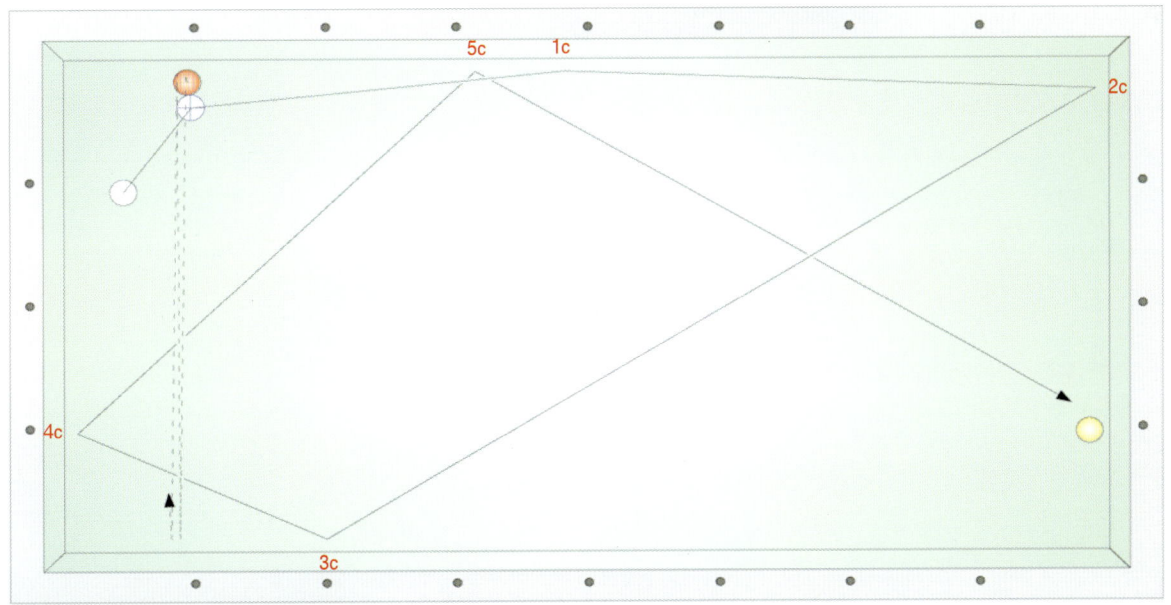

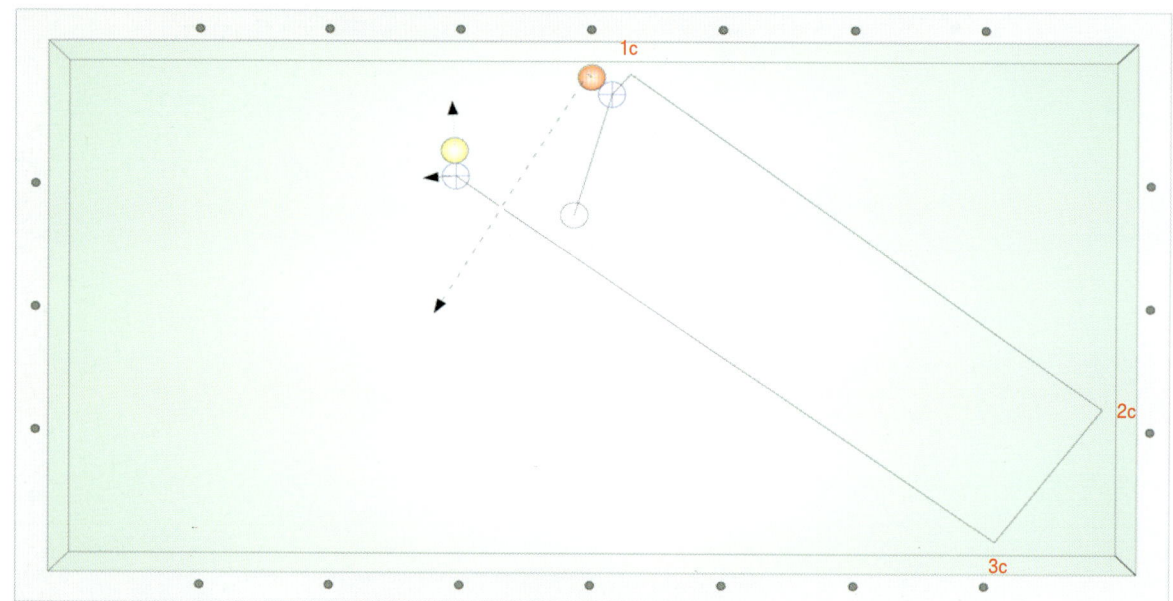

옆돌리기 - 25

C/DR-1T   P × 1.5 ← N

DR-1T   P × 2 ← N

제1표적구를 그림과 같이 보내기가 쉽지 않을 것이다. 꼭 필요한 타구법이니 연습해 두기 바란다.

옆돌리기 - 26

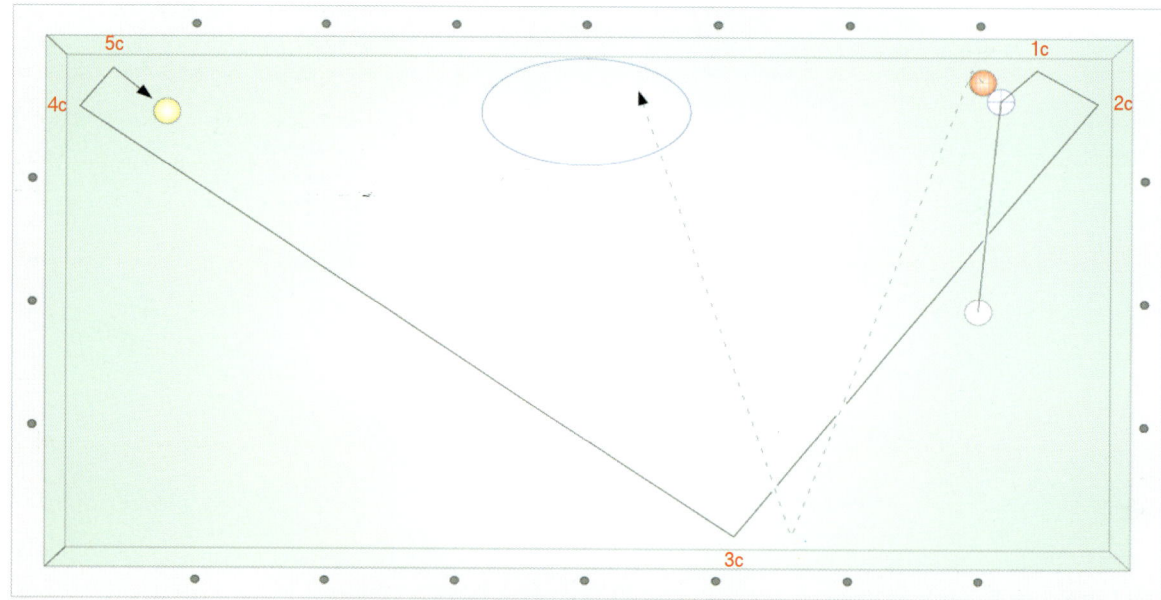

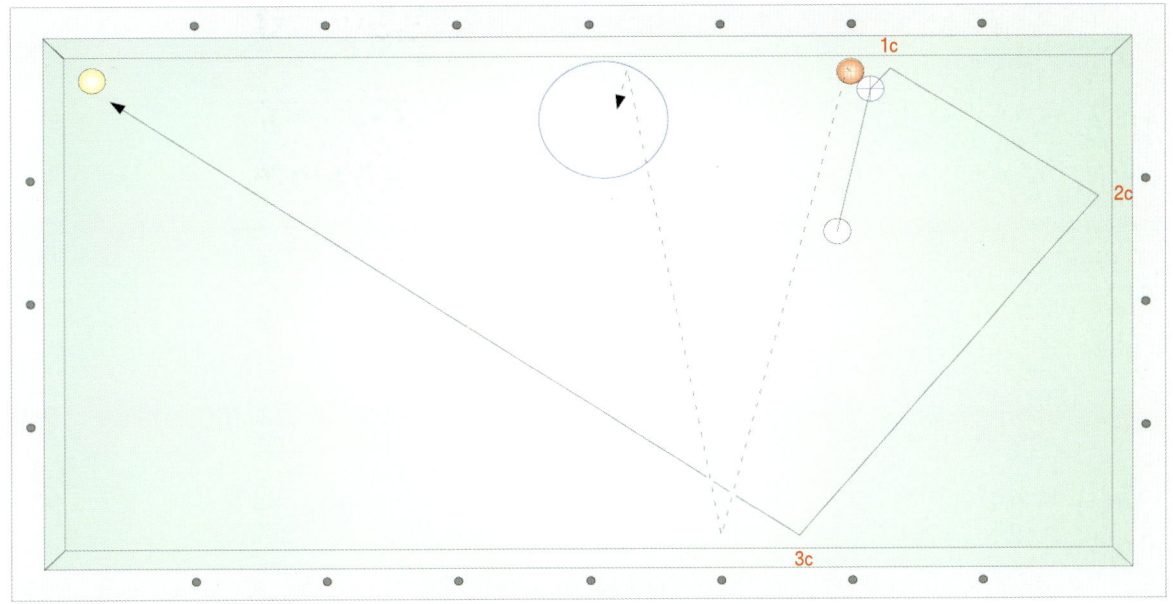

옆돌리기 - 27

C/DR-1.5T   P × 2.5   ← F

AR-2T   P × 3.5   ← L · F

타구를 약간 빠르게 밀어쳐야 성공할 수 있다.

옆돌리기 - 28

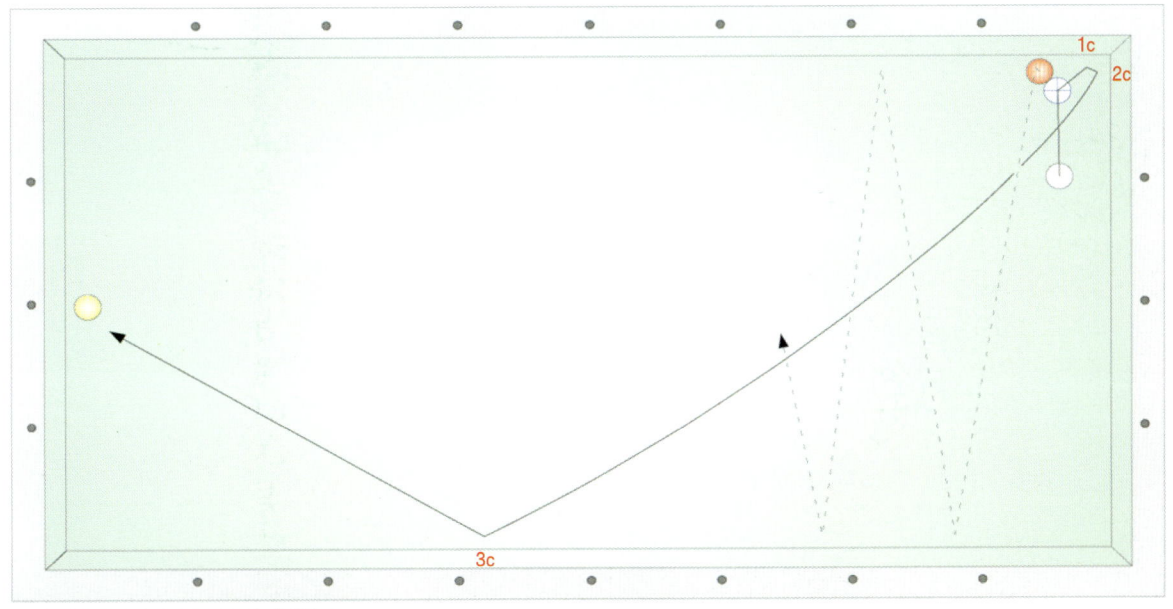

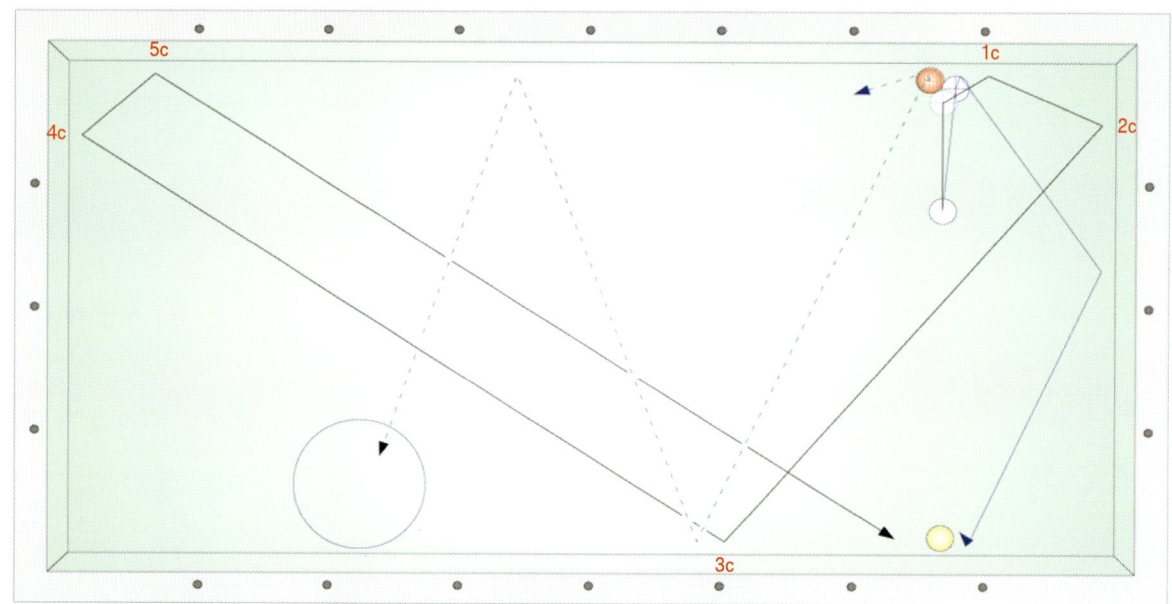

옆돌리기 - 29

CR-3T   P × 3 ← F

그림에서 파란 실선과 같이 타구할 경우, 성공한다면 포지션 플레이가 될 확률이 높아지지만, 제2표적구가 쿠션과 너무 근접해 있어 투 쿠션으로 제2표적구를 맞칠 위험이 있다. 이와 같은 경우 검은 실선과 같이 두번 돌리기를 시도할 경우 좀 더 편안하게 공략할 수 있다. 그러나 두번 돌리기는 수구의 진로가 길다 보니 공들끼리의 키스 위험 또한 높아지게 된다는 단점을 가지고 있다.

DR-3T   P × 3 ← F

공들끼리의 접촉을 피하기 위해서는 공 각각의 진로를 계산해 넣어 각각의 진로가 만나지 않도록 타구하면 되지만, 그것이 불가능 할 경우, 시간적인 차이를 이용하면 된다. 가령 A라는 지점에서 진로가 겹치더라도 만나는 두 공 중 어느 한 개의 공을 먼저 통과시키면 키스를 방지할 수 있는 것이다.

옆돌리기 - 30

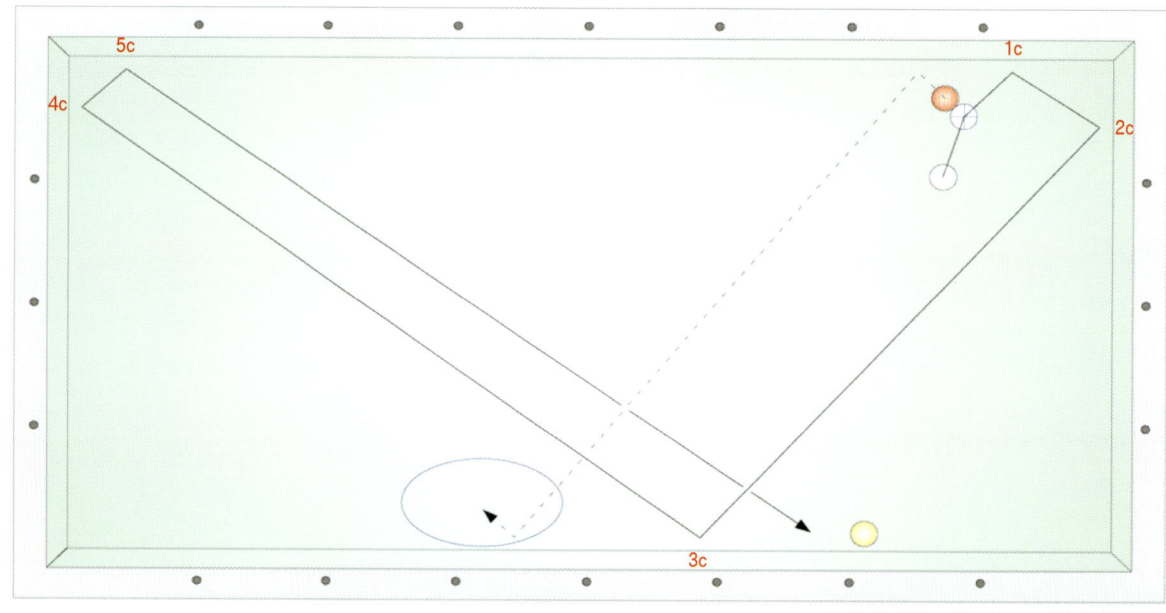

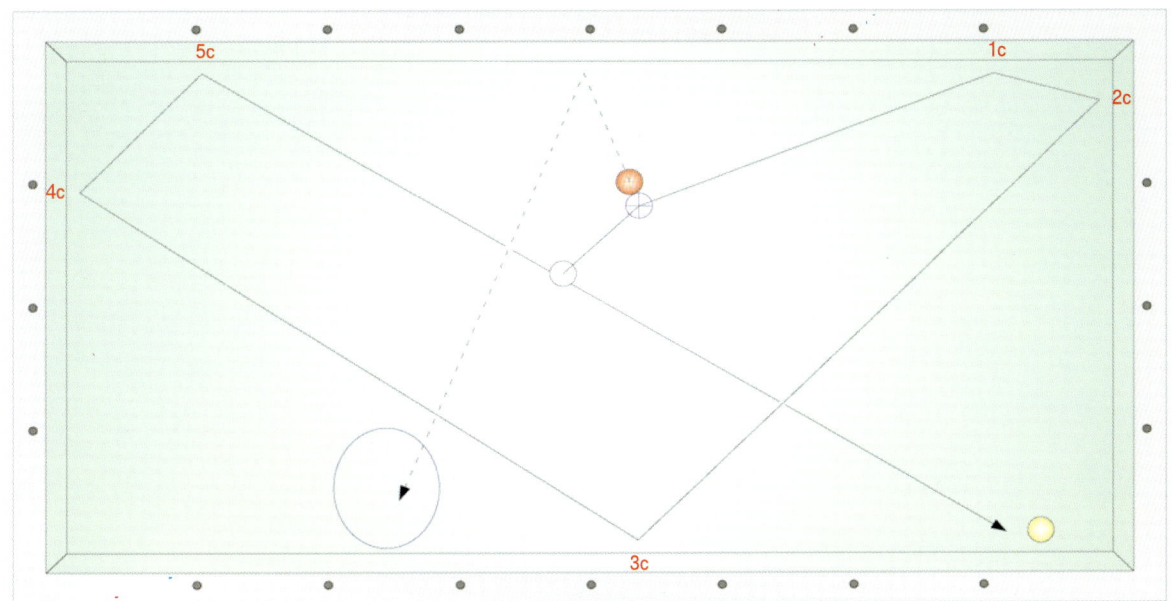

옆돌리기 - 31

BR-3T   P × 2.5   ← S·L

수구를 굴리듯이 쳐 보내야 제1표적구의 진로를 그림과 같이 얻을 수 있다.

때리거나 끊어치는 식의 타구를 해서는 곤란하다.

C/DR-3T   P × 3   ← L

옆돌리기 - 32

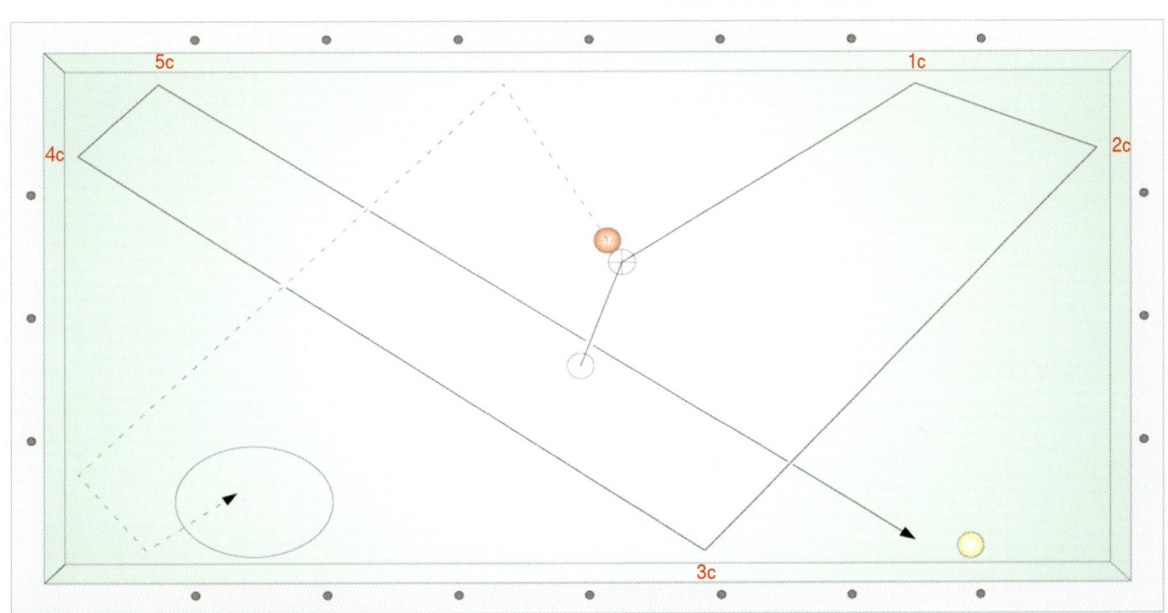

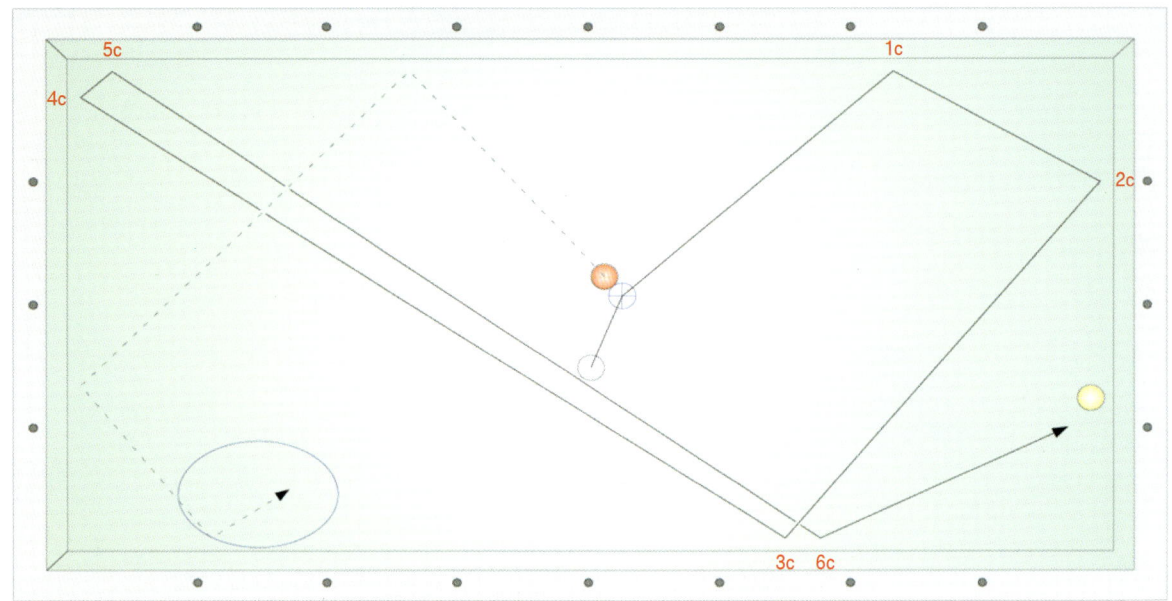

옆돌리기 - 33

C/DR-3T   P × 3.5   ← F

B/AL-3T   P × 3   ← S·L

큐로 수구를 쳐내듯 타구해서는 안되다. 큐로 공을 굴려보낸다는 느낌으로 가볍게 밀어 타구하도록 한다.

옆돌리기 - 34

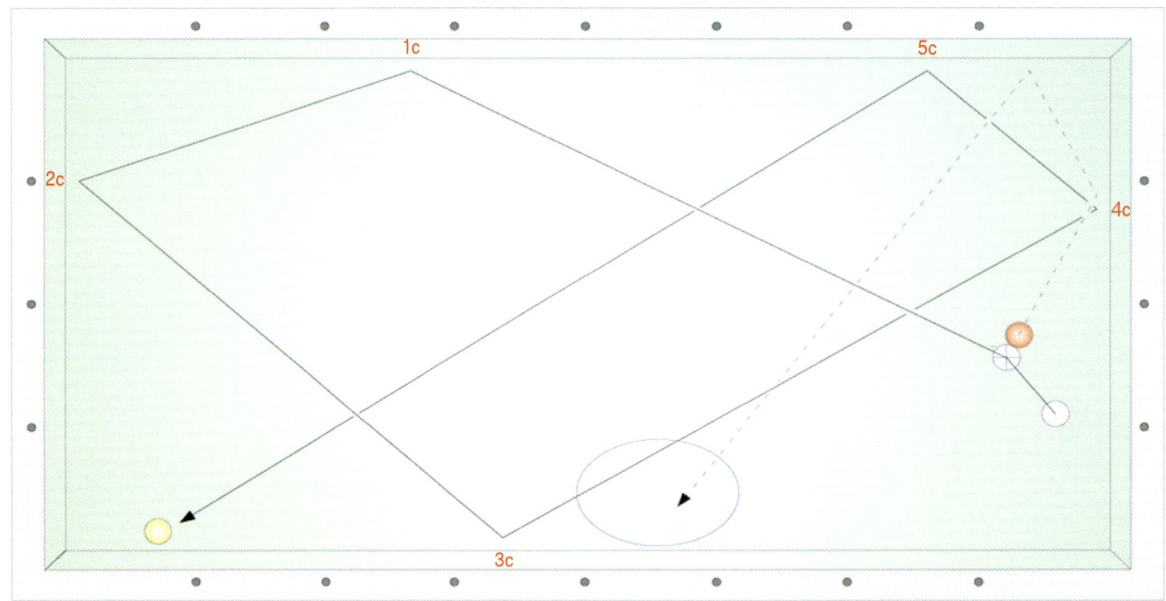

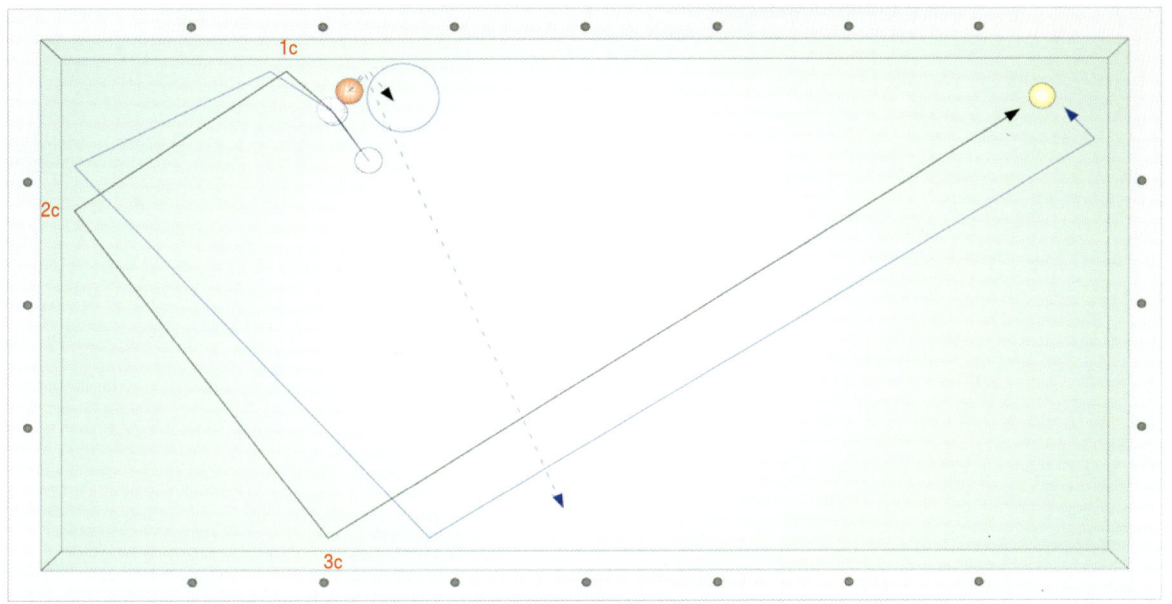

옆돌리기 - 35

C/BL-2T   P × 2 ← S·L

중요한 타구 형태이다. 그림과 같은 형태에 있어 포지션 플레이의 성공 여부는 얼마만큼이나 제1표적구를 얇게 치고 나가느냐에 달려있다. 제1표적구를 아주 얇게 맞힐 경우 그림과 같이 다음 공 배치가 유리하게 전개되지만, 조금만 두껍게 맞혀도 그림(그림에서 파란실선)과 같이 공 배치가 어렵게 전개된다.

C/BL-3T   P × 2 ← S·L

옆돌리기 - 36

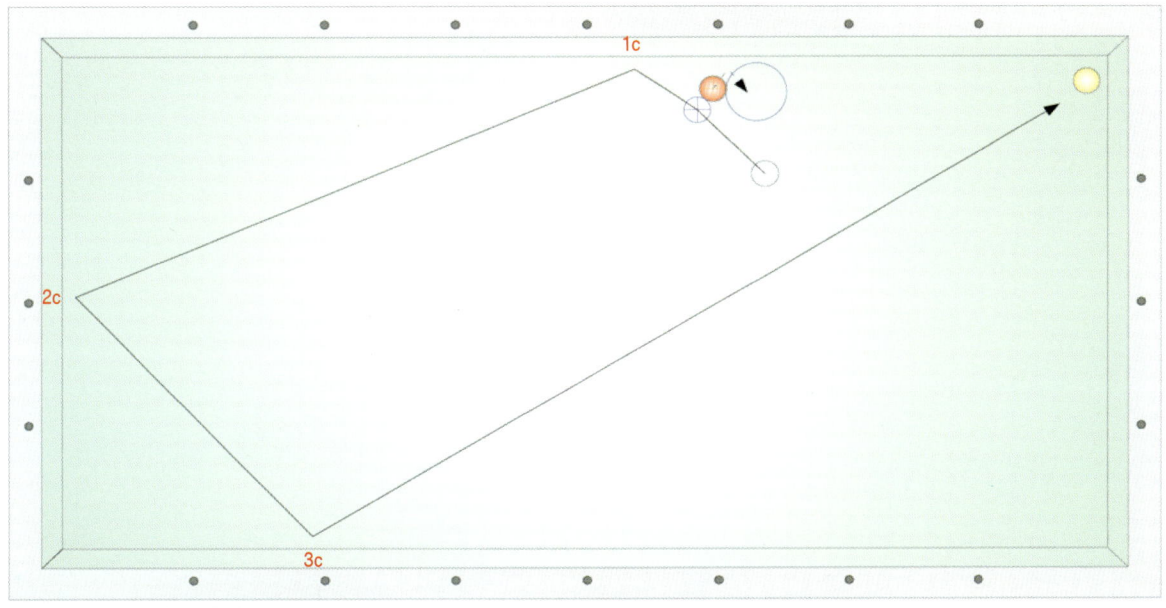

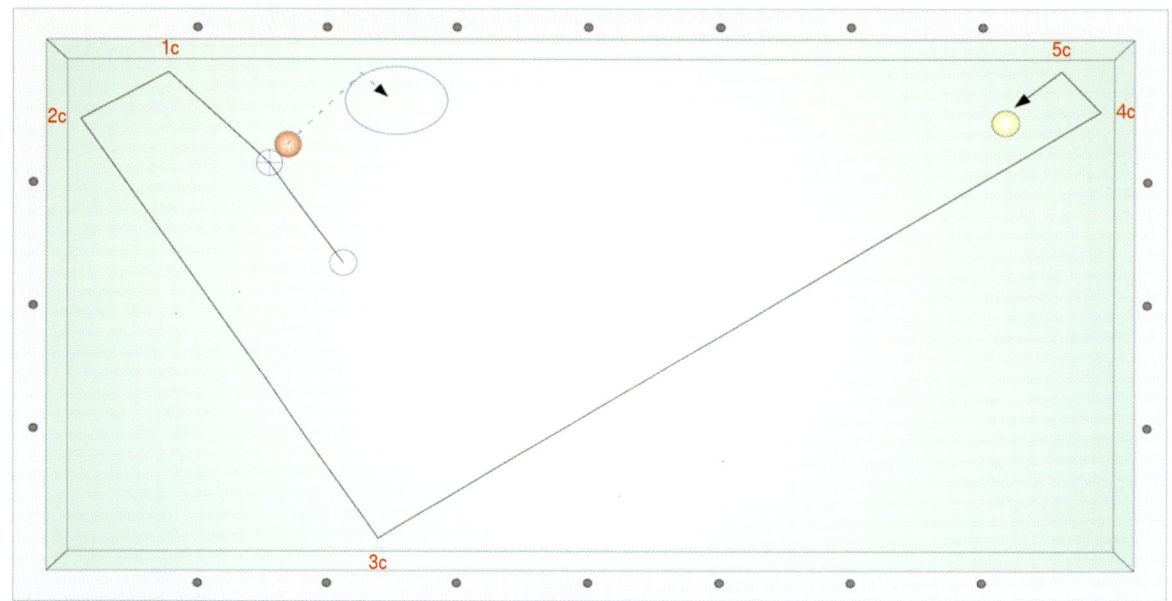

옆돌리기 - 37

BL-1T   P × 2   ←   S·L

수구와 제1표적구간의 거리가 멀리 떨어져 있을 경우, 비틀을 많이 넣고 타구할 수록 정확한 얇게 치기가 힘들어 진다. (수구의 진로는 약하게 타구할 경우 비틀의 방향으로, 강하게 타구할 경우 비틀의 반대 방향으로 휘어져 진행하기 때문에...)

BR-1.5T   P × 1.5   ←   S

옆돌리기 - 38

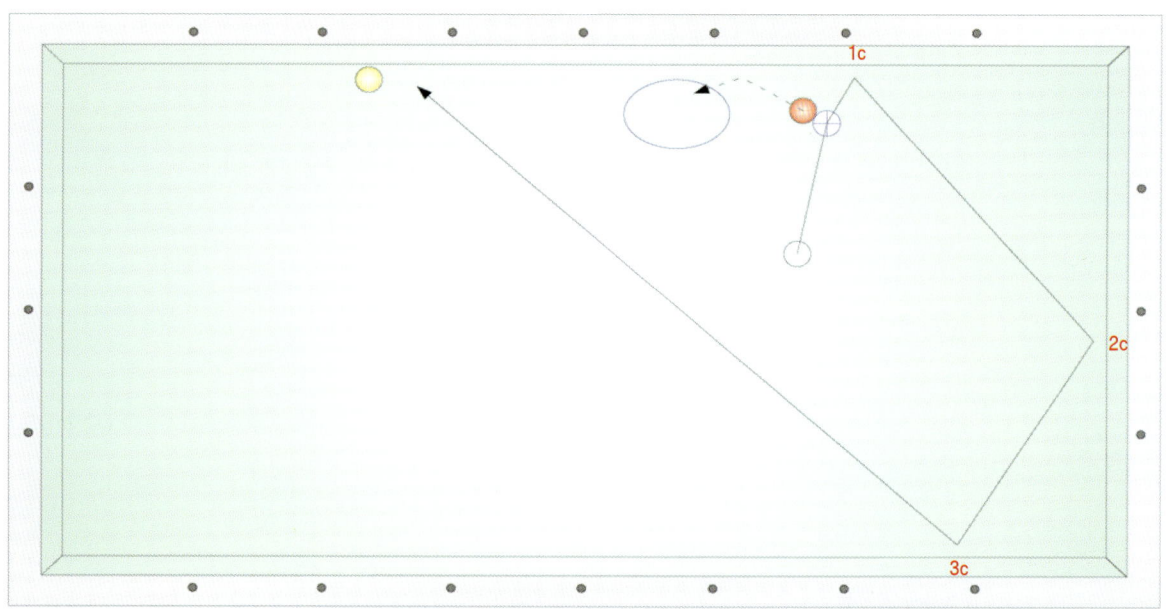

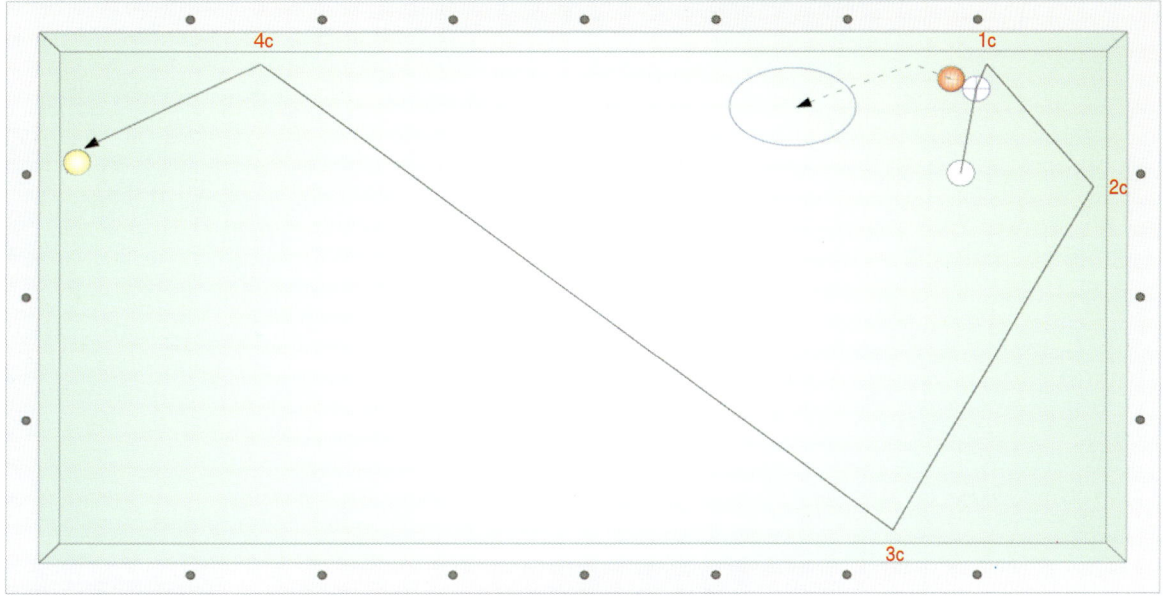

옆돌리기 - 39

BR-2T P × 2 ← S·L

BL-0.5T P × 1 ← S

비틀을 약간만 사용하도록 한다.

옆돌리기 - 40

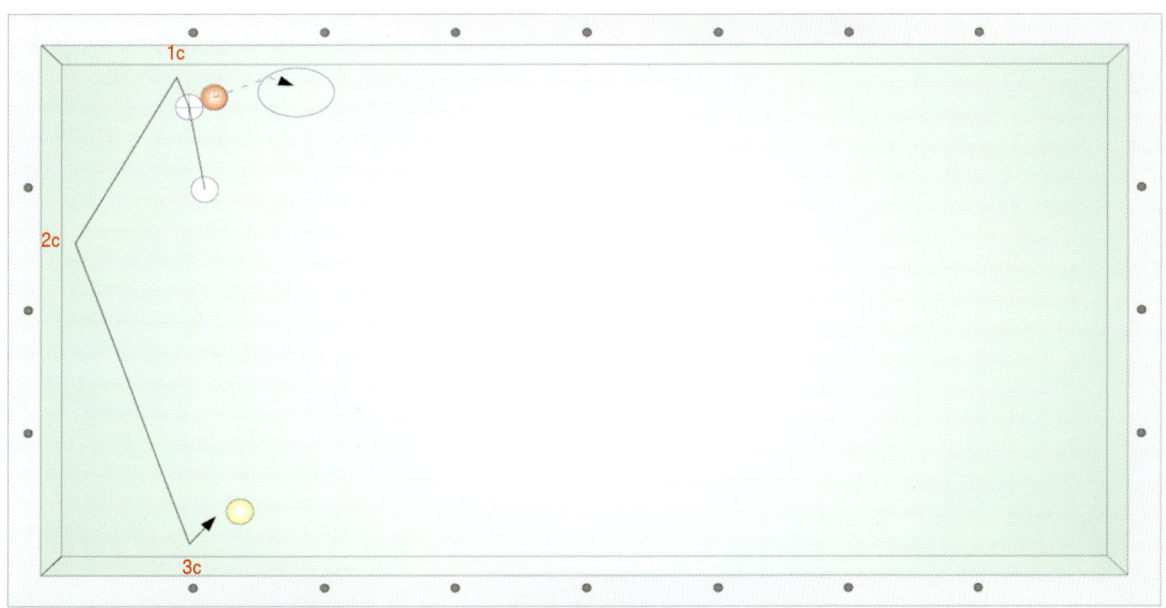

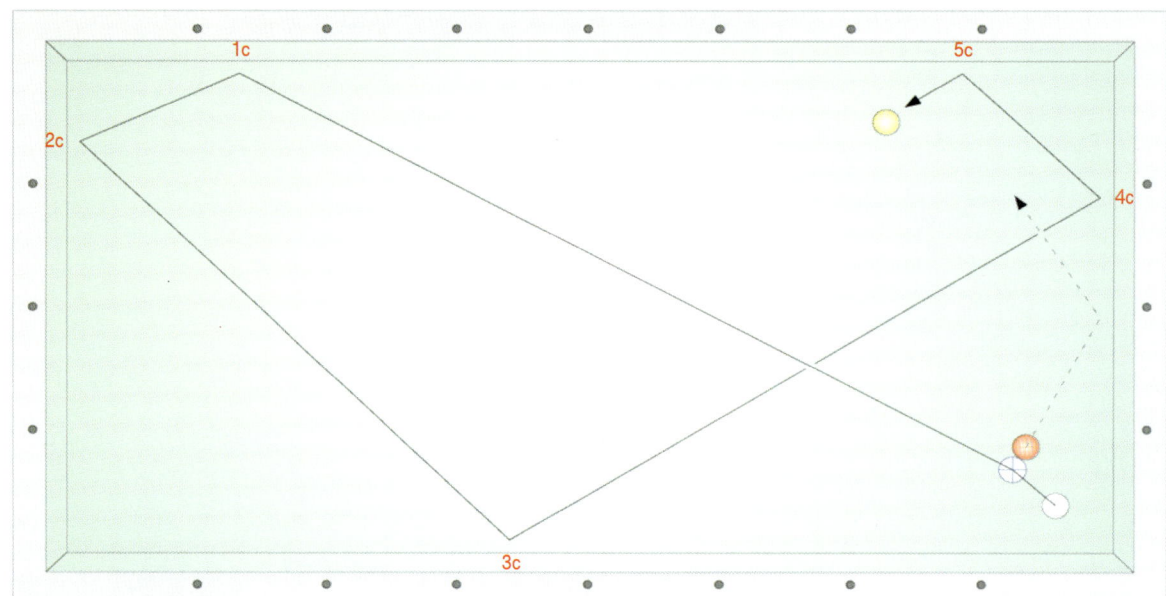

옆돌리기 - 41

BL-2T　P × 2　←　S · L

굴리는 타구법을 사용한다.

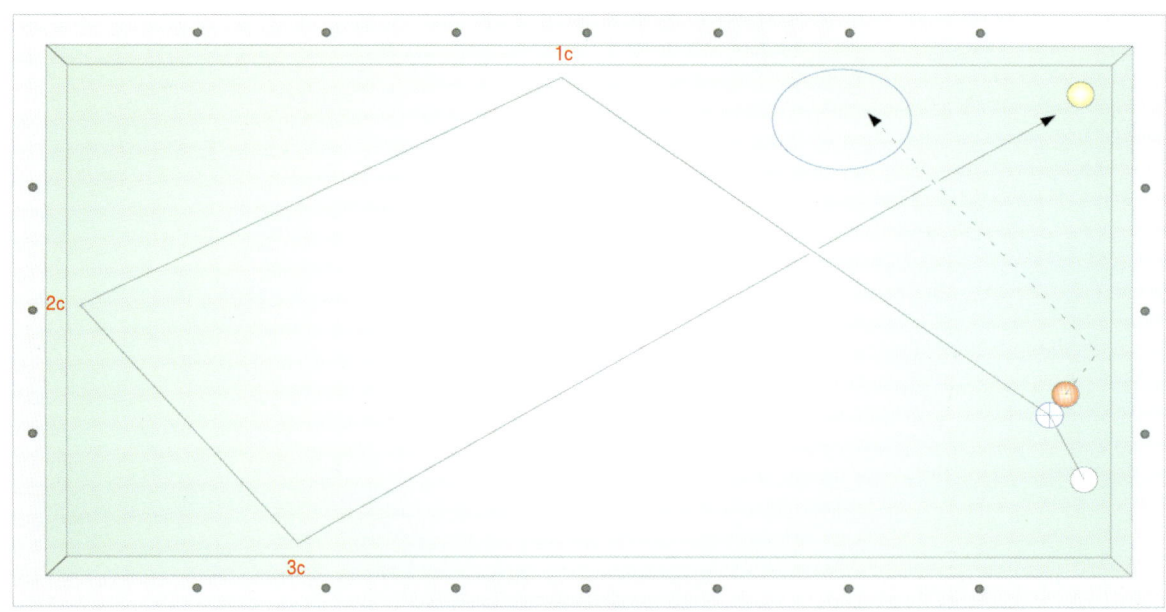

BL-2T　P × 2　←　S · L

옆돌리기 - 42

제4장 스리쿠션 종목별 도형 153

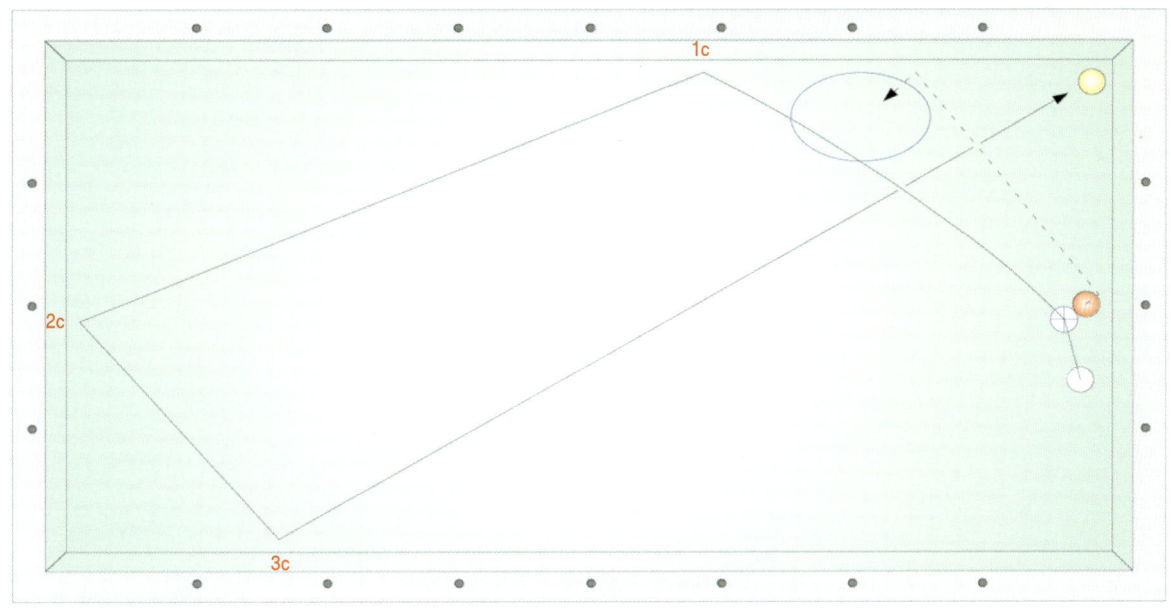

옆돌리기 - 43

D/EL-3T   P × 2   ←   S·X

얇게 타구하는 대신 약간 끌어침으로써 수구의 진로를 올바른 선상에 올려 놓는다.

B/AL-3T   P × 3   ←   L

수구를 굴리는 기분으로 타구한다.

옆돌리기 - 44

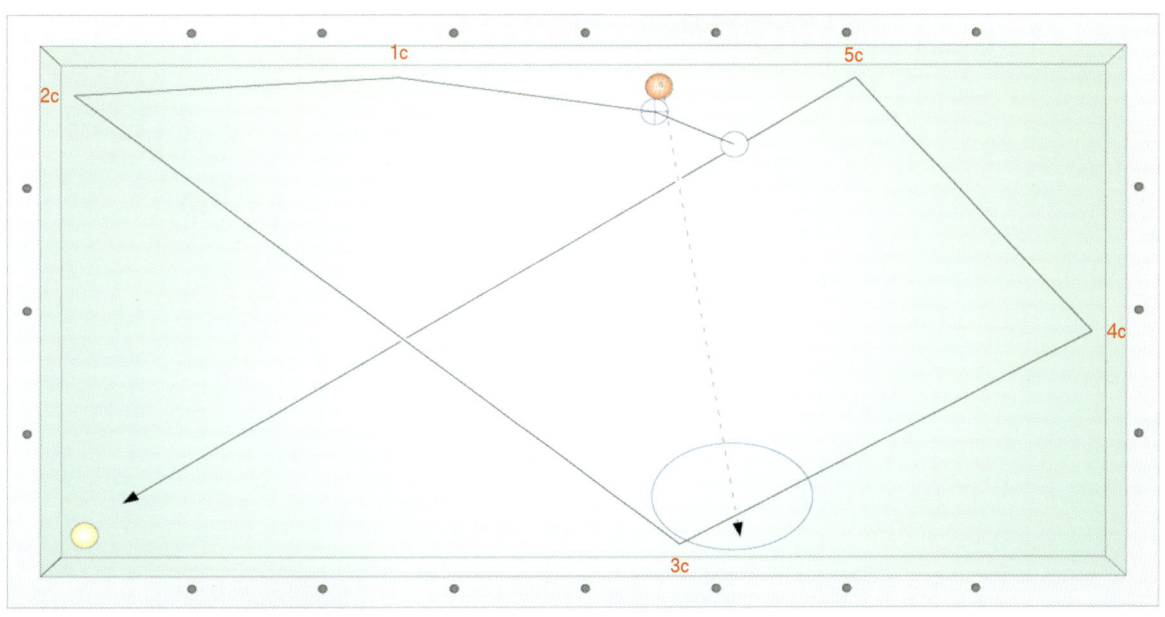

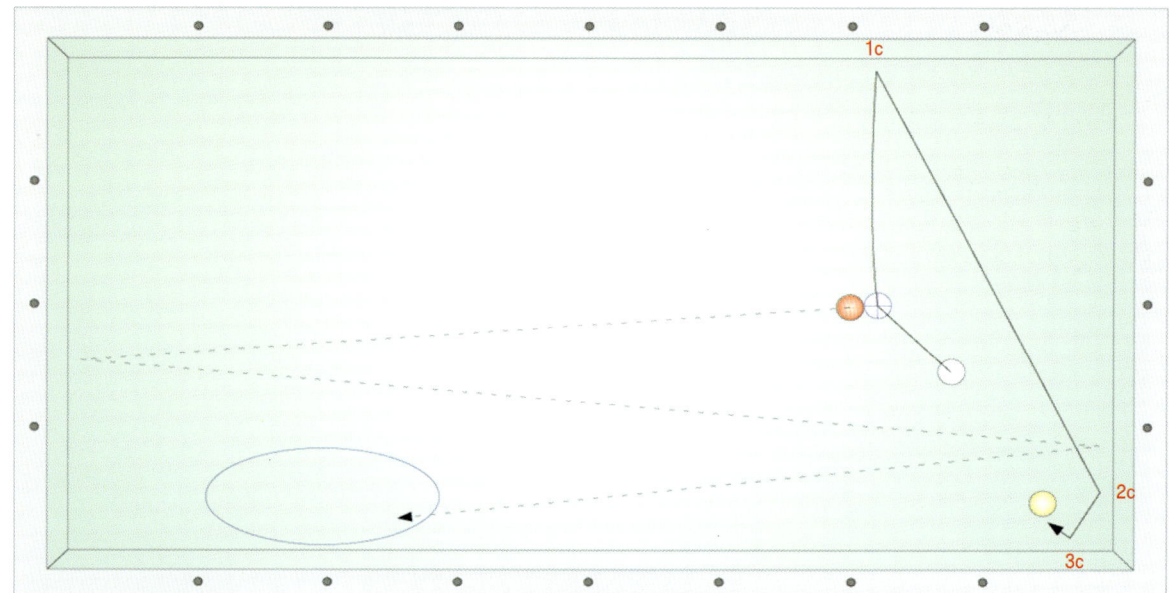

옆돌리기 - 45

DR-2T   P × 2.5   ← F·B

제1표적구를 얇게 맞추는 대신 약간 끌어침으로써 공들의 진로를 그림과 같이 만든다.

D/EL-3T   P × 2.5   ← L·B

수구를 약간 밀듯이 끌어 타구한다.

옆돌리기 - 46

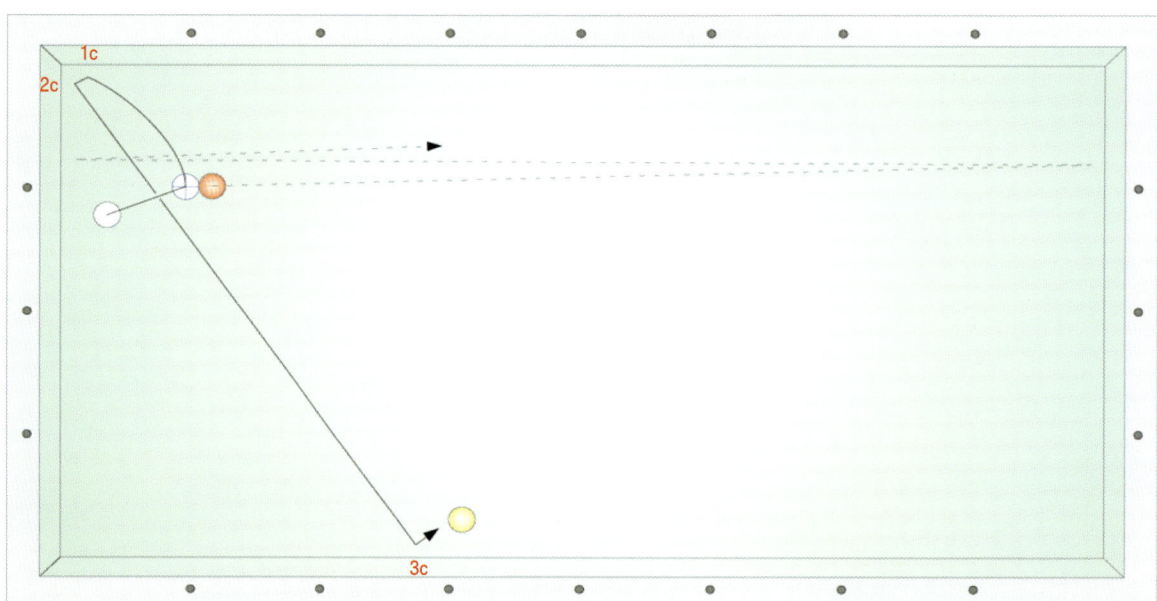

옆돌리기 - 47

EL-2T P × 3 ← B

끌어치기를 이용한 옆돌리기 타구이다.
그림과 같은 타구는 4구 경기를 통한 착실한 기본기가 있다면 쉽게 해결할 수 있는 타구이다.

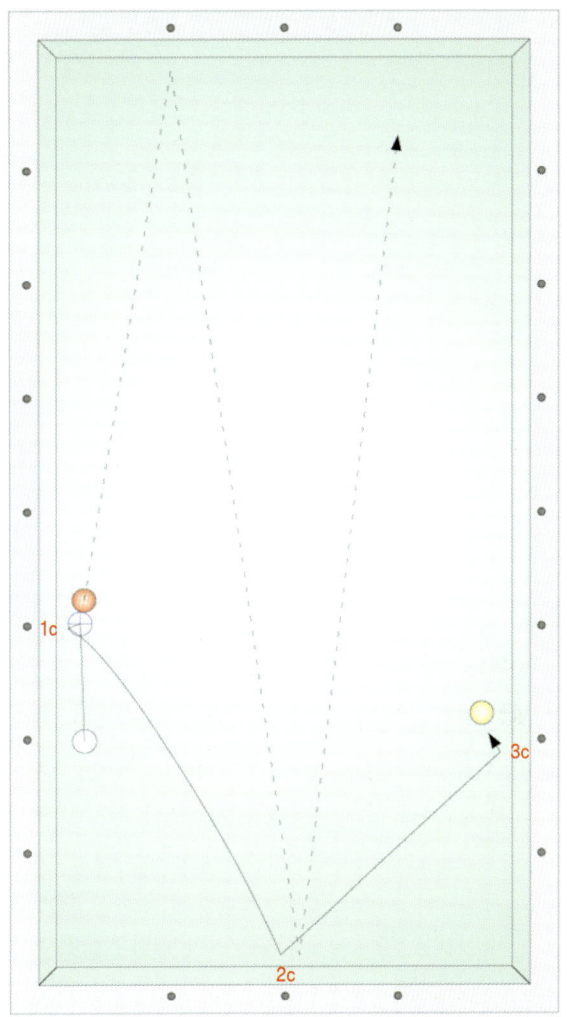

옆돌리기 -47

옆돌리기 - 48

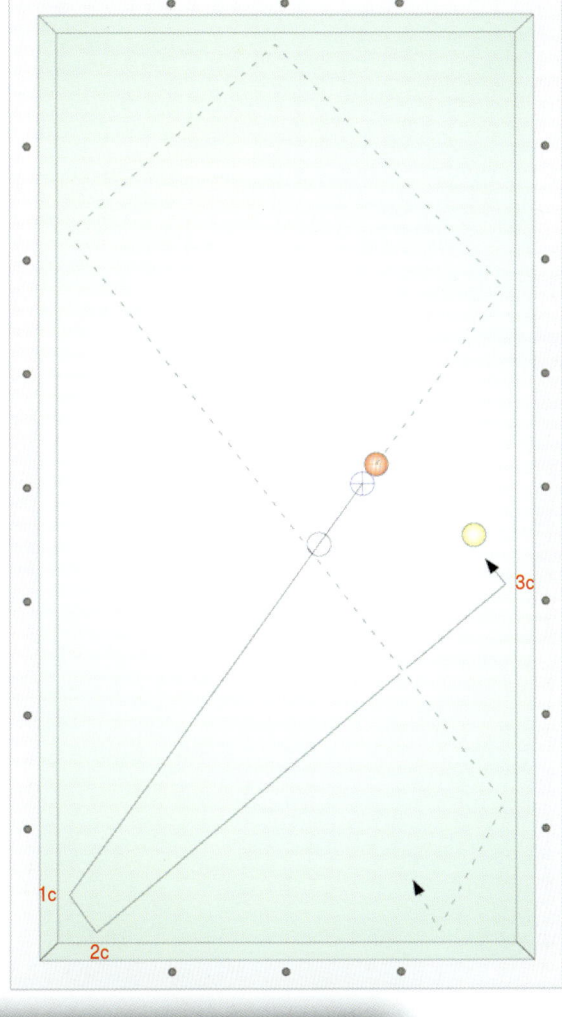

옆돌리기 - 48

EL-2T P × 3 ← B

정면 끌어치기 타구이다.

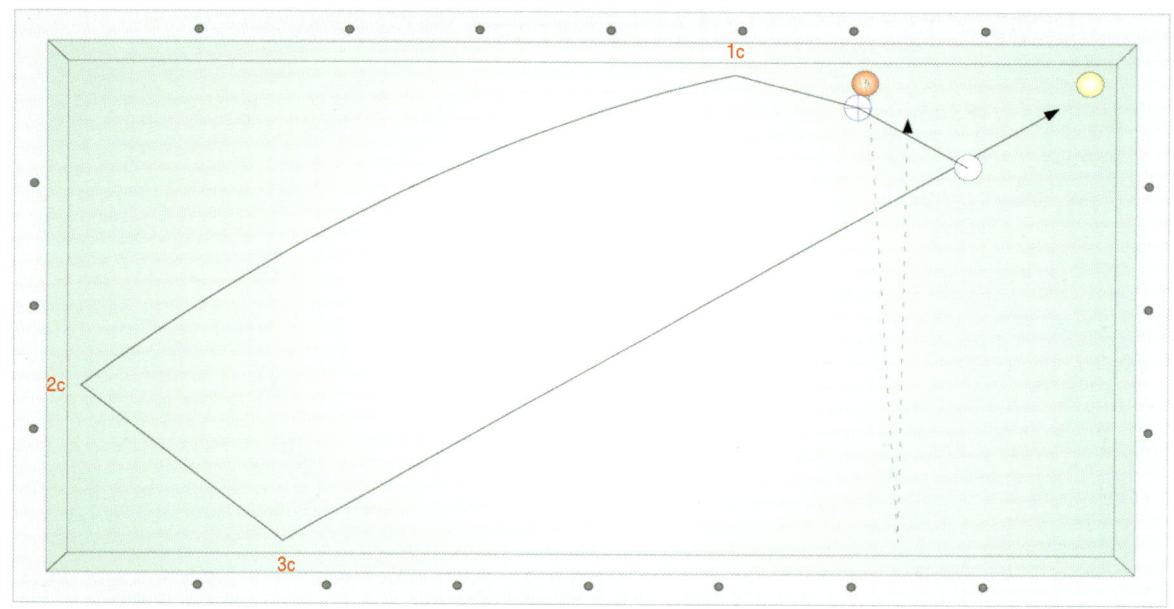

옆돌리기 - 49

EL-0.5T   P × 2.5   ← B

중요한 타구법이다.

제1표적구를 얇게 맞힌 수구는 1쿠션 이후부터 커브를 그리며 제2쿠션으로 진행하게 된다.

수구의 휘어짐 정도는 역회전을 강하게 넣는 대신 전진력이 약할수록 크게 휘어지게 된다.

EL-0.5T   P × 2.5   ← F·B

수구가 제1표적구를 맞고 1쿠션에 넣어지기 전까지 끌리지 않게 약간 빠르게 타구해야 한다.

옆돌리기 - 50

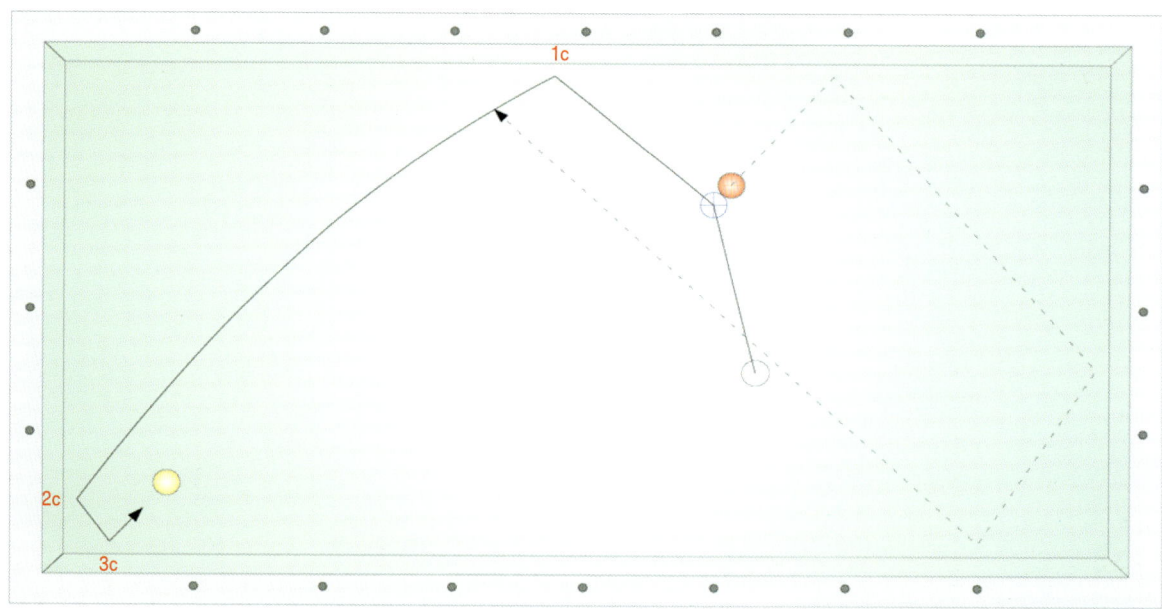

4. 앞돌리기(일명 : 오마와시, 오마오시)

모든 경기에 있어 우리는 운(運)이라는 단어를 생각하지 않을 수 없다. 어찌 보면 그날 경기 승패에 있어 50% 이상이 운에 의해 좌우 된다고 해도 무리는 아닐 것이다. 그러나 이 말도 자신의 실력이 어느 정도 수준에 이른 경우에 해당되는 것이지, 그렇지 않은 상태에서 경기 결과를 운에만 의존하는 자세를 가진다면 당구 뿐만 아니라 모든 일에 있어 자신의 발전은 기대하기 어려울 것이다.

공을 치는 것도 자신의 인생을 만들어 나가는 하나의 생활과 같다. 자신이 비록 당구라는 하나의 수단으로 인생을 만들어 나갈 것이 아니고, 삶을 영위함에 있어 하나의 부수적인 오락거리로 생각한다 할지라도, 일단 경기를 하는 동안에라도 이와 같은 조그만 일에서 부터 최선을 다하고 노력하는 자세를 기른다면 자신이 이루고자하는 목표에 보다 쉽게 접근하지 않을까 생각한다.

소(小)가 모여 대(大)가 되는 것이다. '뭐, 이런 것 쯤이야.' 하는 작은 일을 무시하는 자세를 갖고는 큰 일을 이룰 수 없다. 대(大)는 소(小)가 모여서 이루어 지는 것이다. 소(小)를 무시하고 대(大)를 이루겠다는 생각은 주객(主客)이 전도(顚倒)된 것이다.

플러스 시스템을 이용한 앞돌리기 타구법

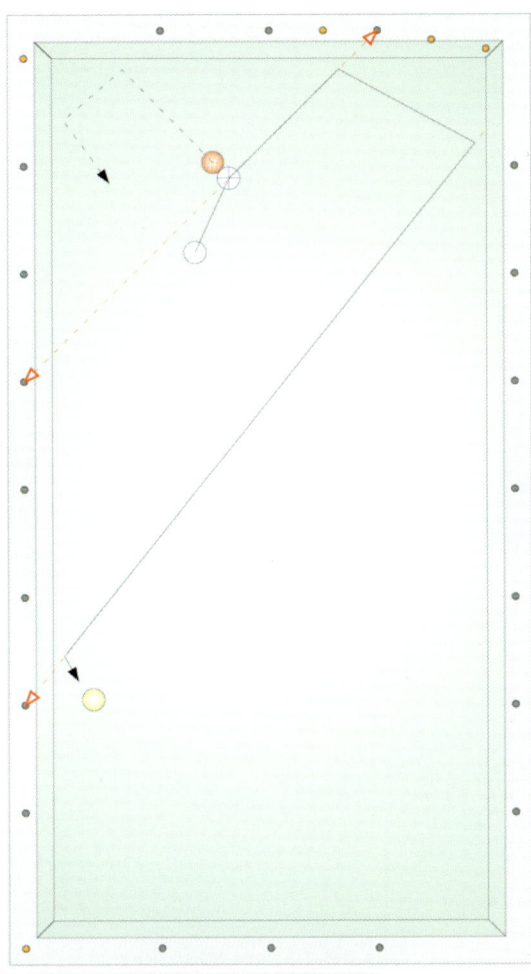

1) 표적구 포인트를 예측한다.

그림에서 표적구 포인트는 60p이다.

2) 수구 포인트와 수구 입사 포인트를 계산한다.

수구가 제1표적구와 임팩트하는 순간 수구의 중심을 기준으로 하여 수구 포인트와 수구 입사 포인트를 계산한다. 그림에서 수구 포인트와 수구 입사 포인트는 각각 30p이다.

3) 타구

플러스 시스템과 동일한 타구법으로 수구를 제1표적구를 맞춘 후 수구 입사 포인트 30p에 넣는다.

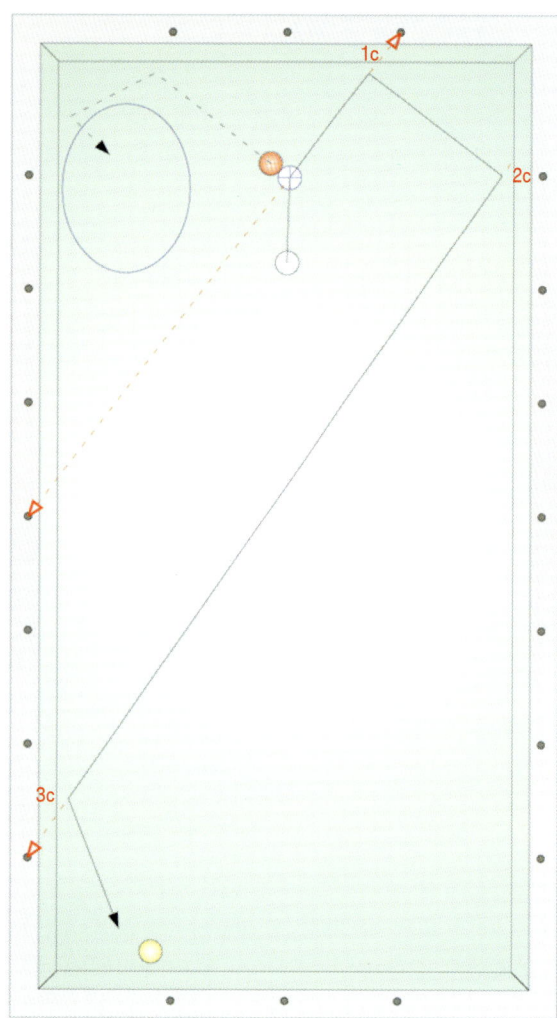

앞돌리기 - 1

C/BR-3T　　P × 1.5　←　S

플러스 시스템을 이용한 기본적인 앞돌리기 타구이다.

표적구 포인트 : 70p
수구 포인트 : 40p
수구 입사 포인트 : 30p

앞돌리기-1

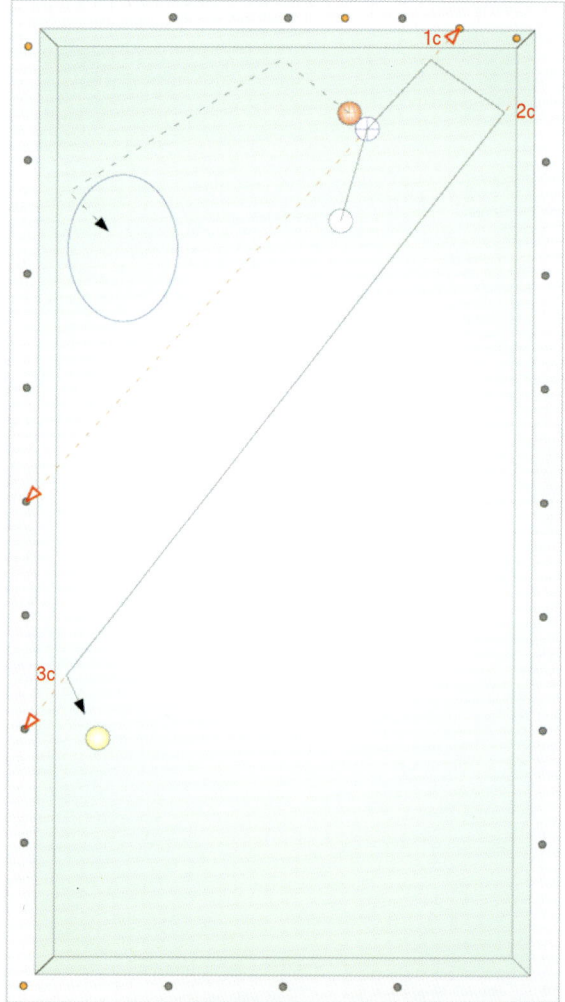

앞돌리기-2

앞돌리기 - 2

CR-3T　　P × 2　←　N

수구의 진행이 너무 느릴 경우 2번째 쿠션에서 우회전력에 의해 너무 많이 꺾이게 되어 원하는 수구 진로를 얻지 못할 수도 있다.

표적구 포인트 : 60p
수구 포인트 : 40p
수구 입사 포인트 : 20p

앞돌리기 - 3

BR-3T　P × 2　←　L·F

수구를 굴리 듯 타구하나 힘에 비해 약간 빠르게 타구한다.

　표적구 포인트 : 50p
　수구 포인트 : 30p
　수구 입사 포인트 : 20p

앞돌리기 - 4

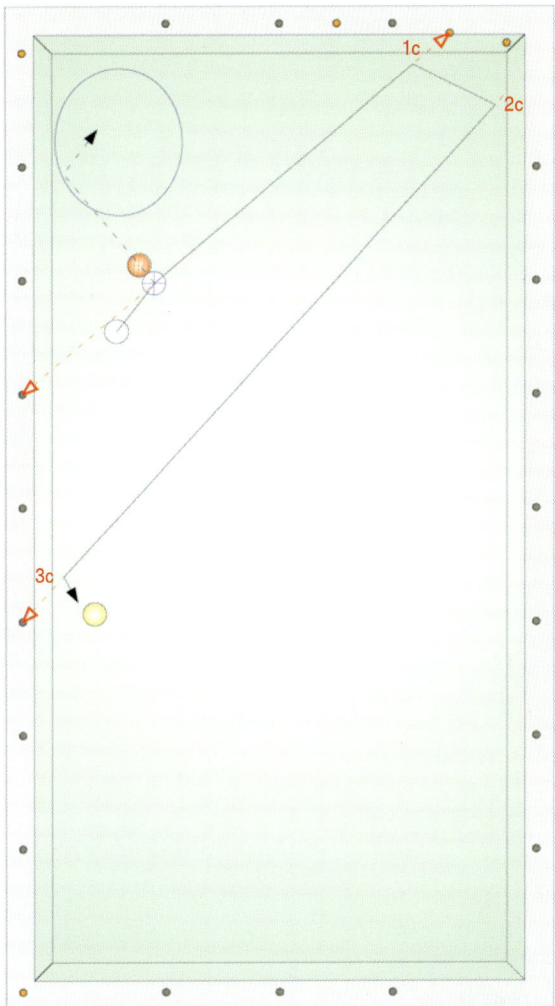

앞돌리기 -3

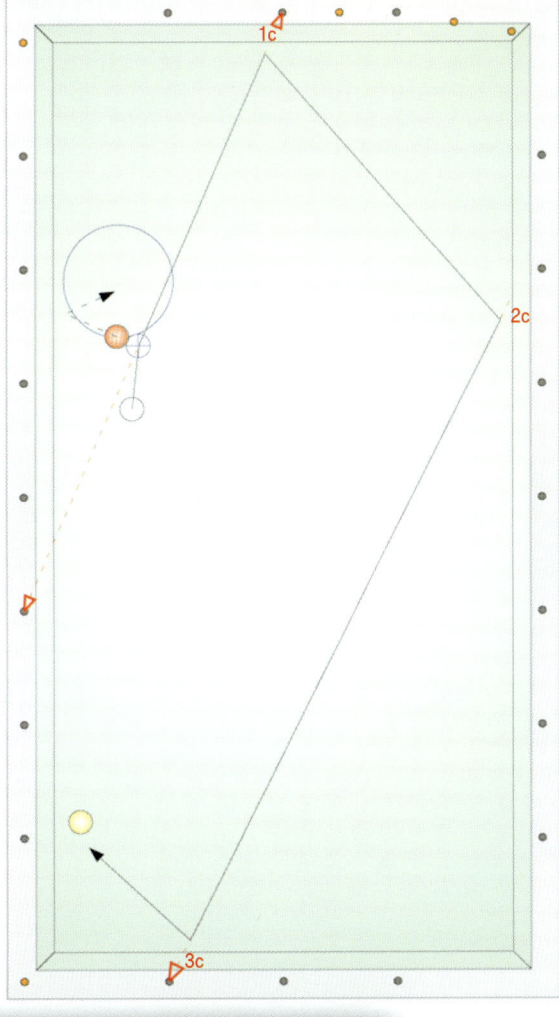

앞돌리기 - 4

BR-2T　P × 1.5　←　S·L

제1표적구를 때리는 느낌으로 타구해서는 원하는 공배치를 기대할 수 없다. 가볍게 타구하도록 한다.

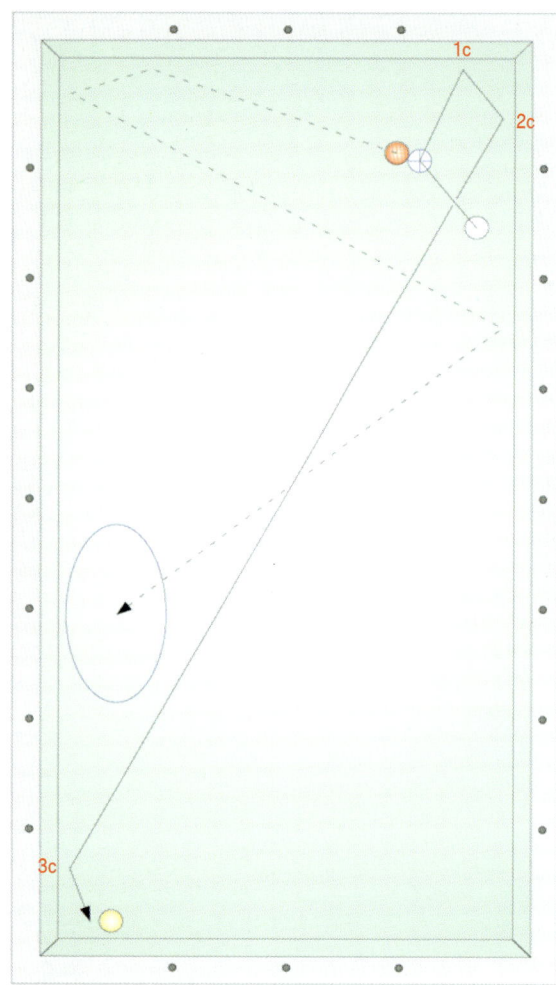

앞돌리기-5

앞돌리기 - 5

C/DL-3T   P × 2.5   ←—— L·X

손목의 스냅을 이용하여 밀듯이 끊어쳐야 한다.

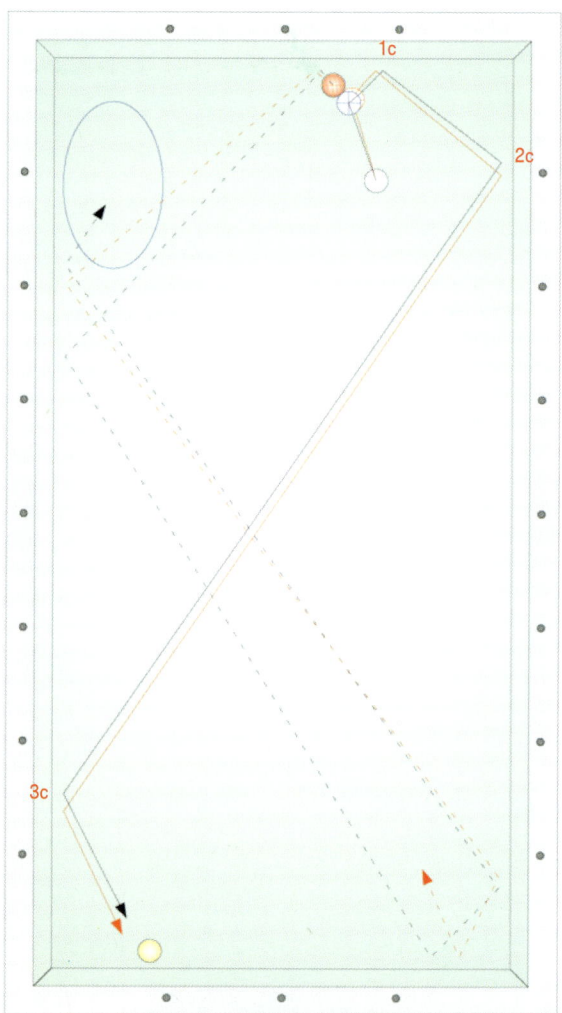

앞돌리기-6

앞돌리기 - 6

CR-3T   P × 2.5   ←—— N
D/ER-3T P × 2.5   ←—— B

그림에서 위에 표시된 두 가지 타구법 중 어느 타구법을 사용하더라도 타구를 성공하는 데는 별 무리가 없다. 그러나 표적구의 이동을 비교하여 보면 빨간 실선의 경우 얇게 끌어치기를 함으로 제1표적구가 그림과 같이 불리하게 전개되었으나, 검은 실선의 경우 제1표적구를 약간 두껍게 겨냥하여 타구함으로써 제1표적구가 다음 타구에 유리한 지점으로 이동하였다. 이와 같은 타구는 제1표적구를 약간 두껍게 겨냥하되 타구 후 큐를 약간 빼는 느낌으로 타구하는 것이 유리하다. 너무 강하게 밀어칠 경우 수구의 진로가 너무 짧아질 위험이 있다.

앞돌리기 - 7

CL-3T P × 2.5 ← L

제1표적구를 그림과 같이 보낼 수 있도록 연습해 보자.

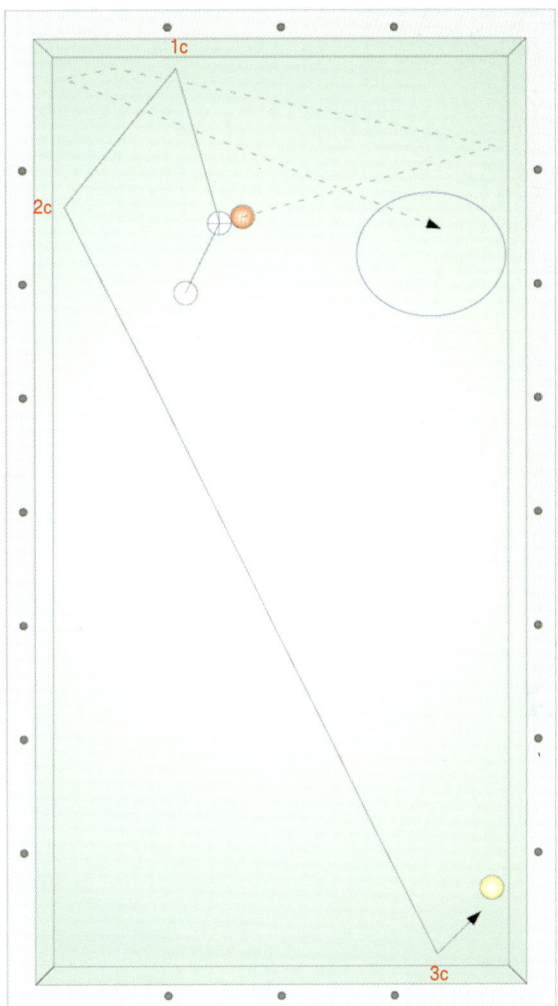

앞돌리기 -7

앞돌리기 - 8

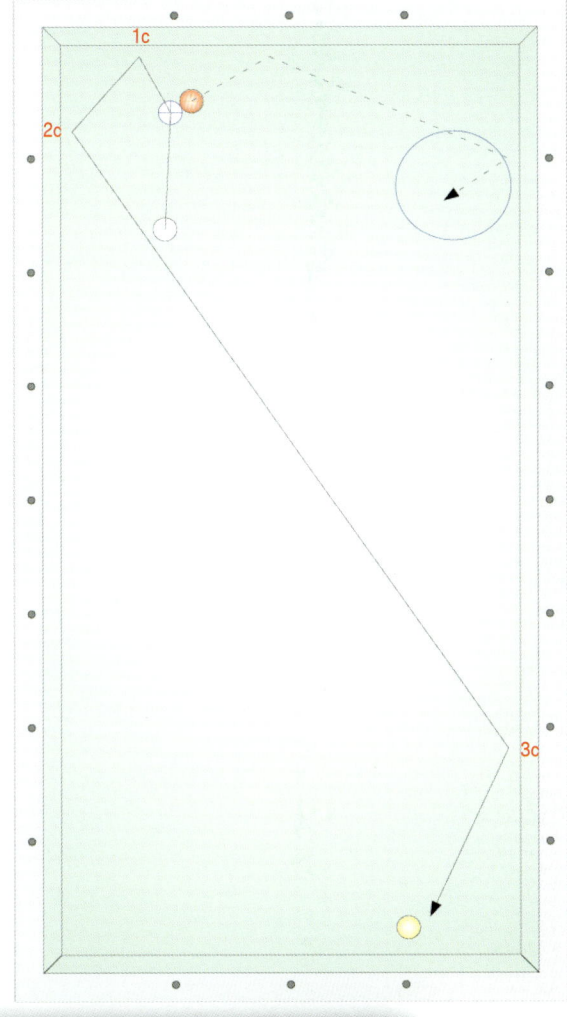

C/DL-3T P × 2 ← N

수구를 던지듯이 가볍게 타구하는 것이 유리하다.

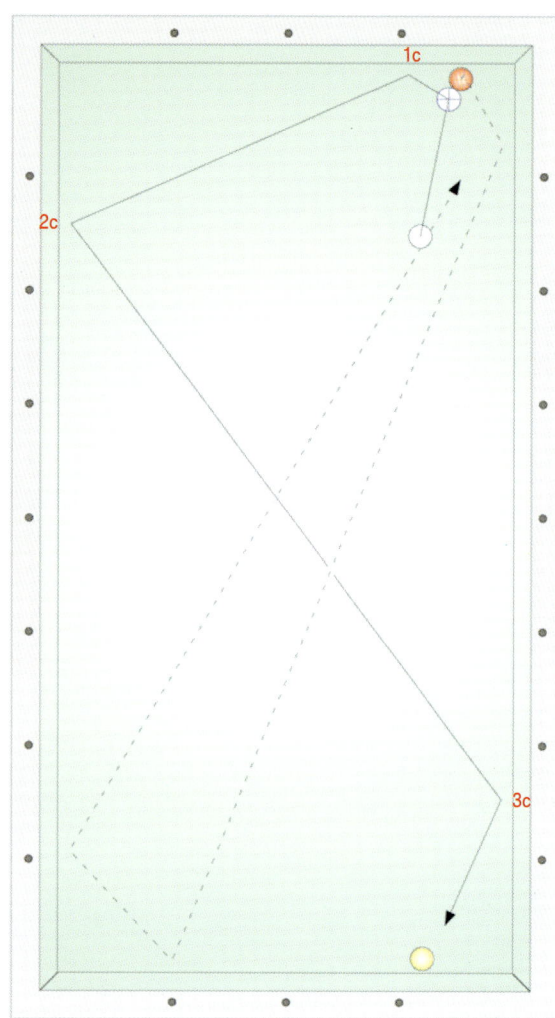

앞돌리기-9

앞돌리기 - 9

CL-3T   P × 2.5   ←   B

밀어 칠 경우 수구의 진로가 너무 짧을 수 있다.
제1표적구를 두껍게 겨냥하는 대신, 타구 후 큐를 뒤쪽으로 빼는 느낌으로 샷을 구사해야 한다.

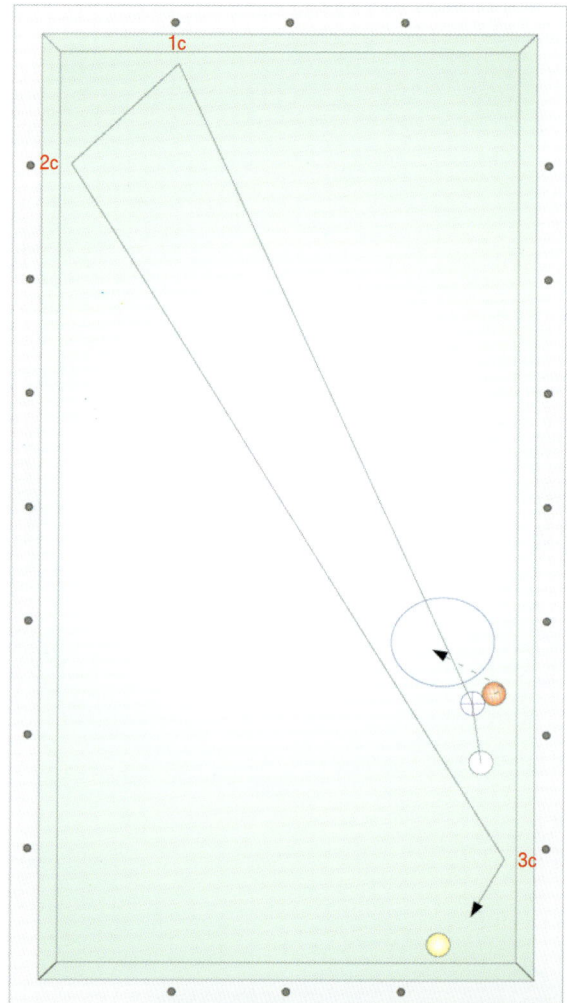

앞돌리기 - 10

CL-2.5T   P × 1.5   ←   S

수구에 비틂을 넣은 후 굴리는 느낌으로 타구한다.

앞돌리기 - 11

C/DL-3T   P × 2.5 ←— N

코너 근처로 수구를 보내도록 한다.

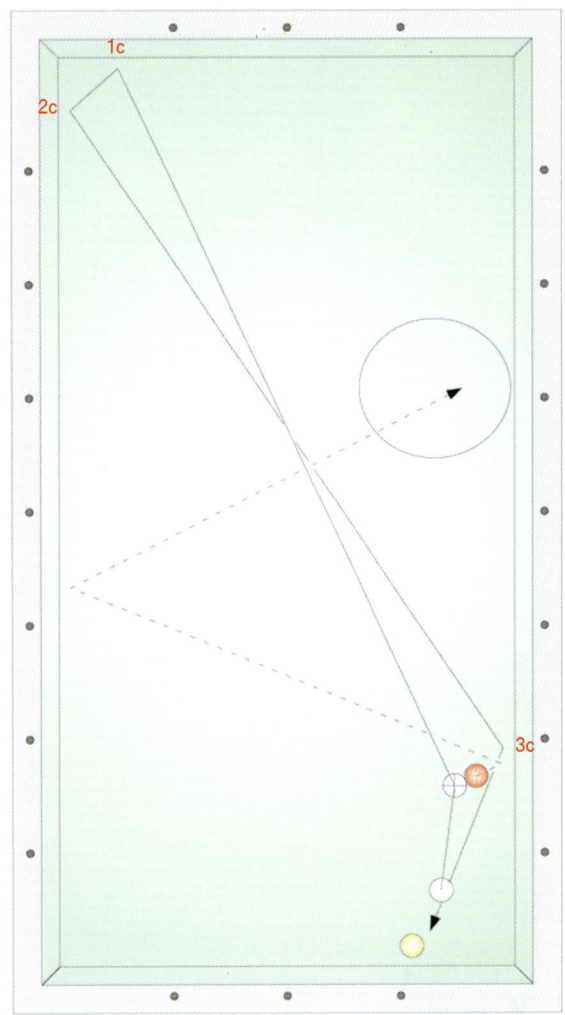

앞돌리기 –11

앞돌리기 - 12

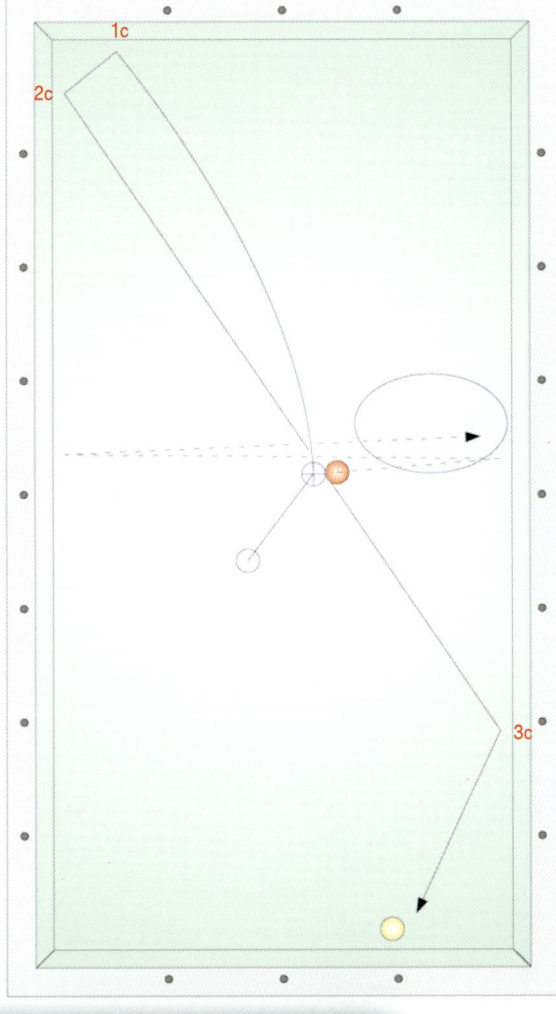

앞돌리기 - 12

D/EL-3T   P × 2.5 ←— B

조금 얇게 겨냥하는 대신 수구가 그림과 같이 커브를 그리며 코너로 진입할 수 있게 타구한다. 평범하게 타구할 경우 수구의 진로가 너무 길어지거나 수구와 제1표적구간에 키스의 위험이 있다.

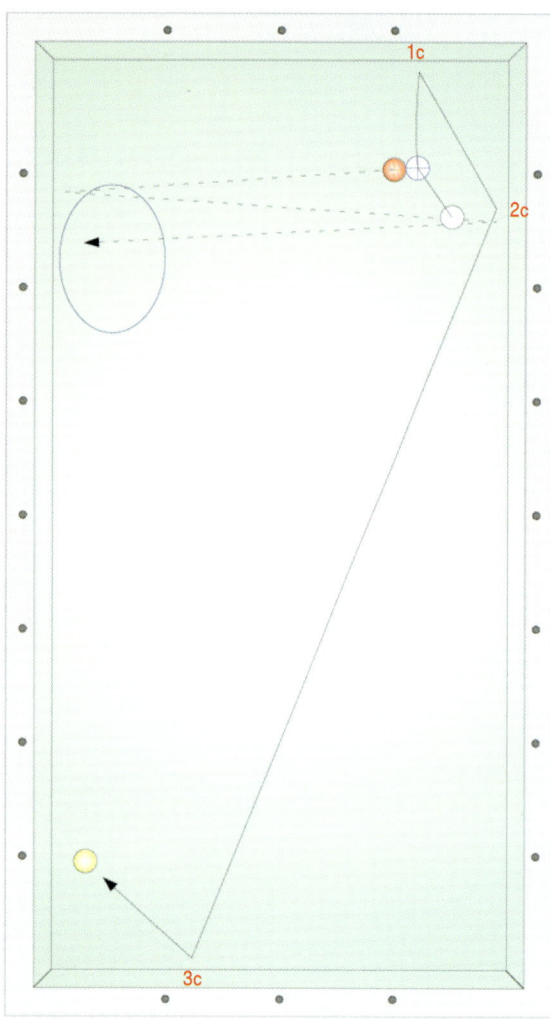

앞돌리기 – 13

DR-3T   P × 2.5 ←—— B

앞돌리기-13

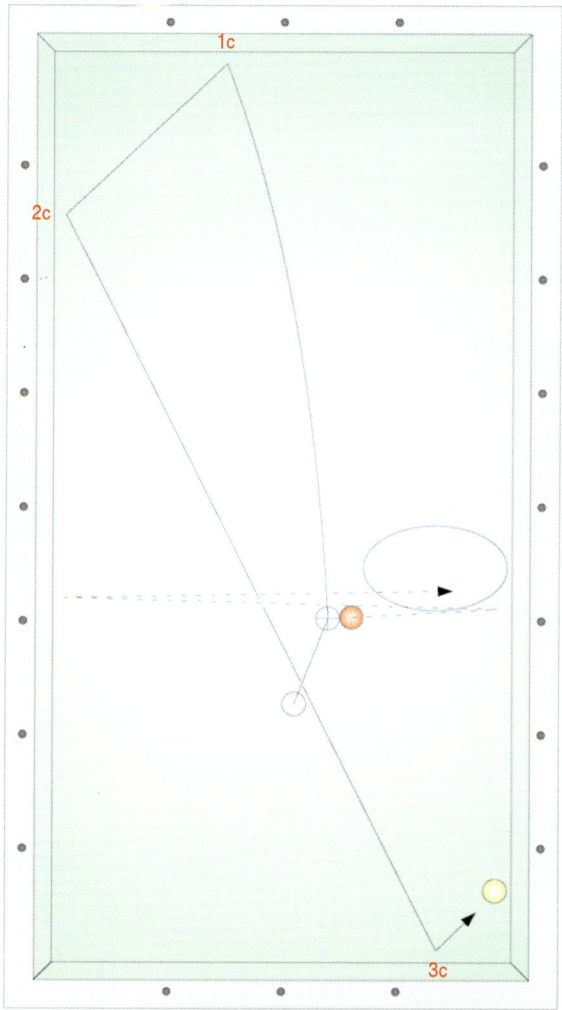

앞돌리기-14

앞돌리기 – 14

DL-3T   P × 2.5 ←—— N

커브의 휘어짐 정도는 연습을 통해 스스로 익혀야 한다.

앞돌리기 - 15

BR-2T   P × 1.5 ←—— S

얇게치기를 이용한 앞돌리기 타구이다.
제1표적구를 얇게 겨냥한 뒤 수구를 굴리듯이 타구한다.

앞돌리기 - 16

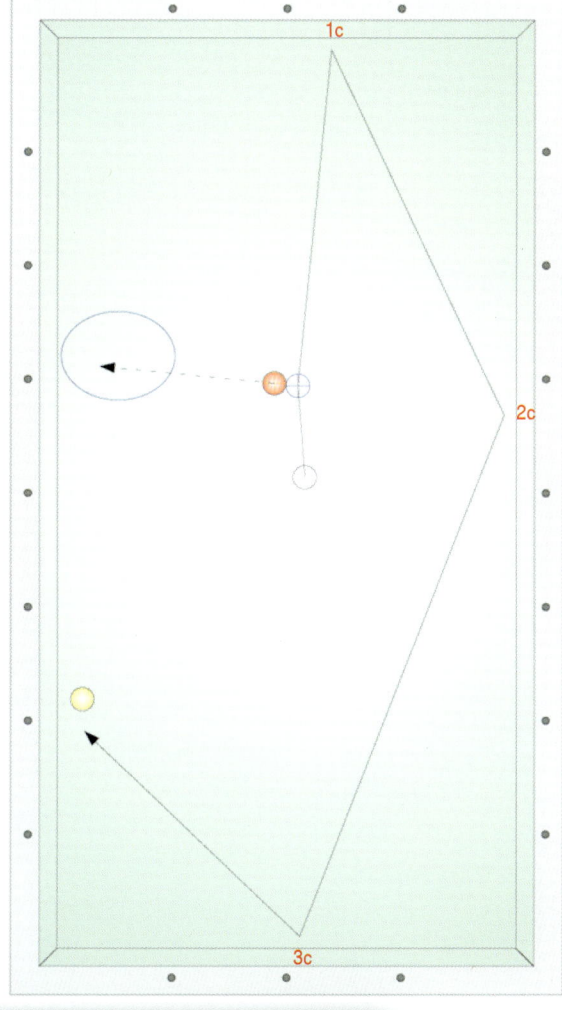

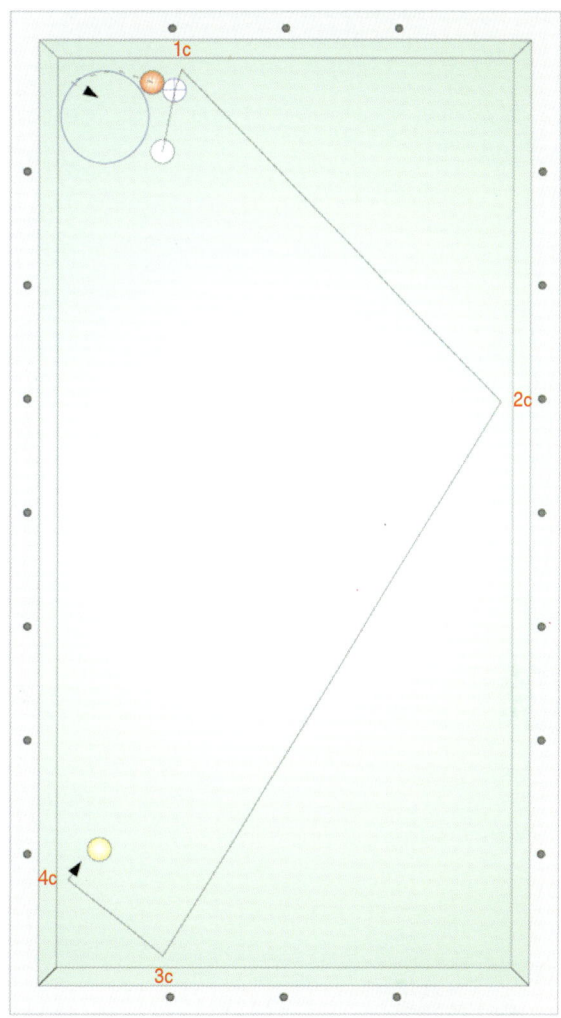

앞돌리기 -15

앞돌리기 - 16

BR-1.5T   P × 1.5 ←—— S·L

공을 때리는 느낌으로 타구해서는 그림과 같은 결과를 기대할 수 없다. 몸의 긴장을 풀고 가벼운 마음으로 타구한다.

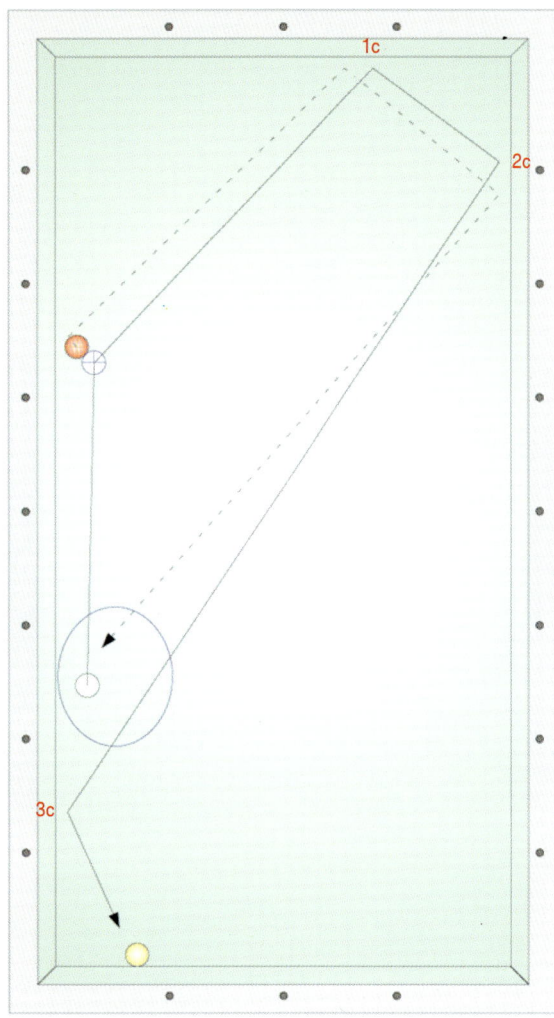

앞돌리기-17

앞돌리기 - 17

C/BR-3T   P × 2.5 ← L

제1표적구를 두껍게 밀어 타구하여 그림과 같이 제1표적구를 테이블 아래쪽으로 몰고 내려와야 한다. 그림과 같은 타구는 4구 종목에서 모아치기를 할 때 많이 사용된다.

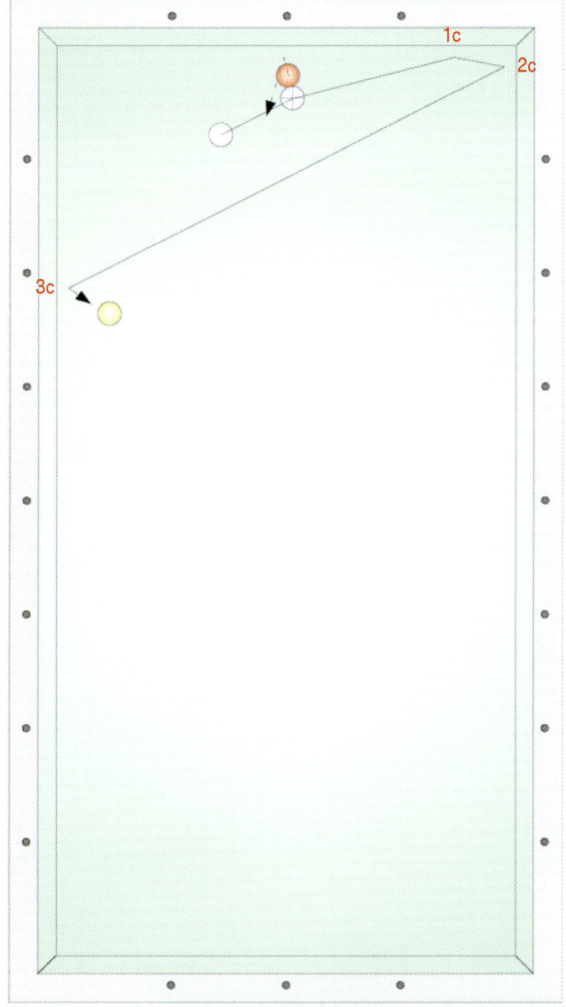

앞돌리기-18

앞돌리기 - 18

BL-0.5T   P × 1 ← S

눈에 보이지 않을 정도의 역비틂을 수구에 넣고 가볍게 타구한다. 그림과 같은 타구는 테이블 조건이 나쁠 경우 공략하기가 힘들어 진다.

앞돌리기 - 19

CL-3T   P × 3   ← F

D/EL-3T   P × 1.5   ← B

초보자들이 보통 파란 실선과 같이 타구하여 제1표적구와 제2표적구간에 키스를 범하기 쉬운 경우이다. 올바른 타구방법은 제1표적구를 얇게 겨냥하는 대신 끌어치기 당점을 이용하여 수구를 약간 끌어쳐야 한다는 것이다.

포지션 플레이를 하는데 있어 자주 이용하는 형태이다.

앞돌리기 - 20

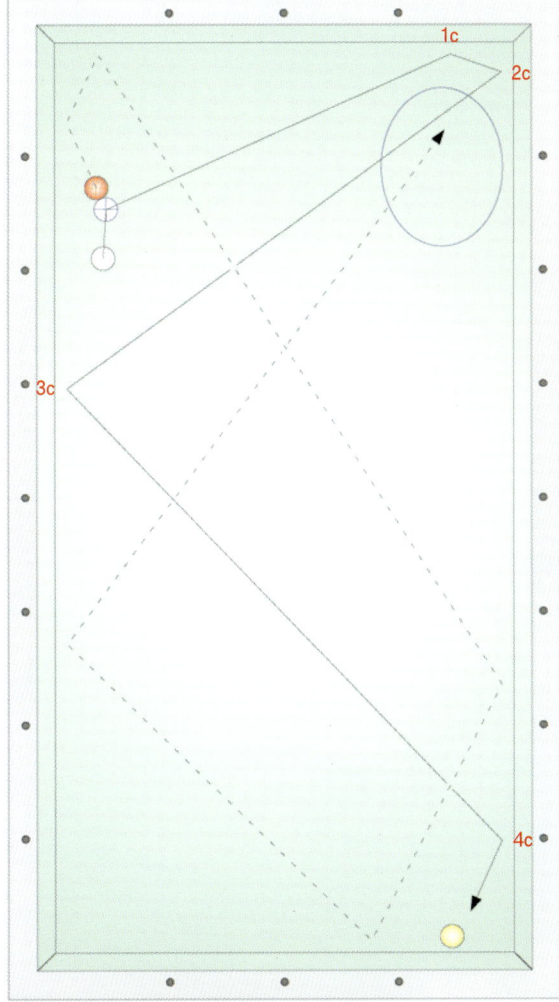

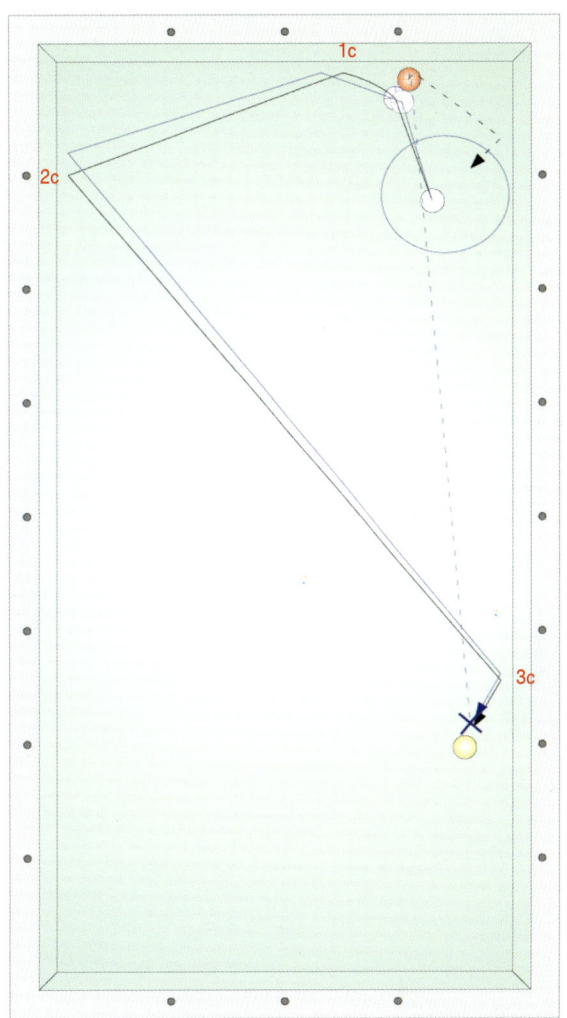

앞돌리기 -19

앞돌리기 - 20

C/DR-2T   P × 3.5   ← F

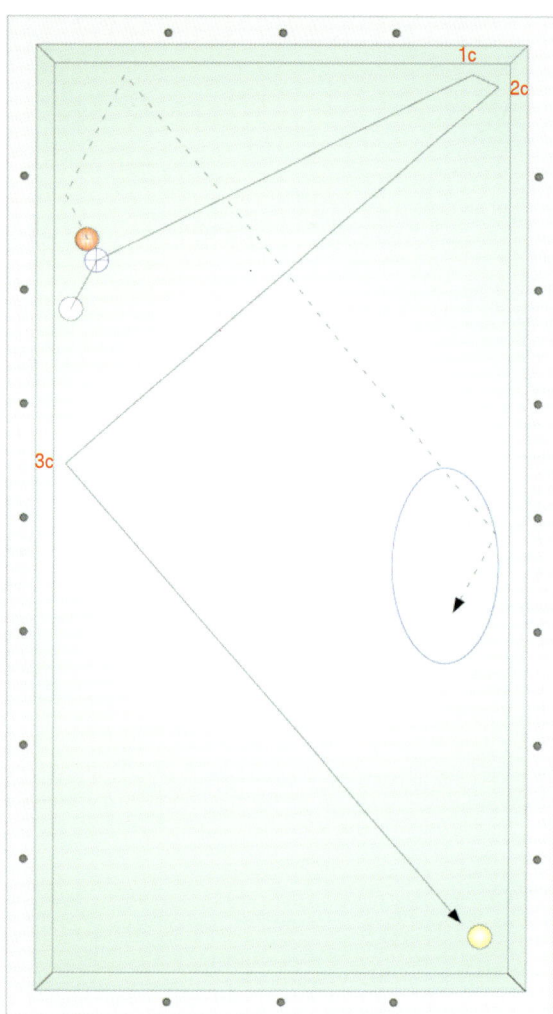

앞돌리기-21

앞돌리기 - 21

DR-3T   P × 3   ←── F

약간 빠르게 타구하여 수구가 쿠션에서 튕겨져 나올 때 회전력에 의해 많이 꺾이지 않도록 해야 한다.

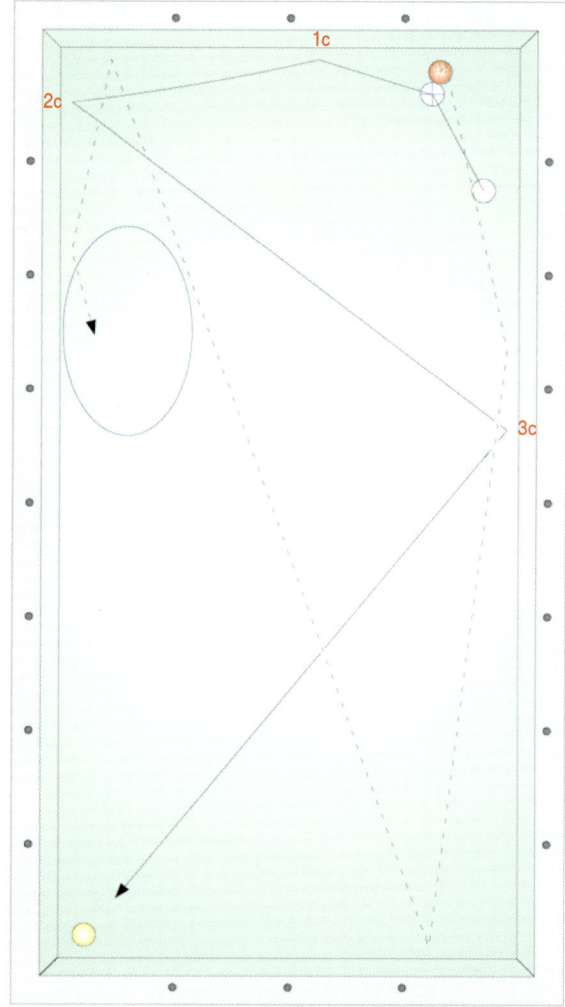

앞돌리기-22

앞돌리기 - 22

BL-3T   P × 3.5   ←── F

제2표적구가 코너에 근접해 있을 경우 제1표적구의 오른쪽을 겨냥하여 타구하는 것보다 그림에서와 같이 제1표적구의 왼쪽을 겨냥하여 짧게 타구하는 것이 유리하다.

앞돌리기 - 23

C/BR-3T   P × 3.5   ← F

키스의 위험이 많지만 시도는 해 볼만한 타구이다.

앞돌리기 - 24

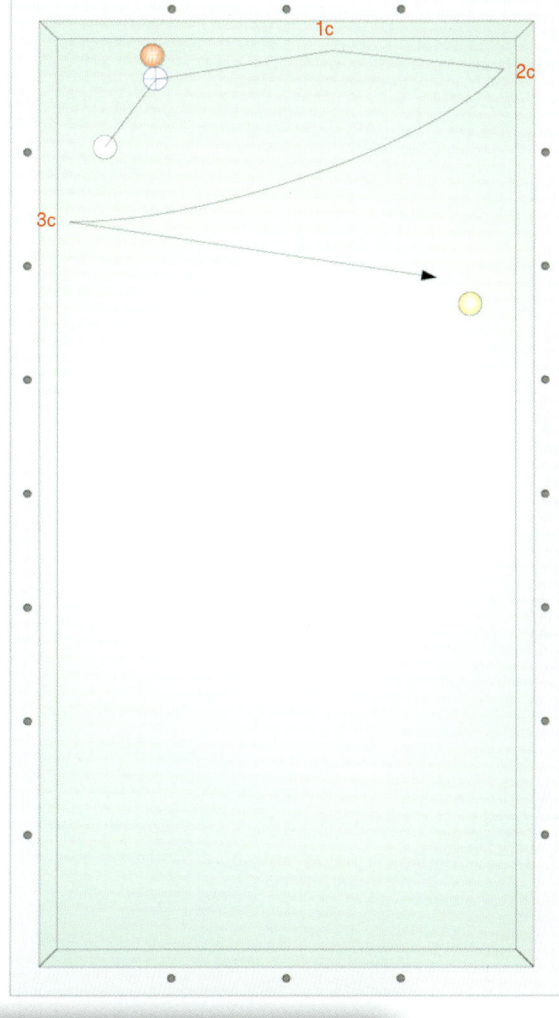

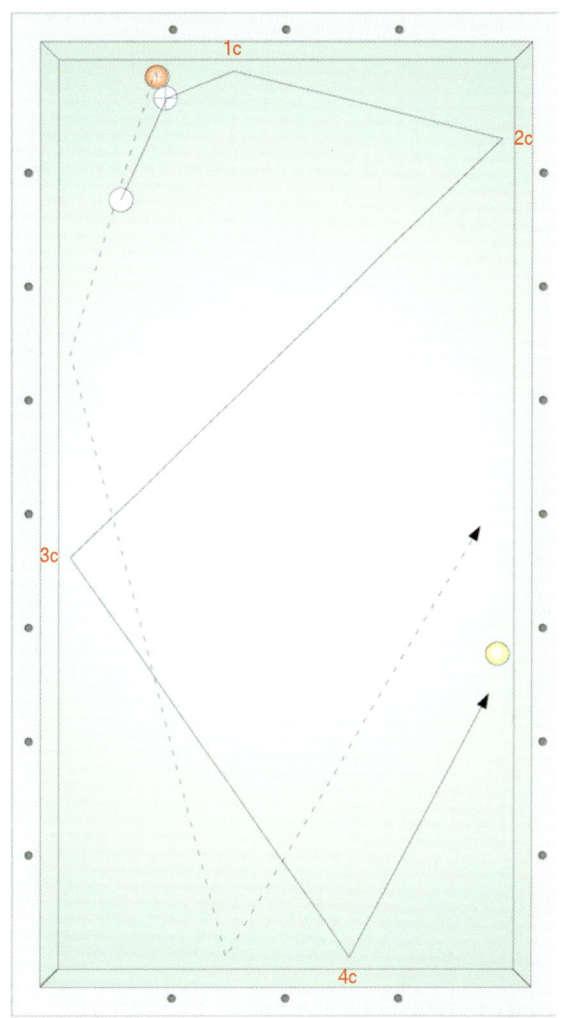

앞돌리기 -23

앞돌리기 - 24

AR-1.5T   P × 4   ← F · L

연습해 보자. 유용하게 사용할 때가 많을 것이다.

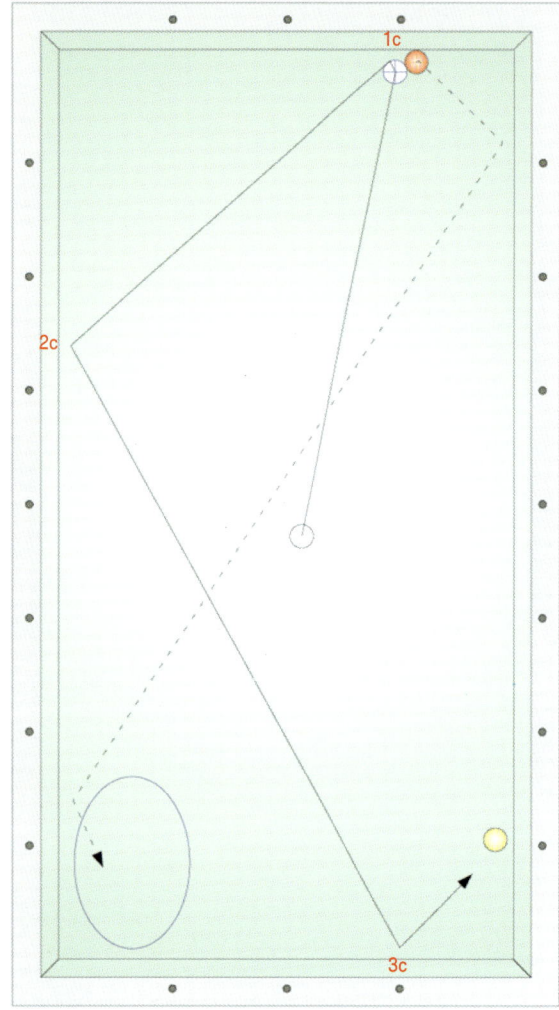

앞돌리기 - 25

C/DL-0.5T   P × 2.5   ←   F·X

유용한 타구법이다.
  제1표적구를 약간 두껍게 겨냥하는 대신 수구에 비틈을 조금만 넣고 약간 하단을 겨냥하여 약간 빠르게 끊어치는 식의 타법을 구사해야 한다.
  연습하도록 하자.

앞돌리기-25

 스리쿠션 경기시 사용되는 테이블에 대하여......

당구장에서 스리쿠션 경기를 할 때 일반적으로 2가지 종류의 공을 사용하고 있습니다.
  한 가지는 보통 사용하는 4구 경기에서 1개의 적구를 제외한 나머지 3개의 공(직경 65.5mm의 흰공 2개,빨간공 1개)를 사용하는 경우이고 다른 한 가지는 요즘 많이 사용하고 있는 4구 보다는 작은 쓰리쿠션 전용구(직경 61.5mm의 흰공, 노란공, 빨간공)를 사용하는 경우입니다. 그러나 스리쿠션 전용구를 사용할 경우는 쿠션의 높이(공의 외각부분이 쿠션과 접하는 부분에서 테이블 면까지 수직으로 내린 길이)가 전용구에 맞게 설치된 테이블 (대형 테이블)에서 사용되어야 합니다. 그렇지 않고 우리가 일반적으로 사용하는 중형 테이블에서 이 공을 사용할 경우 쿠션의 높이를 조정하거나 테이블 관리를 아주 잘하지 않는 이상 우리가 흔히 말하는 공이 튀는 현상("짤린다"라고 표현하기도 합니다)이 발생하기 쉽습니다. 이는 중형 테이블의 쿠션의 높이가 직경 65.5mm의 공에 맞게 조절되어 있기 때문입니다. 따라서 독자 여러분이 당구장에 일반적으로 설치되어 있는 중형 테이블에서 스리쿠션 경기를 즐기고자 할 경우 4구에서 한개의 적구를 제외한 나머지 3개의 공을 사용하시는 것이 보다 정확한 경기를 하실 수 있습니다.

앞돌리기 - 26

C/BL-1T   P × 4 ⟵ F·L

CL-3T   P × 3 ⟵ N

앞돌리기 두번 돌리기의 기본 타구이지만 자칫 파란 선과 같이 타구하여 표적구끼리의 키스를 유발할 수 있는 형태이다. 검은 선과 같이 수구에 비틈을 약간만 넣은 상태에서 두껍게 타구하여 표적구간의 키스를 피하도록 해야 한다.

쉬운 타구는 아니므로 연습을 통해 숙달하도록 하자.

앞돌리기 - 27

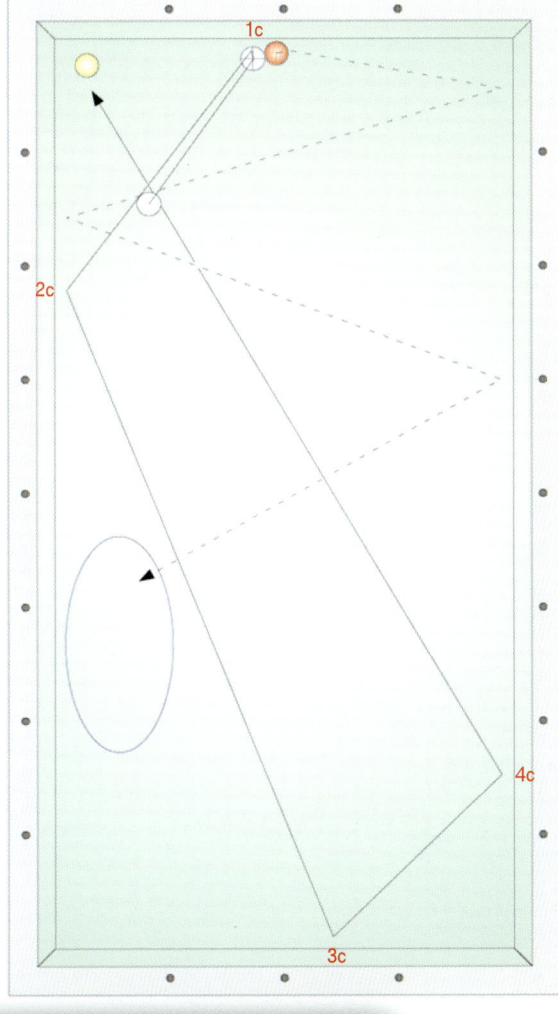

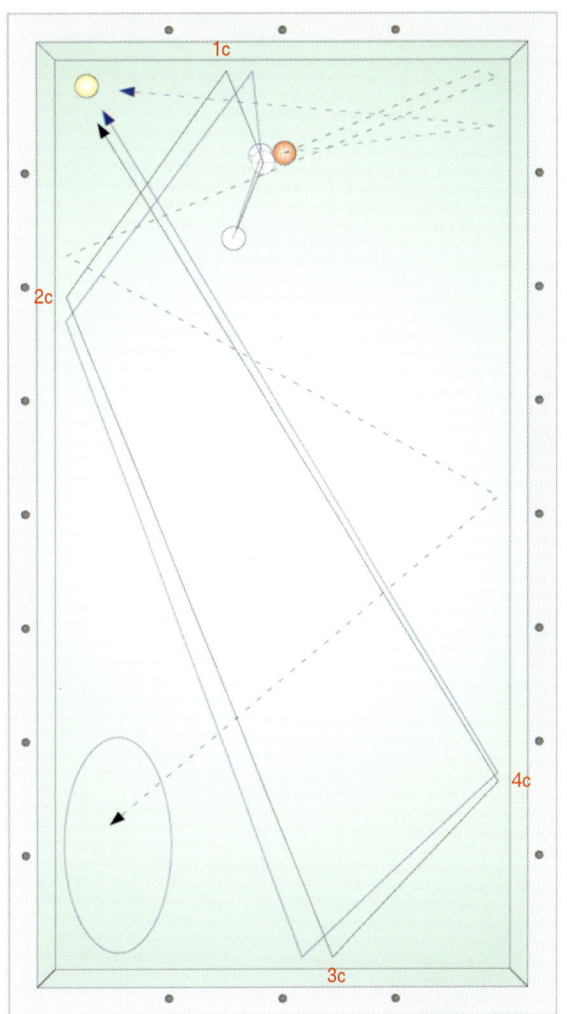

앞돌리기 -26

앞돌리기 - 27

CL-1T   P × 4 ⟵ F

앞돌리기 - 28

CL-2T   P × 3   ←   N

기본적인 타구이나 ▭ 지점에서 키스의 위험이 있다.

앞돌리기-28

앞돌리기 - 29

BL-2T   P × 2.5   ←   S·L

제1표적구를 최대한 얇게 치고 나간다.
수구를 가볍게 굴려 보내도록 타구한다.

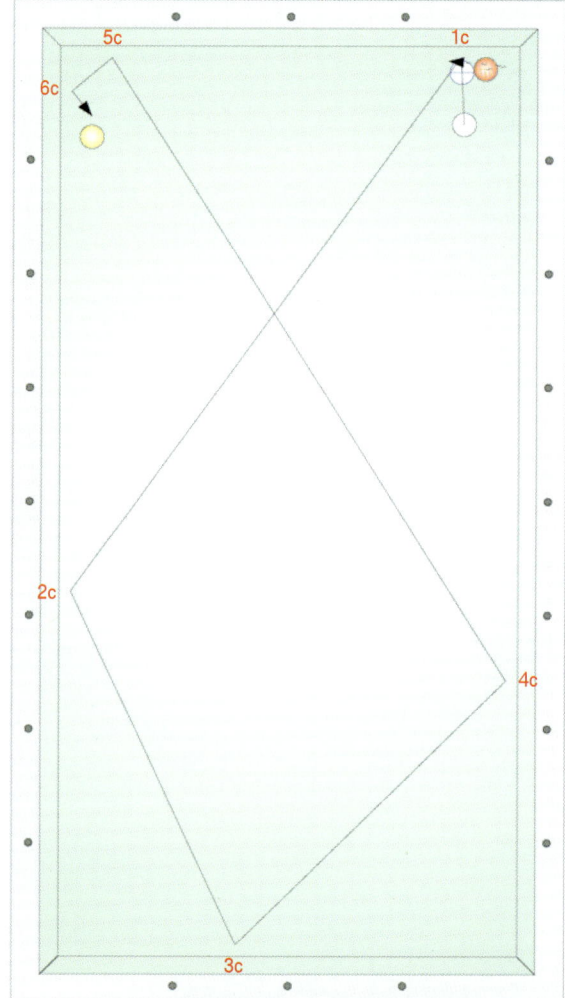

앞돌리기-29

앞돌리기 - 30

C/DL-3T   P × 4 ← L

파란 선과 같은 수구 진로를 택할 경우 수구와 제1표적구 간에 키스의 위험이 있다.

약간의 끌어치기 당점을 주고 비틂을 최대한 넣은 후 타구한다.

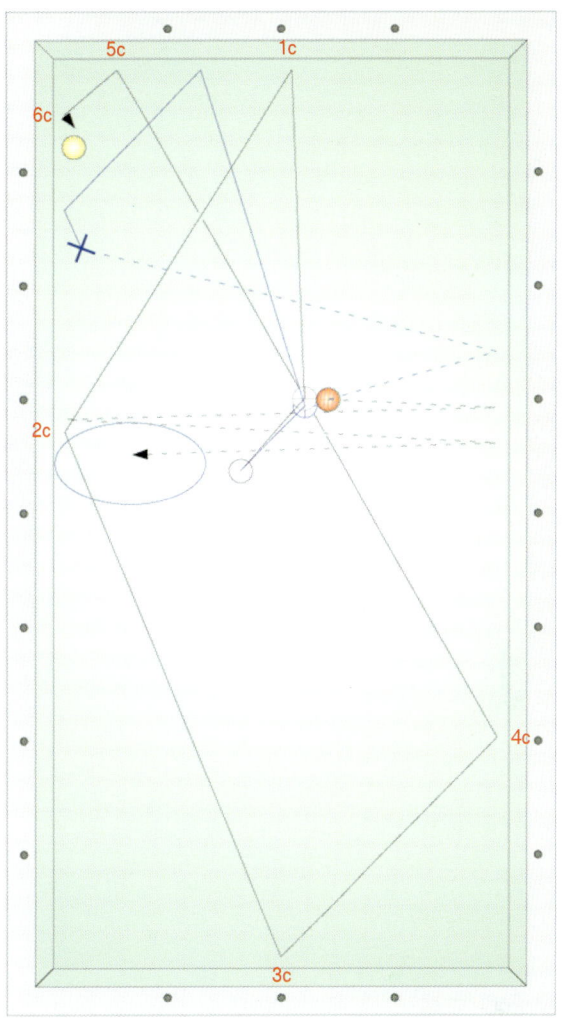

앞돌리기 -30

앞돌리기 - 31

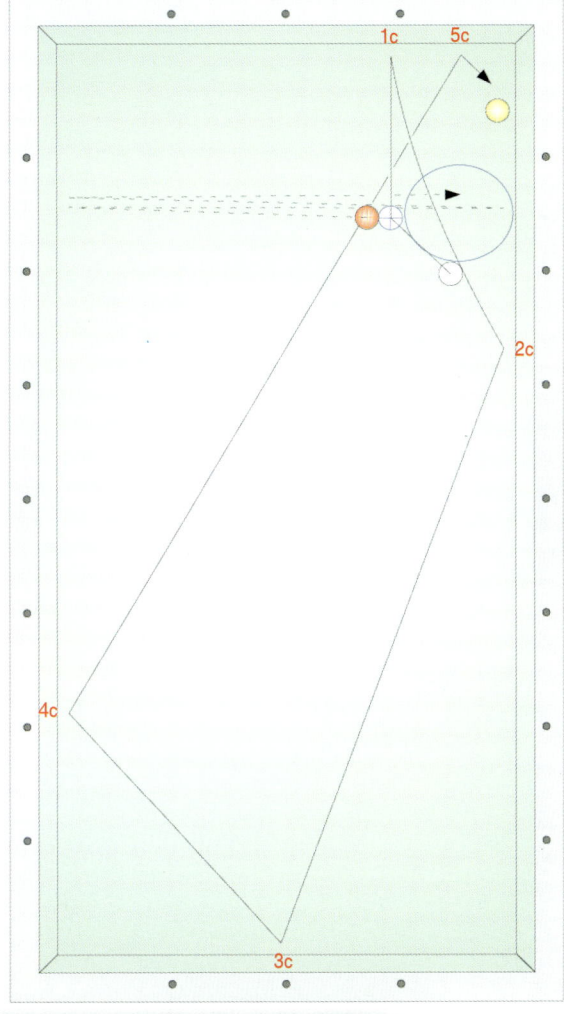

D/ER-3T   P × 4 ← B

수구에 비틂을 최대한 넣은 상태에서 끌어치기를 해야 한다.

앞돌리기 - 32

C/DR-3T   P × 3.5   ←   F · X

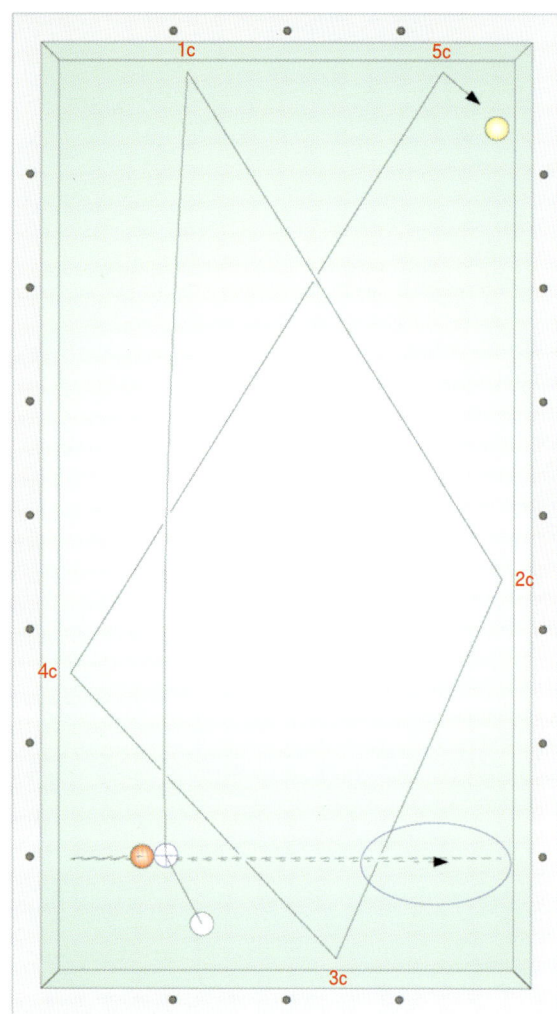

앞돌리기-32

앞돌리기-33

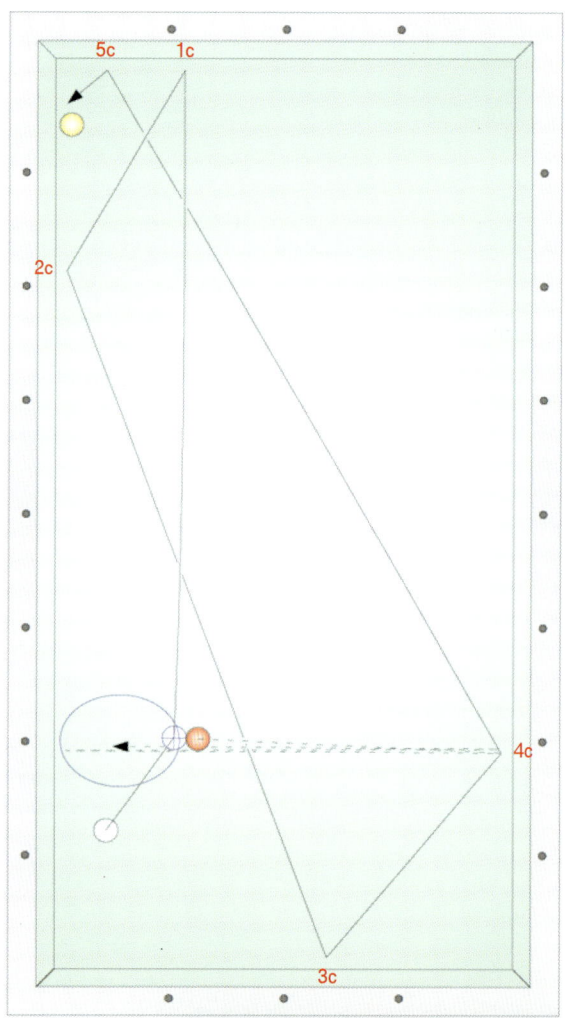

앞돌리기 - 33

C/DL-3T   P × 3.5   ←   X

제1표적구가 테이블을 횡단하는 동안 이동하는 수구와 키스의 위험이 있다. 타구의 변화로 시간차를 조절해 주어야 한다.

앞돌리기 - 34

ER-0.5T P × 3 ← B

제1표적구를 약간 두껍게 겨냥하는 대신 끌어 쳐 수구가 그림에서와 같이 커브를 그리며 진행하게 타구해야 한다.

앞돌리기 - 35

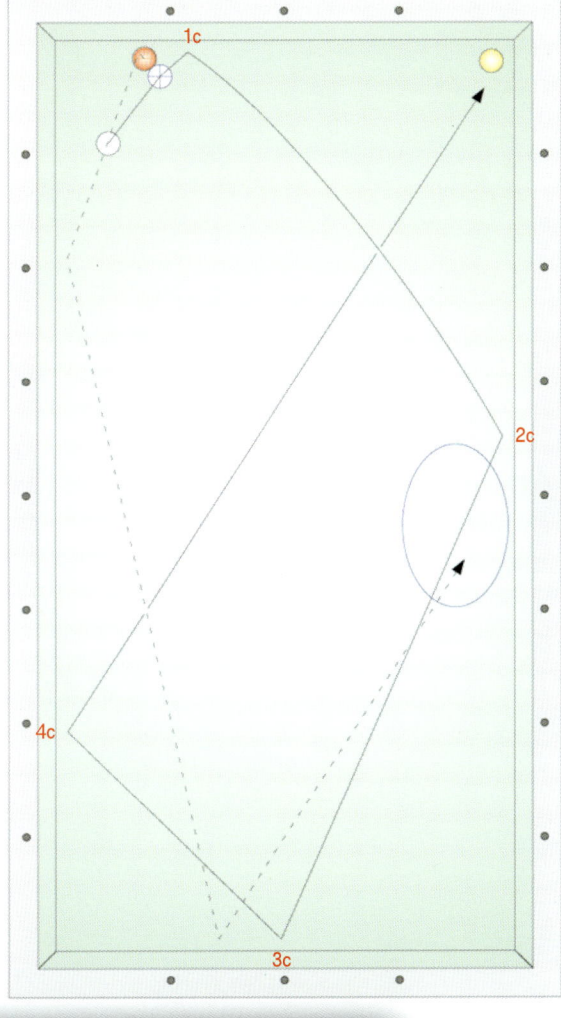

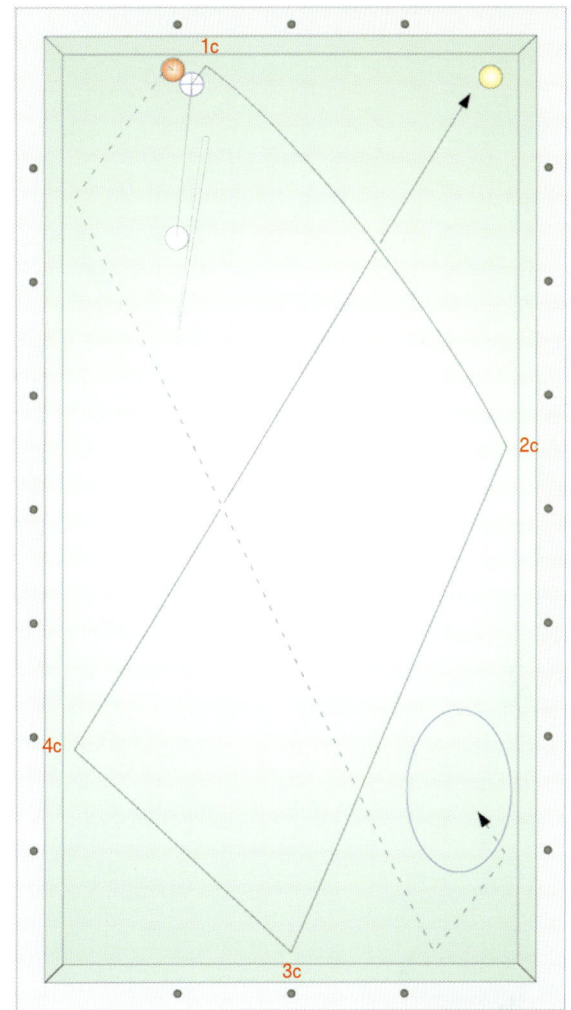

앞돌리기 -34

앞돌리기 - 35

E-0T   P × 3 ← B

끌어치기를 이용하여 수구가 커브를 그리도록 해야 한다. 너무 강하게 타구하면 안된다.

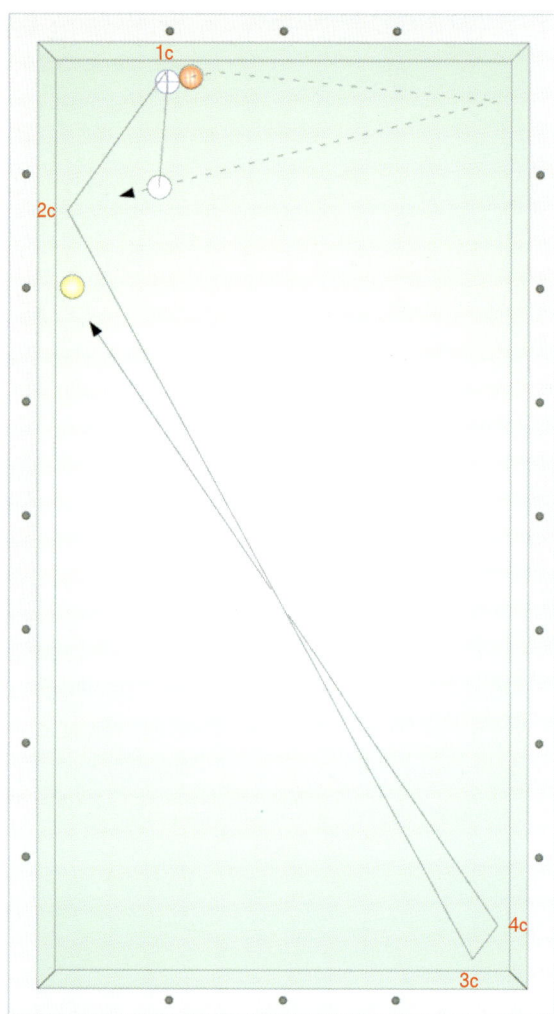

앞돌리기-36

앞돌리기 - 36

CL-3T   P × 2.5   ← N

공들이 다음과 같이 배치되었을 때 그림과 같은 공략법을 생각해 낼 수 있어야 한다.

수구에 비틀을 많이 넣은 상태에서 제1표적구를 약간 얇게 겨냥하고 타구한다.

앞돌리기 - 37

BL-0.5T   P × 6   ← F·L

엄청난 대회전이다.

아주 강한 타구가 필요하다.

수구에 비틀을 약간만 넣고 제1표적구를 얇게 겨냥한 뒤 아주 빠르고 강하게 타구한다. 비틀을 조금만 많이 넣어도 성공할 수 없다.

고점자의 경우 몇 번만 연습하면 쉽게 해결할 수 있는 타구이다.

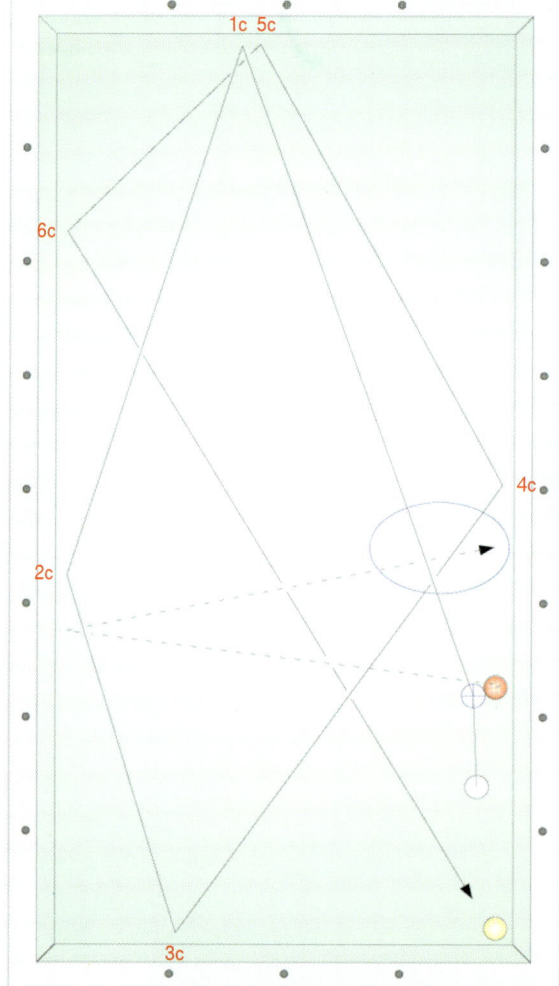

앞돌리기-37

5. 길게꺾기(일명 : 짱골라)

플러스 시스템을 이용한 길게꺾기 타구 방법

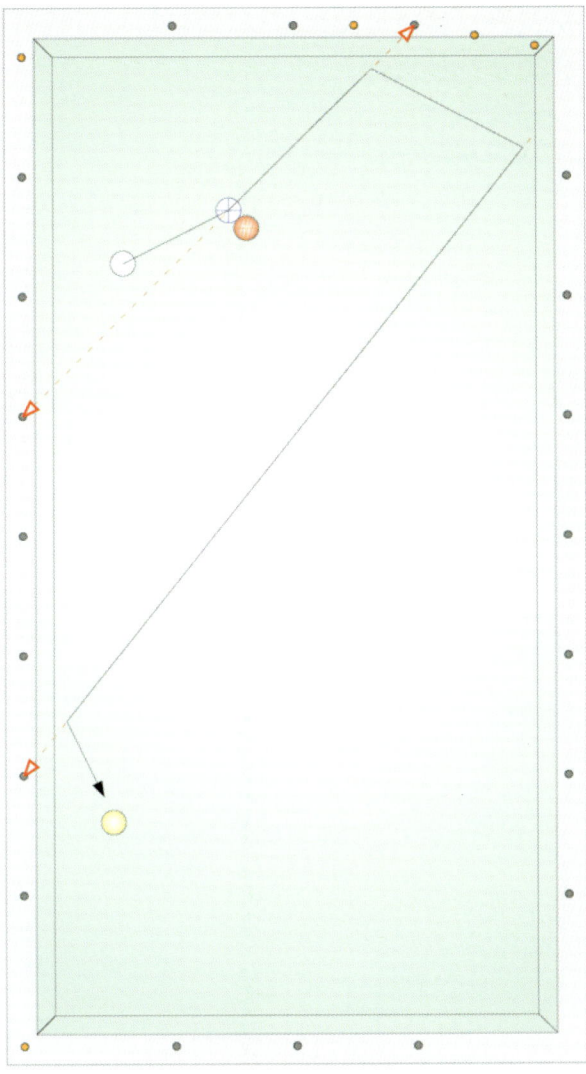

1) **표적구 포인트를 예측한다.**

   그림에서 표적구 포인트는 60p이다.

2) **수구 포인트와 수구 입사 포인트를 계산한다.**

   수구가 제1표적구와 임팩트하는 순간 수구의 중심을 기준으로 하여 표적구 포인트에 따른 수구 포인트와 수구 입사 포인트를 계산한다.

   그림에서 수구 포인트와 수구 입사 포인트는 각각 30p이다.

3) **타 구**

   수구를 제1표적구를 맞춘 뒤 수구 입사 포인트 30p에 넣는다.

   타구법은 플러스 시스템과 동일하다.

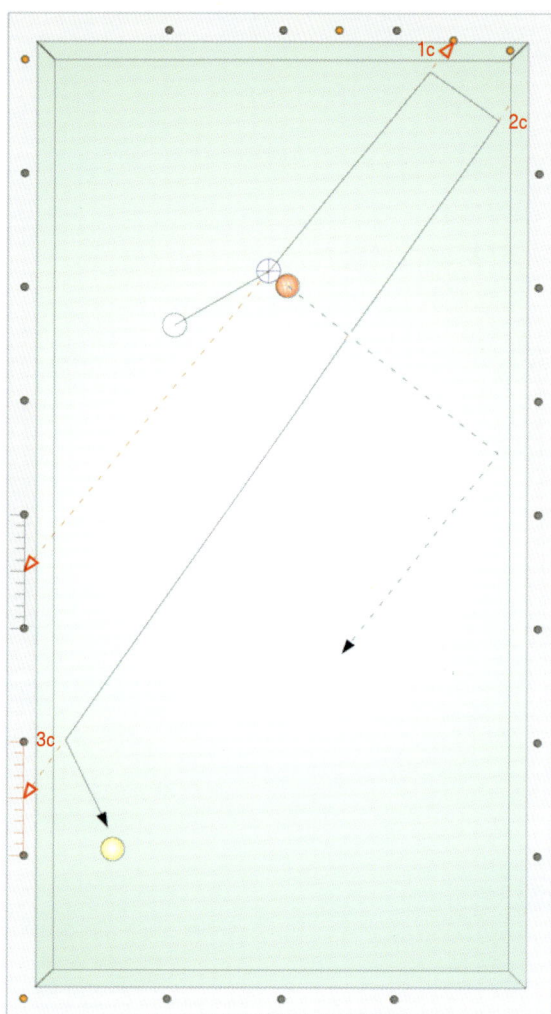

길게꺾기 - 1

길게꺾기 - 1

BR-3T   P × 2 ← N

플러스 시스템을 이용한 기본적인 길게꺾기 타구이다. 강한 타구 보다는 계산에 의한 정확한 타구가 요구된다.

표적구 포인트 : 65p
수구 포인트 : 45p
수구 입사 포인트 : 20p

길게꺾기 - 2

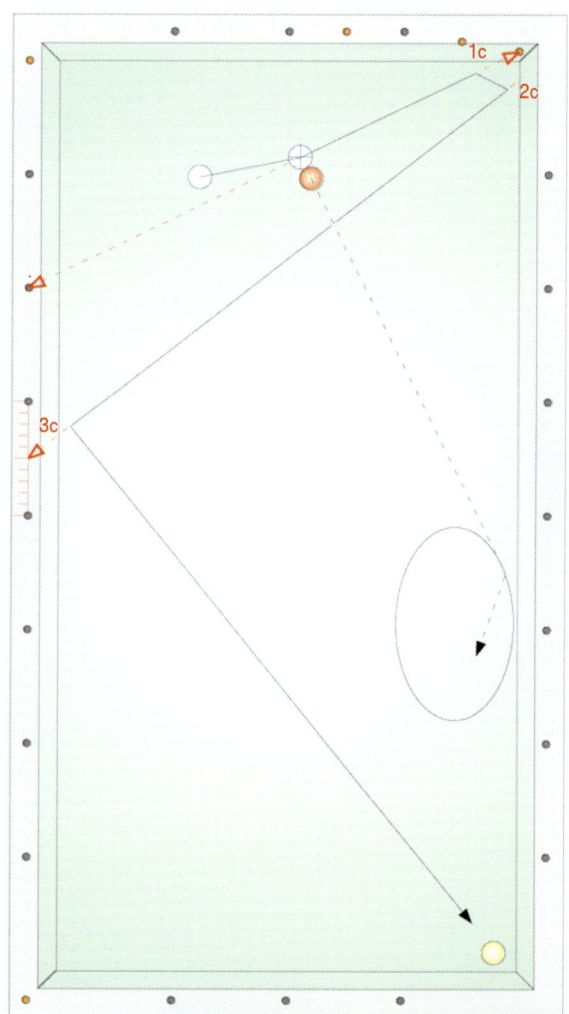

길게꺾기-2

CR-3T   P × 3 ← F

수구에 회전을 많이 넣는 대신 약간 빠르게 타구하여 2번째 쿠션에서 반사되어 나올 때 회전력에 의해 수구가 많이 꺾이지 않도록 타구해야 한다.

길게꺾기 - 3

C/DR-3T   P × 3   ←   F·X

그림과 같은 형태는 수구의 진행 속도에 따라 진로가 달라지므로 연습을 통해 감각을 익히도록 해야 한다.
약간 빠르게 끊어치도록 한다.

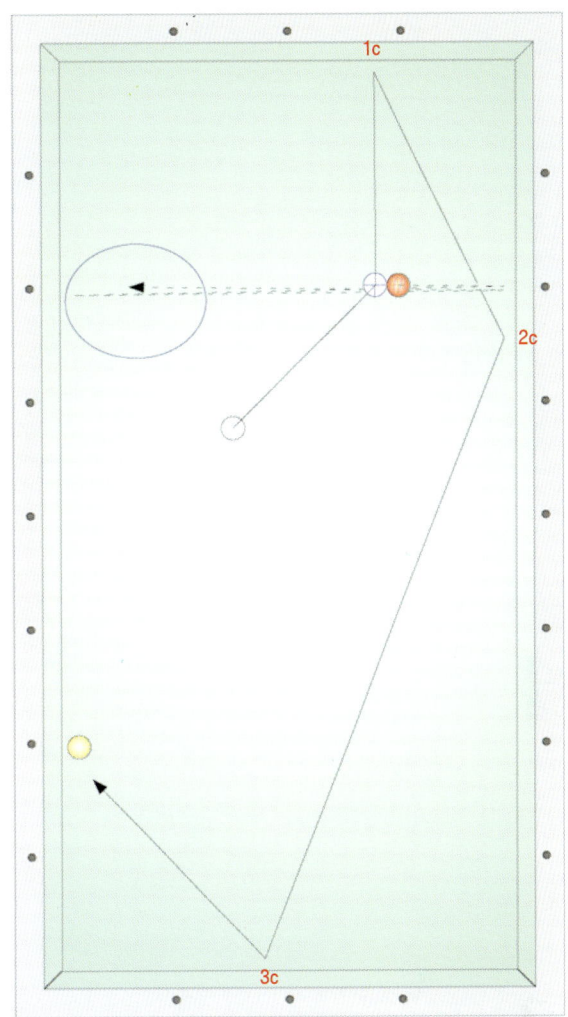

길게꺾기-3

길게꺾기-4

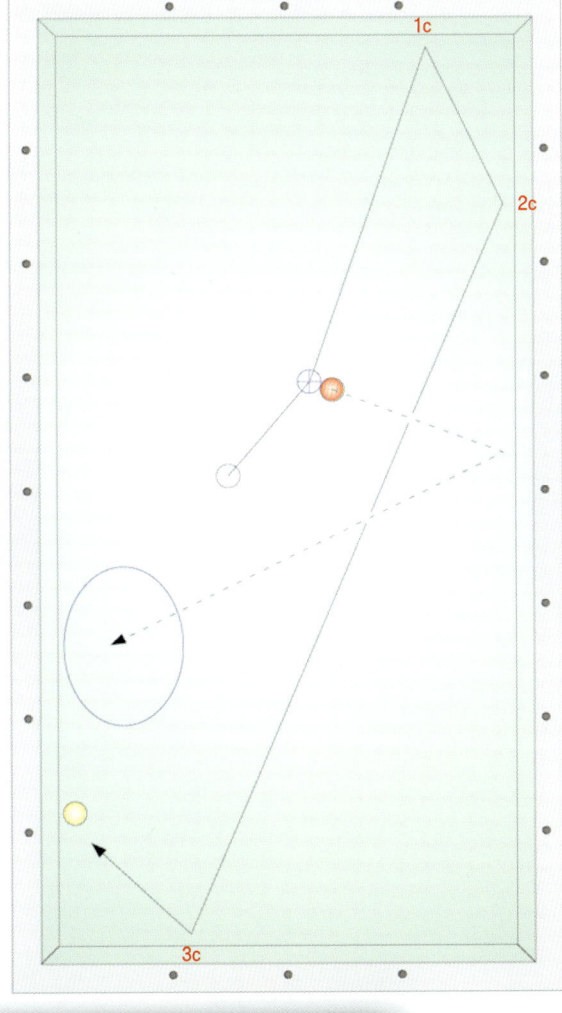

길게꺾기 - 4

BR-2T   P × 2   ←   S·L

수구를 굴리듯이 가볍게 타구한다.

길게꺾기 - 5

C/BR-2T   P × 2   ← S·L

공을 때리는 식으로 타구해서는 곤란하다.
제1표적구를 얇게 겨냥한 뒤 수구를 굴려보낸다는 느낌으로 타구한다.

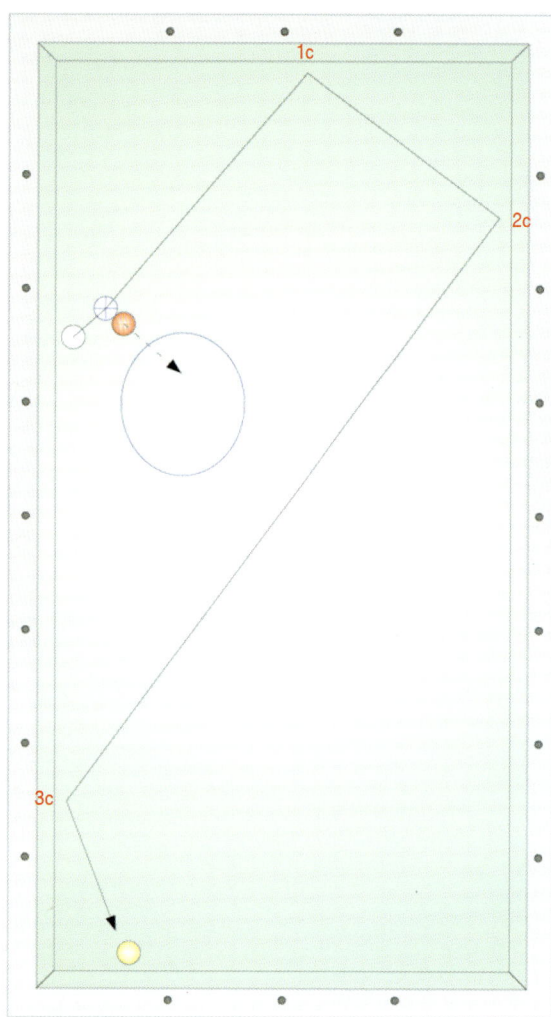

길게꺾기-5

길게꺾기 - 6

BR-2T   P × 2.5   ← L

많이 사용되는 중요한 타구이다.
제1표적구가 A지점에 도달하기 전에 수구가 먼저 그 지점을 통과해야 한다.
수구를 때리듯이 타구해서는 안된다. 제1표적구를 최대한 얇게 겨냥하고 큐를 약간 길게 내밀며 굴리듯이 타구한다.

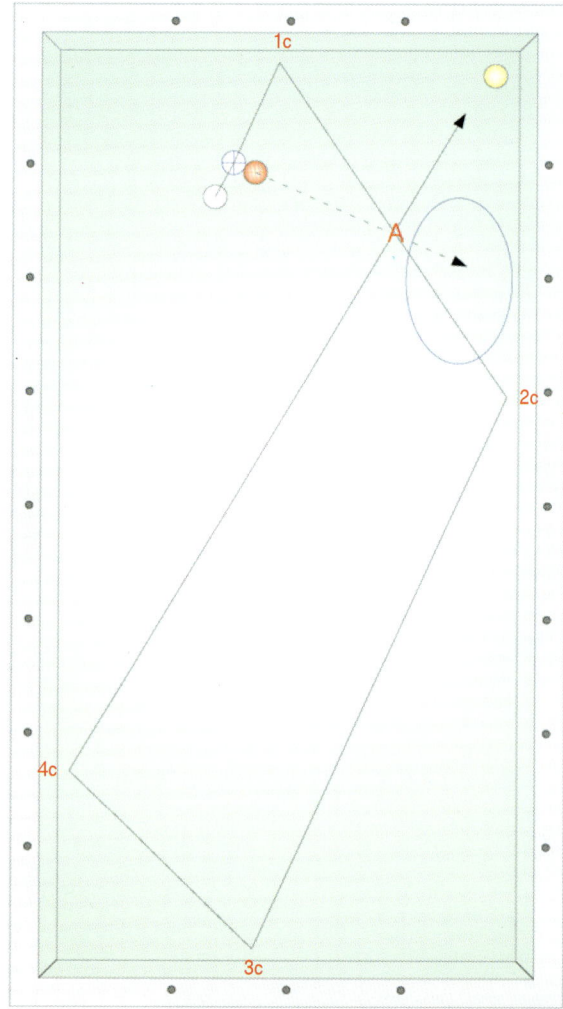

길게꺾기-6

길게꺾기 - 7

CR-3T   P × 2 ← N

너무 얇게 겨냥할 경우 수구와 제1표적구간에 키스의 위험이 있다.
수구에 비틈을 확실히 넣도록 한다.

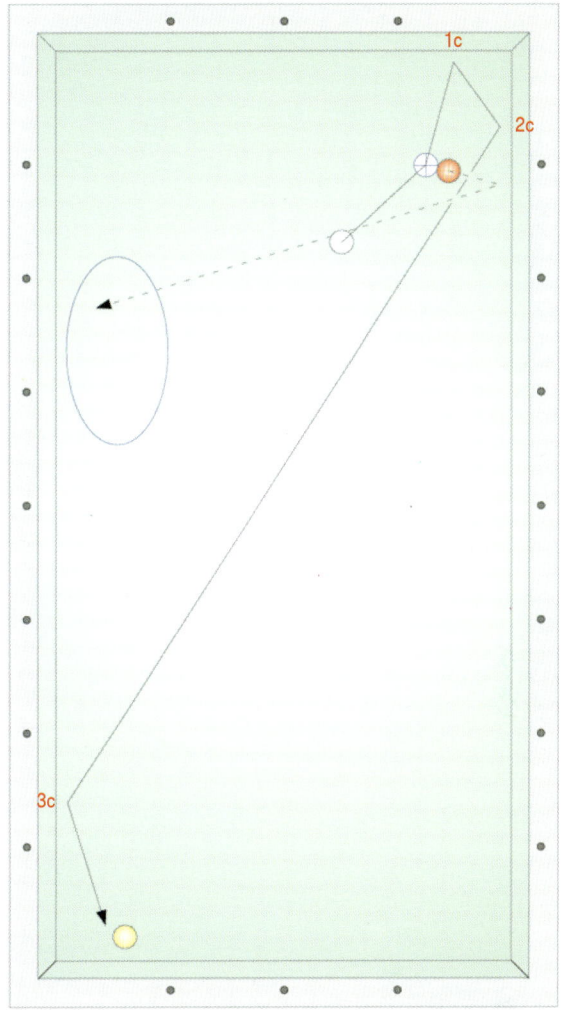

길게꺾기-7

길게꺾기-8

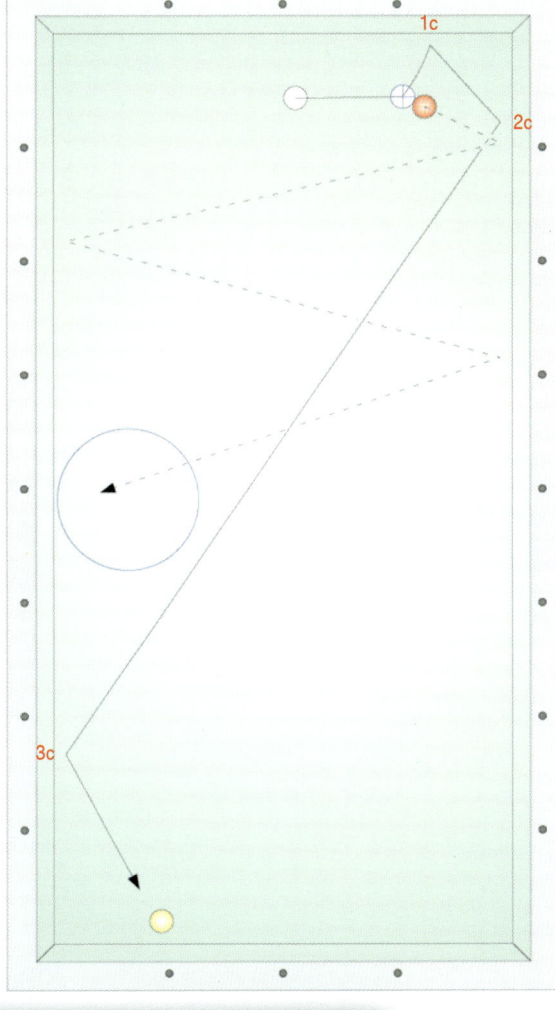

길게꺾기 - 8

DL-3T   P × 3 ← B

언어적인 표현 보다는 연습이 필요한 타구이다.

길게꺾기 - 9

C/BR-0.5T   P × 1 ←— S

그림과 같은 타구는 조금만 형태가 바뀌어도 그 형태에 따라 비틈과 타구의 강약을 조절해야 한다.

길게꺾기-9

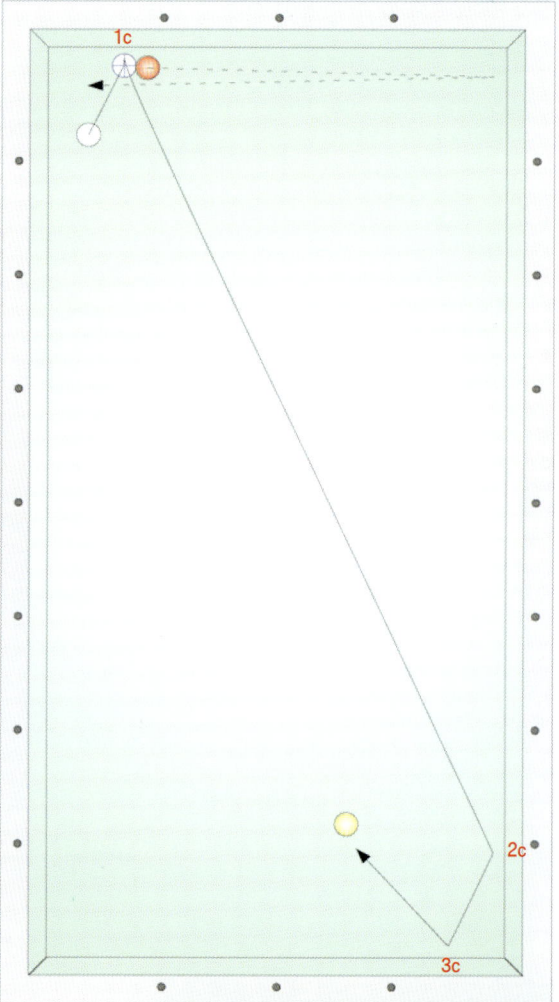

길게꺾기-10

길게꺾기 - 10

CR-1T   P × 2 ←— X

수구에 비틈을 조금만 넣은 후 느리지만 약간 끊어치는 느낌으로 타구한다.

주의할 점은 수구가 첫번째 쿠션에서 튕겨져 나온 후 커브를 그리며 진행해서는 안된다는 점이다.

쉽지만은 않은 타구법이다.

길게꺾기 - 11

B/AR-3T   P × 3 ← L

밀어치기에 의한 확장 효과를 이용하였다.
힘조절을 적절히하여 수구를 올바른 진로 위에 올려 놓는다.

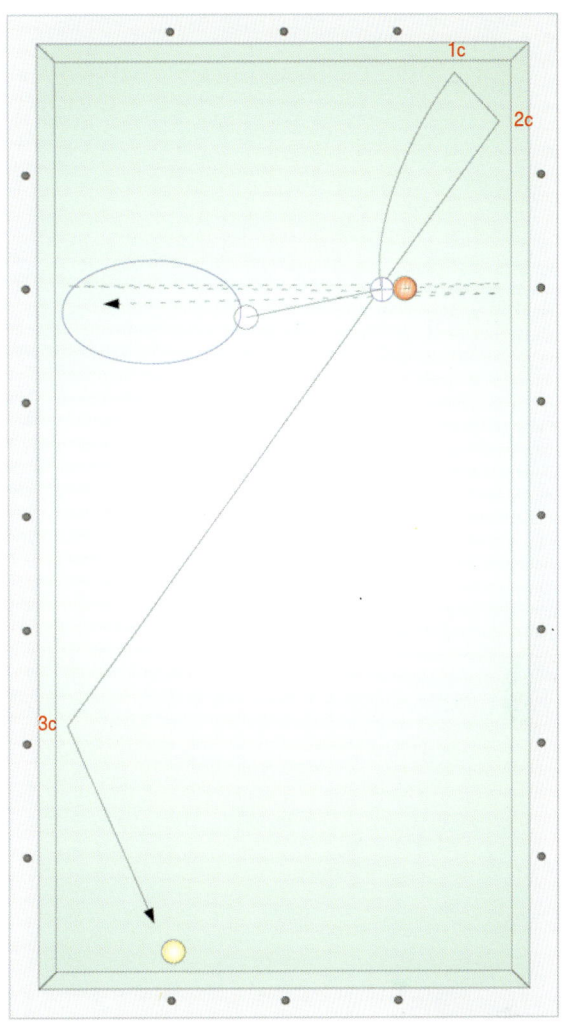

길게꺾기-11

길게꺾기-12

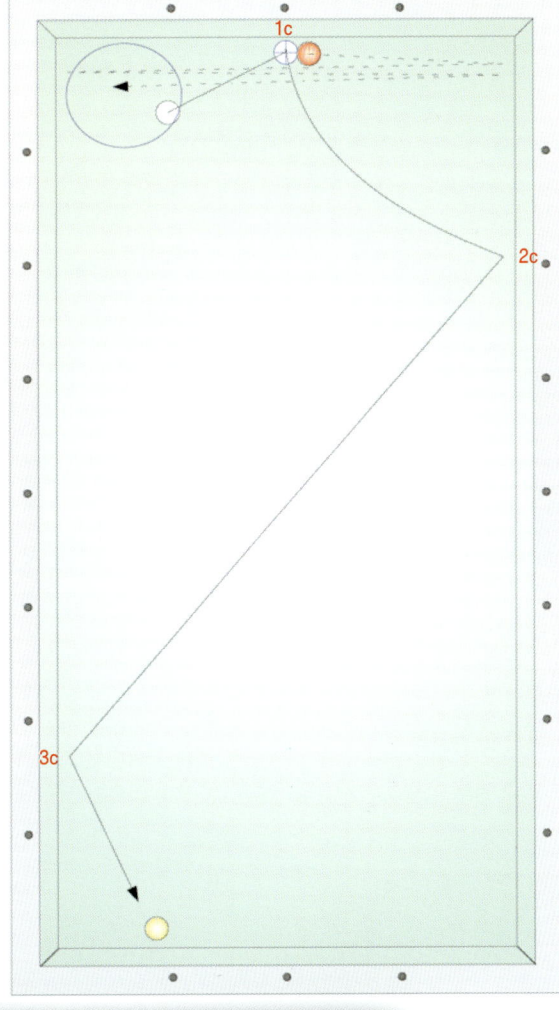

길게꺾기 - 12

AR-2T   P × 2.5 ← L

일반적인 타구를 이용하여 수구의 진로를 길게 잡을 경우 제2표적구가 쿠션에 근접해 있어 2쿠션으로 맞출 위험이 있다. 그림과 같이 확장 효과를 이용한 타구가 유리하다.

길게꺾기 - 13

C/DR-Max   P × 2.5 ← L

수구의 진행 속도에 따라 진로가 달라질 수 있다. 손목의 스냅을 이용하여 수구에 비틀을 많이 넣어 타구하는 것이 유리하다.

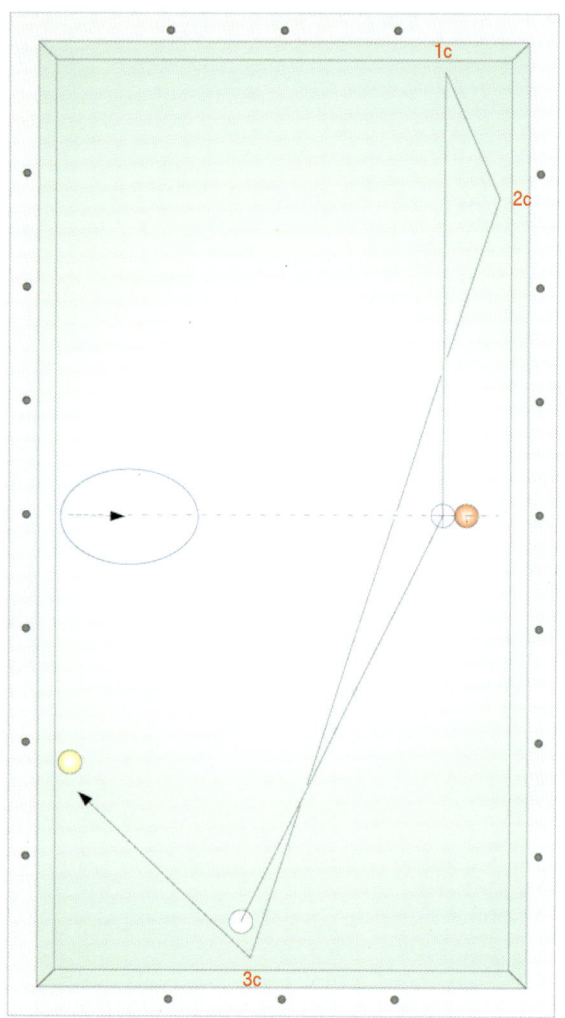

길게꺾기-13

잠깐만요, 그럴 경우 이렇게 하세요....

경기도중 규칙을 잘 몰라 경기자간에 자주 논란이 되고 있는 몇 가지 사항에 대해 말씀드립니다.

- 수구가 쿠션위로 튀어 올라가서 점프하였을 경우에는 몇 번 점프하던지 1쿠션으로 간주 합니다.
- 수구를 틀리게 잡고 쳤으나 상대방이 알아차리지 못한 경우에는 유효로 인정합니다.
- 상대방이 계속하여 치는 도중 수구가 틀렸음을 발견하였을 경우에는 얻은 점수 중 1점만을 무효로 하고 이외에 틀린 벌점으로 1점을 감합니다.
- 수구가 틀린 경우 다음에 치는 사람은 공의 위치를 그대로 두고 자기의 공을 칩니다.
- 수구가 쿠션에 닿아 있을 때 그 쿠션은 계산에 넣지 않습니다.

길게꺾기 - 14

AR-2T   P × 3.5 ← L

정면치기가 아니다. 비틈의 반대 방향으로 약간 틀어 타구한다.

길게꺾기-15

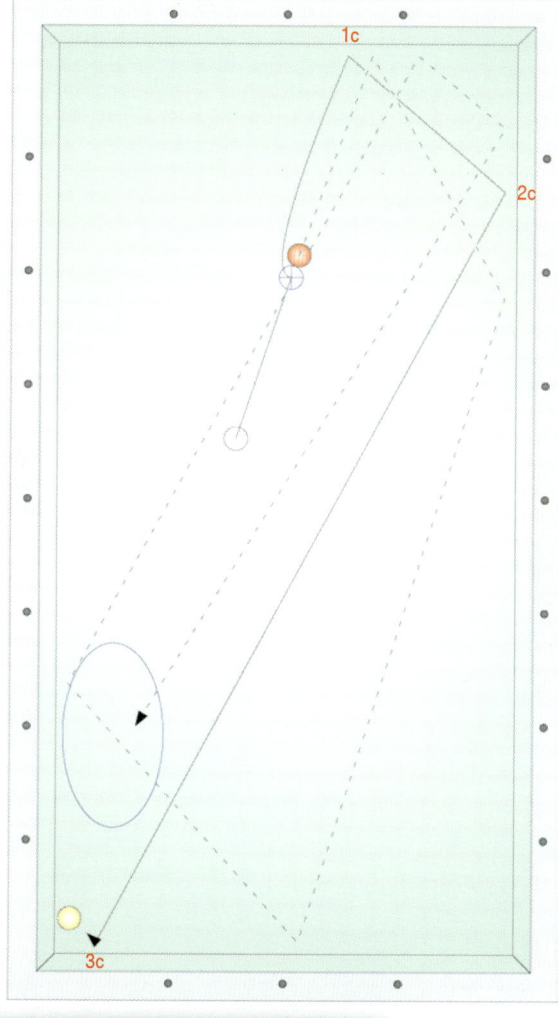

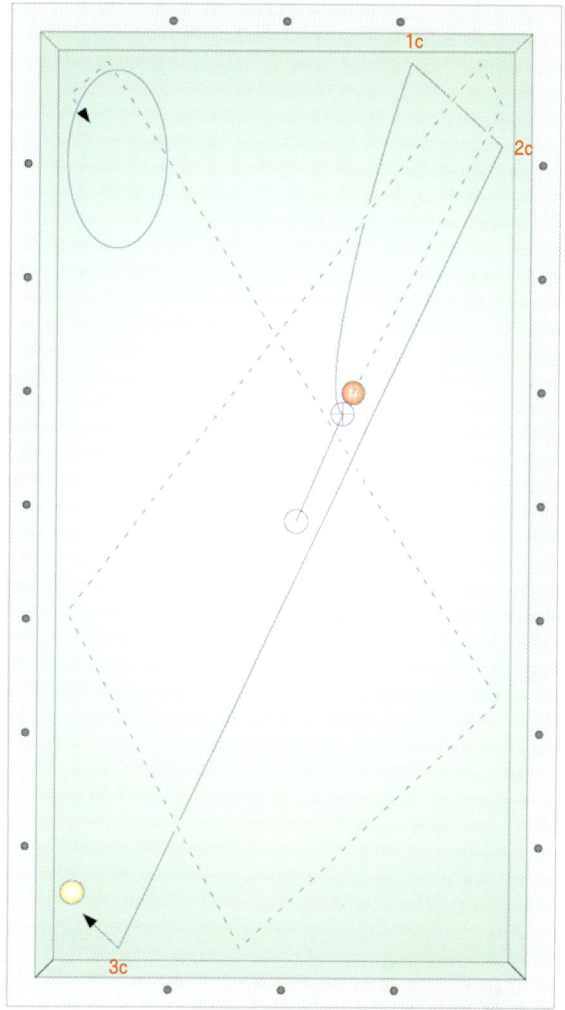

길게꺾기-14

길게꺾기 - 15

AR-2T   P × 3.5 ← L

길게꺾기 - 16

B/AR-3T   P × 3.5 ←— L

수구의 휘어짐 정도는 연습을 통해 스스로 익혀야 한다.

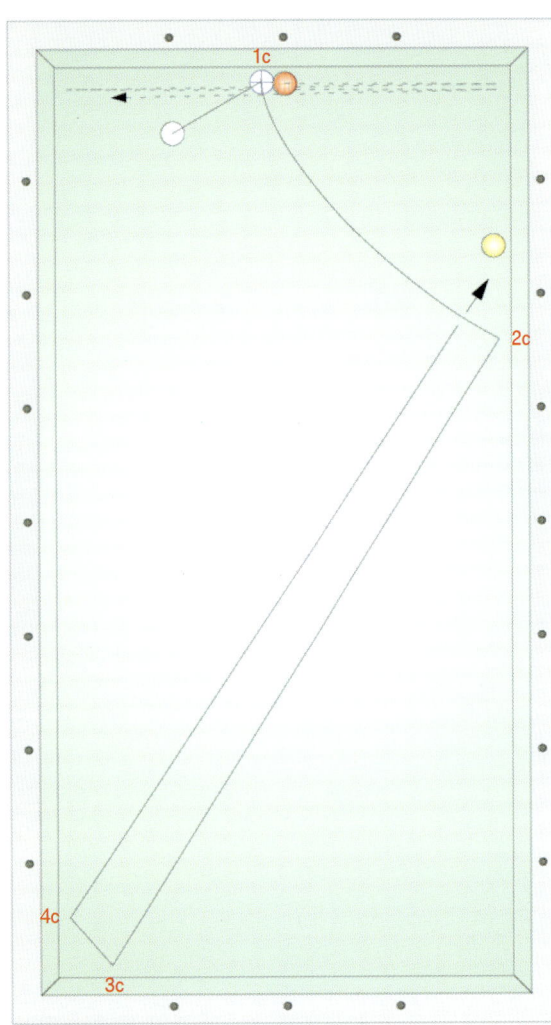

길게꺾기-16

길게꺾기 - 17

CR-2.5T   P × 3 ←— SH·X

길게꺾기-16과 비슷한 형태이나 다른 방법으로 공략해 보았다. 밀어치지 말고 짧게 끊어서 타구하도록 한다.

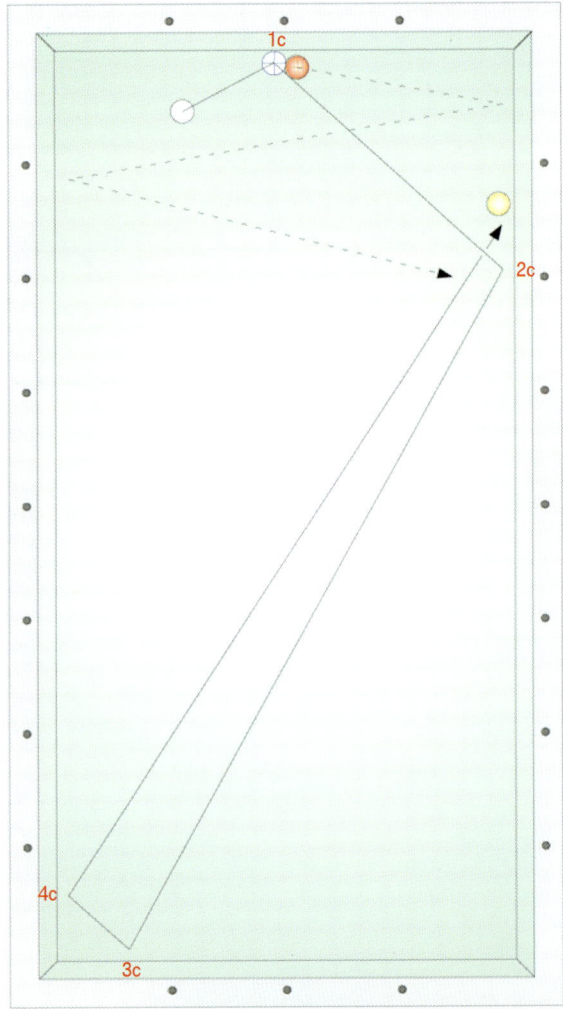

길게꺾기-17

길게꺾기 - 18

CR-3T   P × 3.5 ⟵ X

수구에 비틈을 많이 넣을 수 있도록 손목의 스냅을 사용한다.

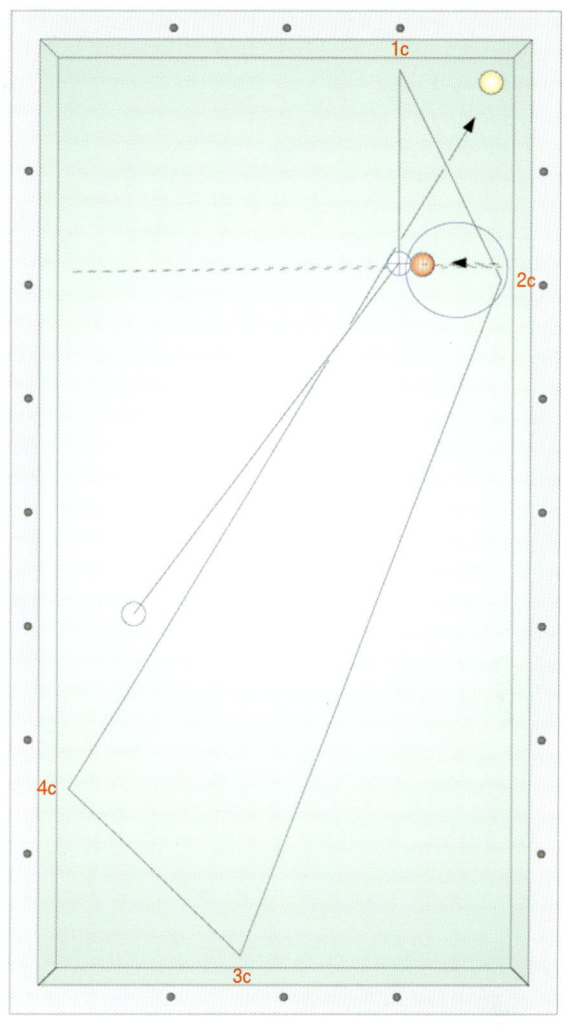

길게꺾기-18

길게꺾기-19

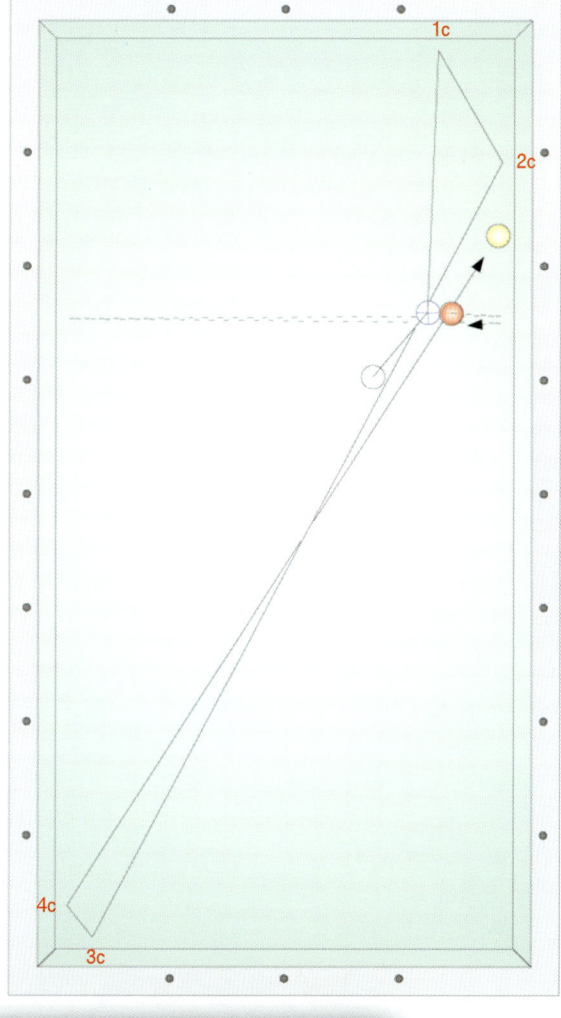

길게꺾기 - 19

CR-Max   P × 2.5 ⟵ L · X

수구에 회전력을 최대한 넣어 전진력에 의한 진행보다는 회전력에 의에 진행할 수 있도록 타구한다.

길게꺾기 - 20

C/BR-2T   P × 5.5   ← F·L

길게꺾기 대회전 타구이다.
빠르고 강하게 타구한다.

길게꺾기-21

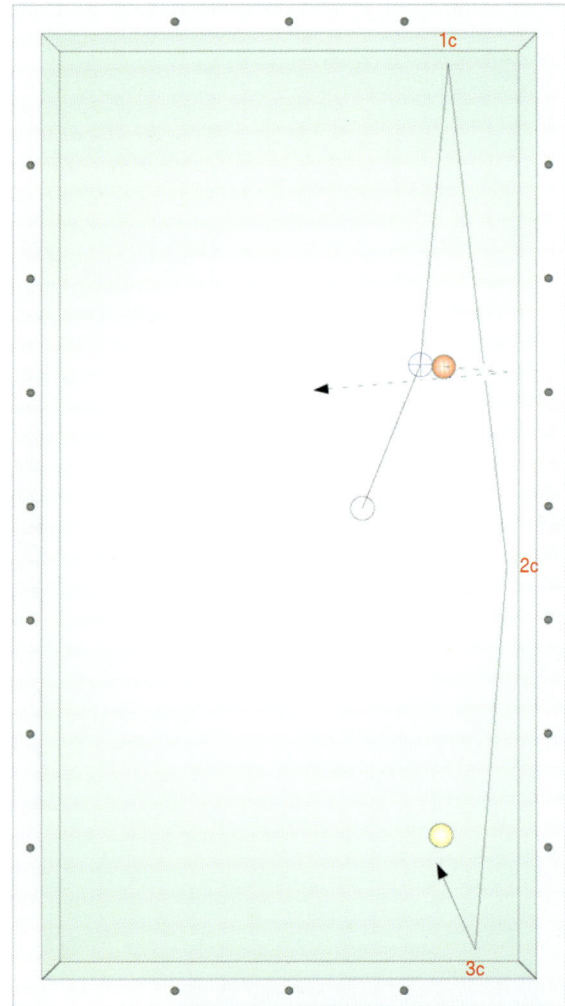

길게꺾기-20

길게꺾기 - 21

B-0T   P × 1.5   ← S

No English를 이용한 길게꺾기 타구이다.
수구를 때리듯 타구하지 말고 가볍게 굴려보낸다는 느낌으로 타구한다면 의외로 큰 효과를 기대할 수 있다.

길게꺾기 - 22

BR-0.5T   P × 2   ←   S·L

수구에 약간의 비틈을 넣고 굴리 듯이 가볍게 타구한다. 수구에 비틈을 많이 넣을 경우 그림과 같은 타구는 거의 불가능하며 비틈을 적게 넣더라도 약간 두껍게 밀어칠 경우 표적 구간에 키스의 위험이 있다.

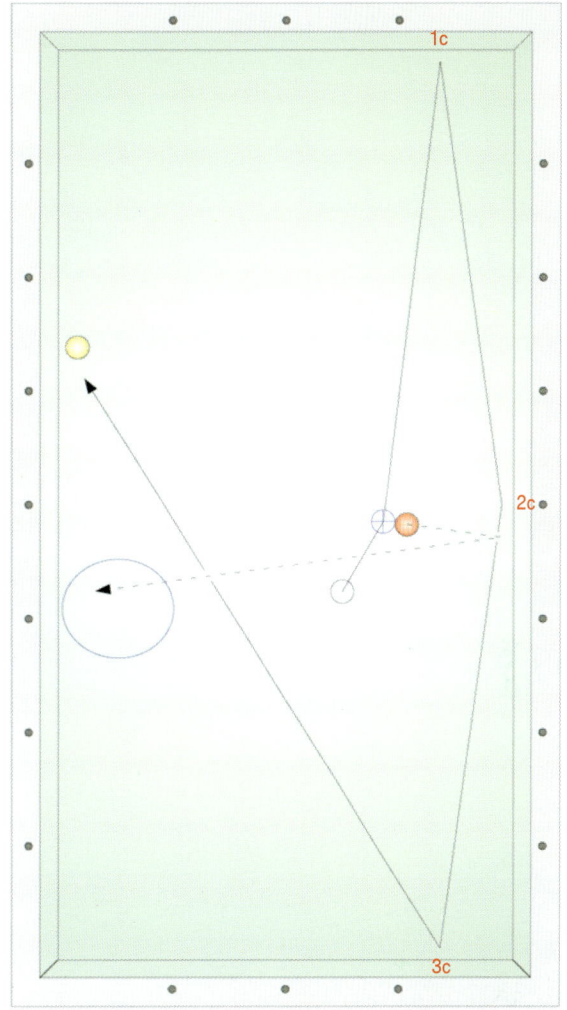

길게꺾기-22

길게꺾기-23

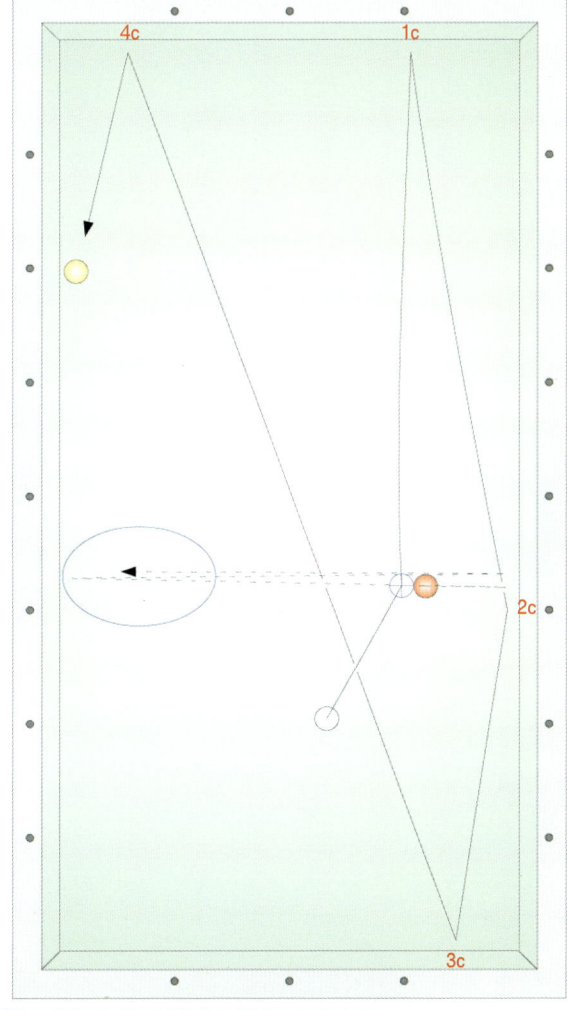

길게꺾기 - 23

BR-0.5T   P × 3.5   ←   F

타구의 스피드에 따라 수구의 진로가 달라질수 있다. 많은 연습이 필요한 타구이다.

6. 가로치기(일명 : 기대까시)

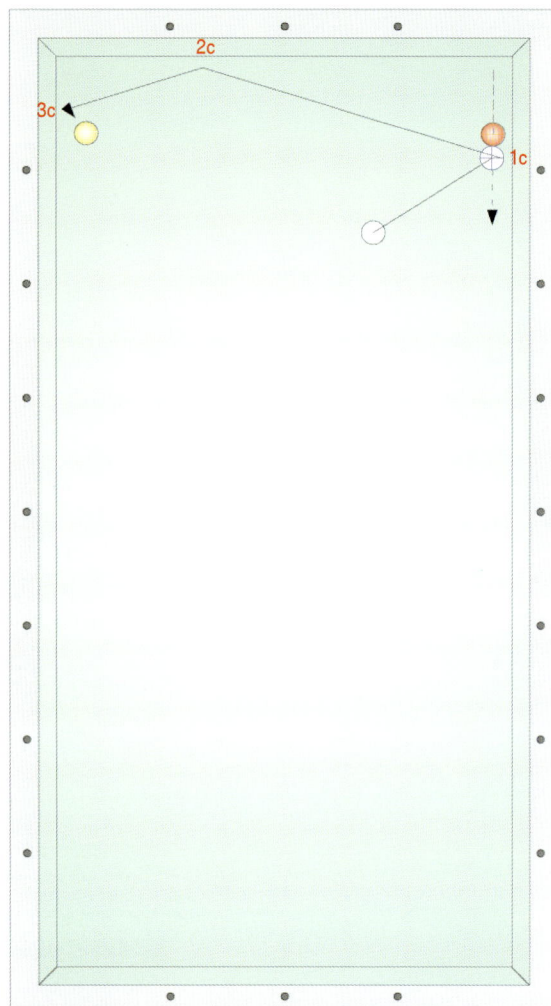

가로치기-1

가로치기 - 1

C/BL-1T   P × 1   ⟵   N

가로치기 타구는 타구의 성격상 제1표적구와의 두께 조절보다는 비틈이나 힘, 타구법등의 변화로 수구의 진로를 결정하는 경우가 많다. 따라서 이와 같은 조건의 변화에 따른 수구 진로의 변화를 많은 연습을 통해 익히도록 하자.

가로치기-2

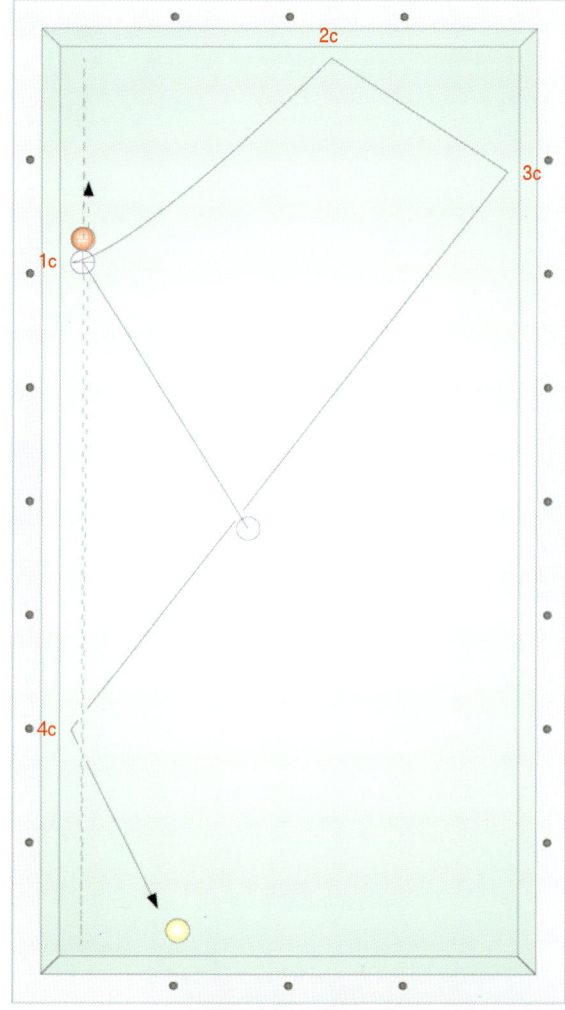

가로치기 - 2

BR-3T   P × 3.5   ⟵   L · F

가로치기 - 3

AR-2T   P × 3   ← L

밀어치기를 이용한 가로치기 타구이다.
제1표적구를 너무 두껍게 타구하지 않도록 한다.

가로치기-4

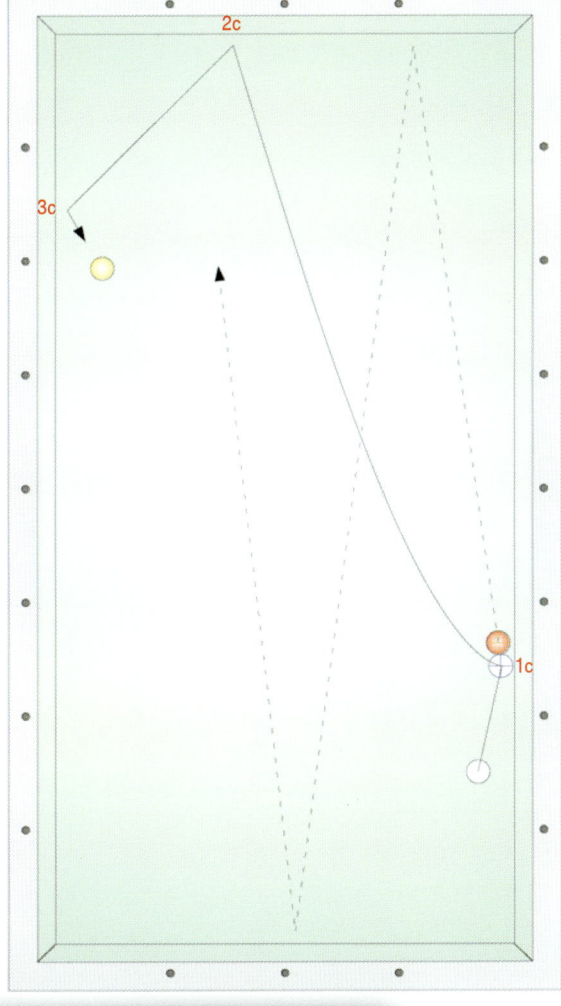

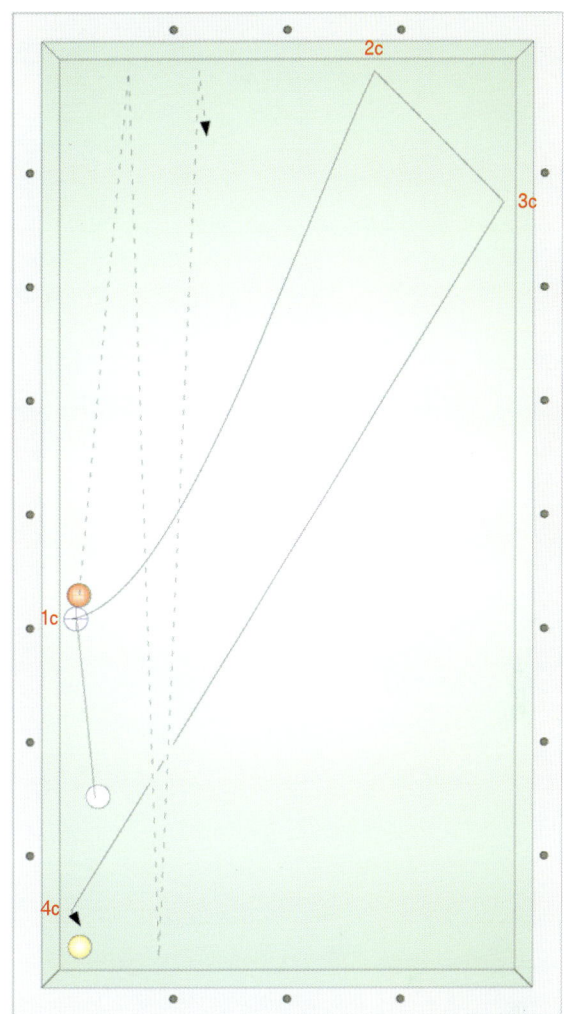

가로치기-3

가로치기 - 4

AL-2T   P × 2.5   ← L

너무 강하게 밀어치면 수구의 진로가 너무 길어진다.
밀어치기 당점을 겨냥하고 공을 던지듯이 가볍게 타구한다.

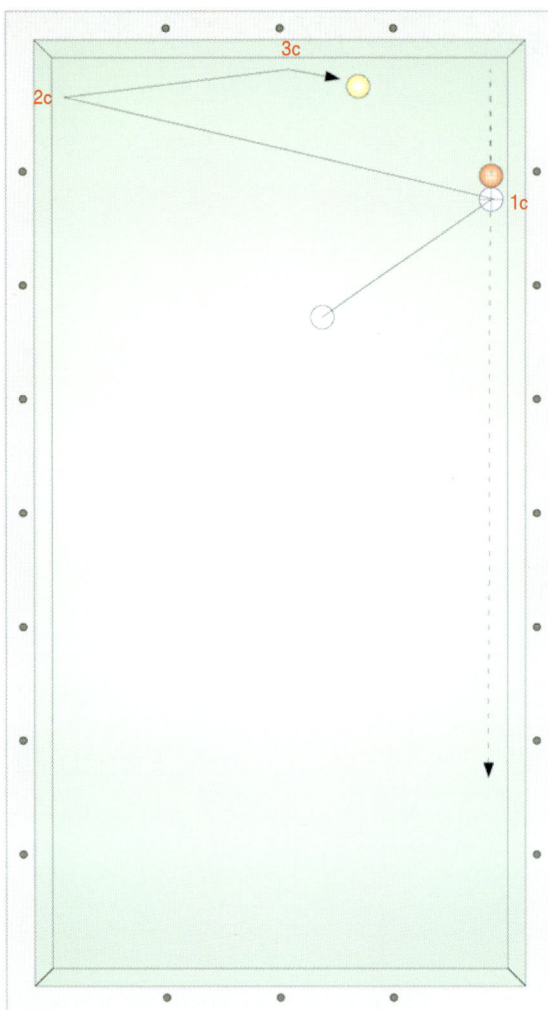

가로치기 - 5

CL-0.5T   P × 1.5   ←   N

수구가 진행 도중 커브를 그리지 않도록 가볍게 타구한다.

가로치기-5

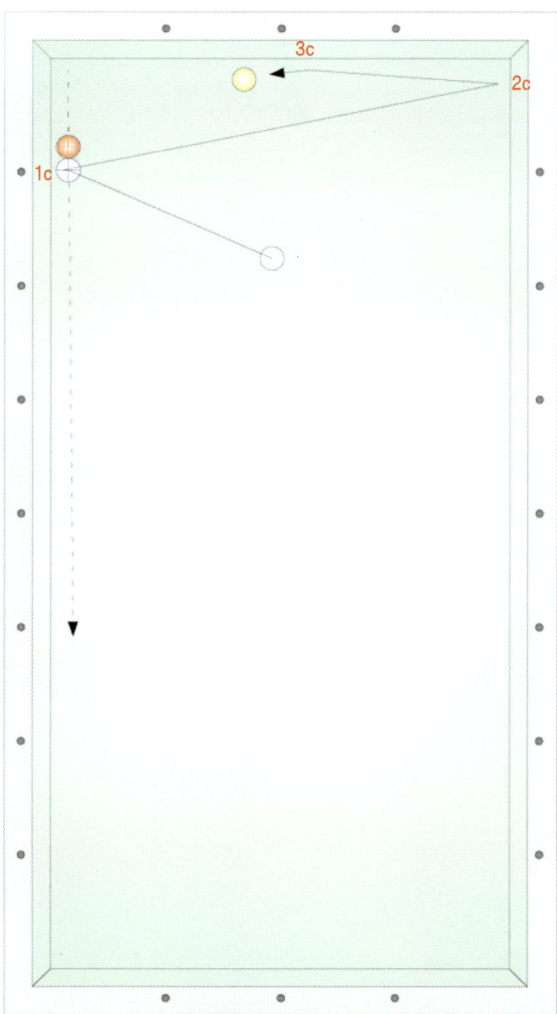

가로치기 - 6

CR-1.5T   P × 1.5   ←   N

가로치기-6

가로치기 - 7

C/DL-2T   P × 2 ← N

그림과 같은 형태는 수구의 진행 속도에 따라 진로가 달라지므로 연습을 통해 감각을 익히도록 해야 한다.

가로치기-8

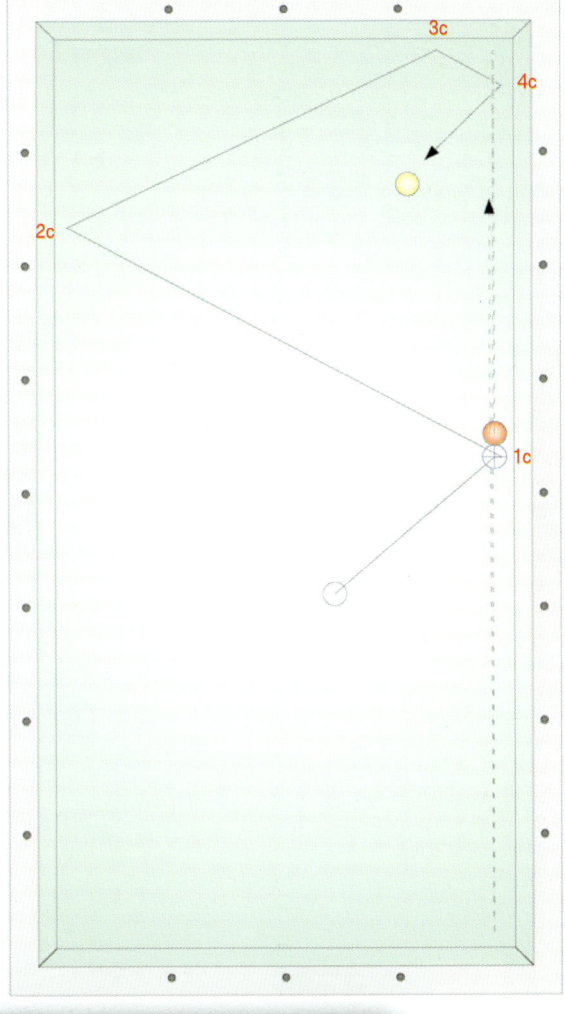

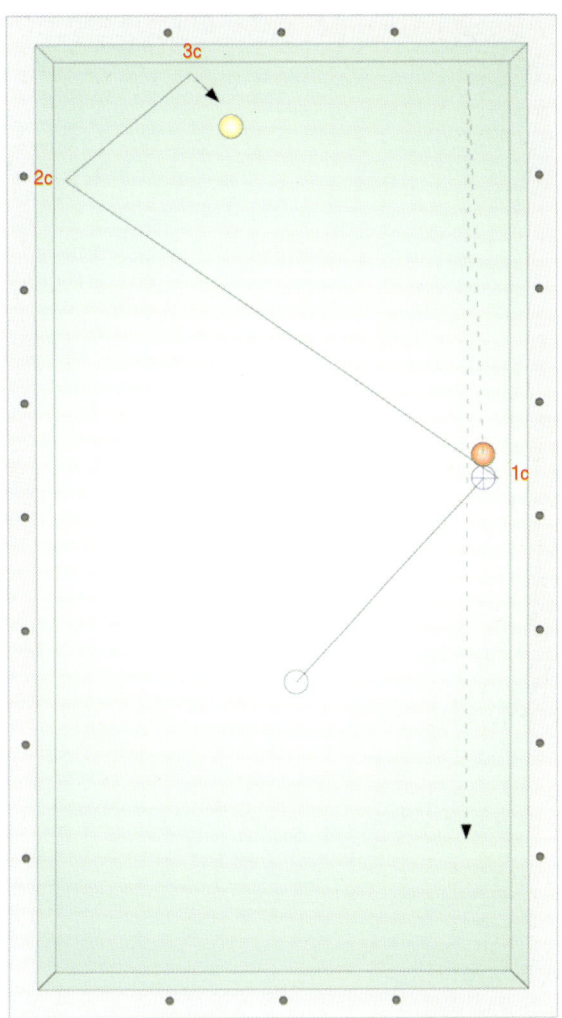

가로치기-7

가로치기 - 8

C/DL-2T   P × 3.5 ← F

약간 빠르게 타구하도록 한다.

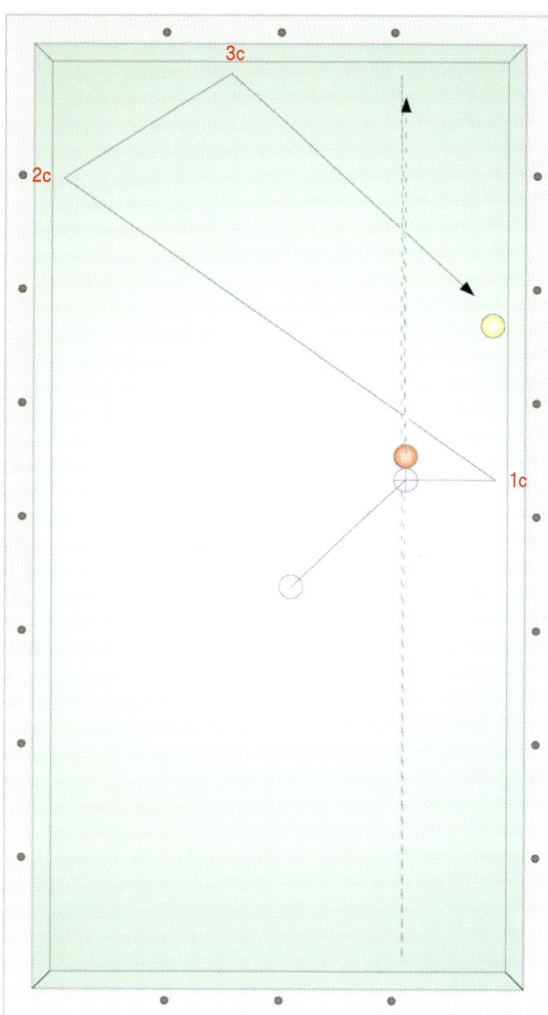

가로치기-9

가로치기 - 9

BL-3T　P × 4　← F

의외로 많이 발생하는 형태이다.
힘의 세기에 따라 수구의 진로가 많이 달라질 수 있다.
그림과 같은 타구는 테이블 상태에 따라 타구법이 많이 달라지게 된다.

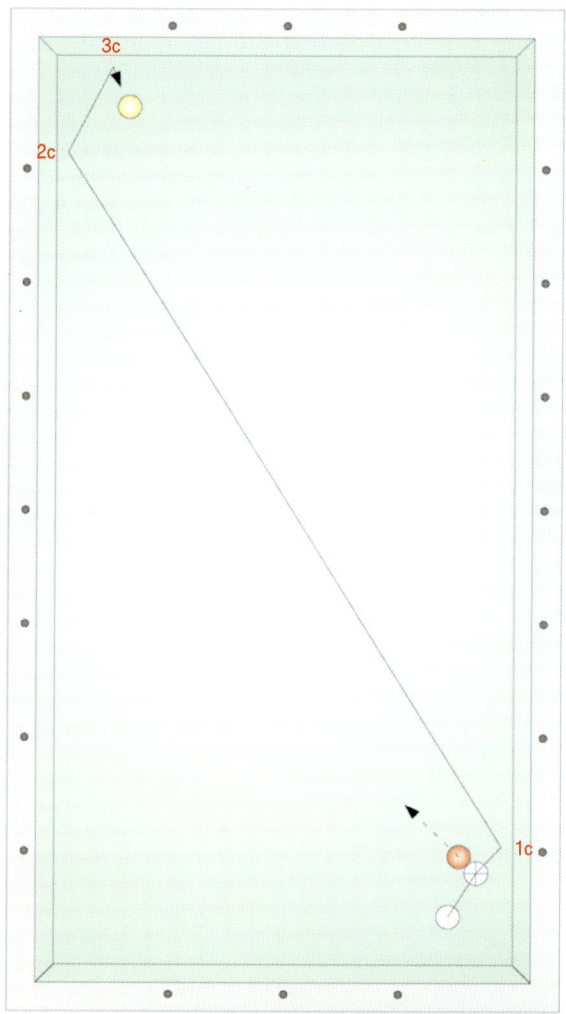

가로치기-10

가로치기 - 10

CL-Max　P × 1.5　← S

다음과 같은 형태는 공들의 위치가 조금만 바뀌어도 모든 타구법을 다르게 해야 한다.
수구에 비틈을 최대한 넣어 타구한다.

가로치기 - 11

BR-1.5T P × 1.5 ← S

수구에 비틈을 넣고 굴리듯이 가볍게 타구한다.
알맞은 비틈의 조절이 성공의 관건이다.

가로치기-12

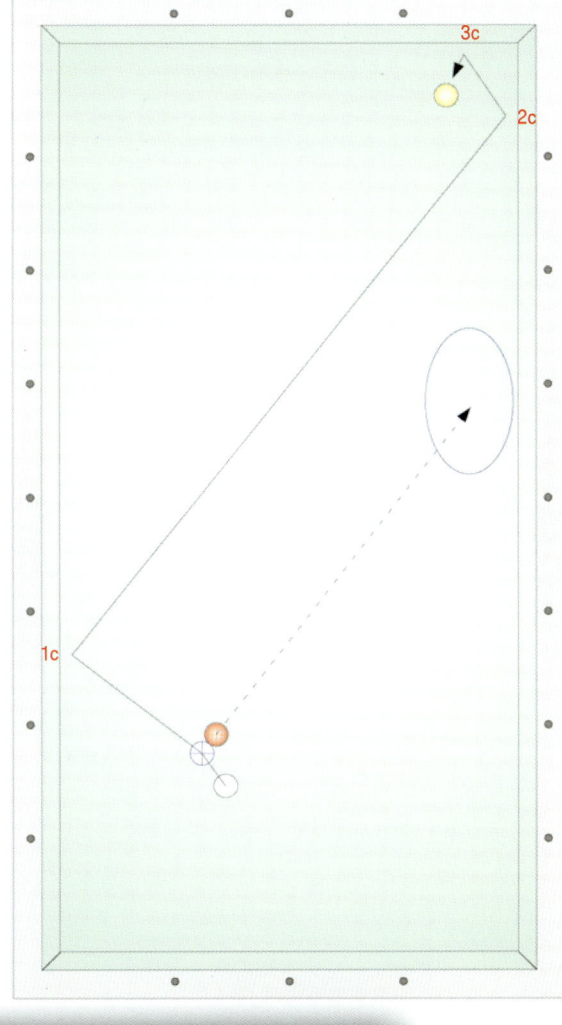

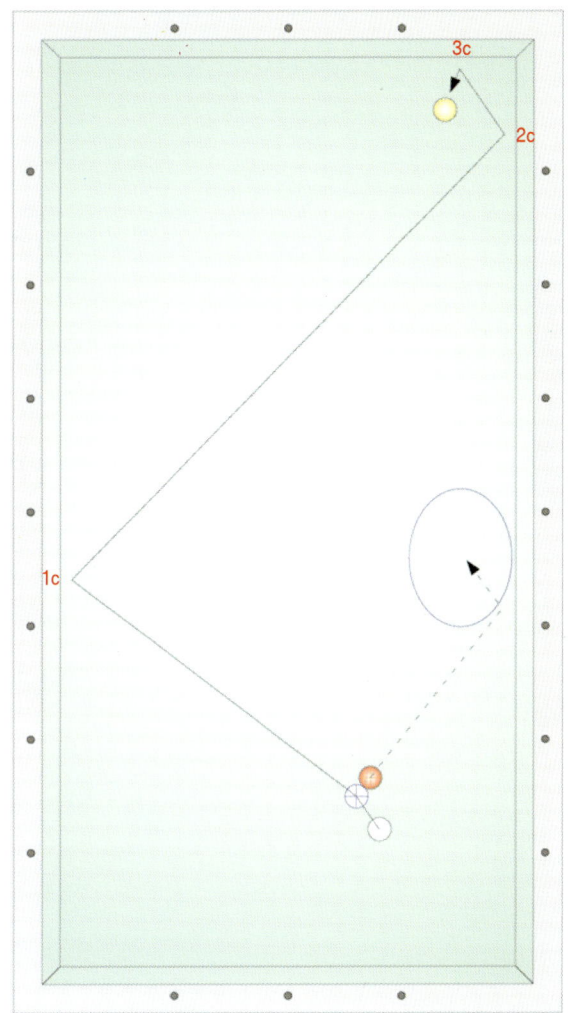

가로치기-11

가로치기 - 12

C/BR-2.5T P × 1.5 ← S

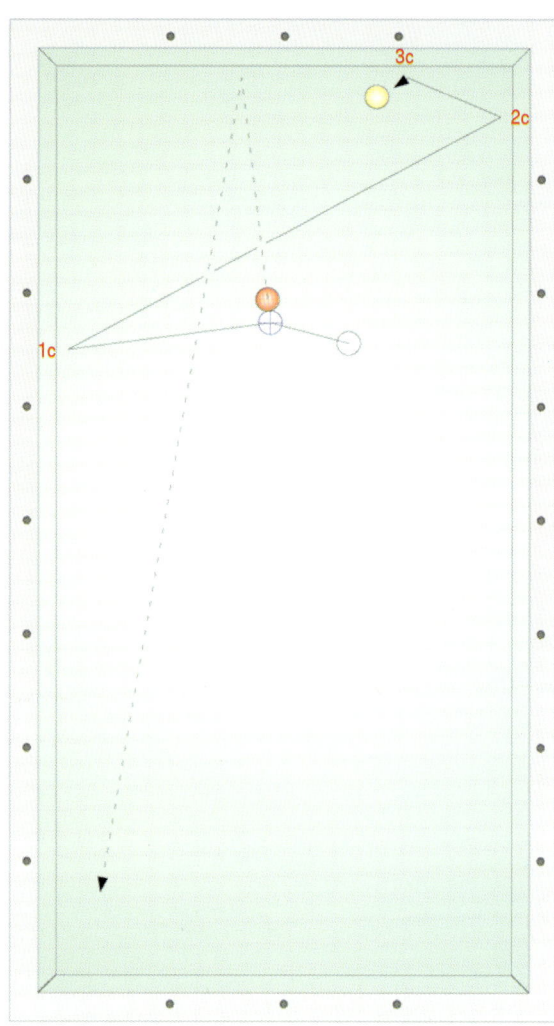

가로치기-13

가로치기 - 13

C/DR-3T   P × 2.5 ← F

손목의 스냅을 이용하여 수구에 비틈을 많이 넣도록 한다.

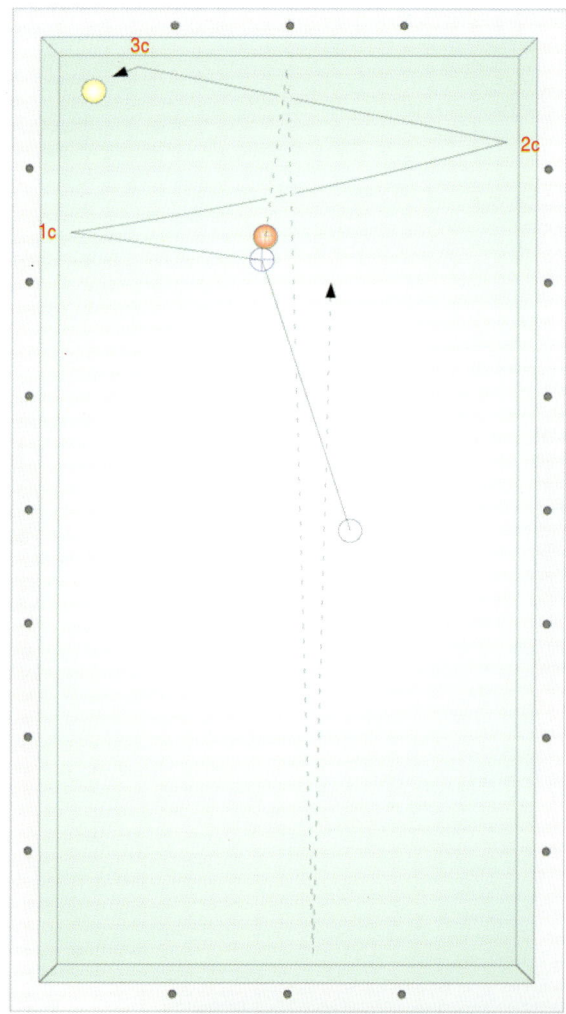

가로치기-14

가로치기 - 14

C/B-0T   P × 3 ← F·X

밀어치는 타구 형태가 되어서는 곤란하다.
수구에 전진회전력을 조금만 넣고 약간 빠르게 타구한다.

가로치기 - 15

B-oT   P × 1.5   ←   N

수구에 비틈을 넣지 않고 '툭' 던지듯이 가볍게 타구한다. 그림과 같은 형태는 참고도처럼 타구할 수도 있는데 이 때의 타구법은…

B/AL-1.5T   P × 4   ←   F·L 이다.

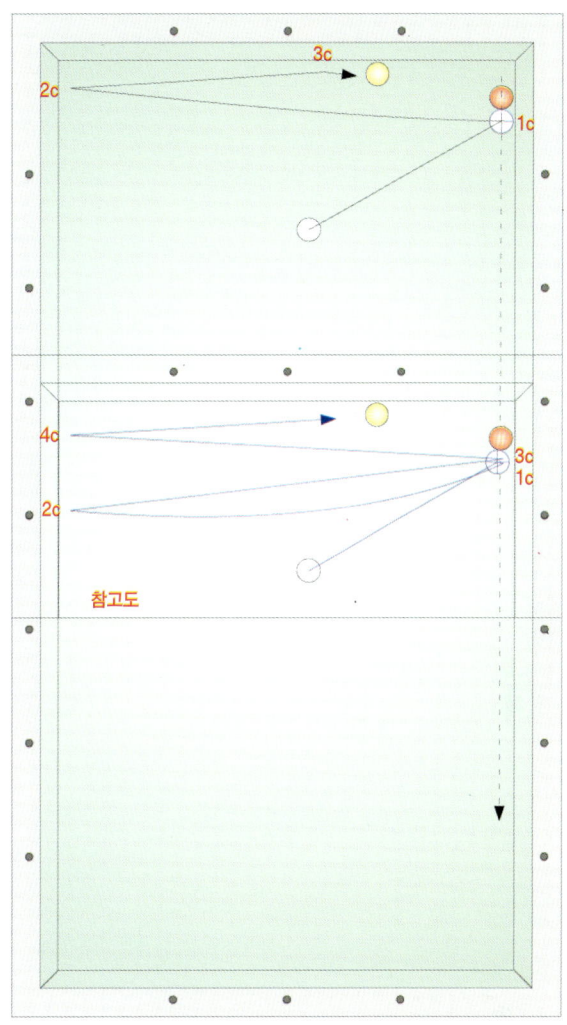

가로치기-15

가로치기-16

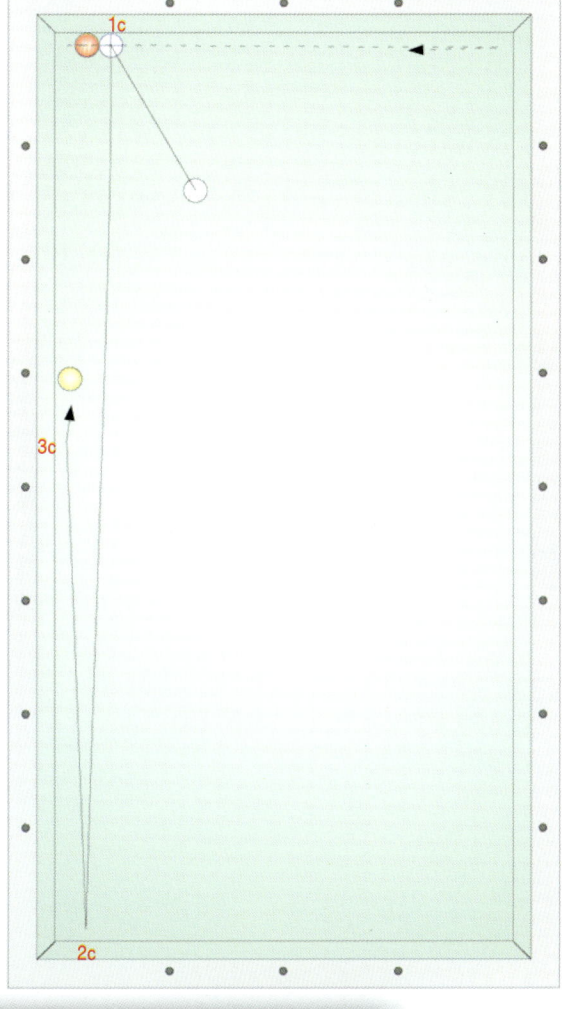

가로치기 - 16

C/B-oT   P × 2   ←   N

중심치기에서 반 팁 정도 위부분을 당점으로 정한다. 가볍게 타구한다.

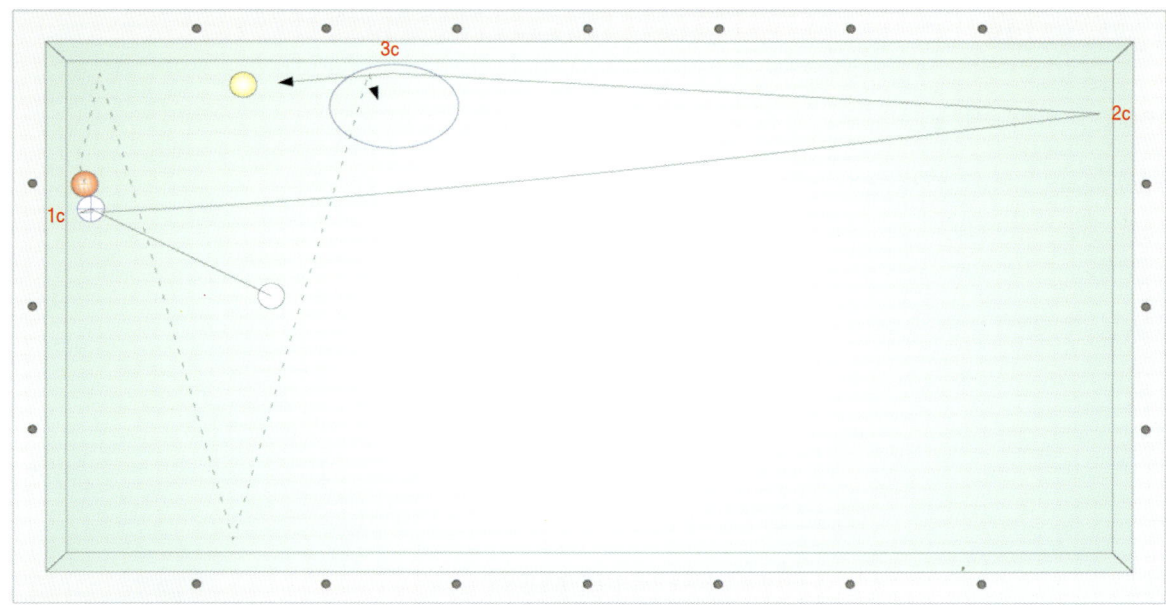

가로치기 - 17

BR-0.5T P × 2.5 ← F

BR-1T P × 3 ← L

그림과 같은 형태에서는 연습보다 좋은 스승이 없다.

가로치기 - 18

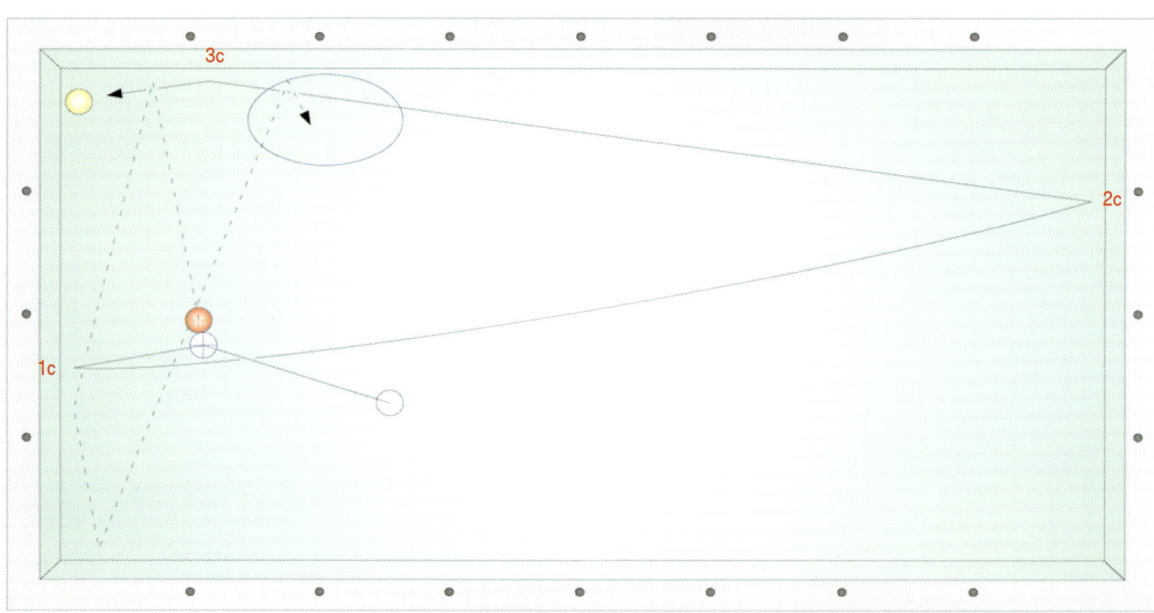

가로치기 - 19

DR-2T   P × 3.5 ⟵ F

약간의 끌어치기 당점을 겨냥하되, 수구를 끌지 말고 제1 표적구를 빠르게 치고 나간다.

가로치기-20

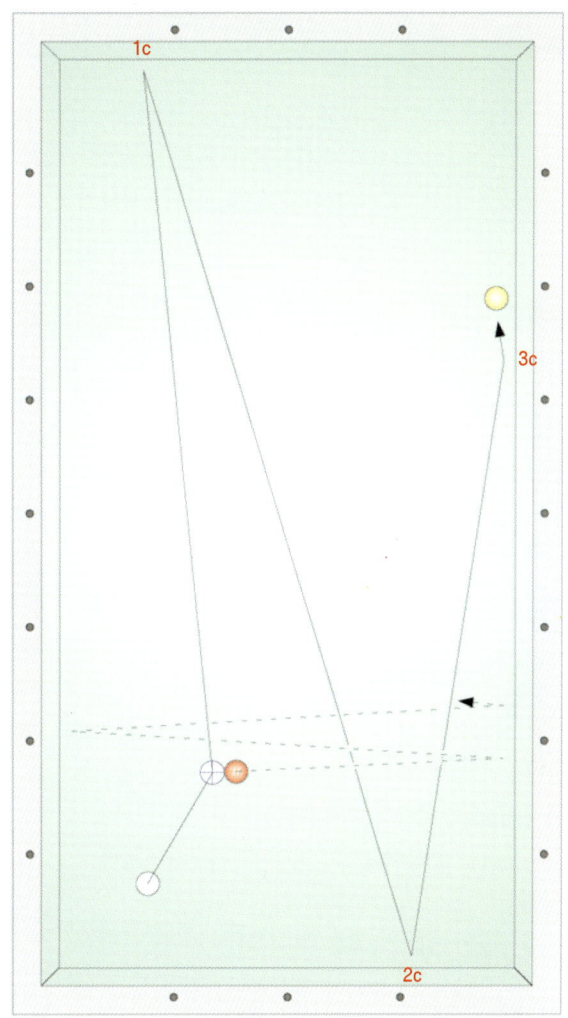

가로치기-19

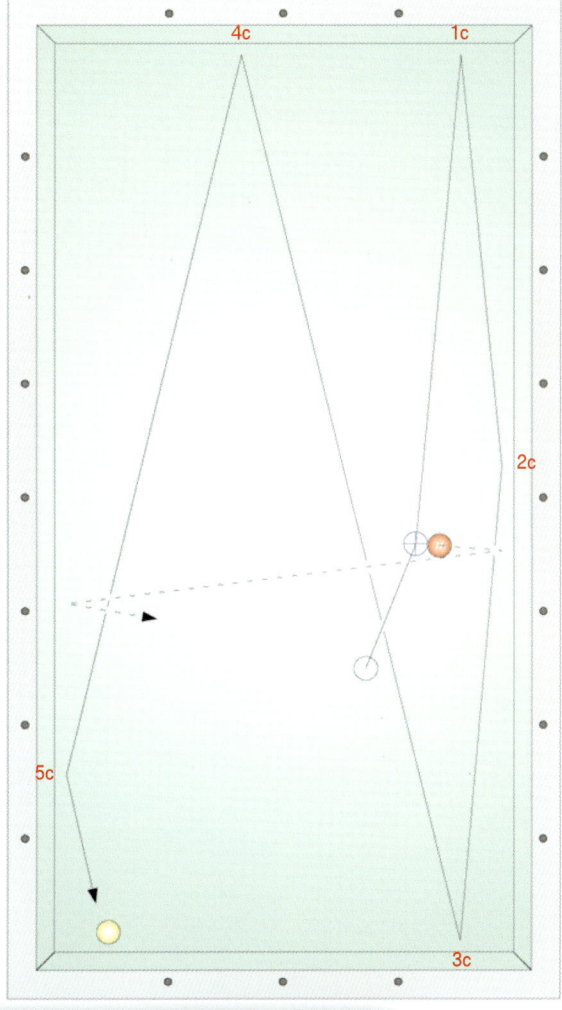

가로치기 - 20

BR-0.5T   P × 4.5 ⟵ L · F

보기에는 쉬워 보여도 만만치 않은 타구이다.
그러나 테이블 상태가 좋을 경우 의외로 손쉽게 해결할 수 있는 형태이다.

7. 길게치기(일명 : 다대가에시, 다대)

우리가 흔히 '다대' 라고 말하는 길게치기는 초보자의 경우 가장 자신 없어 하는 타구법 중 하나이다.

길게치기는 타구의 특성상 수구에 비틀을 거의 넣지 않거나 넣더라도 아주 약간만 넣고 타구하기 때문에 비틀을 많이 주고 타구하던 습관으로는 길게치기가 요구하는 형태의 진로를 만들기 힘들기 때문이다.

길게치기 타구법의 특징

1) 비틀을 거의 사용하지 않는다.

길게치기 타구를 할 때에는 수구에 비틀을 넣지 않거나 비틀을 사용하더라도 아주 약간의 역비틀이나 순비틀을 사용한다. 초보자의 경우 비틀을 많이 넣은 상태에서 표적구와의 두께 조절로만 타구하는 경우가 있는데, 우리가 앞에서 배웠듯이 수구에 비틀을 넣어 타구할 경우 겨냥점과 실질적으로 수구가 도달하는 지점이 상황에 따라 약간씩 달라지기 때문에 이럴 경우 정확한 조준이 어려울 뿐만 아니라 정확한 수구의 진로 예측도 힘들어진다. 또 길게치기는 타구의 형태상 비틀을 많이 요구하는 타구가 거의 없다.

2) 강하게 타구하지 않는다.

길게치기의 공 형태를 보면 다른 종류의 타구와는 달리 3번 이상의 많은 쿠션을 이용하여 2개의 표적구를 공략하는 것이 아니라 3번만의 쿠션을 이용해야만 성공하는 경우가 많다. 즉, 옆돌리기나 뒤돌리기 처럼 수구가 3번의 쿠션을 이용한 후 제2표적구에 맞지 않았다 할지라도 네 번이나 그 이상의 쿠션을 맞고 되돌아 나와 제2표적구를 맞히는 경우가 드물기 때문에 강한 타구보다는 약하더라도 정확한 타구가 요구된다.

3) 방어적인 자세로 타구한다.

길게치기는 공 배치의 특성상 타구를 결정할 때 자신의 공 배치를 유리하게 만드는 것보다 상대편의 공 배치를 어렵게 만들고자 하는 방어적인 자세로 타구하는 것이 유리하다.

여기에 설명되는 예제들의 경우에도 공 배치를 유리하게 만드는 형태도 있겠지만 반대로 실패했을 경우 상대편에게 불리한 공 배치를 남겨두기 위한 방어적인 타구도 있다.

예제를 볼 때 주의할 점은 타구할 때 제1표적구로 삼는 것이 상대편 수구인지 아니면 적구인지 관찰해 보기 바란다. 자신이 공략법을 결정할 때 제1표적구의 선택 여부도 공격과 수비에 있어 전략적으로 아주 중요한 요소가 되기 때문이다. 즉, 어느 공을 공략하느냐에 따라 타구가 실패했을 경우, 남겨둔 공 배치가 상대편에게 유리할 수도 있고 반대로 불리할 수도 있다는 것이다.

길게치기 - 1

B-0T　　P × 1.5　←── S·L

공을 가볍게 굴린다는 느낌으로 타구한다.
때리는 식의 타구가 되어서는 곤란하다.

길게치기-2

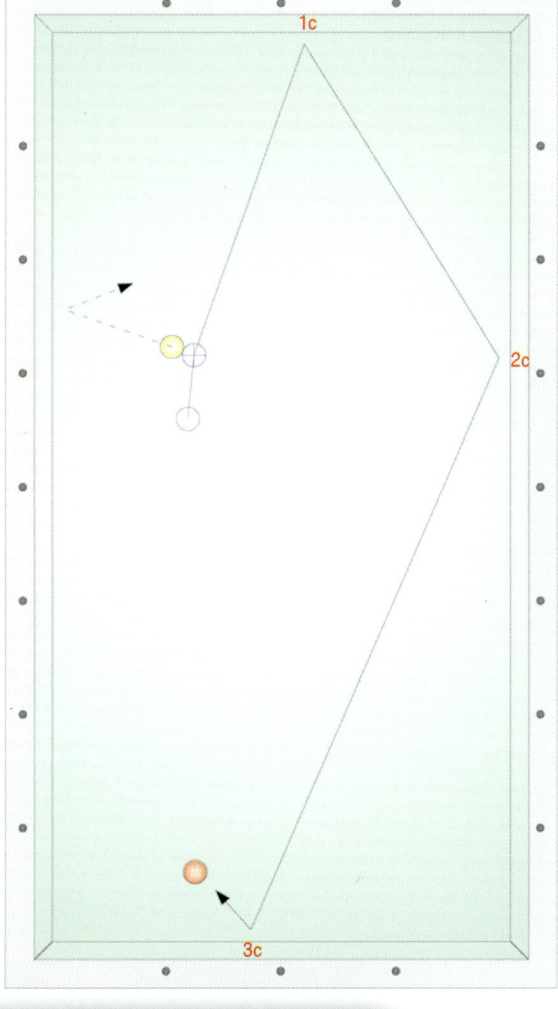

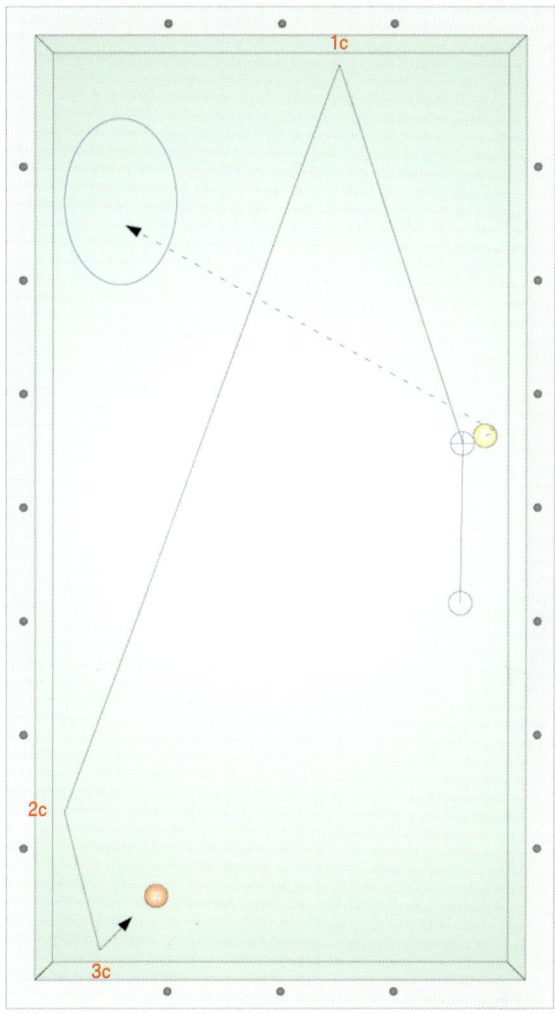

길게치기-1

길게치기 - 2

BR-0.5T　　P × 1.5　←── S·L

다음과 같은 형태에서 제1표적구와 제2표적구의 위치가 바뀌어 있다면, 자신의 타구가 실패했을 경우 상대편에게 유리한 공 배치를 남겨두게 된다.

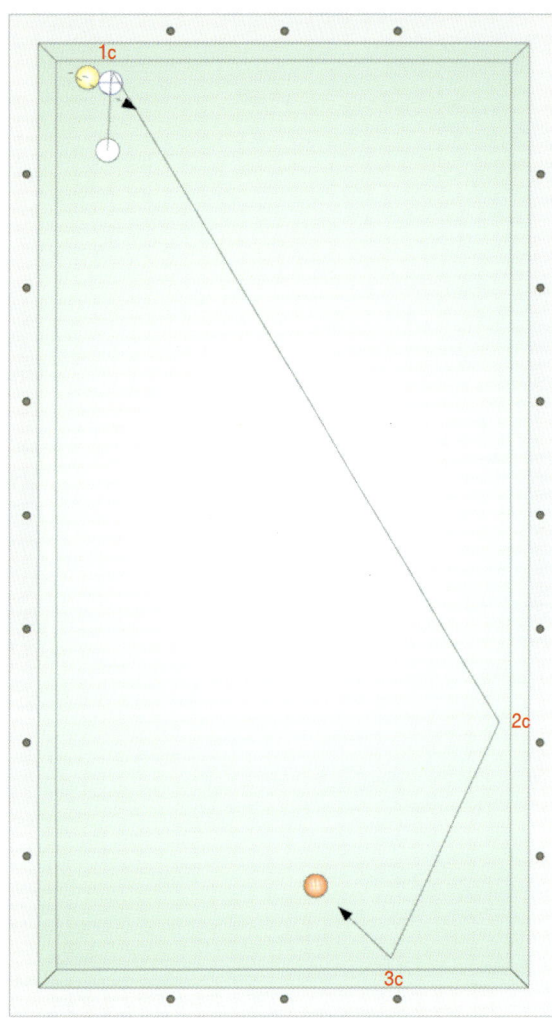

길게치기-3

길게치기 - 3

C/BR-0.5T   P × 1.5 ← S

반 팁 정도의 비틀을 사용한다.

그림과 같은 형태는 철저히 방어적인 입장에서 타구해야 하는데, 제1표적구를 아주 얇게 겨냥하여 상대편 수구가 코너에서 많이 벗어나지 못하게 타구한다.

이와 같은 타구는 상대편 수구가 쿠션에 근접해 있기 때문에 상대편 수구를 쿠션에서 떨어 뜨리지 않게 하기 위하여 적구를 제1표적구로 결정하여 공략할 수도 있지만, 자신의 타구가 투쿠션으로 상태의 수구를 맞추게 되어 상대의 수구가 쿠션에서 떨어지게 된다면 결과가 더 나쁠 수도 있기 때문에 그림과 같은 상황에서는 전자와 같은 공략법이 더 유리할 수도 있다.

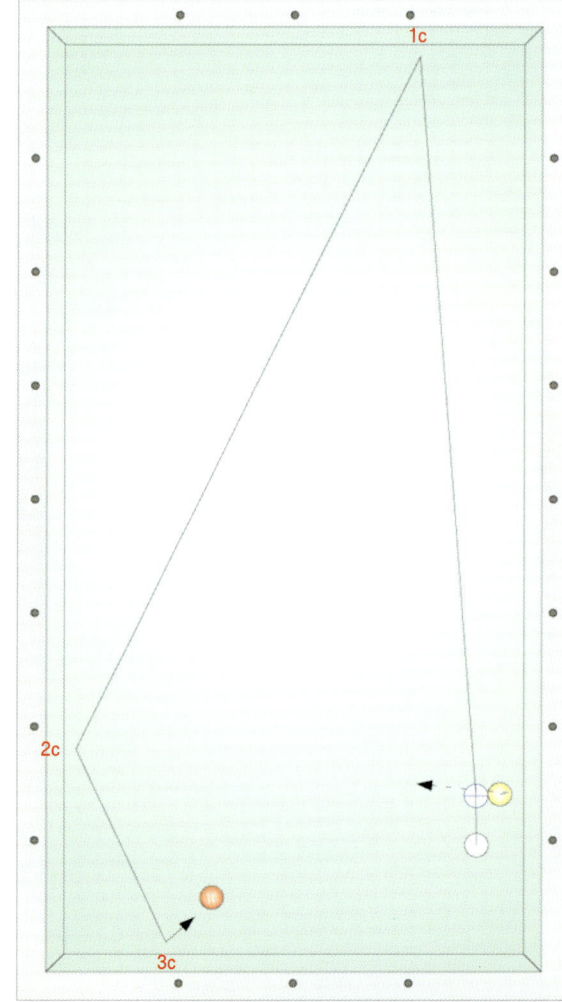

길게치기-4

길게치기 - 4

BL-1T   P × 1.5 ← S·L

공을 굴려 보낸다는 느낌으로 가볍게 타구한다.

길게치기 - 5

B-0T   P × 1.5   ← S

밀어쳐서는 안된다.
수구를 굴린다는 마음으로 가볍게 타구하도록 한다.

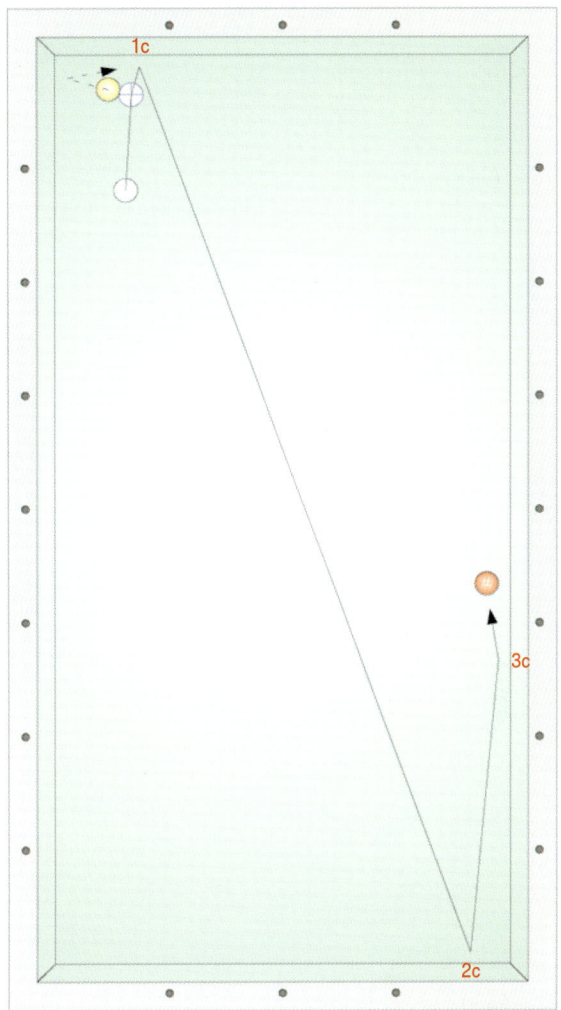

길게치기-5

길게치기-6

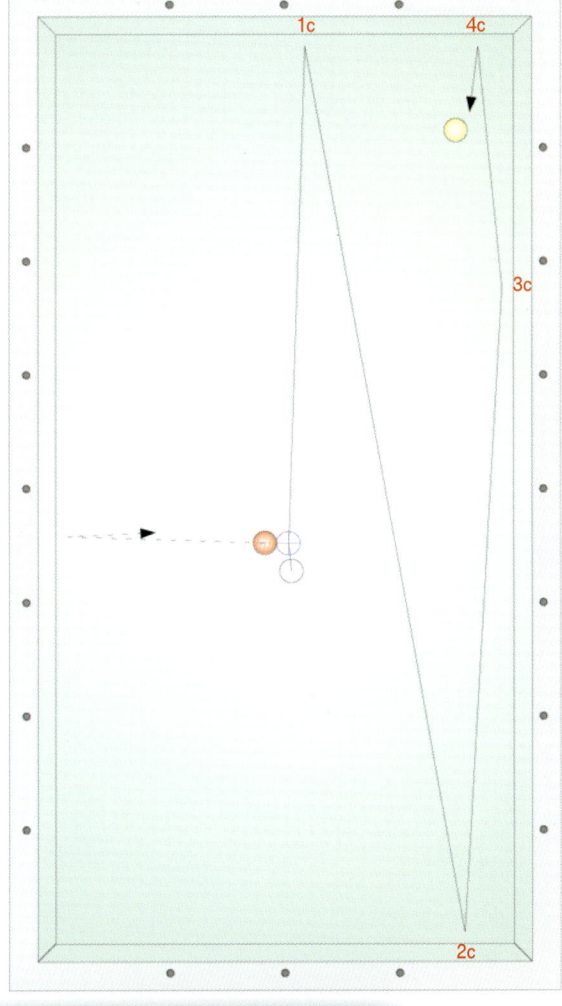

길게치기 - 6

BR-0.5T   P × 2   ← S · L

비틀을 아주 조금만 넣고 타구한다.
비틀의 조절이 쉽지 않은 형태이다.

길게치기 - 7

BR-0.5T　　P × 2.5　←―― S·L

반 팁 정도의 역비틈을 사용한다.
수구를 가볍게 굴려 보내도록 한다.

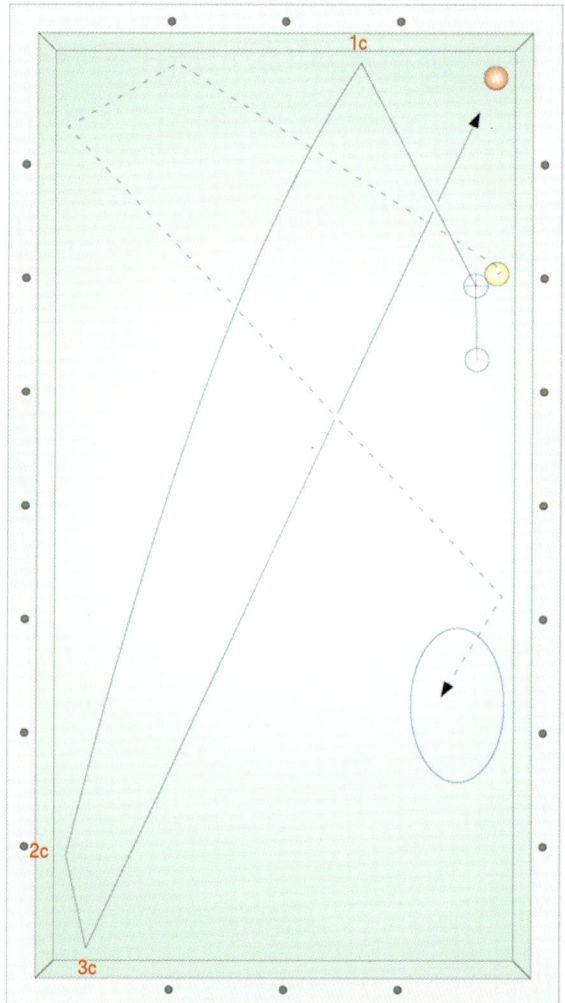

길게치기-7

길게치기 - 8

ER-0.5T　　P × 3.5　←―― F·B

그림과 같은 타구를 성공시킬 수 있다면 당신은 이미 고점자 대열에 서 있는 것이다.

1쿠션 이후에 수구가 그림과 같이 커브를 그리며 진행해야 한다.

방어적인 측면과 공격적인 면이 적절히 조화된 타구이다.
약간의 역비틈을 넣은것이 유리하다.

길게치기-8

8. 리버스치기(일명 : 리보이스)

리버스 - 1

CL-3T   P × 2.5 ← L

기본적인 리버스 치기이다.

역비틈을 이용하는 타구는 테이블의 상태에 따라 수구 진로의 변화가 심하므로 이 점 주의하기 바란다.

리버스-2

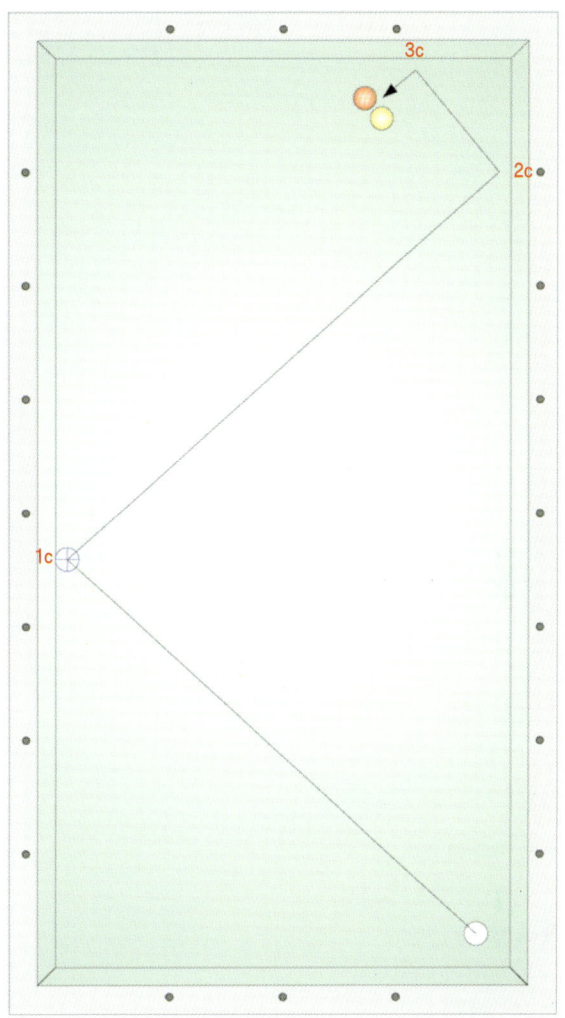

리버스-1

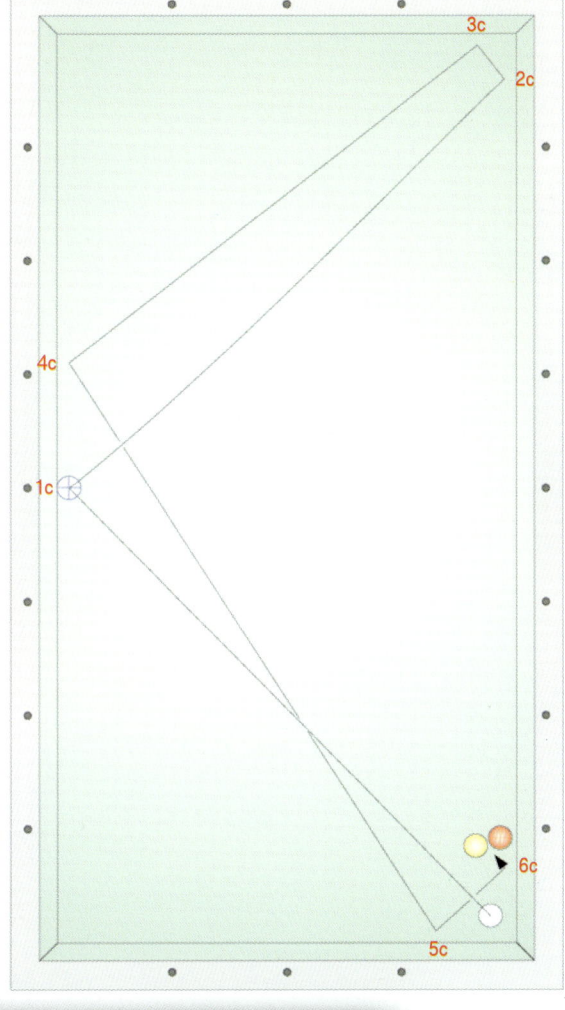

리버스 - 2

CL-Max   P × 3.5 ← L

손목의 스냅을 이용하여 수구에 역비틈을 강하게 넣어주도록 한다.

206 당구 매니아 클럽

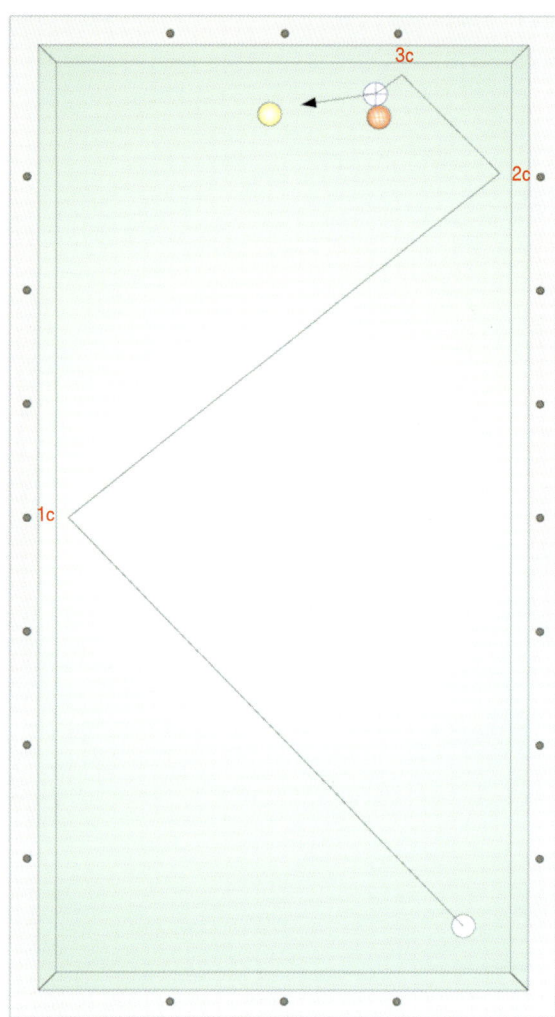

리버스-3

리버스 - 3

CL-3T   P × 2.5   ←   L

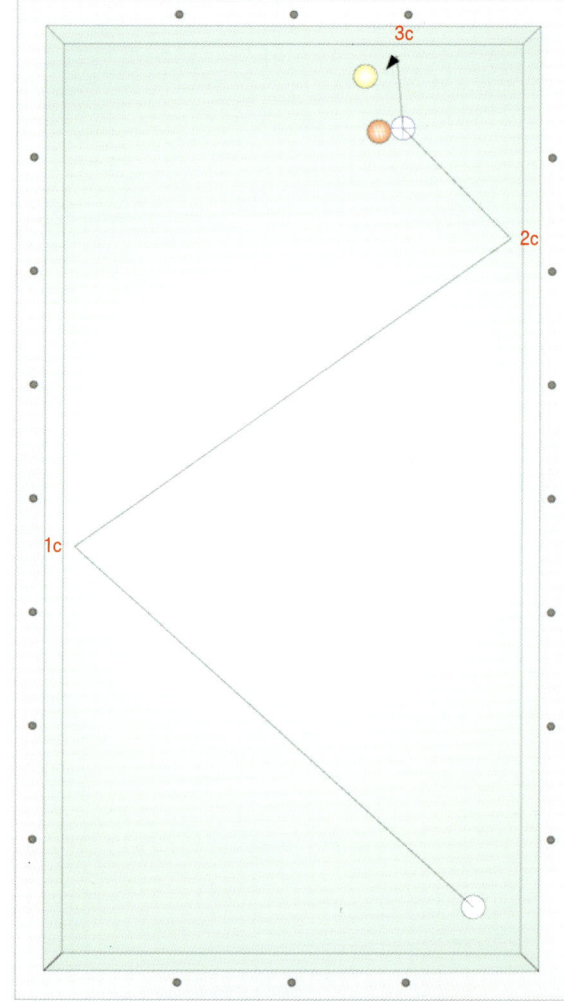

리버스-4

리버스 - 4

CL-3T   P × 2.5   ←   L

다른 방법으로 공략할 수도 있으나 이와 같은 공략법도 가능하다는 것을 기억하자.

리버스 - 5

C/DL-3T   P × 2.5 ← X

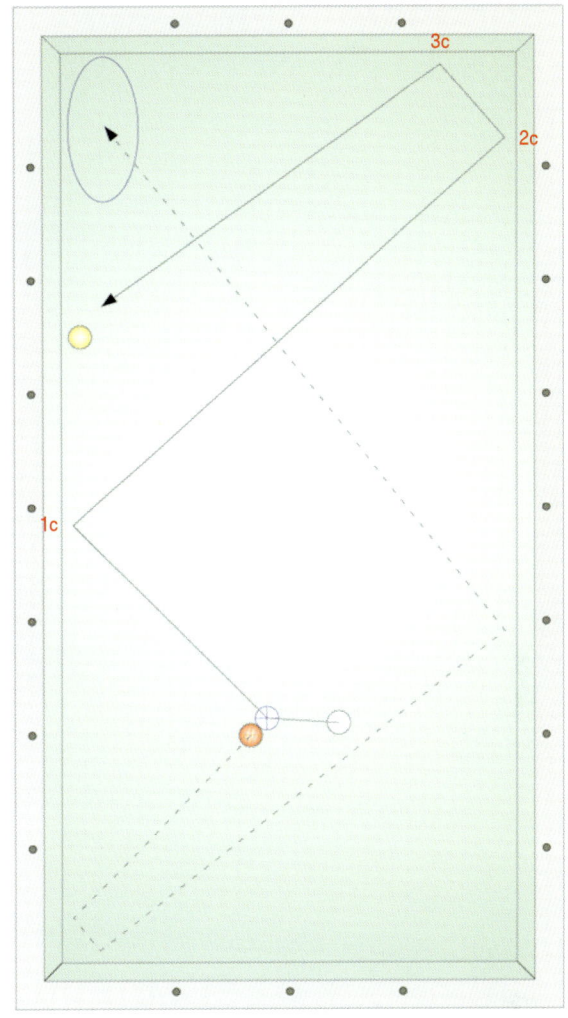

리버스-5

리버스-6

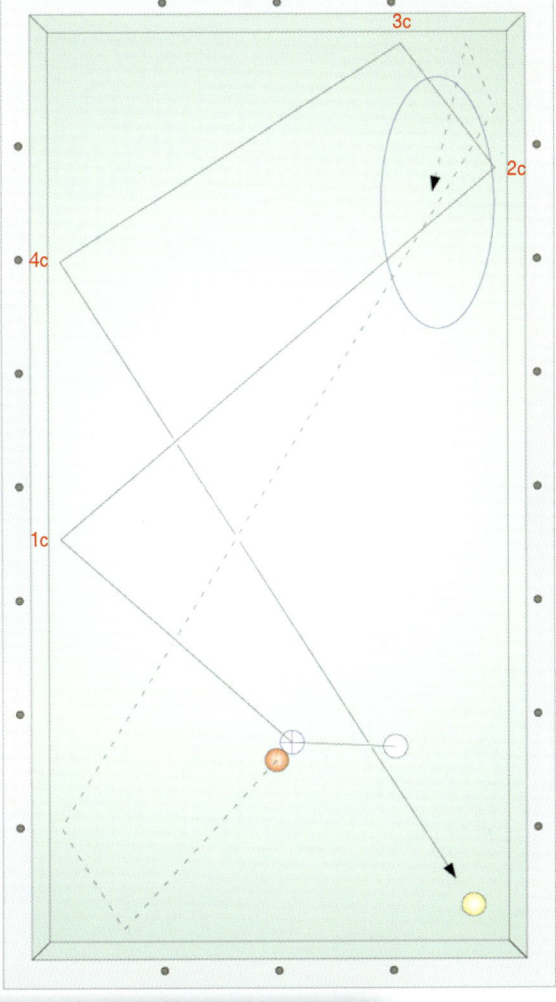

리버스 - 6

C/DL-3T   P × 3.5 ← F·X

손목의 스냅을 이용하여 수구에 역비틀을 강하게 넣도록 한다.

그림과 같은 타구는 수구에 반 팁 정도 아래 당점을 겨냥하고 타구하는 것이 유리하다.

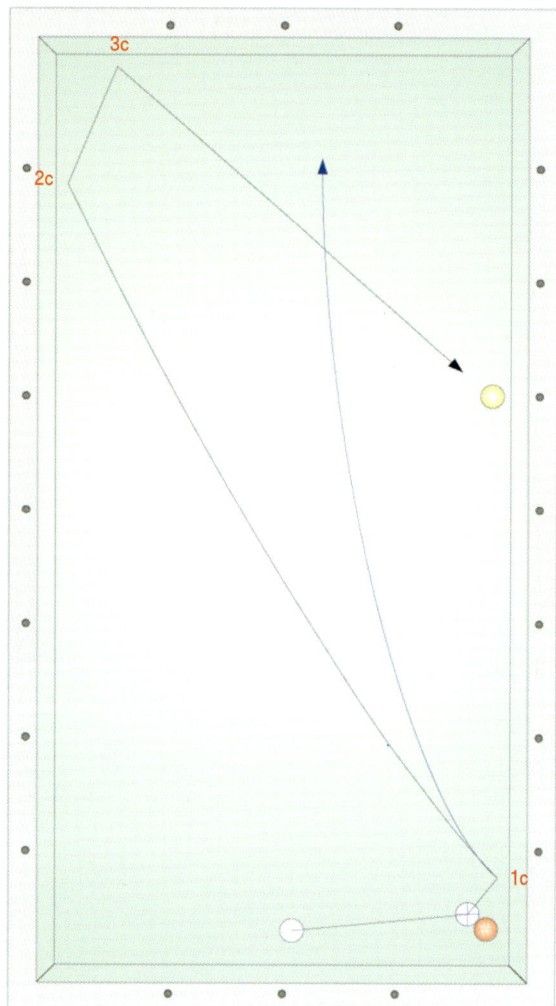

리버스 - 7

CR-3T   P × 2.5   ←   N

제1표적구가 쿠션에 근접해 있기 때문에 수구에 전진회전력(B,A)을 넣거나 C당점일 경우라도 강하게 밀어칠 경우, 수구는 파란 선 또는 그 이상 커브를 그리며 진행하게 된다.

그림과 같은 형태는 제1표적구를 너무 두껍게 겨냥하지 말고, 표시된 당점으로 가볍게 타구하도록 한다.

리버스-7

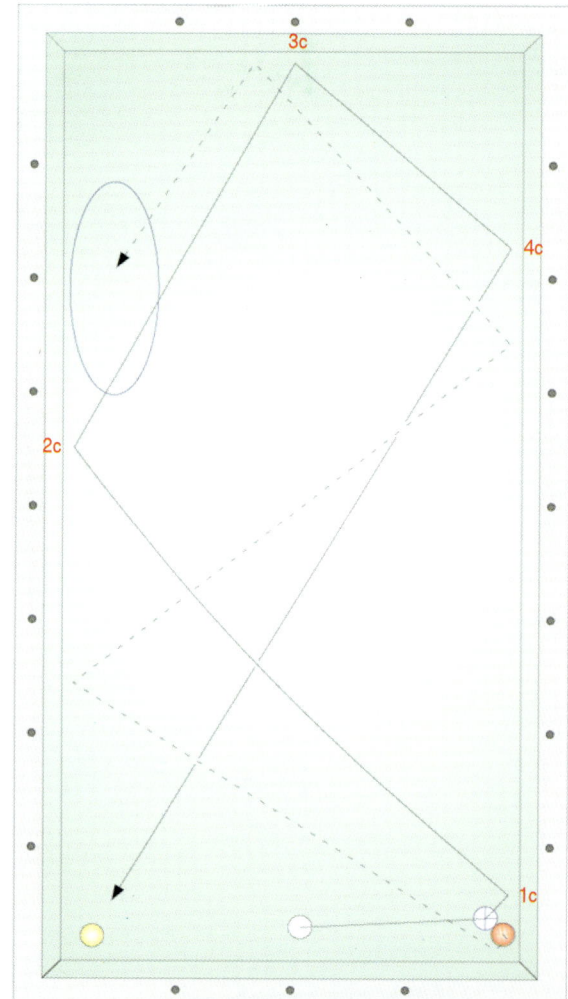

리버스-8

리버스 - 8

CR-3T   P × 3.5   ←   X

스냅을 이용하여 수구에 강한 역회전력을 넣어준다. 밀어치지 않도록 한다.

리버스 - 9

D/EL-3T   P × 3 ← F·B

리버스 치기에서 많이 사용되는 타구법이다.
수구에 역비틀을 넣고 빠르게 수구를 끌듯이 타구해야 한다.
커브의 휘어짐 정도는 연습을 통해 스스로 익혀야 한다.

리버스-10

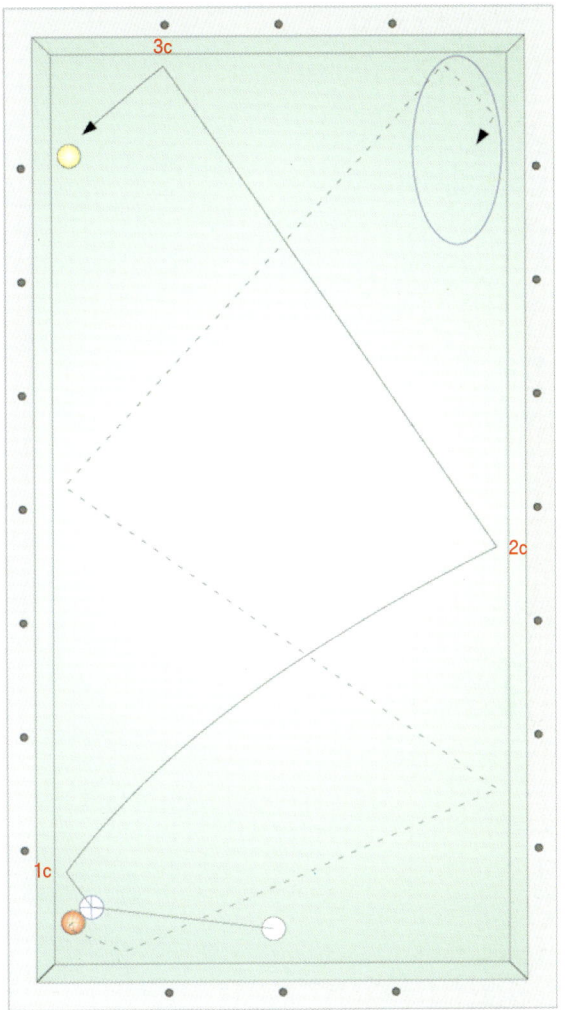

리버스-9

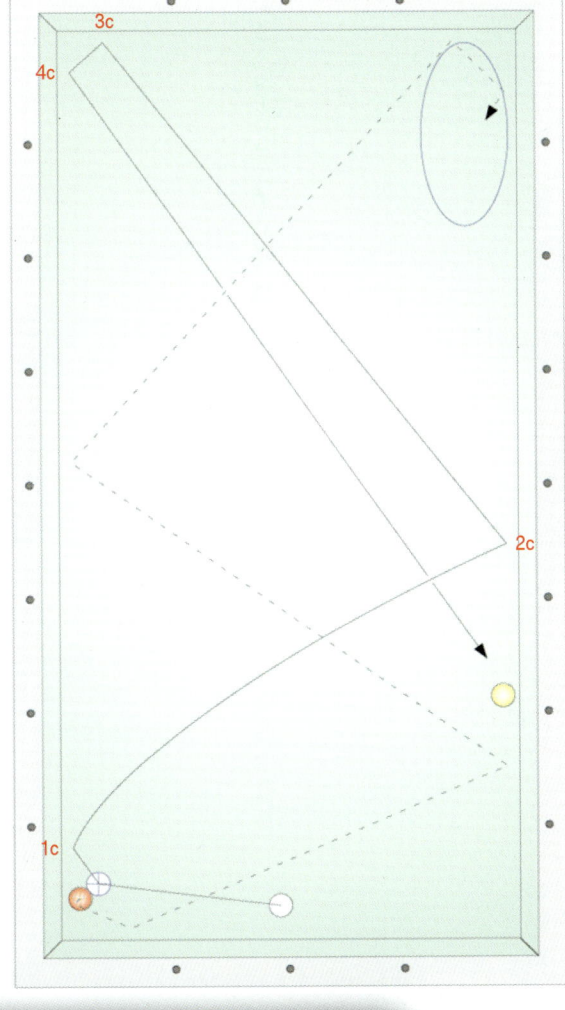

리버스 - 10

D/EL-3T   P × 3.5 ← F·B

리버스-9와 비슷한 형태이나, 수구의 휘어짐을 좀 더 크게
만든다.
두께 조절에 실패할 경우 표적구간의 키스의 위험이 크다.

리버스 - 11

DR-3T   P × 2 ⟵ F · X

필히 익혀 두자.

의외로 많이 사용되는 타구이다.

빠르게 타구하라고 해서 수구의 진행속도를 빨리 하라는 것은 아니다. 손목의 스냅을 이용하여 약간 빠르게 타구함으로써 수구에 역비틈을 강하게 넣어주라는 의미이다. 수구에 회전력이 많이 넣어 질수록 타구의 이동 속도는 상대적으로 느려지게 된다.

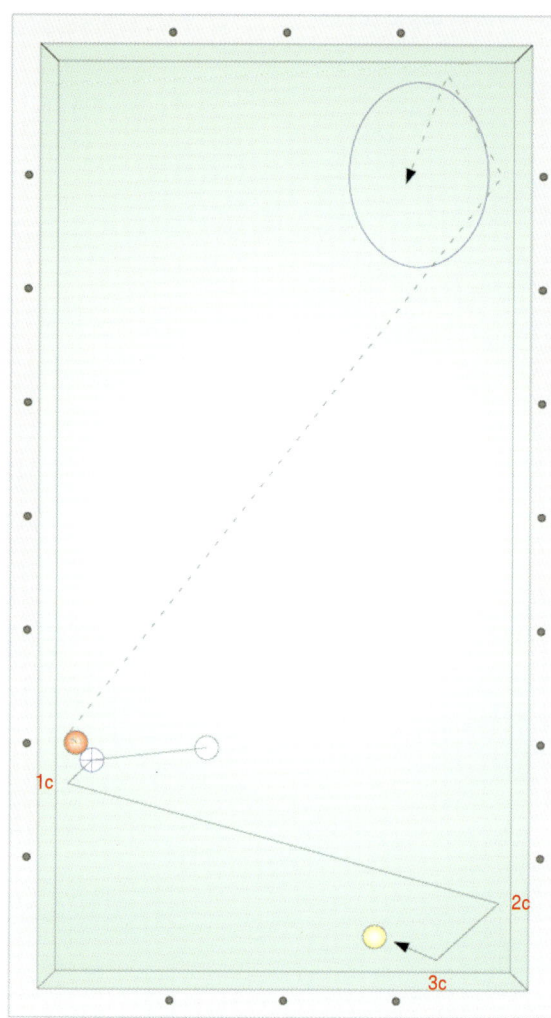

리버스-11

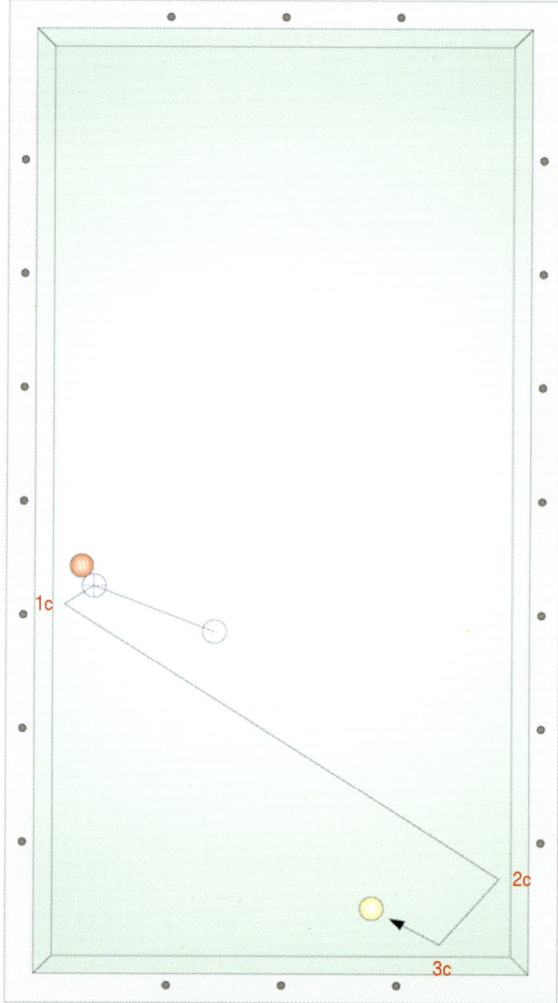

리버스-12

리버스 - 12

ER-2T   P × 3 ⟵ F · B

손목의 스냅을 이용하여 수구에 역회전과 역비틈을 강하게 넣어주고, 빠르게 끌듯이 타구해야 한다.

리버스 - 13

D/ER-3T　P × 3　← ─── F·B

리버스-14

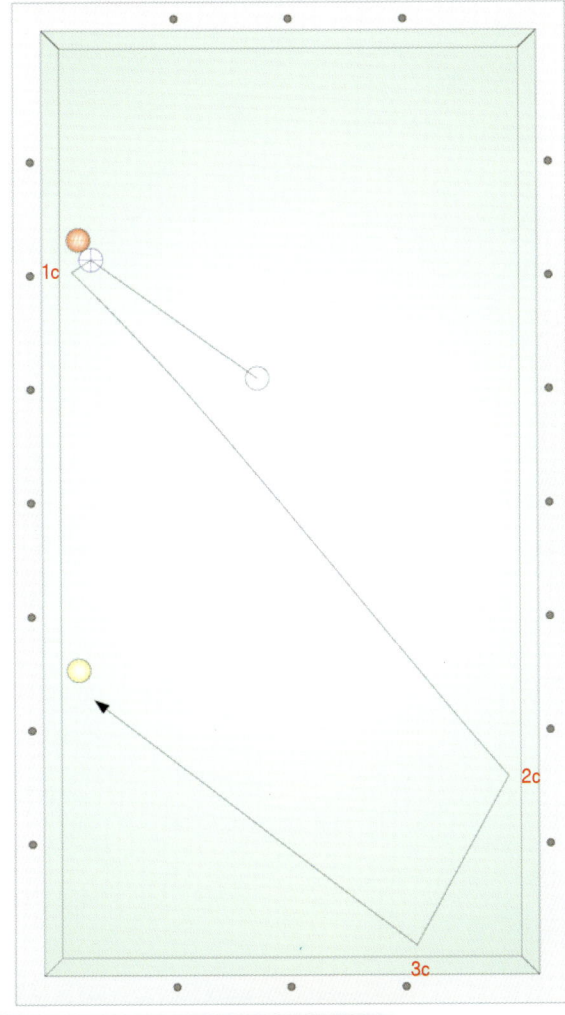

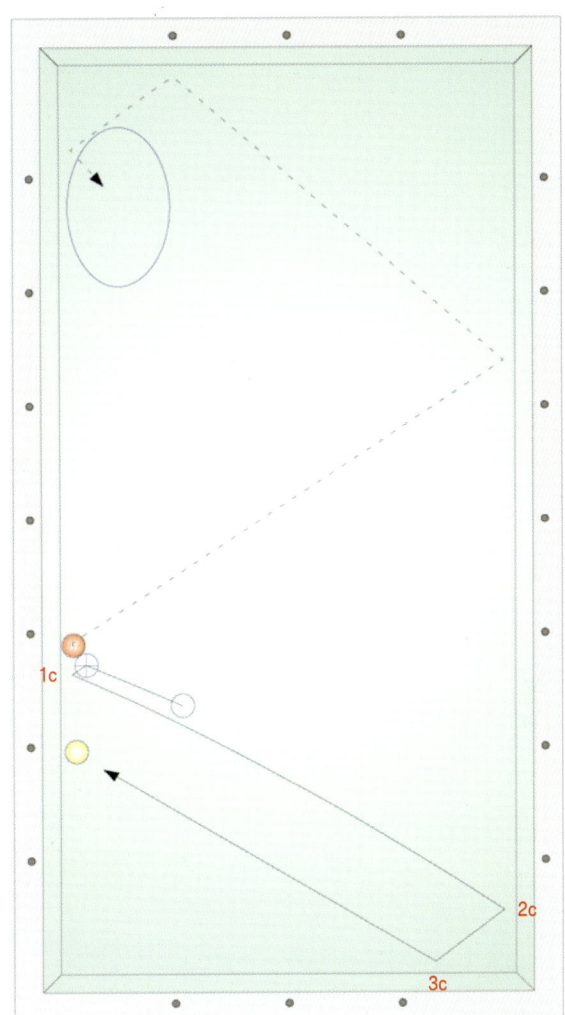

리버스-13

리버스 - 14

ER-2T　P × 3.5　← ─── B

우습게 볼 타구가 아니다.
예술구 수준의 어려운 타구이다.
단순히 수구를 끈다는 느낌으로 타구해서는 안된다. 손목의 강한 스냅이 요구된다.

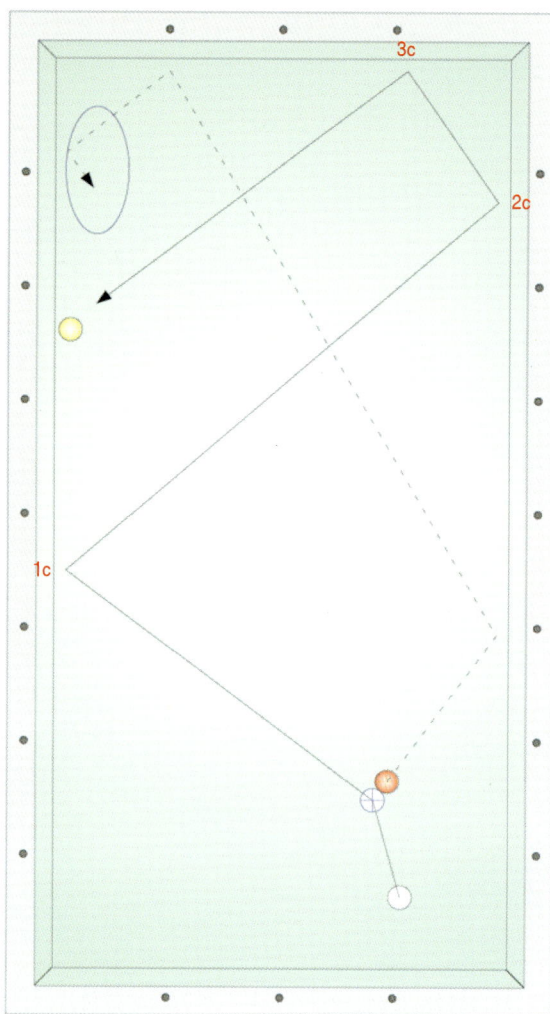

리버스 - 15

C/DL-3T   P × 3 ← L

수구에 약간의 역회전을 넣고 약간 밀어서 타구한다.

수구에 역회전을 많이 넣기 위하여 강하게 타구할 경우 오히려 불리해 진다.

리버스-15

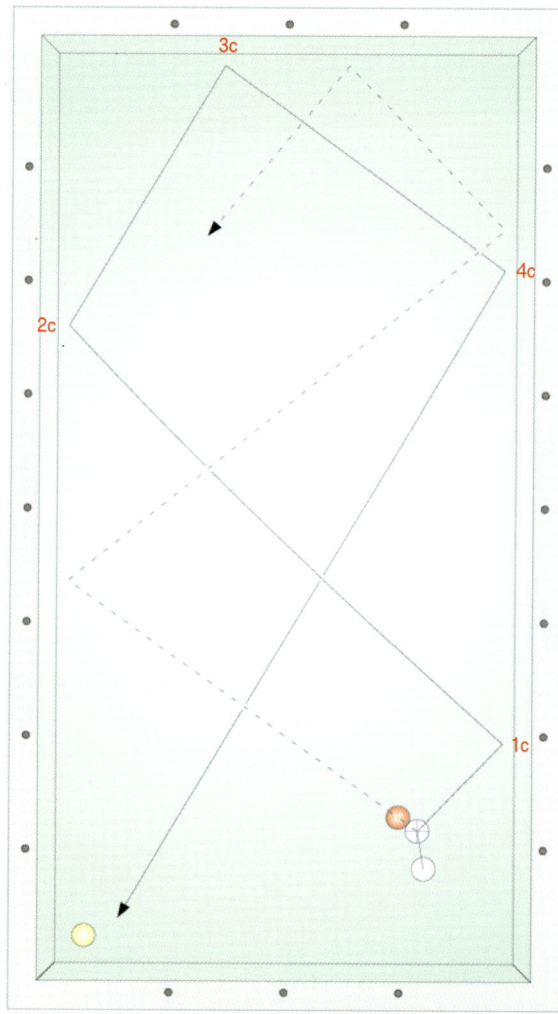

리버스-16

리버스 - 16

C/BR-3T   P × 3.5 ← L

리버스 치기는 테이블 상태가 좋지 않을 경우 타구하기가 아주 힘들어 진다.

리버스 - 17

C/DR-3T   P × 1.5 ← L

그림과 같은 형태는 공들의 형태가 조금만 바뀌어도 비틈을 전혀 사용하지 않거나 경우에 따라 순비틈을 사용할 수도 있다.

그림과 같이 쿠션에 근접해 있는 제1표적구를 공략할 때 수구에 전진회전력을 넣고 밀어칠 경우 수구의 진로는 생각보다 길어지게 된다. 그림과 같은 형태에서 수구를 올바른 진로로 보내기 위해서는 약간의 역회전력이 필요하다.

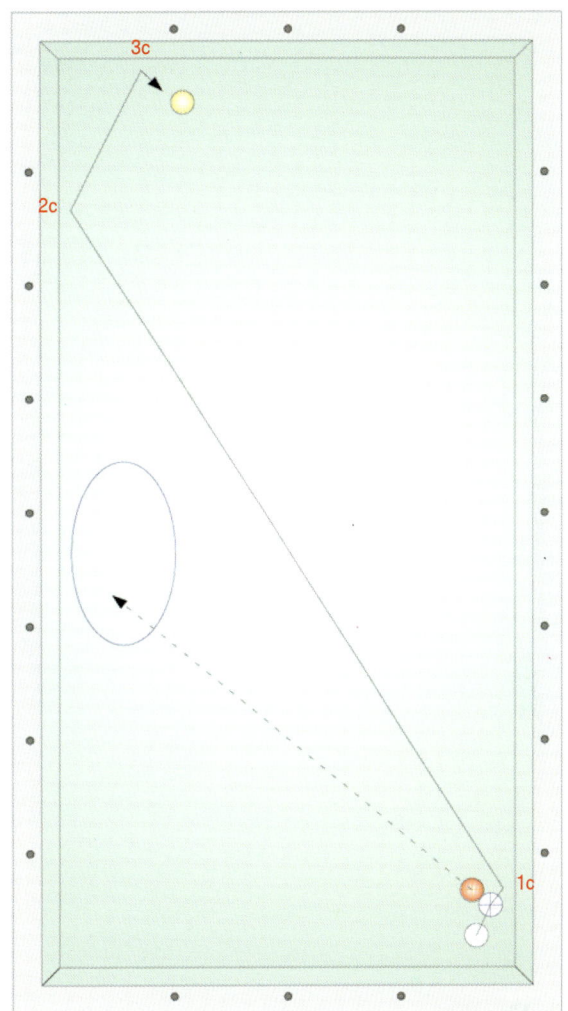

리버스-17

리버스-18

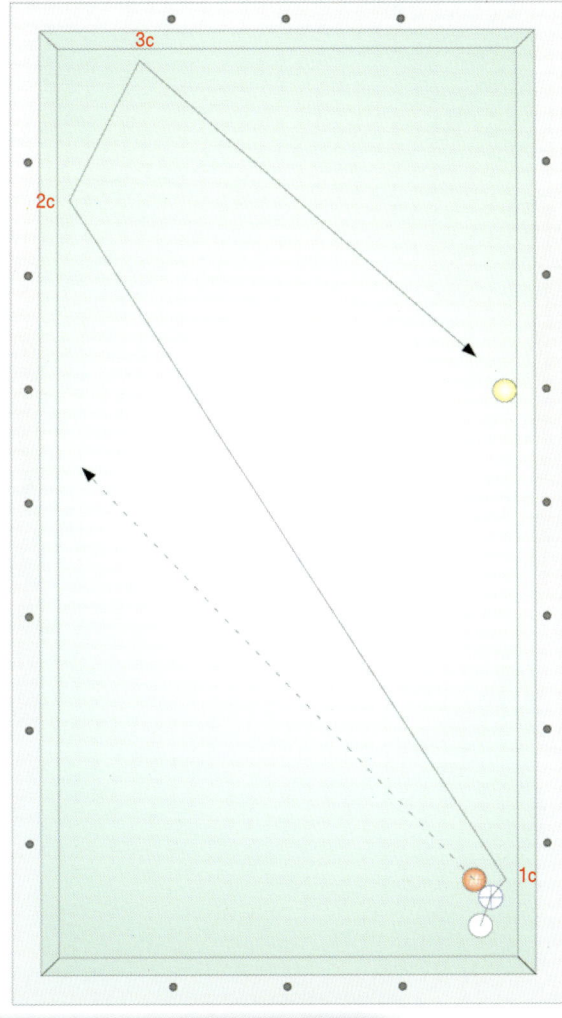

리버스 - 18

C/DR-3T   P × 2 ← L

수구에 전진회전력을 넣을 경우 수구의 진로가 너무 길어질 수 있다. 약간의 역회전력을 주고 조금 빠르게 타구한다.

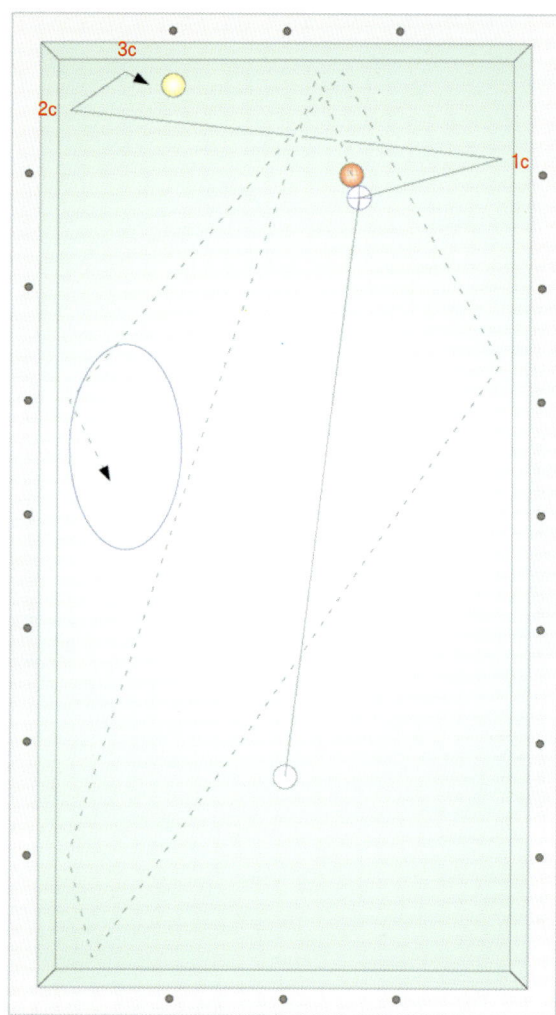

리버스-19

리버스 - 19

CR-3T   P × 3.5 ⟵ F · L · X

다음과 같은 형태는 타구법이 중요시 된다.
빠르게 밀듯이 끊어 타구한다.

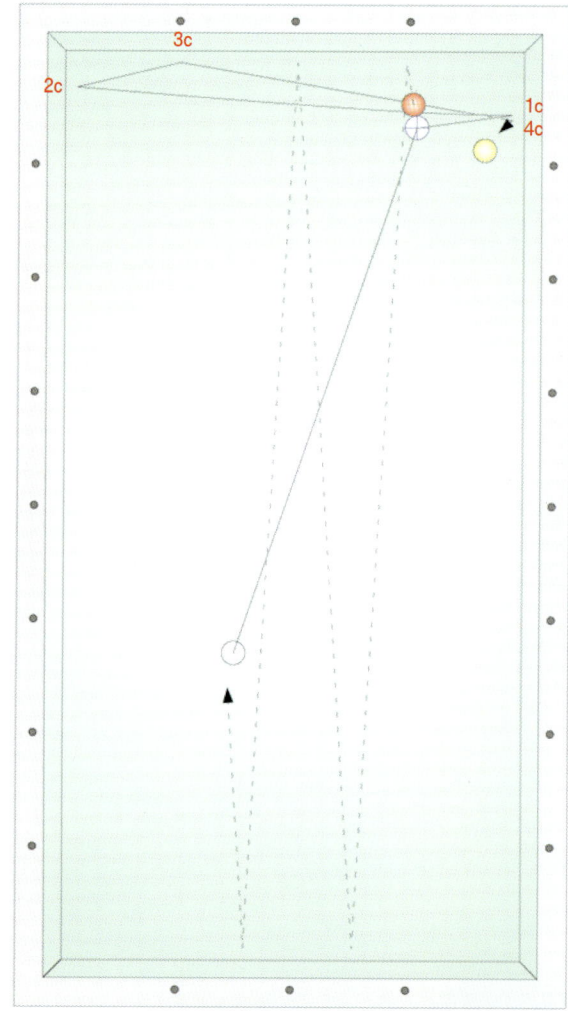

리버스-20

리버스 - 20

C/BR-3T   P × 4 ⟵ X

리버스 - 21

C/BR-3T   P × 3   ← L

적절한 힘조절이 요구되는 타구이다.

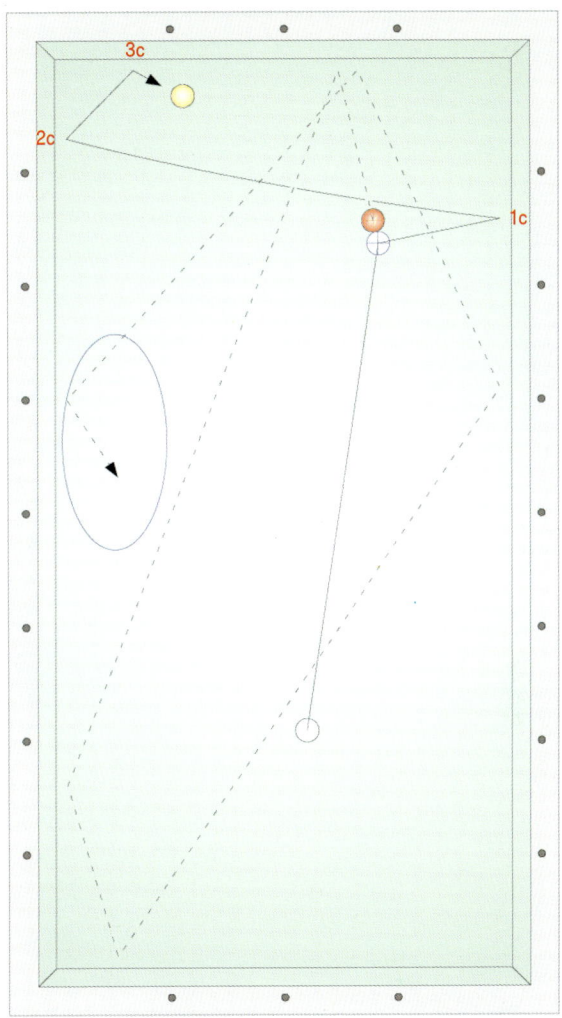

리버스-21

리버스-22

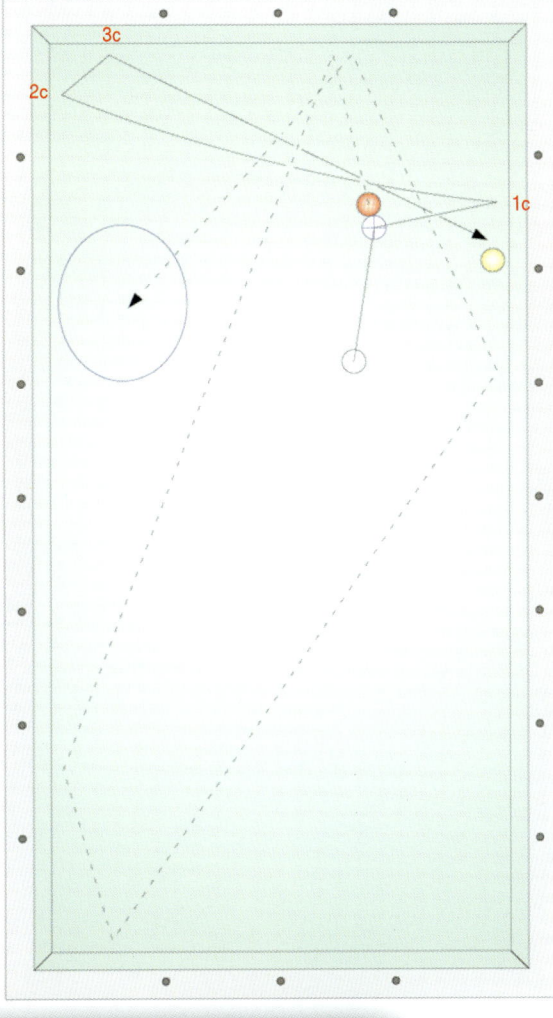

리버스 - 22

B/AR-3T   P × 3   ← L

리버스-21과 비슷한 형태이나 수구와 제1표적구간의 거리가 짧아 수구에 약간의 전진회전력이 필요하다.

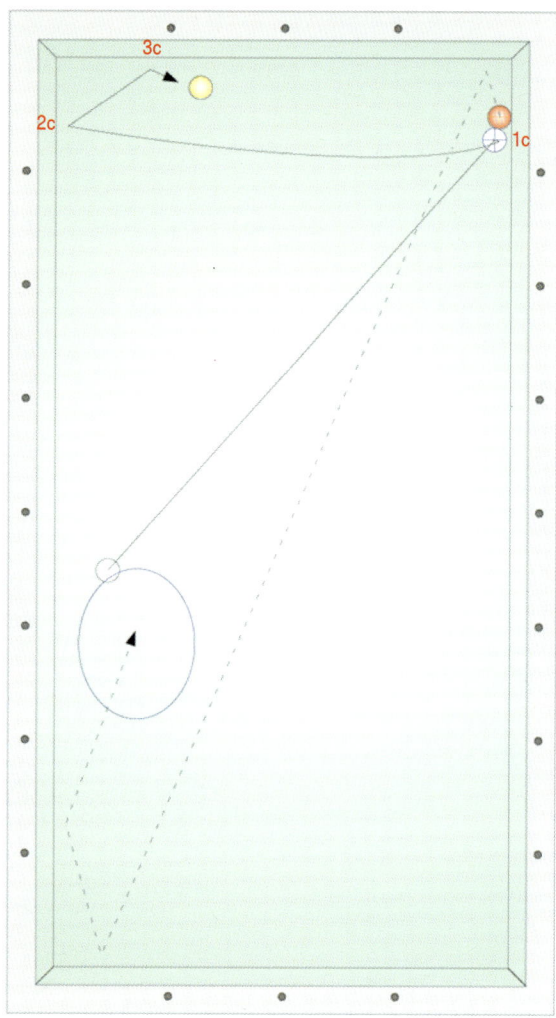

리버스-23

리버스 - 23

BR-3T   P × 2   ←   L

과도한 전진회전력은 필요없다. 약간의 전진회전력을 수구에 넣은 후 힘조절과 스트로크를 조절하여 알맞은 수구 진로를 만든다.

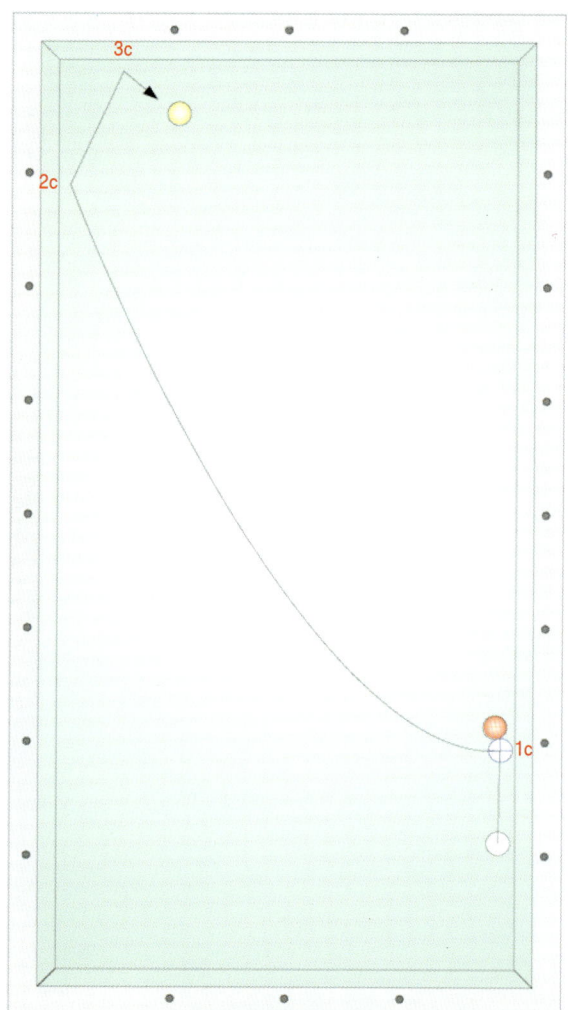

리버스-24

리버스 - 24

AR-2T   P × 2   ←   L

알맞은 두께와 힘조절이 요구 된다. 제1표적구를 생각보다 얇게 겨냥하고 약하게 타구하는 것이 유리하다.

리버스 - 25

C/DL-3T　　P × 3　←—— F·X

알맞은 두께 조절은 필수이고, 손목의 스냅을 이용하여 수구에 강한 역비틀을 넣어 주어야 한다.

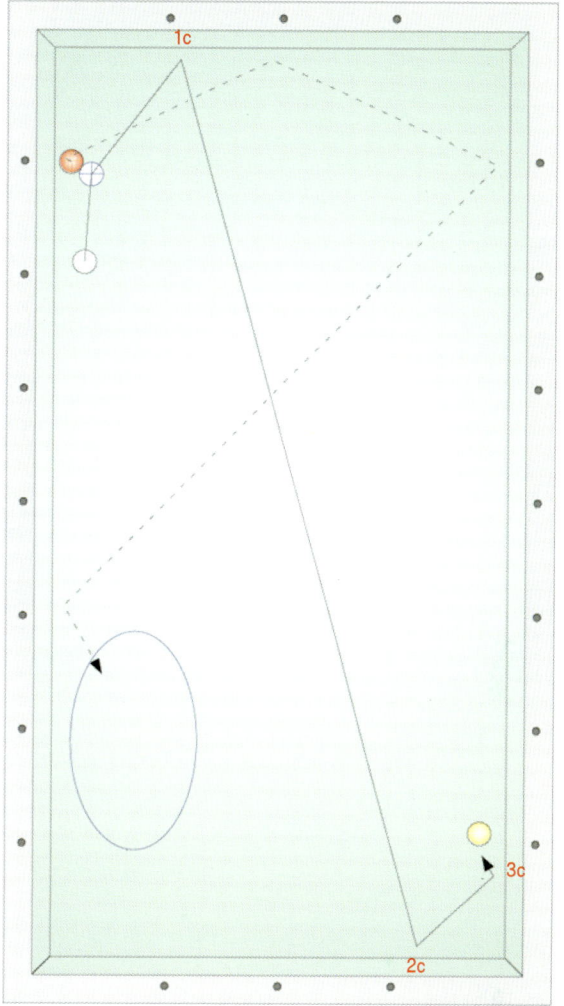

리버스-25

리버스-26

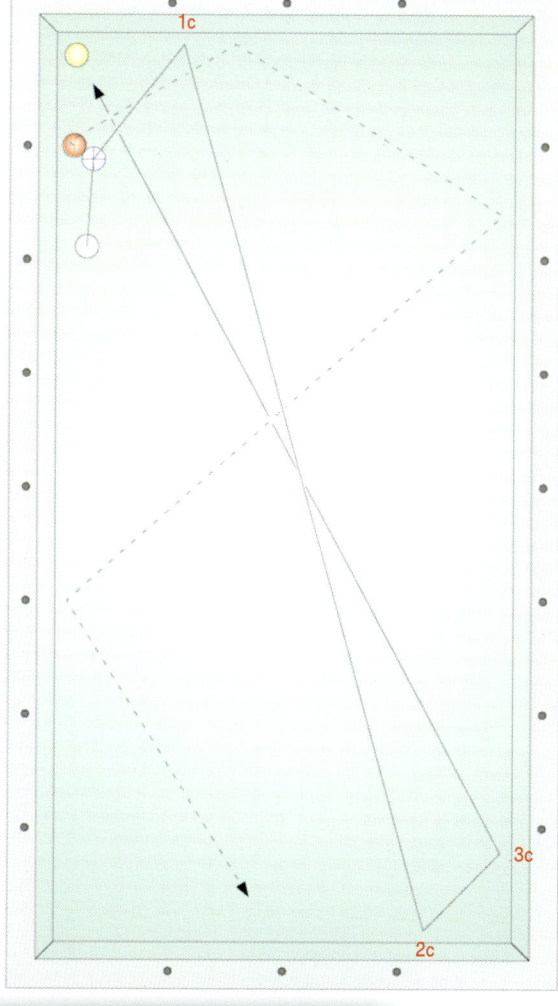

리버스 - 26

C/DL-3T　　P × 3.5　←—— F·X

손목의 스냅을 이용하여 수구에 강한 역회전력을 넣을 수 없다면 그림과 같은 타구는 생각도 말아야 한다.
테이블 상태가 나쁠 경우 타구가 아주 힘들어질 수도 있다.

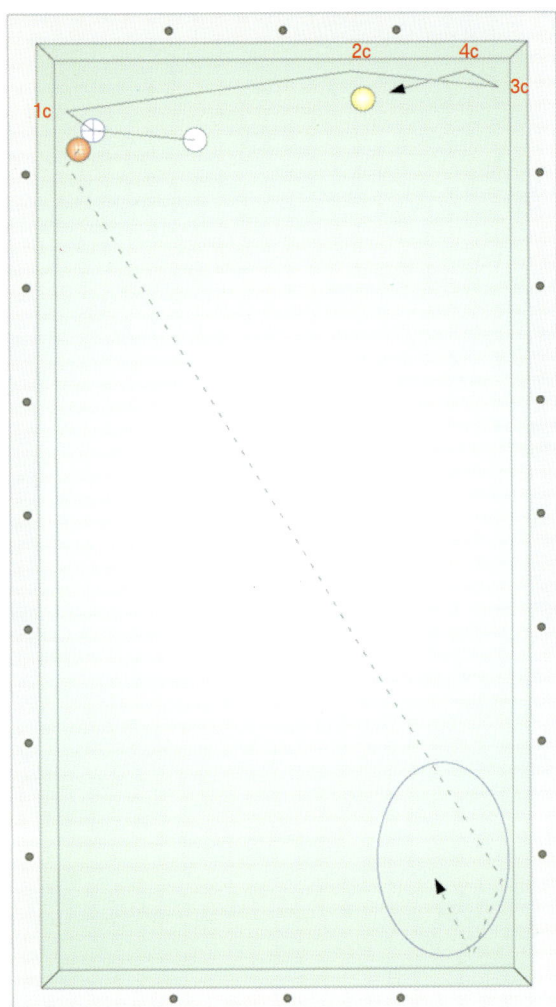

리버스 - 27

C/DL-3T   P × 2.5 ← F · X

그림과 같은 타구를 성공해 낸다면 상대편으로부터 박수를 얻어 낼 수 있을 것이다.

리버스-27

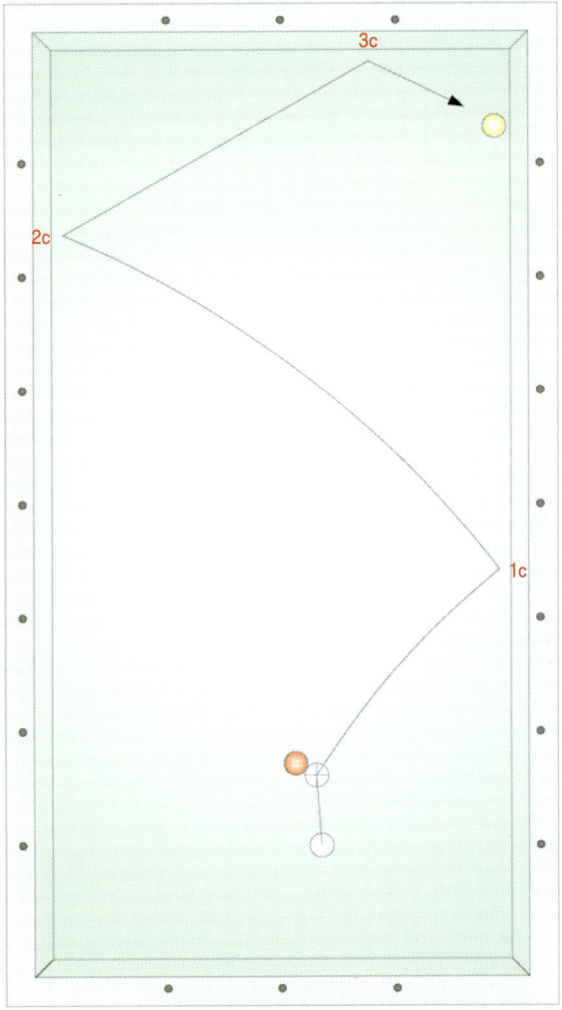

리버스-28

리버스 - 28

ER-2T   P × 2.5 ← B

생소한 타구일 것이다.

수구에 역비틀을 강하게 넣고 제1표적구를 생각보다 얇게 겨냥한 뒤, 수구를 최대한 끌어 친다는 느낌으로 조금 약하게 타구한다.

타구법에 따라 수구의 진로가 그림과 다를 수도 있다.

성공한다면 상대편의 놀라는 모습을 보게 될 것이다.

9. 되오기치기(일명 : 조단조)

　되오기치기, 즉 더블 레일 시스템을 이용할 때 주의할 점은 자신이 사용하고 있는 테이블에 있어 자신의 역비틈의 한계를 파악해야 한다는 점이다. 역비틈의 한계를 파악하는 방법은 앞에서 설명하였기 때문에 생략하기로 한다. 참고로 역비틈의 한계를 파악할 때 주의할 점은 너무 과도한 비틈을 넣는다든가, 큐의 뒤부분을 약간 들어 찍어치는 형태의 타구법은 피해야 한다는 것이다. 이럴 경우 비틈의 한계는 높아지지만 정확도는 많이 떨어지게 되기 때문이다. 특수한 경우를 제외하고 이러한 타구법은 피하도록 한다.

　되오기치기 형태는 경기 중에 많이 발생되나 정확한 타구법을 모르고 있어 초보자의 경우 실수를 하는 경우가 많다. 그러나 타구법에 따른 정확한 수구의 진로만 파악하고 있다면 다른 시스템에 비해 적은 수구의 진행으로 3번의 쿠션을 모두 이용하기 때문에 스리쿠션을 손쉽게 해결할 수 있다는 장점을 가지고 있다.

되오기치기-1

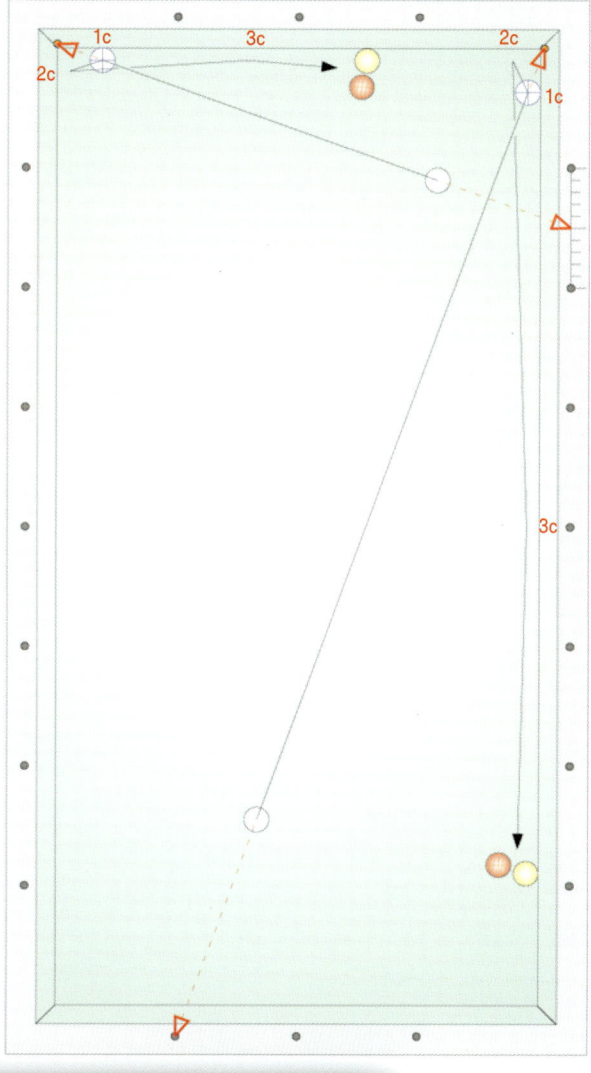

되오기치기 - 1

CR-3T　　P × 2　←　L

　자신이 사용하는 테이블에서 짧은 쿠션에서의 역비틈의 한계가 1.5p이라면 다음 그림에서 짧은 쿠션과 긴 쿠션에서 수구는 각각 역비틈의 한계상황에 위치해 있다. 되오기치기를 잘 활용하기 위해서는 자신이 사용하고 있는 테이블에서 비틈의 정도에 따른 역비틈의 한계를 파악해야 한다.

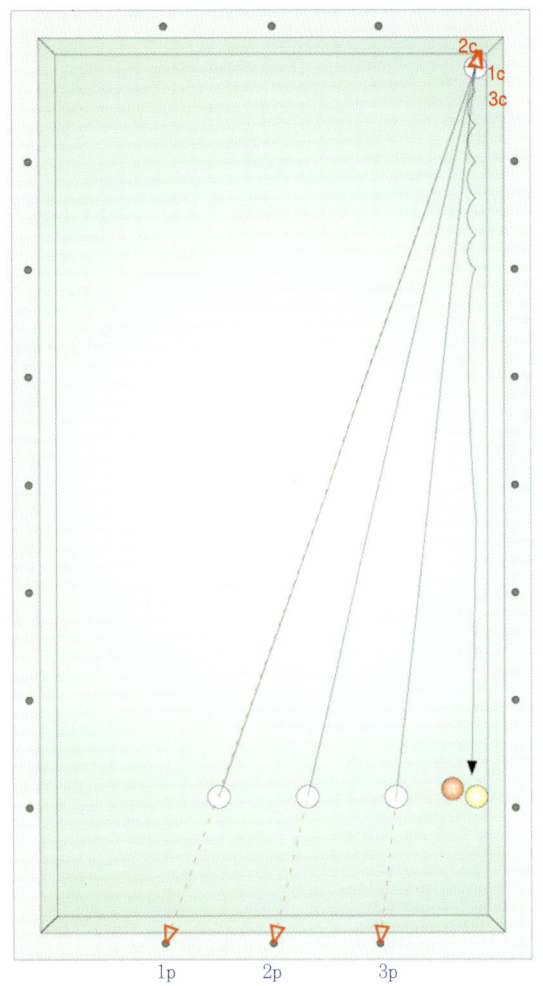

되오기치기 - 2

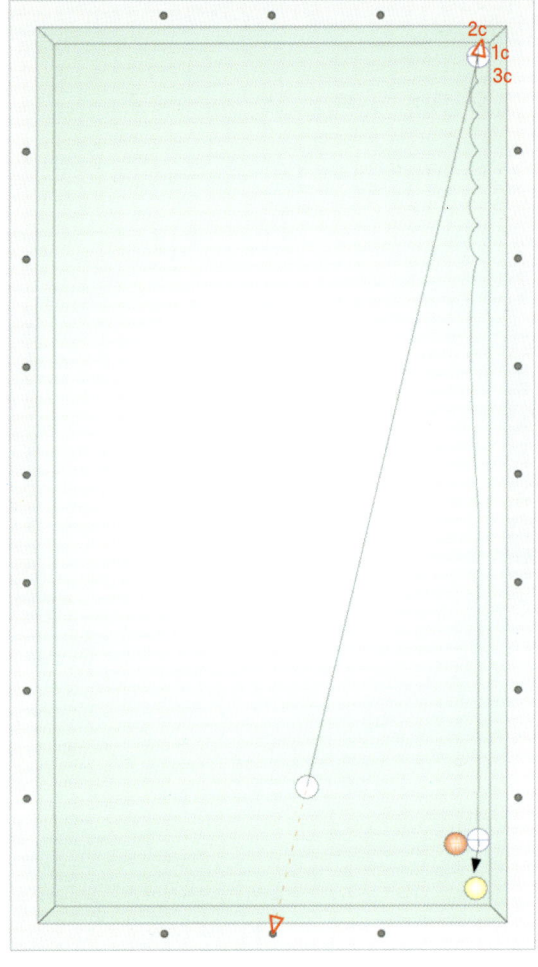

되오기치기 - 3

되오기치기-2 그림은 수구 포인트별로 수구를 긴 쿠션에 접하게(이 때 수구는 진행과 동시에 경우에 따라 1번이상 쿠션에 접하게 됨)진행시키는 상황이다.

수구의 위치에 따른 각각의 타구법은 다음과 같다.

수구의 위치가 0p~0.5p일 경우 BR(L)-0.5T
　　　　　　　　0.5p~1.0p일 경우 BR(L)-1T
　　　　　　　　1.0p~1.5p일 경우 BR(L)-2T
　　　　　　　　1.5p~2.0p일 경우 BR(L)-3T
　　　　　　　　2.0p~3.0p일 경우 CR(L)-3T

　그림과 같이 수구를 진행시키고자 할 때 주의할 점은 올바른 당점의 선택도 중요하지만 수구를 정확히 코너에 넣을 수 있어야 한다는 것이다. 약하게 타구하였을 경우 비틈의 방향으로 휘어져 진행하려는 성질과 강하게 타구할 경우 비틈의 반대방향으로 벗어나 진행하려고 하는 타구의 힘에 따른 상반된 성질 때문에 자신은 코너를 겨냥하여 타구하였다 할지라도 정확한 코너지점으로 진행하지 않을 수 있다. 이러한 오차를 극복하기 위해서는 많은 연습이 필요하다.

　되오기치기-3은 되오기치기-2를 응용한 타구의 한 예이다.

되오기치기 - 4

CR-3T   P × 2 ← F

다음과 같은 형태에서 성공의 열쇠는 얼마나 정확히 수구를 코너지점으로 넣을 수 있느냐 하는 점이다.

되오기치기-4

되오기치기-5

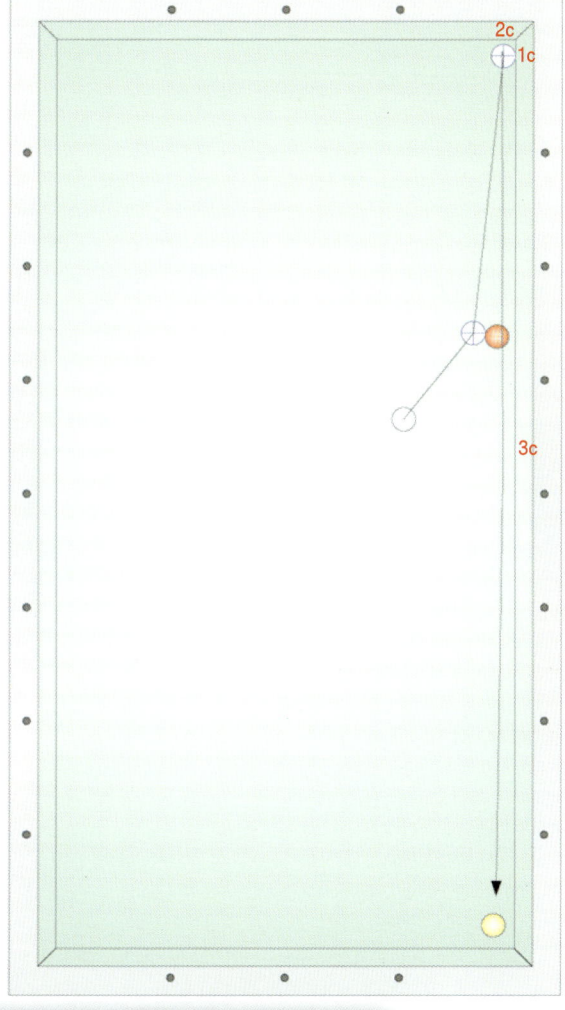

되오기치기 - 5

BR-2T   P × 3.5 ← F

수구에 비틈을 많이 넣은 상태에서 제1표적구를 얇게 겨냥하여 타구하는 방법도 있으나, 제2표적구가 그림에서와 같이 쿠션에 너무 근접해 있기 때문에 그와 같은 타구법은 어렵기도 하거니와 성공 확률이 너무 적다.

수구에 비틈을 2T정도 넣고 약간 빠르게 수구를 코너 근처로 보내도록 타구한다.

되오기치기 - 6

CR-3T   P × 2 ⟵ X

약하게 타구하는 대신, 스냅을 이용하여 수구에 역비틀을 강하게 넣도록 한다.

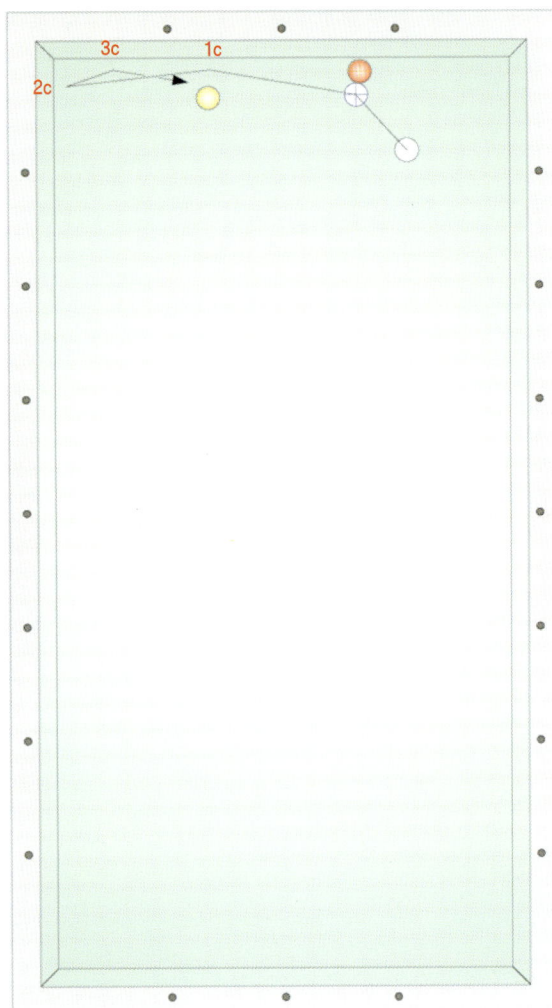

되오기치기-6

되오기치기 - 7

타구 A   C/BR-3T   P × 2.5 ⟵ L

타구 B   AR-2T   P × 3 ⟵ L

타구 B의 경우, 수구에 전진회전력과 우측회전력을 확실히 넣어준 상태에서 밀어치기 타구법으로 너무 강하지 않게 타구한다.

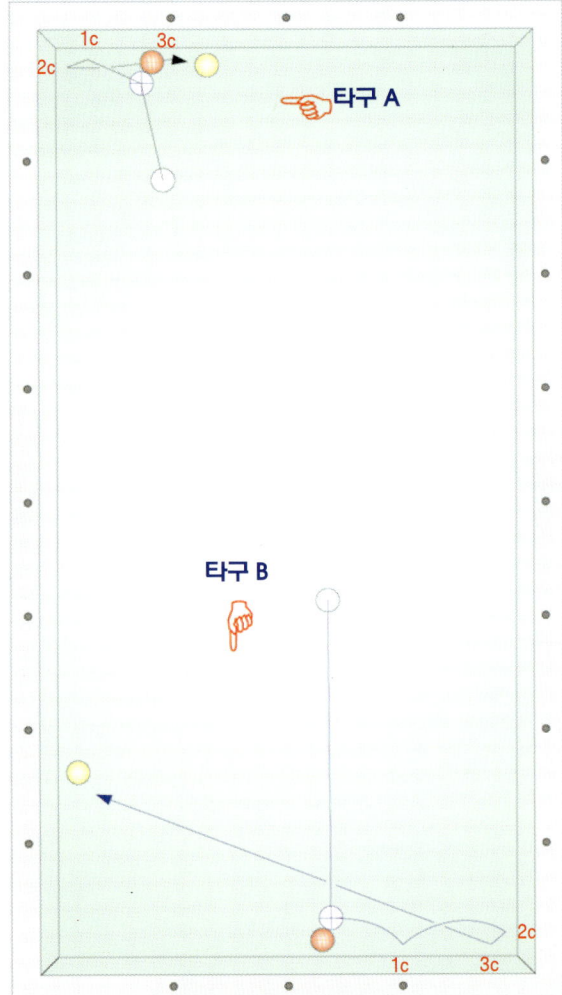

되오기치기-7

되오기치기 - 8

CR-Max   P × 2.5 ← L

예를 들어, 두 가지 타구 A,B에 F라는 힘을 주고 타구했을 때 각각의 진행 속도가 A는 20이고 B는 10이라고 가정하면, 타구 A는 힘의 많은 부분이 B에 비해 전진력으로 많이 전이 된 것을 의미하고 타구 B는 A에 비해 회전력으로 많이 전이 되어 타구의 속도가 A보다 느리게 된다.

그림과 같은 경우도 힘의 많은 부분이 우측회전력(우비틈) 으로 전이되도록 타구해야 한다.

되오기치기-9

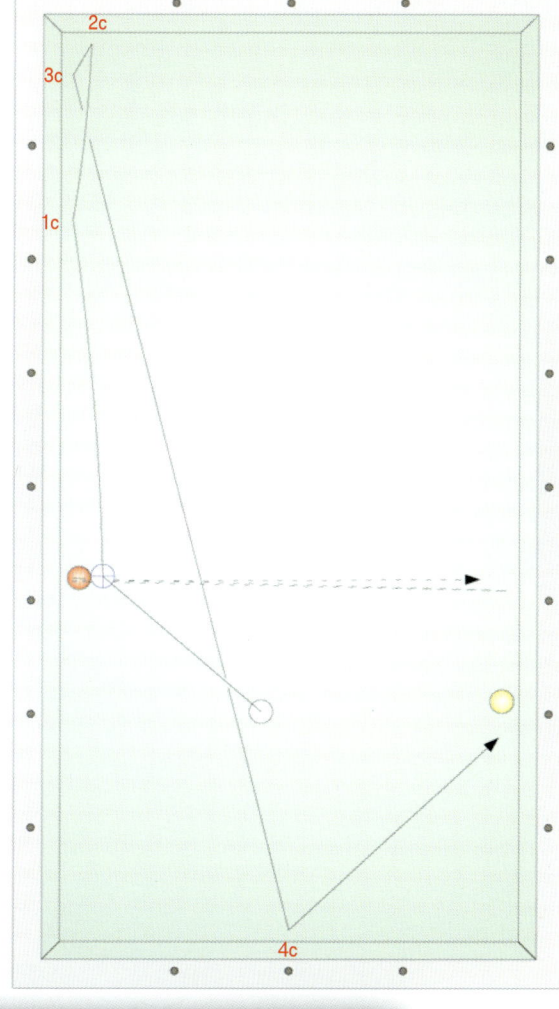

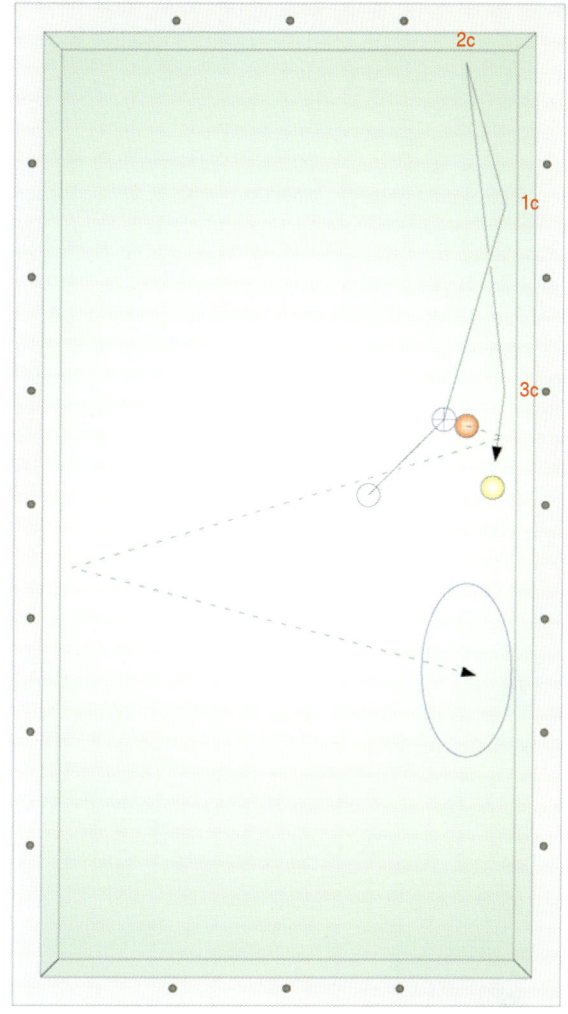

되오기치기-8

되오기치기 - 9

CL-Max   P × 3 ← L

한 가지 형태에서 조금만 응용한다면 여러가지 형태를 쉽 게 해결할 수 있는 길이 보인다.

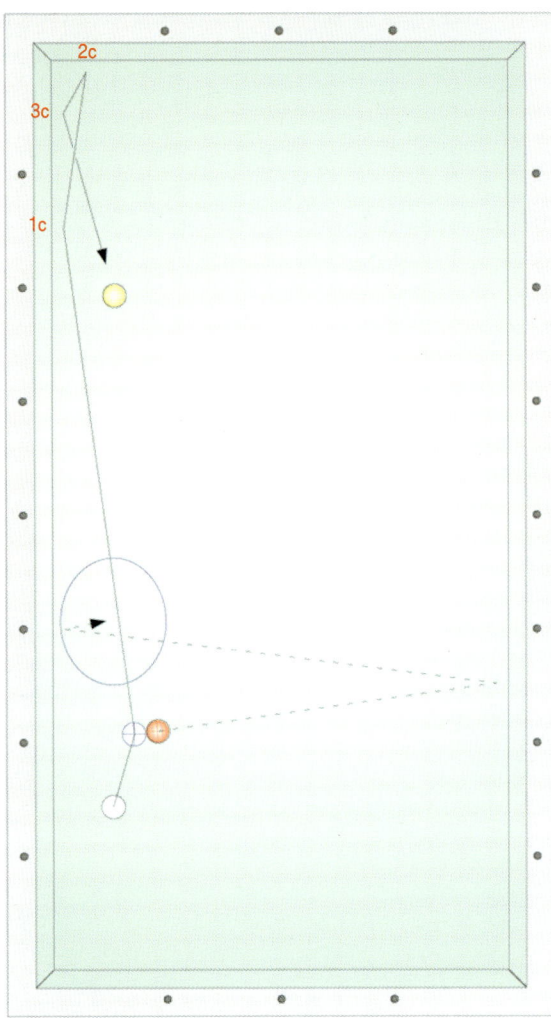

되오기치기-10

되오기치기 - 10

CL-3T   P × 2   ←   L·X

그림과 같은 공략법은 스리쿠션 경기에서 많이 사용된다. 꼭 그림과 같은 형태가 아니더라도 여러분들이 응용하여 사용하면 큰 효과를 볼 수 있을 것이다.

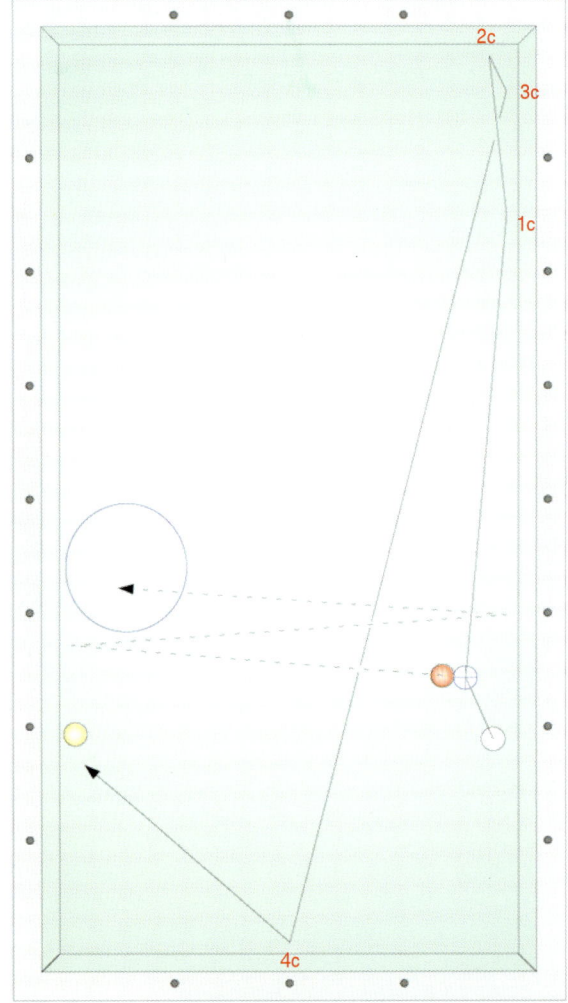

되오기치기-11

되오기치기 - 11

CR-3T   P × 3   ←   L

되오기치기-10의 응용 형태이다.

되오기치기 - 12

EL-2T   P × 3 ⟵ B

실전에는 거의 사용을 하지 않으나 이와 같은 형태의 타구를 알아두면 응용할 때가 많을 것이다.

되오기치기-13

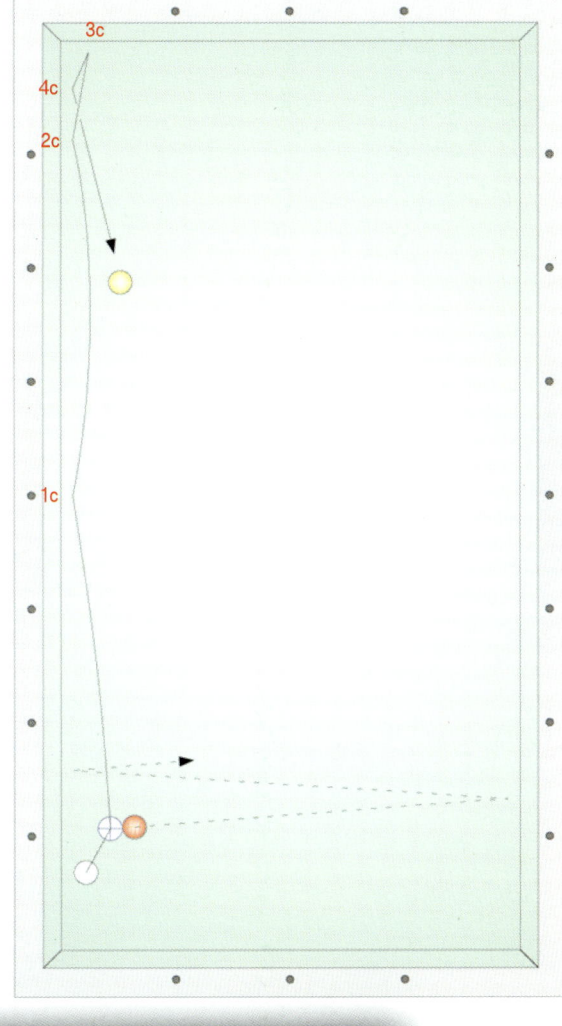

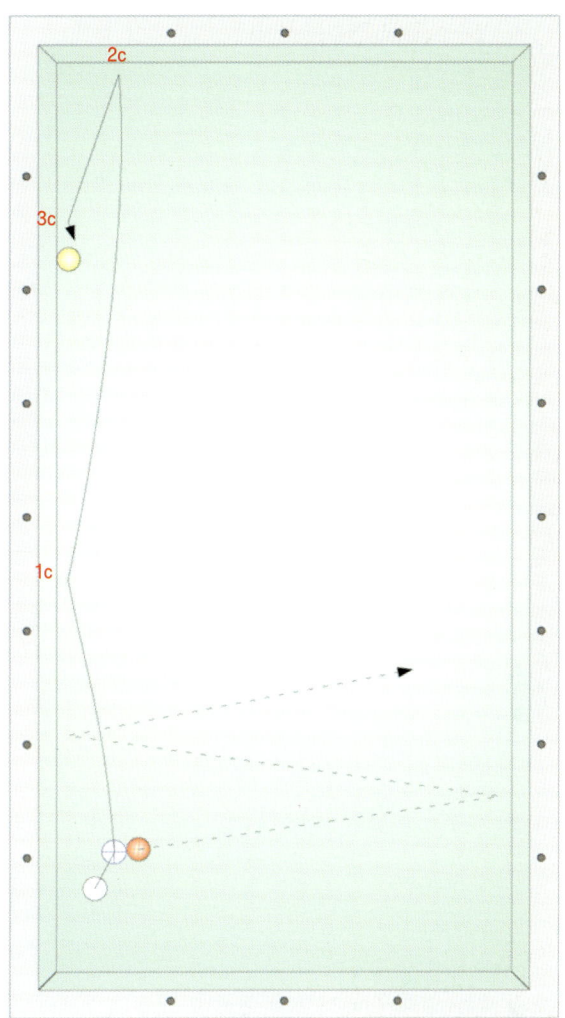

되오기치기-12

되오기치기 - 13

EL-2T   P × 3 ⟵ B

예술구성 타구이나 끌어치는 스트로크에 자신있다면 의외로 쉽게 성공할 수 있을 것이다.
  너무 강하게 치지 않도록 한다.

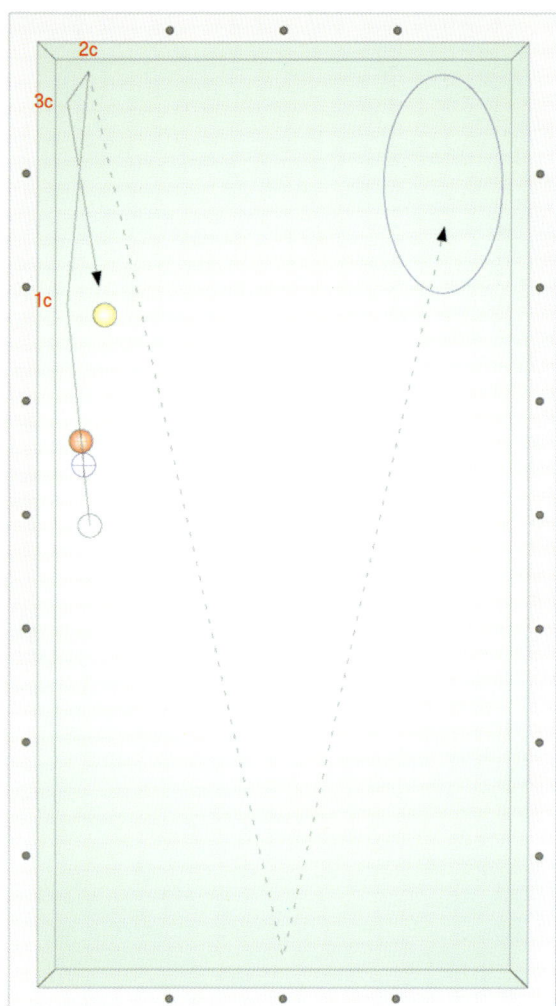

되오기치기-14

되오기치기 - 14

AL-2T   P × 2   ← L

밀어치기를 이용한 되오기치기이다.

강하게 타구하는 것보다, 약하게 제1표적구를 정면으로 맞추도록 한다.

되오기치기 - 15

AL-2T   P × 3   ← L

초보자의 경우 다음과 같은 형태가 발생하면 강하게 타구하는 것을 볼 수 있는데, 이럴 경우 어깨에 힘이 들어가고 스트로크 또한 수평을 이루지 못한 상태(당점은 밀어치기 당점을 겨냥하였으나 자세 불량으로 인해 다른 당점을 가격하게 되거나 찍어치는 형태의 타구)에서 수구를 가격하게 되어 타구시 발생되는 소리만 크고, 전진회전력은 약하게 넣어지게 된다.

약하게 타구하더라도 올바른 자세(밀어치기 당점을 정확히 겨냥하고 큐의 움직임이 수평)로만 정확히 가격한다면 쉽게 해결할 수 있다.

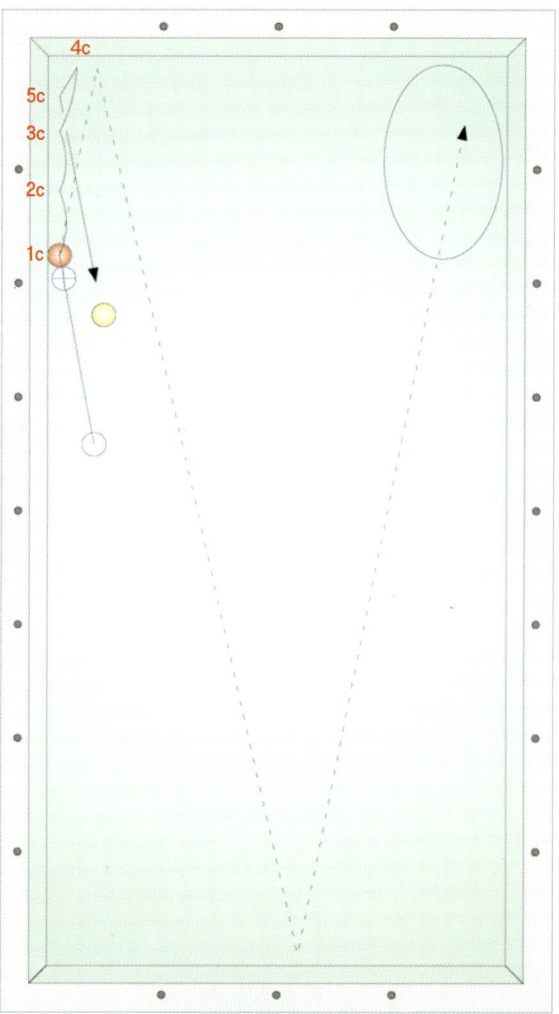

되오기치기-15

되오기치기 - 16

AL-2T   P × 2.5 ← L

정확한 정면치기가 요구된다.

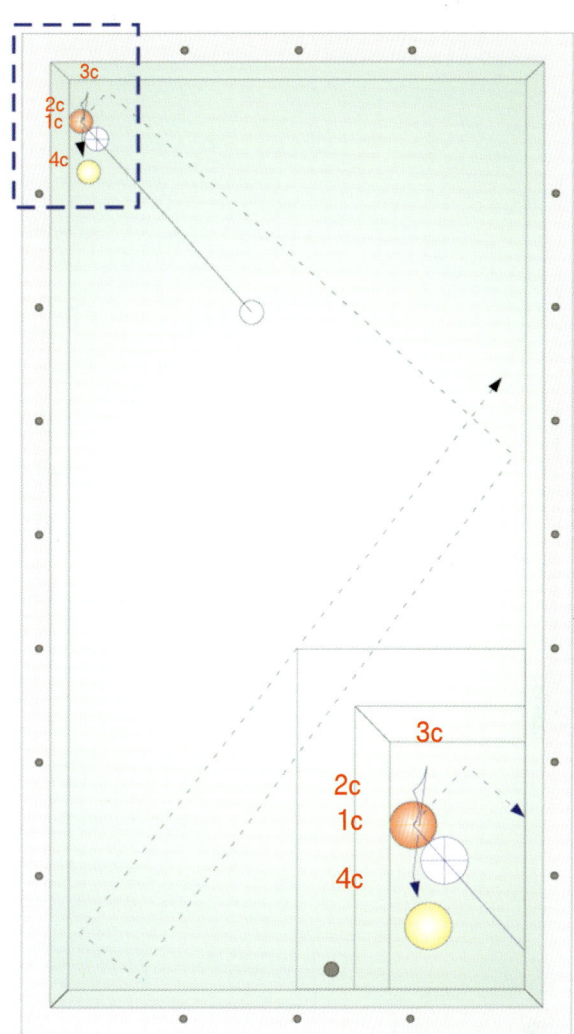

되오기치기-16

되오기치기-17

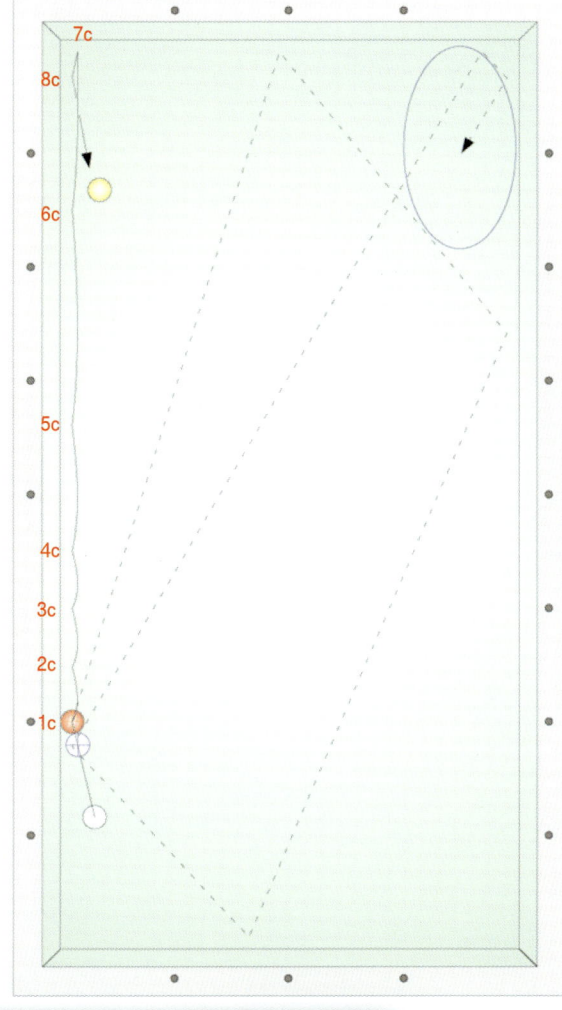

되오기치기 - 17

AL-2T   P × 3.5 ← L

초보자가 그림과 같은 타구를 본다면 감탄을 금치 못할 것이다. 그러나 올바른 자세로 밀어치기를 구사할 수만 있다면 자신도 남을 감탄시킬 수 있을 것이다.

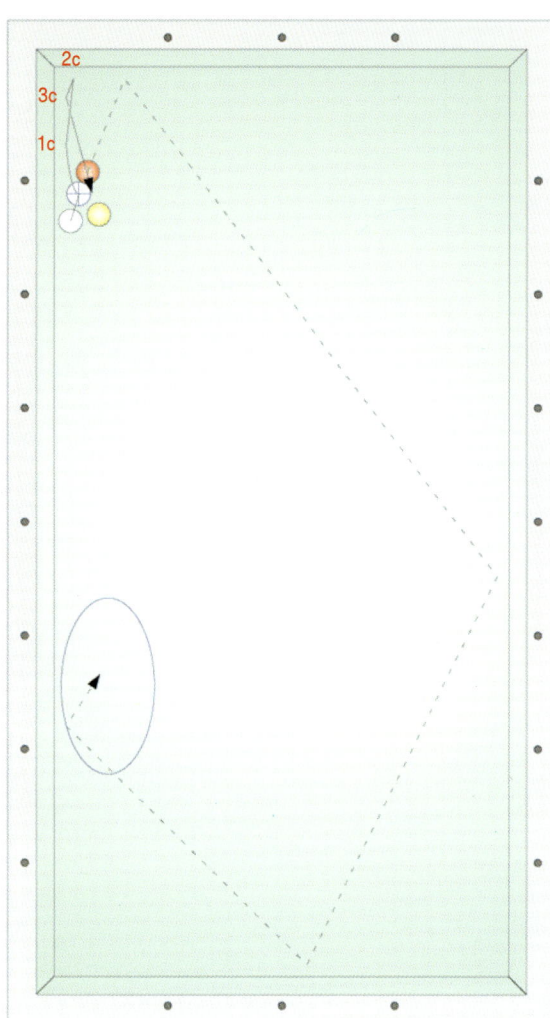

되오기치기 - 18

AL-2T   P × 2   ←   SH · X

약하게 타구하는대신, 수구와 표적구간의 거리가 짧으므로 손목의 스냅을 이용하여 짧게 끊어치도록 한다.

되오기치기-18

되오기치기-19

되오기치기 - 19

AR-2T   P × 3   ←   F · L

일차적으로 중점을 둘 사항은 제1표적구와의 알맞은 두께이며, 그 다음은 적절한 힘조절이다.

예술구성 타구이다.

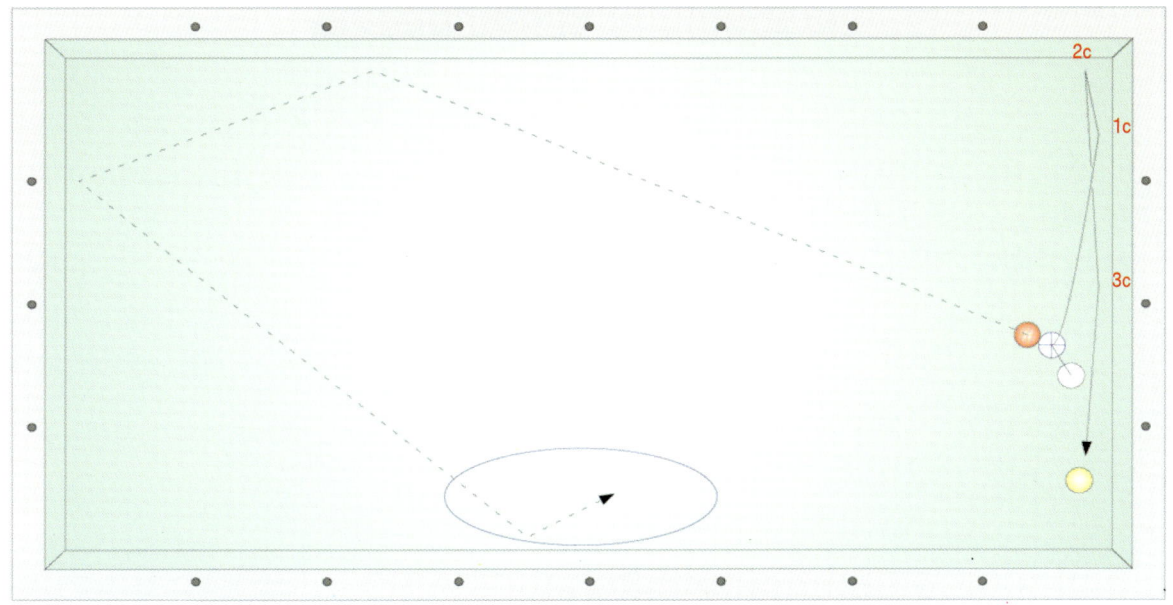

되오기치기 - 20

AR-2T   P × 2.5 ← SH · X

밀어치기에 자신이 없다면 다른 당점을 사용해도 된다. 물론 이때 표적구와의 두께와 힘조절등은 달리 해야 한다.

BR-2T   P × 3 ← F

되오기치기 - 21

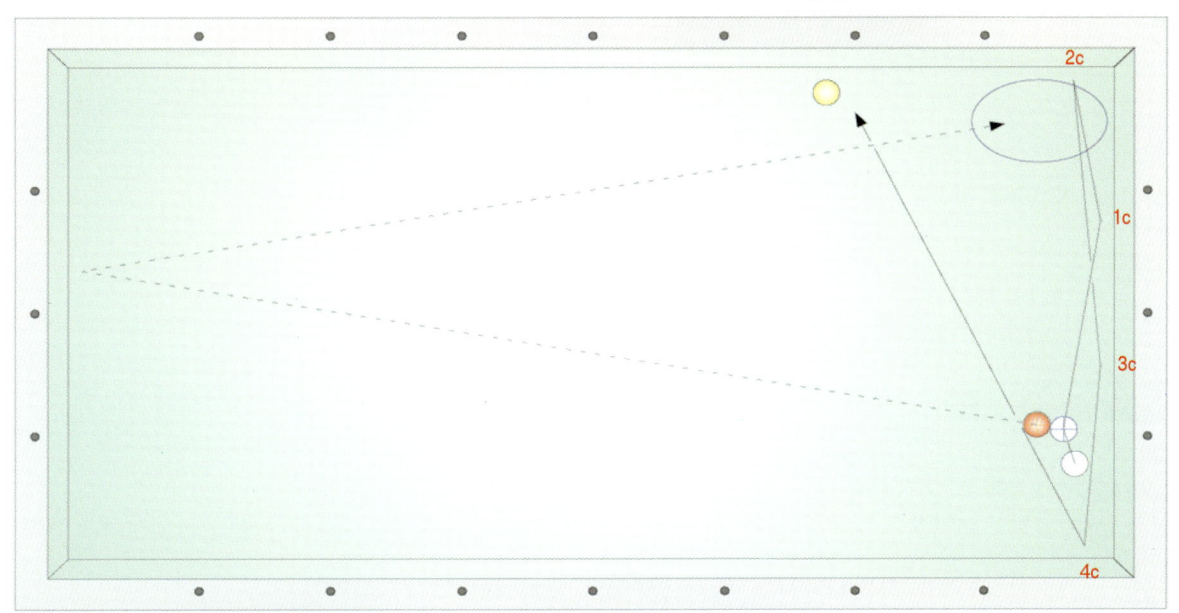

되오기치기-22

되오기치기 - 22

AL-2T   P × 2   ← L

강한 타구보다는 정확한 밀어치기가 요구된다.

되오기치기 - 23

AR-2T   P × 2.5   ← L

강하게만 타구하려고 하지 말자. 약하더라도 정확한 타구가 요구된다.

되오기치기-23

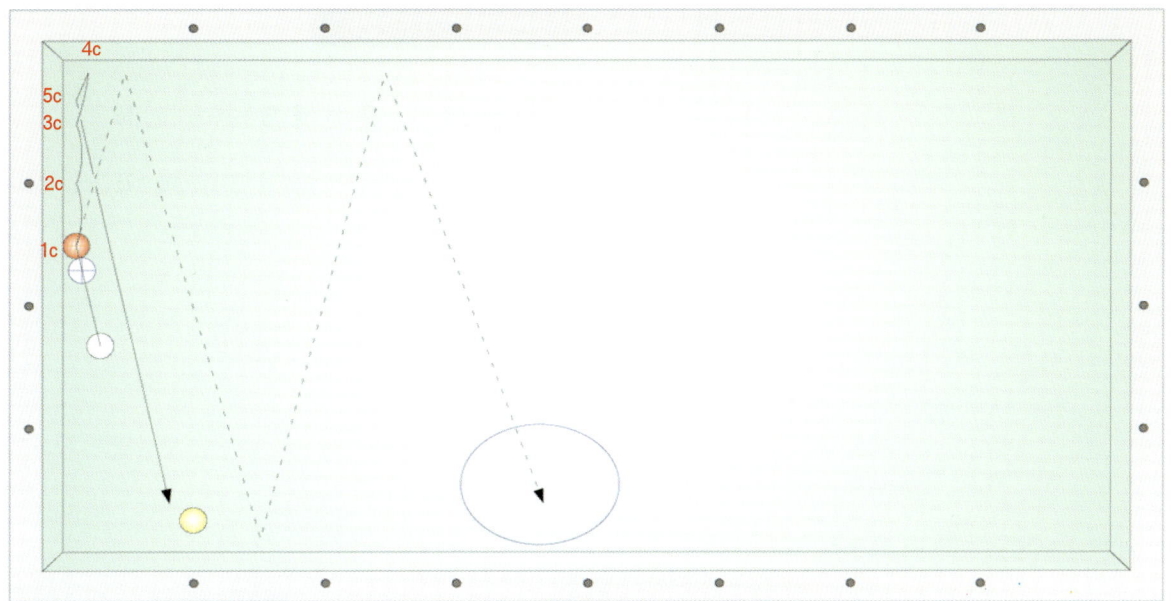

되오기치기 - 24

AL-2T   P × 3   ← L

CL-3T   P × 2   ← L

구멍치기를 이용한 되오기치기 타구이다.

되오기치기 - 25

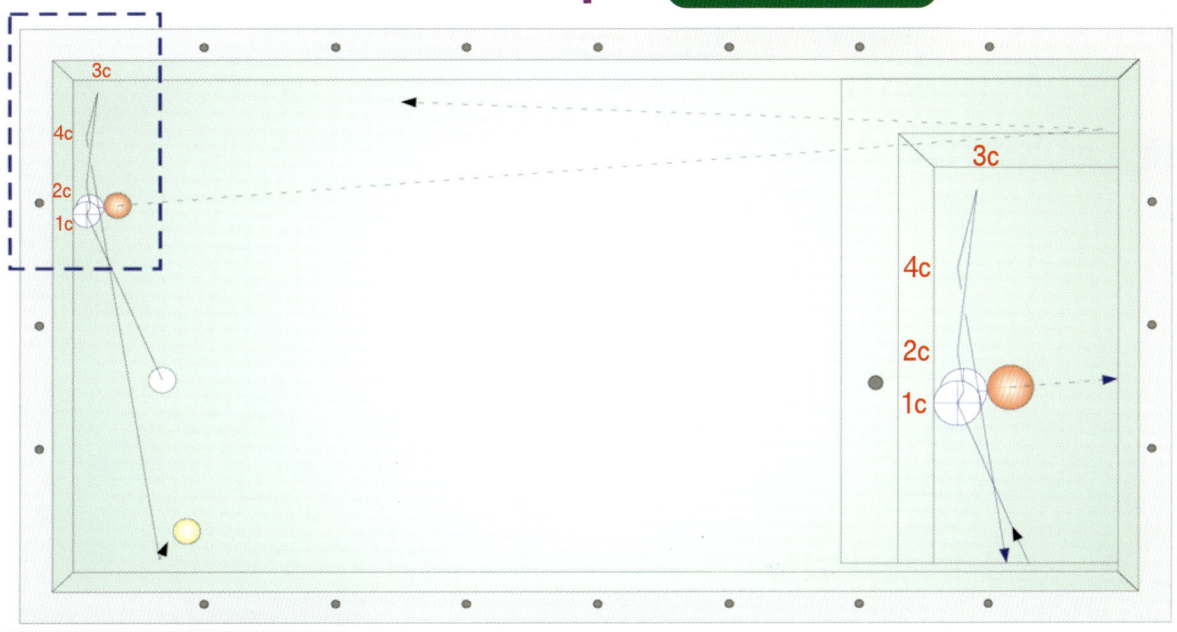

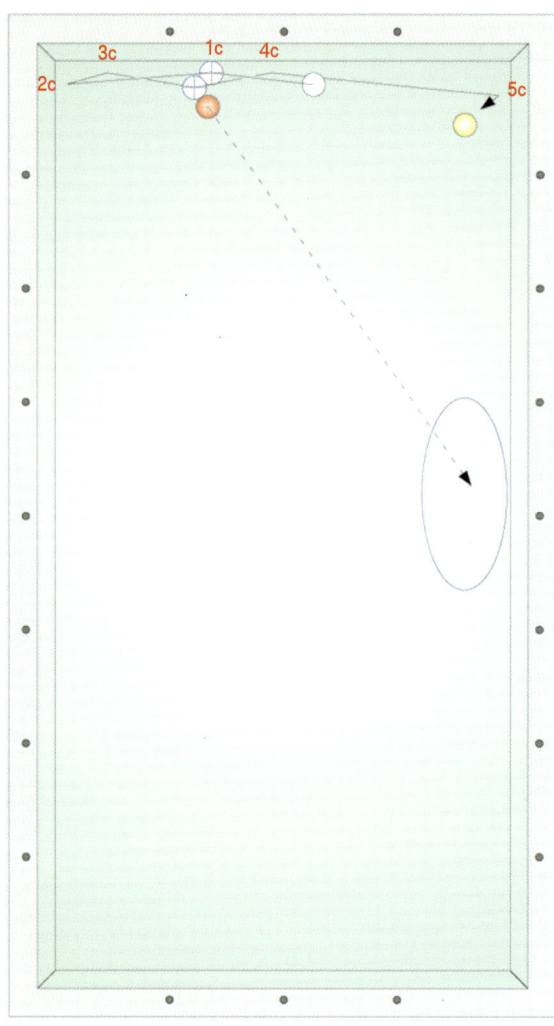

되오기치기-26

되오기치기 - 26

CR-2T   P × 1.5 ← N

타구의 형태에 따라 비틈 및 힘 조절을 약간씩 달리할 수 있어야 한다.

BR-3T   P ×2 ← X

3쿠션이후 수구는 제1표적구를 맞고 약간 뒤로 끌린 후 진행해야 한다.
올바른 당점과 힘조절이 요구된다.
약간 끊어치도록 한다.

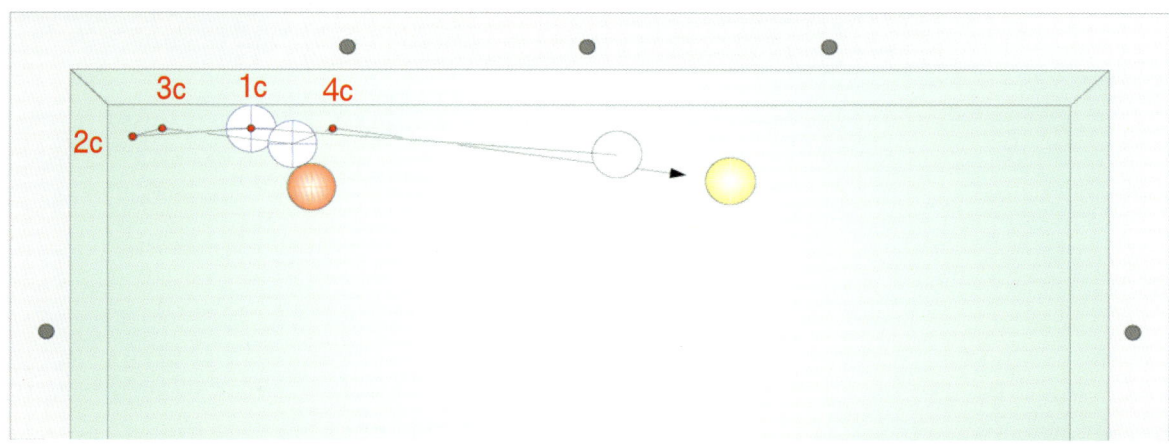

되오기치기 - 27

되오기치기 - 28

B/AL-3T   P × 1.5 ← S

강하게 타구해서는 성공하기 힘들다.
수구를 던지듯이 가볍게 타구한다.

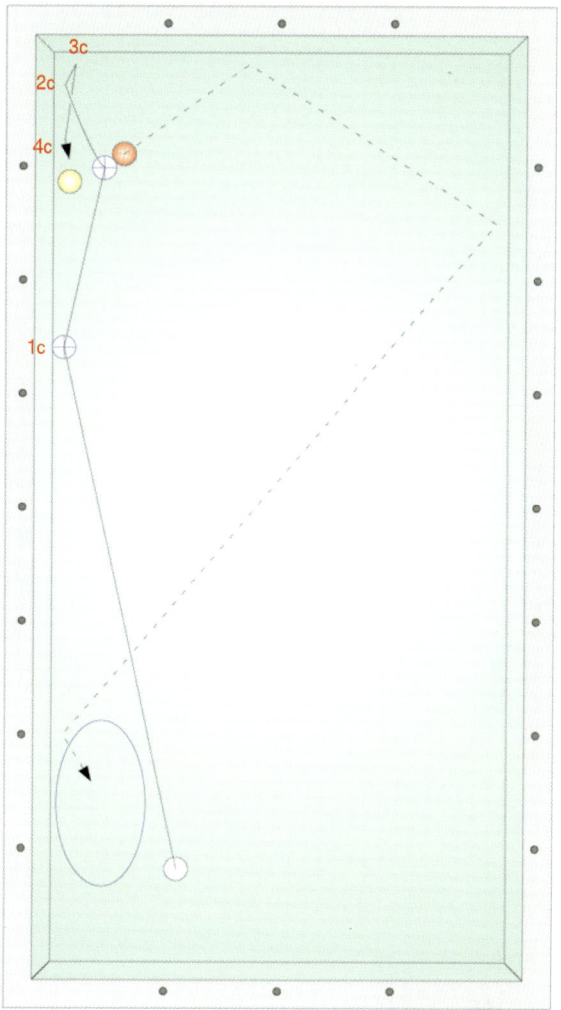

되오기치기-28

되오기치기-29

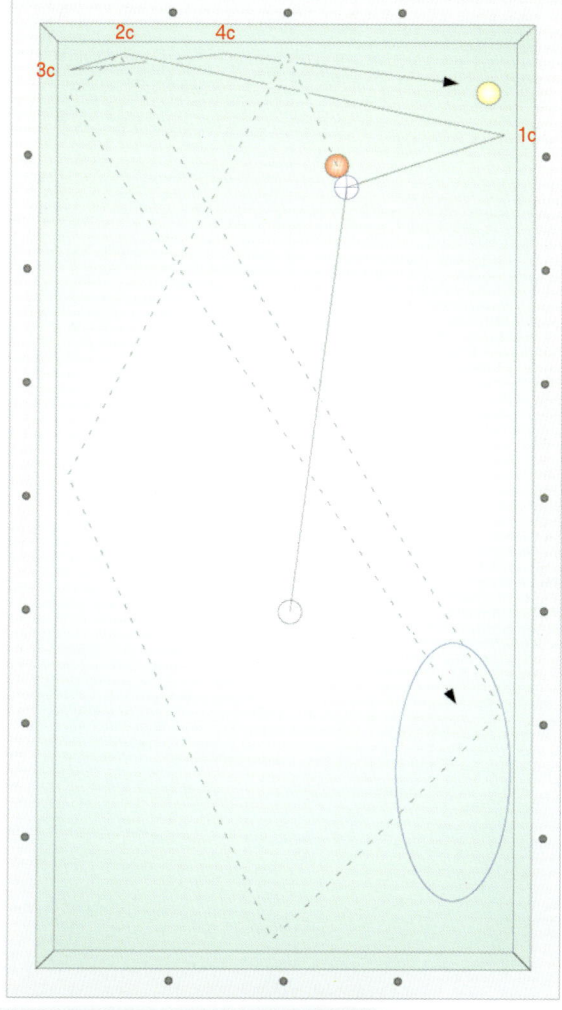

되오기치기 - 29

C/DR-3T   P × 3.5 ← L·X

그림과 같은 형태의 타구를 리버스치기로 해결하려고 하면 타구법이 힘들어 진다. 그림과 같은 되오기치기 형태나, 아예 중심치기로 우리가 흔히 말하는 '더블 치기'를 이용하는 것이 유리하다.

되오기치기 - 30

C/DR-3T   P × 3 ← X

손목의 스냅을 이용하여 수구에 역회전력을 강하게 넣도록 타구한다.

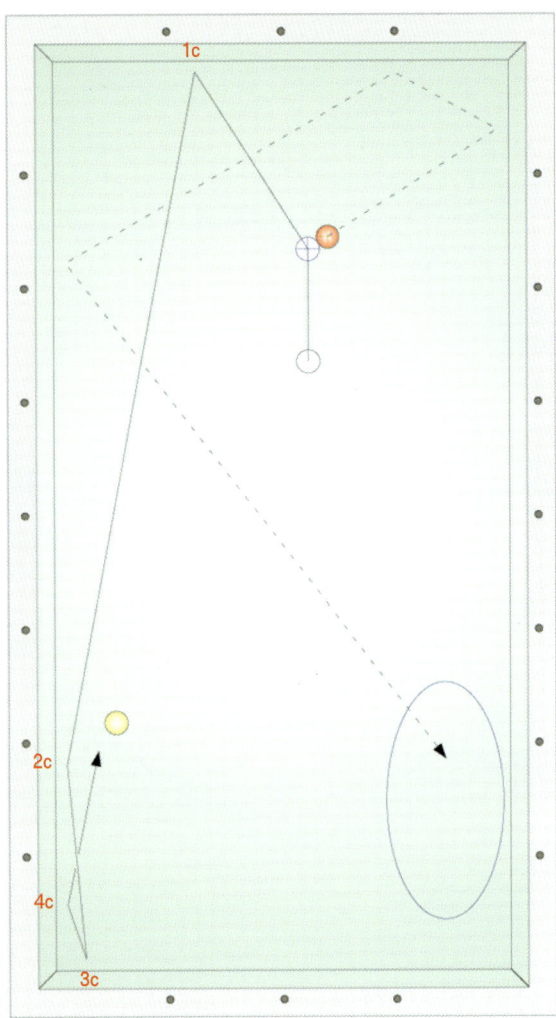

되오기치기-30

되오기치기 - 31

ER-2T   P × 2.5 ← B

그림과 같은 공략법을 간과해서는 안된다.

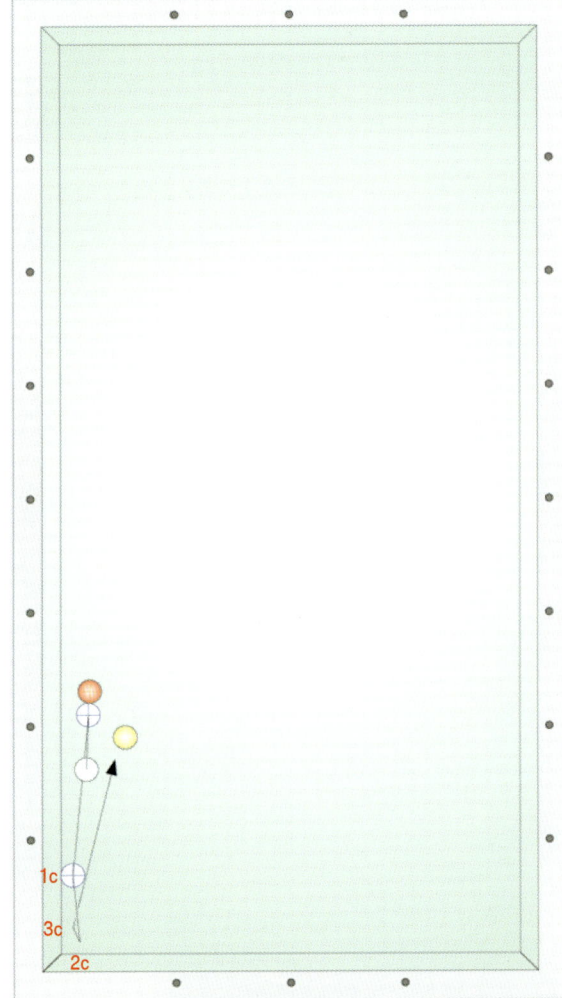

되오기치기-31

10. 빈쿠션치기 - Ⅰ (일명 : 완 가락구)

종목 : 구멍치기(일명: 구멍가락구), 걸쳐치기(일명 : 힉꺆게, 식깍기), 역치기(일명: 접시) 외...

빈쿠션치기란, 수구로 먼저 제1표적구를 맞춘 후 수구의 진로를 조절하는 것이 아니라, 쿠션을 1번이나 그 이상 이용한 뒤 제1표적구를 공략하는 형태의 공략법을 말한다. 따라서 빈쿠션치기는 다른 형태의 공략법(수구로 제1표적구를 먼저 공략하는 형태)에 비해 수구와 표적구 간의 정확한 두께 조절이 어려우며, 두께 조절에 성공하였다 할 지라도 쿠션을 튕겨져 나오는 수구의 회전은 상황에 따라 회전력의 변화가 생기기 때문에 수구가 올바른 진행을 하지 않을 수도 있다.

빈쿠션치기를 보다 효과적으로 사용하기 위해서는 1차적으로 수구와 제1표적구간의 알맞은 두께 조절도 중요하지만 상황에 따른 올바른 당점의 선택과 힘조절, 그에 따른 적절한 타구법 역시 그에 못지 않게 중요한 요소로 작용한다.

큐의 선택 방법

자신이 사용하는 큐가 좋지 않다는 것은 전쟁터에 나가는 병사가 나무 총을 가지고 나가는 것과 같습니다.

- 큐 선단의 팁(tip)부분을 확인합니다.
  큐 선단에는 공과의 접촉시 회전력을 증가시키고 미끄러짐을 방지하기 위해 팁이라고 하는 가죽으로 된 부분이 있는데, 그 두께가 너무 얇거나 손질이 되어 있지 않을 경우 큐 미스의 위험이 있습니다.

- 큐의 휘어짐 정도를 확인해야 합니다.
  큐를 당구대에 굴렸을 경우 요동 없이 부드럽게 굴러간다면 바른 큐입니다. 휘어진 큐로는 정확한 샷을 할 수 없습니다.

- 큐 끝이 너무 가늘거나 굵은 것은 피합니다.
  큐 끝이 너무 가늘 경우에는 큐 미스가 나기 쉬울 뿐더러 브리지한 손에서 흔들거려 정확한 당점을 타구할 수 없습니다. 반면 너무 굵을 경우에는 큐 미스의 위험은 적어지나 힘의 집중이 안되고 분산되어 강한 회전력을 얻기에는 적당하지 않습니다. 그러나 초보자의 경우에는 오히려 이처럼 약간 굵은 큐가 타구 연습하기에는 유리합니다.
  공의 지름이 65.5mm일 경우 적당한 탭의 직경은 약 9.7mm 정도입니다.

- 큐의 이음새 부분을 확인한다.
  큐는 일반적으로 '상대'라고 하는 샤프트 부분과 '하대'라고 하는 배트 부분이 연결되어 있는데 연결상태가 불량할 경우 타구시 잡음과 함께 정확한 샷의 구사가 힘들어 집니다.

- 자신에게 맞는 큐의 무게를 선택한다.
  큐는 처음 들었을 경우 가볍다고 느껴지나 오래 들고 경기를 하다 보면 점차적으로 무거운 감을 느끼게 됩니다. 이럴 경우에는 몸에 부담을 주게 되어 정확하고 부드러운 샷을 할 수가 없게 되므로 선택시 조금 가볍다는 느낌이 드는 큐를 선택하는 것이 유리합니다.

- 큐의 길이를 확인하다.
  큐의 적당한 길이는 바닥에 세웠을 때 자신의 턱 부근이나 코 밑까지 이르는 것이 적당하다고 되어 있으나 현재 당구장에 비치되어 있는 큐의 경우에는 키가 큰 사람에게는 조금 작을 것입니다.

구멍치기 - 1

CL-3T   P × 1 ← S

기본적인 구멍치기인 만큼 포지션 플레이에 신경써 타구하도록 한다.

구멍치기-1

구멍치기 - 2

CR-3T   P × 1.5 ← S

공을 가볍게 던지는 느낌으로 타구한다.
가능한 약하게 타구한다.

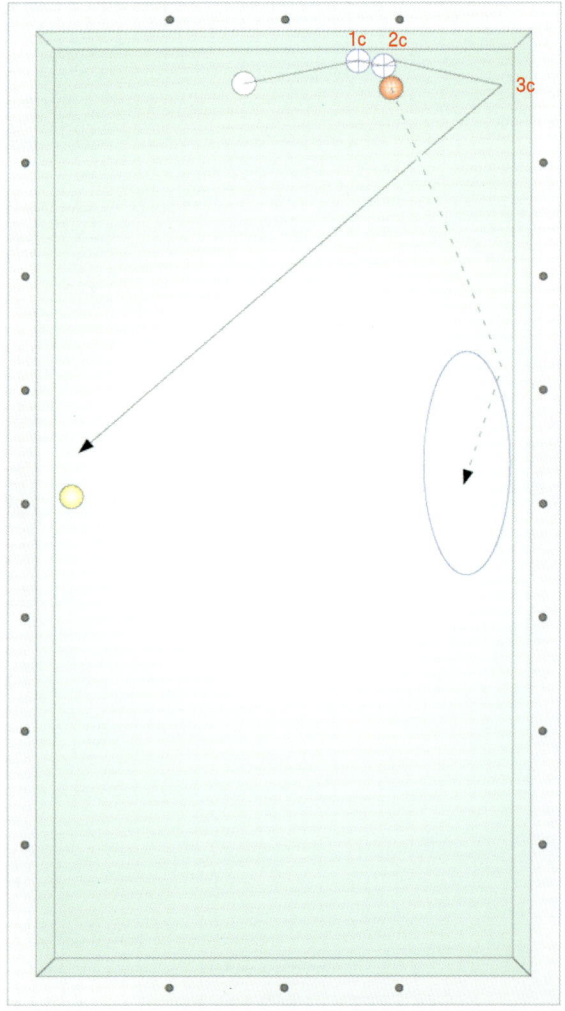

구멍치기-2

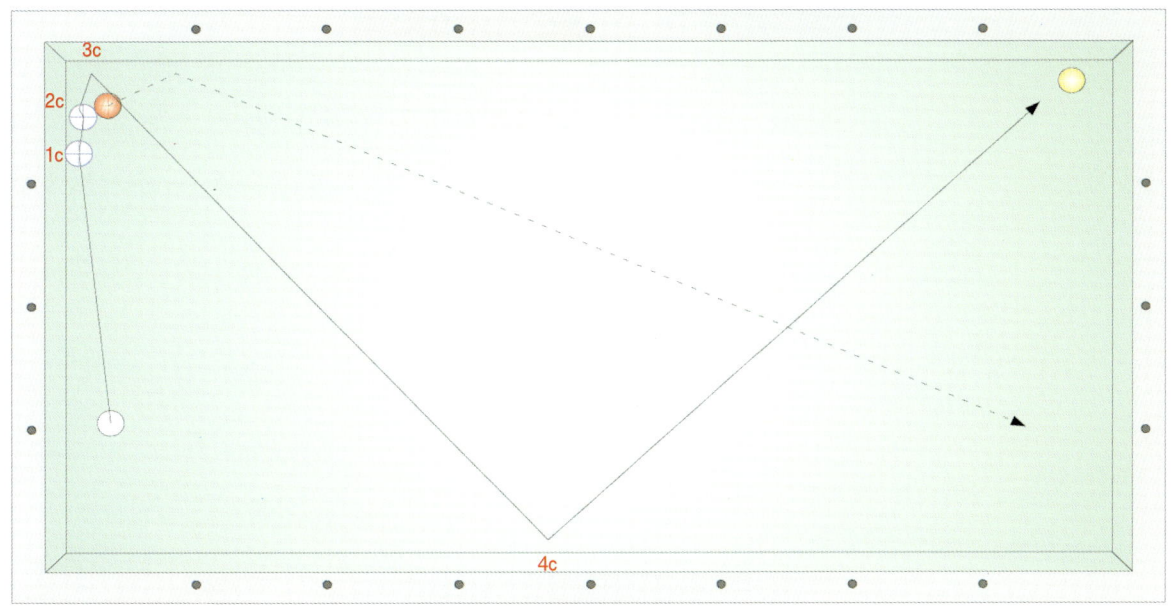

구멍치기 - 3

CR-3T   P × 3 ←── F

1쿠션을 이용한 뒤 제1표적구를 얇게 치고 나가게 타구한다. 약간 빠른 스트로크가 유리하다.

BR-1T   P × 2 ←── L

끌어치기 당점이 아니라는 점에 유의한다.

구멍치기 - 4

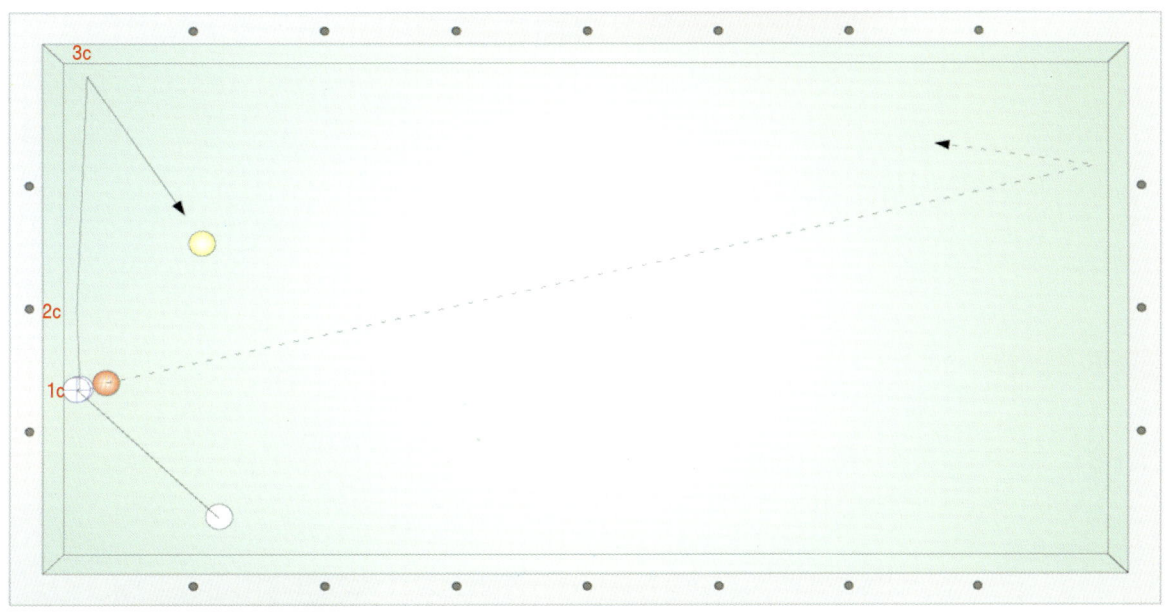

구멍치기 - 5

C/DR-3T   P × 2 ←— X

많이 발생되는 기본적인 구멍치기 형태인 만큼 실수가 있어서는 안되겠다.
약간 끊어치는 느낌으로 타구한다.

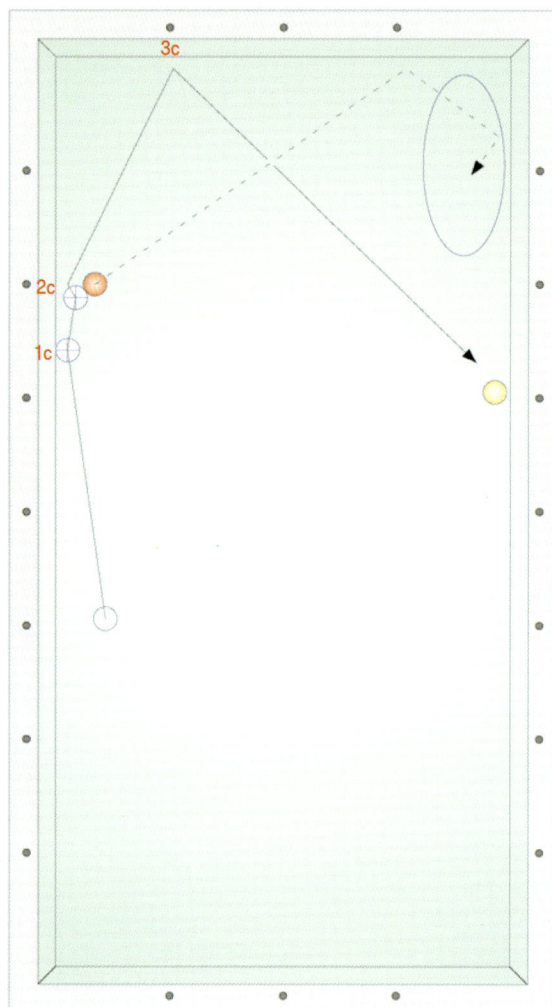

구멍치기-5

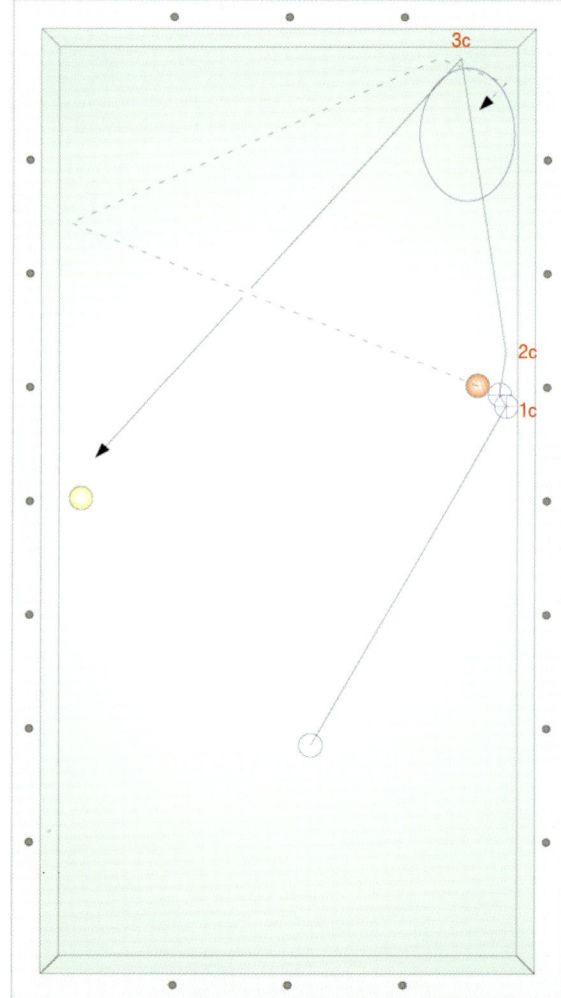

구멍치기-6

구멍치기 - 6

CL-3T   P × 2.5 ←— X

구멍치기 - 7

CR-3T   P × 3 ← N

부담없이 가벼운 마음으로 타구하는 것이 유리하다.

구멍치기-8

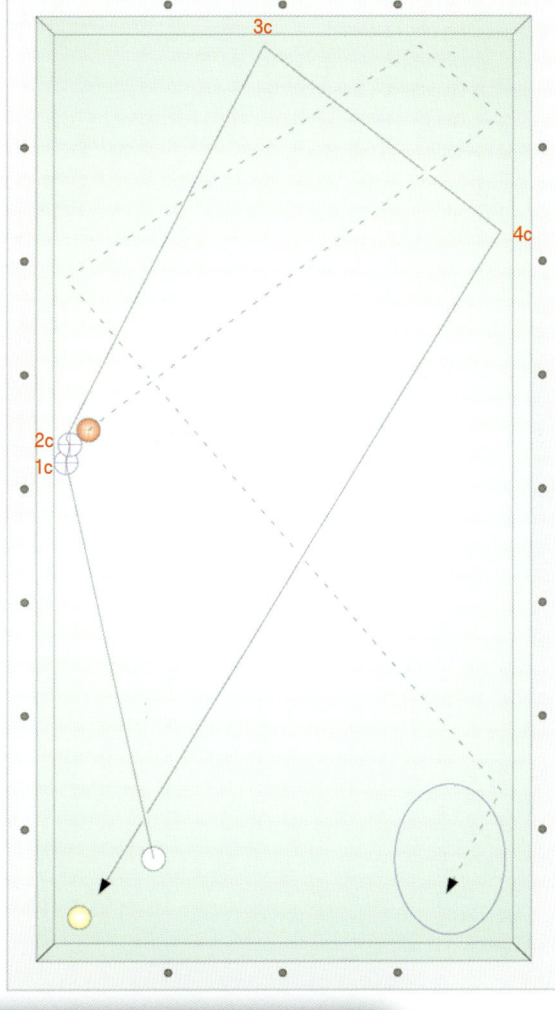

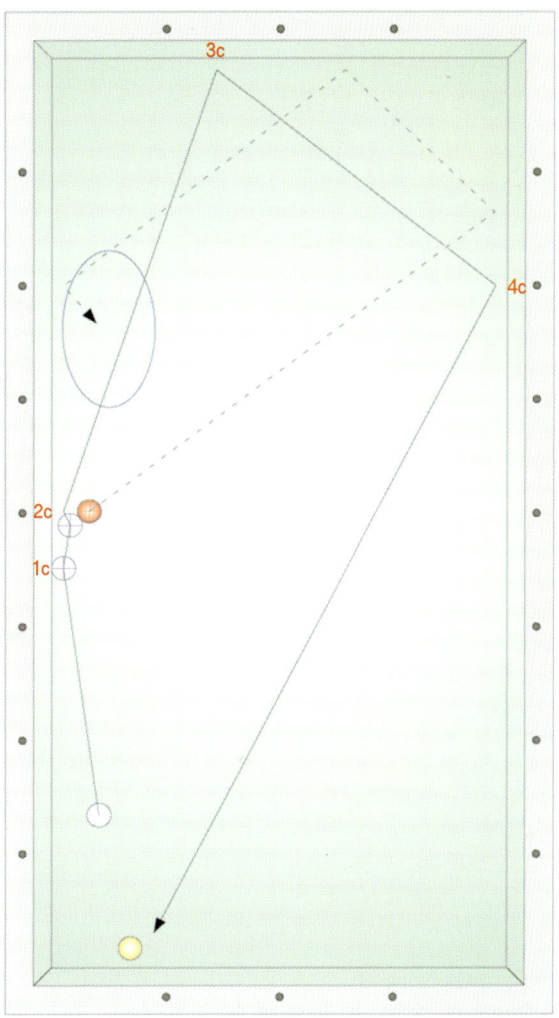

구멍치기-7

구멍치기 - 8

CR-3T   P × 3.5 ← X

약간 끊어치는 느낌으로 타구한다.

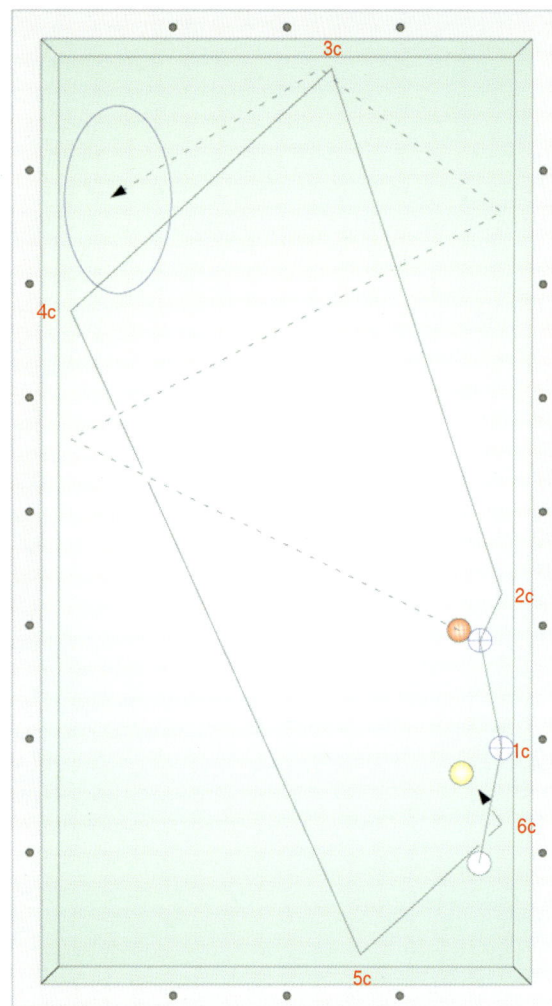

구멍치기 - 9

CL-3T   P × 3.5 ← L · X

구멍치기-9

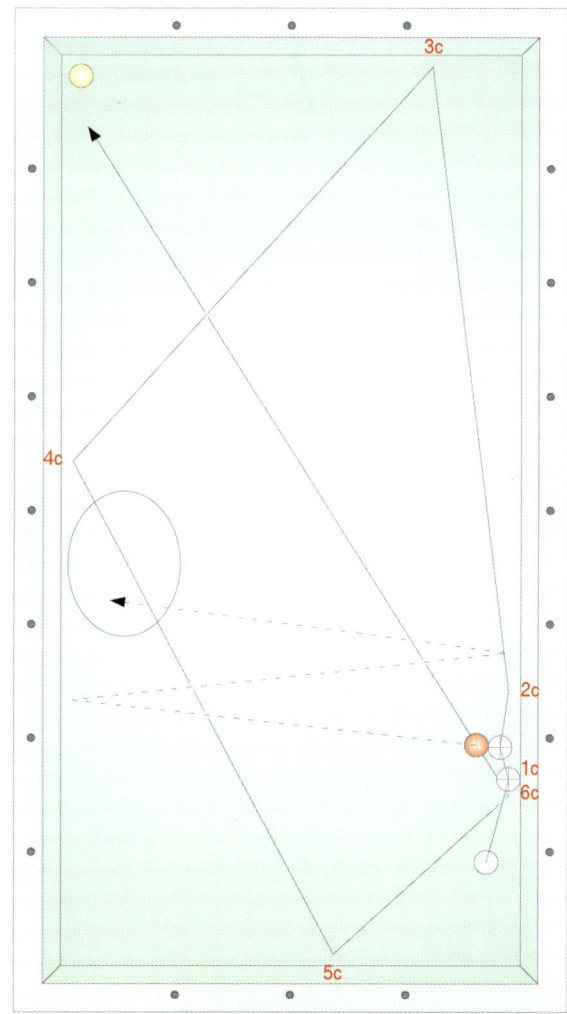

구멍치기-10

B/AL-3T   P × 3.5 ← L

제1표적구를 얇게 겨냥하고 약간 밀듯이 타구하도록 한다.

구멍치기 - 10

구멍치기 - 11

AR-1T   P × 1.5   ←   S

쿠션과 제1표적구간의 거리가 너무 짧아 평범한 구멍치기를 할 경우 성공할 확률이 희박하다. 이 때에는 제1표적구를 두껍게 겨냥하여 그림과 같이 수구가 밀려들어가며 제2표적구에 접근해야 한다. 강하게 타구하지 않도록 한다.

구멍치기-12

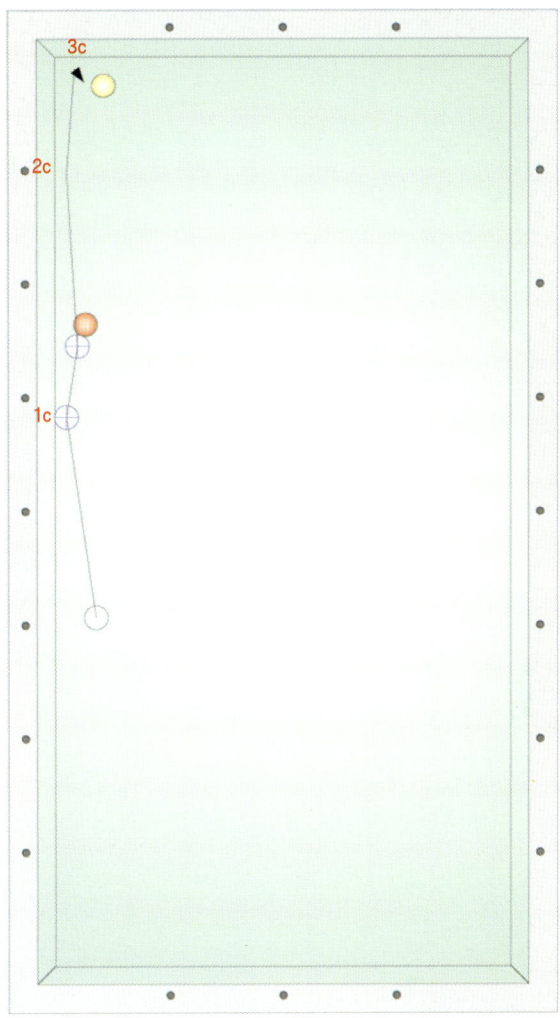

구멍치기-11

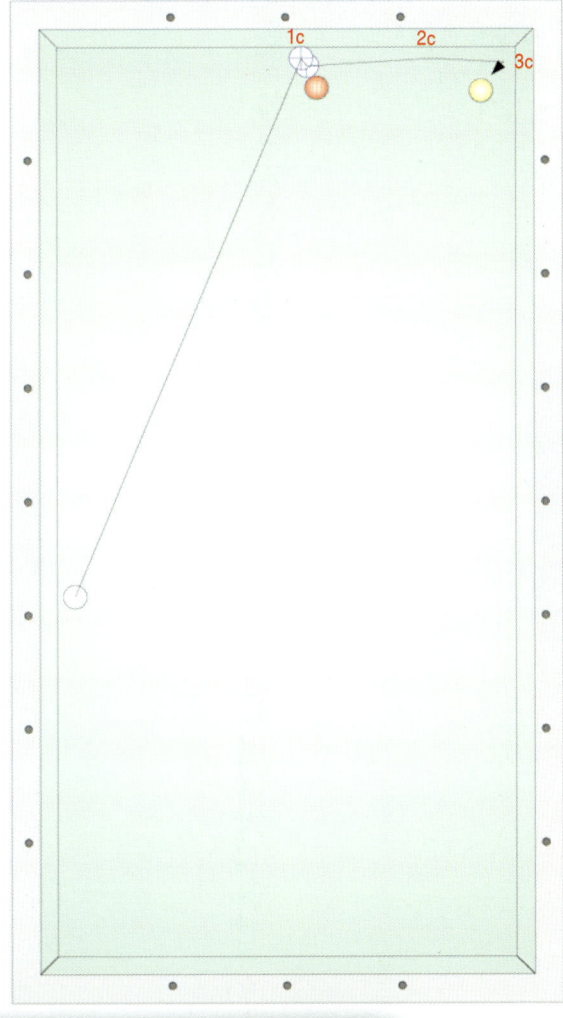

구멍치기 - 12

C/BR-3T   P × 1.5   ←   S

강하게 타구할 경우 제1쿠션에서 반사될 때 수구가 회전력에 의해 많이 꺾이질 않아 제1표적구의 안쪽으로 진행할 수 없게 된다. 약간의 전진회전력을 넣고 수구를 가볍게 던지듯이 타구한다.

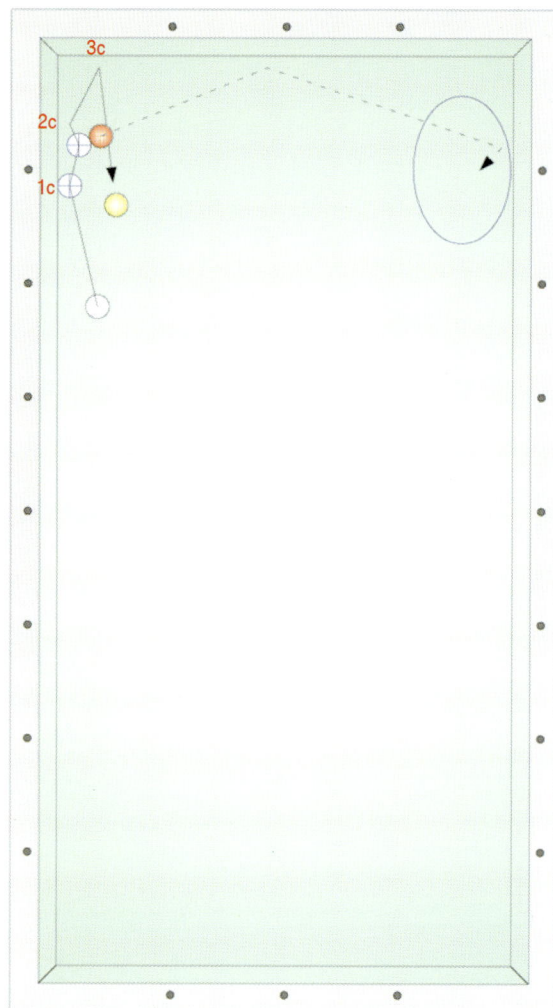

구멍치기 - 13

C/BL-2T   P × 1.5   ← N

역비틀을 이용한 구멍치기는 타구법에 따라 수구의 진행이 많은 차이를 보이므로 연습을 통해 감각을 익히는 수 밖에 없다.

구멍치기-13

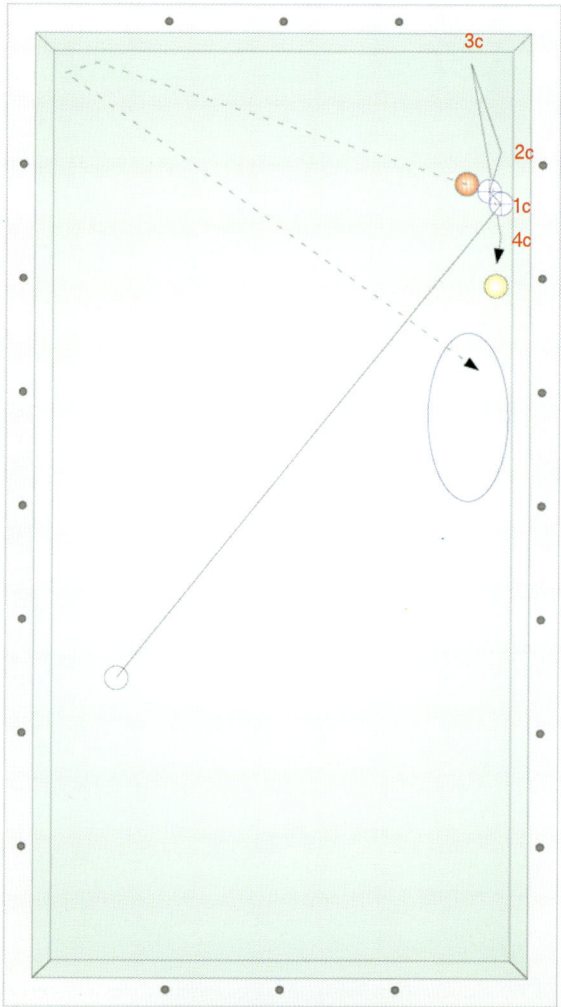

구멍치기 - 14

CR-3T   P × 2   ← L

구멍치기-14

구멍치기 - 15

B-oT   P × 3 ← L

많은 연습이 필요한 타구이다.

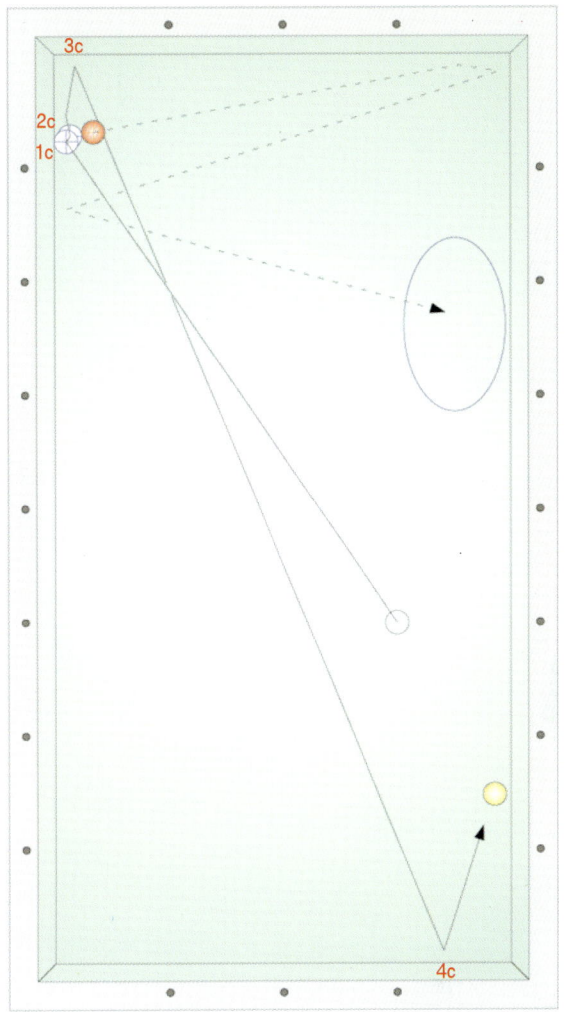

구멍치기-15

알고 넘어 갑시다.   브리지(bridge)와 그립(grip)의 위치

　기본적인 브리지의 위치는 수구에서 자신의 손 한 뼘 정도 뒤에 위치하고 큐를 잡는 손의 위치는 큐의 무게 중심에서 한 뼘 정도 뒤에 위치하게 됩니다. 그러나 타구의 형태나 강약에 따라 브리지나 그립의 위치는 변경되어야 하는데 일반적으로 약하게 타구할 경우에나 정확한 타구가 요구될 경우에는 수구와 브리지간의 거리가 짧아져야 하고 그립의 위치 또한 앞쪽으로 옮겨 잡습니다. 반대로 강하게 타구할 경우에는 수구와 브리지 간의 거리는 길어지고 그립의 위치 또한 뒤쪽으로 이동해야 합니다. 그러나 이 때에는 정확성이 떨어지게 됩니다.

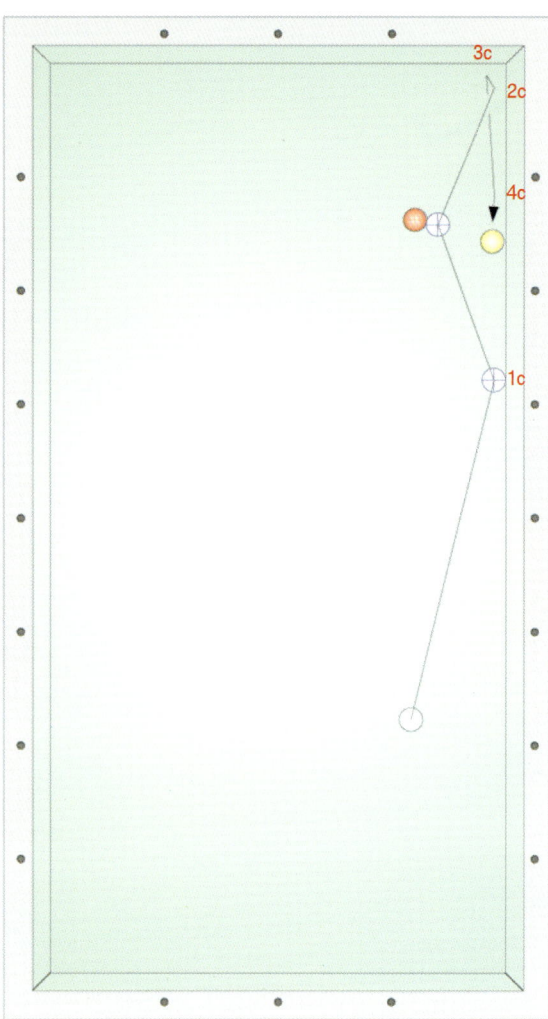

구멍치기-16

구멍치기 - 16

CR-3T   P × 2 ← S·L

구멍치기를 이용한 되오기치기 형태의 타구이다.

구멍치기-17

구멍치기 - 17

C/BL-3T   P × 2 ← L

제1표적구와의 두께의 정도나 비틈의 정도에 따라 구멍치기-16과 같은 되오기치기 형태가 될 수 있다.

구멍치기 - 18

ER-0.5T   P × 2   ←   B

초보자의 경우 그림과 같은 형태에서 강하게 타구하는 경우가 있는데 그럴 경우 역회전력이 전진력을 누르지 못하여 그림과 같이 많이 꺾이지 않게 된다. 끌어치기는 확실히 하되 조금 약하게 타구하도록 한다.

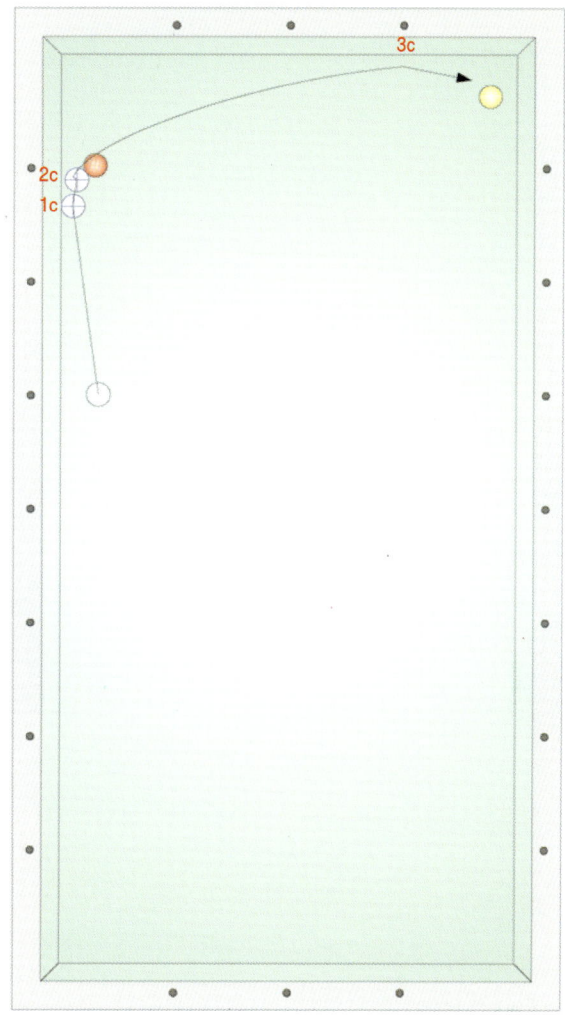

구멍치기-18

구멍치기-19

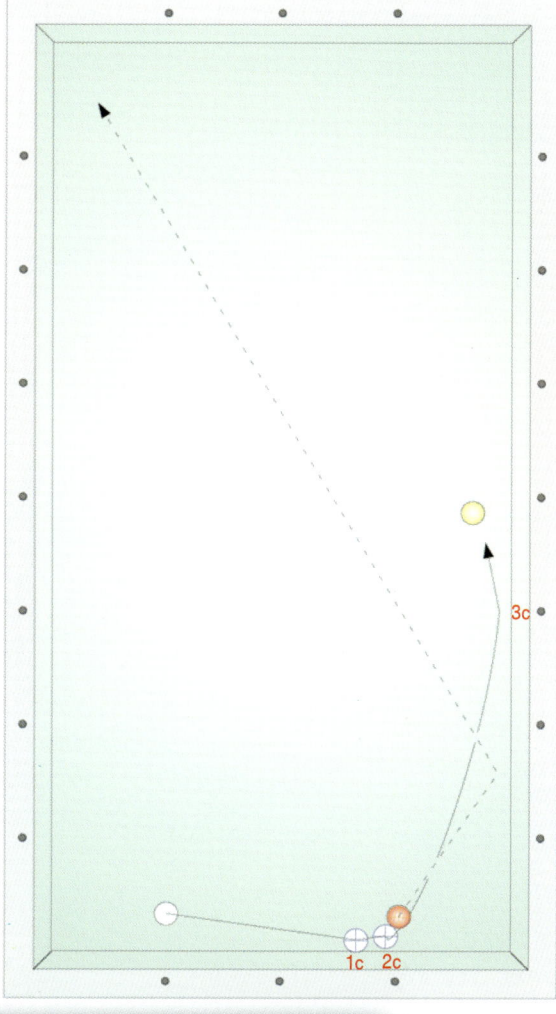

구멍치기 - 19

EL-0.5T   P × 2   ←   B

수구의 휘어짐 정도는 제1표적구와의 두께와도 관계가 있지만 더욱 중요한 것은 힘조절이다. 역회전력에 비해 타구가 너무 강할 경우(전진력이 클 경우) 휘어짐이 적고 너무 약할 경우(전진력이 약할 경우) 휘어짐 정도가 커지게 된다.
많은 연습을 통해 감각을 익히도록 하자.

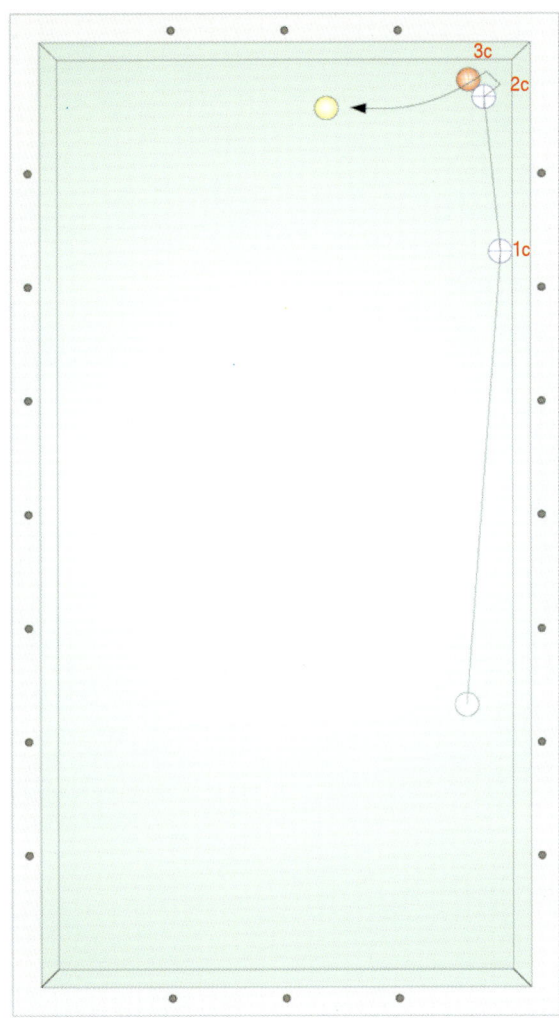

구멍치기 - 20

AL-0.5T   P × 2.5 ← L

밀어치기를 이용한 구멍치기 타구이다.

그림과 같은 공략법은 제1표적구가 쿠션에 근접해 있을 경우 손쉽게 사용할 수 있다.

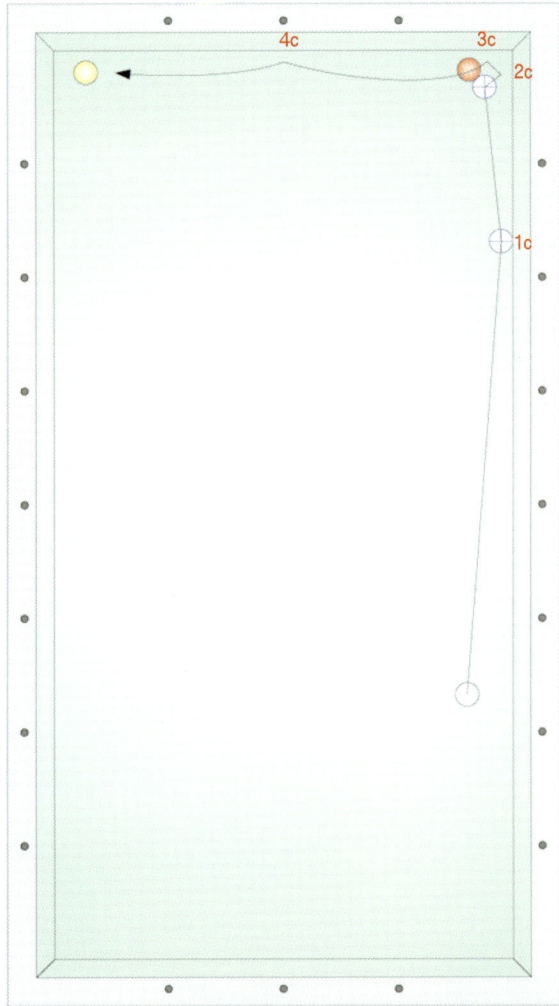

구멍치기-21

구멍치기-20

구멍치기 - 21

A-0T   P × 3 ← L

그림과 같은 공략법을 선택할 때 당점은 순비틈을 넣는 것보다 비틈을 사용하지 않거나 역비틈을 약간 사용하는 것이 편리하다.

구멍치기 - 22

AL-1T   P × 3.5   ←── L

표적구간의 거리가 구멍치기-21의 경우보다 멀리 떨어져 있다. 이럴 경우에는 약간의 순비틀을 수구에 넣어주는 것이 유리하다. 수구에 역비틀이나 비틀을 넣지 않을 경우 너무 일찍 바운딩(bounding)이 되어 제2표적구에 접근하지 않고 벗어나게 될 위험이 있다.

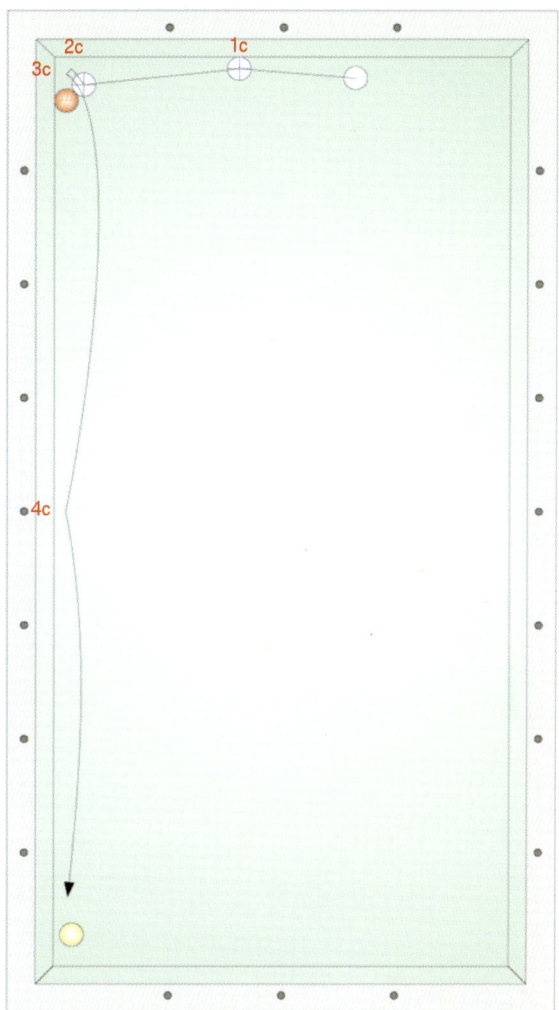

구멍치기-22

구멍치기-23

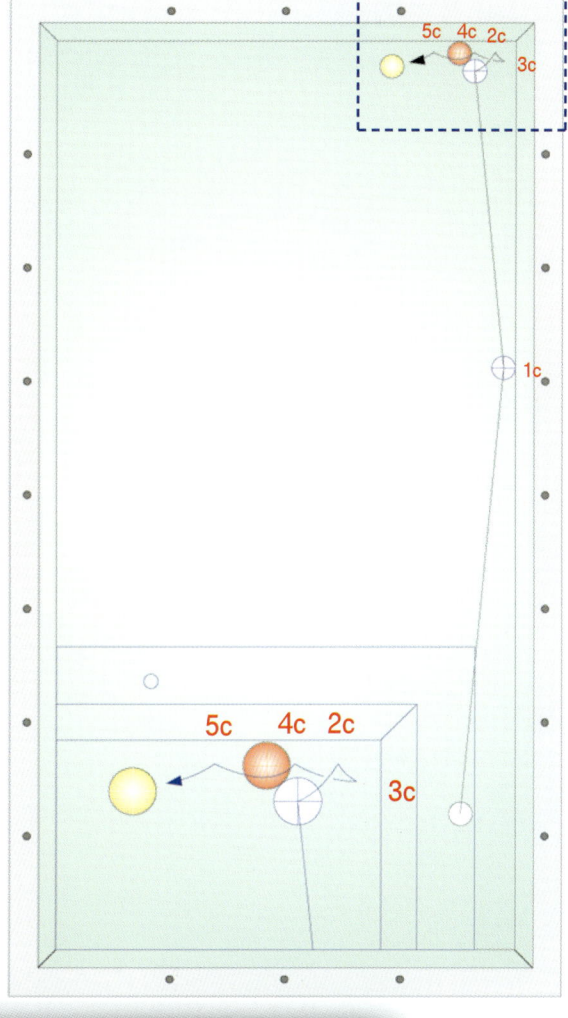

구멍치기 - 23

AL-2T   P × 2.5   ←── L

너무 강하게 타구하지 말자. 정확한 밀어치기 당점으로 표적구와의 두께 조절에 신경써 타구하도록 한다.

구멍치기 - 24

E-oT   P × 1.5 ← B

다음과 같은 형태에 있어 꼭 이와 같이 타구하라는 것은 아니다. 다만 다음과 같은 공략법도 가능하다는 것 뿐이다.

수구에 비틀을 넣지 않고 약하게 타구한다. 수구가 끌리는 정도에 따라 파란 선과 같이 진행할 수도 있다.

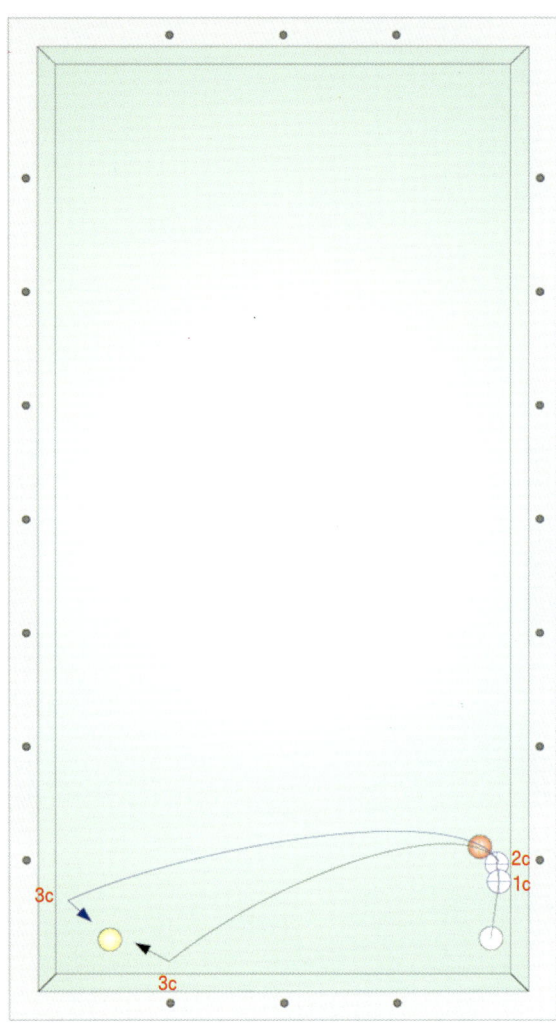

구멍치기-24

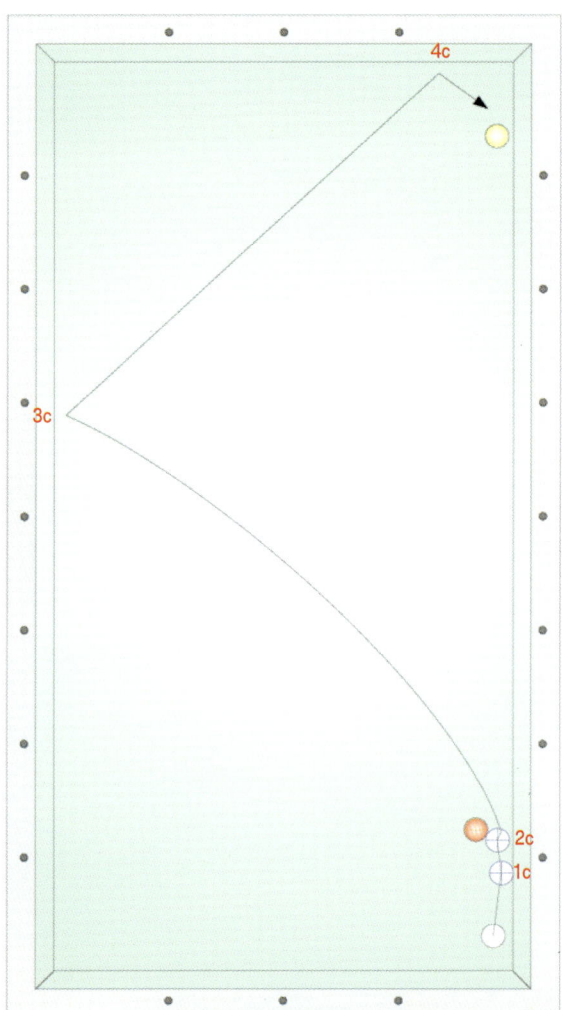

구멍치기-25

구멍치기 - 25

D/ER-3T   P × 3.5 ← B

구멍치기를 이용한 리버스 형태의 타구이다.

그림과 같은 형태에서 꼭 이와 같은 공략법을 사용하라는 것은 아니다. 그림과 같은 형태도 가능하다는 것을 머리에 담아 두고 차후에 다른 공략법이 없을 때 응용하여 사용하도록 하자.

빈쿠션치기 I - 1

C/DR-2T   P × 2.5 ← N

많은 연습이 요구되는 타구법 중 하나이다. 그림과 같은 형태는 제1표적구와의 두께도 중요하지만, 그에 못지 않게 알맞은 당점과 타구법도 중요하다.

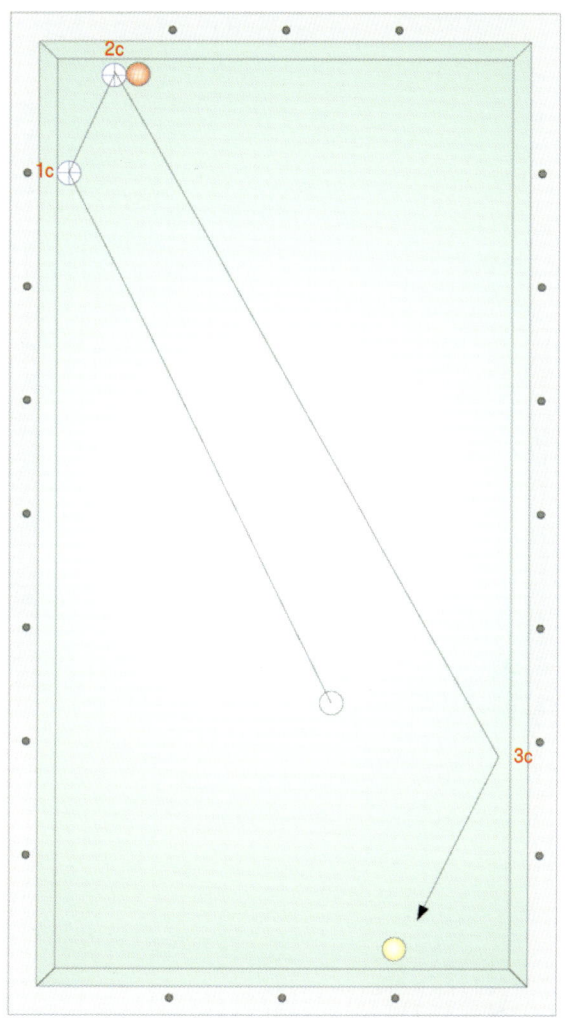

빈쿠션치기 I -1

빈쿠션치기 I -2

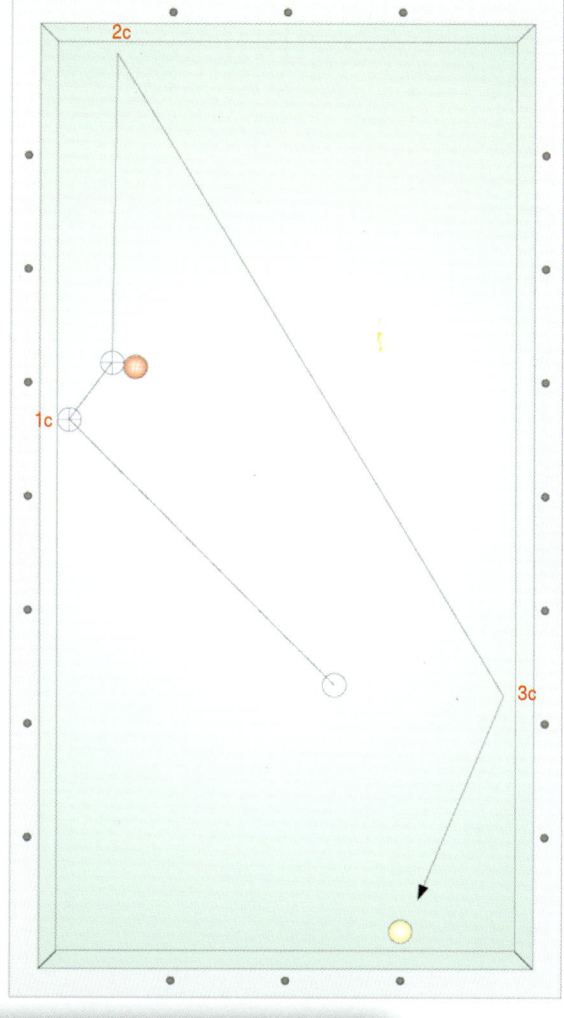

빈쿠션치기 I - 2

C/DR-3T   P × 2.5 ← L

빈쿠션치기 I - 3

B-0T   P × 1.5 ← S

No English system을 이용한 빈쿠션치기 타구이다.

올바른 타구 자세를 갖고 있지 않을 경우 자신은 중심치기를 하였다 할지라도 수구에 다른 비틈이 넣어지게 되어 의도한바대로 수구가 진행하지 않게 된다.

올바른 자세는 고점자가 되기 위한 선택이 아니고 필수이다.

빈쿠션치기 I - 4

B-0T   P × 1.5 ← S

그림과 같은 타구를 성공해 낼 수 있어야 남보다 앞설수 있다.

이런 행동은 삼가 합시다.

　당구가 대중의 스포츠로 자리 잡은 것은 얼마 되지 않은 일입니다. 지금은 많은 수의 당구장이 새로 생기면서 시대의 흐름에 맞게 시설도 고급화되고 당구장의 모습이 영화나 TV를 통해 새롭게 비춰지면서 과거에는 볼 수 없었던 여성 당구인과 가족 단위로 경기를 즐기는 모습을 어렵지 않게 볼 수 있게 되었습니다. 이런 현상은 당구를 건전한 스포츠로 대중화시키는 데 견인차 역할을 하지만 가끔 나쁜 매너를 가지고 경기를 하는 사람들 때문에 주변 사람의 인상을 찌푸리게 합니다. 다른 스포츠도 마찬가지이지만 특히 당구는 다른 스포츠와는 달리 남녀노소가 한자리에 모여 경기를 치를 수 있기 때문에 올바른 매너는 필수인 것입니다.

　여기에 몇 가지, 게임 중이나 관전 중에 갖춰야 할 에티켓을 기록하니 이러한 룰(rule)을 지켜 당구가 보다 훌륭한 대중 스포츠로 발전할 수 있었으면 합니다.

* **담배를 입에 물거나 피우면서 플레이하는 것을 삼간다.**

　가까운 테이블에서 나이 많은 어른들이 경기를 하고 있을 때, 그 옆에서 젊은 사람들이 담배를 입에 물고 경기를 하는 것을 보면 꽤나 보기에 좋지 않습니다. 또 피우던 담배를 테이블 가에 놓는 경우가 있는데 이 때에는 테이블이 더러워질 뿐만 아니라 경우에 따라서는 쿠션이나 테이블의 천을 태울 수 있습니다. 담배를 꼭 피우고 싶으면 재떨이 근처나 휴게실에서 피우도록 합시다.

* **술을 마시고 경기하는 것을 삼가자.**

* **주위 사람에게 해가 안 되도록 조용히 경기를 한다.**

　경기를 하다 보면 큰소리로 잡담을 하거나, 서로 경기를 하다 감정적이 되어 거친 발언, 난폭한 동작을 하는 팀을 볼 수 있습니다. 물론 당구도 승부를 가리는 스포츠이므로 본인이나 자신의 팀이 승리를 할 경우 승리의 함성 정도는 당구장의 분위기를 더욱 고조시키는 활력소가 되지만 전자와 같은 행동은 필히 삼가해야 합니다.

* **테이블 가에 마실 것이나 담배를 놓지 않는다.**

* **당구 테이블에 앉지 않는다.**

* **큐를 난폭하게 다루거나 휘두르지 말자.**

* **상대의 플레이 중에 방해를 하는 행동을 해서는 안된다.**

　상대가 플레이 하는 중에 이상한 소리를 낸다던가 행동을 하여 상대편이 신경을 집중하지 못하도록 하는 경우가 있는데, 이는 신사답지 못한 행동입니다.

* **경기가 끝나면 큐는 지정 장소에 되돌려 놓는다.**

　이외에도 기본적인 에티켓들이 있을 것입니다.

　당구는 신사적인 스포츠임을 항상 염두에 두고 플레이하도록 유의합시다. 한 가지 덧붙이면 자신이 생각한 바와는 달리 샷이 성공했을 때 죄송함을 나타내는 가벼운 인사 또한 멋진 매너의 하나입니다.

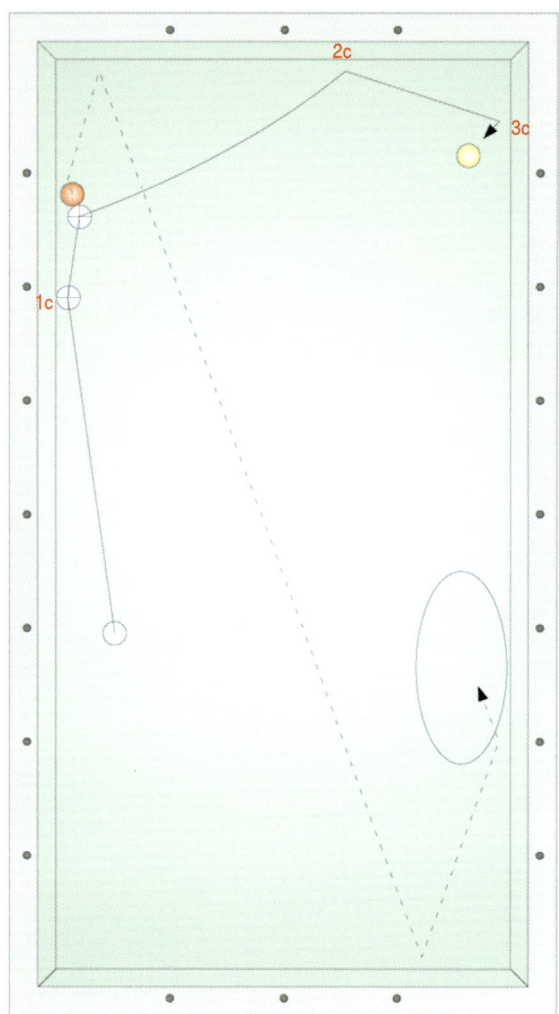

걸쳐치기-1

걸쳐치기 - 1

C/DR-2T   P × 2.5   ← N

기본적인 걸쳐치기 타구이다.

걸쳐치기 타구는 다른 쿠션을 먼저 이용하는 타구와 마찬가지로 타구법에 따라 수구의 진로가 많이 달라지게 되므로 많은 연습이 필요하다.

걸쳐치기 - 2

C/BR-1T   P × 1.5   ← S

수구에 약간의 전진회전력을 넣고 공을 굴리듯이 가볍고 약하게 타구하도록 한다.

밀어칠 경우 수구의 진로가 너무 짧아질 위험이 있다.

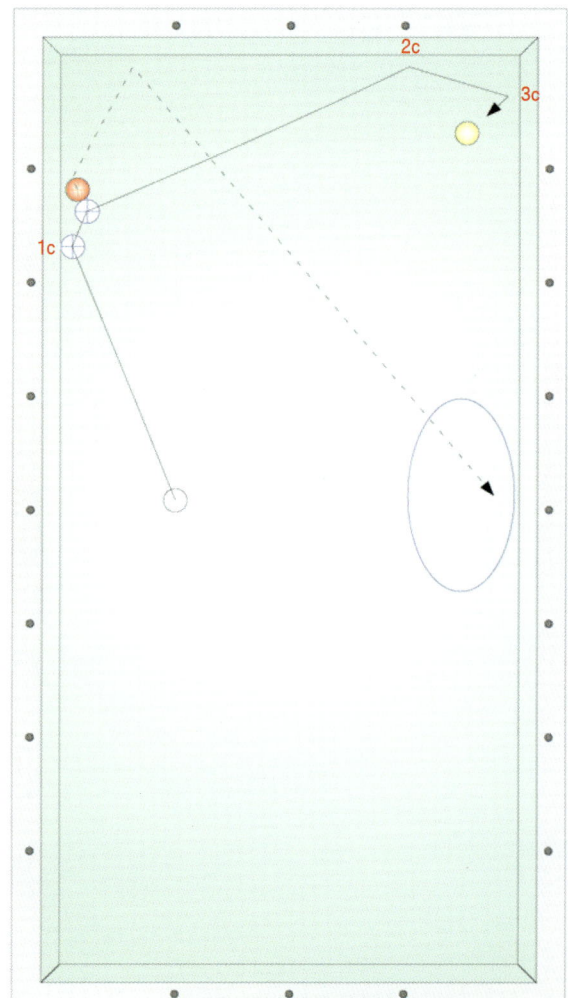

걸쳐치기-2

걸쳐치기 - 3

C/BR-3T   P × 4   ← F

그림과 같은 걸쳐치기 타구에서 주의할 점은 수구에 강한 비틀을 넣어 타구하기 때문에 자신이 결정한 겨냥점보다 약간 아래쪽을 겨냥하여 타구해야 한다는 점이다. 수구에 많은 회전력을 넣고 강하게 타구할 경우 수구의 진로는 비틀의 반대 방향으로 비켜 진행(스쿼드 현상)하게 때문에 계산된 겨냥점으로 타구할 경우 제1표적구를 아주 얇게 맞추게 되거나, 아예 맞추지도 못하게 된다.

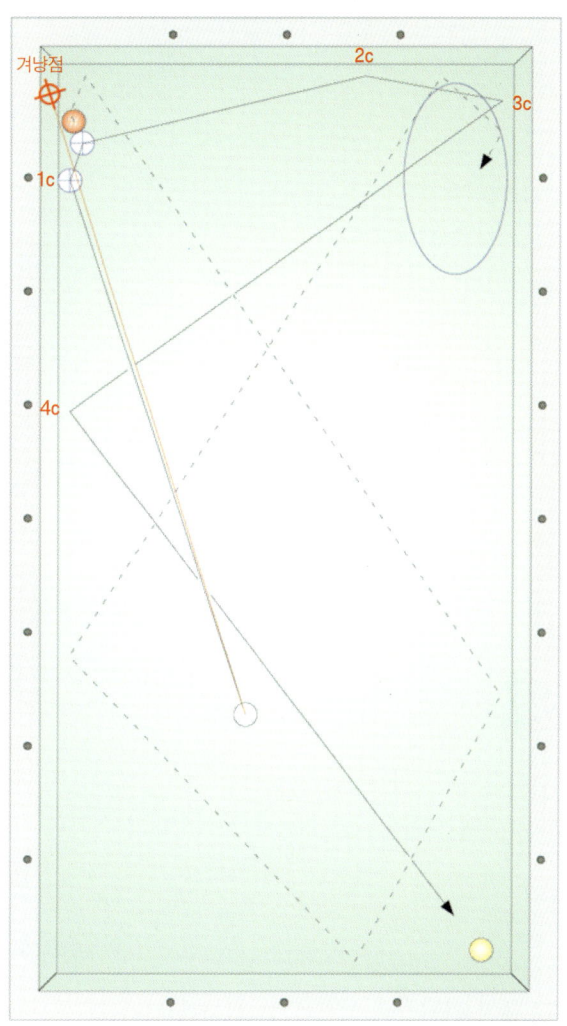

걸쳐치기-3

걸쳐치기-4

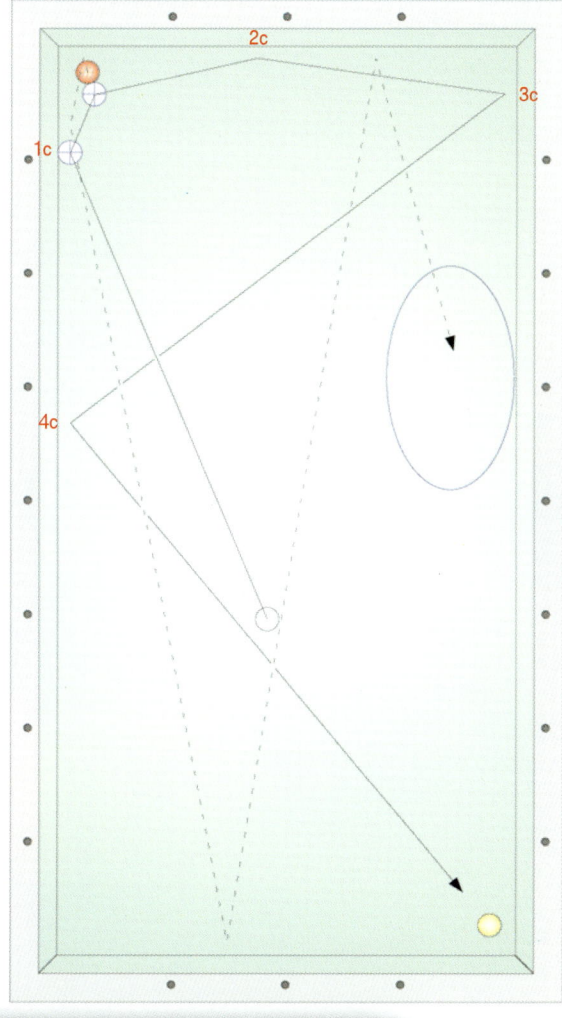

걸쳐치기 - 4

CR-3T   P × 3.5   ← F

제1표적구가 쿠션에 근접해 있기 때문에 밀어칠 경우 수구의 진로가 너무 짧아 질 수 있다. 약간 빠르게 타구한다.

걸쳐치기 - 5

B/AL-2T   P × 3 ⟵ L

CL-3T   P × 2.5 ⟵ N

공략하는 방법에 따른 제1표적구의 이동상황이다. 제1표적구를 얇게 맞혔을 경우(파란 선)보다는 밀어치기를 이용하여 제1표적구를 두껍게 맞혔을 경우가 다음 공 배치에 있어 유리하다.

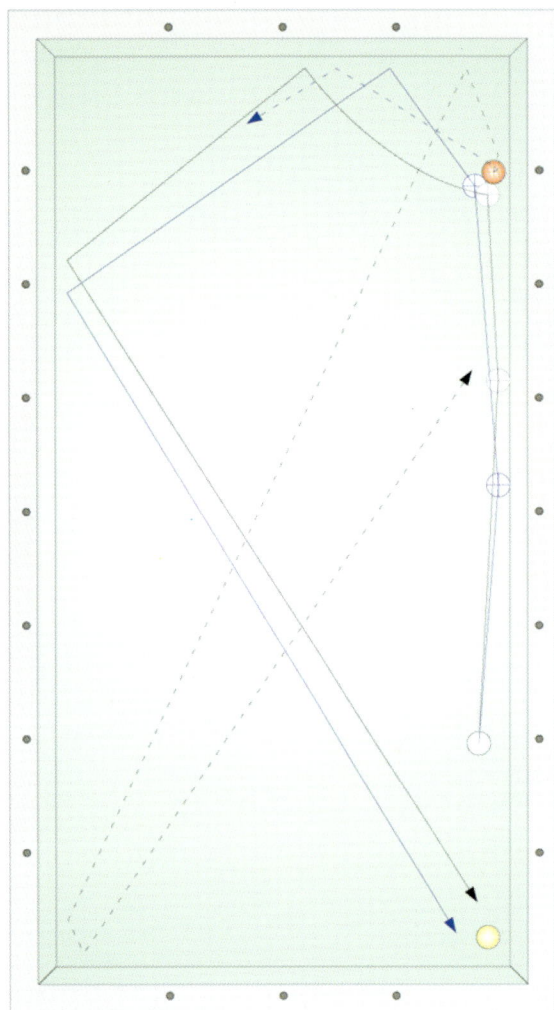

걸쳐치기-5

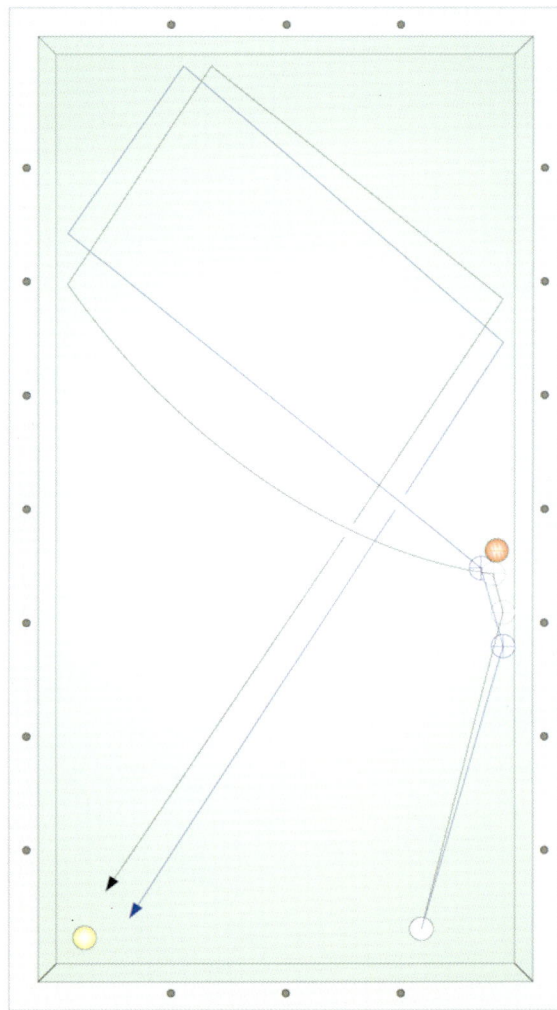

걸쳐치기-6

걸쳐치기 - 6

B/AR-3T   P × 3.5 ⟵ L

CR-3T   P × 3 ⟵ F

검은 선의 경우는 제1표적구를 두껍게 겨냥한 대신 밀어치기를 한 경우이고, 파란 선의 경우는 제1표적구를 얇게 맞힌 경우 수구의 진로이다.

걸쳐치기 - 7

C/DR-3T   P × 3   ←   F

CL-3T   P × 4   ←   F · X

순비틈(파란선)과 역비틈(검은 선)을 이용할 때 각각의 공략법에 따른 수구의 진로이다.

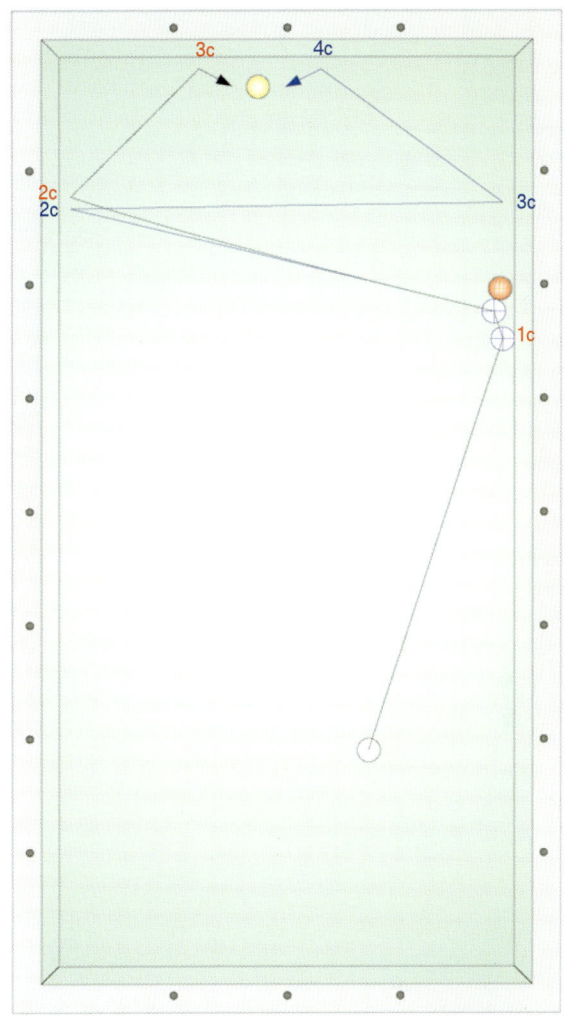

걸쳐치기-7

걸쳐치기-8

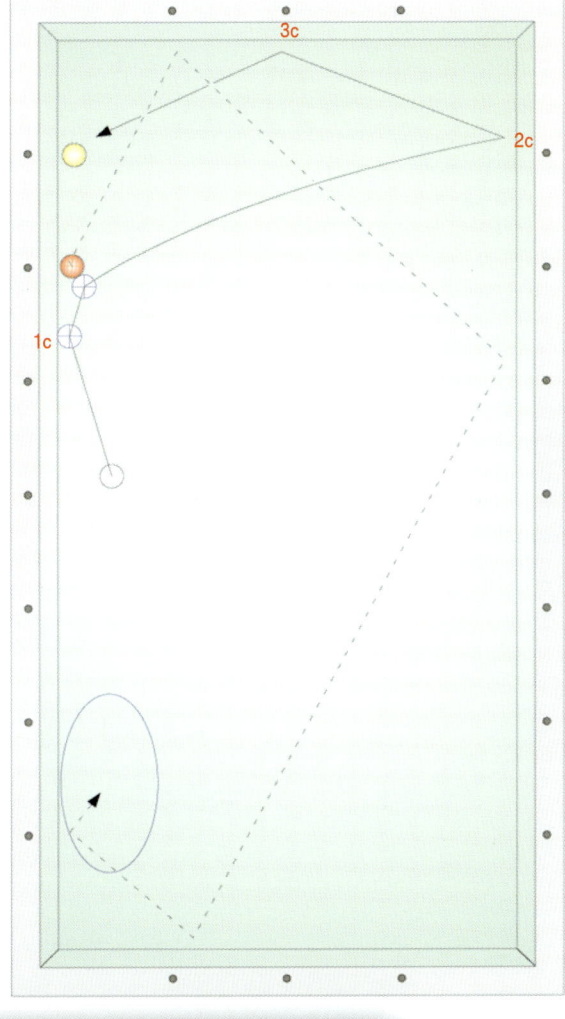

걸쳐치기 - 8

D/EL-3T   P × 2.5   ←   B

조금만 두껍게 겨냥해도 표적구간에 키스의 위험이 있다. 얇게 겨냥하고 끌어치도록 한다.

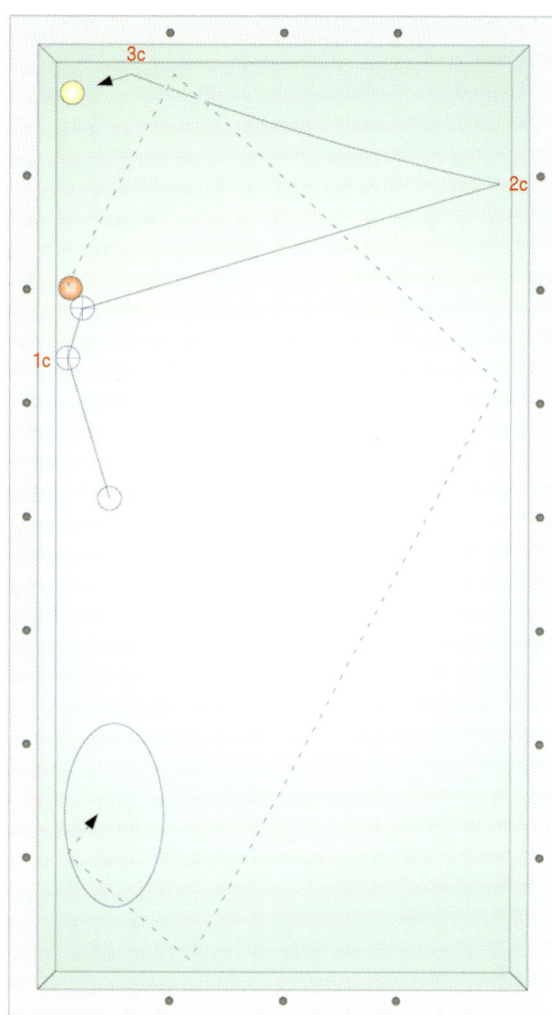

걸쳐치기-9

걸쳐치기 - 9

CR-3T   P × 3 ← N

수구에 순비틈을 넣고 너무 강하지 않게 타구한다.

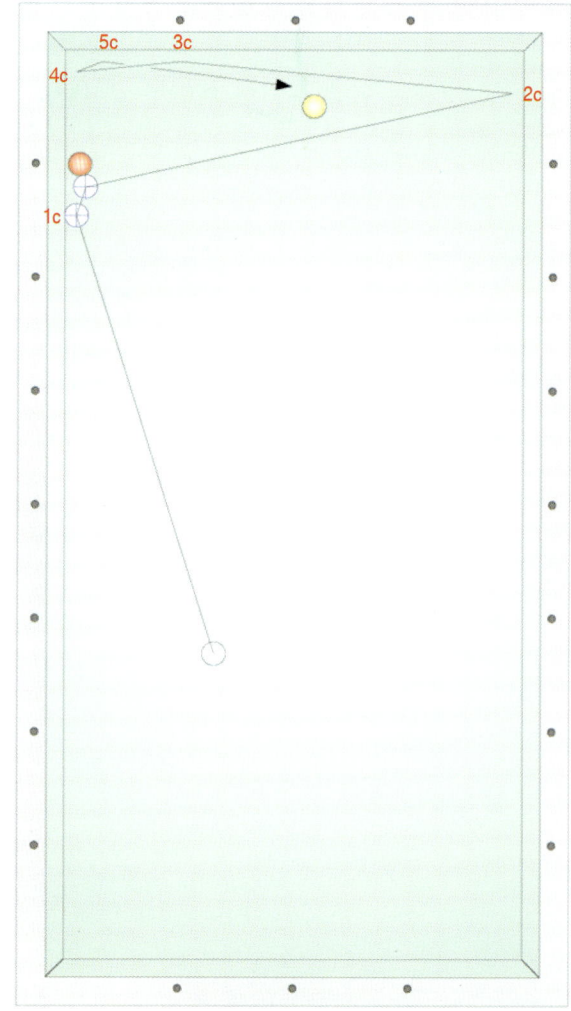

걸쳐치기-10

걸쳐치기 - 10

CR-3T   P × 4 ← F·X

걸쳐치기를 이용한 되오기치기 타구이다.

걸쳐치기 - 11

CL-3T   P × 3.5   ← F·L

수구가 심한 커브를 그리며 코너로 접근해서는 안된다.
약간 빠르게 밀어치도록 한다.

걸쳐치기-12

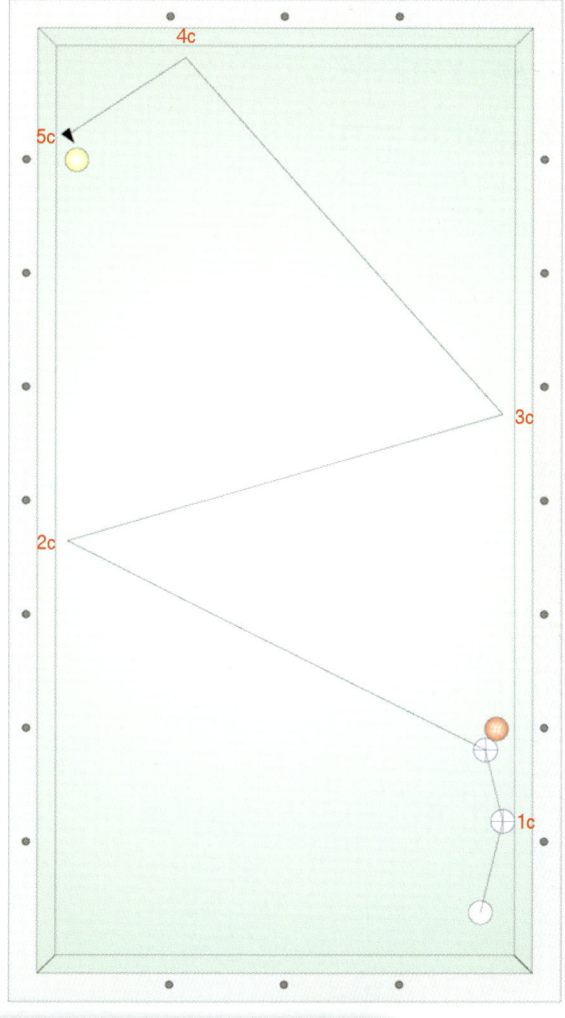

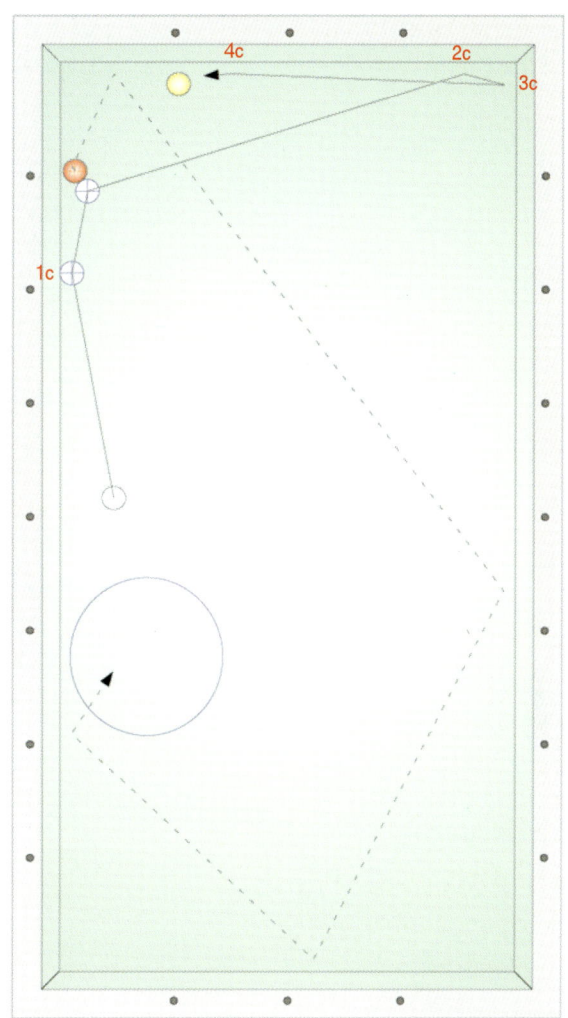

걸쳐치기-11

걸쳐치기 - 12

CL-3T   P × 4   ← F·L

많이 발생하는 타구이다.
충분히 연습해 두도록 한다.

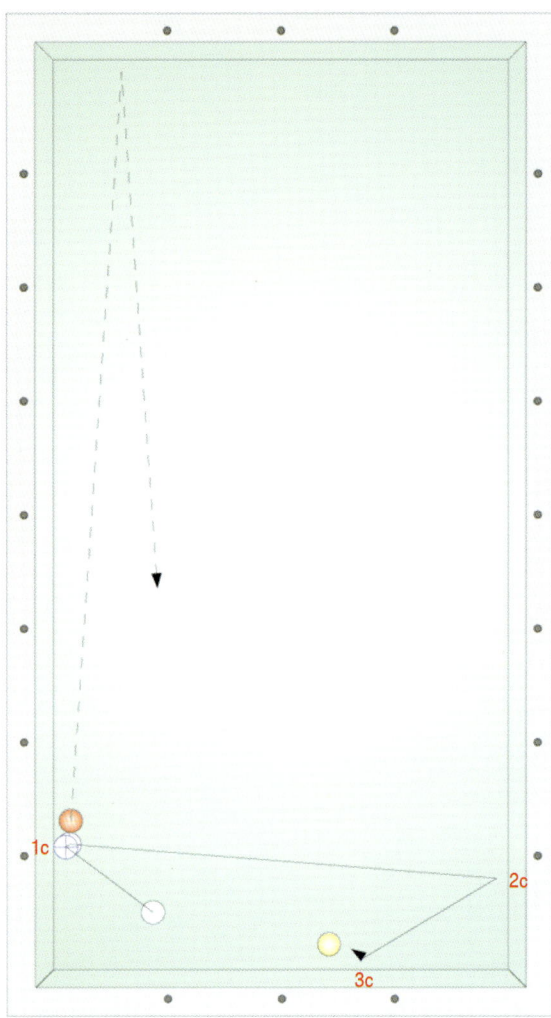

걸쳐치기-13

걸쳐치기 - 13

DR-3T   P × 2.5 ← X

흔히들 '뒷깎기'라고 부르는 타구이다.

앞에서도 언급하였지만 쿠션을 먼저 이용한 후 제1표적구를 맞히는 형태는 타구법(당점, 힘조절, 스트로크 방법 등)에 따라 수구와 제1표적구의 진로 변화가 심하기 때문에 길을 익힌 후 여러분 스스로 많은 연습을 하는 것이 이러한 종류의 타구에 손쉽게 접근하는 방법이다.

걸쳐치기-14

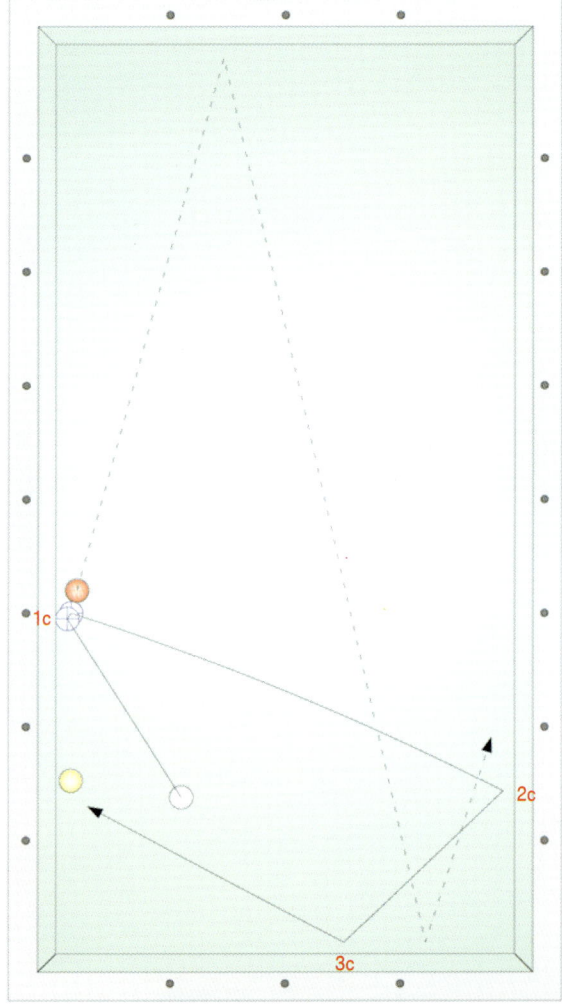

걸쳐치기 - 14

D/ER-2T   P × 3 ← B

걸쳐치기 - 15

DR-3T   P × 3.5 ← B

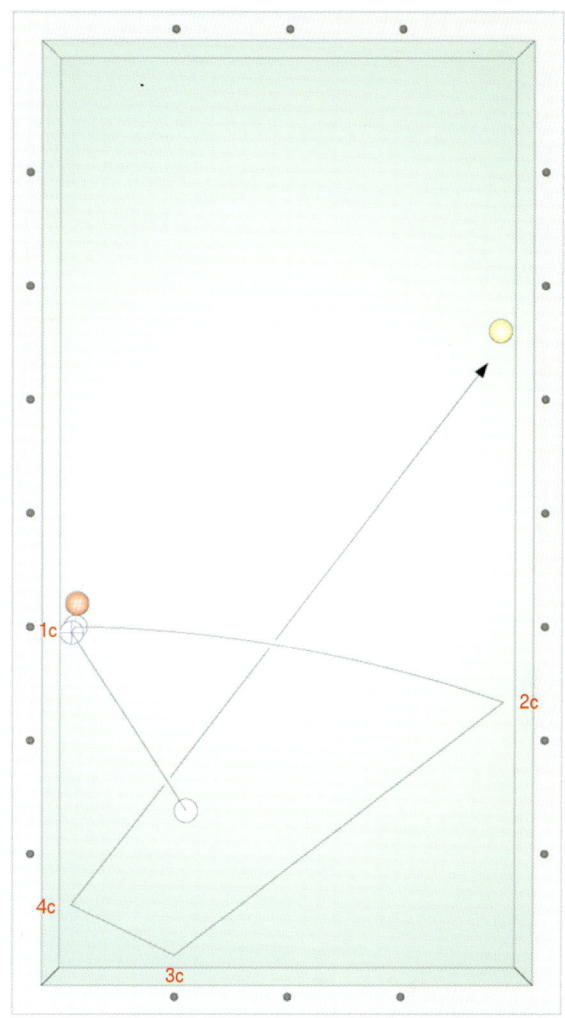

걸쳐치기-15

걸쳐치기-16

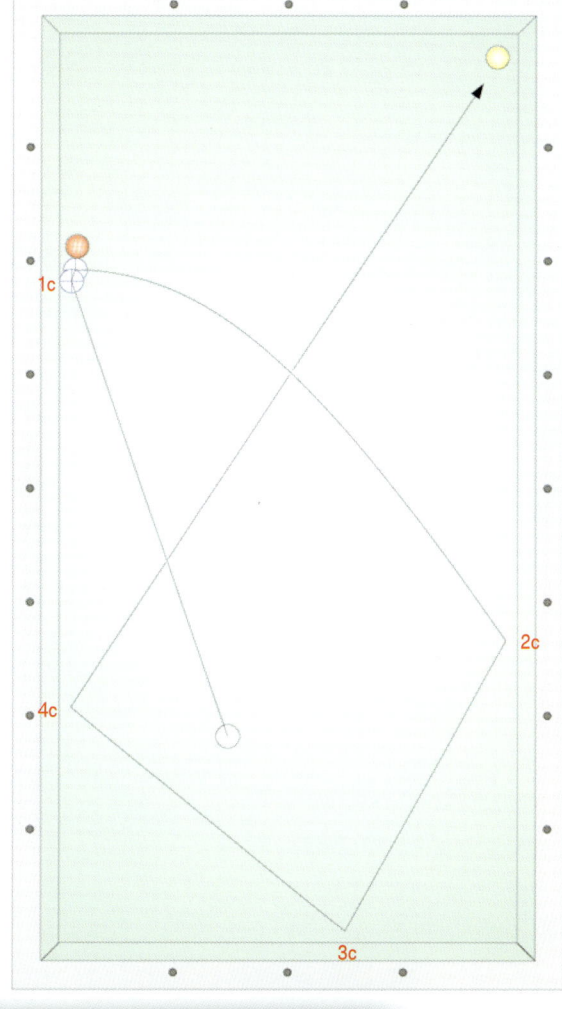

걸쳐치기 - 16

ER-2T   P × 4.5 ← B

예술구성 타구이다.
　타구한 힘의 분배가 역회전력과 우회전력에 치우치도록 정확한 끌어치기를 구사해야 한다.

걸쳐치기 - 17

ER-2T   P × 3   ←   B

역비틀을 사용하는 걸쳐치기 타구이다.
수구를 확실히 끌어주도록 한다.

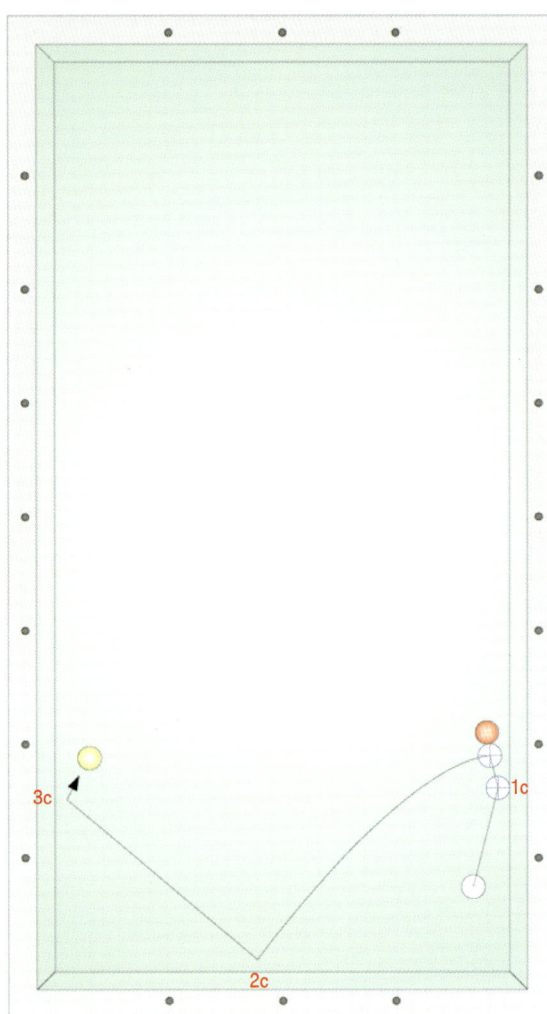

걸쳐치기-17

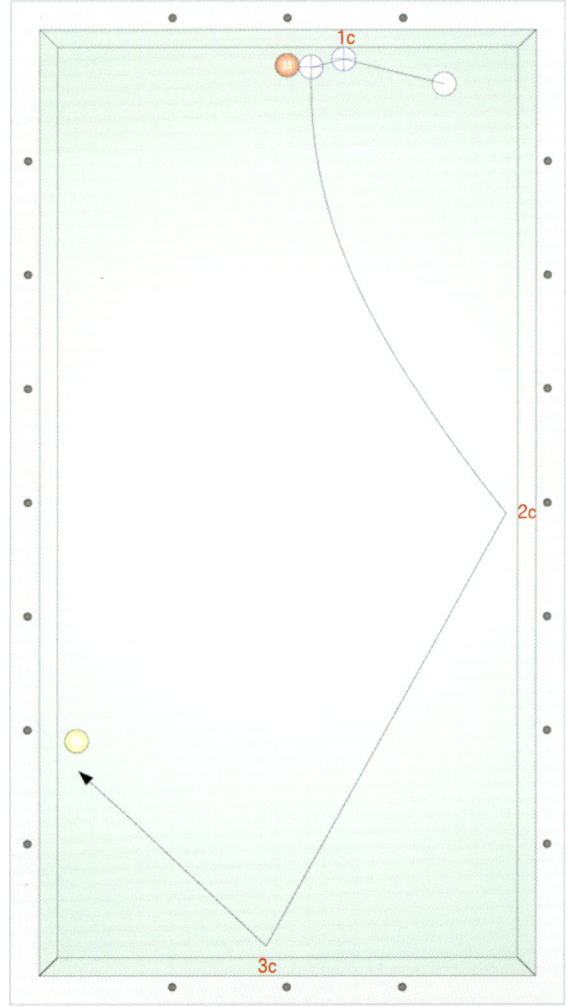

걸쳐치기-18

걸쳐치기 - 18

ER-2T   P × 3.5   ←   B

걸쳐치기 - 19

A-oT   P × 3 ← L

밀어치기를 이용한 걸쳐치기 타구이다.
  수구에 비틀을 넣지 않고 정확한 밀어치기 타구를 구사하도록 한다.

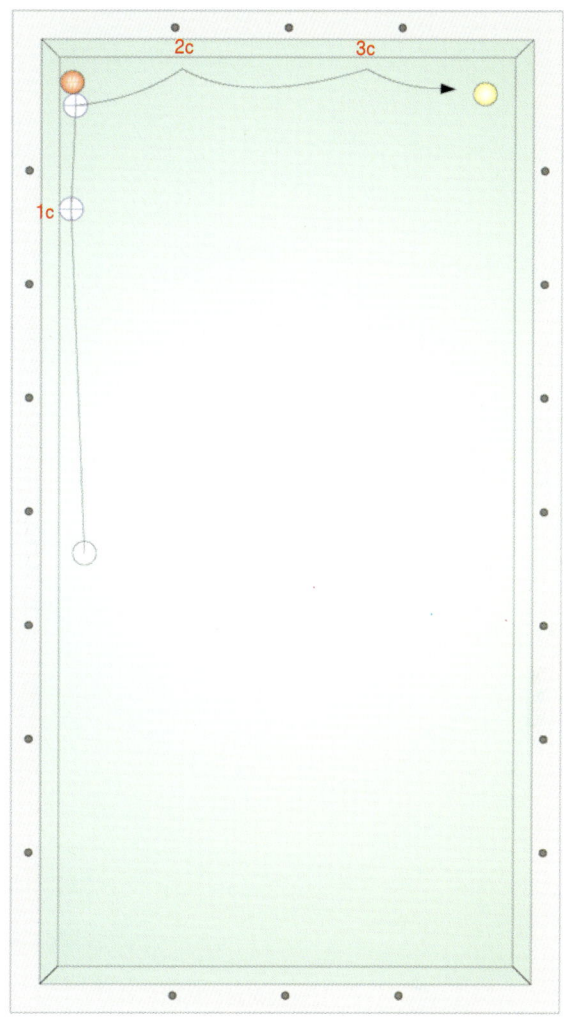

걸쳐치기-19

걸쳐치기-20

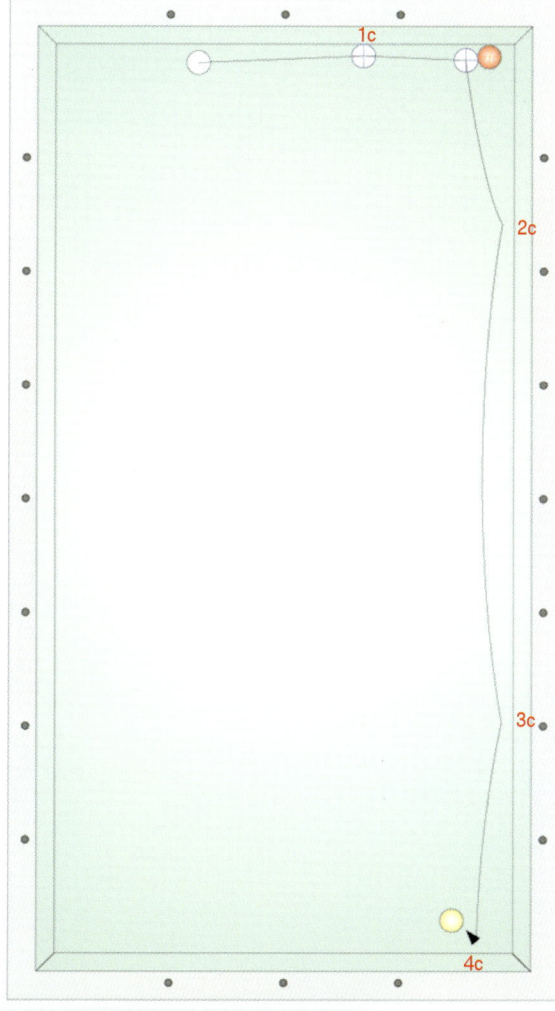

걸쳐치기 - 20

AR-1T   P × 3.5 ← L

수구에 역비틀을 줄 경우 커브의 정도가 심해 실패할 위험이 있다.

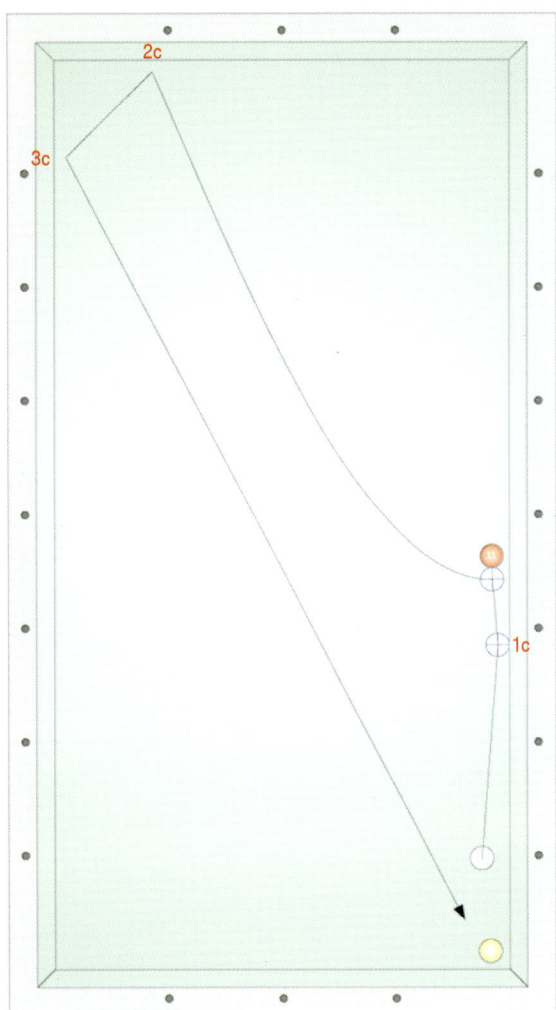

걸쳐치기 - 21

AL-1.5T   P × 2.5 ←— L

세게만 친다고 성공할 수 있는 타구가 아니다.
 조금 약하게 타구하고 정확한 밀어치기를 구사하도록 한다.

걸쳐치기 - 22

AL-2T   P × 3.5 ←— L

예술구성 타구이다.
 강한 밀어치기와 함께 수구에 좌측회전력을 최대한 넣어 주어야 한다.

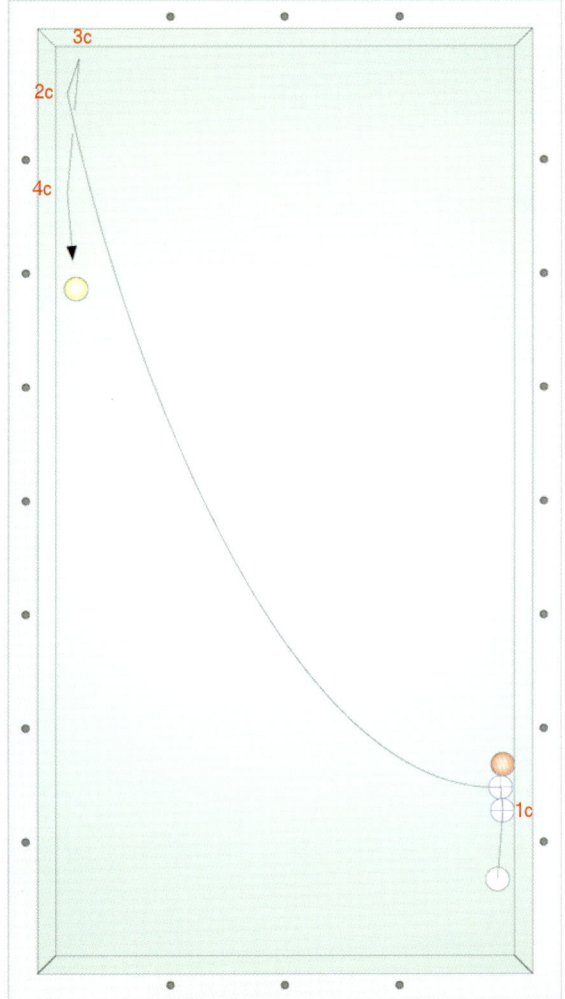

걸쳐치기-21

걸쳐치기-22

걸쳐치기 - 23

AL-2T   P × 3.5   ←   L

수구와 제1표적구간의 알맞은 두께와 힘조절이 중요시 된다.

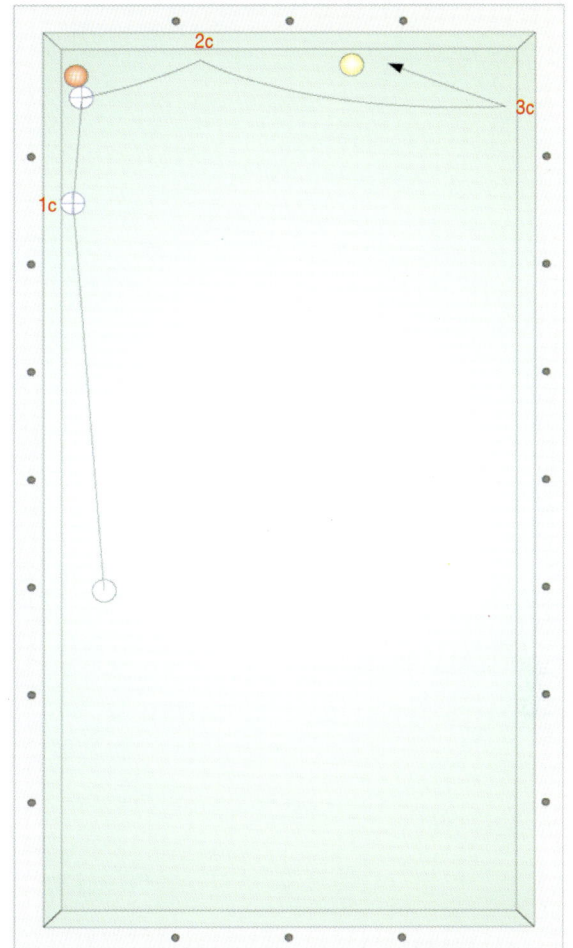

걸쳐치기-23

걸쳐치기 - 24

ER-2T   P × 2.5   ←   B

그림과 공략법을 머리에 기억하면 요긴하게 사용할 때가 많을 것이다.

걸쳐치기-24

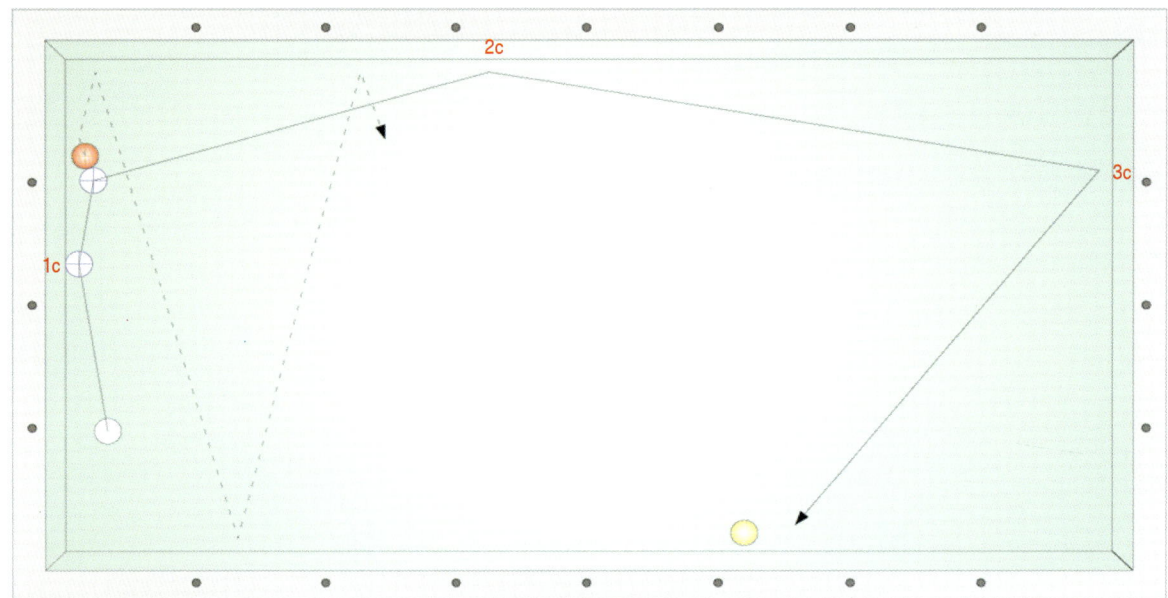

걸쳐치기 - 25

CR-3T   P × 3   ← X

C/DL-3T   P × 3   ← F·X

수구가 진행도중 커브를 그리게 해서는 안된다. 수구에 약간의 역회전력을 넣고 손목의 스냅을 이용하여 빠르게 끊어치도록 한다.

걸쳐치기 - 26

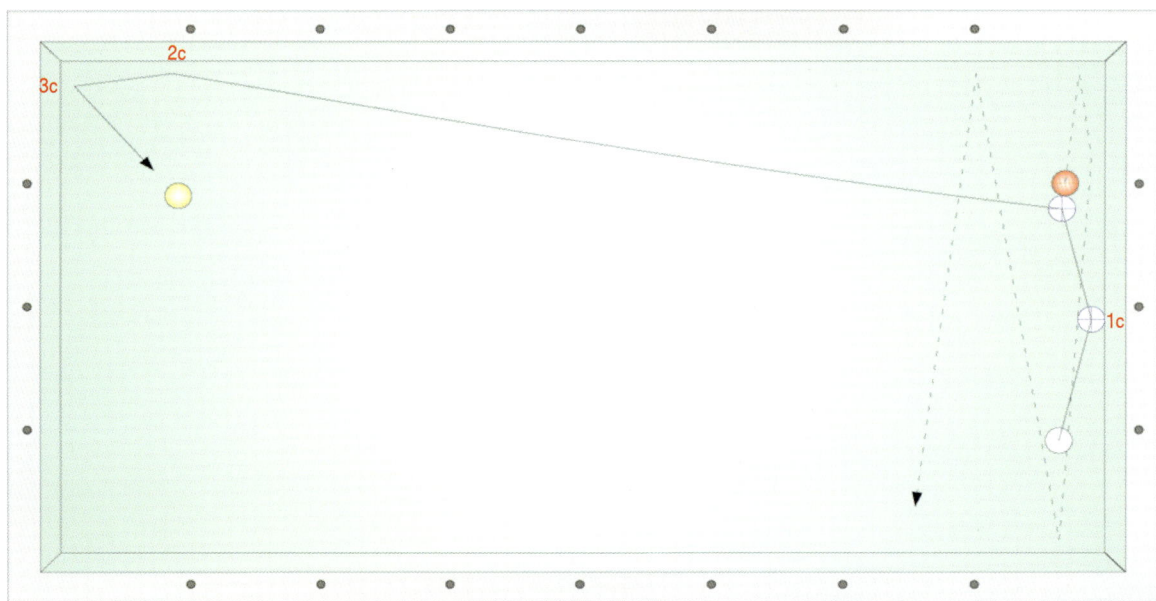

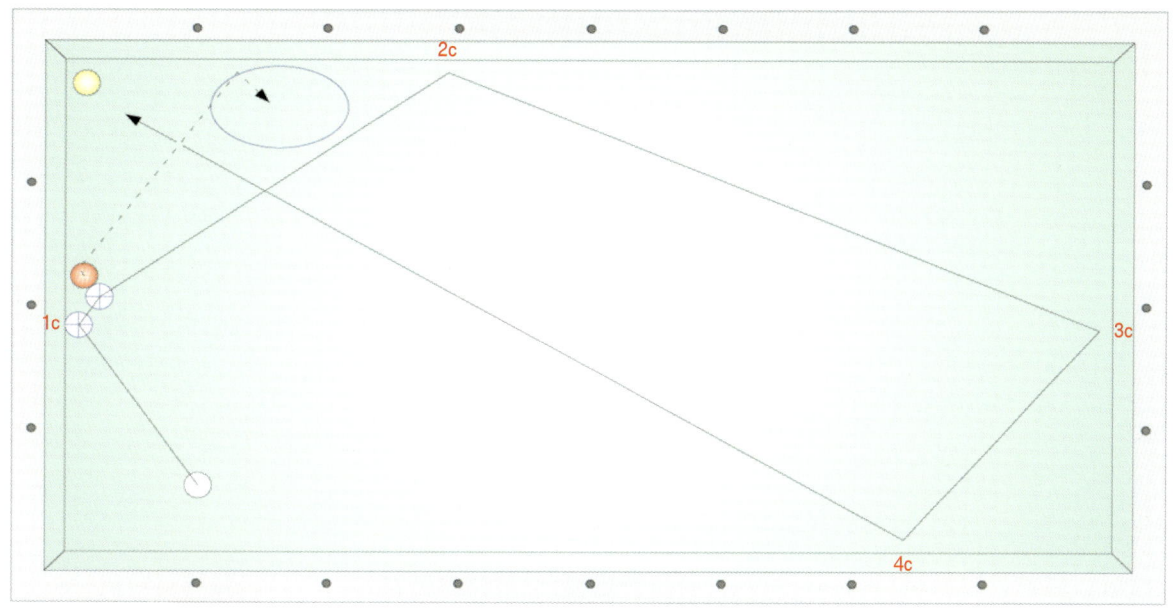

걸쳐치기 - 27

BR-3T P × 2.5 ← S·L

B/AL-3T P × 3.5 ← L

얇게 겨냥하여 타구하는 것보다, 그림과 같이 제1표적구를 두껍게 겨냥하는 것이 수구와 제1표적구와의 키스도 예방할 수 있고, 포지션 플레이에 있어서도 유리하다.

걸쳐치기 - 28

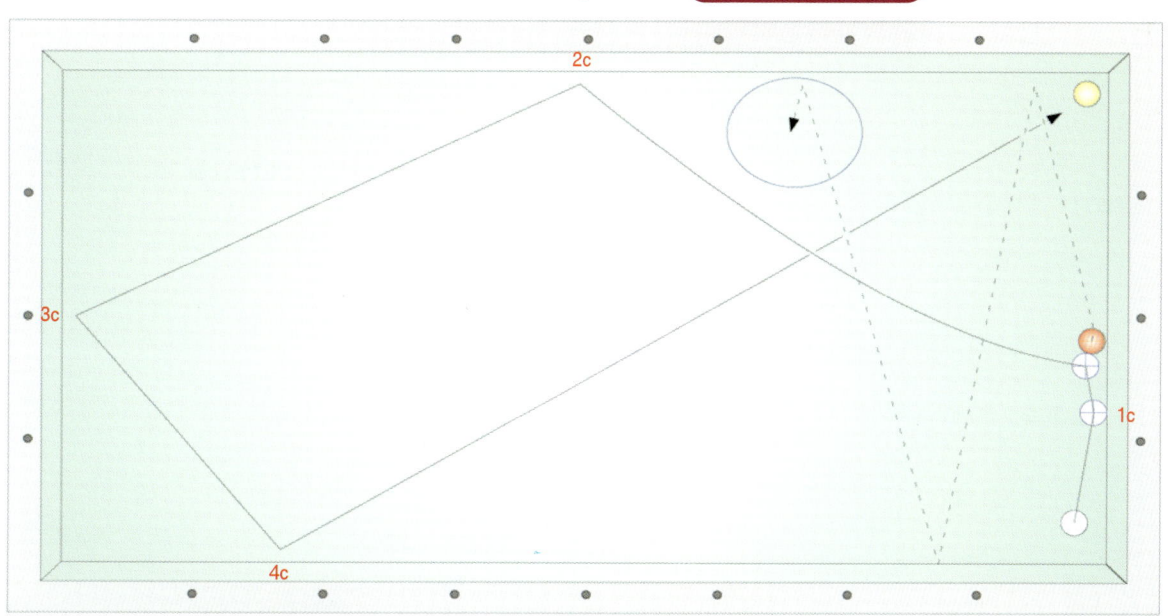

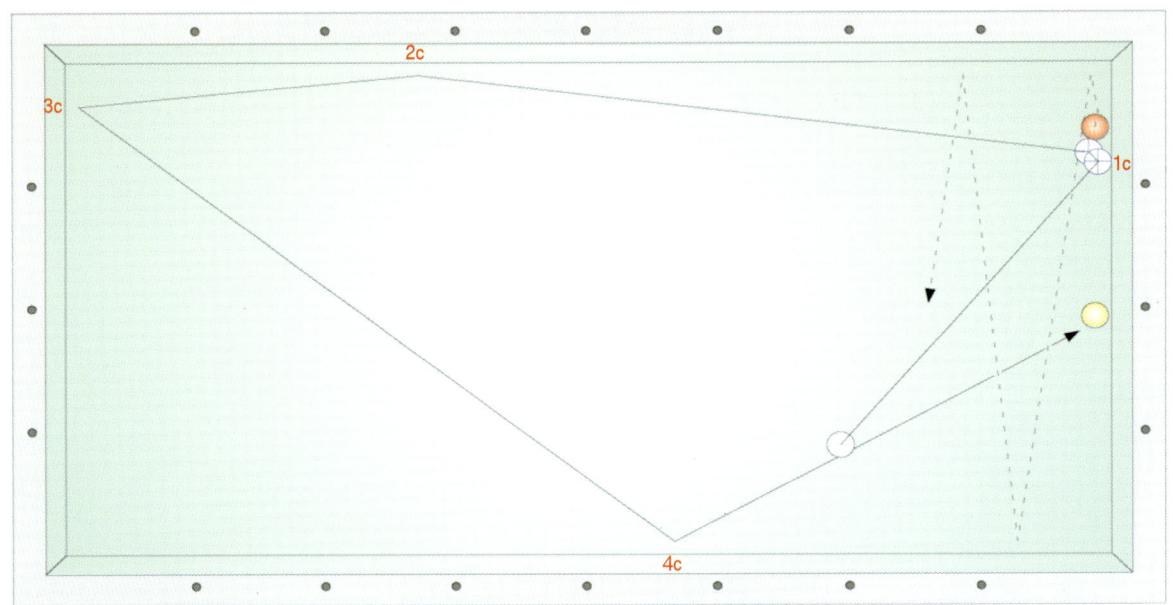

걸쳐치기 - 29

C/DL-3T   P × 3.5 ← F

타구를 강하고 빠르게 하여 쿠션에서 수구가 반사될 때 회전력에 의해 많이 꺾이지 않도록 한다.

C/DR-3T   P × 3 ← X

제1표적구와 수구가 접촉하는 두께나 끌리는 정도에 따라 파란 선 같이 수구가 진행할 수도 있다.

걸쳐치기 - 30

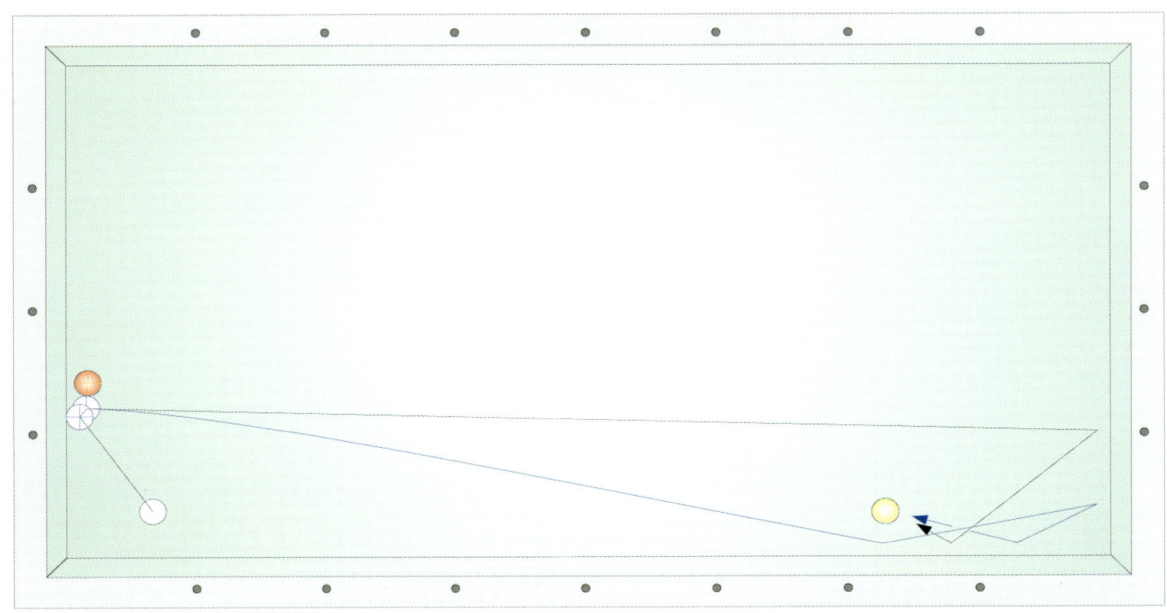

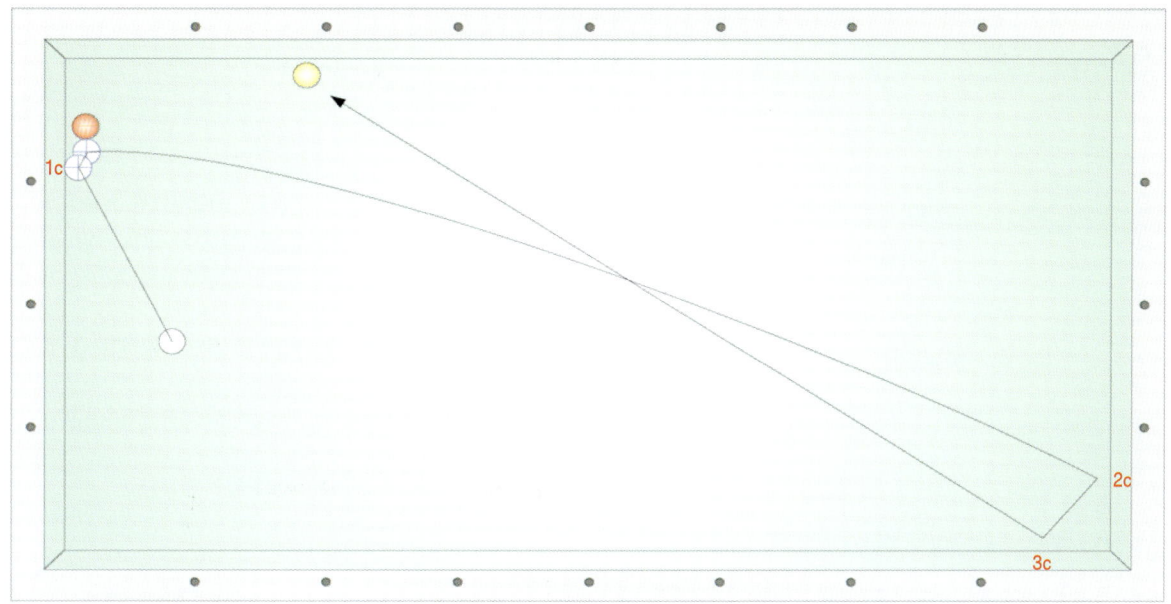

걸쳐치기 - 31

ER-2T P × 3 ← B

CR-3T P × 2.5 ← S

걸쳐치기-31이나 32 형태 모두 성공할 경우 박수를 받기에 충분하다.

걸쳐치기 - 32

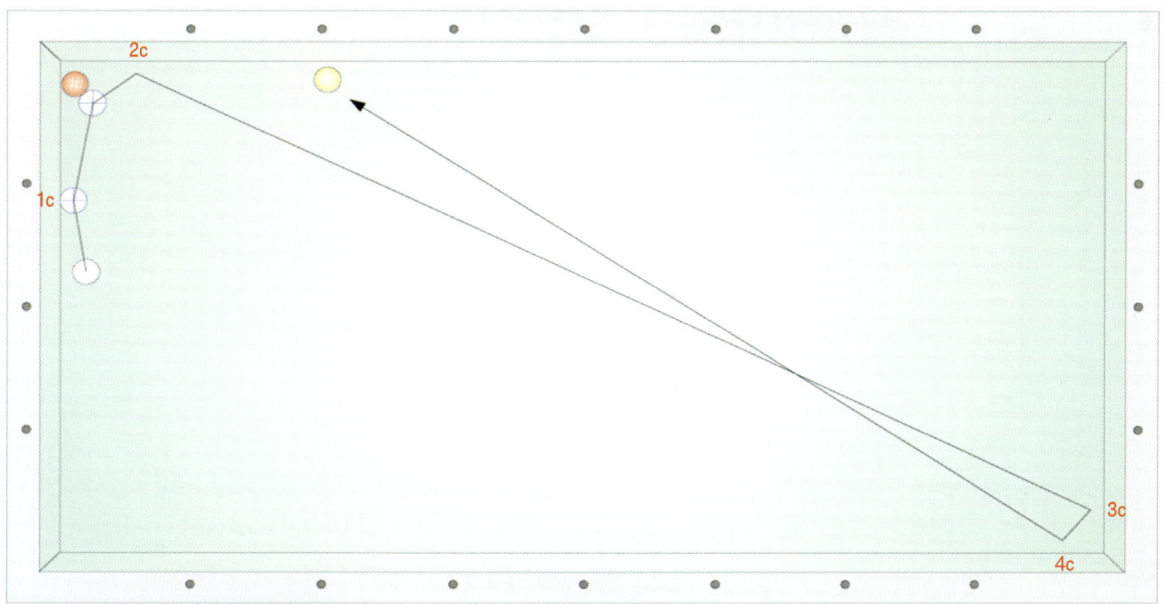

빈쿠션의 기본적인 겨냥법

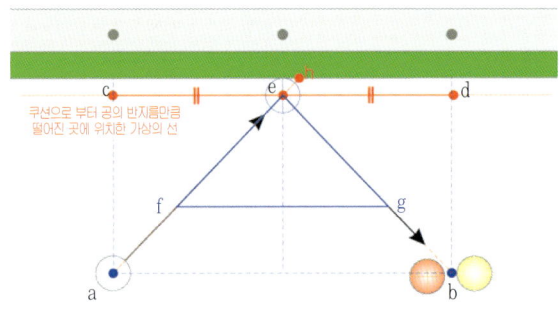

수구와 목표점과의 거리가 같은 정도일때

1. 수구의 중심(점a)과 두 개의 표적구의 중심(점b)에서 쿠션으로 부터 공의 반지름 만큼 떨어진 곳에 위치한 가상의 선을 향하여 수직선을 그어 각각의 접점(점c와 점d)을 기억한다.
2. 점c와 점d를 연결, 두 지점의 2등분 되는 지점(점e)을 계산한다.
3. a와 e를 연결, 그 연장선을 그어 쿠션과 접하는 지점(점h)을 기억한다.
4. 점h를 향해 수구를 중심치기로 가볍게 타구한다.

수구와 목표점과의 거리의 차이가 있을 때

1. 목표점 a에서 쿠션으로 부터 공의 반지름 만큼 떨어진 곳에 위치한 가상의 선에 수직선을 긋는다.
   그림에서 선분 ab이다.
2. 선분 ab의 길이만큼 연장선을 그어 그 끝점을 기억한다.
   그림에서 점 c이다.
3. 수구의 중심 o와 과 점c를 연결, 그 때의 선분 oc가 쿠션과 접하는 지점(겨냥점)을 기억한다.
   그림에서 점 d이다.
4. 겨냥점 d를 향해 수구를 중심치기로 가볍게 타구한다.

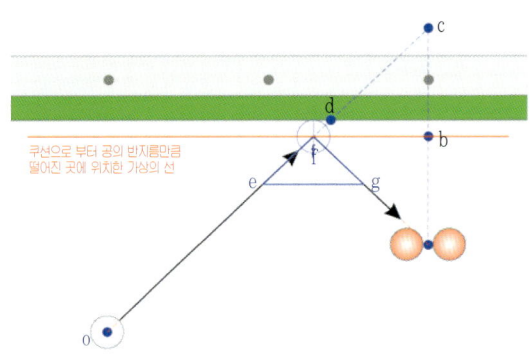

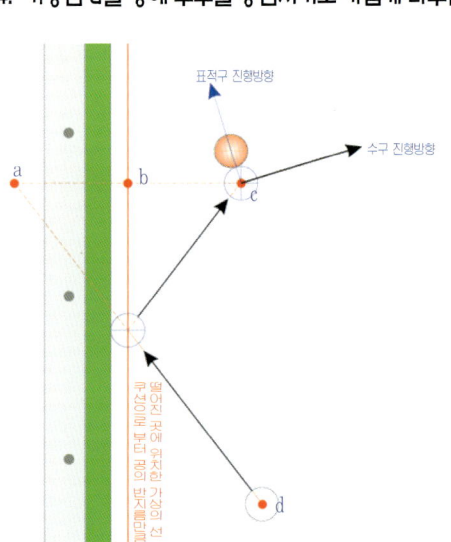

걸쳐치기 기본적인 겨냥법

1. 목표점(점c)에서 쿠션으로 부터 공의 반지름 정도 떨어진 곳에 위치한 가상의 선을 향해 위치에 가상의 수직선을 긋는다.
   그림에서 선분 bc이다.
2. 선분 bc의 길이 만큼 연장선을 그어 그 끝점을 기억한다.
   그림에서 점 a이다.
   수구의 중심(점d)이 점 a를 향하도록 중심치기로 가볍게 타구한다.

이상은 빈쿠션의 기본적인 겨냥법입니다. 이와 같은 겨냥법은 말그대로 기본이 되는 겨냥법이지 언제나 지금과 같은 계산법이 통하는 것은 아닙니다. 이들 겨냥법은 입사각이나 타구방법에 따라 달라질 수 있고, 상황에 따라 비틈을 넣어 타구할 경우 약간의 조정이 필요합니다.

역치기 - 1

CL-3T   P × 1.5 ← S

기본적인 역치기 타구이다.

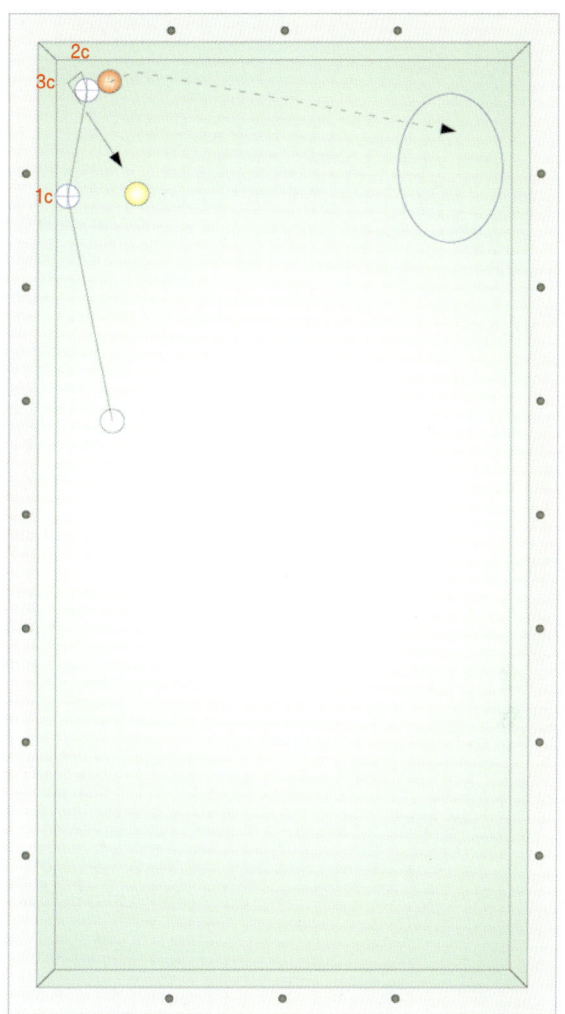

역치기-2

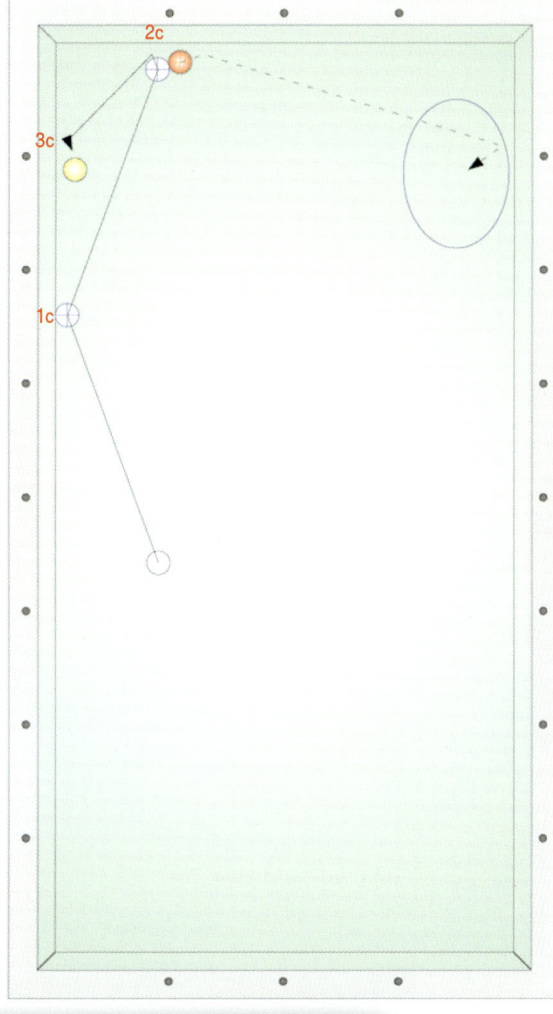

역치기-1

역치기 - 2

CL-3T   P × 1.5 ← S

약하게 타구할 경우에는 자신이 생각한 것보다 약간 앞쪽을 겨냥하는 것이 유리하다. 앞에서도 설명하였지만 약하게 타구할 경우 쿠션에서 약간 밀린 상태에서 수구가 반사되어 나오며, 진행도중에도 발생된 전진회전력에 의해 약간 앞으로 밀리며 진행하게 때문에 최초 겨냥점을 약하게 그냥 타구할 경우 제1표적구를 너무 얇게 맞추게 되거나 아에 맞추지도 못하게 된다.

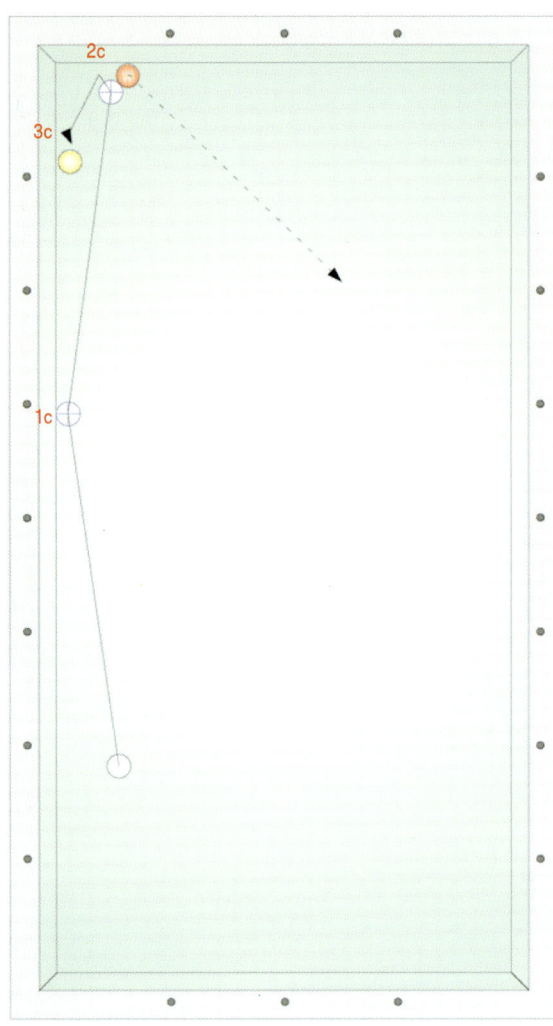

역치기-3

역치기 - 3

C/BL-0.5T　　P × 1.5　←── S

약간의 역비틀을 사용하여 던지듯이 가볍게 타구한다.

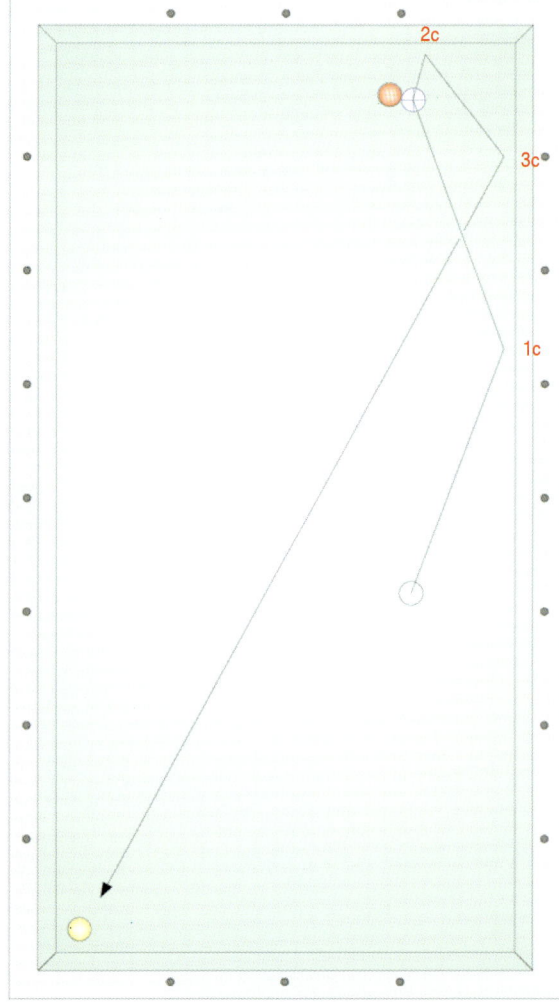

역치기-4

역치기 - 4

CR-3T　　P × 2.5　←── S·L

정석적인 형태의 공략법은 아니다.
끊어칠 경우 수구의 진로가 너무 짧아 질 수 있다.

역치기 - 5

C/BR-3T   P × 3 ← F

약하게 타구할 경우 낭패를 보기 쉽다. 약간 빠르게 타구하도록 한다.

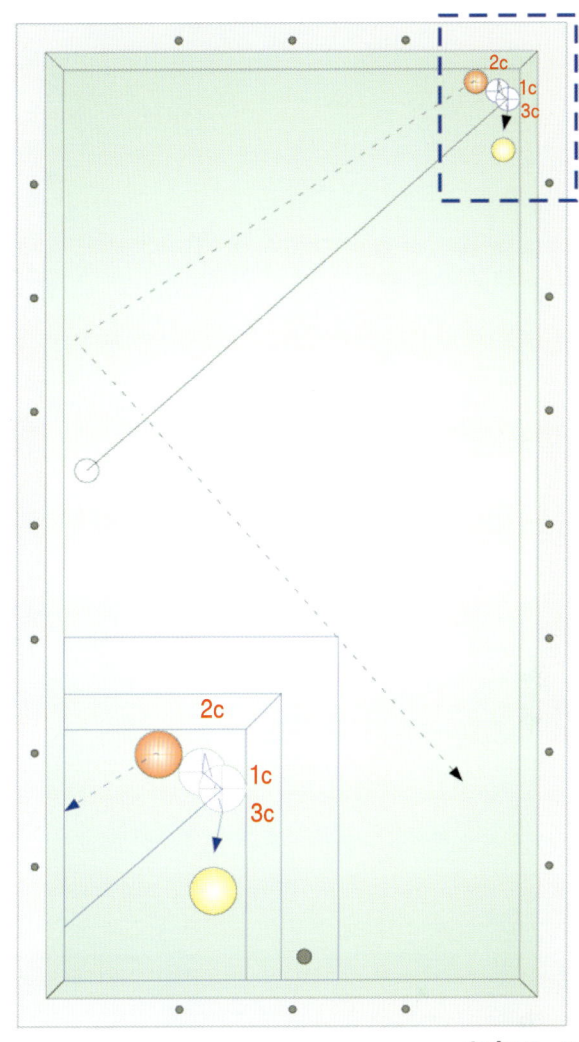

역치기-5

역치기-6

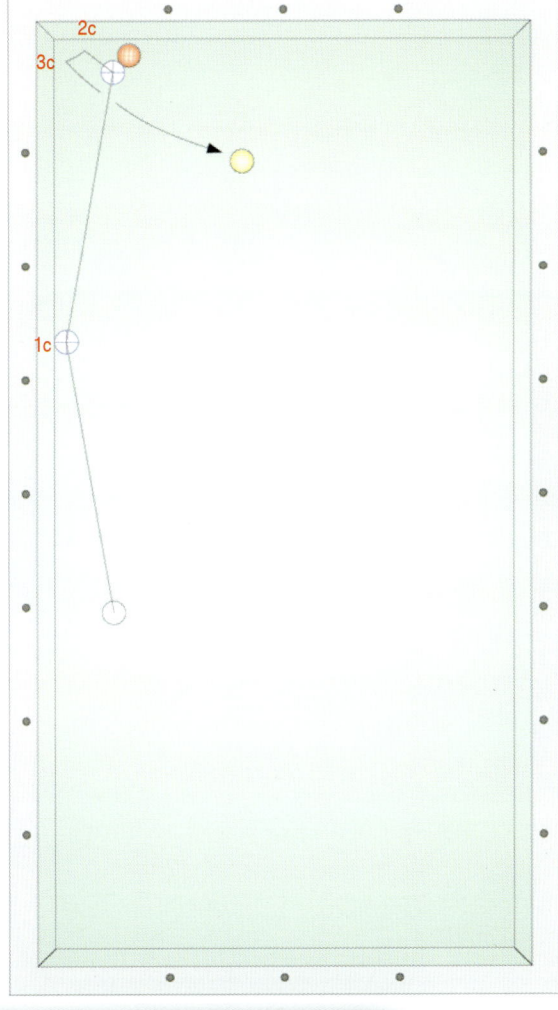

역치기 - 6

AL-2T   P × 3 ← L

평범한 역치기로는 불가능한 것 처럼 보이나, 타구를 밀어 칠 경우 수구가 그림과 같이 커브를 그리며 되돌아 나오기 때문에 가능하게 된다.

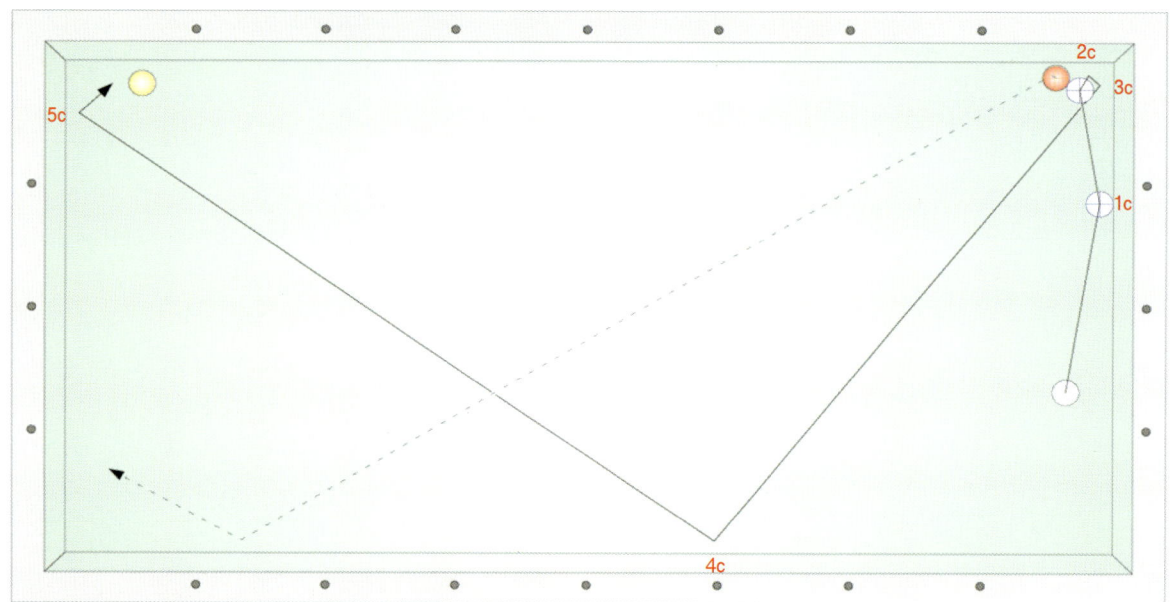

역치기 - 7

CR-3T   P × 3   ←   N

한 가지 공략법을 적절하게 응용한다면 남들보다 쉽게 고점자 대열에 오를 수 있을 것이다.

알고 넘어 갑시다.   당구 용어 풀이('ㄱ' 부분)

- 걸쳐치기 : 수구를 쿠션에 넣고 나서 표적구를 맞추는 타구법.
- 공 쿠션 : 표적구가 쿠션에 접해 있거나 밀착되어 있는 경우 그 표적구를 쿠션 대신으로 이용하여 수구를 반사시키는 타구법.
- 그랜드 애버리지(Grand Average) : 제너럴 애버리지(General Average)라고도 하는데 평균 점수를 뜻함. 전 시합을 통한 1이닝(inning)당 평균 득점을 말한다.
- 그립(Grip) : 큐를 쥐는 것, 또는 큐를 잡는 법.
- 크로스(Cloth) : 당구 테이블과 쿠션에 덮혀있는 천. '나사' 라고도 한다.
- 끊어 밀어치기 : 수구와 표적구가 가까이 근접해 있는 경우 두번치기(리쿠)를 막기 위해 사용하는 밀어치기 타구법.
- 끌어치기(draw) : 수구의 아래 부분을 쳐 역회전력을 부여하는 타구법. 표적구와 정면치기가 되었을 경우 수구는 자신의 몸쪽으로 되돌아 오게 된다.

11. 빈 쿠션치기 - Ⅱ (일명 : 투가락구)

파이브 앤드 하프 시스템을 이용한 걸어치기 타구법-A

1) 표적구 포인트를 예측한다.

걸어치기는 초보자에게 있어 아주 어려운 공략법이나, 포인트별 수구의 행적을 어느 정도 파악하고 있다면 파이브 앤드 하프 시스템을 이용할 경우 의외로 쉽게 해결할 수 있는 공략법이다.

그림과 같은 수구의 위치에서 걸어치기를 위한 표적구 포인트는 20p이다.

2) 수구 포인트와 수구 입사 포인트를 계산한다.

3) 타 구

걸어치기에 있어 정확한 수구의 진로 계산도 중요하지

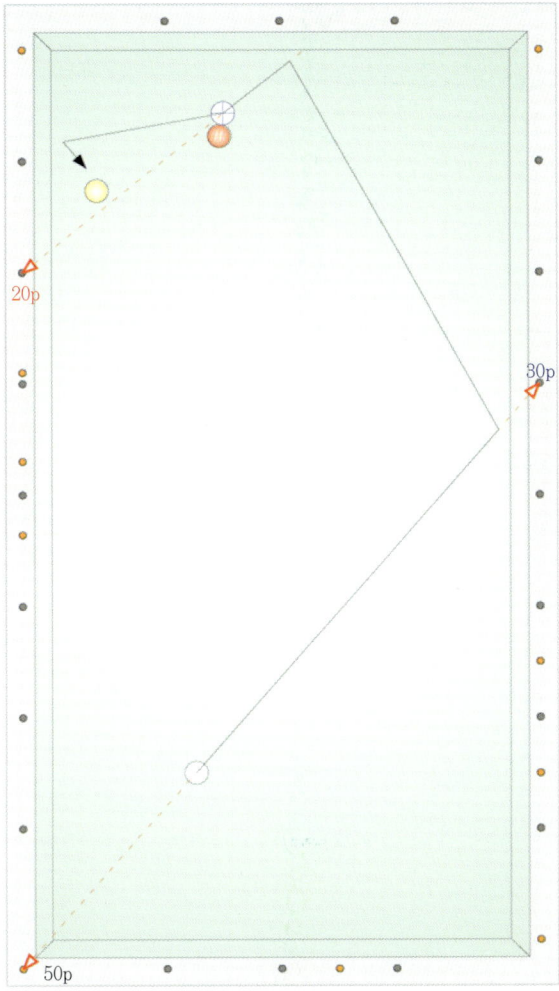

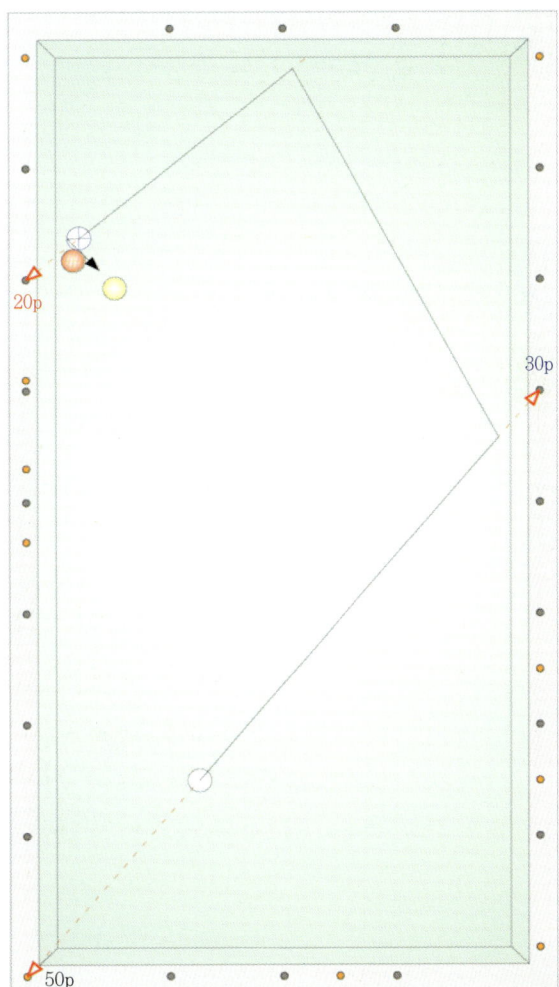

만, 그에 못지 않게 중요한 것이 알맞은 힘조절이다. 그 이유는 최초 타구한 힘의 강약과 전진회전력의 정도의 차이에 따라 2번째 쿠션에서 반사되어 나온 후의 수구의 회전력의 상태가 달라지기 때문이다. 즉, 타구의 강약에 따라 2번째 쿠션에서 반사되어 나올 때 전환된 역회전의 지속 거리가 달라지기 때문인 것이다. 이에 대한 자세한 내용은 앞부분에서 설명된 공의 회전원리를 참조하기 바란다.

파이브 앤드 하프 시스템을 이용한 걸어치기 타구법-B

1) 표적구 포인트를 예측한다.

그림에서 표적구 포인트는 20p이다.

2) 수구 포인트와 수구 입사 포인트를 계산한다.
계산된 수구 포인트와 수구 입사 포인트는 각각 50p와 30p이다.

3) 타 구
공들의 위치에 따라 힘을 조절하여 타구한다.

파이브 앤드 하프 시스템을 이용한 걸어치기 타구법-C

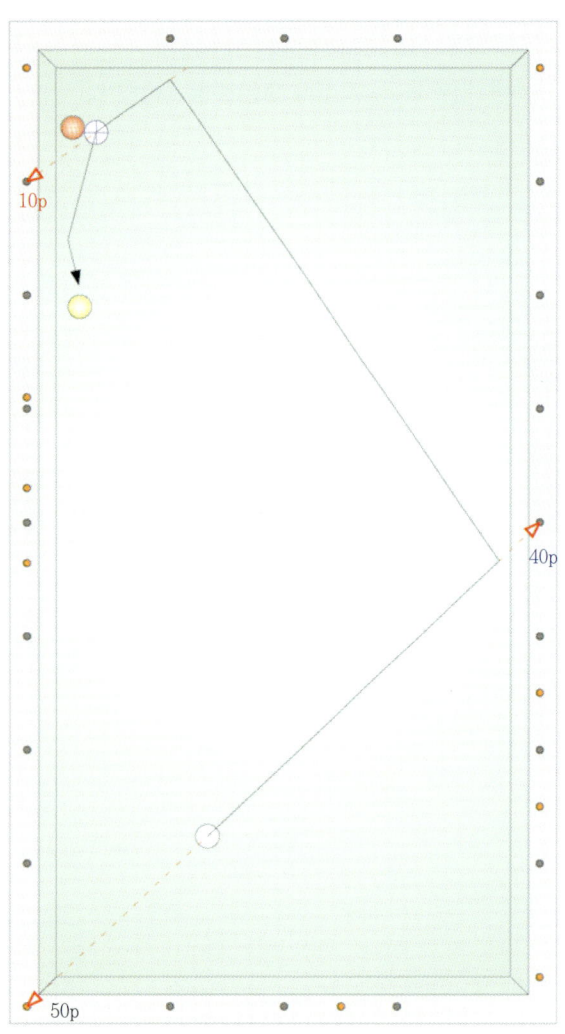

1) 표적구 포인트를 예측한다.
그림에서 표적구 포인트는 10p이다.
계산된 수구 포인트와 수구 입사 포인트는 각각 50p와 40p이다.

2) 수구 포인트와 수구입사포인트를 계산한다.
계산된 수구 포인트와 수구입사포인트는 각각 50p와 40p이다.

3) 타 구
공들의 위치에 따라 힘을 조절하여 타구한다.

이상과 같은 공략법을 선택하고 시스템에 따른 계산을 할 때 주의할 점은 공의 지름을 염두해 두어야 한다는 점이다. 즉 이와 같은 공략법은 수구로 제1표적구를 직접 맞추지 않고 여러번의 쿠션을 이용한 뒤 맞추는 것이라 제1표적구와 수구와의 접촉하는 정도, 즉 두께를 예측할 때 공의 크기(공의 지름)를 감안하여야 한다는 것이다.

빈쿠션치기 II - 1

BR-2T   P × 3   ← N

표적구 포인트만 정확히 읽을 수 있다면 쉽게 해결할 수 있는 형태이다.

제1표적구를 맞고 수구가 밀리면 안된다. 이와 같은 현상을 방지하기 위해 약간 강하게 타구한다.

- 표적구 포인트 : 20p
- 수구 포인트 : 40p
- 수구 입사 포인트 : 20p

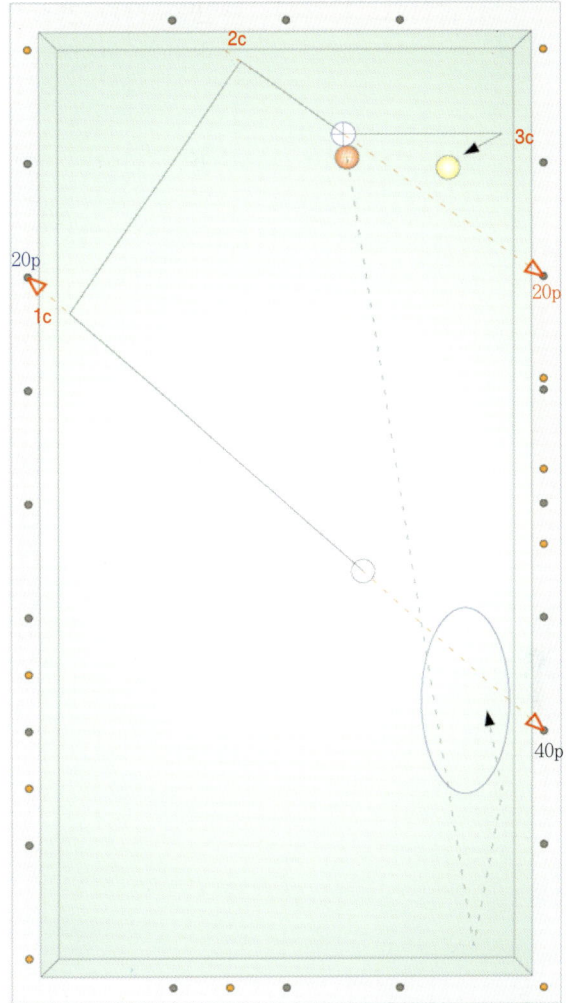

빈쿠션치기 II -1

빈쿠션치기 II -2

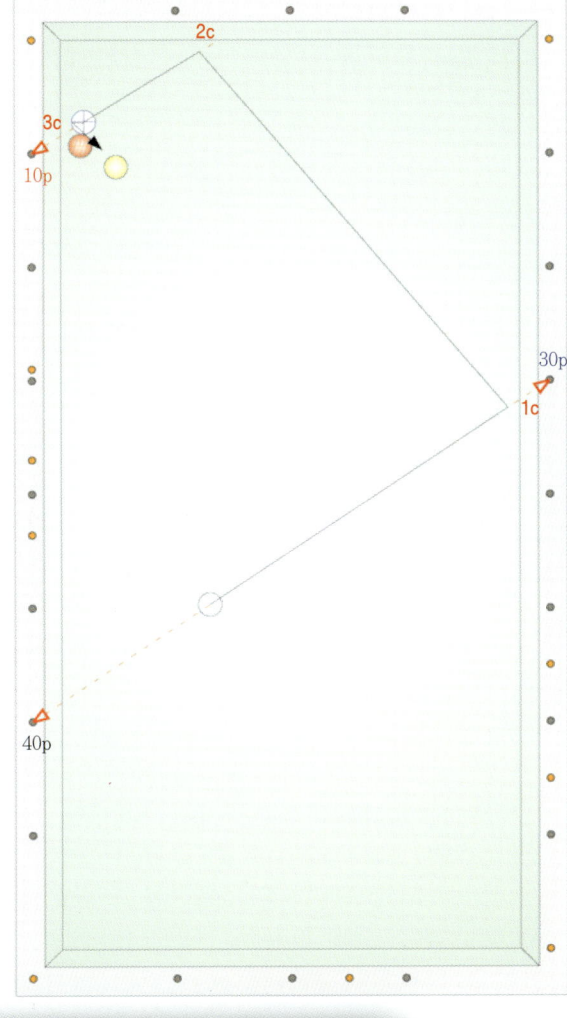

빈쿠션치기 II - 2

BL-2T   P × 1.5   ← S

강하게 타구해서는 안된다.

수구가 제1표적구를 맞힌 후 약간 밀리며 회전력에 의해 꺾일 수 있도록 약하게 타구한다.

- 표적구 포인트 = 10p
- 수구 포인트 = 40p
- 수구입사포인트 = 30p

빈쿠션치기 II - 3

BR-2T　　P × 1.5　←── N

표적구 포인트만 정확히 읽을 수 있다면 그리 어려운 타구도 아니다.

표적구 포인트 : 10p
수구 포인트 : 40p
수구 입사 포인트 : 30p

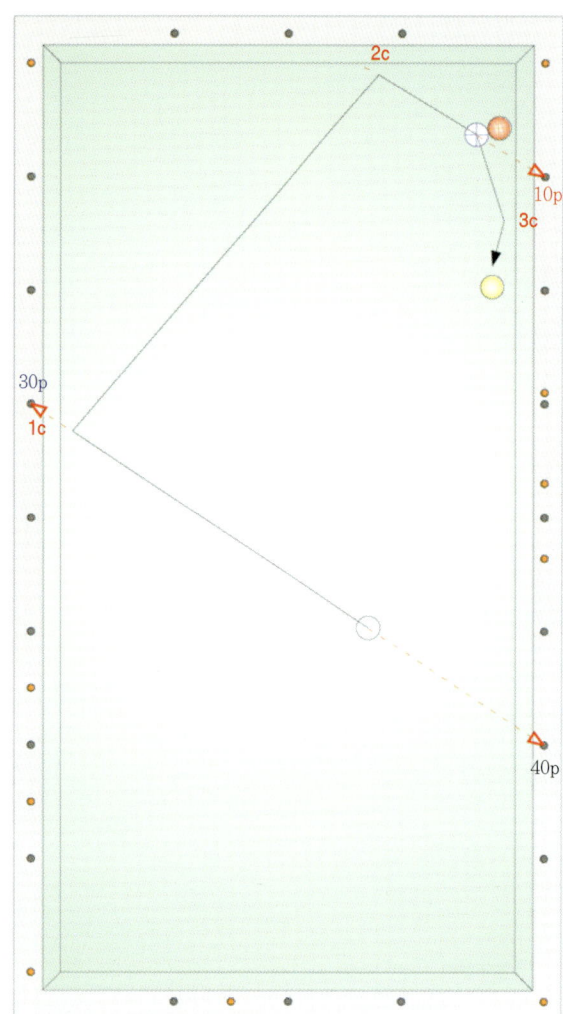

빈쿠션치기 II -3

빈쿠션치기 II - 4

C/BR-2T　　P × 2　←── N

강하게 타구할 이유가 전혀 없다.

그림과 같은 타구는 수구에 과도한 비틈을 넣어 타구하기 보다는 비틈을 약간 덜 넣어준 상태에서 수구를 던지듯이 가볍게 타구하는 것이 유리하다.

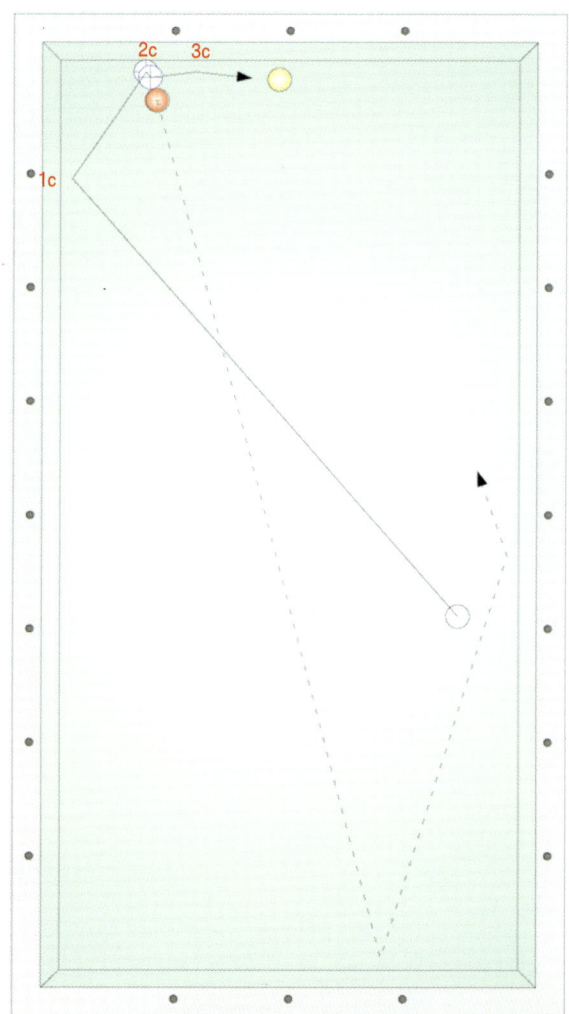

빈쿠션치기 II -4

빈쿠션치기Ⅱ - 5

BR-2T   P × 3 ←——— L·X

당점이 끌어치기가 아닌 것에 유의하자.

빈쿠션치기Ⅱ -6

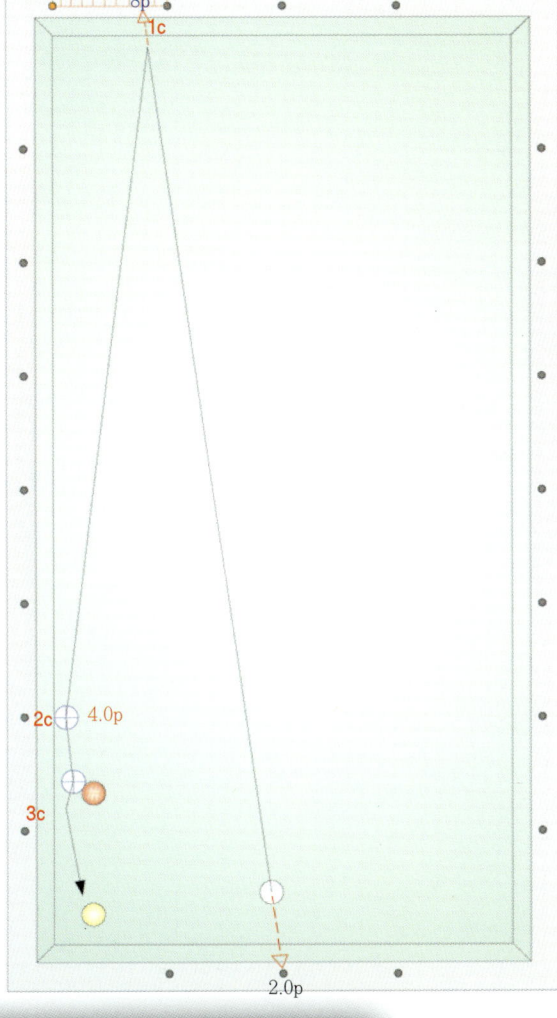

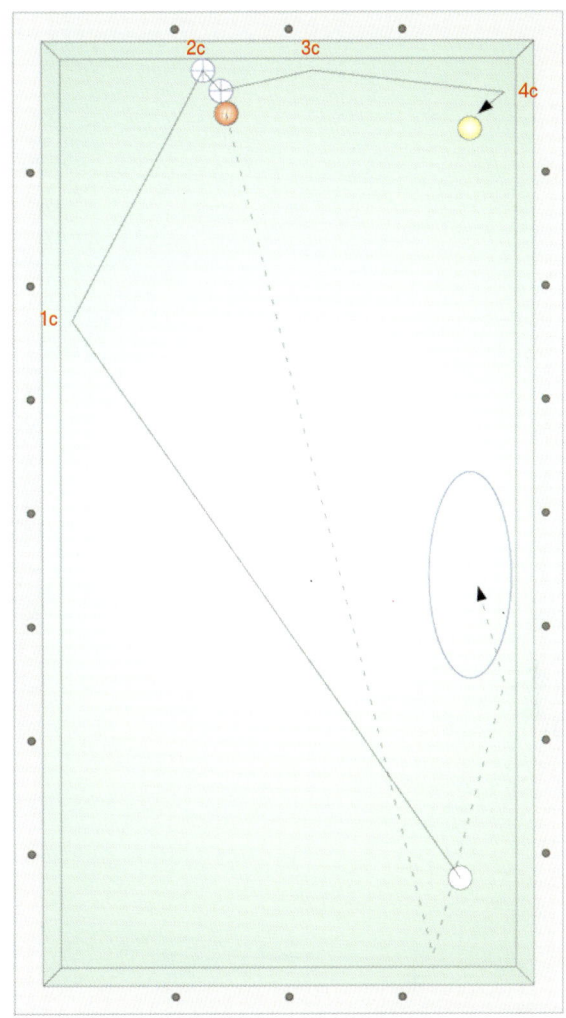

빈쿠션치기Ⅱ -5

빈쿠션치기Ⅱ - 6

B-0T   P × 2 ←——— N

No English System-B를 이용한 타구이다.

표적구 포인트 : 4.0p
수구 포인트 : 2.0p
수구 입사 포인트 : 8.0p

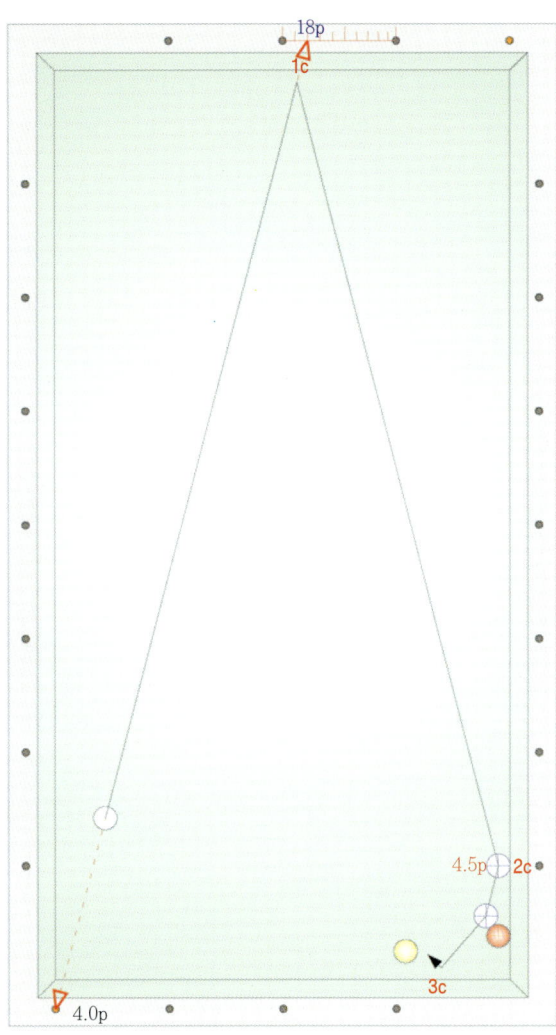

빈쿠션치기 II -7

빈쿠션치기 II - 7

B-oT   P × 2 ← S·L

No English System-B의 응용 예이다.
이 시스템을 잘 이용한다면 의외로 큰 효과를 얻을 수 있다.

빈쿠션치기 II - 8

B-oT   P × 2 ← S·L

'내가 이런 타구를 어떻게 쳐?', '꿈도 꾸지 못할 타구야' 이러한 생각은 자신이 오랜 기간을 하점자로 머물겠다는 결심과 같은 것이다. 몇 번 시도해 보고 안된다고 물러서지 말고 실패한 원인을 찾아 자신의 것으로 만들자. 실패한 원인의 대부분은 자세의 불안정으로 인해 수구에 비틈이 넣어지는 경우이다. 자신의 타구가 비틈이 넣어지는지 확인하는 방법은 짧은 쿠션의 끝 부분에서 다른 한 쪽의 짧은 쿠션을 향해 수직 방향으로 타구를 해 보자. 되돌아 오는 수구가 자신이 타구한 지점으로 정확히 되돌아 온다면 정확한 타구가 구사된 것이고 그렇지 않고 좌,우로 비켜 진행한다면 자세의 불안정으로 인해 자신은 비록 중심치기를 하였다고 할 지라도 수구에 비틈이 넣어진 것이다.

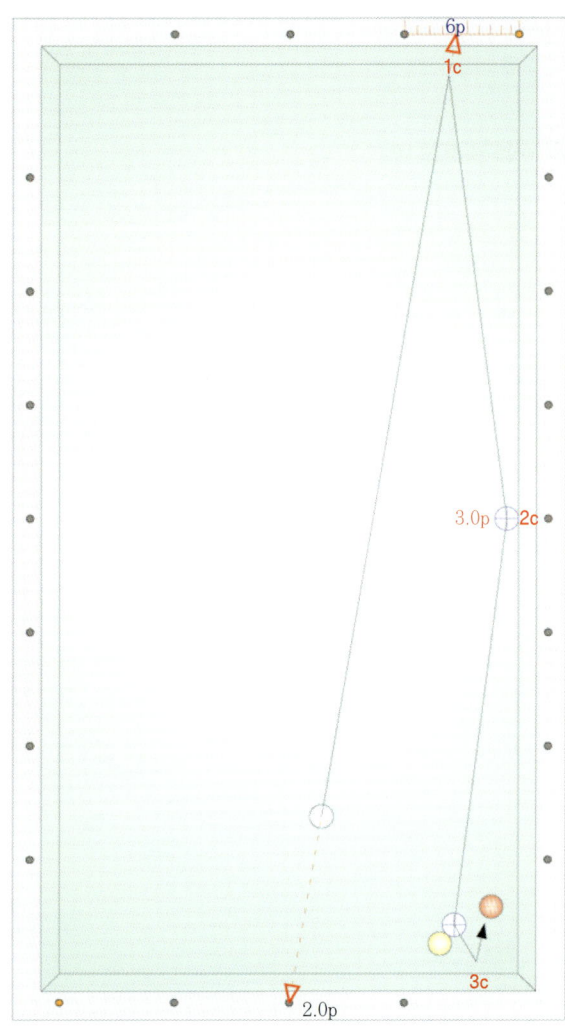

빈쿠션치기 II -8

빈쿠션치기Ⅱ - 9

B-0T   P × 1.5 ← S·L

No English System-E를 이용한 형태이다.
비틈을 0인 상태로 부드럽게 타구한다.

표적구 포인트 = 60p
수구 포인트 = 75p
수구 입사 포인트 = 15p

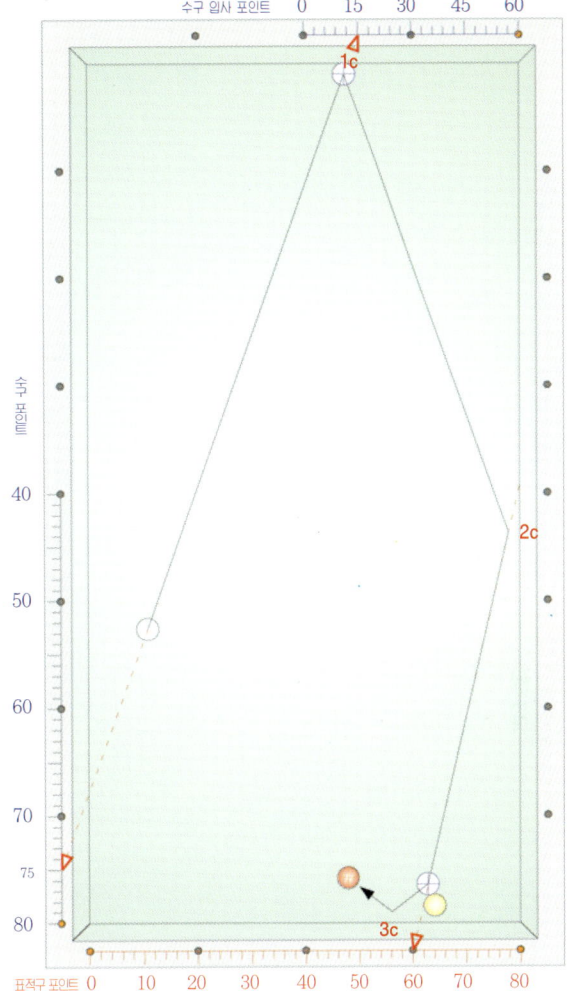

빈쿠션치기Ⅱ-9

빈쿠션치기Ⅱ-10

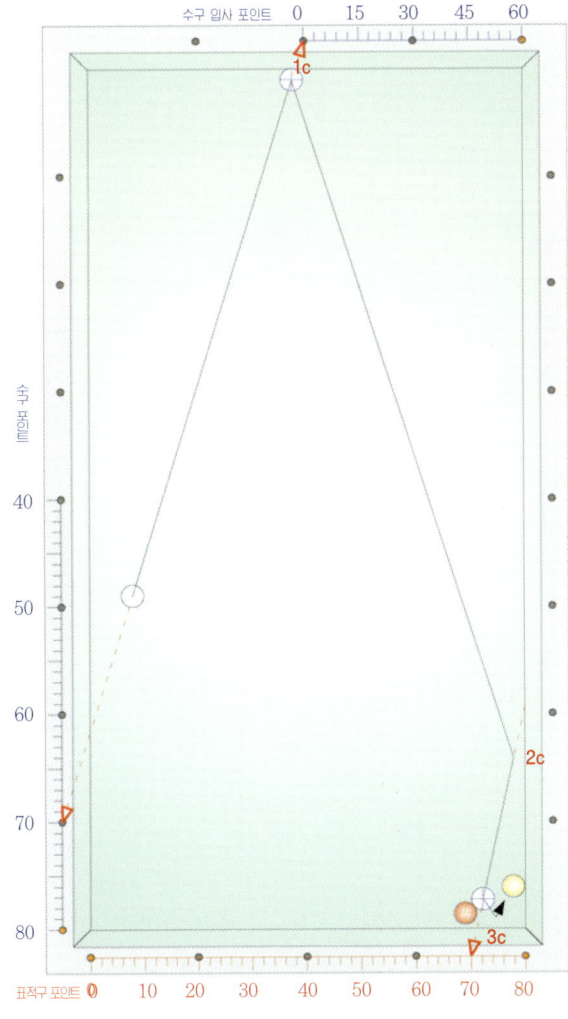

빈쿠션치기Ⅱ - 10

B-0T   P × 1.5 ← S·L

No English System-E를 이용한 또 다른 형태이다.

표적구 포인트 : 70p
수구 포인트 : 70p
수구 입사 포인트 : 0p

빈쿠션치기 Ⅱ - 11

B-oT   P × 1.5   ← S

B-oT   P × 1.5   ← S

가능한 약하게 타구하는 것이 성공 확률이 높다.

빈쿠션치기 Ⅱ - 12

빈쿠션치기Ⅱ - 13

E-oT P × 2 ← B

첫번째 쿠션에서 튕겨져 나온 수구에는 전진회전력이 존재하고 있어 그림과 같이 제1표적구를 두껍게 맞히더라도 밀리면서 구멍치기 형태가 이루어 져야 한다.

이럴 경우 수구의 당점이 밀어치기가 아니고 끌어치기 당점임에 주의하자.

수구의 입사 포인트는 노 잉글리시 시스템을 이용할 경우 빨간 실선 부분이나, 수구에 역회전을 넣고 쿠션에 넣었을 경우 비틈을 넣지 않더라도 쿠션에서 반사될때 반사각이 커짐과 동시에 약간 안쪽으로 커브를 그리며 진행하기 때문에 노 잉글리시 시스템으로 계산된 수구 입사 포인트에서 약간 아래쪽을 겨냥해서 타구해야 한다.

B-oT P × 2 ← N

그림과 같은 형태는 당점뿐만 아니라 힘의 강약에 따라서도 수구의 진로 변화가 심하게 된다.

빈쿠션치기Ⅱ - 14

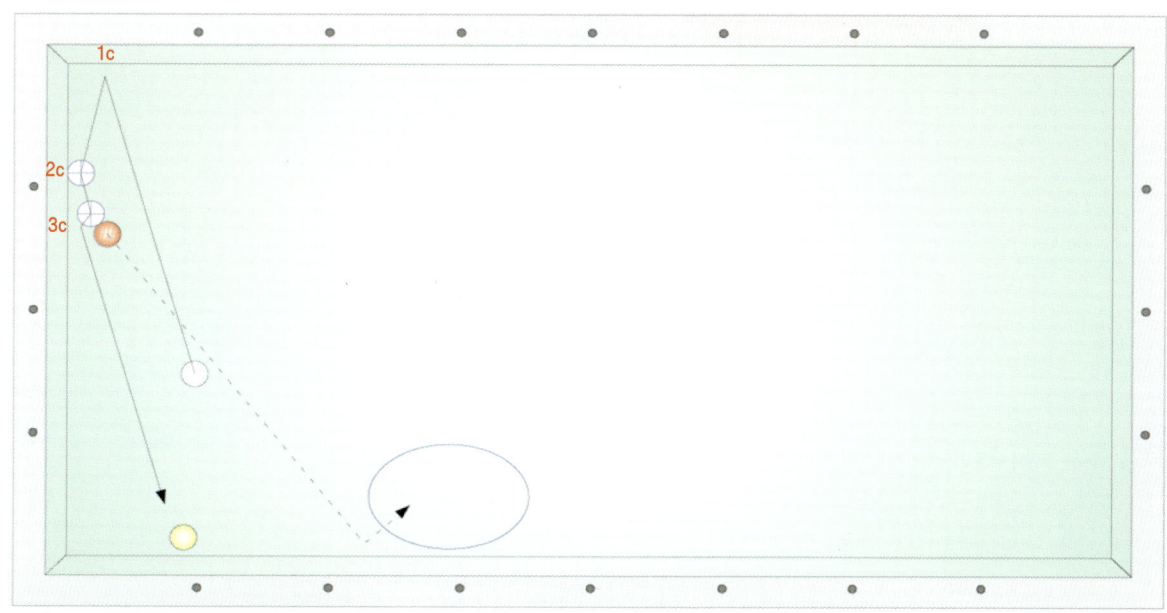

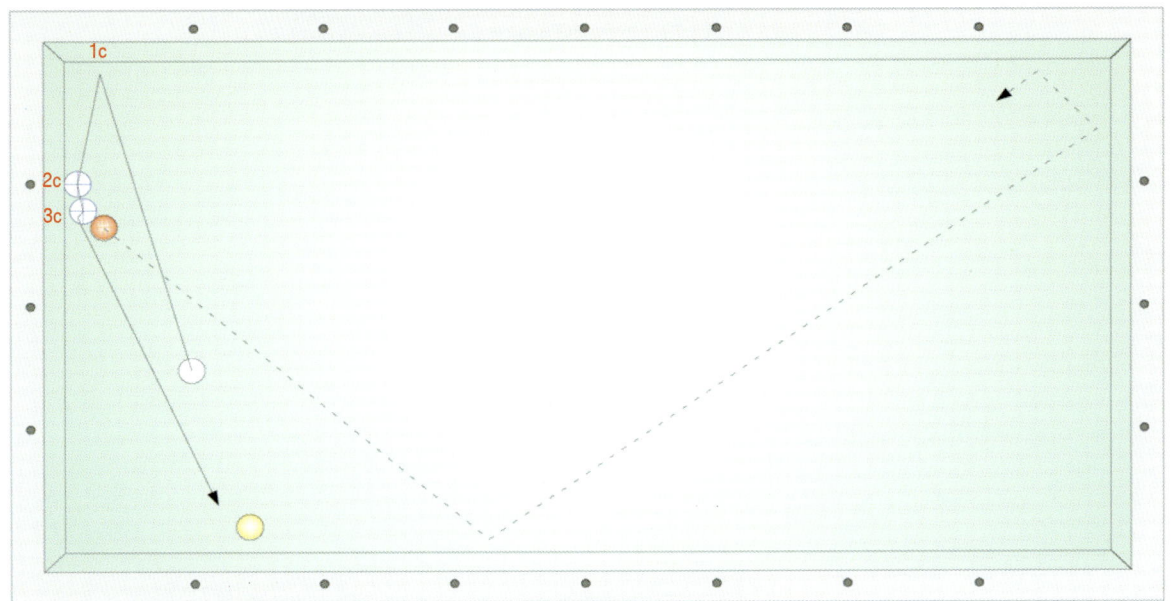

빈쿠션치기 Ⅱ - 15

A-0T   P × 2.5 ← L·X

끌리듯 구멍치기가 되어야 한다. 끌어치기 당점이 아니라 밀어치기 당점임을 명심하자.

강하게 타구할 경우 입사각에 비해 반사각이 크게 꺾여져 나오므로 계산된 수구 입사 포인트보다 약간 아래쪽을 겨냥해서 타구해야 올바른 수구 진로를 얻을 수 있다.

AR-1.5T   P × 4 ← F·X

그림과 같이 수구가 크게 꺾이며 진행해야 할 경우에는 수구에 역비틀을 넣고 빠르게 끊어 쳐야 한다.
어려운 공략법이다.
표적구간의 키스의 위험이 있다.

빈쿠션치기 Ⅱ - 16

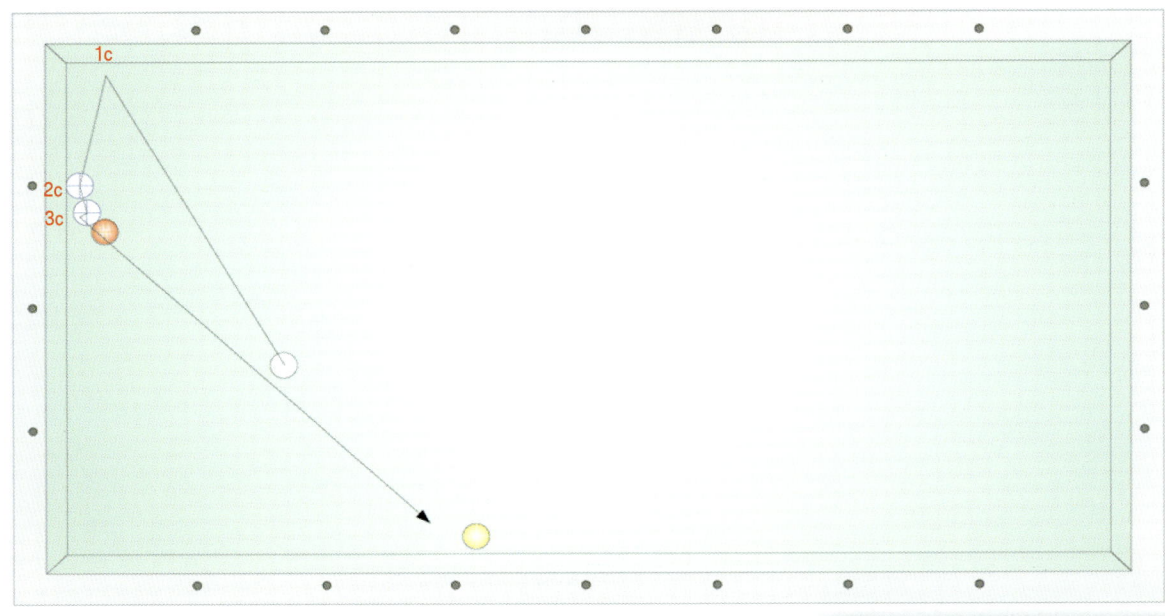

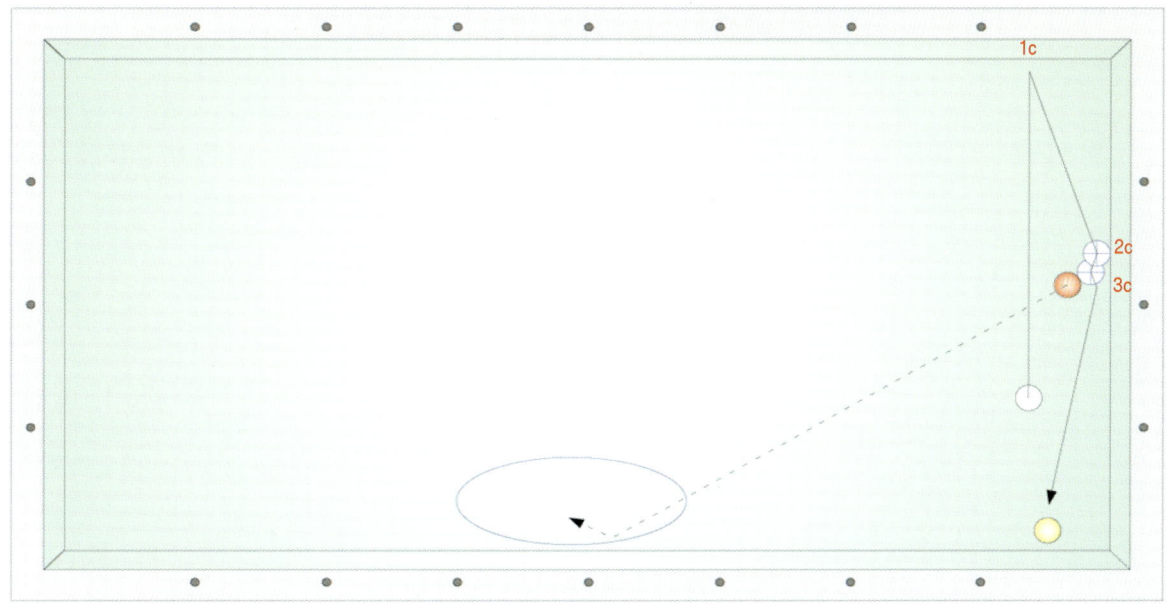

빈쿠션치기 Ⅱ - 17

C/BR-2T P × 2 ← N

수구에 비틈을 넣어 각을 만들어 주는 경우이다.
반사각의 정도는 힘의 세기나 비틈의 정도에 따라 달라지므로 상황에 맞는 알맞은 조절이 필요하다.

DR-3T P × 2.5 ← 세워치기

큐를 25도에서 35도 정도로 세워 약간 찍어치 듯이 타구한다.

빈쿠션치기 Ⅱ - 18

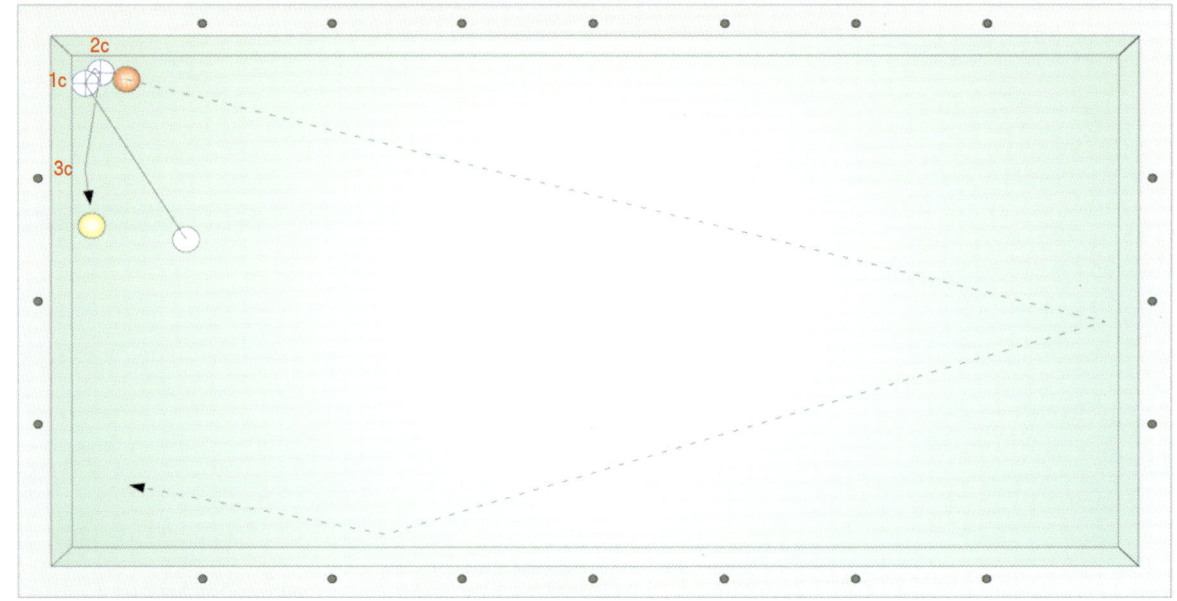

빈쿠션치기 Ⅱ - 19

BR-2T　P × 2　← L · X

약간 끊어치는 타구법을 사용한다.
올바른 당점만 선택한다면 강하게 칠 필요가 없다.

BR-3T　P × 2.5　← L · X

빈쿠션치기 Ⅱ - 20

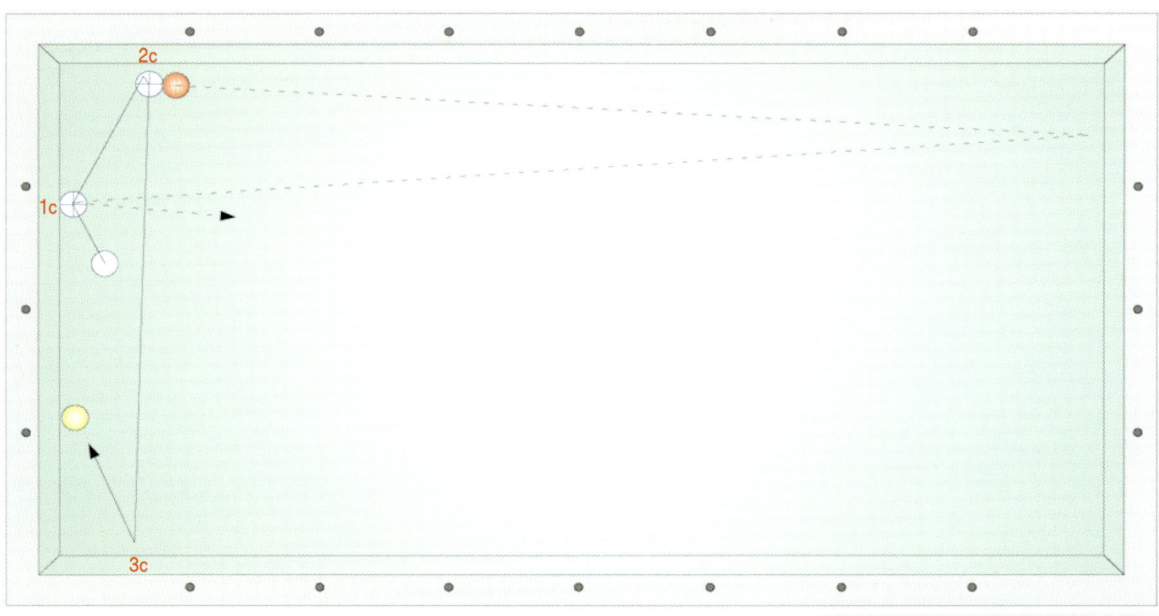

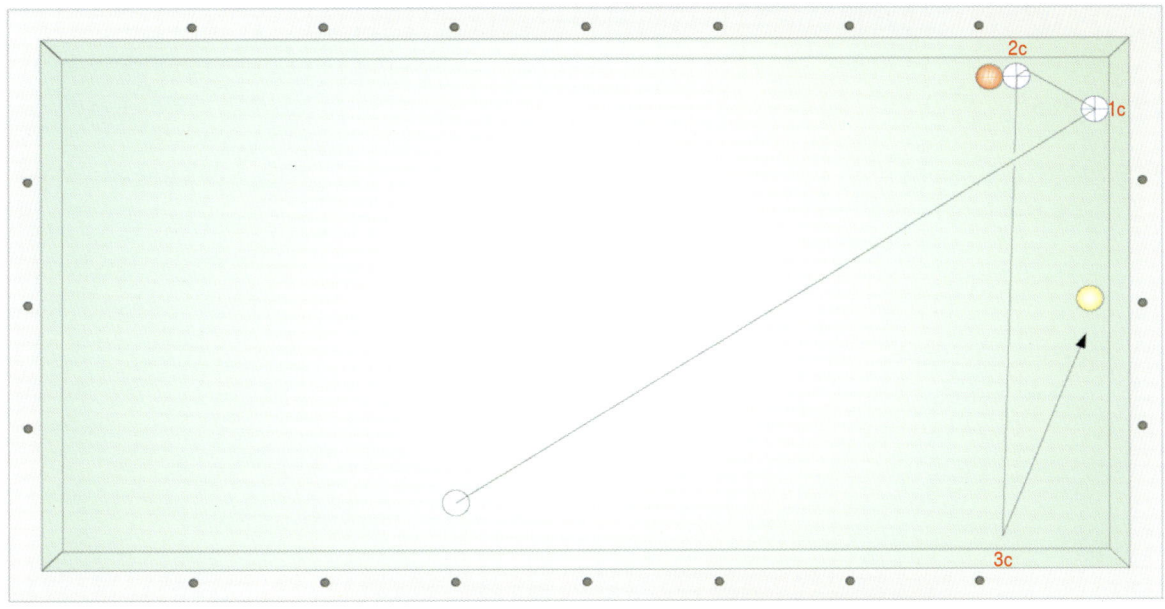

빈쿠션치기Ⅱ-21

빈쿠션치기Ⅱ - 21

AL-2T　P × 3.5　←——— L·X

올바른 당점이 끌어치기 당점이 아니고 밀어치기 당점임에 유의하자.

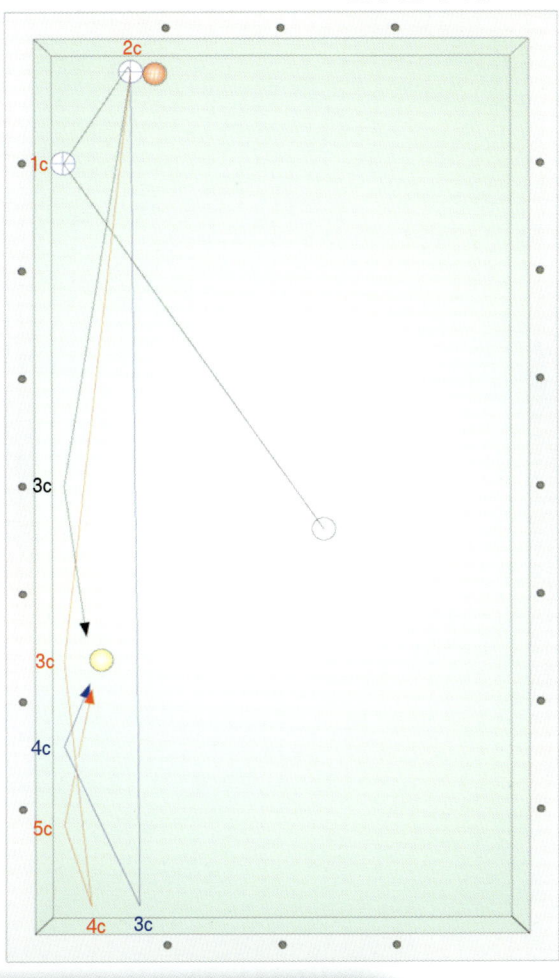

빈쿠션치기Ⅱ-22

빈쿠션치기Ⅱ - 22

BR-3T　P × 3　←——— L·X

제1표적구와 접촉하는 두께나 타구법에 따라 그림에서와 같이 여러가지 형태로 공략할 수 있다.

빈쿠션치기 II - 23

CR-2T   P × 2 ← N

수구를 던지듯이 가볍게 타구한다.

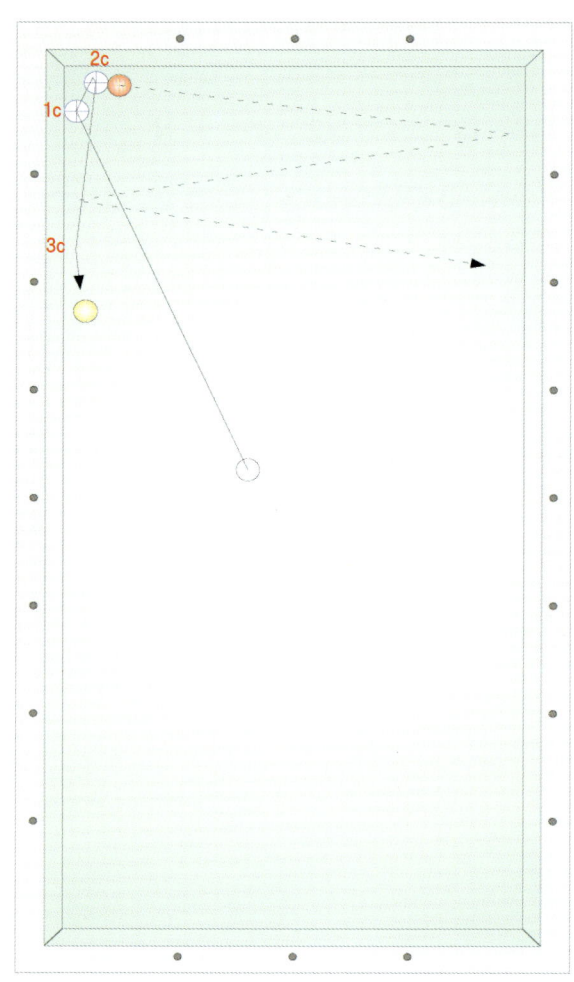

빈쿠션치기 II - 24

AL-2T   P × 3.5 ← L · X

수구가 끌리는 정도에 따라 그림과 같이 두 가지 경우를 생각할 수 있다.

빈쿠션치기 II −23

빈쿠션치기 II −24

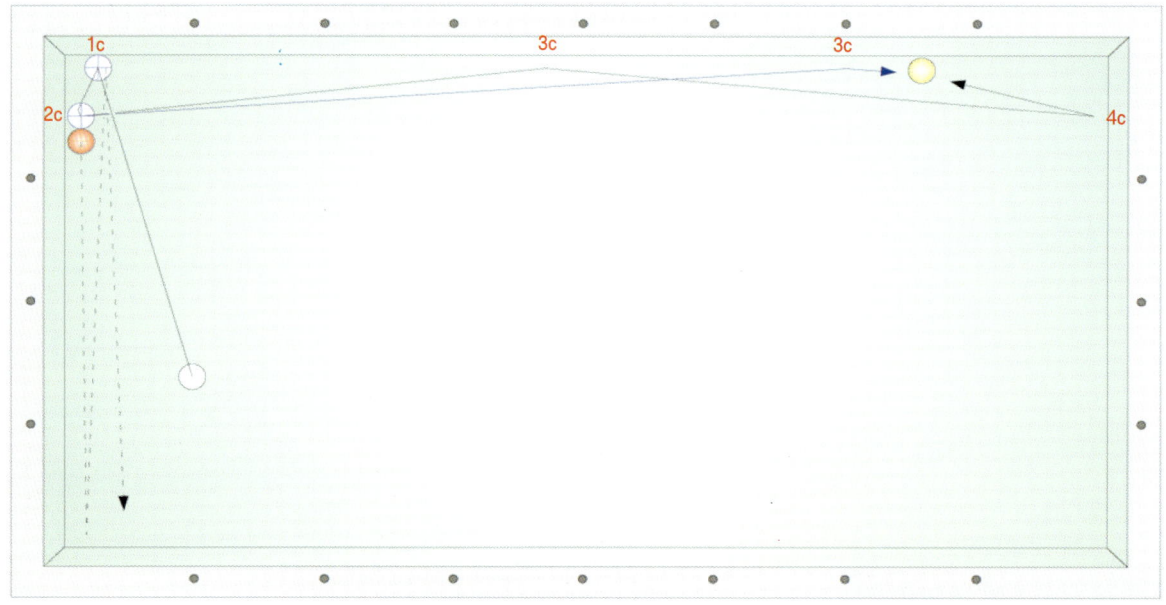

빈쿠션치기 II - 25

BR-1T   P × 2   ←   N

약간의 역비틀을 사용한다.
그림과 같은 형태의 타구는 철저한 연습을 통해 감각적으로 이루어진다.

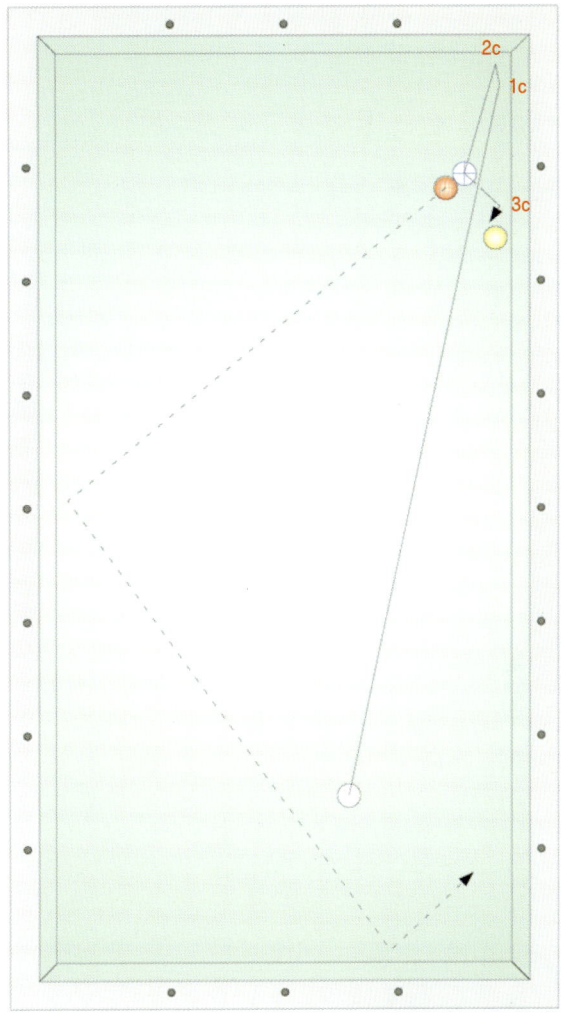

빈쿠션치기 II -25

빈쿠션치기 II -26

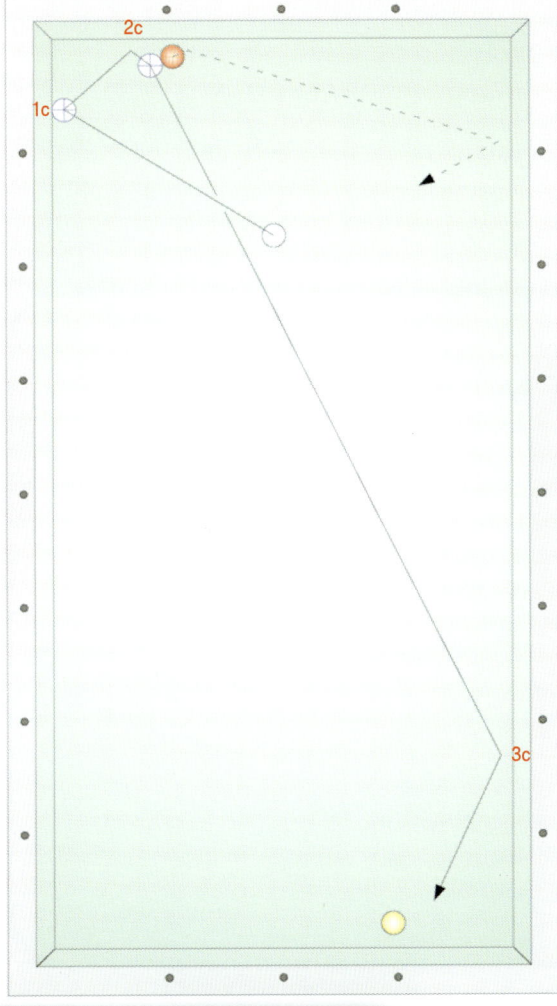

빈쿠션치기 II - 26

CR-3T   P × 2   ←   S

제1표적구를 맞고 수구를 밀리게 하겠다는 생각으로 밀어치기 당점을 주고 강하게 쳐서는 안된다. 그림과 같은 형태는 올바른 당점도 중요하지만 제1표적구와 수구간에 접촉하는 두께가 가장 중요하다.

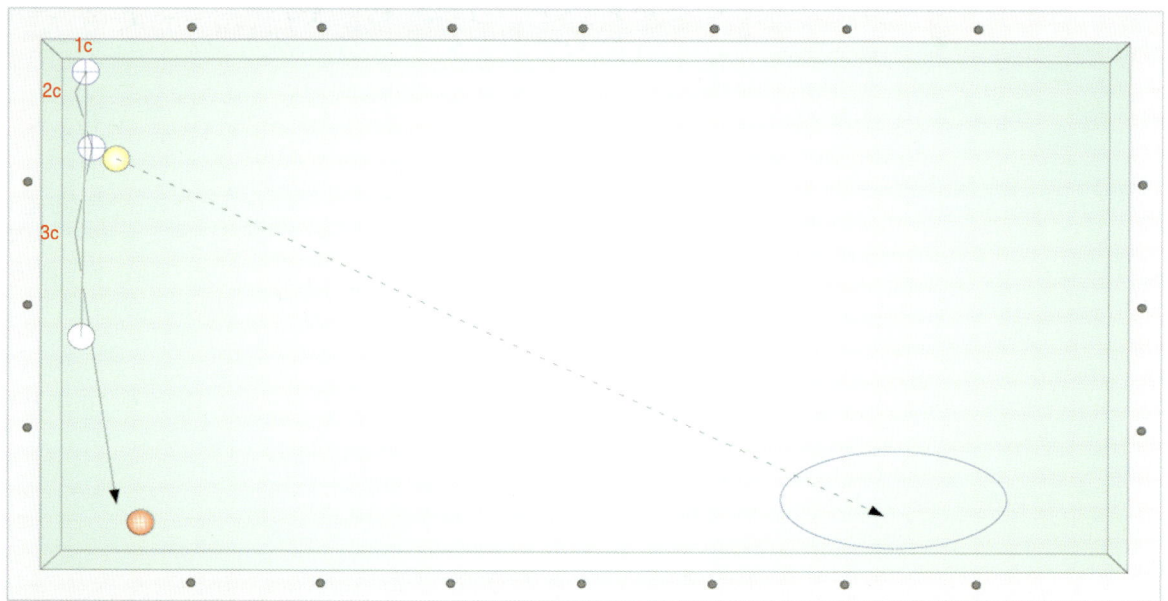

빈쿠션치기 Ⅱ - 27

CL-2.5T P × 2 ← N

알고 넘어 갑시다.   당구 용어 풀이 ('ㄴ~ㅅ' 부분)

- 내츄럴(natural) : 표적구의 위치가 좋아서 정석대로 치기만 하면 문제 없이 득점을 할 수 있는 경우를 말한다.
- 닙 드로우(nip draw) : 25.6mm이내로 수구와 표적구가 근접해 있을 때의 끌어치기를 말한다. 고도의 끌어치기 기술이 요구된다.
- 다이아몬드 시스템(diamond system) : 당구대의 포인트(다이아몬드)에 숫자를 정해 놓고 가감하면서 공의 입사와 반사를 계산하는 시스템.
- 되받아치기 : 표적구가 쿠션에 접해 있거나 근접해 있는 경우 표적구를 맞춘 후 곧이어 근접해 있는 쿠션을 이용하여 다른 표적구를 공략하는 타구법. 흔히 '기대까시'라고 한다.
- 두번치기 : 큐로 수구를 두 번치는 것을 말한다. 푸시 샷(push shot)이라고도 한다.
- 런(run) : 1이닝 마다 맞힌 점수
- 레일(rail) : 쿠션을 가리키는 말이다.

- 레일 너스(rail nurse) : 세리치기를 가리키는 말이다.
- 리버스 시스템(reverse system) : 스리쿠션 게임에서 역비틈을 이용한 타구법 중 하나. '리보이스'라는 말은 잘못된 표현이다.
- 리쿠 : 표준어는 두번치기이다.
- 마세(masse) : '세워치기'를 가리키는 말로, 공의 배치가 일반적인 타구법으로는 공략하기가 어려울 때 큐를 수직에 가깝게 세워치는 고도의 기술이 필요한 타구법이다. 스탠다드 마세와 그랜드 마세 두 가지가 있다.
- 맥시멈 잉글리시 시스템(Maximum English System) : 스리쿠션 게임 시스템 중 하나.
- 미스 큐(miss cue) : 큐와 수구가 임팩트하는 순간 큐의 팁부분이 공에서 미끄러진 경우를 가리키는 말이다. 흔히 속어로 '삑살이'라고 한다.
- 밀어치기 : 수구의 상단부분을 가격하여 수구에 전진회전력을 부여하는 타구법이다.
- 반사각 : 쿠션에 들어간 공이 반사하여 나올 때의 각도.
- 밸런스 포인트(balance point) : 큐의 무게 중심을 말한다. 일반적으로 큐 뒤쪽에서 38~40cm정도에 위치해 있다.
- 뱅킹(banking) : 순서를 정하기 위해 공을 치는 일을 말한다.
- 뱅크 샷(bank shot) : 수구로 표적구를 직접 공략하는 것이 아니라, 수구를 한 번 이상 쿠션에 넣고 표적구를 맞추는 타구법. '빈 쿠션 치기'의 다른 표현이다.
- 풀 히트(full hit) : 표적구의 중심에 수구의 중심을 맞추는 타구법을 말한다. ' 정면치기'
- 브리지(bridge) : 큐를 고정시키기 위하여 만드는 손의 모양을 말한다. 흔히 '큐걸이'라고 한다.
- 비틈 : 공이 회전하고 있는 상태. 회전력. '잉글리시'라고도 한다.
- 빈 쿠션치기 : 수구를 한 번 이상 쿠션에 넣고 표적구를 맞추는 타구법. '뱅크 샷'과 같은 말이다.
- 샷(shot) : 수구를 치는 것을 말한다.
- 서브(sevrve) : 게임 시작시의 타구법, 또는 표적구의 배치 형태. 흔히 '초구'라고 한다.
- 세리(serie) : 연속해서 득점이 가능하도록 쿠션 부분에서 공을 컨트롤해 가는 타구법을 말한다.
- 세이프티(safety) : 본인이 득점을 하기 어렵거나 득점할 의사가 없을 경우 상대편에게 불리하도록 공들을 배치시키는 의식적인 플레이를 말한다.
- 센터 스폿(center spot) : 테이블의 중심점을 가리키는 말이다.
- 수구 : 자신이 치는 공으로 큐 볼(cue ball)이라고도 한다.
- 슈팅 아웃(shooting out) : 완전한 플레이를 바라지 않고 득점만을 위한 경기를 하는 것을 말한다.
- 스탠스(stance) : 자세를 취했을 때 발의 위치.
- 스트로크(stroke) : 공을 큐로 한 번 치는 것을 말한다.

12. 횡단치기와 드롭치기

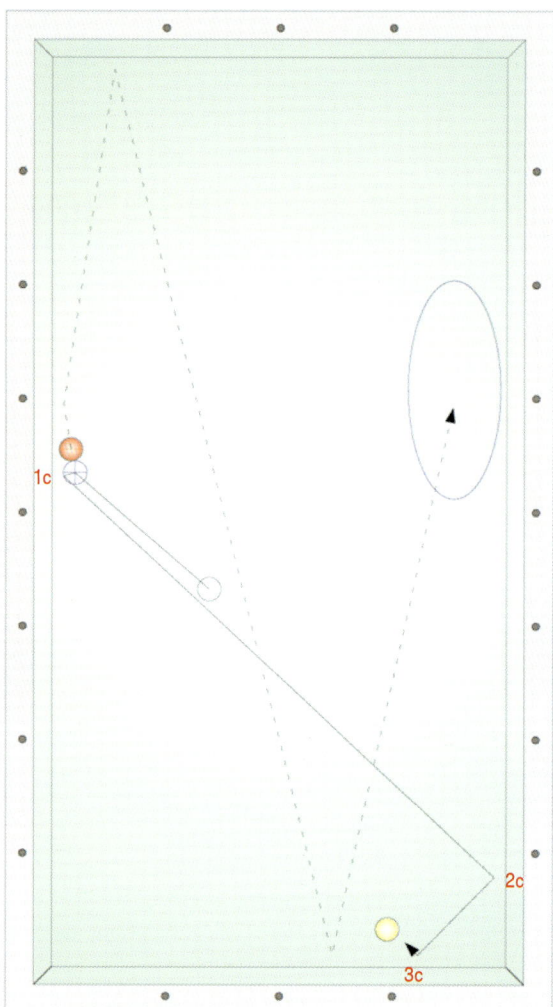

스리쿠션-1

스리쿠션 - 1

DL-3T   P × 2.5 ← F·B

강하게 타구하려는 것보다는 정확히 타구하려는 자세가 필요하다.

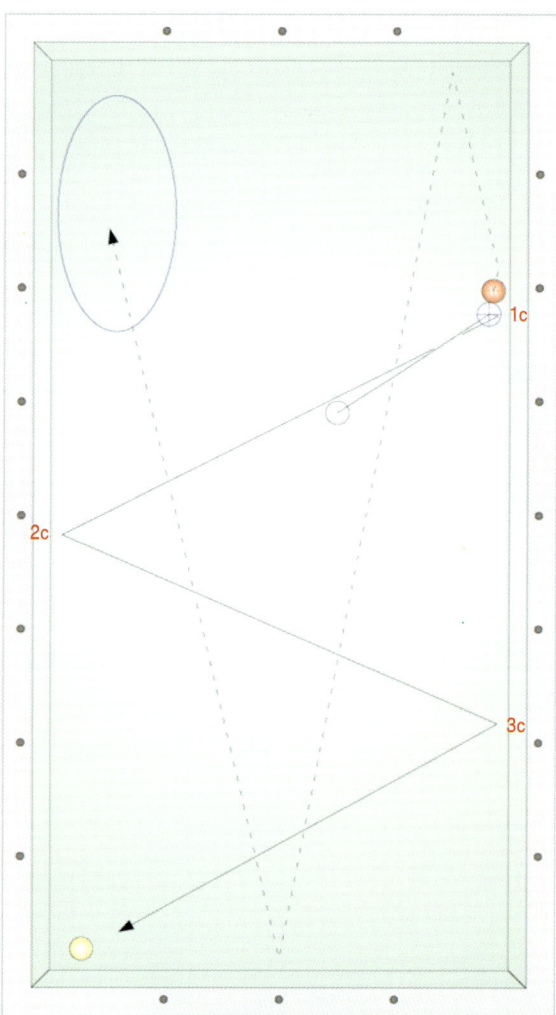

스리쿠션-2

스리쿠션 - 2

C/DR-1T   P × 4 ← F

많은 연습이 필요한 타구이다.
타구의 강약에 따라 수구의 진로가 달라진다.

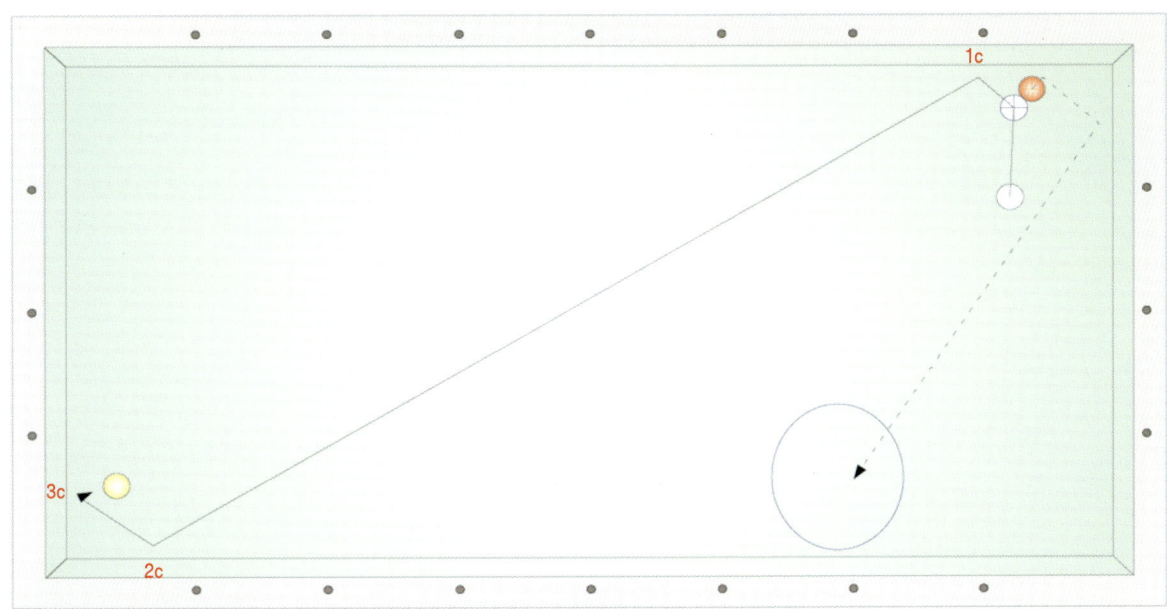

스리쿠션 - 3

C/BL-3T   P × 1.5 ←— S

정확히 타구할 수 있도록 약하게 타구한다.

C/DL-2T   P × 3.5 ←— F

약간 강하고 빠르게 타구하는 것이 유리할 수도 있다.

스리쿠션 - 4

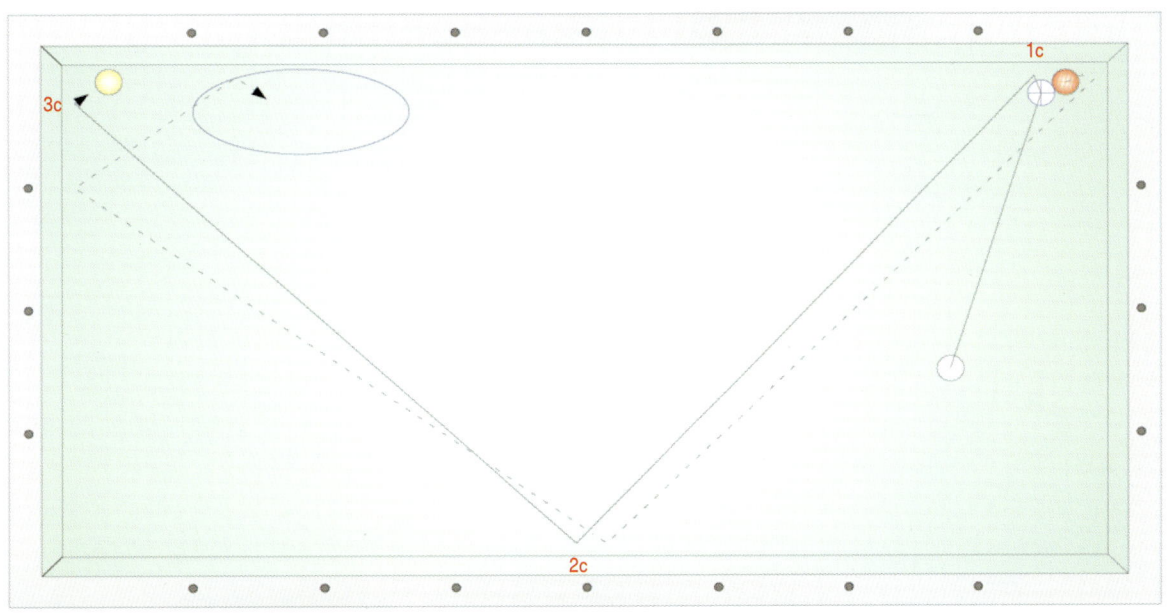

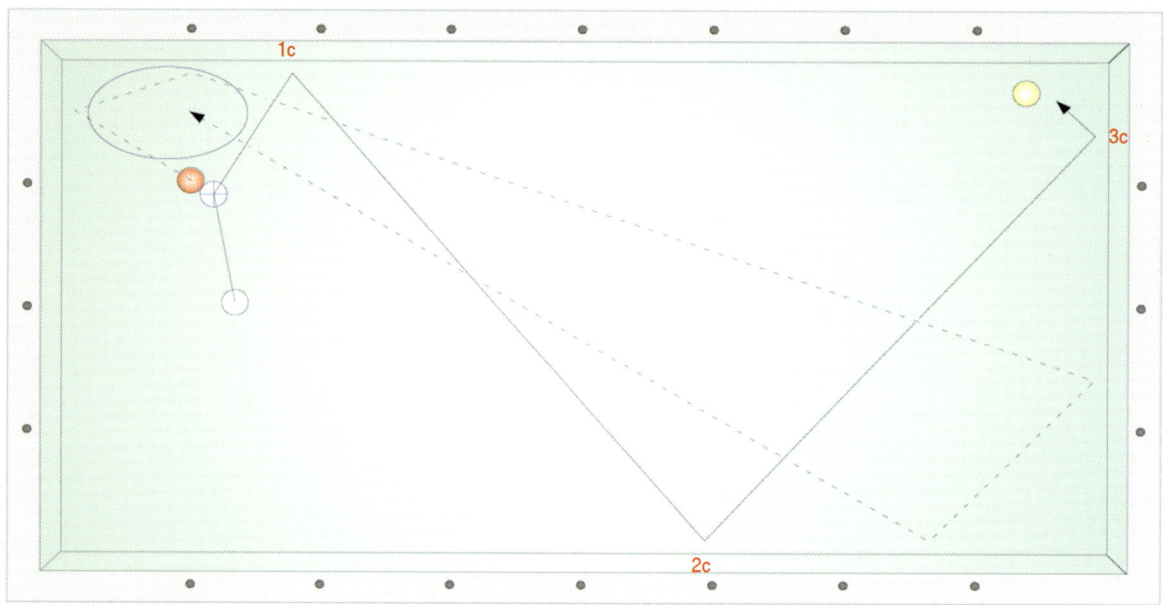

스리쿠션 - 5

BR-2T   P × 3.5   ←── F · X

C/DR-1T   P × 3   ←── F · X

당점, 힘조절, 수구와 제1표적구간의 두께, 스트로크 방법 등 타구법이 서로 알맞게 조화를 이루어야 가능한 타구이다.

스리쿠션 - 6

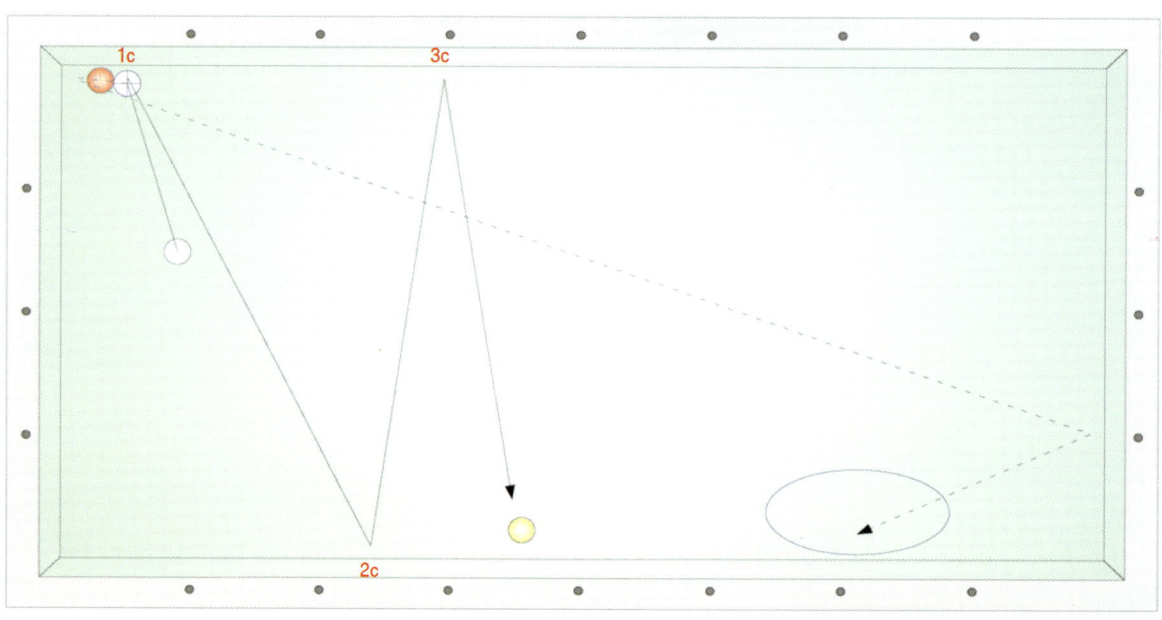

스리쿠션 - 7

ER-1.5T   P × 3.5   ← F · B

많은 연습을 통한 감각적인 타구이다.

스리쿠션-8

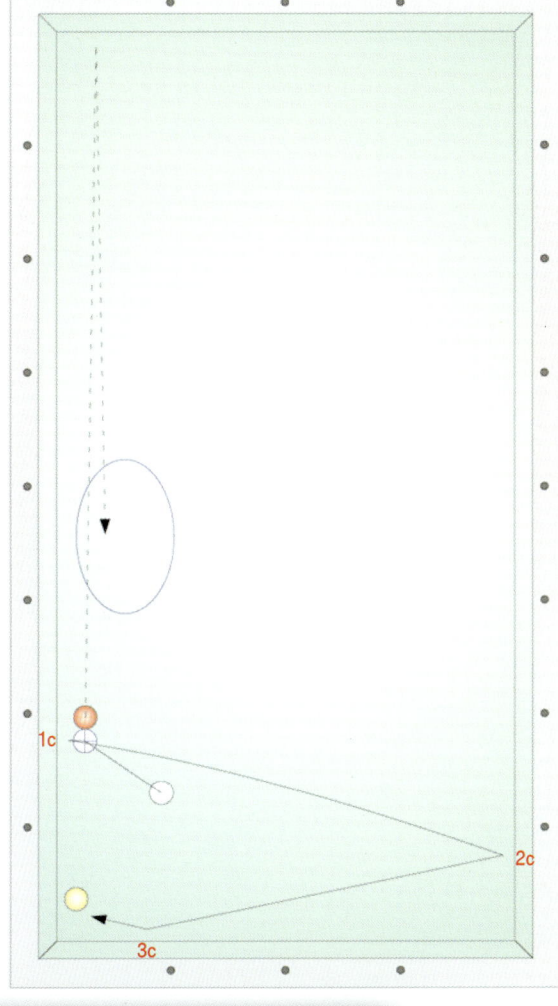

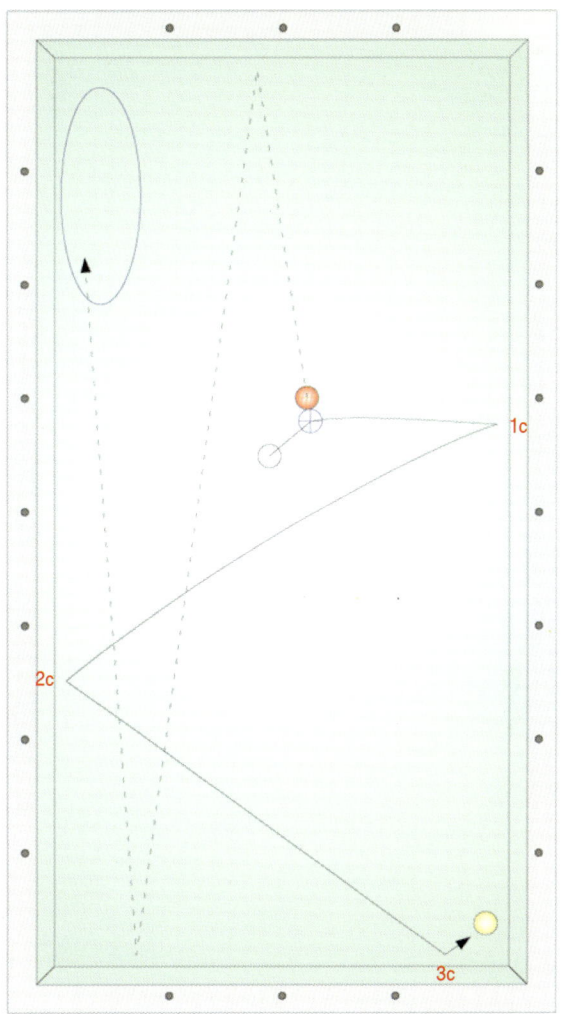

스리쿠션-7

스리쿠션 - 8

EL-0.5T   P × 2.5   ← B

스리쿠션 - 9

ER-2T   P × 2.5 ← B

빈쿠션치기가 아니다. 수구로 제1표적구를 먼저 맞춘 뒤 리버스치기 형태로 표적구를 공략한다.

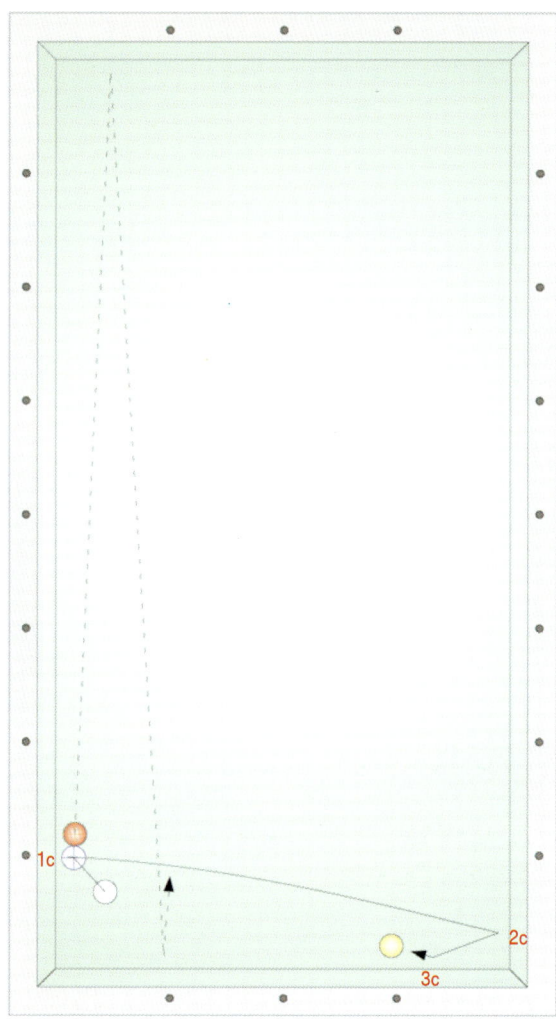

스리쿠션-9

스리쿠션 - 10

E-0T   P × 3.5 ← B

'뭐, 이런 타구가 다있어?' 할 정도로 생소한 타구이다. 제1표적구를 조금 얇게 겨냥한 뒤 강하게 끌어친다는 느낌으로 타구해야 한다. 지점 300이상인 경우, 5회시도에 1번 정도는 성공할 수 있을 것이다.

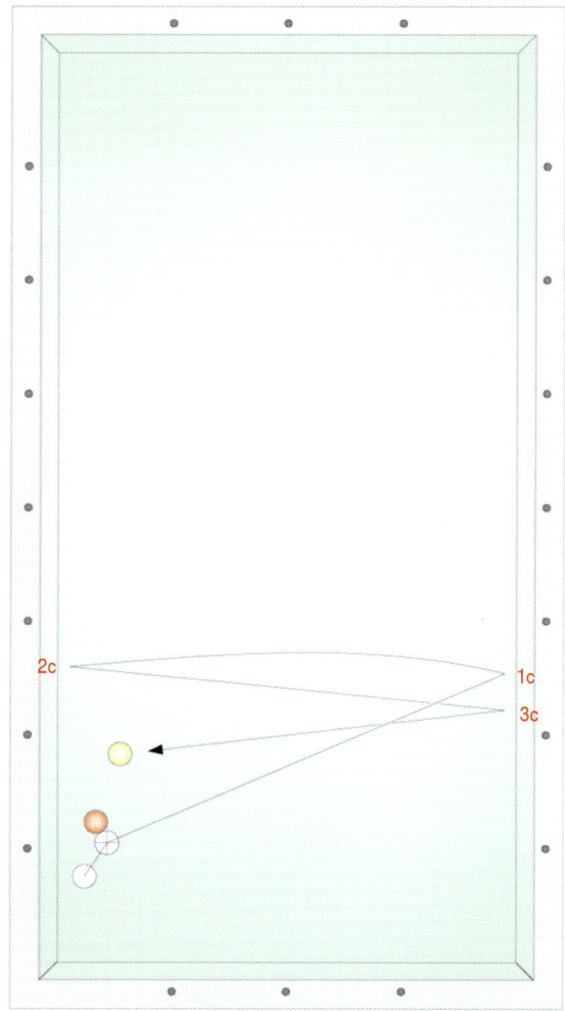

스리쿠션-10

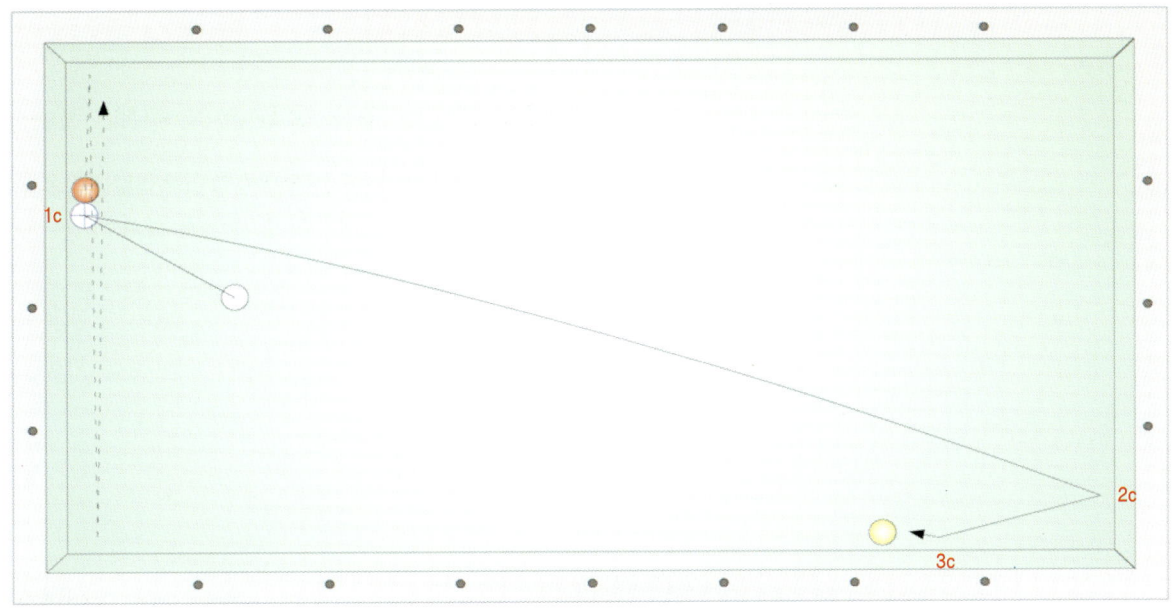

스리쿠션 - 11

EL-0.5T   P × 2.5   ←   B

공이 그림에서와 같이 약간의 커브를 그리며 진행해야 한다.

EL-0.5T   P × 3.5   ←   F·B

제1표적구를 얇게 끌어 타구한다.
알맞은 힘조절로 수구의 휘어짐 정도를 조절한다.

스리쿠션 - 12

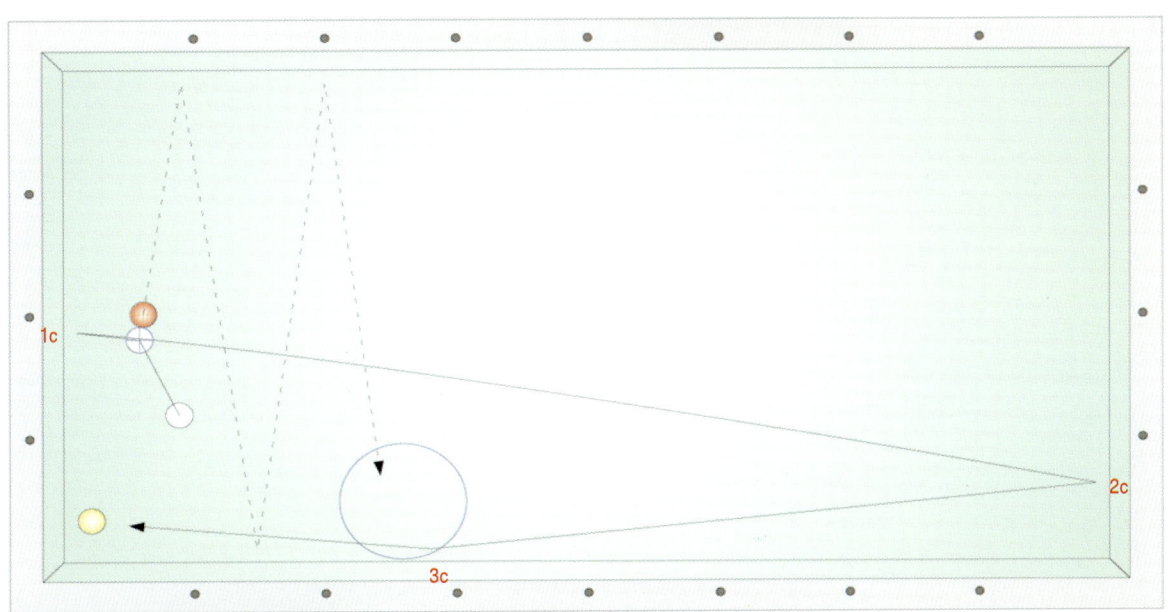

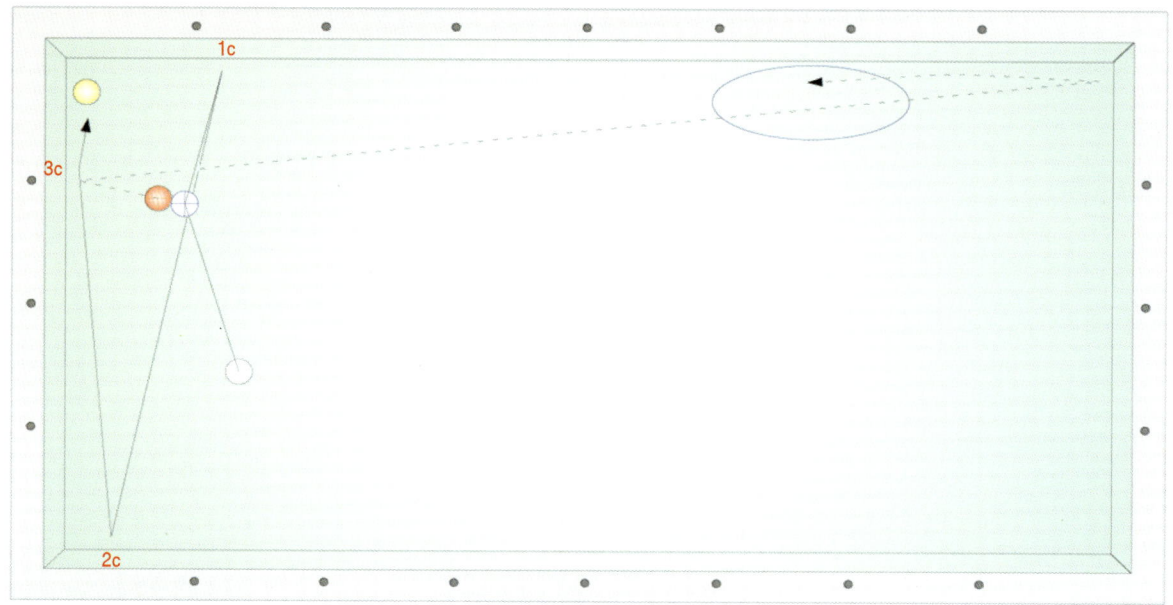

스리쿠션 - 13

DL-2T   P × 2.5   ← F·L

수구를 끌어친다는 느낌으로 타구해서는 안된다. 당점은 약간의 끌어치기 당점을 겨냥하지만 스트로크는 약간 밀듯이 빠르게 타구해야 한다.

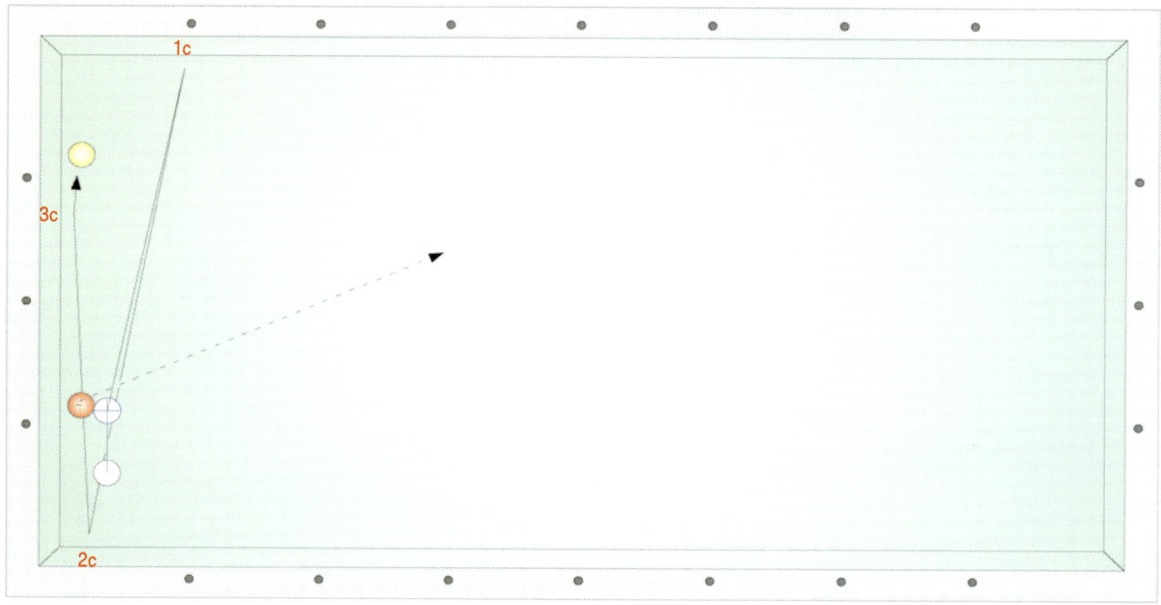

CL-2.5T   P × 3   ← F·L

스리쿠션 - 14

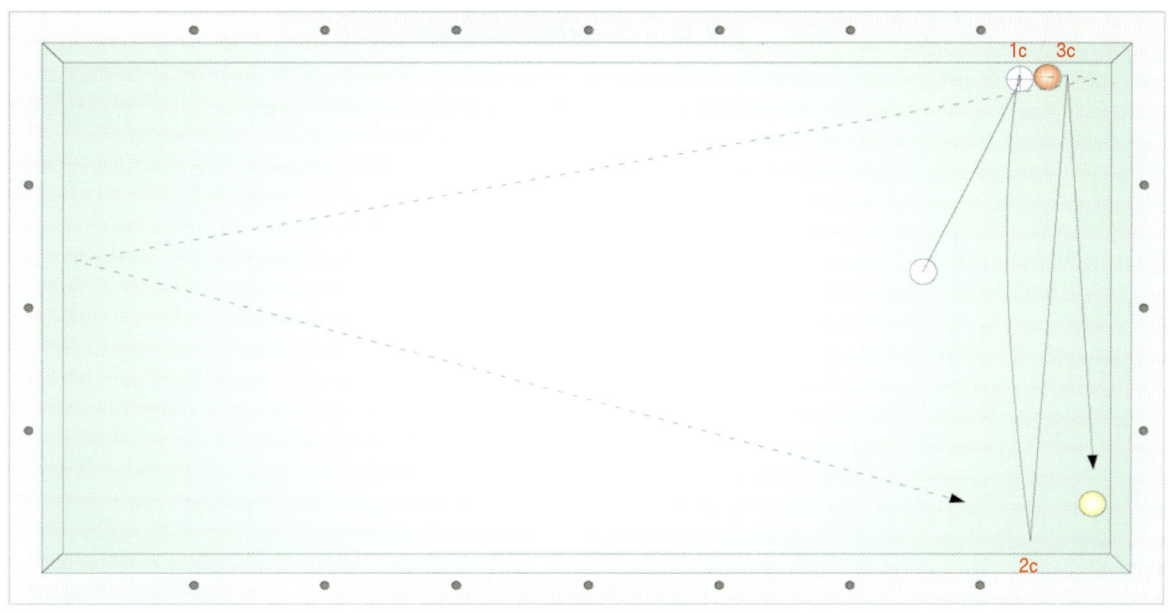

스리쿠션 - 15

B/AR-1T   P × 3.5 ← F·L

많이 사용되는 타구법이다. 너무 두껍게 맞추지 말고 약간 빠르게 밀듯이 타구해야 한다.

C/DL-3T   P × 2.5 ← F

수구에 비틈을 강하게 넣고 최대한 얇게 제1표적구를 맞춘다.

스리쿠션 - 16

스리쿠션 - 17

DL-2T   P × 3.5   ⟵   F·L·X

그림과 같은 형태의 공략법은 고점자가 되기 위해서는 필히 익혀두어야 할 타구법이다.

당점은 역회전을 이용하고 있지만 끌어쳐서는 안된다. 큐를 길게 내민 후 끝 부분에서 손목의 스냅을 이용하여 멈추도록 한다.

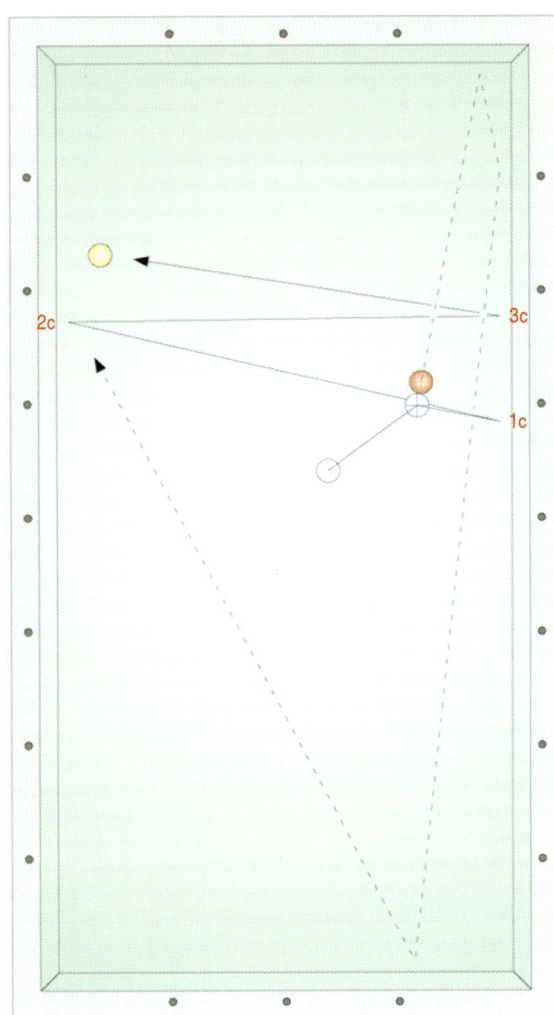

스리쿠션-17

스리쿠션 - 18

C/B-0T   P × 2   ⟵   N

수구를 던지듯이 가볍게 타구하는 것이 성공의 열쇠이다. 밀어쳐서는 안된다.

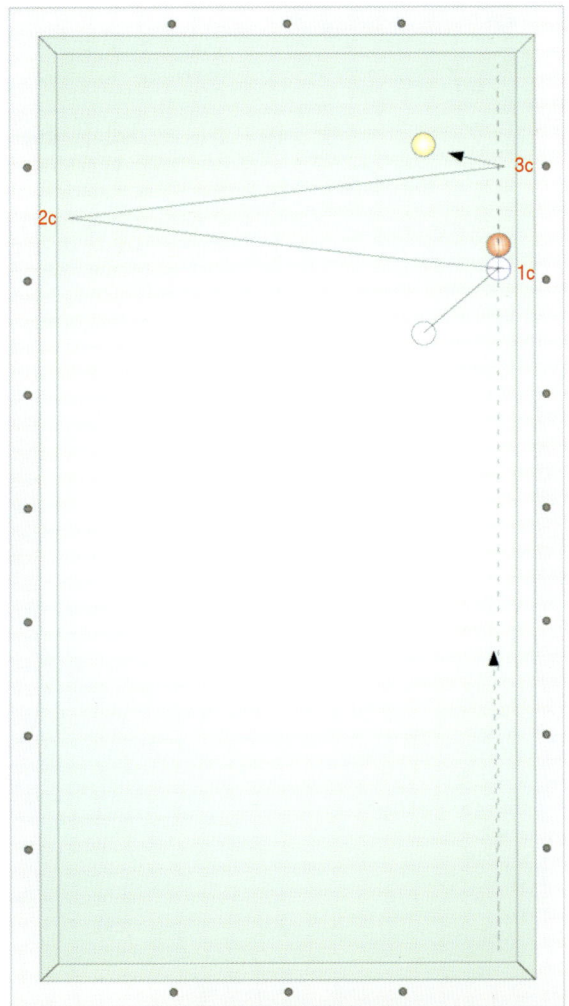

스리쿠션-18

스리쿠션 - 19

CL-3T   P × 2.5 ← L

테이블은 자신의 그림을 지울 필요 없는 한 장의 멋진 도화지와 같다. 어떤 그림을 그릴지는 자신의 몫이다.

스리쿠션 - 20

CL-3T   P × 4 ← F

수구의 진행속도를 적절히 조절하는 것이 그림과 같은 타구를 성공하는데 있어 가장 중요하다.

스리쿠션-19

스리쿠션-20

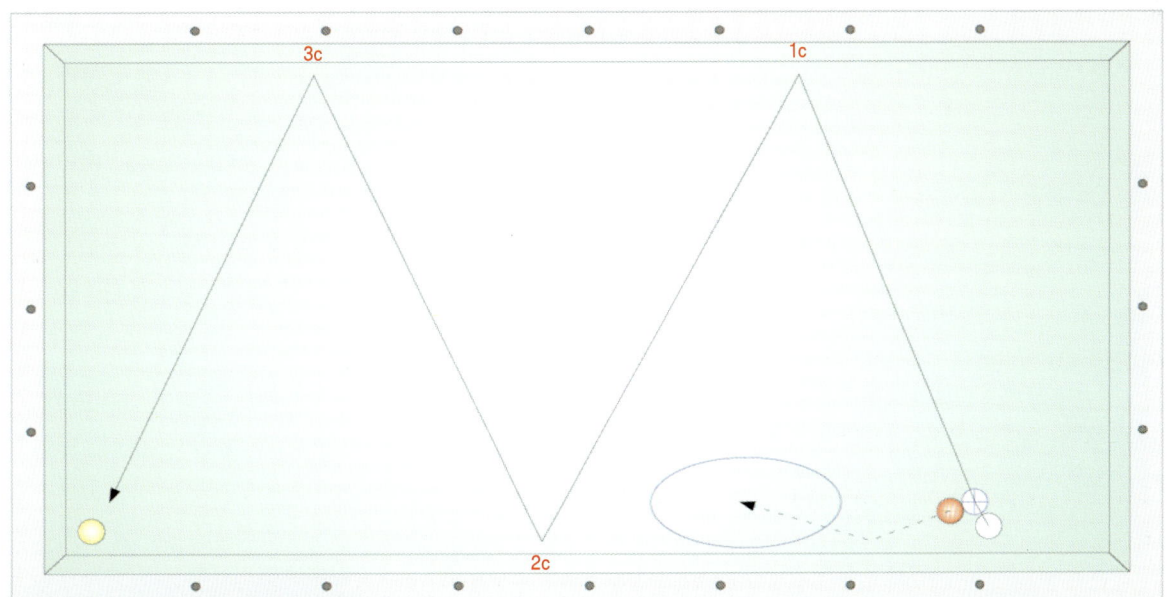

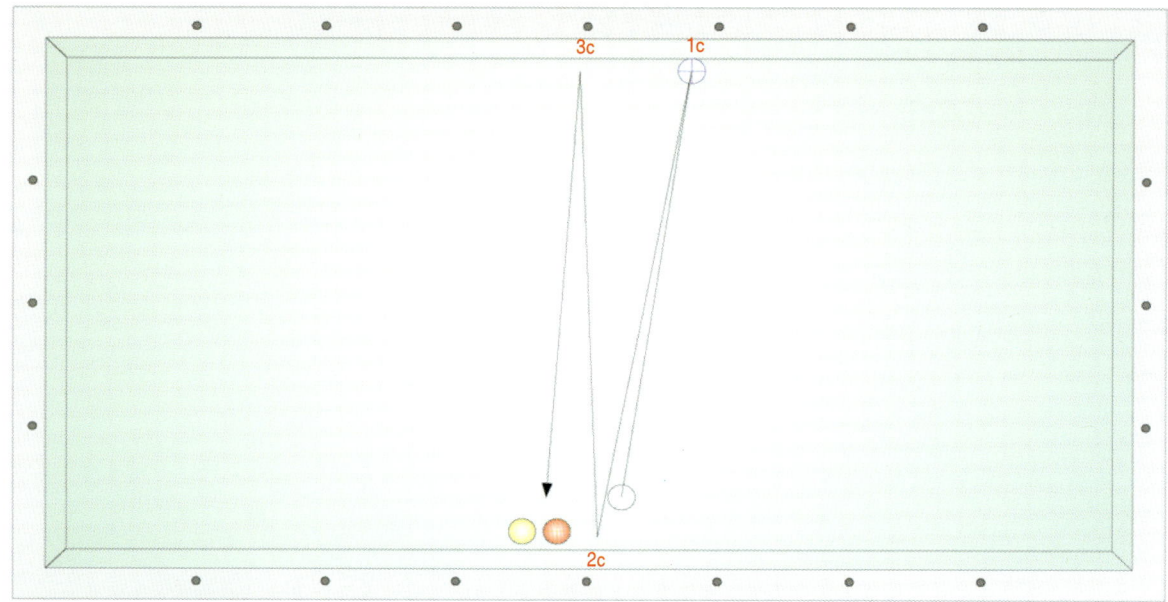

스리쿠션 - 21

D/EL-3T   P × 3 ← B

고점자들 사이에서 많이 사용되는 타구이다. 연습을 통해 어느 정도의 감각만 익힌다면 쉽게 해결할 수 있는 타구이나 테이블 조건에 따라 영향을 좀 많이 받는다는 단점이 있다.

E-0T   P × 4 ← B

약간 강하게 타구하는 대신 끌어치기는 확실히 해 주어야 한다.

실용성은 없는 타구이지만 익혀 둔다면 여러모로 이용할 때가 많을 것이다.

스리쿠션 - 22

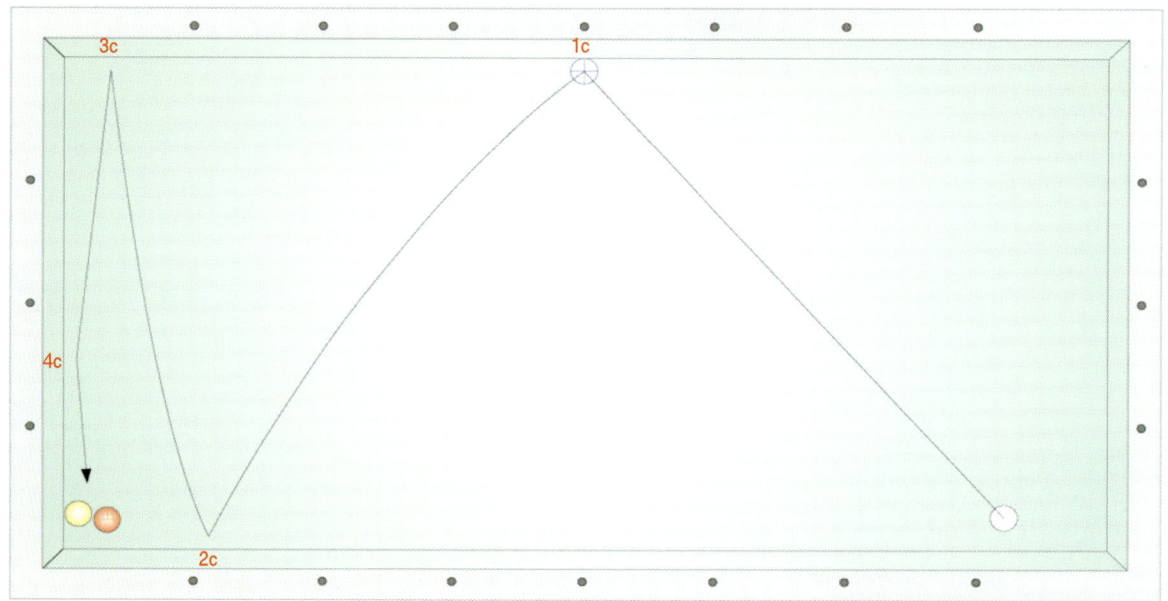

13. 공쿠션치기

공쿠션치기 - 1

C/DR-3T   P × 2.5 ← N

공쿠션치기를 이용한 기본적인 타구 형태이다.
 공쿠션을 이용할 때에는 강하게 치려는 것보다 약하지만 정확하게 타구하려는 자세가 필요하다.

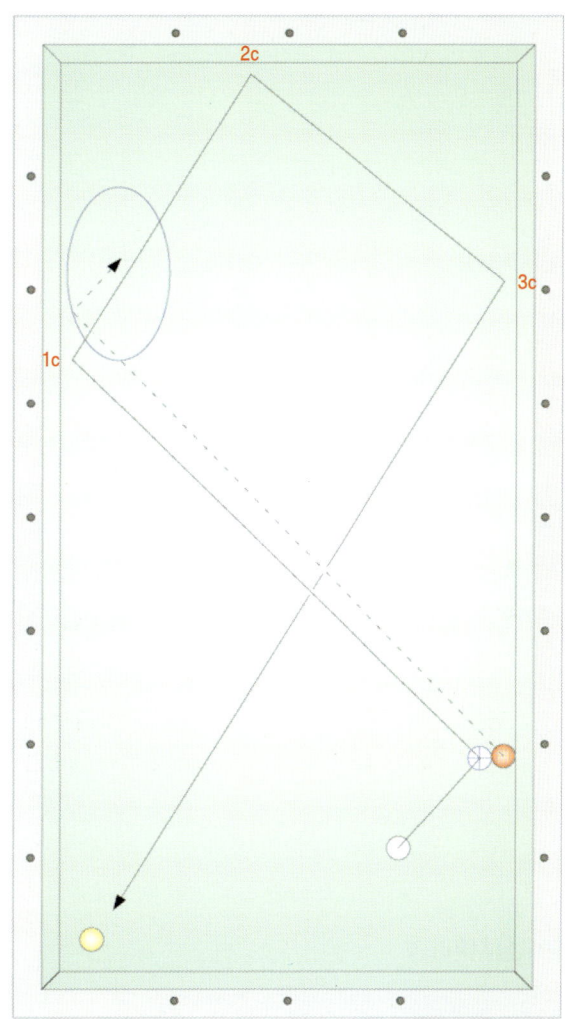

공쿠션치기-1

공쿠션치기-2

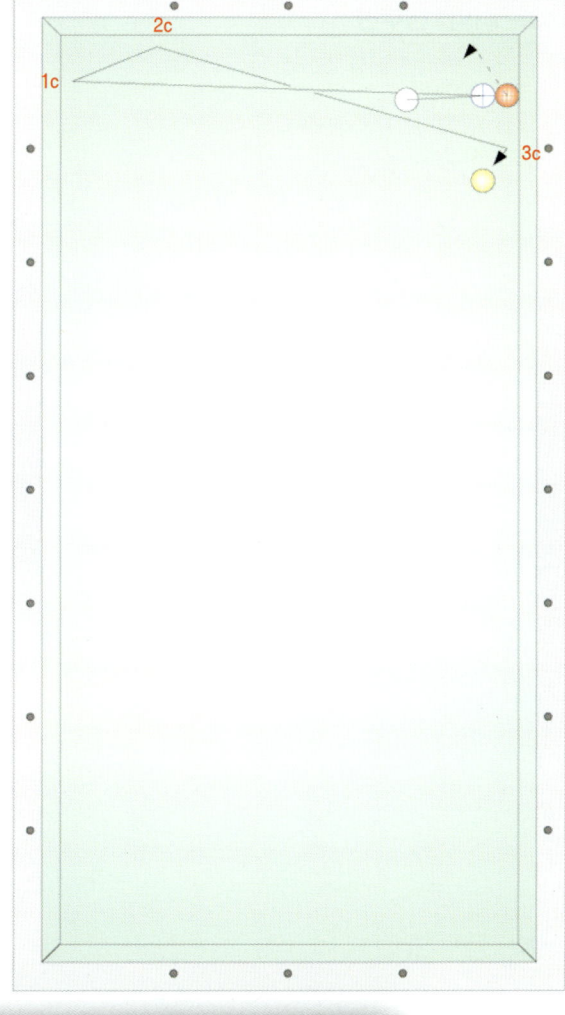

공쿠션치기 - 2

C/DR-3T   P × 1.5 ← N

공쿠션치기-3

공쿠션치기 - 3

CR-3T   P × 1.5 ⟵ S

공쿠션치기를 이용한 되오기치기 타구 형태이다.

느리고 약하게 타구하는 대신 수구에 비틈은 확실히 넣어 주어야 한다.

공쿠션치기-4

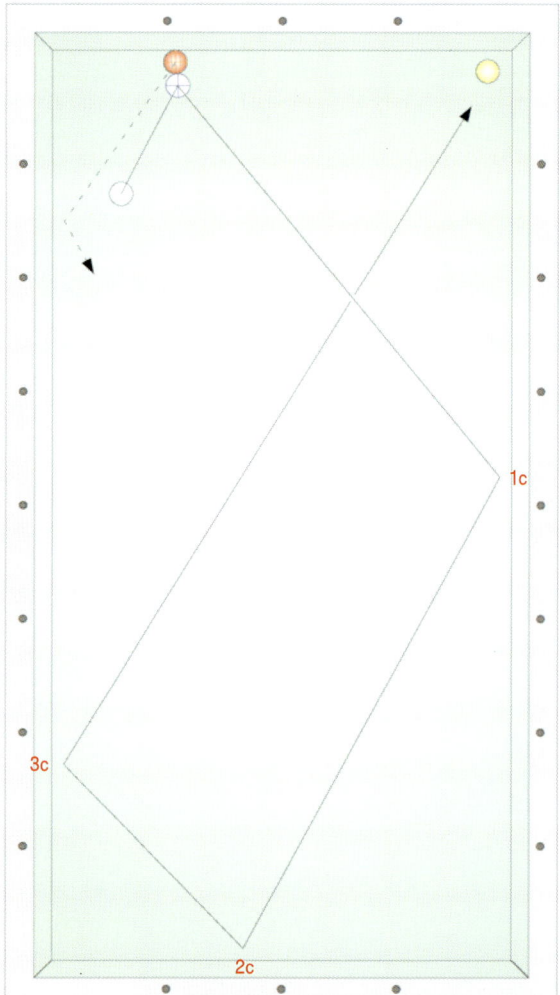

공쿠션치기 - 4

C/DR-3T   P × 2.5 ⟵ N

공쿠션을 이용한 앞돌리기 타구 형태이다.

밀어칠 경우 수구의 진로가 커브를 그리게 되어 짧아질 위험이 있다. 느낌상 큐를 뒤로 약간 빼는 듯 타구하는 것이 유리하다.

공쿠션치기 - 5

DL-3T   P × 3 ← B

다음과 같은 형태에서는 공쿠션을 이용하는 것보다 더 좋은 공략법은 없을 것이다.

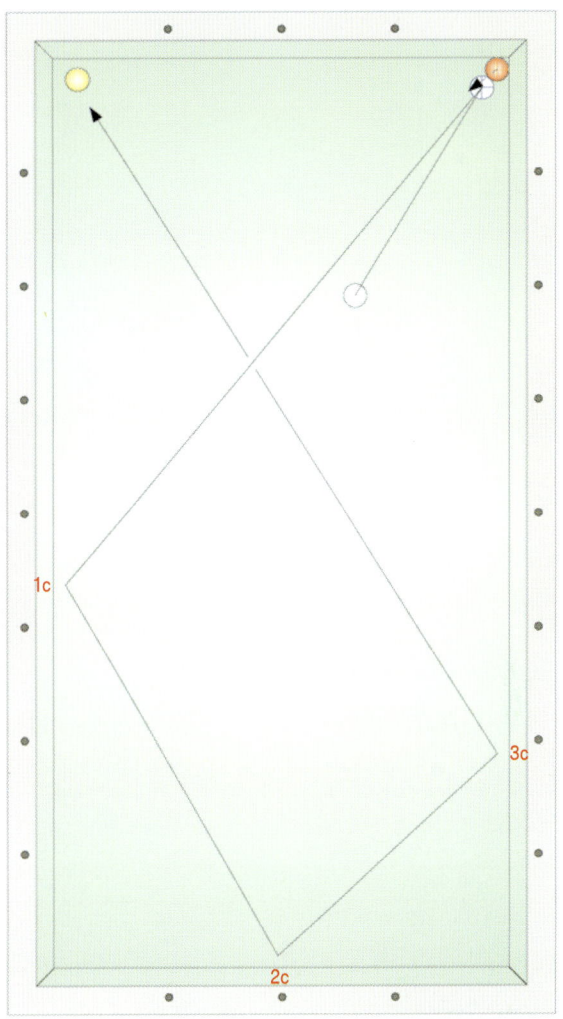

공쿠션치기-5

공쿠션치기-6

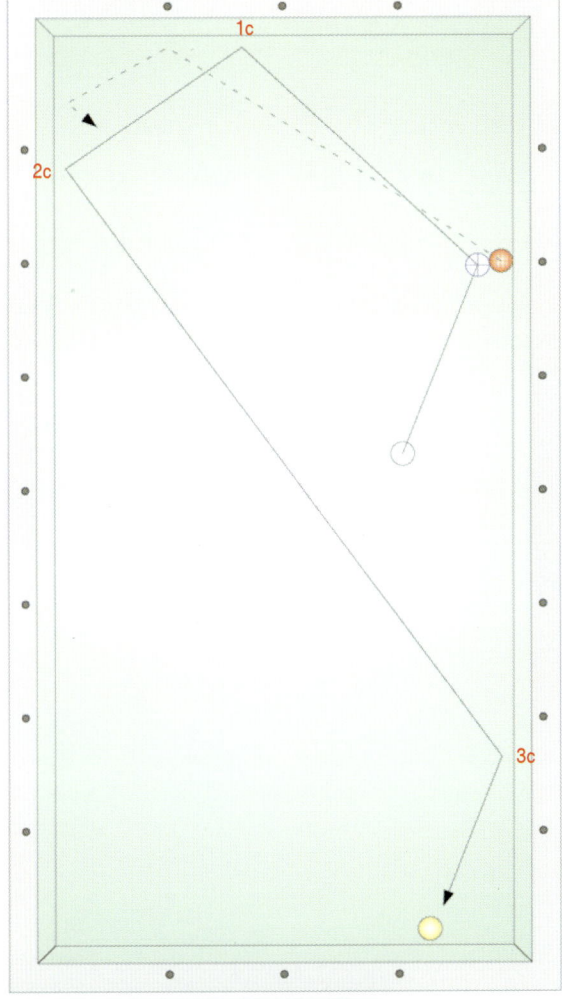

공쿠션치기 - 6

CL-3T   P × 2.5 ← N

공쿠션치기를 이용한 타구는 많은 연습이 필요하다.
  그림과 같은 타구도 힘의 세기나 수구와 표적구간의 접촉하는 두께가 조금만 달라져도 수구의 진로 변화가 심하게 되므로 많은 연습을 통해 타구의 감각을 익혀야 한다.

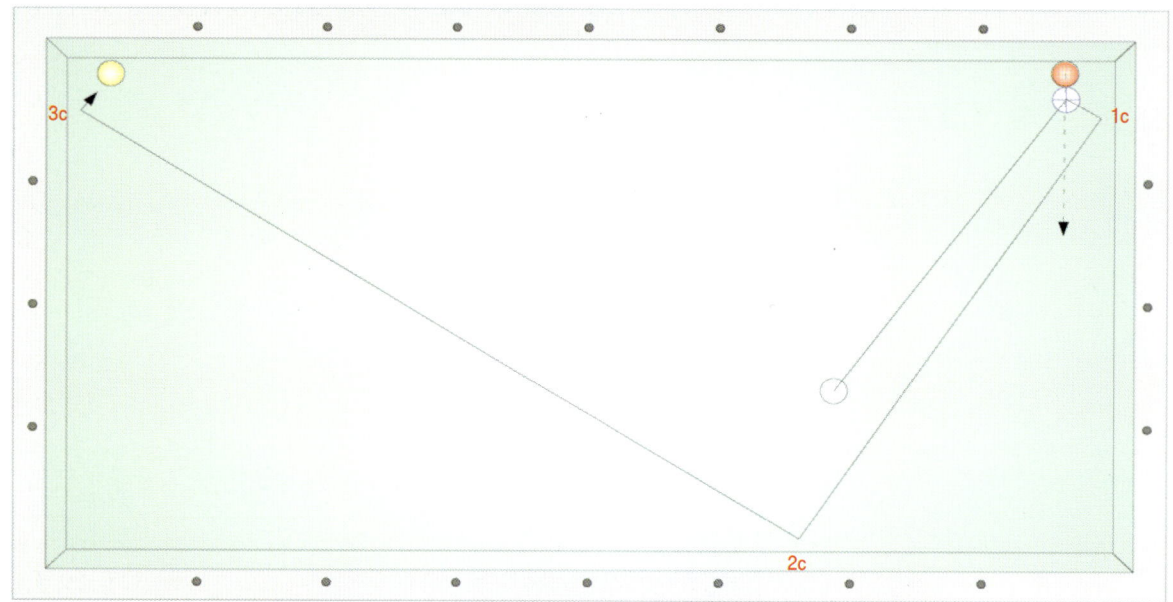

공쿠션치기 - 7

C/DR-3T   P × 2.5 ← N

C/DL-3T   P × 3 ← N

쿠션을 먼저 이용하지 않고 제1표적구를 직접 공략하는 방법도 있다.

공쿠션치기 - 8

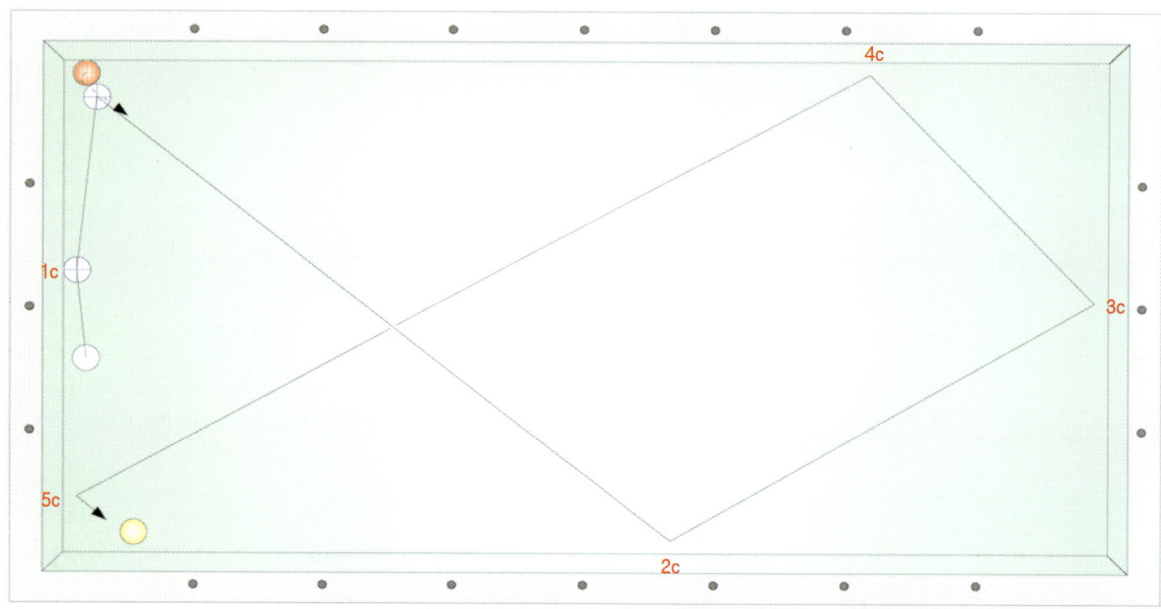

알고 넘어 갑시다.   당구 용어 풀이('ㅇ~ㅌ' 부분)

- 아메리칸 세리(American serie) : 세리치기의 일종으로 수구와 표적구를 삼각형 모양으로 만들면서 쿠션을 따라 이동시키며 연속해서 많은 득점을 하는 타구법을 말한다.

- 얇게치기 : 수구로 표적구를 맞출 때 두 공이 접하는 부분이 아주 적도록 타구하는 것을 말한다.

- 오브젝트 볼(object ball) : 표적이 되는 공. 표적구를 말한다.

- 입사각 : 공이 쿠션에 들어갈 때의 각.

- 잉글리시(english) : 공에 부여되는 회전력(비틈), 또는 회전력을 넣기 위한 타구법을 말한다.

- 점프(jump) : 공의 아래 부분을 치거나 큐 미스로 인해 공이 튀어 오르는 경우를 말한다.

- 점프 샷(jump shot) : 공의 점프를 이용한 샷.

- 제너럴 에버리지(general average) : '그랜드 에버리지'라고도 한다. 전 시합을 통한 1이닝당 평균 득점을 말한다.

- 조인트(joint) : 큐의 이음새.

- 죽여치기 : 밀어치기와 중심치기, 끌어치기와 중심치기의 중간 부분으로 각각의 회전력(전진회전력, 역회전력)과 전진력을 알맞게 배분하는 타구법을 말한다.

- 찬스(chance) : 목적한 표적구는 아니지만 다른 표적구에 우연히 맞아 득점을 한 경우를 가리키는 말이다.

- 초크(chalk) : 공을 칠 때 팁이 미끄러지지 않도록 칠하는 백묵과 비슷한 고형 분말

- 캐럼(carom) : 공을 맞춘다는 의미로 일반적인 당구를 가리키기도 한다. 캐넌(cannon)이라고도 한다.

- 캐럼 샷(carom shot) : 수구로 표적구를 맞출 때 쿠션을 이용하지 않고 표적구를 직접 맞추는 경우의 샷.

- 쿠션(cushion) : 당구 테이블의 전 둘레를 따라서 쳐져 있는 탄력성 있는 삼각형의 고무를 가리키는 말이다. 긴 쪽을 긴 쿠션, 짧은 쪽을 짧은 쿠션이라고 한다. 일반적으로 스리쿠션 경기를 줄여 이렇게 부르기도 한다.

- 큐(cue) : 공을 치는 막대. 흔히 '큐대'라고 한다.

- 큐 볼(cue ball) : '수구'를 가리키는 말이다.

- 키스(kiss) : 샷으로 인한 수구와 표적구간의 충돌 외에 수구와 표적구들의 진행 도중 서로 부딪치는 경우를 말한다.

- 키스 샷(kiss shot) : 키스를 이용한 샷을 말한다.

- 팁(tip) : 큐의 선단에 붙어 있는 가죽으로 된 부분을 가리키는 말이다.

14. 시간차

시간차 - 1

BR-3T   P × 2.5 ⟵ S · L

시간차를 이용한 기본적인 옆돌리기 타구이다.
제1표적구를 얇게 겨냥하고 수구를 굴리듯이 가볍게 치고 나간다.

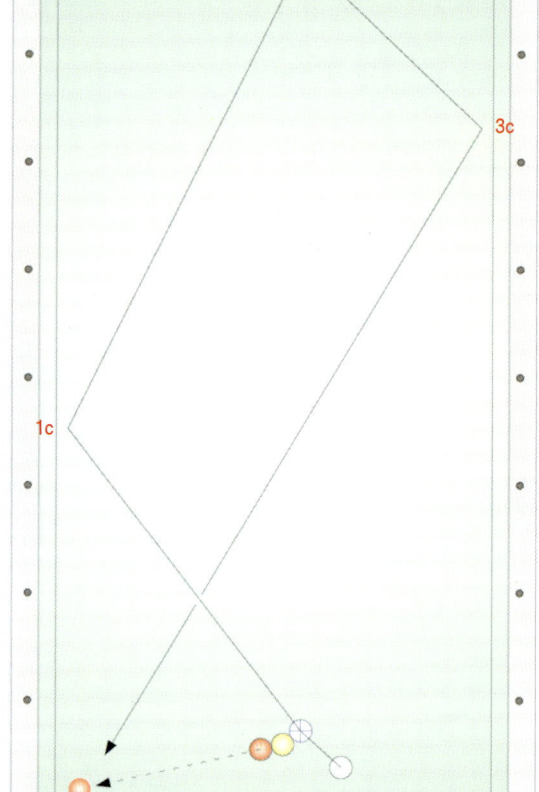

시간차-1

시간차 - 2

DL-3T   P × 2.5 ⟵ F

수구의 위치가 조금만 변경해도 타구법이 달라질 수 있다.

시간차-2

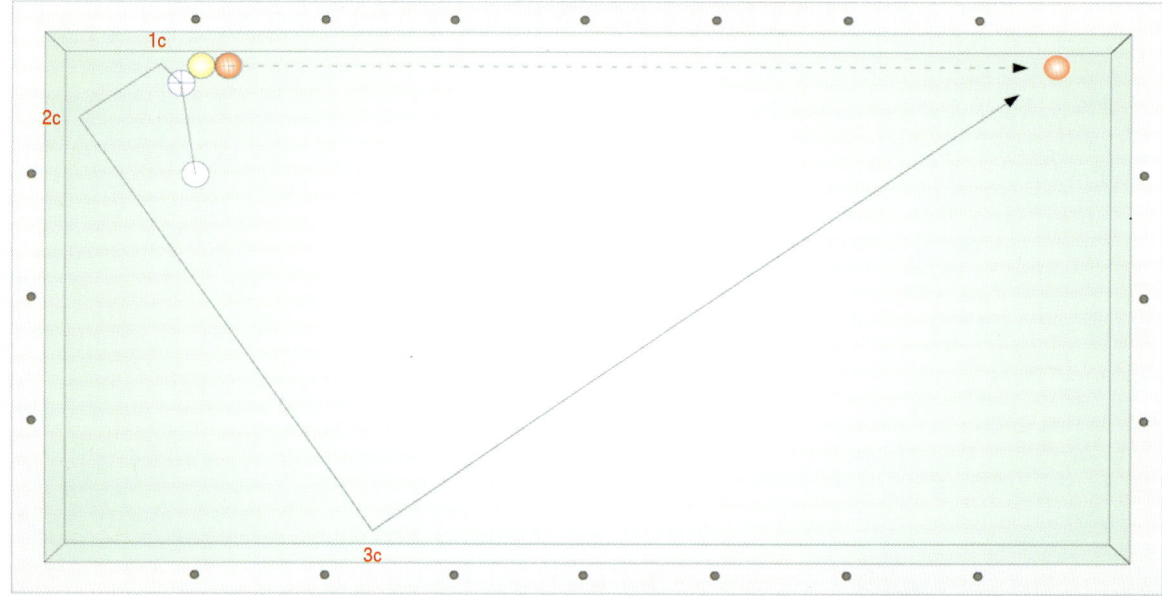

시간차 - 3

BL-2T   P × 1.5 ← S

시간차를 이용한 뒤돌리기 타구 형태이다.

그림과 같은 형태는 수구와 제1표적구간의 두께에 따라 제2표적구의 이동거리와 이동 속도가 달라지기 때문에 그에 따라 수구의 진행속도를 조절하여 타구해야 한다.

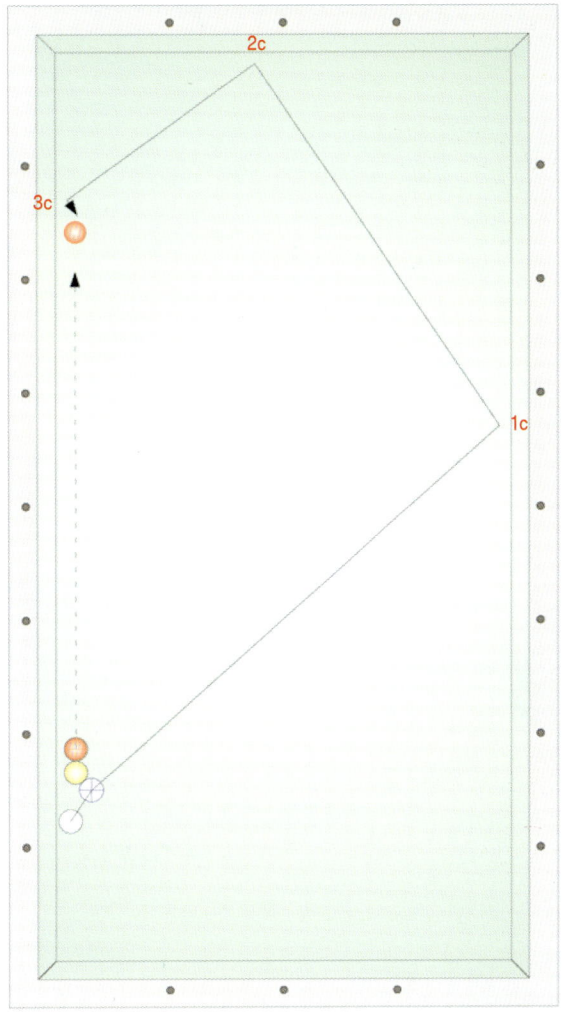

시간차-3

시간차-4

시간차 - 4

C/DR-3T   P × 3 ← B

운이 좋으면 아랫쪽의 짧은 쿠션을 맞고 되돌아 나오는 제2표적구와 수구가 만날 수 있다.

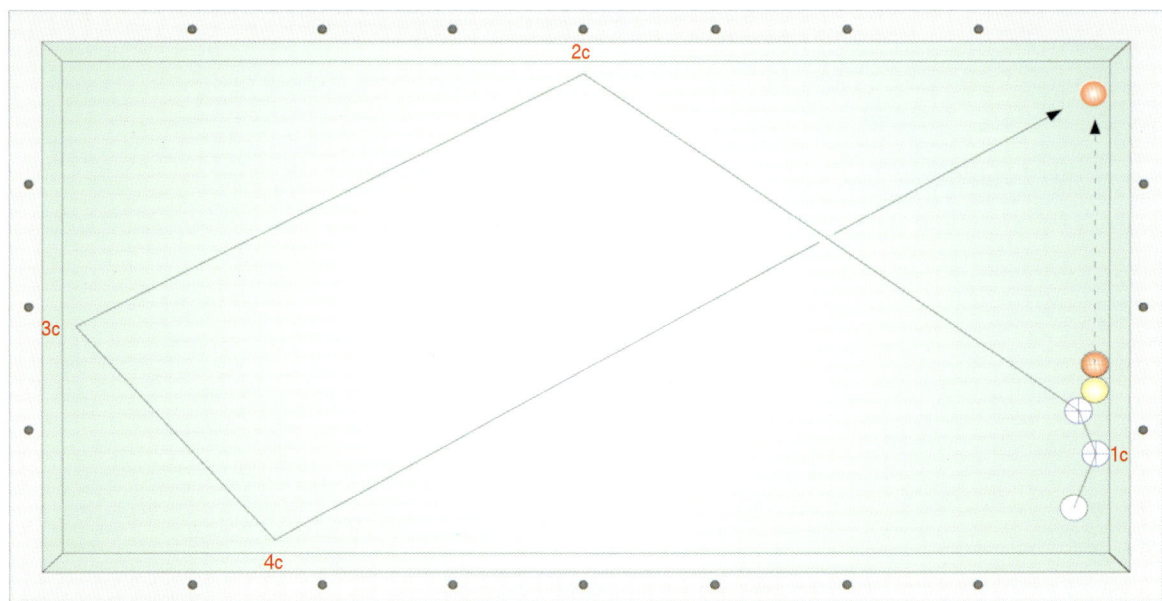

시간차 - 5

CL-3T   P × 2.5   ← F

손목의 스냅을 이용하여 수구에 비틈을 강하게 넣는대신 제1표적구를 조금 얇게 치고 나간다.

CR-3T   P × 1   ← N

평범한 역치기때의 수구 진로로는 그림과 같은 형태에서 역치기가 불가능하게 보이나, 그림에서와 같이 제1표적구와 제2표적구간의 키스를 이용하여 제2표적구를 수구의 진로선상에 옮겨 놓는다면 시간차를 이용한 역치기가 가능해 진다.

시간차 - 6

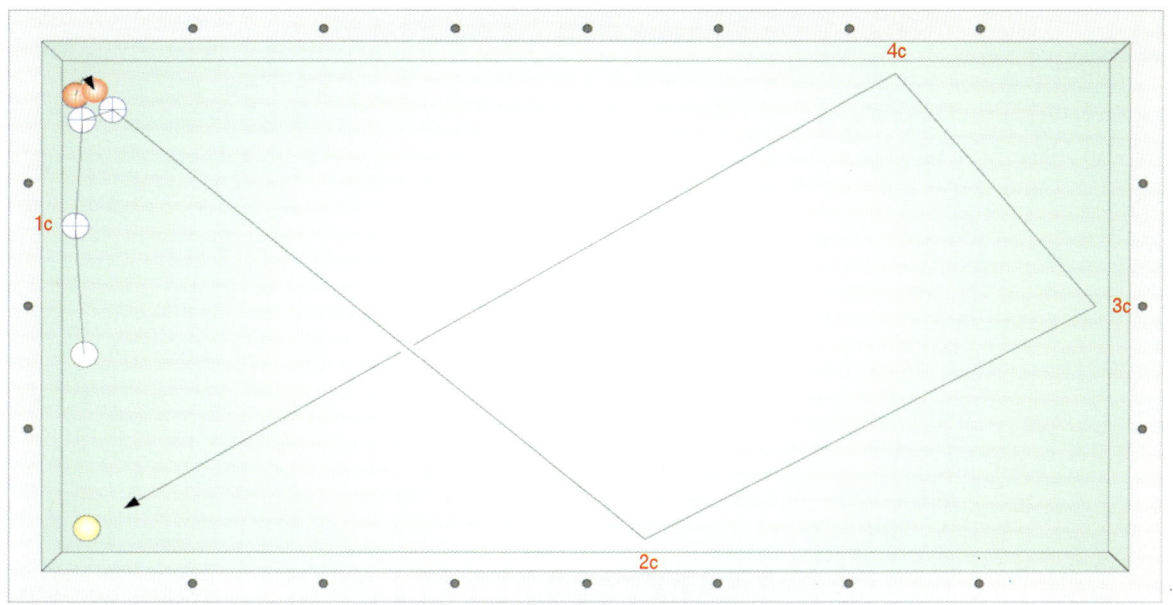

시간차-7

시간차 - 7

DL-3T   P × 2.5   ← S

빈쿠션을 이용하여 제1표적구를 맞힌 수구는 쿠션을 맞고 되튕겨져 나오는 제1표적구와의 키스를 통해 진로가 바뀌며 그림과 같이 진행하게 된다. 조금 약하게 쳐야 성공 확률이 높다.

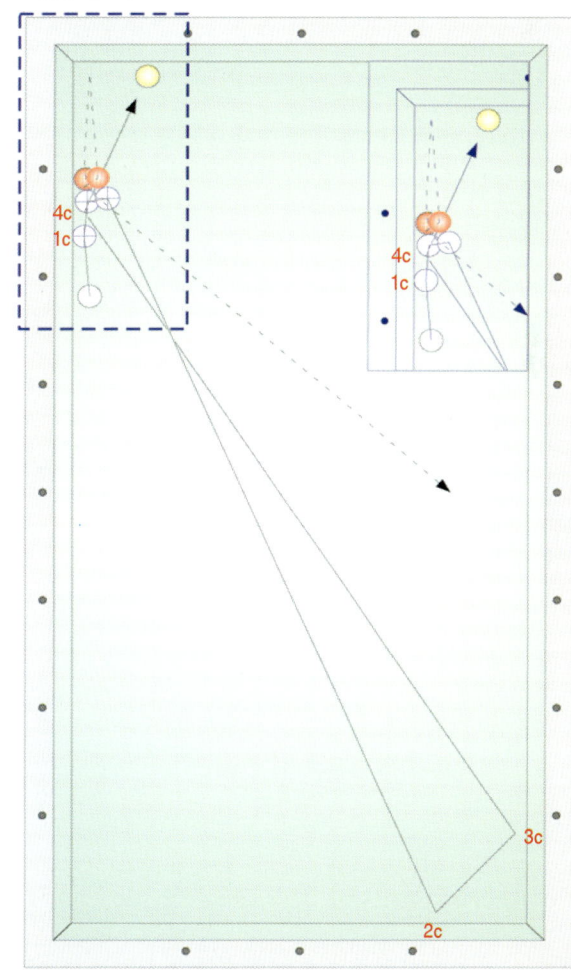

시간차-8

시간차 - 8

DL-3T   P × 2.5   ← N

제1표적구를 두껍게 맞출 수 있도록 빈쿠션을 겨냥해야 한다.

익혀둔다면 경우에 따라 유용하게 사용할 때가 많을 것이다.

15. 점프 샷 (Jump Shot)과 기타

점프 샷이란 수구의 진행로에 방해물이 있을 경우 수구를 점프 시켜 방해물을 뛰어 넘기는 고급 테크닉의 하나이다.

점프 샷의 종류는 표적구를 맞춘 후 수구를 점프 시키는 방법과 방해물을 뛰어 넘은 후 표적구를 맞추는 방법이 있다.

점프 샷은 큐의 후단 부분을 들어올린 후 큐로 공을 밀어 쳐내듯이 샷을 해야 하며, 큐를 들어 올리는 각도는 평균 25도 ~45도 정도로 들어올리는 정도가 클수록 점프의 높이도 높아지게 된다. 힘의 정도는 점프의 정도에 따라 달라지지만 대부분의 점프 샷은 강하게 쳐야 하며, 당점의 경우 좌.우 비틂 및 끌어치기 당점의 사용은 가능하지만 밀어치기 당점의 경우 큐를 너무 높이 들어 사용했을 때 타구 후 큐의 팁이 수구의 진로를 방해하기 때문에 가급적 피하는 것이 좋다. 점프 샷은 단순히 큐 끝을 높이 들어 강하게 타구한다고 되는 것이 아니기 때문에 초보자의 경우 어설프게 흉내를 내다가는 공이 테이블 밖으로 나가게 되거나, 잘못되어 미스 샷이라도 했다가는 테이블 천이 찢어지거나 상하게 될 수 있으니 가급적 피하는 것이 여러분이나 당구장 업주에게 이로운 일일 것이다.

〔그림〕 큐를 들어 올리는 정도에 따른 수구 점프에 변화

점프샷 - 1

EL-2T　　P × 3.5　←――　F·L·B

큐를 들어 올리는 각도 : 약 25~30도 정도

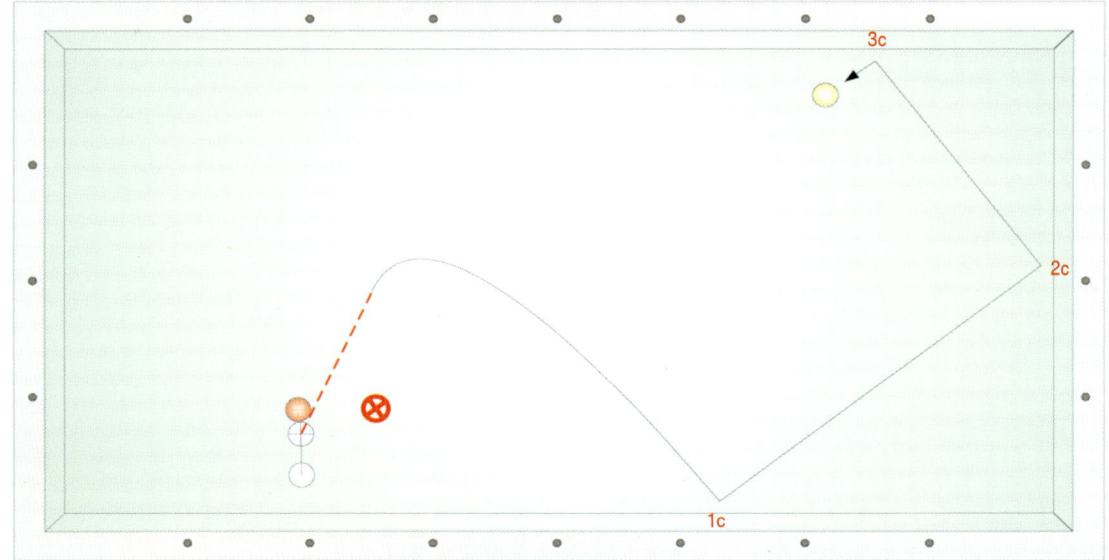

점프샷 - 2

EL-2T   P × 4 ← F·L·B

큐를 들어 올리는 각도 : 약 30~35도 정도

예술구성 타구이다.

실제 예술구 종목에서는 투쿠션만을 이용해도 성공한 것으로 간주한다.

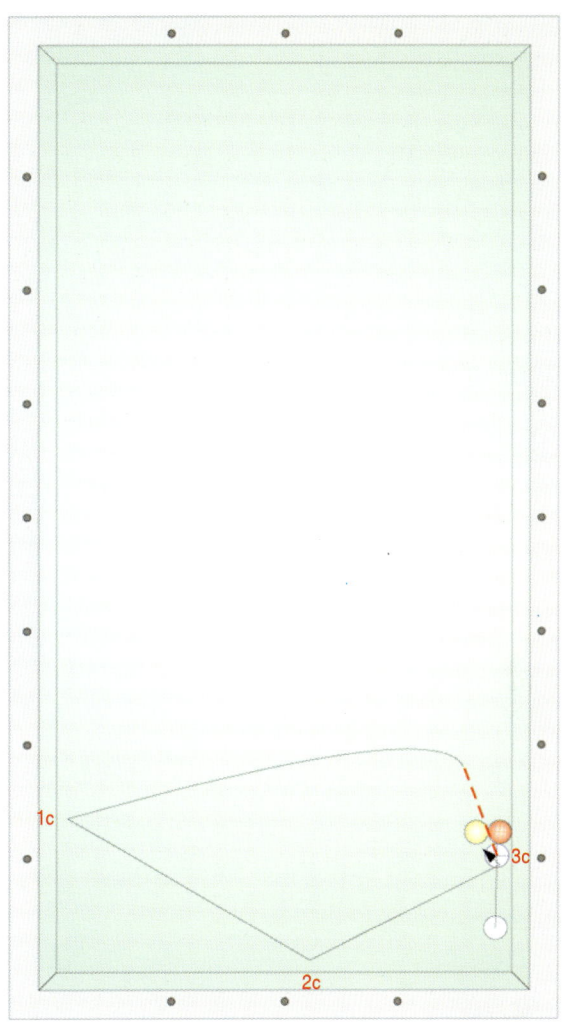

점프샷-2

점프샷-3

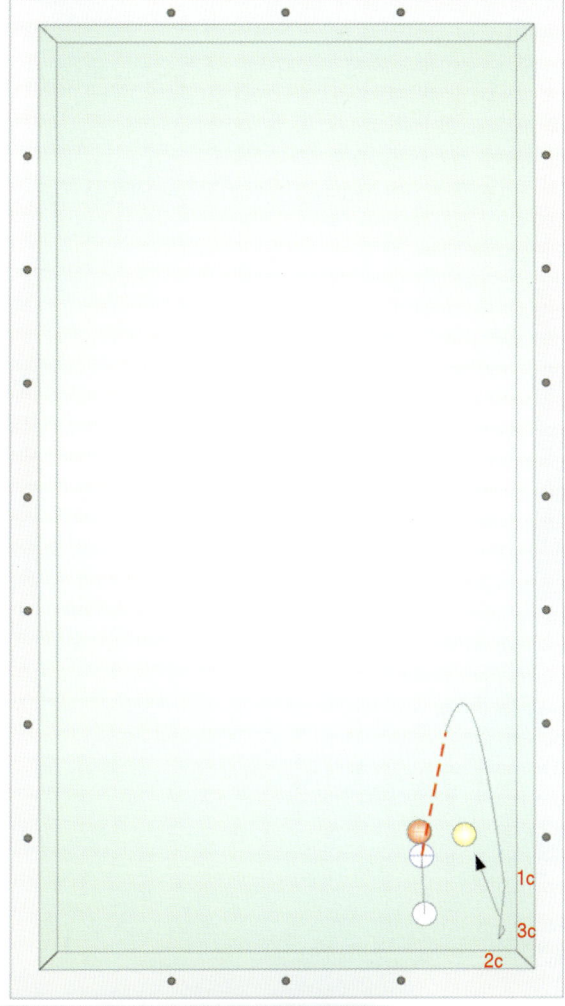

점프샷 - 3

EL-2T   P × 3.5 ← F·L·B

큐를 들어 올리는 각도 : 25~30도 정도

많이 알려진 예술구이다.

큐 뒤부분을 약간 들어 올린 후 수구를 "툭"하고 찌르듯이 앞으로 빠르게 내밀며 타구해야 한다.

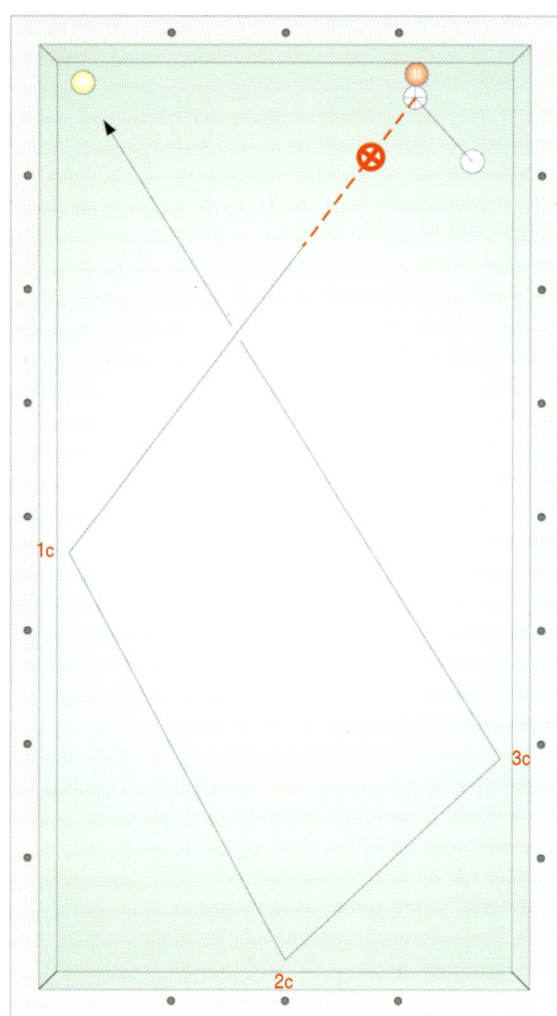

점프샷-4

점프샷 - 4

D/EL-3T   P × 2.5 ← L

큐를 들어 올리는 각도 : 30~35도

너무 강하게 칠 경우 점프의 길이가 길어지며 수구가 테이블에서 여러번 되 튕겨지다 테이블 밖으로 튀어나가던가, 회전력이 변하여 수구의 진로가 달라질 위험이 있다. 점프 샷에서 점프의 정도는 방해물을 간신히 뛰어 넘길 정도가 좋다.

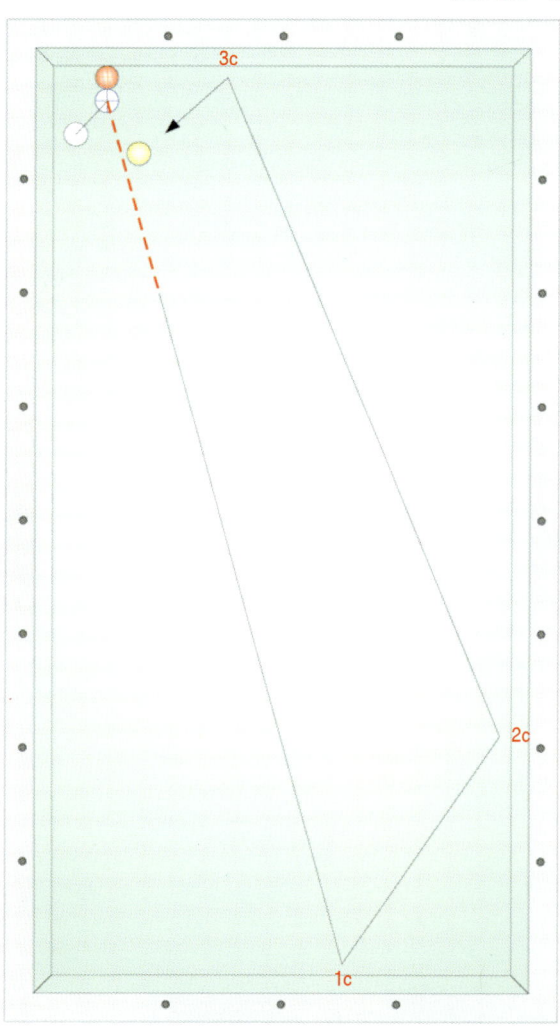

점프샷-5

점프샷 - 5

EL-2T   P × 2.5 ← L

큐를 들어 올리는 정도 : 약 25~30도

점프 샷을 이용한 기본적인 형태이다. 큐를 약간 세운 뒤 수구의 아래 부분을 '푹' 찌르듯이 가볍게 타구한다.
강하게 쳐서는 불리하다.

기타 - 1

A-OT   P × 2.5   ←   L

그림과 같은 형태의 타구는 강하게 치는 것보다 조금 약하게 타구하더라도 손목의 스냅을 이용하여 수구에 전진회전력을 강하게 넣어주는 것이 유리하다.

기타-2

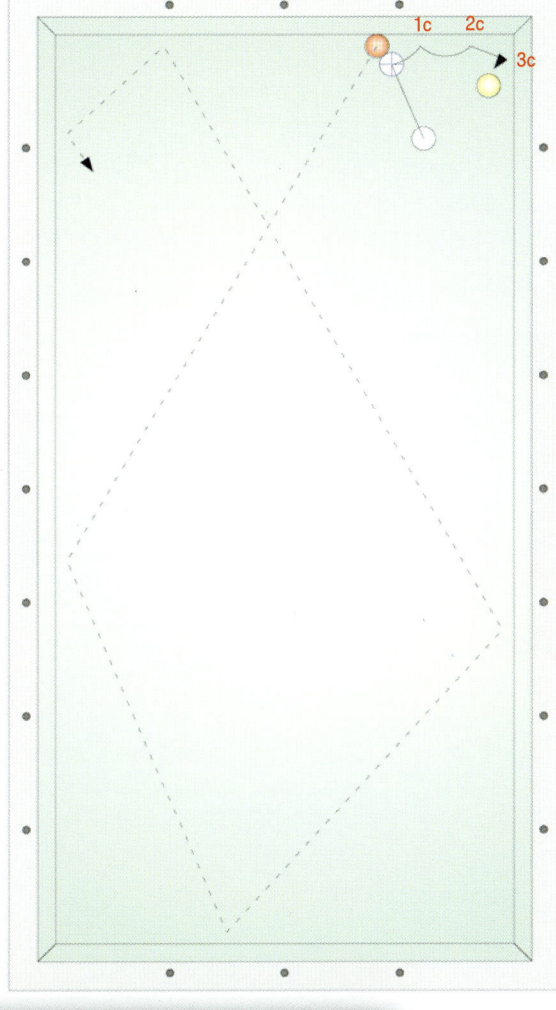

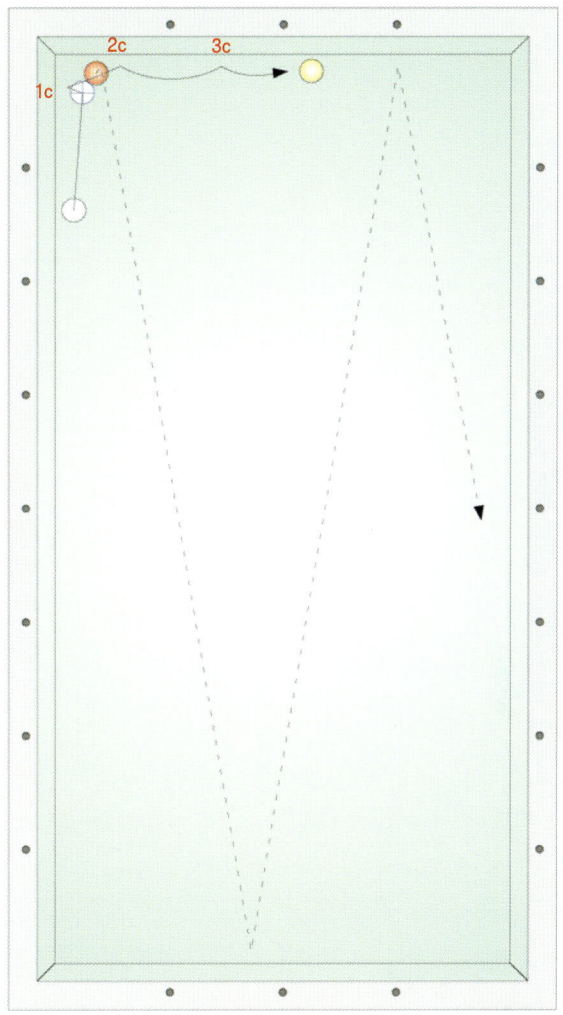

기타-1

기타 - 2

AR-2T   P × 3   ←   L

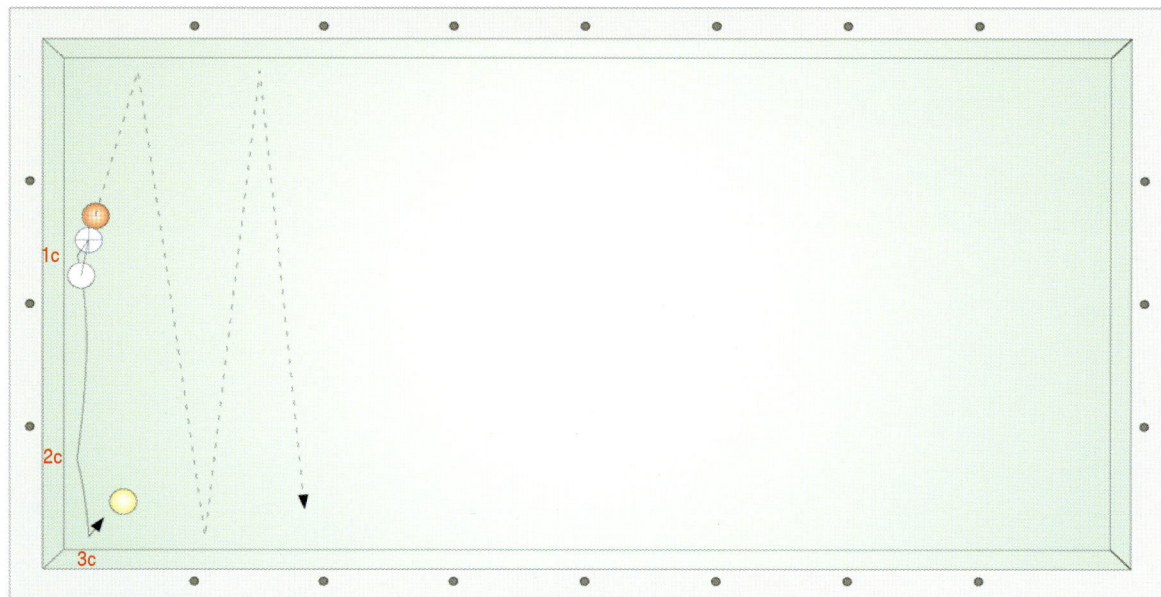

기타 - 3

EL-2T　P × 3.5　←　F·L·B

끌어치기를 이용한 투 바운딩 타구이다.
　큐 뒷부분을 약간 들고, 큐를 빠르게 움직이도록 한다.

A-OT　P × 3　←　L

기타 - 4

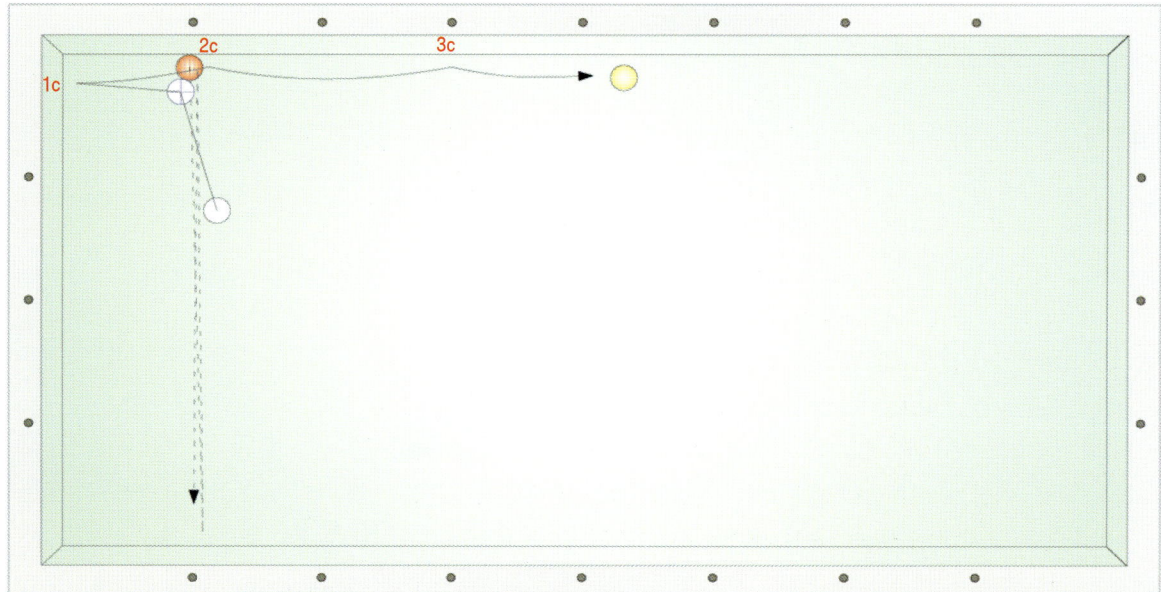

기타 - 5

AR-2T   P × 3.5 ←— L

알고 넘어 갑시다.   당구 용어 풀이('ㅍ~ㅎ' 부분)

- 파우더(powder) : 큐의 미끄러짐을 좋게 하기 위하여 손에 바르는 가루.
- 파이브 앤드 하프 시스템(five and half system) :   스리쿠션의 계산 시스템 중 하나.
- 팔로우(follow) : '밀어치기'를 말한다.
- 포인트(point) : 당구 테이블의 바깥틀에 박혀 있는 마름모 꼴 또는 둥근 형의 표시.
- 표적구 : 수구 이외의 공을 말한다.
- 풋(foot) : 당구 테이블의 상표 이름이 붙어 있지 않은 쪽을 말한다. 반대쪽은 해드(head).
- 풋 레일(foot rail) : 풋 스폿에 가까운 짧은 쿠션을 가리키는 말이다.
- 풋 스폿(foot spot) : 서브에서 제1표적구를 놓는 지점을 말한다.
- 프로즌(frozen) : 공과 공 또는 공과 쿠션이 완전히 밀착된 상태. '터치'라고도 한다.
- 플러스 시스템(plus system) : 스리쿠션의 계산 시스템 중 하나.
- 플루크(fluke) : 요행수, 또는 우연한 득점을 가리키는 말이다.
- 하이 런(high run) : 1이닝에서의 최고 연속 득점을 가리키는 말이다.
- 해드(head) : 풋(foot)의 반대쪽으로 테이블의 상표 이름이 붙은 쪽을 말한다.
- 해드 라인(head line) : 해드 쪽 긴 쿠션의 2번째 포인트를 연결한 선.
- 해드 스폿(head spot) : 해드 라인의 중심점을 가리키는 말이다.

스리쿠션 매니아

저　　자　최 명 호
발 행 인　남　　용
발 행 처　일신서적출판사
등록번호　1969. 9. 12　No. 10-70
주　　소　121-855 서울시 마포구 신수동 177-3
대표전화　영업부 (02)703-3001~5
팩　　스　영업부 (02)703-3009

ⓒ 최명호 2007
ISBN 978-89-366-0977-1 03690　19-1

값 25,000원

※ 이 책의 모든 저작권 및 판권은 저자와 본사가 소유하고 있으므로 무단복제 및 내용 전부 또는 일부 사용을 금합니다.